项目资助声明

本成果得到国家社会科学基金重大项目"中华民族伟大复兴的社会心理促进机制研究"（项目批准号：13&ZD155）和中国人民大学"中央高校建设世界一流大学（学科）和特色发展引导专项资金"的资助。

前　言

────

　　孙中山先生在百年之前的《建国方略》中，就构想了这样的宏伟蓝图：要修建约16万公里的铁路、160万公里的公路，开凿并整修全国水道和运河，建设三个世界级大港，发展内河交通和水利、电力事业……在他看来，只有这样才能实现"振兴中华"的梦想。孙中山先生毕生奋斗，就是期盼中国能成为"世界上顶富强的国家""世界上顶安乐的国家"，中国人民能成为"世界上顶幸福的人民"。百年之后我们能看到的是，在中国共产党的领导下，我国人民创造的经济成就远远地超出了孙中山先生的设想。正如习近平同志在庆祝中国共产党成立100周年纪念大会上所指出的，"为了实现中华民族伟大复兴，中国共产党团结带领中国人民，解放思想、锐意进取，创造了改革开放和社会主义现代化建设的伟大成就……实现了从生产力相对落后的状况到经济总量跃居世界第二的历史性突破，实现了人民生活从温饱不足到总体小康、奔向全面小康的历史性跨越"。党的十八大以来，中国特色社会主义进入新时代，我们已经实现了第一个百年奋斗目标，并明确了实现第二个百年奋斗目标的战略安排。中国共产党和中国人民以英勇顽强的奋斗向世界庄严宣告，中华民族迎来了从站起来、富起来到强起来的伟大飞跃，实现中华民族伟大复兴进入了不可逆转的历史进程！不过，在经济建设取得了巨大成就的同时，与此相应的社会和谐氛围和民众心理健康还存在不同步的情况，需要社会心理服务建设体系的健全和完善，才能保障社会的协调运行。

　　我们于2013年11月获得了国家社会科学基金重大项目"中华民族伟大复兴的社会心理促进机制研究"。为了推进社会心理服务体系建设，本课题组经过八年多的努力，基本上完成了基于中国梦的系列探索。本书就是对该研究成果的总结，现分章节介绍如下。

第一章首先提出了实现中国梦的总体任务和研究构思，通过对中华民族的社会变迁与文化认同的系统调查，发现了中国人社会心态的发展和变化趋势。其次，结合中国现代化急需的民众素质模型，提出了胜任特征建模的多项举措以及个体、团队抗逆力模型的建构机制；在国家科学思想库建设需求背景下，探索了高端人才的培养模式和青少年科学普及教育的推进模式及对策建议。再次，研讨了"智慧中国"背景下网络媒体平台建设亟须解决的紧迫问题，并形成了相应的应对举措。最后，总结了社会心理促进机制研究取得的理论性成果和应用性成果。

第二章提出了本项目的总体构思和研究框架，介绍了基于中国梦的系列研究内容及其之间的逻辑关系，并在此基础上形成了展开中华民族伟大复兴的社会心理促进机制研究所采取的技术方案。

第三章首先从心理学层面阐述了中国梦的科学内涵，并分析了中华民族的共同心理及其与中国梦的关系。其次，从民众心理认知的角度阐释了中西文化的差异，揭示了社会变迁与文化认同的依存关系，特别是运用内隐理论，结合普通民众的心理特征，为提升中国文化认同提供了有益的启发；在分析城市外来人口社会融合的结构与特征方面，揭示了影响外来人口生活满意度的内在机制，验证了广州市荔湾区政府实施社会融合计划的有效性。最后，研究结果表明，完全可以通过健康型组织的精准评价而获得社会心态的真实状况，并可以将这些研究结论运用于社会心理机制的促进工作。

第四章介绍胜任特征模型开发的最新研究进展。首先，战略分析使得胜任特征模型开发居于组织战略前沿的决策地位；其次，引入大五人格因素来探讨工作分析评价对岗位分析准确性的重要影响；再次，分别介绍铁路行业站段团委书记和出入境检验检疫人员在胜任特征建模方法上取得的新突破，特别是多重匹配性对新入职员工职业适应性的重要影响；最后，获得了危机救援人员及其团队的抗逆力结构模型，验证了安全心智模式对于提升员工心理健康的作用。

第五章进行了科学思想库、人才培养及科学普及心理影响机制的探索。首先，对科学思想库的研究进展进行了系统回顾；其次，分别从创新工作要求、组织冲突和领导创新期待三个方面探索了科研人员创新行为的影响机制；最后，介绍了国内外科学普及取得的研究成果，展望了未来科学普及工作的走向。

第六章采用网络挖掘技术探索了网民集群行为的心理特征，对网民集群行为的

中华民族伟大复兴的
社会心理促进机制研究

社会心理服务体系的探索

时勘　胡平◎著

北京师范大学出版集团
BEIJING NORMAL UNIVERSITY PUBLISHING GROUP
北京师范大学出版社

作者简介

时勘,心理学博士,湖北枝江人,温州大学温州模式发展研究院院长、中国人民大学心理学系和中国科学院大学经济与管理学院教授、前任中国心理学会监事长和中国社会心理学会副理事长,现任亚洲组织与员工促进(EAP)协会主席。时勘教授是2019年中国心理学会"心理学学科建设成就奖"获得者。他先后承担了国家自然科学基金、科技部和教育部30余项国家级研究项目,正式发表学术论文470余篇,出版专著40余部,获得了9项国家部委级和中国人民解放军科学技术进步奖。目前,在完成国家社会科学基金重大项目"中华民族伟大复兴的社会心理促进机制研究"(项目批准号:13&ZD155)之后,正主持国家社会科学基金后期资助重点项目"核心胜任特征成长评估模型研究"(项目批准号:19FGLA002)。2023年7月,作为首席科学家获得了浙江省文科重点实验室"生态文明与环境治理"重大项目的资助。

胡平, 心理学博士,湖南湘乡人,中国人民大学理学院副院长、教授和博士生导师。长期从事社会心理学和跨文化情绪心理学研究,研究兴趣主要集中于情绪心理的机制与应用领域。她致力于探讨中国社会变革和文化变迁下人们的情绪变化、人际关系和职业探索研究,注重采用认知神经科学技术和传统心理学研究方法相结合的方法来探讨跨文化情绪心理。主持过数十项国家及省部级研究项目,获得了北京市教学科研成果奖及联合国教科文组织的优秀调研项目等奖励。作为子课题负责人,参与了2013年获批的国家社会科学基金重大项目"中华民族伟大复兴的社会心理促进机制研究",已发表学术论文150余篇。

社会特征、物理特征及网络特征展开了网络媒体数据的高效获取与集成研究、基于网络媒体数据的用户分类以及社会网络媒体大数据的应用研究。网络信息专家们还开展了对事件谣言微博的感知与检测、用户的隐私保护和互联网新闻事件追踪规律等问题的探索，并分析了青少年移动社交媒介使用行为的结构及特点，对互联网背景下幸福感的增益与消减规律问题进行了分析，获得了有价值的研究结果。

第七章对全国社会心理服务体系建设示范性基地的研究成果进行了归纳总结，包括"社会心理促进模式"和"应用性成果介绍"两大部分。"社会心理促进模式"部分主要介绍了社会心理服务体系促进模式，特别在调查数据和服务方案方面的理论依据。"应用性成果介绍"部分，介绍了上海市静安区、广州市荔湾区在构建和谐社会方面做出的贡献，重庆市渝中区的多测度评估方法在官员廉洁行为评价上的创新，中国五矿集团在澳大利亚 OZ 矿业公司跨文化并购中取得的成功经验，山东能源肥城矿业集团安全文化建设取得的成效，展示了原沈阳军区创拟的作战部队连队主官胜任特征模型，以及北京市红十字会在危机救援服务中发挥的作用。

第八章主要涉及 2019 年以来遭遇新冠疫情背景下，针对危机管理中社会心理服务体系的特殊要求展开的研究。课题组在全国范围内展开了应对危机事件的四轮网络调查，对民众在新冠疫情中的风险认知心理、"台风眼效应"以及"组织污名化"、医护人员创伤后的心理康复、青少年的抗逆成长等社会心理服务的特殊要求展开了系列研究，对非常规突发事件下的特殊要求进行了总结。

第九章在国家社会科学基金重大项目的近三年跟踪研究中，根据 2018 年 11 月国家卫生健康委、中央政法委等 10 部门联合印发的《全国社会心理服务体系建设试点工作方案》的要求，基于社会心理服务体系整体完善的需要，增加了"乡村振兴战略的产业发展与民众成长""校园欺凌行为的社会情绪机制""社区法律公共网络平台的普及推广""高端人才核心胜任特征的智能评估""松紧文化、变革型领导与组织创新行为的关系"五个方面的实证研究，将社会心理服务体系建设研究又向前推进了一步。

第十章对社会心理服务体系建设确立的重点理论问题进行了总体性回顾，围绕中国梦的系列探索进行了归纳总结。结果证实，社会心理服务体系应该是高于心理健康服务体系的系统工程，必须在国家大健康战略下统一规划，来实现理论研究和应用研究的设计工作。在介绍中华民族伟大复兴社会心理促进机制的理论性研究成果之后，还介绍了全国各地的示范性应用研究成果，这些内容为全国社会心理服务体系的完善提供了较为完善的理论依据和应用模式，也为未来发展指明了方向。

总之，在中华民族伟大复兴的社会心理促进机制研究中，从研究立项、整体构思、实验设计、数据收集、统计分析及总结归纳的全过程，我们都得到了中国人民大学心理学系全体师生的鼎力支持，这是本项目达到预期目标的关键。同时，得到了协作单位中国人民大学信息学院、劳动人事学院，中国科学院大学经济与管理学院，中国科学院学部心理学调研中心，北京联合大学生物化学工程学院和温州大学温州模式发展研究院的全面参与和大力支持。需要特别提到的是，在现场实验过程中，原上海市静安区卫生和计划生育委员会、广州市荔湾区人民政府、中共重庆市渝中区纪律检查委员会、山东能源集团、国家电网浙江省电力有限公司、中国五矿集团、原沈阳军区政治部、北京市危机救援学校、北京市红十字会、贵州省六盘水市卫生健康局、重庆云日集团在示范性研究各方面给予的始终不渝的支持。此外，还需要提到中国科学院健康型组织建设智库委员会及全国各地示范基地在分层抽样、访谈调研方面的大力支持。在此一并表示衷心的感谢！

由于"中华民族伟大复兴的社会心理促进机制研究"是一项巨大的系统工程，在本书写作中，除作者时勘、胡平之外，各子课题负责人都做出了实质性的贡献。他们是：张积家、韦庆旺、安鸿章、时雨、李英武、曲如杰、董妍、何军、雷雳、谢咏、陈建、张刚、姚子平、张立刚、郑宇化、李琼、黄子华，等等。本书在相关章节都有具体提及。我们还要提及的是焦松明、宋旭东在资料整理和文献编排方面所付出的辛勤劳动。

本书是我们在社会心理服务体系建设研究方面的初步探索，还存在不少需要完善的地方。希望读者们在阅读本书之后，及时将意见反馈给我们，以便再版时改进。电子邮件：shik@psych.ac.cn。

2023 年 11 月 1 日
于北京市奥林匹克花园

目　录

第一章
中华民族伟大复兴概述

第一节

———

民族复兴大业与中国梦

党的十八大以来，习近平总书记多次提出并阐释了实现中华民族伟大复兴的中国梦。这在国内外引起强烈反响并引发高度关注，成为社会各界的关注焦点，也成为社会科学界的研究重点和热点。中国梦选题重大、内涵丰富，涉及多个学科领域。我们认为，应该从心理学、管理学和信息科学三个学科角度进行跨学科研究，合作探索中国梦这一专题，以我国民众实现中华民族伟大复兴的社会心理促进机制为主线，从历史、哲学和历代民众社会心理发展历程的视角探讨中华民族伟大复兴在社会心理方面的影响机制，为社会和谐、经济发展和生态平衡揭示有关人的社会行为的规律，进而为实现中国梦提供社会经济和心理科学方面的知识基础与科技支撑。同时，应当探索健康型社会建设对中华民族伟大复兴的促进作用，并给出相应的管理对策。

一、民族复兴问题的提出

(一)民族复兴的概念

从词源上讲,"复兴"的本义指春回大地,万物复苏,也指有机体衰落后重新恢复到年轻时候,因此,也常被用于生物学研究及对自然季节的描述。随着人们对社会的理解加深,"复兴"这个概念开始被应用于文艺、科学等领域,如"文艺复兴"。文艺复兴是指 13 世纪末 14 世纪初在意大利兴起,后扩展到西欧各国,最后于 16 世纪盛行于欧洲的思想文化运动。这场运动带来了一场科学与艺术的革命,揭开了近代欧洲历史的序幕。从文艺复兴的发展可以知道,复兴并不是简单地恢复到年轻状态,而是以年轻的状态开始新的发展。因此,中华民族伟大复兴,在恢复蓬勃生机的基础上,还要思考如何选择适合中华民族自我成长的道路、理论和制度。

(二)民族复兴的可能性

民族复兴是否有可能呢?对这个问题,在民国时就有很多研究者进行了探讨。陶希圣曾经在《关于民族复兴的一个问题》中详尽地阐释说:"在生物学上讲,一种有机体到衰老了,是不会还童的。民族呢?虽在它的生育与发展上,有些类似有机体,但它到底只是有机体的集体,而本身不是有机体。况它生命的延续,全在新生物与旧生物的代谢。假使我们相信环境对于生物影响的重要,则每一期新陈代谢之间,都有一个复兴的希望。"换言之,陶希圣相信,中华民族完全有复兴的可能。梁漱溟也在《精神陶炼要旨》中,从个体生命与集体生命差异的角度肯定了中华民族复兴的可能性。他认为,由于文化早熟,中华民族已经衰老,但衰老并不等于死亡。因为民族是个体生命的集合体,如果说个体生命在衰老之后必然走向死亡的话,那么,集体生命在衰老之后则有返老还童、"开第二度的文化灿烂之花"的可能。与陶希圣、梁漱溟不同,张君劢是从民族主义思想的发达与否着眼,来说明中华民族存在复兴的可能性的。为了说明中华民族能够实现复兴,一些学者还分别考察了美国、土耳其、俄罗斯等国家历史上的复兴运动。民国时期的研究者从理论上探讨了民族复兴的可能性,后来人们更看重从实践中探讨民族复兴的道路。研究者们认为,抗日战争是中华民族一百多年近现代史上民族复兴的起点,而中国共产党百年的历史,其实就是努力探索中华民族复兴之路的历史,现在我们正在追求的中国梦,就是在中华民族复兴的道路上前进。可以看到,研究者从理论上已经论证了中华民族复兴的必然性,而在现实中,我们也正在探索着民族复兴的道路。中华民族复兴是必然的,尽管道路是曲折的。

二、民族复兴的历史变迁

(一)"历史变迁"内涵的变化

近代以来,中华儿女都在为民族复兴而努力,如洋务运动和辛亥革命,中国共产党对马克思主义和社会主义制度的探索及实践,新儒家面对西方文化冲击对中国传统文化的弘扬,以钱学森为代表的科学家的开创性贡献,改革开放后中国企业的崛起等。就学术研究而言,关于中国梦的含义和民族复兴的历史渊源,可以从各个角度找到诸多直接或间接相关的研究证据。这包括从意识形态和政治理论角度出发的研究(程美东、张学成,2013);从思想史角度出发的研究(汪晖,2004);从民族性角度出发的研究(沙莲香,2012);从本土心理学角度出发的研究(朱永新,2004);还有一些学者从实证研究的角度,对中国人的心理变迁做了有益的探索(杨国枢、黄光国、杨中芳,2008)。此外,从跨文化心理学角度,学界也对中国人心理的研究积累了大量的研究成果(Chiu & Hong,2006)。

中华民族从受到西方列强的侵略开始,朝向民族复兴的努力,大致经历了如下阶段:(1)1840年到中华人民共和国成立。此时期的社会心理研究主要探索救国的各种思潮和道路。最终,中国共产党带领中国人民找到了社会主义道路。(2)中华人民共和国成立到改革开放。这段时期主要是巩固政权，提高中国在国际社会的政治地位，发展科技和国防，并独立自主地恢复生产，建设国家。(3)改革开放后至今。改革开放以后，中国以经济建设为中心，综合国力大大增强，2001 年加入世界贸易组织（WTO），2008 年举办奥运会。近年来，我国的国内生产总值更是跃居世界第二。在这三个阶段背后，很可能包含着社会心理的历史变迁，从民族的自卑到民族的自信，从艰苦朴素到富足自强，从传统封闭到现代开放。沙莲香(2012)的《中国民族性》三部曲就是运用社会人类学的方法，分别立足于三个阶段去描绘中国人的心理变迁历程，试图找到民族复兴在中国人自身人格中所蕴含的力量和发展方向。杨国枢等(2008)所倡导的华人心理学研究，更是从实证心理学的角度系统地探讨了中国人的传统心理及其面临社会变迁时的适应机制，从社会心理促进的角度，为团结世界范围内的中华儿女提供了有益的启发。

下面以研究内容最具历史跨度的沙莲香的"中国民族性"系列研究为例进行分析。《中国民族性（一）》收集了 1840 年到 1980 年年末 140 年的国内外相关研究著作，并以此为依据形成基本观点。全书共收集了 74 人的著作，提取了 539 个主题索引词，实际上是一个松散的有关中国人论述的量表。《中国民族性（二）》则是以问卷调查为基础完成的，问卷的内容包括对历史上对中国人形成的 14 项性格特质看法的评价，以及 20 世纪 80 年代人们所关心的问题（需要与人生价值）。《中国民族性（三）》以改革开放 30 年为背景，按照时间顺序，选取对中国社会发展影响比较大的热点事件，采用个案方法进行叙事分析来获得研究成果。我们对《中国民族性（三）》进行分析，感觉到它与（一）、（二）相比，一改中国人的静态研究思路，而将中国人的民族性视为动态的、在新的社会发展中不断变化的，并且更多地强调其现代的、积极的一面，这是值得我们关注的。

(二)民族复兴研究的探索历程

由于我国社会心理的学术研究起步较晚，大多数的有关中国人社会心理变迁的研究，主要关注社会转型期，或者说改革开放 40 多年来社会心理的变化。例如，社会学者通过分析宏观社会结构的转型来解释和描述社会心理（朱力，2006），或通过建构各种社会心理指标来系统描绘社会心态的特征、变化趋势，以及比较不同群体的社会心态（王俊秀、杨宜音，2013）。这方面的研究大多带有民意调查与舆情监测的目的和功能，往往着眼于揭示社会矛盾和社会心理的问题，而对社会心理的历史变迁和以未来发展为导向的分析显得不够。目前，学术界还很少有这样的研究，即在习近平总书记有关中国梦的重要讲话精神的指导下，以中华民族复兴为一以贯之的线索，分别从宏观和微观层面，用实证的方法从社会心理的历史变迁这一角度，对民族复兴的心理轨迹进行研究。我们认为，对民族复兴历史渊源的分析，不能脱离宏观的政治、经济、科技、社会和文化发展背景，如对历史政治人物及其思想的分析，以及对重要科技人物及其思想的分析；同时，又要结合微观的心理层面，如进行国民大众的幸福感分析。在研究方法上，除了大型问卷调查，在文献和文本资料分析方面，需要吸收新的实证研究方法，如"语文探索与字词计算"（Linguistic Inquiry and Word Count，LIWC）方法。作为定量的内容分析法的一种，该技术已经得到认可，目前，LIWC 2007 已可分析 80 个字词类别，具有相当好的信效度。该软件可以根据要求对文本内容进行自动提取并计算频率，从而更客观地进行内容分析。

三、民族复兴的监测评价指标

（一）社会学界的评价指标体系

"十二五"是全面建设小康社会的关键时期，中华民族伟大复兴的目标正在一步步接近。从民族复兴的内涵与衡量的基本标准界定入手，杨宜勇、谭永生（2012）在《中华民族复兴进程监测评价指标体系及其测算》中提出一个包括六大评价方面、29 个评价指标的中华民族复兴进程监测评价指标体系。利用该指标体系进行测算，2005 年中华民族复兴进程指数为 46.4%，2010 年中华民族复兴进程指数为 62.7%。六大评价方面包括经济发展、社会发展、国民素质、科技创新、资源环境、国际影响。其中，2005 年和 2010 年，国民素质这一指标分别以 76.6% 和 81.1% 的实现程度位居评价指标榜首。21 世纪，随着经济、科技的激烈变革，国民素质日益成为各国在国际竞争中拉开距离的重要原因，成为各国综合国力中的一个核心因素。国民素质可分为三大类：自然素质、心理素质、社会素质。自然素质即先天遗传的生理素质，如神经系统、身高、体重、骨骼的特点，以及运动素质、负荷限度、适应和抵抗能力等生理机能的特征。这是一个人身心发展的物质基础。心理素质是在遗传基础之上，通过教育与环境的影响，以及个体实践训练所形成的性格品质与心理能力的综合体现。社会素质是人的整体素质的组成部分，是组成这个社会的人群的普遍的修养程度、进步程度、文明程度、道德程度以及精神状态的总和，反映这个社会的发育程度和现代化程度。近年来，我国国民身体素质的提高幅度明显，一些地区和部门在制定发展战略时，尽管也会提及智力开发和人力资源战略，但长期来看，并没有把心理素质当作宝贵的资源来对待。对个体而言，提高自身素质的问题也并没有引起足够的关注。本研究拟从社会心理角度提出具体的促进机制，包括个体发展、组织建构、社会支持和网络支持，从而使国民素质这一指标能够得到优化。

(二)民族复兴的社会心理结构

中华民族有五千多年的文明历史，为人类文明进步作出了不可磨灭的贡献。中华民族在沧桑岁月中凝聚了 56 个民族 14 亿多人共同的非凡奋斗，塑造了美好家园所共有的民族精神及共同坚守的理想信念。为了实现中国梦，我们通过对鸦片战争爆发 180 多年来、中华人民共和国成立 70 多年来和改革开放 40 多年的实践历程及社会、经济和民众心理的发展轨迹的探索，来考察民族复兴的社会心理变迁，从而使我们对"国家富强、民族振兴、人民幸福"的中国梦的内涵的理解，成为不断增强各族人民团结一心的精神纽带和自强不息的精神动力。社会心理实际上属于社会意识的范畴，特定的社会存在决定了特定的社会意识，进而形成了特定的社会心理结构（许苏民，1983）。现阶段，中国发展的历史现状和特殊国情，也形成了中华民族所独有的社会心理状态与社会心理结构。它是凝聚国家或民族为整体利益而奋斗的精神纽带。因此，探索社会心理结构的组成要素并形成一个评估模型，对实现中国梦具有至关重要的意义。需要注意的是，社会心理有动态和静态两个成分、两种趋势（周义保，1987）。静态的社会心理，指在本民族的漫长而曲折的发展过程中积淀下来的社会心理结构；动态的社会心理，指在社会发展中的变革或重大历史事件所带来的与时俱进的社会心理结构。从定性的角度，社会心理可分为积极的社会心理结构和消极的社会心理结构两部分，它们分别会促进或阻碍社会历史发展的进程。从不同社会层次来说，社会心理大致可分为家庭或家族心理、民族心理、阶级心理或阶层心理。

四、我国民众的社会心态研究

（一）社会心态研究取得的成就

随着我国社会的迅速发展和急剧变迁，各种各样的社会矛盾和社会冲突也在迅速增加。如何把握民众的社会心态，减少普遍存在的各种社会失范，对公共教育及和谐社会的建设而言具有重大意义。社会心态是一段时间内弥散在整个社会或社会群体（类别）中的宏观社会心境状态，是整个社会的情绪基调、社会共识和社会价值观的总和。社会心态是观察、记录、理解社会变迁的一个重要窗口，也是形成社会发展基本判断的重要依据，还是社会合作、动员和管理的重要资源。所以，研究社会心态对中国社会的科学发展而言，非常有价值。社会心态是社会心理学学科中最为宏观的研究对象，对于处在快速社会变迁过程中的中国而言，是一项具有中国特色的研究。可以看到，建立在方法论个体主义基础上的北美社会心理学，近几十年来在认知心理学的推动下积累知识，而欧洲社会心理学家尽管继承了格式塔心理学的传统，发展出具有欧洲特色的社会认同理论、社会表征理论和话语分析理论，但侧重的还是较为稳定的社会心理研究(Wittenbaum & Moreland，2008)，当然，也包括世界价值观等方面的研究，其重点在于跨国文化的比较，测量工具的重点在于文化上的区分度(Inglehart & Carballo，1997)。这些成果对于社会心态的研究都有重要的意义。

国内有影响的社会心态研究始于 20 世纪 90 年代中期，最初的研究因缺乏清晰的概念界定和理论建构，成为对社会心态各个因素的调查研究的"拼盘"。进入 21 世纪，大型的相关项目相继展开，社会心态所具有的一些特性逐渐被研究者揭示出来。例如，杨宜音(2006)、王俊秀(2007)、马广海(2008)等学者，利用社会心态的概念来界定社会心态的心理结构，并对社会心态相关的概念进行了细致的梳理和辨析。一些国家级、省市级社会心态项目成果问世，跨学科、应用性的论文反映出社会心态的概念具有很大的影响力和扩展性。其中，杨宜音、王俊秀主编的《中国社会心态研究报告(2012~2013)》较为系统地对社会心态的理论和一些专题领域进行了探讨，及时发布了相关调查报告，在国内外都产生了一定的影响。近年来，社会心态的研究越来越受到学界的重视，相关研究的论文发表量也在迅速增加。例如，在对贵阳市民的社会心态进行调查时，郑玲、李英(2002)设计的调查内容主要有：(1)对社会生活和个人、家庭生活的感受；(2)市民关心的重要问题；(3)心理预期；(4)社会需求。郭亚帆(2003)对内蒙古城乡居民的社会心态调查内容包括：(1)该年居民对社会、经济、政治各个领域的满意程度；(2)对当时社会现象的满意程度；(3)对当时各项改革的评价；(4)对当时社会热点问题的看法；(5)对未来五年的预期。在对进城务工人员社会心态进行调查时，王园园(2009)把调查内容分为个人认知、阶层认知和社会认知三部分。

(二)社会心态研究存在的问题

社会心态研究在数量增加、领域扩展时，冠以"社会心态"的研究数量不少，但大多各说各话，难以形成补充和对话，具有理论意义和操作意义的成果极少。

面对记录社会心态的状况和解释社会心态形成机制及影响因素的任务，缺乏扎实的理论积累，这成为社会心态研究的致命问题之一。如果不解决这一问题，再多的调查、再大的样本、再丰富的应用领域，都很难作出有意义的理论和应用贡献。在社会心态的研究中，最具有挑战性的就是社会心态基本结构的厘清和测量工具的发展。事实上，这二者是相辅相成的。一方面，社会心态的概念、理论体系和机制方面的清晰化将有助于我们收集有效的、可靠的数据，通过统计分析，记录社会心态及预测其变化；另一方面，心理测量工具本身的发展要求社会心态理论逻辑方面的保证，只有如此，才能够促进理论逐渐成熟，从数据角度发现理论上的问题，给理论建设提供有启发性的成果。社会心态测量工具的发展是实现对社会心态变动的监测、解释社会心态的形成与变动机制、进行社会心态的调适和引导所必不可少的环节。而发展社会心态测量工具必须借鉴心理测量学的已有成果，并且结合本土文化社会历史的特点，贴近社会心态研究的内容，这样才可能使社会心态研究走上科学化的轨道，为系统、全面地记录与预测社会心态的变化提供科学依据。

五、民族复兴的社会心理促进评价模型

目前，除了前面提到的社会心理历史变迁、社会心态和个体幸福感，从社会心理促进的角度，系统研讨分析民族复兴的研究还处于空白状态。中国梦不仅关乎个体层面的理想和幸福，更关乎社会和国家层面的整体民族复兴，所以更要加强对它的研究。

(一)中国梦的独特含义

中国梦具有独特的中国含义。从跨文化心理学的角度来看，中国文化更加注重集体而不是个人，中国梦区别于美国等其他西方国家的梦的最核心之处在于，中国梦是有关整体中华民族复兴的梦。朱滢(2007)的调查发现，中国人很自然地以母亲为参照，很明显地区别于美国人的以自我为参照。杨国枢

(2004)的本土心理学研究也反复确认了一个共识：中国人是他人导向和社会导向的。Hofstede(1980)通过对不同国家价值观的广泛调查，提出"个人主义-集体主义"的核心文化差异，其中，中国是典型的集体主义国家。后来，经过Triandis(1989)，Markus 和 Kitayama(1991)的研究证实，在价值、自我、思维方式、社会行为等方面，中国人具有以他人和集体为导向的文化基因，即使是旅居海外的华人，在长城、龙等文化符号的感召下，也会产生集体主义导向的心理和行为(Hong，Morris，Chiu，et al.，2000)。因此，中国梦必然是包含了个人幸福、社会和谐和国家富强的非个人主义的民族复兴的宏伟梦想。然而，中国梦和民族复兴的社会心理究竟如何评价，它的具体内容和指标又有哪些呢？这是我们需要探讨的问题。

(二)社会心态的指标体系

近年来，中国社会科学院社会学研究所社会心理学研究室对中国社会心态进行了较系统的研究，发布了系列年度社会心态蓝皮书。这些研究和报告为民族复兴的社会心理促进模式提供了现实民情角度的重要内容，虽然没有明确提出社会心态的指标体系，但是揭示了目前社会心态的主要指标：社会心理需求、价值观及生活信念、心理感受、社会情绪和行为反应。在最新的报告中，研究者认为，当前社会心态反映出的主要问题有：(1)多层次、高标准的民众需求挑战民生工作；(2)社会不信任的扩大化、固化，成为群际冲突、社会矛盾的温床；(3)阶层意识成为社会心态和社会行为的重心；(4)社会情绪总体基调正向为主，负向情绪的引爆点低，"反向的社会情绪"值得警惕。显然，这些社会心态特征的描述侧重揭示了社会发展和转型中的问题。然而，要想从社会心理上促进民族复兴，不仅要解决人民的心态诉求和舒缓人民的社会情绪，而且要从积极的角度建立健康的社会心态。因此，社会心态研究所揭示的维度很重要，其描述的方向和重点应该是积极的，需要加以引导和具体化，才能成为民族复兴的社会心理促进模式的重要内容。我们在后续的研究中，将从社会变迁与文化认同的角度，来系统探索民众心理认知的发展历程。

(三)健康型组织及其评价指标

近年来,组织行为学研究领域出现了组织健康(Organizational Health)的新概念。依据该概念,一个组织、社区和社会,如同人体一样,也有健康好坏之分。其衡量标准是,能否正常地运作,是否注重内部发展能力的提升,能否有效、充分地应对环境变化,能否合理地变革与和谐发展(时勘、郑蕊,2007)。此外,组织行为学界针对企业、社区甚至社会,还提出了一系列有关组织健康的标准,如关注目标、权利平等、资源利用、独立性、创新能力、适应力、解决问题、士气、凝聚力、充分交流 10 项指标。这些指标不仅适用于企业,也适用于社区甚至更大的社会范畴。时雨、时勘、王雁飞等(2009)将相关的理论运用到救援人员心理健康促进的实践当中,取得了很好的效果。综上所述,在宏观社会层面上对社会心理促进的研究还比较少,已有的研究大多在概念上比较狭窄,或者是间接概念,不能涵盖并清楚揭示复杂的社会互动的诸层面。尤其是对于探索中华民族伟大复兴的社会心理促进机制而言,可供借鉴的研究成果不多。如果能够结合民族复兴的历史渊源、民族复兴进程监测评价体系、当前的社会心态评估以及国民幸福指数等方面,先行建立研究的基础,将更有利于建构综合的社会心理促进评价模型。

时勘在健康型组织研究和实践的长期积累的基础上,提出一个包含"身、心、灵"的健康型组织建设模式,并根据一系列研究结果,将健康型组织的内涵概括为三大范畴:(1)身心健康。包括组织机体的健康,涵盖员工的心理感受、员工的行为健康、组织的劳动关系以及环境生活质量等多个层面,并主要体现这些变量的积极状态。(2)胜任发展。包括职业能力、胜任特征和危机应对。成功是健康发展的重要基础,建立基于胜任特征模型的人力资源开发模式,包括变革型领导能力、心理疏导技能以及团队建设能力等。(3)变革创新。倡导幸福企业的组织建设,强调组织和社会的和谐,营造促进创新的组织文化以提高组织的核心竞争力,不断适应市场竞争与变革需求,还要体现企业的社会责任和学习型组织建设等思想。在此基础上,健康型组织的评价模型共包括九个要素,分别是：组织文化、社会责任、劳动关系、心理感受、压力应对、心理疏导、行为健康、组织绩效和组织学习。在本研究中，我们将从健康型组织的系统评价的角度出发，发展出一套完善的调查和评价反馈系统，以满足健康型组织建设的需要。

为此，我们的子课题 1 需要探索的问题包括：第一，探索中国梦的科学内涵，这需要从心理学层面来理解中国梦是什么。第二，从我国多民族的角度，分析各民族在中国梦方面的共同心理与差异。第三，从社会变迁与文化认同的角度，从民众心理认知角度分析古今中西之争。第四，从社会排斥与社会融合的角度，分析产生民族、种族冲突的核心因素，以及避免的方法。第五，在社会心态评价的基础上，探寻健康型组织的概念、结构及评价模型。我们将此方面的中国梦研究概括为"民族复兴的历史渊源及社会心理评估研究"。

第二节

————

民族复兴与能力建设

社会发展研究强调宏观的经济、社会、政治结构和总体情况的测评，相对忽视民族复兴的社会心理层面。我们认为，民族复兴的社会心理研究除了社会心态等心理诉求和心理感受层面的内容（身心健康）外，还应该考虑能力建设（胜任发展）等方面的社会心理层面的问题。中国梦之所以与我们如此贴近，正是因为中国在近几十年的发展中所取得的成功，从根本上说是因为我们找到并践行了一条中国道路。有学者认为，这是因为我们从五千多年的文明积淀中走来，具备了中华民族特有的精神气质与力量源泉，更有自身的历史逻辑（童力冲，2013）。从历史的角度看中国道路、中国梦，需要后续的研究者们对中华民族的历史沿革进行梳理，探究不同历史时期的中国梦的真谛。而社会心理促进机制的研究也应该围绕着提高党的建设科学化水平这一主题。其中，应该充分考虑广大科技工作者、管理干部和技术工人的胜任特征模型的能力建设，特别是应该考虑非常规突发事件下抗逆力模型的建立和发展问题。社会主义现代化建设进入了一个非常关键的时期，我们能不能确保政治和社会稳定，巩固和发展取得的成就，在很大程度上取决于能不能把干部队伍建设好，能不能培养造就新一代可靠的接班人。这是关系到我国社会主义事业兴衰成败和中华民族前途命运的大事。实现中国梦必须高瞻远瞩，增强责任感，提高自觉性，切实把培养教育青年干部的工作抓紧抓好，使他们成长为党和人民放心的接班人。

中国梦是中国人民理想的集中体现，已成为激励广大干部群众积极投身中国特色社会主义伟大实践的动力源泉。目前，我国正在意气风发向着全面建成社会主义现代化强国的第二个百年奋斗目标迈进，在高质量发展阶段难免出现不平衡甚至不公平的现象。这些问题如果得不到解决，就会使我们获得的大量成果在这一过程中被消耗。中国目前正处于转变发展方式、优化经济结构、转换增长动力的攻关期。这一方面需要根据民族复兴的新要求，重新建构各层级管理者、科技工作者和技术工人的胜任特征模型，进而根据中国梦价值信念建立选拔、评价和培训体系，促使各层级的管理者始终把人民放在心中的最高位置，矢志不移地为中华民族复兴事业而奋斗；另一方面，为了维护和发展中华民族伟大复兴的建设成果，要居安思危，建立非常规突发事件的危机应对机制。从保障中华民族伟大复兴事业顺利实现的角度，充分发挥管理科学、信息科学和心理科学等多学科合作研究的优势，着重探讨非常规突发事件的信息处理与演化规律、应急决策理论、紧急状态下个体和群体的心理反应与行为规律，为应对中国梦实现过程中可能出现的各种消极、破坏因素，提供预防、应对的方法和平台支持。

一、胜任特征模型的总体研究进展

20 世纪 70 年代早期，美国著名心理学家麦克利兰（McClelland，1973）和麦克伯(McBer)公司协助美国国务院选拔驻外联络官(Foreign Service Information Officers，FSCIOs)，在此过程中，发现传统的性向测验和专业知识考试的成绩无法真实地预测个人在生活与工作上的表现，并造成对弱势群体的不公平。基于此，麦克利兰发表了《测量胜任特征而不是智力》一文，对以往的智力和能力倾向测验进行了批评，主张采用胜任特征评估代替智力、能力倾向测试，并提出基于胜任特征的有效测验的原则。他的胜任特征概念的提出，深深地影响了心理学界和社会公众的观念，后来，其原理在世界范围内得以推广。

(一)胜任特征模型的理论探索

胜任特征(Competency)，指和参照效标(有效的绩效或优秀的绩效)有因果关联的个体的潜在特征。换言之，胜任特征是围绕本职工作的具体要求，并与工作绩效密切相关的一套素质标准。麦克利兰把胜任特征划分为六个层次——技能、知识、社会角色、自我概念、特质和动机，并认为，技能和知识难以把表现优异者与表现平平者区别开来，社会角色、自我概念、特质和动机才是优异者在职位上获得成功所必须具备的素质要求。因此，这些特征被统称为鉴别性胜任特征(Differentiating Competence)。斯宾塞夫妇(Spencer & Spencer，1993)提出冰山模型来进一步解释胜任特征。他们认为，知识和技能属于表层的胜任特征，较容易通过培训来发展，而自我概念、特质与动机等位于水下冰山的部分，则相对较难改变和发展。胜任特征模型(Competency Model)是承担某一特定的职位角色所应具备的胜任特征要素的总和，即针对该职位表现优异要求结合起来的胜任特征结构。界定胜任特征的关键性要素和行为指标的等级，可以反映出胜任特征行为表现的差异。应该说，胜任特征模型的建构是人力资源管理和开发的逻辑起点与基石，在很大程度上是人力资源管理的各项职能得以有效实施的重要基础和技术前提。这为我们的选拔、培训、行为评价和反馈，以及后续的职业生涯发展提供了依据。到目前为止，研究者们已经探索出多种方法来进行胜任特征模型的开发。其中，最有代表性的就是使用效标样本的经典程序，包括使用专家小组的简略设计以及为任职者归纳出工作胜任特征的评价方法，即通用建模方法。

斯宾塞夫妇总结了 20 年来探索胜任特征模型的成果，提出了五类通用胜任特征模型，包括专业技术人员、销售人员、社区服务人员、管理人员和企业家的胜任特征模型，每一个模型都由多项不同的胜任特征组成。比如，企业家的胜任特征模型包括如下几项内容：(1)成就。主动性、捕捉机遇、坚持性、信息搜寻、关注质量、守信、关注效率。(2)思维和问题解决。系统计划、问题解决。(3)个人成熟。自信、具有专长、自主学习。(4)影响。说服、运用影响策略。(5)指导和控制。果断、监控。(6)体贴他人。诚实、关注员工福利、关系建立、促进员工发展。时勘、王继承和李超平（2002）运用行为事件访谈方法(Behavior Event Interview，BEI)对我国通信业领导干部的胜任特征进行的实证研究结果表明，我国通信业领导干部的胜任特征模型包括 10 项胜任特征：影响力、社会责任感、调研能力、成就欲、领导驾驭能力、人际洞察能力、主动性、市场意识、自信和识人用人能力。通信业领导干部在这 10 项胜任特征上显示出优秀组与普通组具有显著差异。这是我国首次验证的能鉴别领导干部的胜任特征模型评价差异的有效性研究。仲理峰、时勘(2003)通过对 18 名家族企业高层领导者的行为事件访谈，建立了我国家族企业高层领导者的胜任特征模型，包括威权导向、主动性、捕捉机遇、信息寻求、组织意识、指挥、仁慈关怀、自我控制、自信、自主学习、影响他人 11 项胜任特征。其中，威权导向、仁慈关怀是我国家族企业高层领导者独有的胜任特征。

采用什么方法建立胜任特征模型以保证人力资源管理系统设计中的效度，是多年来本领域研究的热点。我们认为，可以采用的方法有：工作任务/功能分析(问卷调查)、行为事件访谈法、团体焦点访谈(Focus Group Interview)、图片故事练习（Picture Story Exercise)、团体多层次水平考察法（Systematic Multiple Level Observation of Groups)和德尔菲法(Delphi Method)。这是评价企业高层领导者胜任特征的常用方法。不过，我们主要采用的是如下三种方法。

第一种，工作任务/功能分析，即运用书面问卷、时间记录表等来调查或记录特定时间内某工作的任务、功能或行为特点。其优点是可以通过了解某工作所需的特定活动/任务的特点，产生完整的工作说明书，并在此基础上得到相对应的工作技能、风格等深层次胜任特征指标。其不足之处在于，得到的是工作的特色而非绩效良好员工的特色。

第二种，行为事件访谈法。受访者详细描述在工作过程中的最成功或最失败的经历（如当时的情境怎样，牵涉哪些人，当时是怎样想的，感觉如何，怎样做的，结果是怎样的，等等），其优点在于可以准确地显示有杰出表现的工作者是如何处理特定的工作任务或困难情境中的问题的。它合理地结合了关键事件访谈和主题统觉测验（Thematic Apperception Test，TAT）的特点，有效地揭示了受访者的个性与认知风格，为建构胜任特征模型提供了非常宝贵的资料，并且可以证实其他方法所产生的胜任特征指标是否正确。该方法还能发现新的指标，但时间成本和经济成本比较高。

第三种，团体焦点访谈，也可以称为专家小组座谈。研究人员邀请一群专家，通过头脑风暴的方法来决定哪些指标是完成工作任务的起码要求，哪些是杰出表现者的特色。其优点在于，专家们对工作本身和胜任特征的概念、评估方式等均有较好的了解，大家的参与有利于快速、有效地收集到大量宝贵的验证性资料。但也可能由于缺乏工作实践经验，所得结果过于理论化、脱离实际，最终所建构的胜任特征模型是否符合组织当前的战略目标及实际情况，需要再验证。另外，由于团体焦点访谈涉及的行为都是针对企业当前的战略和执行任务的模式，如果企业的战略目标和经营模式此后发生变化，通过团体焦点访谈获得的结果就有可能与新的企业战略目标不相符，需要企业重新投入人力物力来修正现有的胜任特征模型。

目前，国内胜任特征模型研究的热点开始转移到胜任特征模型网络系统（Competency Model Networking，CMN）的建立上。该系统类似于美国的职业信息网络系统（Occupational Information Network）。它是利用网络技术建立的一个职位分类系统，互联网客户可以利用这一系统从实例库中查询相应的职位说明书及职位通用胜任特征；没有参考范例的互联网客户，则可以通过工作分析问卷得到相应的职位说明书和胜任因子，并通过职业系数修正和行业系数修正，最终获得职位的通用胜任特征模型。不过，我国这一系统的建立目前还处于初步阶段，这是胜任特征模型未来研究的发展重点。在建构的过程中，CMN 更多地运用大量的职位和行业数据，并在此基础上进行系统分析来获得胜任特征模型。和前述三种方法相比，这一方法会明显降低新职位胜任特征模型建构以及在组织战略进行调整的情况下，对原有胜任特征模型进行调整所带来的成本，同时也能规避上述方法带来的个人偏见及给胜任特征模型建构带来的负面影响。所以，CMN 的建立，既可以获得更广泛的行业数据，对行业之间的类似职位进行比较，又可以为求职者进入特定的职位族，以及在族位之间、行业之间进行工作转换提供有力的数据支持，从而降低求职者在工作获得、职位转化以及职业生涯发展中付出的成本，有效地提高工作满意度，帮助劳动者实现自己的职业梦想。当然，CMN 也能为政府和企业实施人职匹配和就业培训提供数据支持，有效地提高政府和企业的人力资本管理效能。

(二)胜任特征模型建构的方法学研究进展

McCormick(1976)将工作相关信息区分为以下类型：(1)工作活动；(2)工作绩效(如时间耗费和误差分析)；(3)工作环境(如社会环境和工作条件)；(4)机器、工具、设备和工作辅助项的使用；(5)工作相关的有形资产和无形资产(如待处理的材料和提供的服务)；(6)人员要求，特别是工作活动和人员要求是研究的主题。工作活动还可以区分为工作取向的活动和员工取向的活动：工作取向的活动通常指的是工作中要完成什么；员工取向的活动是指工作中的行为表现(如决策制定)。员工取向的人员要求包括知识(K)、技术(S)、能力(A)和其他特征(Os)，合称为 KSAOs。Harvey-Wilson(2001)指出，工作分析方法应该独立于完成工作的员工特质，主要应描述其外显的工作行为，并且工作分析数据应该是可证实的、可再现的。Raymark，Schmit 和 Guion(1997)提出，在管理者评价选拔中还应进一步关注管理者的管理风格、人格等方面的因素，而既往的胜任特征模型建构方法对此却很少涉及。1999 年，美国劳工部注意到上述工作分析方法的不足，在新的国家职业分类中，关注了任职者工作风格以及人格方面的内容，重新构建了美国国家职业分类系统，即著名的 O* NET(Occupational Information Network)，在描述员工特征时就包括了能力、工作风格、职业价值观及兴趣等内容。2009 年，我国人力资源和社会保障部借鉴世界典型职业分类(其中主要参考了 O* NET)，开始重新建立职业分类大典，迄今为止，该项目采集了各行业大量的职位信息，形成了比较成熟的分类和管理体系。我们参与了人社部专家组织的数据收集和系统分析，为建立学历文凭制度和职业资格制度的关联体系做了大量工作。不过，在现有的胜任特征模型建构方法中，究竟哪些方面更为合适，哪种方法的数据基础更为丰富、更适于中国情境，亟须胜任特征模型建构方法学的探讨，以便获得更好的理论和方法的支持。

(三)O* NET 的工作分析系统

O* NET 是一项由美国劳工部组织开发的工作分析系统，综合了问卷法和专家访谈法等各种工作分析方法，能够将工作信息(如工作活动、组织情境和工作特征等)和工作者特征(如知识、技能、兴趣等)统合在一起。它不仅是"工作导向"的工作分析和"任职者导向"的工作分析的结合，还考虑到组织情境、工作情境的要求，能够体现职业的特定要求。Hough 和 Oswald 在 2000 年指出，在经济和市场急剧变化的现代社会，O* NET 是工作分析领域体现最新趋势、能够应对新挑战的一大成果。虽然 Hollander 和 Harvey 曾对 O* NET 数据收集方法提出一定的质疑，但 Jeanneret 和 Strong(2003)根据工作构成有效性(Job Component Validity，JCV)的模型，采用 249 个职业的工作分析数据和能力倾向测验数据，发现用 O* NET 的一般工作活动分析作为预测能力倾向测验(GATB)分数的预测效度很好，这证明采用 O* NET 工作分析来确定人员选拔的工具是可靠的。我们也曾经运用 O* NET 对人力资源管理等职位进行了工作分析，并发现该工具具有较好的信效度。目前，美国劳工部正在应用该系统建立美国国家职位分析信息数据库并且定期进行更新，以适应不断变化的工作性质和内容的需要。用 O* NET 收集到的信息主要有两个用途：一是将工作信息和任职者特征进行比较，得到人职匹配的资料；二是比较任职者和组织特征信息，得到员工与组织匹配的资料。因此，O* NET 不仅可以帮助求职者寻找新工作，而且能够为组织选拔称职的员工提供有效资料。

近几年来，我国人力资源和社会保障部专家组应用 O* NET 进行了数据采集和分析，也积累了大量的数据信息，为胜任特征研究提供了珍贵的数据基础。从 2006 年开始，时勘及其研究团队根据中国国情，完成了 O* NET 问卷的中文版的修订工作。在问卷的修订过程中，使用了"翻译-回译"程序来保证不同版本问卷的等价性，问卷的信度和效度通过探索性因素分析与验证性因素分析得到了验证。课题组以 O* NET 为工具，在《心理学报》、《人事心理学》（*Personnel Psychology*）等国内外期刊上发表多篇学术论文，证实了该工具的跨文化适用性。

二、国内外胜任特征模型探索的近期进展

(一)管理者胜任特征模型的研究进展

最新的变革型领导理论为探讨新型领导者的素质特征和行为风格提供了新的视野。Bass(1985)基于长期研究认为，变革型领导者的四个主要行为特征是领袖魅力、感召力、智力刺激和个别化关怀，并设计了测量变革型领导行为的工具(Multifactors Leadership Questionnaire，MLQ)。Podsakoff 等(2006)也对变革型领导者及其行为和结果进行了实证研究，发现与变革型领导者相联系的行为通常有六类：表明目标、树立适当的典型、鼓励认同集体目标、良好的表现的期望、个体化的支持和智力刺激。李超平、时勘(2005)的研究则发现，我国的变革型领导是一个四维的结构，包括愿景激励、德行垂范、领导魅力和个性化关怀。从以上关于领导者素质和行为特点的研究成果可以看出：(1)所列举的各种人格特质和行为风格中，既包括区分高绩效领导者与一般领导者的指标，

也包括区分领导者与非领导者的指标。这说明，以上指标并非都是胜任特征指标，因此，不经过严格的实证检验，就不应该简单地将其照搬入组织部门领导干部的胜任特征模型中。(2)对高水平的领导者应该具备哪些个性特征和行为风格特点的研究结果，虽有共同之处，但也有明显差异。究其原因，既可能与研究所采用的实验调查工具、统计分析方法不同有关，也可能与研究对象、研究情境、文化特点等的差异有关。领导者应具备的品质、个性和技能在很大程度上由其所处环境的需要决定。这说明，我们在开展领导者胜任特征研究时，可以合理参照并吸收国内外现有领导理论的研究成果，但要基于我国的具体情况、研究对象所处岗位的特殊要求和自身特点而有所舍弃，同时，我们也要关注不同胜任特征之间的内在联系。

(二)国外公共部门管理者胜任特征模型的相关研究

20世纪30年代以来，心理学家们进行了大量的研究，希望发现领导者与非领导者在个性、社会、生理或智力方面的差异。其中，"领导的特质理论"在确定与领导关系密切的特质方面的研究中取得了令人瞩目的结果。在研究了大量北美组织和领导者后，心理学家们得出结论：一些品质或人格属性确实能够保证领导者在不同情境中的领导有效性。这些品质或人格属性包括：生理活力和耐力、智力和行为定向判断、承担责任的渴望、任务胜任力、理解下属及其需要、人际技能、成就需要、激励人的能力、勇气和决心、值得信任、坚定、自信、决断力、灵活性和适应性。Kirkpatrick和Locke(1991)的研究发现，领导者有六项特质不同于非领导者，即进取心、领导意愿、正直和诚实、自信、智慧、与工作等有关的知识。Dobbins等(1990)则基于充足的证据认为，高自我监控者比低自我监控者更易于成为群体中的领导者。被称为"新特质理论"的领导归因理论和魅力型领导理论则为进一步确定领导者的个性特点提供了新的依据。Lord等(1986)发现，人们倾向于把领导者描述为具有这样一些特质的人，如智慧、随和的个性、很强的言语表达能力、进取心、理解力和勤奋等。上述研究均为探索我国公共部门领导干部的胜任模型提供了很好的思路。可以看出，不同文化背景和不同政治体制对政府高级公务员的素质要求是不同的。

(三)国内公共部门管理者胜任特征模型的相关研究

新的历史背景对国家公务员队伍提出了新的要求。我们基于新的背景开展了国家公务员胜任特征模型的研究。公共部门管理者是国家公职人员，是人民的公仆，同时也是保障中华民族伟大复兴的公共人力资源，在确保人民实现中国梦的进程中起着至关重要的作用。早在2003年，为贯彻落实党的十六大提出的"加强党的执政能力建设，提高党的领导水平和执政水平"要求，进一步开发公务员人才资源，促进公务员队伍能力建设，造就一支高素质、专业化的公务员队伍，原人事部向全国的公务员系统印发了《国家公务员通用能力标准框架(试行)》，并且要求各地、各部门在公务员培训、录用、竞争上岗、考核等工作中，要以标准框架为参考依据，体现通用能力的要求，并根据不同职务公务员的特点制定细化的标准。标准框架包含的通用能力主要有：政治鉴别能力、依法行政能力、公共服务能力、调查研究能力、学习能力、沟通协调能力、创新能力、应对突发事件能力和心理调适能力。该标准框架对这九大能力的定义给出了详细的分解和说明，但对如何培训提升这些能力则没有进行探讨。2005年，在全国组织系统深入开展"加强组工干部队伍能力建设"的活动中，中组部领导概括了组工干部应着力提高的五种能力，即政治鉴别能力、政策运用能力、知人善任能力、组工业务能力、拒腐防变能力。这五种能力集中反映了党中央对组织部门和组织工作的一贯要求，同时也体现了新时期组织工作的特色，但上述研究属于实践中的经验总结，缺乏必要的实证研究数据支撑。2006年，北京双高人才发展中心和北京大学心理学系合作，对6 000名党政领导干部进行访谈和问卷调查，将所得数据进行统计分析，提出党政领导干部的胜任力模型应包含以下七个维度：工作能力、自我约束、政治素质、领导能力、学习能力、协调能力和以人为本。北京大学政府管理学院则对党政领导人才素质标准的相关理论进行深入探讨，以某中央部委机关党政领导人才群体为样本，共发放 200 份问卷，回收有效问卷 160 份，通过调研访谈、问卷调查等研究方法，建构了由政治素质、知识素质、能力素质、基本心理素质、品德素质、观念与理念素质以及工作经历与学历七个一级指标构成的党政领导人才素质模型。上述研究均为探索我国公共部门领导干部的素质模型作出了贡献，但可以看出，基于研究时间、成本等方面的考虑，上述研究都采用了小样本访谈加大样本调查问卷的方式来建构领导干部素质模型，因此，研究结果可能存在"方法效应"的影响。公务员胜任特征模型的探索工作还有待深入。

三、抗逆力模型的研究进展

(一)抗逆力的基本概念

抗逆力(resilience)曾经一直被归入胜任特征研究领域，被认为是管理者胜任特征一个不可或缺的维度。Earvolino-Ramirez(2007)认为，抗逆力主要用于解释人们在面对挫折和逆境时能有效地应对，从困境中恢复甚至反弹的心理特征。也就是说，个体在应对负性事件以及处理突发危机事件时表现出的维持其稳定的心理健康水平及生理功能、成功应对逆境的胜任特征。与通常意义上的胜任特征含义并不相同，抗逆力是一种抑制最大潜在危险以及灾后恢复的能力。抗逆力是个体在应对非常规突发事件时能维持自身心理健康水平和生理功能的心理特征，其核心是人和系统遭受重创时能积极适应并恢复反弹的能力。国外颇具代表性的抗逆力量表有 Ego-Resilience Scale(ER89)、Resilience Scale(RS)、Resilience Scale for Adults(RSA)、Connor-Davidson Resilience scale(CD-RISC)、Resilience Scale for Adolescents(READ)、Brief Resilience Scale(BRS)。这些量表多基于个体保护性因素编制，针对公共危机事件突发的应急情境，以危机救援人员及救援团队为研究对象，探索危机救援人员及救援团队的抗逆力模型及其作用机制，开发抗逆力模型的测量工具。

(二)应对非常规突发事件的抗逆力模型

范维澄、刘奕、翁文国(2009)提出的公共安全三角形理论模型，将公共安全体系分为突发事件、承灾载体和应急管理三大组成部分。我们的研究将从风险性、脆弱性和抗逆力等角度来综合考虑非常规突发事件的危机管理策略。这是由于目前的抗逆力模型已不再局限于个体、团队水平，而是提升到应对灾难的社会基础系统(Infrastructure System)的水平，因此，特别倡导社会基础设施系统的"抗逆力投资"(Resiliency Investment)(Hill，Wiener，& Warner，2012)。Djalante 等(2012)认为，灾难抗逆力是指社区或社会在面临风险时忍耐、承受、适应和从灾害中迅速有效恢复的能力，这应该是未来抗逆力拓展研究的新视角。从风险性、脆弱性和抗逆力三因素的关系来看，抗逆力是对脆弱性的重新安排、重新设置和管理(Sapountzaki，2012)。Haimes(2009)则将抗逆力定义为一种状态量，它反映了系统、社区、社会抵抗或改变的容量，使其在功能和结构上能达到一种可接受的水平。Prasha 和 Shaw(2012)对印度德里的灾害风险进行了评估，采用了气候灾害抗逆力指数(Climate Disaster Resilience Index，CDRI)工具，它包括物理环境、社会环境、经济状况、制度现状以及自然环境五个维度。

抗逆力模型属于心理抗逆力模型范畴的探索，而前述的一些有关应急能力(抗逆力)研究，则更多关注较为宏观的物理抗逆力模型探索，缺乏对抗逆力的客观指标和主观指标整体性相结合的实证研究。此外，现有研究还需要对特定的非常规突发事件进行模拟仿真，对危机应对的实践案例、基于抗逆力模型影响机制的安全心智培训模型，以及专门针对非常规突发事件这些特殊情境下的领导者抗逆力模型的实证性研究进行补充。上述研究均为探索我国管理者胜任特征模型(常规情况下)建构和抗逆力模型(非常规情况下)建构提供了很好的思路。我们将在上述研究基础上进行拓展，探索基于中华民族伟大复兴的背景来建构管理者胜任特征模型，并以此为基础，有针对性地开发培训模式，提高领导干部培训的成效，进而向其他类型组织推广。这不仅具有重要的理论和方法学意义，更具有重要的实践意义。

总之，基于胜任特征模型和抗逆力模型，加强我国各级管理干部的能力建设，促进他们的职业生涯发展，是保障我们实现中国梦的社会心理促进的基础。为此，首先，就典型行业的基层管理者进行特征模型的建构与验证研究，特别要验证在新时期，传统的 BEI 方法有哪些可以保留，有哪些需要变革；其次，就政府部门公务员的胜任特征模型建构方法进行探讨；再次，选择新入职员工进行多重匹配性对职业适应性的影响研究；最后，选择非常规突发事件背景下的个人和团队进行抗逆力模型的作用机制研究。我们把这些研究总称为"基于胜任特征模型的能力建设研究"。

第三节

————

民族复兴与创新文化建设

一、创新文化问题的提出

对于追寻和实现中华民族伟大复兴的中国梦，高等教育具有独特而不可替代的作用。高等教育处于整个教育体系的龙头地位，是培养高级专门人才、发展先进科学技术、提供多样化社会服务、促进先进文化传承创新的重要阵地，对于实现国家富强、民族振兴和人民幸福的目标，具有先导性、全局性和决定性的关键作用(杨林、李辉、茶世俊，2013)。高等教育通过科技创新、人才培养、文化传承创新、实现个人理想，促进了国家富强、社会和谐和人民幸福，扩大了中国对世界文明的贡献以及在国际上的影响力。例如，在人才培养方面，高等教育为社会主义建设事业输送了数以千万计的拔尖创新人才、高素质人才和合格劳动者，这些人才资源成为各行业的领军人物和骨干分子。在科技创新方面，无论是"两弹一星"研制、"神舟"系列飞船升空和"蛟龙号"入海，还是各种发明创造和技术革新，都与高等教育培养的科技人才密不可分。所以，关注科学创新的环境、高端人才培养，以及青少年的科学教育的普及，从社会心理的角度深入剖析社会层面的创新与发展，具有重要的意义。中国梦的实现就是要坚持以经济建设为中心，推动我国科学技术的发展，实现中华民族的科技梦，使中华民族以强大的国力、领先的科学技术屹立于世界民族之林。为了实现这一目标，我们认为，有如下三方面的社会心理促进机制问题需要解决。

第一，针对那些在自然科学、社会科学方面作出卓越贡献的科学院院士、工程院院士和社会科学家，怎样才能让他们充分发挥对国家科学技术发展、宏观经济决策等方面的谏言作用？早有人提出建立国家科学思想库的建议，但是，究竟应该怎样搭建这一平台，真正吸引各领域专家有效地参与国家科技发展的重大决策，这恐怕不是政府机构营造一个宽松的沟通环境、出台一些科技政策就能直接达成的。因为科学技术发展具有很大的行业差异性，中国科学院、中国工程院两院院士与从事科学史、人文地理、心理学的专家进行跨学科研究时会面临学科差异性的问题。比如，如何确定中国的战略性新兴产业，如何缩小与发达国家科技进步的差距，如何解决好高速发展、中速发展、慢速发展的各种瓶颈和障碍问题，如何确定中国生态文明建设的方略，如何科学预测和判断未来科技革命与工业化及其给中国带来的机遇及挑战，等等。专家只是在自己所擅长的领域内被称为专家，换一个学科，则未必会成为专家。此外，专家也是具有不同个性的人，专家群体也是千差万别的学者团队。在建立国家科学思想库的时候，要充分考虑如何避免"责任扩散""框架效应"以及"从众心理"的消极作用，所以，国家科学思想库的群体决策是值得探讨的社会心理促进问题之一。

第二，"钱学森之问"指向的一个社会心理学问题是，中国高端人才的成长路径中究竟存在哪些弊端？所谓高端人才，主要指那些在我国科学技术发展中发挥着引领作用的将帅人才（李勇、陈建成，2008）。这包括我国科学技术领域的科学家，为国家社会经济发展起到更大良性驱动的社会学家、经济学家、管理学家等。这些高端人才以及正在为中华民族复兴而作出杰出贡献的成功者，包括各行业的专业技术人才，他们的成功之道是什么？我们在培养高端科技创新人才方面究竟应该为其创设怎样的环境？我们的科技制度，以及我们的教育制度、科研机制该给人才培养提供怎样的保障？对这样的问题进行社会心理影响机制层面的反思，必然会包含下列相应的问题：在实现中国梦的过程中，如何加强自然科学、社会科学各领域的专家和研究支撑机构的合作？如何设置国家科技发展的评价体系？如何为国家定制情报平台？如何界定国家科学思想库的研究内涵等重大科学问题，以便为中国梦的实现持续地提供科学技术发展的战略部署，为中国梦的实现提供理性决策依据？

第三，中华民族伟大复兴并非完全是科学家、高端人才的事情，更需要全社会大众的参与。有很多政府管理者、学者、新闻媒体工作者关注老百姓的心态、幸福指数等问题，但想要营造一个全民族共同关注中国梦的社会心理氛围，更重要的是得到全社会的普遍认同，让大家感觉到中国梦实实在在地与老百姓息息相关，而不是少数人的自我实现之追求。因此，大众的科学普及是最能打动民众的，与民众日常生活密切关联的科学普及教育，则更应该是大家关心的热点问题之一（邓爱华，2009）。教育心理学专家多年来致力于从事家庭-学校-社会的"体验（行为）-探究（认知）-感悟（情感）"的生态理论（Chabalengula & Mumba，2012）研究，或许可以创造出一种适宜青少年发展生态系统的环境。总之，我们可以从国家科学思想库、高端人才的科学培养、特殊技能人才的成长规律、高等教育的学习环境等方面来构建跨时空、跨学科的全面沟通模式，以达到这一目标。因此，本子课题就关注这方面的问题，试图让我国青少年感悟到"天下兴亡，匹夫有责"。

二、科学思想库的建设研究

科学思想库（Scientific Think Tank）是指专门提供科学技术政策研究和为政

府的决策提供科技咨询的思想库。随着科学技术在国家竞争力中起着越来越重要的作用，科学技术政策的决策对于在众多部门中实现国家目标来说非常关键。这也从客观上促进了科学思想库的产生与发展（孙志茹、张志强，2010）。科学思想库具有鲜明的科技特色，在开展决策咨询和建言献策、推动领导决策科学化的同时，还发挥着繁荣学术园地、促进学科建设和科技发展的作用。

(一)科学思想库的特性

现代科学技术日益呈现出跨越式的创新与发展趋势，对政府制定正确的科技发展战略提出了更多的挑战，同时也对科学思想库的建设提出了更高的要求（李艳、王凤鸣，2010）。目前，科学思想库呈现出如下特点。

1. 研究内容的知识与技术密集性

科学思想库区别于其他类型思想库的首要特点是研究内容的知识与技术密集性。科学思想库的研究内容涉及很多具体的学科知识、技术知识，对这些知识深入系统地了解和研究，是其研究工作的首要内容和基础（曾静静，2011）。此外，对问题相关知识的了解和研究程度，决定了该思想库对该问题的研究水平，这将决定提出这些观点和建议的正确性。

2. 研究分析的跨学科性

科学思想库研究的跨学科性表现在两个方面：自然科学之间的交叉和自然科学与社会科学的交叉。科学技术的发展战略作为科学技术的问题，也涉及社会发展、政治影响和外交策略等多方面的社会问题。此类研究实际上就是自然科学与社会科学的有机结合。

3. 自然科学家在科技决策中占主导地位

科技政策的制定需要专业力量，缺乏对科技专业知识了解的人被排除在科技政策的参与过程之外。因此，在科学思想库的每项研究中，相关领域的自然科学家以他们掌握的相关领域专业知识而占据研究的主导地位。科学技术领域的繁多和不同领域科学知识的专深，导致科学思想库往往不能将所有领域的科学家都囊括其中。所以，常常采用的方式是针对不同的研究问题临时聘请相关的专家，组成研究小组进行课题研究，而当课题结束时再将研究小组解散。

(二)科学思想库的主要研究内容

1. 国家发展战略研究

科学技术对国家发展的方方面面有着越来越深入的影响，并且已经成为国家发展战略的重要组成部分之一。因此，许多科学思想库将国家发展战略作为主要研究内容。国家发展战略研究具体包括国家科学技术政策、国家可持续发展战略等方面的研究。

2. 基于科技进步的国家创新体系研究

如今，创新已经成为各国科技和经济发展的主题，而基于科技进步的创新更是对国家有着重要的贡献。国家的创新体系包括公司创新、产业创新、区域创新和国家创新等几个层次。对这部分内容的具体研究应当分别从如下几个层次展开：产业创新政策与区域创新政策，公司、产业和国家中的创新管理等。具体的研究内容还包括创新指标要素、创新对策，以及平衡与创新等。

3. 科学发展的战略政策研究

这类研究主要是针对如何促进科学技术的发展及相关的基础设施、战略决策所进行的研究。具体研究内容包括科学技术活动研究、研发过程研究、科学技术趋势分析、新兴技术(如空间和卫星导航、纳米技术)、科学研究的评价、科技人才的教育与培训等。

4. 科学技术发展与社会经济的关系研究

科学技术在社会经济发展中要有合适的地位和作用。科学技术的发展要和社会经济发展相协调，特别要注意遵循和利用经济规律，增强科学技术的社会功能和作用。这一研究方向的具体研究内容包括：科学技术发展引起的新型治理问题、科学技术发展对公众安全的影响、技术对经济和社会需求的适应过程、增强科技和社会连接的方法(如科技领域和社会的交流)、反映社会对研究和技术发展的关注情况，以及如何测度技术对经济和社会需求的导向问题等。

5. 科学合作机制研究

科学研究并不是处在独立的研究系统中，而是需要有不同领域、不同范围的合作来促进整个科学研究事业的发展。科学思想库对这一问题的研究主要集中在如下方面：政府、产业界、学术界之间的合作，国际科技合作政策和全球科技政策研究，科技政策和技术经营的国际动向分析及交流合作方案，主要科学技术国际合作成功案例调查研究等。

(三)科学思想库的社会职能

1. 为政府提供科技政策咨询

科学思想库组织以其强大的研究能力进行专门的科技政策研究，将会对政府的政策决策提供强有力的帮助。为政府提供科技咨询的作用主要涉及两个方面，即对政府有关科技的宏观政策提供建议，以及对公共政策中有关科技的方面提供建议。

2. 对科研项目有效性进行评价

政府为了合理分配研究资金、提高研究投入的使用效率，需要对其科研资助政策以及研发的实施、成果和影响进行评价。科学思想库以研究的客观性和中立性著称，在科研评价方面具有较大的优势，可以提供权威的、专业的科研评价。

3. 向公众普及科技政策知识

科学发展对社会的影响越来越大，公众越来越渴望了解并参与到科技政策制定过程中来。而科学思想库通过各种手段宣传其研究成果和基本主张，如发表著作、研究报告、定期出版物，召开各种各样的研讨会等。这些宣传手段让公众了解政府科技政策制定的过程以及依据，同时也搭建了政府与科学界同普通公众交流思想的平台。这就使得科技政策的制定更广泛地体现民众权益，也可以增强决策的科学性和有效性。

4. 培养科技人才

科学思想库聚集了各大专业的大批专家学者，在日常的实践和交流中培养了大批高素质的人才。例如，中国科学院和中国社会科学院都建有自己的各梯队研究人员和研究生队伍，承担了培养储备研究人才的职责。

三、高端人才的培养模式

国外关于高端人才培养的研究起步较早、较为成熟；从国内来看，我国学者的相关研究于近年来也开始受到重视。目前，国内外相关研究主要集中于高端人才培养机制及实践领域等方面，就已有的研究主题而言，主要包括如下内容。

(一)高端人才成长的发展规律

美国《创新杂志》从工业创新的角度指出，创新人才是指能够孕育出新观念，并能将其付诸实施，取得新成果的人。研究者认为，高端人才在各个领域，特别是科学技术和管理领域有强烈的事业心和社会责任感，有创新精神和能力，能为国家发展作出重大贡献，在国家甚至在世界上的相关领域都是带头人和杰出人才；高端人才具有合理的知识结构、能力结构及良好的个性品质和素质特征(李勇、陈建成，2008)。学者们根据不同的标准，将人才成长过程划分为若干发展阶段，比较常见的划分标准有如下几种：按照时间因素划分，将人才发展过程划分为幼儿期、求学期、创造期、成熟期和老年期五个阶段；按照空间因素划分，将人才成长过程分为两个阶段，即第一个阶段主要在学校度过，第二个阶段是学校教育结束后，以立志成业的饱满热情进入社会，走上工作岗位；按照人才所能发挥的作用划分，可分为准人才、潜人才、显人才、领军人才四个基本阶段；根据人才创新能力逐步发展变化过程划分，可分为创新意识萌芽阶段、创新思维形成阶段、创新学习提高阶段、创新能力涌现阶段和创新人格顶峰阶段。此外，还有学者认为，创新人才成长经历了预备阶段、适应阶段、迅速发展和稳定阶段、停滞和退缩阶段，以及持续成长阶段。

高端人才的成长过程极其复杂，其成长既与个人潜质及性格等相关，也存在家庭环境因素的影响，更与其教育背景和职业生涯相关；同时，国家整体的科研体制和用人制度也对高端人才的成长有重要影响。有研究者指出，尊重人才的成长规律，尊重学术活动的特点和规律，构建包容开放的社会政治经济环境和制度、丰富的精神文化氛围和观念、灵活的教育研究体制与开放的资源环境，以及有序的技术和规范，有助于创新人才的成长。还有研究者综合国内外心理学领域有关创造性的重要研究成果，综合探讨了创造性的社会标准和个体标准、思维与知识基础、创造的领域性、创造的"十年律"、创造的最佳年龄、创造者的人格与怪癖、创新教育与教育创新七大问题，反思了这些因素对于创新人才成长产生的影响，特别是对于有关制度设计的启发意义（林崇德、辛自强，2004）。

(二)高端人才成长的外在影响因素

从人才学的角度出发，人才成长是以创造实践为中介的内、外诸因素相互作用的综合效应。其外在影响因素主要包括如下几个方面。

1. 社会因素

社会因素主要包括社会环境、群体环境、文化环境、教育环境等。这些因素明显制约和影响着科技人才的成长。社会环境主要包括社会政治环境、经济和科学文化发展水平，表现为社会科学道德水准的舆论环境等。国际化已经成为高端人才成长的必经之路，良好的科研条件是高端人才成长的前提，宽松的科研环境是高端人才成长的沃土，公正科学的评价机制是高端人才成长的"助推器"，结构合理的团队是高端人才成长的阶梯，政府政策支持是高端人才成长的坚强后盾。

2. 群体环境

每个人都生长和生活在一定的群体中，群体对个体的成长和发展起到很大的影响作用。群体因素基本上由两大板块组成，即家庭群体和工作群体。这两个群体对科技人才的成长和发展均有很大影响。家庭群体中影响科技人才成长的主要因素是父母教育、亲友交往与夫妻关系等；而工作群体对创新型科技人才的影响因素主要表现为领导作用、同事关系和团体氛围。

3. 文化环境

文化背景的差异对创新思维的形成也有重要影响。根据 Hofstede(1980)的文化维度理论，我们可以发现，中国文化具有以下特点：(1)不确定性规避意识。传统文化从小教育孩子要规规矩矩，偏好稳健，认为不确定性是一种持续的威胁，喜欢按部就班、有条不紊地生活与工作，在工作中尽量避免冲突与竞争；有强烈的保守思想，缺乏创新意识；此外，还认为人应当绝对服从道德规范，任何事情必须遵守规章制度。(2)高权力距离型。中国文化中的一个重要组成部分就是权力距离，从孔孟提倡的"君君臣臣""父父子子"和"三纲五常"，到现代社会强调的在单位、在学校尊敬领导、尊敬师长，讲求的是社会的秩序，以及人与人之间的距离和等级。(3)男性化倾向。在这种男性文化影响下，学生们得到的教育是要有抱负和上进心，应该尊重和爱自己的父母，要做成绩优秀的学生。

4. 教育环境

社会的科学文化和教育环境对人才的成长同样具有重要影响。有的研究者在对青少年进行调研后发现，年龄小的孩子更注重社会理想，这或许与学校环境的影响有关，比如，被父母、老师表扬，被认为是学习榜样，在学校表现积极等，这些都是影响学生积极表现的因素。有的研究者通过对青少年科技活动调研结果中获得的相关信息进行分析和总结，发现青少年科技活动的类型、管理方式等在很大程度上影响了青少年人才的成长和发展。此外，重视青少年的创新意识和探索精神、青少年参与科技活动的动机、素质教育的引导作用、青少年参与科技活动的时间以及家长对青少年科技活动的态度，也影响青少年人才的健康成长。

(三)高端人才成长的内在影响因素

1. 生理因素

科技劳动是一项艰苦的工作，没有健康的身体和充沛的精力，是无法进行拼搏，无力获取科研成果的。身体素质与先天遗传有关，但主要在于后天的锻炼。健康的身体是万事之基，是人才成长的物质要素。国内外研究者均证实，人才成长与年龄是有一定关系的。有关统计资料表明，人才的最佳年龄区在25～55岁。该年龄阶段的人，各方面能力最为活跃，身体强健，精力充沛，是出成果的最佳时期。

2. 心理因素

心理因素主要包括智力因素和非智力因素。二者既有联系，又有区别。非智力因素伴随智力活动产生，并随着智力活动的发展而发展，智力的发展又受到非智力因素的制约。智力因素包括知识和能力，即通常所说的学、才、识，它们是人才成长必备的核心要素。知识既包括书本上的理论知识，也包括丰富的感性知识和实践经验，是人才成长的智能基础。能力是顺利完成某项研究活动所必备的心理特征，可分为基本能力和综合能力两大类。研究表明，一个人取得成功的因素有很多，但智力因素只占20％。也就是说，非智力因素如个性特征、思想道德、意志品质、情绪情感、人际交往能力和社会适应能力等，往往对一个人的成功起着决定性的作用。

(四)高端人才成长的关键环节与对策

这方面的研究一方面是对国外高校创新人才培养模式的探索，多以美国、德国、日本等发达国家为主(姚聪莉、任保平，2008)，主要介绍其科技创新人才培养模式对中国的启示；另一方面是对高端人才培养实践中的课程体系设置、教学方式等相关问题的探讨。研究者们认为，高端人才培养模式的基本要素主要包括课程设置、实验训练、课外科学研究、课堂教学、氛围管理及考核制度等多个环节(徐晓媛，2011)，并就这些环节存在的问题进行分析。

近年来，关于高端人才培养成长机制的相关研究并不鲜见，但研究仍存在以下问题。

第一，国内外关于高端人才的素质研究缺乏基于其创新能力与思维品质的相关界定，且大多仅列出科技创新人才的具体素质特征，并未将各种素质进行整合以建构高端人才素质结构模型。

第二，相关研究大多为理念层面的呼吁与提倡，在具体研究过程中缺乏富有成效的研究工具或方法，缺少基于人才成长不同阶段的实证调查研究，未能基于其成长机制建构高端人才成长模型，开发高端人才研究数据库。因而，其研究结果呈现出较大的主观性，限制了在实践应用层面的可操作性。

第三，研究多停留于一般性介绍，对不同国家的社会环境、教育制度、文化差异等缺乏综合研究分析与比较，尤其是针对我国现行教育体制、培养条件和社会环境下研究型大学优秀生源选拔机制、高端人才培养与评价机制、科研管理及资源配置机制、社会文化支持机制等方面缺乏可行的政策建议。

四、科学普及教育的研究

在未来社会中，国家之间综合国力的竞争，在很大程度上表现为高素质创新人才的竞争。国民的科学文化素质和创新能力对国家整体发展的作用日益突出，提高国民科学文化素质，创新能力显得至关重要，而科教兴国战略正是培养高素质创新人才、实现中国梦的主要途径。

(一)科学普及的定义及研究内容

科学普及是利用普及载体，通过灵活多样的方式，向公众传播科学知识、科学思想、科学方法和科学精神的活动。科学普及是提高国民科技素质的重要手段，有助于健全社会科技意识，也是对各级各类学校教育的一个重要配合与补充；同时，提高公众的科学素养，还可以促进科学的进步和发展。有学者提倡，不仅应该普及科学技术知识，而且应该普及社会科学知识，要激发科学家为大众撰写科普书籍的热情，提高书籍的科普渗透作用和科普书籍的质量，并主张通过科学普及提高学校传统教学的效果(Shibley，Dunbar，Mysliwiec，et al.，2008)。国家要想屹立于世界民族之林，保持兴旺发达，必须不断提高国民的科学素质。开展有效的科学普及工作，必须在坚持科学性与通俗性相结合的原则下，依据教育的原则和各类人群的心理特点，充分发挥科学家和教育家的作用，才能开展有效的工作。实际上，科学普及工作的目标不仅仅是给大众输入更多的科学知识，更要让大众形成科学的思维方式，即形成科学思维的心智模式。这是科学普及工作的核心内容。

心智模式（Mental Models）的概念最早起源于心理学领域，1940年由苏格兰心理学家克雷克（Kenneth Craik）创造出来。它是认知心理学中的一个概念，指人们的长期记忆中隐含着的关于世界的心灵地图。心理学家认为，每个人在探索周围环境的过程中，必然会形成对外界的认知地图，它指导着个体对外界的看法和行为。所谓科学思维的心智模式，就是倡导在科学普及过程中知、情、意、行的统一，既要让大众学习到科学知识，激发大众的科学热情，又要让大众形成类似科学家和高端人才的创造性思维模式，并能够在实践中运用科学思维的方式解决现实生活问题。

(二)国外组织和机构的科学普及

在世界范围内，联合国教科文组织开展了多项活动，不断推进世界各地的科学普及工作。西方发达国家早在19世纪初就开始重视提高公众的科学思想。最初，一些儿童书籍通过文字、版画等形式向儿童传递了物理学、天文学、社会学、人类学、政治学等各类科学知识（Chappey，2011）。美国政府和美国国家自然科学基金委员会等经常组织科学博览会，以提高青少年的科学素质。波兰和荷兰等欧洲国家也十分重视科学普及工作，这明显地提高了公民的科学素养。而日本则因为长期重视科学普及工作，不仅提高了国民的科学素质，还提高了其国际竞争力。1985年，英国皇家学会发表了一份重要报告《公众理解科学》，标志着英国科学普及工作开始面向公众转变。在法国，科普是作为大众的公民权存在的，法国人认为，科学素养也是国家整体文化的重要组成部分之一，应该让科学重新成为文化的一部分（邓爱华，2009）。此外，国外众多知名大学也都是进行科普宣传工作的重要场所。比如，美国哈佛大学的自然历史博物馆、英国剑桥大学的动物学博物馆以及日本京都大学综合博物馆等(王民、史海珍、易斌,等,2012)。可见,国外发达国家已经形成了良好的科学普及氛围,公众参与度高,科普工作的手段先进、形式多样,科普工作的信息化程度高,科普场馆都有比较完善的运行机制(李健民、刘小玲、张仁开,2009)。其实,一些非洲国家,如赞比亚,也十分重视本国的科普教育工作,有的研究还探究了科学普及工作与高中课程相结合的有效模式。

(三)科学普及的心理促进因素

虽然西方发达国家的科学普及工作已经取得了良好的社会效益,但是,研究者依然在不断探索进一步完善和提高科学普及工作的社会心理促进机制。例如,一些研究者在如何提高青少年科学素质的自我效能感、影响科普工作的社会心理因素,以及如何依据心理学原理促进公众获得科学知识和科学方法等方面开展了调查研究(Dionne,Reis,Trudel,et al.,2012)。这些调查结果发现,即使人的行为没有对自己产生强化,但由于人对行为结果所能带来的功效会产生期望(自我效能感),也会主动地去从事和坚持这一活动。因此,在开展青少年科学普及教育工作时,要考虑提高青少年科技创新的效能感。

此外,个体的控制感以及认知好奇心等因素,也会影响科学普及教育的效果。认知好奇心是一种追求外界信息、指向学习活动本身的内驱力,它会使个体对科学活动产生好奇心理,并产生探索、操作和掌握的行为。同时,个体的加工效能也会受到所在群体特点的影响。比如,当一个群体形成了崇尚科学的氛围时,根据情绪感染理论,群体中的成员会对科学现象产生更多的热情和兴趣,也会愿意模仿科学家的思维方式和过程,更愿意从事与科学创造有关的活动。

(四)个体成长的生态系统理论

国外科学普及教育不仅重视科学普及的内容,也非常注重科学普及的有效性,因此,会充分利用个体成长的生态系统(Roberts & Hammann,2012)。按照生态系统理论,每个人都是在自己的家庭、社区和国家构成的多元背景中发展起来的,这些系统按照不同层级分为微系统、中系统、外系统、宏系统以及时间系统。家庭是个体最主要的微系统，其次是学校和社区；中系统则是这些微系统之间的相互关系；外系统是由个体并不在其中扮演重要角色，但是会对他们产生影响的背景构成，如父母工作中的事情；宏系统包括特定文化中的意识形态、态度、道德观念、习俗、法律等；时间系统就是时间维度，因为个体所处的环境会随着年龄的增长而发生改变。可见，人们会受到他人、组织、学校以及他们隶属于其中的团体的影响，人们在某种程度上是环境和社会影响的产物。在幼儿阶段，对个体产生直接影响最多的是家庭微系统，国外科学教育会充分利用家庭的优势、发挥家长的作用；在学龄阶段，学校是科学普及教育的主渠道，这时，科普教育会通过模拟科学实验等方式激发青少年的科学创造力；在成人阶段，社会中的科普教育将会发挥更大的作用。

(五)我国科学普及工作的研究进展

目前，我国社会的各部门已经比较重视公众的科学普及工作，各地的科技馆、博物馆数量逐渐增多，一些学校也开设了科学普及课程。2006 年 2 月 6 日，《全民科学素质行动计划纲要（2006—2010—2020 年）》发布，提出了全民科学素质行动计划在"十一五"期间的主要目标、任务与措施。2002 年 6 月 29 日，《中华人民共和国科学技术普及法》正式颁布实施，这标志着我国的科学普及事业进入了法制化轨道。中国科学技术协会（简称中国科协）还在全国范围内开展了全国科普日工作，每年 9 月第三周公休日举办全国科普日活动。在此基础上，各地不断开展丰富多彩的科普活动，加强了科普工作与学校常规教育工作的融合。目前，我国科普工作已经在一定程度上提高了公民的科学认识和科学探究精神，尤其是神舟十号女航天员王亚平的太空授课，更是凸显了国家对科学普及工作的重视。载人飞船本身也同样点燃了我国公众对科技知识的热情，尤其是给公众普及了天文知识和航天技术知识。与发达国家相比，我国的科学普及工作还是落后一些。中国科协发布的第八次中国公民科学素养调查结果显示，2010 年中国公民具备基本科学素质的比例为 3.27%，仅相当于日本（1991 年为 3%）、加拿大（1989 年为 4%）和欧盟（1992 年为 5%）等主要发达国家和地区

20 世纪 80 年代末 90 年代初的水平。也就是说，差距至少有 20 年。此外，在现代化的社会，我国科学普及工作对各种新媒体技术的使用情况还较为欠缺。研究已经发现，通过新媒体的使用，以社交网络方式传播和普及科学知识，不仅可以满足青少年喜欢接触新媒体的心理，提高科学普及的效果，而且可以提高科学普及的速度。因此，随着新媒体技术的普及与应用，我国也应该多采用一些青少年常用的社交网络等新媒体技术来普及科学知识。

综上所述，实现中国梦的基础是实现"科技强国梦"和"教育兴国梦"，在未来的研究中，我们将开展如下的探索研究工作。

第一，充分发挥科学思想库在国家重大科技决策中的作用，保障国家战略性新兴产业、重大社会经济决策建立在理性科学的基础之上，探索建立和完善与国家科技创新关系密切的科学思想库的社会心理促进机制。这是子课题 3 探索的核心科学问题之一。

第二，培养和造就一大批挑战科学技术前沿难题、博取世界级科技奖项的高端人才，探索我国不同类型的高端人才（含特殊技能人才）成长的社会心理影响因素；探索创新工作要求对科研人员创新行为的影响机制、组织冲突对科研人员行为的影响机制，以及领导创新期待对科研人员根本性创新行为的影响机制。这是子课题 3 探索的核心科学问题之二。

第三，在上述研究成果的基础上，探索作为科技后备人才培养的高等学校、中等专业学校、普通教育和学前教育为实现中国梦的人才培养的社会心理促进机制，并以此作为开展我国大众科学普及工作的心理学依据，特别是要探索我国青少年科学普及工作的社会心理促进机制，构建我国大众科学普及的有效促进模式，从长远、整体的角度，提升整个民族的公民科学素质和科学精神。这是子课题 3 探索的核心科学问题之三。

以上就是对我们第三个子课题"科学思想库、人才培养及科学普及的心理影响机制研究"的情况介绍，将在第五章展开叙述。

第四节

社会心理行为与网络媒体技术

一、智慧社会是中国梦实现的关键因素

智慧社会，实际上是要把新一代的信息技术充分运用到各行各业中，把感应器嵌入和装备到全球各个角落的电网、铁路、桥梁、隧道、公路等物体中，并且将它们普遍连接，形成物联网，再通过互联网将物联网整合起来，从而使人类能以更加精细和动态的方式管理生产和生活，构建智慧电力、智慧医疗、智慧银行、智慧交通、智慧供应链和智慧城市，实现全球"智慧"状态。智慧社会具有三方面的特征：一是更透彻的感知，即能够充分利用任何可以随时随地感知、测量、捕获和传递信息的设备、系统或流程；二是更全面的互联互通，即智慧系统可按新的方式协同工作；三是更深入的智能化，即能够利用先进技术更智能地洞察世界，进而创造新的价值。目前看来，建设智慧社区、智慧产业，甚至智慧中国是不可回避的趋势，需要长远的努力。这是实现中国梦不可或缺的条件。其中，民众的积极参与和社会网络的平台支持，形成强有力的社会心理促进机制，是十分必要的前提条件。

智慧社会保障人的网络行为和社会心理感知更加高效、快捷地与民族复兴大业的实现结合起来。第一，更透彻的感知重点是在物理世界的实体中部署具有一定感知能力、计算能力和执行能力的嵌入式芯片和软件，使之成为智能物体，再通过网络平台实现信息传输、协同和处理，从而实现物与物、物与人之间的互联。物联网飞速发展的今天，云计算等技术显示了强大的信息感知能力，

但在感知混合网络心理与行为、社会温度等方面还存在诸多科学难题，亟待心理学、社会学、计算机科学等领域的专家学者协同攻关。第二，更全面的互联互通将个人电子设备、组织和政府信息系统中收集和存储的分散的信息及数据连接起来，进行交互和多方共享，从而更好地对环境和业务状况进行实时监控，从全局的角度分析形势并实时解决问题，使工作和任务得以通过多方协作远程完成，从而彻底改变整个世界的运作方式。在社会化网络媒体时代，人们享受着互联互通带来的便利和快捷，大大地推进了智慧校园、智慧医疗、智慧银行、智慧交通、智慧城市等一系列智能网络的建设，为改善就业环境、优化医疗服务、社会经济转型等带来了良好机会，但不可忽视的是这种全面高度联通的网络世界也带给人们不利影响。例如，网络谣言传播行为、网络诈骗行为、网络水军、人肉搜索、网民个人信息泄露等问题，其表现是集体参与且呈现网络集群行为。当前，亟待建构网络媒体用户行为模型，自动感知并预警异常集群行为，为促进社会规范化管理提供理论和实践指导。第三，更深入的智能化要求智能分析处理能力采用数据挖掘和分析工具、科学模型和功能强大的运算系统等先进技术来处理复杂的多源异构大数据。最新研究表明，多源异构网络媒体内容聚合与多层次呈现，是实现社会心理引导的关键，需要从大数据信息抽取、模式匹配和内容聚合等方面进行智能挖掘。

二、网络媒体的研究现状

（一）智慧社会与民族复兴

当前，我国正处于经济发展的黄金期，同时也正处于社会矛盾的多发期和凸显期。社会转型、机制转换、城乡差距、环境污染、贫富分化等原因引发的各种热点事件，成为网民关注的焦点。这些事件在网络媒体上均有所反映。信息化正深刻地改变和影响着人类社会，网上交流丰富多样，微博、微信、QQ、网络论坛已成为人们沟通的重要手段。人类活动在网络空间留有各种数字轨迹，这使得利用信息技术研究人类的社会心理行为成为可能。我国政府、企业和民众相互协作，共同创建一个可以更透彻感知，拥有更全面的互联互通和实现更深入的智能化的生态系统，有助于实现社会和谐，保障社会经济可持续发展。构建"智慧社会"，实现中华民族伟大复兴的网络梦，需要我们探索更为智能化、人性化的网络、通信和信息技术。

(二)大数据与社会集群行为

随着万维网、互联网、物联网、云计算、三网融合等信息与通信技术的迅猛发展，网络集群行为的情境线索在网络化的媒体大数据(Big Data)背景下快速加工和传播，形成了极为复杂的网络集群行为执行意向。换言之，网络媒体数据中蕴含了丰富的网络集群行为规律。挖掘这些媒体大数据背后所隐藏的社会集群行为的特点、规律，以利于正向的社会心理引导，这对于我们而言是一个巨大的挑战。由于网络媒体应用的普及，各类网络媒体都呈现出显著的社会化特征，各类利用社会关系和群体智慧特征的网络平台不断涌现。当前，网络信息沟通和交流的主渠道包括搜索引擎、博客、微博、微信、论坛、电子邮件、即时通信、在线聊天社区等，越来越多的民众通过这些渠道进行信息交流，基于网络媒体的虚拟社会与真实社会之间的互动日益显著。相比搜索引擎和网络门户之类的传统应用，用户在诸如论坛、博客、微博等平台上能够即时地直接发布和获取信息。通过网络媒体传播的信息，包含了网民对当前社会各种现象以及诸多热点问题的立场和观点，话题涉及政治、经济、军事、娱乐、体育、卫生、科技、个人生活等各个领域。其中，也反映了人们的诸多行为特征和活动。这种通过"群体力量"形成的网络舆情已经成为影响社会和谐与稳定及执政安全的重要因素。可以说，在中华民族伟大复兴的社会引导工作中，网络信息交流已经是一个不可或缺的重要因素。

(三)混合网络与社会心理引导

海量的网络媒体信息极大地丰富了人们的生活，但如何快速、准确、方便地从海量媒体数据中分析和挖掘所需要的信息是个极大的挑战。一方面，各类网络媒体数据应用、服务和平台不断出现，大量的网络用户通过即时通信渠道进行网络信息沟通和交流，网络媒体逐步呈现出显著的社会化特征，准确有效的媒体数据处理将为用户提供更具及时性、细粒度、智能化、个性化、专业化和社区化的服务和体验。另一方面，网络舆论的导向作用日益强大，也使得网络舆论的自由化带来了一系列的消极影响。比如，一些网民在网上披露他人隐私，对他人进行偏激和非理性的谩骂与人身攻击，还有些网民通过网络散布虚假信息和编造谣言，影响了社会的稳定。社交网络媒体的快速发展还会带来一系列问题，比如，谣言的传播，网民过度关注负面事件，热点话题不断淹没舆论监督，自我表露行为层出不穷等。其中一个突出问题就是信息的聚融带动了网民的非理性集群行为，情绪化、符号化的新媒体评论信息加速聚集了网络能量，一丝信息或语义暗示均可能导致大量的网络集群行为，引起预想不到的严重后果。由此，如何对混合网络下的社会集群行为进行预测，已成为当前社会各界的研究热点。借助媒体大数据有效的分析和研究，不仅可以掌握网络集群行为演化的科学规律，同时也能够提升媒体大数据的应用价值，为网络集群行为舆情预警、监管与服务，了解集群行为，进行有效的社会心理引导提供重要的理论指导和技术支持。

三、本课题拟研究的主要问题

近年来，随着多网融合业务的飞速发展，网络已经成为我们社会结构的重要组成，在社会管理和国家政策引导上都提供了极好的辅助功能。但谣言、犯罪等一些不和谐的声音也充斥着网络。开展基于社交媒体平台的社会心理行为研究，成为实现中华民族伟大复兴的中国梦不可或缺的内容。这项研究主要包括如下六个方面。

（一）基于社交媒体平台的基础理论

此项研究包括网络媒体大数据的高效获取与集成和基于社交媒体数据的用

户兴趣及行为研究两个基础理论问题。前者将以全球广域网(Web)数据的获取为目标,研究能兼顾精度和性能的网络媒体大数据信息抽取方法,并探索如何基于页面的结构特征来对网页聚类以进行模板归约,进行模式匹配与数据集成,自动确定不同网站间的数据域对应关系。此外,还要设计一种尽可能全面抓取网页内容、关注特定的站点、具有聚焦特点的自适应分布式网络爬取系统。后者将基于微博系统中的用户关系和用户的各方面信息,准确地分析用户的喜好,挖掘用户的兴趣,从而更好地分析用户的心理特征,并将进行微博用户的层级化兴趣标签挖掘。

(二)事件谣言微博的感知与检测

社交网络具有易于注册、易于发布和传播便捷等特点,吸引了众多的用户加入其中,在社交网络系统上进行信息交流、分享和传播。社交网络系统不仅包含真实的信息,还充斥着大量的不良信息。譬如,不良链接信息和虚假信息,甚至网络谣言。这些信息包含在用户发布的微博或推文中,对社会的稳定和大众心理都会产生极大的影响。因此,我们将研究社交网络谣言的感知和检测方法。

(三)移动社交网络环境下用户的隐私保护

近年来,随着智能手机和全球定位系统(GPS)等无线设备的普及,基于位置的服务(Location Based Services,LBS)已经越来越贴近我们的生活。这些应用要求用户提供他们的位置信息,而这可能带来安全隐患。为此,我们将研究如何避免攻击者将位置信息映射到一个具体用户,从而为用户提供隐私保护的方法。

(四)基于词向量的互联网新闻事件追踪和相关性推断

互联网的发展使人们所能接收到的信息量骤增。因此,利用网络媒体大数据进行热点事件的监测成为近年来研究的热点,这对政府部门、网络用户具有重要价值。据此,我们将研究基于词向量的互联网新闻事件追踪和相关性推断的方法。

（五）青少年移动社交媒介使用行为的结构及特点

近年来，青少年群体在手机等移动设备上使用微信、QQ 等社交软件已经成为一种生活方式和习惯。通过结合已有相关文献编制测量青少年移动社交媒介使用行为问卷，我们对青少年移动社交媒介使用行为的特点进行了调查研究，从而发现青少年移动社交媒介使用行为的总体特点和年级差异，并探索青少年在人际交流与展示行为上的性别差异。

（六）互联网背景下幸福感的增益与消减

通过文献梳理可知，互联网与幸福感的关系特别复杂，还需要更多的研究来加以验证。我们将从网络使用与幸福感、社交媒介与幸福感、网络成瘾与幸福感、互联网与孤独感、互联网与抑郁的关系方面展开探讨，从而明确互联网与幸福感之间的关系，并针对不同的个体和情况，考察不同的变量之间的互相联系，探讨不同系统对幸福感的影响。

第五节

社会心理促进机制研究

一、社会心理促进机制的理论基础

（一）社会心理促进机制的发端

随着现代社会形态的急剧变迁，人们的物质生活越来越丰富，但精神生活却令人担忧。马克思曾经深刻地分析了现代工业社会的机械化、自动化带来的异化问题。他认为，人类社会发展了科学技术，如果不重视对于现代化技术带来的新问题，处理不好人的适应、发展和关爱问题，人就可能会被他自己发明的东西所控制。同时，马克思还深刻地指出，现代社会是一本打开了的心理学。也就是说，科学技术越进步，管理者越要重视对人的关注，越要关注人的心理问题。显然，社会心理促进机制的视野不能仅仅局限于企业和组织，而要从更为宏观的层面上探讨如何提升全民族的心理健康水平。社会心理促进机制针对的研究对象不仅仅是企业家和员工，而是每一个处在网络社会中的自然人，面对各种各样的心理压力，如何提升每一个社会成员的心理健康水平。人们对健康的概念的认识不断深入，在重视"生理健康"的同时植入了"心理健康"的内容。1948年，世界卫生组织（WHO）给健康所下的正式定义是：健康是指生理、心理及社会适应三个方面全部良好的一种状况，而不仅仅是指没有生病或者体质健壮。公众心理健康和伟大的民族复兴事业息息相关。因此，建设和谐社会，实现民族复兴，要处理好人与社会和谐、人与自然和谐、人与人的心理和谐等问题。2013年3月，习近平总书记在十二届全国人大一次会议闭幕会上的讲话中强调，实现中华民族伟大复兴的中国梦，归根到底是人民的梦，必须紧紧依靠人民来实现，必须不断为人民造福。不论是人文关怀还是人民幸福，其落脚点都在于促进公众的心理健康，营造和谐的社会气氛。我们探讨民族复兴的促进机制，本质上就是要构建出一个合理的社会心理促进机制来提高公众的心理健康水平。

（二）社会心理促进因素

改革开放以来，我国经济社会发展取得了巨大的成就，但是，改革过程中不可避免地出现了一些社会矛盾。这些社会矛盾的加剧导致了我国公众心理的失谐，成为公众心理健康的压力源。这些压力源对应的也正是心理健康的促进点。对此进行针对性研究，才能最大限度实现公众心理健康的促进。根据压力源的不同来源，我们将当今社会公众应对的压力源进行梳理分类，认为主要可以分为个体因素、组织因素、社会因素和环境因素。

1. 个体因素

个体因素在压力反应中起着重要的调节作用，面对同样的压力，个体应对压力的策略不同，可能会造成截然不同的后果。这些个体差异主要包括心理资本、人格差异、归因风格等。心理学认为，在个体成长和发展中表现出的积极心理状态是促进个人成长和绩效提升的心理资源，称为心理资本。心理资本包含自我效能感(自信)、希望、乐观、坚韧、情绪智力等因素。心理资本具有投资和收益特性，有一些变量，如乐观、韧性、希望、自我效能感等会对个体应对压力起到积极的调节作用；有一些变量，如低自尊、自我中心主义、A型人格等会对个体应对压力起到负向调节作用。不同人格类型应对压力的策略也有差异。刘玉新等(2005)对660名大学生进行的研究表明，"开朗-果断"人格类型的个体的压力显著小于"拘谨-温和"人格类型的个体的压力。孟慧等(2009)对398名教师进行的研究考察了外向性、开放性、宜人性和尽责性四种人格与压力的关系，结果发现，不同的人格类型对职业倦怠和压力体验影响大小不同。总结而言，不同的人格类型会造成个体应对压力方式不同(主动型应对或回避型应对)，进而造成其心理健康水平的差异。此外，归因风格也是个体因素中不容忽视的部分。归因风格指的是个体在长期的归因过程中形成的比较稳定的归因倾向，从维度上而言分为内部的和外部的、稳定的和不稳定的、普遍的和特殊的、本性的和情境的归因等。研究表明，人们的归因风格与心理健康水平之间存在密切关系，如将自己的成就归因为偶尔的机遇好，而把自己的失败归因为自己能力差等会使得个体自卑、多疑且孤僻。青少年将负性事件的发生归因于稳定和整体的原因时，其心理健康水平较低。因此，积极正向的归因风格可以提升个体应对压力的水平，从而提升其心理健康水平，而消极负向的归因风格则会降低个体应对压力的水平，降低其心理健康水平。

2. 组织因素

Kobasa(1982)在总结以往经验的基础上将组织压力分为两类：一类是同工作任务有关的压力因素，如任务的简单与复杂、多样与单调以及工作环境的物理条件等。例如，在一个给定的时间周期内，简单地给某个员工分配若干不合理的任务或不合理的生产量，这种做法通常会引起焦虑、挫折、绝望和损失报酬的感觉。但是,即使轻负荷也可能引起完全相同的感觉。又如,拥有更多挑战性工作的个体比拥有较少挑战性工作的个体有更少的焦虑、沮丧,然而,重复单调的工作任务则会降低个体的幸福体验。另一类是同角色特点有关的压力因素,如角色冲突、角色意义不明确等。当一名员工面对相互矛盾的要求时,角色冲突便发生了。在这种情形下,个体可能感到紧张和焦虑。这是因为,一方面有人要他接受某种愿望,另一方面管理者则提出了不同的要求,这种情境使得个体无法适从。当一个员工并不能确定他所期望的事情时,角色意义不明确便发生了。员工必须很好地理解管理者所期望的事情,即他们将做什么,他们将如何做,以及随后将怎样评价他们。研究还发现,不适当的权力-责任关系、较差的组织沟通也会引起压力。总之,角色模糊、时间压力、低自主工作、能力低下、管理氛围、组织冲突等因素都能够引起压力体验。

3. 社会因素

当一个社会处于急剧转型时期,不仅社会问题频繁发生,而且社会成员的心理问题也大量凸显。这些社会心理问题概括起来主要表现为社会认知上的困惑、社会情感上的迷惘与道德认同上的失范。伴随着社会的快速发展、社会竞争带来的巨大压力、心理焦虑、相对剥夺感等负面心理十分普遍。首先,社会在转型期发展速度加快,这时,资本流动、环境变化、知识更新、工作节奏和生活节奏将大大加快,这些快速的变化给社会公众带来较为普遍的紧张感。社会竞争日益激烈,不论是升学、就业,还是职称、职务晋升,都会使人们的学习、工作压力加大。长期处于激烈的竞争环境,心理压力自然就会加大。其次,社会焦虑心理弥漫。心理压力的增加,带来了较为普遍的社会焦虑问题。公众面临着下岗失业、住房困难、子女就学就业、贫富差距等社会问题,容易产生生存的焦虑。再次,相对剥夺感增加。这是任何社会时期都普遍存在的一种社会心理现象,处于社会转型期的当代中国,城乡发展、区域发展的不平衡以及贫富差距的拉大,则加剧了公众的相对剥夺感。最后,对外来文化的理解不够全面,对传统文化价值的忽视,导致外来文化与传统文化观念相互冲突。传统的道德价值观念受到冲击，新的道德观念尚未全面确立，造成了社会道德认同上的心理失衡，也加剧了个体生存焦虑和生存压力。

4. 环境因素

环境因素首先是自然环境，这是比社会因素更大的研究范畴。环境会引起心理变化，我们在社会心理促进模式中将环境压力源分为两大类：一类是自然环境，包括环境危害和自然灾害，个体对环境压力的反应；另一类即网络环境，包括对网络舆情和由此引起的社会权力结构变革的应对。自然环境所带来的压力主要来源于环境危害和自然灾害。自然界中一切事物都是相互联系、相互作用的，人类只是其中的一部分。自然环境的健康、平衡和完整决定着人的生活质量。环境危害会弱化人们的掌控感和自我效能感，而自然灾害会使得人们产生心理失调和生命无意义感。例如，在汶川地震之后，当地群众的心理遭受到了极大创伤，绝望感及创伤后应激障碍(PTSD)症状非常显著。网络环境带来的压力主要体现在舆论压力方面。网络舆论表达快捷、信息多元、方式互动，具备传统媒体无法比拟的优势。网络具有开放性和虚拟性，某些个体在现实生活中遇到挫折，对社会问题认识片面等，会利用网络进行宣泄，发出偏激错误的信息。因此，在网络上更容易出现庸俗、灰色的言论，引发负面情绪。面对强大的信息权力，个人信息得不到充分保护，随时可能遭受"人肉"的风险，言论也可能被断章取义，这也给公众造成了极大的心理压力。

二、心理调适的影响因素和干预作用

(一)员工援助计划的兴起

从 20 世纪 20 年代开始兴起的员工援助计划(Employee Assistant Program, EAP)，从根本上把心理健康从个体层面拓展到组织和社会的层面。EAP 是一项为工作场所中个人、组织提供心理调适服务的工作。它能够帮助管理者了解员工的心理健康状况和职业发展关心的问题，并提出一系列辅导措施来帮助员工解决这些问题。EAP 的概念最早可以追溯到 19 世纪后期，其雏形是职业酒精依赖干预项目（Occupational Alcoholism Program，OAP）。在北美和欧洲的一些气候较为寒冷的地区，企业员工在工作场所内外饮酒是一种普遍现象，多数雇主历来也接受这种习俗。随着工业化的进程，企业规模不断扩大，岗位技术要求也不断提高。管理者逐渐发现，酗酒习俗对工作绩效的消极影响日显突出，员工的酗酒行为，包括与之相伴的吸毒和药物滥用等问题，已经严重影响企业的效益。因此，一些企业主试图通过管理手段来避免酒精滥用对生产效率的影响。在解决问题的方式上，企业管理者采用了一些更为温和以及人性化的方法，即员工援助计划。经过几十年发展，EAP 已远远超出了原有的 OAP 模式，服务内容包含工作压力、心理健康、灾难事件、职业生涯困扰、健康生活方式、法律纠纷、理财问题、减肥和饮食紊乱等，以便全方位帮助员工解决个人问题。在世界 500 强中，有 90% 以上的公司建立了 EAP 服务制度。目前，EAP 已在西方国家政府、军队得到广泛应用，一些国家的政府还在立法方面加强了对 EAP 的监管，这大大地促进了员工援助行业的规范和传播。

（二）员工援助计划在我国的发展

在我国，作为心理调适方法的 EAP 行业有着巨大的社会需求，从业人员队伍也日趋庞大。只有规范了员工援助专项职业能力标准及考核要求，才能培养出大批的、专业的 EAP 服务人员，把我国员工援助行业的发展纳入规范化发展渠道，提升员工援助从业人员的专业能力和素质，以保障我国广大企事业单位员工的身心健康。我国港台地区员工援助计划的发展要领先于内地（大陆）。20 世纪 90 年代初，香港一些非营利机构开始在社区、企业和政府机关提供社会工作（Social Work）服务，而台湾企业员工援助计划则是从台湾松下电器公司的大姊姊组织（Big Sister，BS）的实践服务开始的。随着全球经济一体化的发展，近十几年来，在内地（大陆）首先是大型外资企业开始导入 EAP，国外的 EAP 服务机构也因此开始进入。由于接受 EAP 服务的对象绝大多数是本地员工，一些主要为本地员工提供服务的员工援助咨询机构也相继出现，一些大型的国有企业、政府机关也开始使用 EAP 服务。我国内地(大陆)引入 EAP 服务，除了受到跨国公司和港台地区的影响之外，主要是由于改革开放以来，组织自身变革发展的需要，EAP 在企业、事业单位已得到越来越多的开展，服务内容多样化。从事这项服务工作的专家主要来自咨询公司、企事业内部的专职人员，服务模式多是内外结合。实践表明，EAP 不仅能用较少的投入换取更大的回报，而且企业也具备经济实力来投入这种社会保障。

(三)场景训练：心理调适的新方法

场景训练(Scenario-Based Training，SBT)最初来源于美国海军压力情境下战略决策项目，通过场景训练，可以有效地提高军人完成任务的表现以及适应能力。向社会推广后，SBT 最初用于工作环境，向接受训练的人员呈现模拟真实工作任务中出现的刺激，并且对受训人员的反应做出反馈，以此训练被试对不同刺激/任务做出合适的反应。这一训练方式在理论和实践方面均具有合理性(Cannon-Bowers，Burns，Salas，et al.，1998)。有研究者尝试将情境判断测试(Situational Judgment Tests)应用于 SBT 培训。SBT 作为一种训练策略，可以有效传授需要复杂认知、行为和态度的技能，在高科技氛围的工作环境下提高个体和团队的表现(Oser，Gualtieri，Cannon-Bowers，et al.，1999)。目前，还有一项新的研究，将 SBT 技术用于提升抗逆力技能。这个技术分为五个步骤：(1)识别抗逆力技能，工作限制和重置社会功能系统的行为；(2)设计情境模板，允许工作限制的模拟和抗逆力技能的应用；(3)设计模拟方案，包括介绍、模拟和述职；(4)实施场景和模拟计划；(5)评估场景和模拟计划。

以上研究成果为社会心理促进机制提供了一种参考模式，通过场景训练的模式，针对身心健康、胜任发展以及变革创新进行复杂认知、行为态度、技能等进行模拟训练，期望可以达到明显的社会心理促进的效果。目前极为重要的是，需要在实践中去验证社会心理促进机制的有效性。为此，本项目提出的第五个子课题是：基于社会心理促进机制的示范性平台研究。

综上所述，我们认为，要进行社会心理服务体系的建设，在探索中国梦的系列研究方面，需要开展如下五方面工作。

第一，首先，探索中国梦的科学内涵，这需要从心理学层面来理解中国梦是什么。其次，将从我国多民族的角度来分析各民族在中国梦方面的共同心理与差异。再次，将从社会变迁与文化认同的角度，从民众心理认知的角度来分析古今中西之争；然后，从社会排斥与社会融合的角度，观察产生民族、种族分裂的核心因素和避免方法是什么。最后，在社会心态评价的基础上，介绍课题组在健康型社会与健康型组织的概念、结构及评价模型方面取得的进展。我们将这些研究概括为"民族复兴的历史渊源及社会心理评估研究"。

第二，如何基于胜任特征模型和抗逆力模型，加强我国各级管理干部的能力建设，是保障我们实现中华民族伟大复兴最重要的社会心理促进因素。为此，我们将就典型行业的基层管理者进行特征模型的建构与验证研究，并就政府部门公务员的胜任特征模型建构方法进行探讨，还将选择新入职员工进行多重匹配性对职业适应性的影响研究；最后，选择非常规突发事件背景下的个人和团队进行抗逆力模型的作用机制研究。我们把这些研究称为"基于胜任特征模型的能力建设研究"。

第三，实现中国梦的基础是实现"科技强国梦"和"教育兴国梦"，为此要充分发挥科学思想库在国家重大科技决策中的作用，培养和造就一大批促进社会、经济和谐发展和挑战科学技术前沿难题的高端人才。在此基础上，探索人才培养的社会心理促进机制，构建我国大众科学普及的有效促进模式。因此，我们的第三个子课题是"科学思想库、人才培养及科学普及的心理影响机制研究"。

第四，针对当前社会管理中网络集群行为的复杂性、鲁棒性、脆弱性等科学问题，以集群行为演化的情境线索和目标导向反应为视角，探讨网络媒体背景下的网络集群行为与执行意向作用机制及其引导策略，利用心理学技术、网络挖掘技术等挖掘网民集群行为的心理特征、社会特征、物理特征及网络特征。

为此，需要开展"基于网络媒体平台的社会心理行为研究"。

　　第五，在深入探究个体、群体、社会和环境等诸多因素的影响基础上，基于员工援助计划、场景训练模式，开展针对身心健康、胜任发展以及变革创新的系列研究，在智慧社会的背景下探索这些研究的可行性，最终形成一套社会心理促进模式，并且选择一些地区建立实施前述研究成果的示范性基地。为此，需要开展"社会心理服务体系建设的示范性研究"。

　　　　　　　　　　（时勘、韦庆旺、安鸿章、时雨、曲如杰、何军）

第二章

本项目的总体设计

马克思曾经深刻地分析了现代工业社会的机械化、自动化带来的异化问题。他认为，现代社会是一本打开了的心理学。也就是说，科学技术越进步，管理者越要关注人的心理问题。习近平总书记的中国梦的提出把社会热点聚焦到中华民族伟大复兴上，也是对人的心理问题的关注。习近平总书记提出中国梦，实质上呼应的是国人的民族复兴情结。为什么实现中华民族伟大复兴，成为近代以来我国人民梦寐以求的奋斗目标，其原因确实需要进行深入、持久的探索。习近平总书记也曾强调，"历史研究是一切社会科学的基础，承担着'究天人之际，通古今之变'的使命"。我们可以看一看民族复兴产生和发展的历史渊源：从秦始皇统一六国、统一货币，到汉武帝捍卫民族疆土；从隋唐盛世的繁荣开放，到宋元商业经济蓬勃发展；进入近现代中国后，从孙中山的民主革命到中国共产党为民族独立和自由而战；从新中国的改革开放到如今为实现中国梦，全民族追根寻源，共同探寻实现中华民族伟大复兴的艰辛历程。这是中华民族不屈不挠、坚持求索的过程。我们不仅要恢复历史辉煌，更要百尺竿头更进一步，为保持世界领先地位，赋予中华民族伟大复兴新的内涵和精神，使之更能代表中国先进生产力的发展要求，代表中国先进文化的前进方向和代表中国最广大人民的根本利益。为此，本项目试图以社会心理促进机制的独特视角，通过环境、社会、组织、群体和个人的多层次多角度的分析，探索基于身心健康、胜任发展、变革创新的社会心理促进机制，为实现中华民族伟大复兴提供心理学、管理学、社会学和信息学等多学科研究支撑。这对于心理科学理论创新、国家科技进步、社会经济发展和民族和谐幸福，均具有重要的理论价值和应用前景。

第一节

———

重大项目的总体构思

在明确了中华民族伟大复兴的目标之后，通过探索影响民族复兴的社会心理因素，本研究提出了建设健康型社会的理念。经过梳理，我们将从民族复兴的角度出发，将健康型社会界定为身心健康、胜任发展和变革创新三大部分。此三部分的探索几乎可以涉及影响民族复兴的所有社会心理因素。我们相信，可以借此为社会心理促进机制集成模型的开发奠定坚实的基础。另外，本项目还结合了当下社会发展的网络热点，通过跨学科合作，为社会心理促进机制的示范性平台提供网络媒体的技术支持，并通过探明实现这一平台的社会心理促进机制，为社会心理服务体系建设提供科学依据、方法和手段。

一、总体构思的提出

本项目首先探索中国梦的科学内涵，从我国多民族的角度来分析各民族在中国梦方面的共同心理与差异；再从社会变迁与文化认同的角度，分析古今中西之争在变化中的差异，在社会心态评价之基础上，介绍课题组在健康型组织的概念、结构及评价模型方面取得的进展。其次，选择典型行业和重点领域，全方位地展示人力资源开发和科技创新方面的进展和成果，为领导管理和决策提供建议。再次，在智慧社会的背景下探索这些促进机制在混合网络背景下的异同。最后，探索这些成果在社会心理服务体系建设中的作用。综合来看，本项目组提出的开展"中华民族伟大复兴的社会心理促进机制研究"的总体构思，主要包括如下五个方面。

第一，中华民族伟大复兴的社会心理轨迹是什么？这些核心理念是怎么发展起来的？我们能否从中华民族伟大复兴的社会心理历史变迁的角度，来寻求国民心理状态演变的规律，并从面向未来的角度探寻追寻中国梦的这一心路历程，从而认识民族复兴心理的过去、现在和将来的实质性内容？

第二，中华民族伟大复兴需要造就一批杰出人才为之奋斗，他们需要什么样的能力、人格或精神？怎样去建构他们的胜任特征模型，怎样开展科学的能力建设以促进其职业发展？怎样让更多的人获得既满足理想又适应社会需求的职业，给更多的人带来幸福？

第三，国家的科技发展、宏观的战略性新兴产业的布局、高端人才梯队的培养、大众科学意识的普及，是实现中华民族科技复兴的关键影响因素，那么，在这方面的社会心理促进机制是什么？

第四，我们正越来越多地享受混合网络社会带来的便捷，同时，网络社会媒介又给我们的社会管理带来一些新的挑战，那么，基于混合网络条件的社会心理促进机制与线下的社会现实有什么区别？怎样开展基于网络媒体平台的社会心理行为的集成研究？

第五，如何通过实证数据和现场研究的结果来验证本项目提出的社会心理促进机制的客观存在？如何证实这些干预措施的有效性？如何通过多种途径，把前述四个方面的研究成果真正转化为社会心理服务体系建设的内容，为建立新型的社会心理服务体系添砖加瓦，并在城镇、社区、企业、学校开展示范性研究？

二、本项目的总体框架

(一)研究目标

中国梦的提出实质上反映了近代以来的民族复兴情结。改革开放几十年来，随着中国经济的高速增长，国力的不断增强，中国在全球的社会经济地位不断上升，社会整体安定。然而，不安定因素依然存在，改革带来的矛盾复杂多样，需要共同目标和精神支撑去克服复兴之路上的难关和障碍，中华民族复兴的目标之一就是要建设一个健康型社会。怎么通过社会心理促进的途径，指引人民脚踏实地地走向复兴？为此，本项目的总体目标是厘清影响民族复兴的社会心理因素，探明健康型社会所包含的内容，探索基于智慧社会的社会网络媒体平台的集成方法，并试图在上述四个方面探索成果的基础上，通过健康型社区、职业智慧系统、危机救援的仿真模拟和科学普及的"青少年科学梦幻城"等示范性平台，来验证本项目提出的社会心理服务体系的有效性。

(二)研究思路

本项目总体沿着探索面向民族复兴的社会心理促进机制的研究思路，力求解决民族复兴中的民众身心健康、胜任发展以及科技创新中的科学家谏言、高端人才培养和科学普及问题，并探索混合网络背景下这些目标实现的特殊规律，最终提炼出基本科学问题，通过多学科交叉研究来实现本项目的研究目标。研究核心包括了一个重大需求、三个科学问题、五大研究方向、多个学科交叉和理论实践并重五个方面。

1. 一个重大需求

习近平总书记多次提出并阐释了实现中华民族伟大复兴的中国梦。这在国内外引起了强烈反响和高度关注，成为社会各界的关注焦点，也成为社会科学界的研究重点和热点。但是，对于这方面的社会心理促进机制问题的探索还较少。本项目将针对此社会热点系统开展"中华民族伟大复兴的社会心理促进机制研究"，满足国家重大需求。

2. 三个科学问题

针对民族复兴的社会目标，基于健康型组织研究的重大需求，本项目需要解决以下三个科学问题：(1)身心健康。民族复兴的历史渊源及社会心理结构的评估依据，民众的健康幸福的获得机制和影响因素是什么。(2)胜任发展。民众要实现健康、获得幸福，需要靠双手来创造，因此，必须要具备成功实现身心健康的能力，必须要有正确地获取能力的途径，包括职业发展的路径，还要有在逆境中克服困难的坚韧品质。(3)变革创新。这里，首先要有改变现状、追求创新的心态，为建立国家的科学思想库，要培养高端人才，而且要开展具有长远规划的科学普及工作，其心理影响机制的研究尤为关键。

3. 五大研究方向

针对社会重大需求及三个科学问题的提出，本项目共设置了五个子课题，前三个子课题分别对应身心健康、胜任发展和变革创新这三个科学问题。子课题4为基于网络媒体平台的探索，对本项目拟探究的智慧社会的规律、面对的挑战提供网络媒体的研究支持。子课题5是在前四个子课题研究的基础上进行的社会心理促进机制的示范性研究平台的探索，特别是社会心理服务体系的建设规律的研究。

4. 多个学科交叉

本项目涉及社会学、心理学、经济学、行为医学和信息科学等多个学科，将组织交叉学科的优势研究团队，在认知心理、行为决策、信息理解、系统演化等相关领域进行综合交叉的合作研究。

5. 理论实践并重

在学术理论成果方面，根据中华民族伟大复兴的客观要求，获得中国梦的演化过程、胜任特征模型和抗逆力模型的形成规律，科学思想库、高端人才的形成机理，以及网络媒体在社会心理促进机制方面的理论成果；在实践成果应用方面，建立示范性应用平台，具体包括健康型社区示范性平台，职业发展、科学教育普及、安全心智培训和危机救援的示范性平台，企业安全文化建设示范性平台以及基于心智模式的儿童科学教育示范性平台，在上海、广州、重庆、北京和沈阳等地开展社会心理服务体系促进机制的示范性研究，争取出一批有影响的示范性应用成果。

第二节

研究内容的框架设计

一、研究框架的提出

如图 2-1 所示，基于健康型组织建设的基本框架，左侧是健康型组织建设，它包括的三个维度分别指向身心健康、胜任发展和变革创新三个科学问题。子课题 1 为"身心健康梦"的探索。身心健康是民族复兴的基础，主要关注民众社会心态，指向未来的幸福感以及社会心理评估模型。子课题 2 为"胜任发展梦"的探索。能力建设和职业发展是民族复兴的保障，主要关注胜任特征及抗逆力模型的研究。子课题 3 为"变革创新梦"的探索。科技创新和科普教育是未来创新的希望，主要关注科学思想库的建立、高端人才培养及科学普及等若干问题。这三个"梦"都要通过智慧社会平台来实现。子课题 4 为"智慧社会梦"的探索，

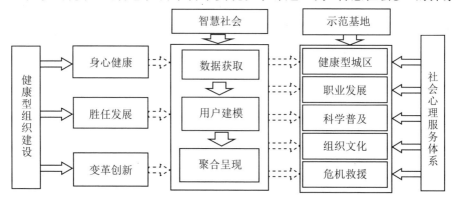

图 2-1　本项目的总体框架图

主要以"数据获取、用户建模、聚合呈现"的方式，为前三个子课题提供网络媒体技术的支持。子课题5为"未来复兴梦"的探索。通过健康型城区、职业发展、科学普及、组织文化和危机救援的示范性成果的验证，实现社会心理服务体系建设的探索，将这些梦想变为现实。

二、主要的研究内容

根据本研究的总体框架，进一步细化各项子课题的研究内容，现分述如下。

子课题1：民族复兴的历史渊源及社会心理评估研究

本子课题从民族复兴的历史演进的时间序列出发，从社会心理变迁的视角，综合各个层面的内容，对国民的社会心理结构进行综合评估，旨在挖掘、提炼、凝聚能够为中华民族伟大复兴做好社会心理引导和促进的社会心理基础。民族复兴的历史渊源、国民当前的社会心态、着眼于未来的国民幸福感内涵，三者构成了对中国梦和中华民族复兴的社会心理结构评估不可或缺的内容。本子课题的选题价值在于：第一，学界尚没有将三个方面结合起来考察民族复兴的社会心理结构的系统研究；第二，如前所述，三个方面中每一方面的研究都存在着视角狭窄、内容松散、缺乏整合、方法不够严谨的问题；第三，用实证的方法，特别是借助行为决策和功能模拟方法，来考察和探索民族复兴的社会心理结构，将理论与实践相结合，实现跨学科研究，将是本项目未来探索的一个新的方向。

在具体研究内容方面，我们考虑了五个子研究：子研究1着力于探索中国梦的科学内涵，这个问题不阐述清楚，其他的研究成果就如同建立在沙滩上。子研究2鉴于中华民族包括56个民族，着力探索中国多民族的共同心理及其差异。在过去的研究中，研究者往往会把汉族作为中华民族的代表来研究，研究结果难免失之偏颇。子研究3从经济全球化角度探索社会变迁与文化认同对中国梦的影响，特别要从民众心理认知角度，看古今中西之争。子研究4主要探索外来人口社会融合的影响机制，包括国内城乡人口的流动问题，国别之间的人口流动可能出现的社会排斥和融合问题，我国政府应该采取的调控政策，等等。子研究5是本子课题的核心问题，就是健康型组织的概念、结构及评价模型，课题组在此方面有一些较为深入的实证研究基础，有望为子课题1画上圆满的句号。

子课题2：基于胜任特征模型的能力建设研究

本子课题首先对胜任特征评估方法进行了探索，将验证O*NET问卷调查、行为事件访谈、团体焦点访谈等多种技术的有效性，并以此成果为基础，建构不同行业的胜任特征模型；接下来则通过应对非常规突发事件的抗逆力模型，最终完成对管理者的360度反馈评价，并根据评价结果，结合组织、任务、人员需求分析，设计基于胜任特征模型的管理者能力建设和职业发展方案，以及基于抗逆力模型的干预方案。本子课题研究的关键内容是基于胜任特征模型建立职业智慧系统，以解决教育部的文凭教育制度与人社部的职业资格制度的衔接和沟通问题，为实现民族复兴提供就业指导和继续教育的理论及方法依据。

在具体研究内容方面，选择四项内容来体现子课题2的核心内容：子研究1是对铁路行业站段团委书记的胜任特征模型的建构和验证。子研究2选择国家公务员中颇具代表性的出入境检验检疫人员的胜任特征模型建构问题进行探索。子研究3将介绍多重匹配性对新入职员工职业适应性的影响。子研究4抽取出典型的风险行业的抗逆力模型进行作用机制分析。相信这些内容可以丰富胜任特征模型和抗逆力模型的研究。

子课题3：科学思想库、人才培养及科学普及的心理影响机制研究

实现中华民族伟大复兴的基础是实现科技强国梦和教育兴国梦。在此，实现科技强国和教育兴国的社会心理促进机制显得尤为重要。我们特提出与此相关的三个重大科学问题：首先，要充分发挥科学思想库在国家重大科技决策中的作用，保障国家战略性新兴产业、重大社会经济决策立足于理性科学的基础，科学思想库的建设尤为重要；其次，培养和造就一大批促进社会、经济和谐发展，挑战科学技术前沿难题、博取世界级科技奖项的高端人才，需要探索我国不同类型的高端人才（含特殊技能人才）成长的社会心理影响因素；最后，在此基础上，探索作为后备人才培养摇篮的高等学校、中等专业学校、普通教育和学前教育学校实现人才培养的社会心理促进机制，以此作为开展我国大众科学普及工作的心理学理论和方法依据。总之，从长远、整体的角度，提升整个中华民族的公民科学素质和科学精神，这是最终实现中华民族伟大复兴的又一关键问题。

具体研究内容包括：子研究 1 探索科学思想库的建设问题。子研究 2 至子研究 4，主要探索创新工作要求对科研人员创新行为的影响机制、组织冲突对科研人员行为的影响机制、领导创新期待对科研人员根本性创新行为的影响机制这三方面的基础科学问题。这些研究可以帮助我们从实证研究的角度获得影响科研创新的核心机制。子研究 5 将介绍国内外科学普及的研究现状，从而找到适合我国科学普及的规律和方法。子研究 6 将探索科学普及的理论研究和实践探索的现状，介绍一些业界代表性的成果。

子课题 4：基于网络媒体平台的社会心理行为研究

针对当前社会管理中网络集群行为的复杂性、鲁棒性、脆弱性等问题，本子课题将以集群行为演化的情境线索和目标导向反应为视角，探索网络媒体背景下的网络集群行为及可视化应用示范性平台建设；利用心理学研究技术、情报学技术、网络挖掘技术等，深度挖掘网民集群行为的心理特征、社会特征、物理特征及网络特征，为促进网络社会有序、健康、和谐发展提出基础理论框架。

具体研究内容包括：子研究 1 主要探索基于社交媒体平台的基础理论研究问题，解决数据获取、用户建模和聚合呈现等基础理论问题。子研究 2 选择事件谣言微博的感知与检测这一特殊问题，试图在网络沟通过程中探查事件谣言的感知和检测规律，使网络交往正常化。子研究 3 主要探讨移动社交网络环境下用户的隐私保护问题，目前，隐私保护是一个亟待解决的大问题。子研

4 将解决基于词向量的互联网新闻事件追踪和相关性推断问题。子研究 5 安排了网络心理学专家来讨论青少年移动社交媒介使用行为的结构及特点，并且将提出经实证研究验证的方法。子研究 6 将讨论互联网背景下幸福感的增益与消减的规律，以此将从事大数据研究的专家和网络心理学专家的研究成果结合起来，获得基于网络媒体平台的社会心理行为的集成的依据。

子课题 5：社会心理服务体系建设的示范性研究

本子课题应该是对中华民族伟大复兴社会心理促进机制的有效性的总体验证。由于子课题 4 已经用 6 个子研究探索了采用网络集成模型来验证前三个课题的理论研究成果，子课题 5 就可以在子课题 4 的基础上，对获得的成果进行实践验证，将用几项大型现场实验来完成验证工作。这些验证工作包括：健康型城区建设模式研究、社会排斥与融合模式研究、城市廉洁文化建设模式研究、组织文化对企业并购的影响机制研究、企业安全文化建设模式研究、基层部队主官胜任特征模型建构模式研究和城市危机救援模式研究。

具体研究内容包括：子研究 1 为上海市静安区健康型城区的建设模式研究，分别介绍在社会心理服务体系建设中，上海市静安区在医护人员的压力管理、社区老人服务特别是失智老人的康复服务、临终关怀的服务模式和哀伤辅导方面的研究进展。子研究 2 调查了广州市荔湾区在社会排斥与融合方面的情况，特别是当地民政系统在社会融合行动计划方面发挥的主导作用。子研究 3 介绍重庆市渝中区廉洁文化建设方面取得的成就，课题组在渝中区 11 个街道展开了对党政干部廉洁行为的评估，取得的成就得到了中央媒体的报道和肯定。子研究 4 介绍中国五矿集团开展的组织文化建设对企业并购的有效性的影响机制，特别是中国五矿集团在海外并购澳大利亚 OZ 矿业公司的成就。子研究 5 介绍了山东能源肥城矿业集团在安全文化建设方面取得的成就，特别是在安全心智培训及系统集成方面取得的杰出成绩。子研究 6 介绍沈阳军区（2016 年原沈阳军区、济南军区部分地区、北京军区部分地区联合组成北部战区）在现代化战争的背景下如何开展基层部队主官的胜任特征模型研究，以适应现代化战争的最新要求。子研究 7 总结北京市城市危机救援的社会心理服务取得的成就，介绍北京危机救援在紧急救援员职业资格标准和现场训练方面积累的经验，以及北京市红十字会在危机救援方面取得的突破性进展。

三、可行性及创新分析

(一)可行性分析

项目组成员在社会心理学、复杂网络、社会学等领域完成或主持过一系列国家重点研究项目，在社会心态、胜任特征及科学思想库的理论和实证研究方面，在复杂网络的社会结构挖掘和演化动力学的基础科学研究方面，均有良好的前期工作积累。此外，本项目研究具备了高水平的起点。项目主持申请单位中国人民大学心理学系在心理学、组织行为学和公共管理等领域与国外高校、科研机构、企业等开展了广泛的合作与交流，拥有范围广泛的国际合作伙伴，与在抗逆力模型、系统集成方法研究方面国际领先的美国密歇根大学、加州大学伯克利分校、伊利诺伊州立大学和荷兰格罗宁根大学、日本东京大学、新加坡国立大学，以及中国台湾辅仁大学和香港岭南大学都有良好的交流合作。同时，项目组与人社部国家职业技能鉴定中心、中国移动、中国石油、中国石化、山东能源、中国五矿集团和沈阳军区政治部等单位有多年的横向合作基础，可以为职业技能鉴定，通信、能源、电力行业，以及作战部队的抗逆力模型的集成研究提供数据采集和应用的支持。

在中国科学院大学经济与管理学院(原管理学院，2015 年更名)的研究成员中，有一批国内知名的创新与技术管理、高等教育改革和青少年科学普及的专家。他们在科技创新和大众科学普及教育方面有丰富的积累。中国科学院大学经济与管理学院专家群体先后承担了欧盟第七框架计划、国家自然科学基金重点项目，以及科技部、教育部和生态环境部等的多项重大项目，这为本子课题的实施提供了基础性支持。

项目合作单位北京联合大学具有强大的硬件基础。北京联合大学的计算机应用技术为北京市重点学科，学校注重应用基础研究，注重文理结合。目前，北京联合大学已经是我国国产数据库发展的技术与学术支撑单位，并且成为我国数据工程、知识工程相关领域中极具特色和影响力的教学科研机构之一。

中国人民大学信息学院拥有计算机科学与技术和数学2个一级学科博士学位点支撑，具备系统科学、管理科学与工程、软件工程3个一级学科硕士学位授权点；计算机应用技术、计算机软件与理论、信息安全、基础数学、应用数学、概率论与数理统计6个博士点。为了配合多学科研究，中国人民大学信息学院实验室已完成了面向海量数据管理的研究和应用平台搭建工作，建立了一个由128个节点构成的云计算平台，达到每秒10万亿次浮点运算（10TFLOPS）能力和大数据（PB级）海量存储，也完成了一期40个节点建设，服务器40台，其他仪器设备31台（套），现进入平台设备调试运行阶段，这为本项目研究奠定了坚实的基础并提供了良好的技术支撑平台。

(二)创新性分析

第一，本项目针对中国梦研究的要求，在民族复兴评价标准的基础上，从身心健康、胜任发展、变革创新三方面探索民族复兴的社会心理促进机制，提出了社会心理促进的评估结构、实施程序和推进方法，这对于社会心理学的发展具有重要的理论价值和应用价值。

第二，本项目以社会心理学为核心，结合政治学、历史学、经济学、社会学、信息学等学科，探索民族复兴的社会心理促进机制，建构了领导干部的胜任特征和抗逆力模型。特别是通过职业智慧系统，试图探索国家教育文凭制度和国家职业资格培训证书制度的衔接机制，如果达到预期目标，将为 O* NET 工作分析系统的发展贡献重要的理论价值。这对于实现广大民众的中国梦具有鼓舞作用。

第三，本项目通过建立科学思想库，将揭示科学家在重大决策中的作用，并获得科学普及和各类人才培养的心智模式，具有重要的应用价值。

第四，本项目将健康型组织和智慧社会的研究相结合，在跨学科合作中，将定性分析与定量计算相结合，理论洞察与计算模型并重，综合运用文献分析、社会调查、心理实验、复杂网络分析、数据挖掘、机器学习、集成模拟等研究方法和工具，可以共同打造社会心理促进机制研究的科学基础与支撑技术。

第五，在学科联合上，本项目研究与信息学科相结合，充分利用网络媒体技术，包括实时网络媒体大数据感知与融合表示方法，综合机器学习与社会网络分析的领域知识构建与更新，基于网络媒体大数据的群体用户行为模型和多层次多维度的媒体信息呈现技术，在方法论方面可望取得新的突破。

（时勘、胡平）

第三章
民族复兴的历史渊源
及社会心理评估研究

第一节

民族复兴的社会心理结构的研究思路

一、文献分析方法

(一)历史文献库分析

本课题以民族复兴的历史时间为逻辑,分别关注历史沿革、当前现状和未来发展的中国梦以及最终建立总的社会心理评估模型。在具体的探索路径上,在本课题的各项研究中,将以历史为导向,着重对 170 多年来,政治、经济、科技、文化领域的重要人物的思想进行历史文献的分析,并采用最新的基于语词计量的内容分析方法(Linguistic Inquiry and Word Count,LIWC)进行科学分析,以建立国民社会心理结构的根基。本课题主要从民族复兴的历史发展过程中搜集相关的历史文献,以下列文献组成历史文献库:(1)清代开明思想家及洋务派思想家的民族复兴思想分析,主要代表人物有龚自珍、魏源、林则徐、曾国藩、李鸿章;(2)资产阶级改良派思想家的民族复兴思想分析,主要代表人物有康有为、梁启超、谭嗣同；（3）资产阶级革命派思想家的民族复兴思想分析，主要代表人物有孙中山、章太炎、邹容、黄兴、宋教仁、胡汉民、蒋介石（1927年叛变革命）；（4）中国共产党几代领导集体的民族复兴思想分析，主要包括毛泽东、刘少奇、周恩来、朱德、邓小平、胡耀邦、胡锦涛、习近平等领导人的言论和行为。

(二)文本材料分析

我们对文本材料进行内容取样，然后进行内容分析。相关资料来自民族性和本土心理学文献，包括《中国民族性》系列丛书、《本土心理学研究》系列丛书和《中国社会心理学评论》系列丛书。此外，我们还对文献库进行内容取样，然后也进行内容分析，综合以上各个方面，获得民族复兴的社会心理变迁内容。

二、社会心理变迁的规律探索

在具体研究内容分析上，我们选择了"中国梦的科学内涵：心理学层面的理解""中国多民族的共同心理与中国梦""社会变迁与文化认同：从民众心理认知看古今中西之争""城市外来人口社会融合的结构与特征"四个专题逐项进行内容分析，以便寻求社会心理变迁的规律。

(一)中国梦的科学内涵：心理学层面的理解

党的十八大以来，习近平总书记提出并阐释的中国梦，迅速成为社会各界关注的焦点和研究者研究的重点。在党的十九大之后，人们对中国梦又有了新的理解。事实上，中华民族伟大复兴（即国家富强、民族振兴、人民幸福）是中国梦的准确定义和核心内涵。我们将从心理学的视角出发，首先从整体上解读中国梦的心理内涵，其次讨论中国梦的实现路径及影响因素，最后基于现状和已有的问题提出政策建议。

(二)中国多民族的共同心理与中国梦

中华民族共同心理是中华民族共同精神家园的重要组成部分之一，是中华民族精神的结晶。在当前形势下，研究不同民族的心理共性，对民族政策的实施和民族教育有着重要的启示，理应成为我国民族心理研究的重点。多民族共同心理的最高层次是中华民族共同心理，中华民族共同心理不等同于汉族人心理，中华民族共同心理不仅为汉族人所拥有，也为少数民族同胞所拥有。

(三)社会变迁与文化认同：从民众心理认知看古今中西之争

在执行本研究项目时，首先需要从历史、社会、组织和个体的多层次视角，借助跨学科交叉的优势，去揭示影响中华民族伟大复兴的社会心理促进机制。我们除邀请了支持单位中国人民大学，还邀请到了来自中国科学院大学、中国社会科学院、北京联合大学、华东师范大学、石河子大学和内蒙古师范大学的学者们，进行了近五年的联合探索，取得了一些进展。我们发表的论文《社会变迁与文化认同：从民众心理认知看古今中西之争》，就是从历史的角度来探索两者的关系，主要以寻求社会心理促进机制为探索的切入点。研究者们将民族复兴的时间维度(古今之争)和空间维度(中西之争)投射于民众内隐的心理认知结构中，来探索当前中国人的社会心理结构，并为发掘和提升蕴含在其中的群体智慧和心理正能量提供了依据。

(四)城市外来人口社会融合的结构与特征

随着经济的迅速发展，我国社会阶层不断分化，不同地区的发展越来越不平衡，为了营造和谐社会，实现社会融合的最终目标，中国政府做了大量的工作，出台了很多具体的促进融合的政策，比如取消各种针对城市流动人口的歧视性政策，完善对流动人口的各项服务等。在国外关于社会融合的维度研究中，经济融合、文化融合以及社会融合是相对比较共同的成分，虽然政治融合也是国外不同社会融合的重要共同成分，但我国已经保证了公民基本的政治权利，需要的是具体落实融合的政策和举措。因此，我们将在本项研究中参考借鉴国外关于社会融合的结构的研究，进行专门的尝试和探索。

通过四个专题研究，可以大致探明我国民众社会心理变迁的基本状况，为探索我国民众的社会心态的结构要素和评价工具打下基础。

三、我国健康型组织的结构要素及评价工具

本子课题的最终目标是在探索社会心态的心理结构之基础上，发展出一套可靠有效的测量工具。基本观点和研究思路是：社会心态测量指标体系采用社会心理学的多层级分析单位，吸收北美和欧洲社会心理学的传统学术精华，在个体、人际、群际等多个分析水平上，解析出社会心态构成的主要变量和变量之间的关系模型，建构社会心态的心理结构框架；利用已有的理论观点、研究思路和数据，采用专家评定的方法，形成健康型组织的指标体系；探讨中国人问卷作答中的文化反应倾向，研究社会赞许性在量表编制问题中的处理方法，寻找各子量表之间的关系，在实地调查中使用。

(一)两种研究思路

在健康型组织的研究当中，为了能够检验所建立的结构的有效性以及健康型组织建设的成效，采用科学的研究设计进行分析是非常重要的一个环节。从当前的健康型组织的研究来看，学者们大体遵循量化和质化两种研究思路。两种研究思路都将健康型组织的结构作为重要的变量来进行检验，通过实证分析方式来确立健康型组织的有效性。

(二)概念和结构假设

根据世界卫生组织的定义，健康是身体、心理、精神和社会幸福感的一种完满状态，不仅仅是没有疾病。健康型组织的研究应该从身、心、灵全人健康的角度，来探索健康型组织建设的问题。时勘等人首先提出了健康型组织建设的新概念，倡导把我国的组织健康工作提升到"身心健康、胜任发展、变革创新"的高度，以推动组织适应不断变化的环境，达到创新发展之目的。经过十余年的系统探索，目前，健康型组织建设的评价结构定位已经基本成型，在本次研究中，我们主要进一步验证其结构的合理性和可推广性。

(三)评估工具及方法的探索进展

过去对健康型组织的评价方法，不论是对传统理论工具的综述性评价，还

是结合多条理论假设建构回归模型、结构模型等开展定量测试，都仅对组织效能总体概况给出测评分值，对于复杂组织系统内部协同效果和发展趋势等的综合评测仍是亟待研究的问题。健康型组织结构可理解为复杂组织系统内部的子系统之一，伴有对外开放、结构非线性、远离平衡态等复杂系统特质，遵循系统熵增和耗散带来的熵减规律。因此，本次研究将运用管理熵理论来开展组织健康状态评价工作，以期获得综合、协同、精准的评价结果。上述问题将在第六节专门介绍。

第二节

中国梦的科学内涵：心理学层面的理解

事实上，人们对美好生活的追求的实现路径很多，不同研究者已进行了诸多研究。比如，意识形态和政治理论角度的研究(程美东、张学成，2013)；思想史角度的研究(汪晖，2004)；民族性角度的研究(沙莲香，2012)等。本节从心理学的视角出发，先从整体上解读中国梦的心理内涵，再讨论中国梦的实现路径以及影响因素，最后基于现状和问题提出政策建议。

一、中国梦心理内涵的解读

我们通过梳理中华文化的价值观，采用结构化的心理量表对成年人和大学生等进行调查，比较了传统价值观与泛文化普遍价值观的结构与功能的差异，为中国梦提供了心理学角度的解读。

(一)中国梦的心理结构

目前，中国梦的科学内涵及其解释的研究存在的主要问题，一是中国梦的内容非常丰富，其深刻内涵在民众的日常感受中表现得还不是非常充分。调查显示，民众对中国梦的理解还处在表层，内容也非常个人化。二是中国梦的深层心理结构还不是非常清楚。心理学中精神分析学派的基本观点认为，梦是人们意愿的曲折反映。精神分析学派在释梦过程中，会把梦分为两个不同的结构：显梦和隐梦。显梦是指说出来的未经分析的梦，隐梦是指其背后隐含的由分析联想得到的意义。从心理学的角度来解读中国梦的心理结构，也可以看到中国梦有显梦和隐梦之分。任何个体的梦想在意识层次上都来源于心理需求的满足，每个个体的梦想肯定是不尽相同的，不同群体和不同组织的需求也不完全相同，所以，显性的中国梦内容丰富多彩。但是，根据马斯洛的需求层次理论，每个人的底层心理需求是相似的。所以，隐性中国梦的心理结构具有相似性，可以分为四个维度：安全、自主、关系和成就。安全是现代中国民众最渴望满足的内在需求，包括环境安全和心理安全；自主是民众渴望满足自主选择和自主控制的心理需求；关系是民众渴望满足良好家庭、朋友邻居等社会人际关系的心理需求；成就是民众渴望满足职业、家庭、社会等的成功的自我实现。习近平总书记在党的十九大报告中指出，加强和创新社会治理，使人民获得感、幸福感、安全感更加充实、更有保障、更可持续。"三感""三更"的提出，彰显了新时代中国社会治理的目标指向。而这"三感"，也浓缩和体现了上述隐性中国梦的内在需求。

(二)追寻心底最深层的意义感——中国梦的心理解读

人为什么要活着？为了过有意义的生活。如果一个人找不到生命的意义，他面对挑战就会产生焦躁无味、抑郁无助的感受；如果很多人找不到生命的意义，整个社会就会呈现出无序、冷漠无情的状态。因此，健康良好的社会机体必然由有意义感的生命组成。心理学上的生命意义是指"个体存在的意义感和对自我重要性的感知"，包含"拥有意义"和"追寻意义"两个层面。心理学的研究也发现，寻找和实现每个人心底最深层的意义感，是人们行为最终和最重要的动力。在经济全球化和多元化的冲击下，中国人正在社会的急剧变迁中感受着价值消解、意义感迷失、未来不确定的痛苦，人们期望寻找未来的确定性，人们期望对现状有解释，而中国梦给出了这个时代最好的答案。实现中国梦需要继承中华优秀传统文化，优秀传统文化的传承反映出中国当前时代精神。中国梦不仅是中国人意义感的源泉，而且凝聚了中国人心底的意义共识，指引着中国人去追求中华民族伟大复兴的意义。中国梦是中国人意义感的源泉，主要表现在以下几个方面。

第一，意义感源于中华优秀传统文化。一个民族对自身传统文化的依恋，就如同婴儿对母亲的依恋。心理学发现，一个人孩童时期对母亲的依恋，不仅会影响到成年后对自身社会关系的理解，而且会潜移默化地塑造子女对自己的依恋风格。文化的依恋亦是如此，文化养育着一代代人的精神，传承祖祖辈辈对世界的理解。区别于美国的个人主义文化，中国人具有"家国天下"的情怀，中国传统文化是"小我嵌套于大我，大我涵摄于小我"的非个人主义文化。中国梦具有独特性，是包含人人自我实现的民族梦，是人们意义感的源泉。

第二，意义感源于时代共识。没有明确的时代共识，个人意义感就无从谈起。心理学研究发现，人们在不确定的情况下通常会充满焦虑和恐惧，为了减少这种不确定性，他们很容易被极端但明确的事物吸引，如加入非法组织等。近年来，我国社会经历了快速的变迁，给民众带来了很大的不确定感。社会上出现浮躁、信任感低、冷漠、道德感低等多种不良的社会心态。中国梦凝聚时代共识，把"国家富强、民族复兴、人民幸福"作为奋斗目标，让全中国人民"共同享有人生出彩的机会，共同享有梦想成真的机会，共同享有同祖国和时代一起成长与进步的机会"。这种"努力就有收获"的确定性是意义感的基础。

第三，意义感源于坚定的终极信仰。没有信仰的人生，终究面临虚空的结局。中国梦为我们树立了坚定的终极信仰，即中华民族伟大复兴。它把个人梦想蕴于民族伟业之中，表达了每个中国人心底最深层次的热情和期盼。有了这种终极信仰，一个人即使从事最普通的工作，也能收获价值感。习近平总书记提出的中华民族伟大复兴的梦想，是在总结近代以来中国所走过的历程的基础上，对全中国人民的一个内心召唤。这种召唤契合了中国传统文化"天下兴亡，匹夫有责"的爱国主义精神，将个人的梦想与民族国家的梦想紧密地联系起来，提升了中国人生活的意义内涵。

二、家庭影响因素对个体职业化的影响

在实现中国梦的过程中，个体最基本的实现路径是职业化的发展。随着社会经济的快速发展，家庭作为原本个体职业化发展的最重要支持来源，也在发生着变化。所谓家庭现代化历程，就是指不同社会、民族的家庭会按照同样的范式和固定的发展线索演变。异化劳动是马克思在《1844 年经济学哲学手稿》中首次提出的概念，又称劳动异化。马克思用它来概括私有制条件下劳动者同他的劳动产品及劳动本身的关系。随着现代化的发展，原来的劳动已经变成现在的工作，工作也会对人产生异化的作用，从而深刻地影响人们追求个性化中国梦的体验和过程。

经典家庭现代化理论认为，整个人类社会的家庭会按照固定的阶序向前发展和进化，摩尔根在其著名的《古代社会》中指出，人类的家庭进化将依据血缘家庭—普纳路亚(群婚)家庭—对偶家庭—一夫一妻制家庭演变(摩尔根，1971)。随着研究的进展，研究者开始把家庭现代化的关注焦点从家庭转移到个人角度，认为家庭现代化表现为个人行为的现代化。从经典的职业发展观(Super，1980)来看，大学生正处于职业发展的探索阶段，职业探索是个体主动寻求职业信息、匹配职业特征、发展职业方向的过程，是个体发展到成年早期的关键任务之一。家庭作为人类发展生态模型中的最基本单元，为个体发展提供了最直接的支持，是与个体成长关系最密切的系统。已有文献显示，家庭系统中的许多因素对大学生职业发展起着重要的影响作用，如家庭的社会经济地位、家庭人际关系等(Lindstrom，Doren，Metheny，et al. ，2007)。

Bowen(1966)整理了自己长达十年的研究成果，首次提出了"家庭系统理论"。该理论认为，从心理上家庭是一个情绪单位，个体所处的家庭关系能够影响其精神病症。此后越来越多的研究表明，家庭作为一个单位、一个完整的系统、一个相互联系的关系网络，影响着系统中的每一个家庭成员。家庭作为一个系统，其内部是由表层特征和深层特征组成的有机整体（池丽萍、辛自强，2001），表层特征和深层特征都会影响到子女的发展。家庭的表层特征包括家庭经济状况和社会地位、父母学历和职业、兄弟姐妹数量和排行、家庭构成和教养方式等，通常与家庭的经济资源联系在一起。而深层特征包括了家庭情感、家庭成员的交往模式、家庭成员的行为特点等，通常与家庭的心理资源联系在一起。方晓义等（2004）认为，按照特征是否涉及家庭关系，可以将影响家庭功能的特征分为非家庭关系因素和家庭关系因素。非家庭关系因素是指家庭中并不涉及家庭成员之间关系的一些因素，如家庭结构、家庭的社会经济地位等。家庭关系因素主要指家庭成员之间的情感联结，如亲子关系、夫妻关系等，也包括一些家庭成员之间的互动，如父母抚养方式、亲子冲突、亲子沟通、夫妻冲突及夫妻沟通等。以往对于深层次的关系因素的研究并不多见。因此，本研究将家庭系统划分为家庭非关系因素和家庭关系因素，将家庭作为一个整体，全面考察家庭系统对子女职业探索的影响。其中，家庭非关系因素包括的变量有家庭居住地、父亲学历、母亲学历以及独生家庭与否，家庭关系因素包括的变量有父亲情感支持、母亲情感支持、亲子沟通以及父母干涉等。

（一）家庭系统对大学生职业探索的影响

家庭系统对个体职业的影响可以追溯到 Roe（1957）的研究。考察家庭系统中家庭非关系因素对职业探索影响的研究很多。例如，有研究发现，城市大学生的职业探索水平比农村大学生的职业探索水平更高，家庭经济地位能够正向预测职业探索（Lindstrom，Doren，Metheny，et al.，2007），父母学历能够正向预测职业探索等。相比而言，考察家庭关系因素对职业探索影响的研究较少，有研究表明，父母的接纳和支持会促进青少年的职业探索，家庭中成员沟通、情感卷入等会积极预测大学生的职业探索行为(刘天阳，2011)，父母教育方式能够显著地预测青少年的职业探索，家庭成员之间的良好相互作用模式与安全型的情感依赖对职业发展产生积极影响。还有人指出，学者们长期忽视了将家庭作为一个整体单元来考察对个体的职业影响，从整体考察家庭系统对职业影响的研究寥寥无几。在国外，Titus 和 Larson(1995)整理发现，家庭系统关系因素如父母的过分参与、恐吓、家庭规则刻板僵化等对职业发展的影响大于性别、社会经济地位、教育等非关系因素对职业决策的影响。在国内，李磊琼(2007)研究发现，家庭系统中不论是家庭非关系因素(父母教育水平、父母职业类别、家庭经济水平、家庭来源)，还是家庭关系因素(沟通、情感介入、情感回应等)，对大学生的职业未决都有一定的预测作用，自我效能感起到中介作用。刘天阳(2011)的研究发现，家庭非关系因素(家庭经济水平、生源地、是否独生子女)对职业探索产生显著影响，家庭关系因素(问题解决、情感卷入、互动模式)与职业探索显著相关。总结以上研究可知，家庭系统中的非关系因素、关系因素以及家庭系统整体对个体的职业探索都是有利的。

1. 家庭系统对职业探索影响的整体性

本研究将家庭系统具体划分为家庭关系因素与家庭非关系因素两类。但是，家庭系统是作为一个整体起作用的，这不仅丰富了关于家庭系统的实证研究，而且在理论上再次证实了考察家庭系统整体作用的必要性。

家庭非关系因素作为家庭的"硬件"，整体上对大学生的职业探索起到重要作用。从家庭系统的角度来看，父母学历、家庭经济社会地位、城乡居住地以及独生子女家庭这些变量可能具有重合性，其本质上反映了家庭的"硬实力"。家庭关系因素作为家庭的"软实力"，也影响了大学生的深层心理因素。家庭系统的非关系因素可以为大学生的职业探索提供物质支持和信息支持，良好的非关系因素能够拓展个体的视野、丰富职业探索的资源，这对职业探索都起到积极的促进作用。同时，家庭的关系因素还可以为职业探索提供良好的情感支持，父母与子女关系融洽、不过分干涉、沟通亲密，能够让大学生体验到被爱、被呵护，对其职业探索的发展也起到积极作用。不论是家庭系统的"硬实力"还是"软实力"，对个体的职业探索均有积极作用。

家庭关系因素与家庭非关系因素的相关均达到显著水平，还说明了家庭的关系因素与非关系因素之间存在高度内部一致性。不能把家庭非关系因素和关系因素割裂开来，甚至对立起来，两者是相互作用、共同影响的。往往家庭环境的优越和父母的知识文化水平有很大的关联，知识文化水平高的父母在教育子女和子女沟通方面也会占有优势。要注意到，家庭经济地位、家庭结构等非关系因素的影响往往要通过家庭的教育方式、家庭关系、家庭气氛等关系因素起作用，不能简单地基于结构性变量来下结论。

2. 家庭系统对职业探索影响的文化差异性

本研究结果显示，中国大学生的家庭系统（包括关系因素和非关系因素）显著地预测了大学生的职业探索，而美国大学生的职业探索与家庭系统的关系微弱。但是，无论是在中国样本中还是美国样本中，大学生的自主性与职业探索之间都呈现出显著的正相关，中美家庭系统对大学生职业探索的影响具有各自的特点；中美家庭的影响具有相似性，都是通过提升自主性来影响大学生的职业探索，但是，二者也存在显著的不同，这进一步说明了中国家庭还受到了传统社会观念的影响。

在中国传统社会中，子女对家庭的贡献除了情感价值以外，还有经济价值。传统家庭强调培养子女的服从性，子女的职业探索也必然受到长辈的影响和制约。本研究结果显示，尽管中国现代家庭中子女的职业探索依然受到家庭多方面因素的影响，但是，家庭已经不能仅仅通过控制来抚养子女，而是采用鼓励自主性来促进子女的发展。这表明，经济上的现代化已经部分地影响了家庭与孩子的关系。一方面，经历了城市化、现代化和经济结构的变革，中国社会民众的生活更加富裕，教育水平不断提高，家庭对子女的经济依赖已经不像以前那么严重；另一方面，市场的竞争压力已经迫使大学生必须自己面对挑战，所以，父母已经开始允许子女自主发展，甚至在某种程度上鼓励子女的自主性。

这说明中国家庭也开始了自身的现代化，家庭关系已经受到市场竞争、生产方式等的挑战。这也验证了中国家庭与西方家庭具有趋同的趋势。对于大学生而言，自主性一般在青少年的早期和中期阶段开始发展，与青少年的决策和行为紧密关联。获得行为自主的青少年在进行决策和行动时，能够在适当的情况下向别人征求意见，然后，根据自身的判断和他人的建议，对不同的行为进行权衡，最终对自己的行为拥有独立的决断权（Van Petegem，Beyers，Vansteenkiste，et al.，2012），可见，中国大学生的自主性的提升能够促进个体积极主动地探索外界信息（Vallerand，Pelletier，& Koestner，2008），从而有助于其面对未来的挑战。

（二）自主性和自尊对大学生职业探索的影响机制

研究结果表明，家庭与子女的关系模式是通过子女的经济价值和心理价值来确定的。换句话说，家庭系统对子女的影响也是通过经济资源和心理资源的传递来实现的。一般来说，家庭经济状况的稳定会为子女提供更优越的条件和更多的资源去进行职业探索，物质匮乏则会限制子女的职业探索。而心理资源的传递是通过家庭关系因素这一深层特征来实现的。当然，家庭关系因素通过什么路径来影响个体的职业探索，家庭关系具体影响了哪些内部心理变量，这还需要进一步探索。根据自我决定理论（Self-determination Theory）（Deci & Ryan，2011），自主性属于最重要的心理需求之一，自主性的获得意味着独立决策能力的增强以及对个人行为方向主导性的增加，它们会促进个体的健康发展。有研究表明，子女与父母的互动互惠以及父母给予的温情、宽容会让子女获得更强的自主性（Cai，Yu，Wen，et al.，2013）。同时，自主性又在未来规划中发挥着重要作用，可以视为未来规划的心理基础。自主性是西方文化中不容忽视的概念。自主性的含义涉及自我统治、自由、个人选择、保持自我特性等。美国强调人的独立性，崇尚个体主义，对自主性的定义有两个关键点：第一，自主性是自我管理的自由，不受外在压力逼迫；第二，自主是分离个体化的过程，是脱离父母所在原生家庭的成长感。Crittenden（1990）将自主性定义为与父母分离，个体享有充分活动的能力。Crockenberg 和 Litman(1990)甚至认为，儿童自主发展的指标之一就是拥有对父母说"不"的意愿和能力。与之不同，中国子女的自主性有明显的人伦道德特征与社会联结特色，中国人眼中的自主性不仅不会与社会、他人分离，而且要与他人相互依赖。在当今中国，子女的自主性发展与情感依赖是相互作用的，中国父母一方面维持着家庭关系的和谐，另一方面允许子女发展自主性。研究表明，对中国人而言，自主性获得更多来源于家庭的和谐。因此，自主性可能在家庭关系因素对大学生职业探索的影响中起到中介作用。

根据自我决定理论，将外部环境内化为内部动机的整个过程受到自尊的驱动。因此，高水平的自尊对个体的健康发展必不可少。有研究表明，父母的情感支持是青少年自尊发展最稳定、最有效的社会来源(刘春梅、邹泓，2007)，父母的情感支持与理解对个体的内隐自尊有提升和促进作用，同时自尊水平又会影响个体在职业生涯中的成就动机，自尊中包括的自我悦纳因子会使得大学生在职业规划上更为积极。此外，中国人崇尚集体主义，自尊同时包括个人自尊和集体自尊两个部分。集体自尊指人们根据自己所属的社会群体来定义自我的价值，因此，中国人的自尊在很大程度上取决于他人的评价、他人的知觉(甘怡群、王纯、胡潇潇，2007)。

可见，自尊可能在家庭关系因素对大学生职业探索的影响中起到中介作用。由于中国人的自尊在很大程度上取决于外部评价，自尊会与家庭关系因素关系密切，而美国人的自尊主要取决于自我评价，与家庭关系因素相关较弱，因此，自尊的中介作用在中国样本中被增强，即自尊在家庭关系因素与职业探索之间起到了中介作用。

基于以上研究，我们验证了家庭系统各个变量与职业探索、自主性、自尊的相关性(见表 3-1)，相关的验证模型如图 3-1 所示。

表 3-1 家庭系统各个变量与职业探索、自主性、自尊的相关性

	中位数	标准差	1	2	3	4	5	6	7	8	9	10
1. 职业探索	4.41	1.13										
2. 自主性	5.11	1.10	0.280**									
3. 自尊	18.83	3.69	0.342**	0.438**								
4. 居住地	1.18	0.38	−0.055	0.062	−0.046							
5. 独生家庭	1.43	0.50	−0.152**	−0.067	−0.089	0.188**						
6. 父亲学历	4.10	1.32	0.180**	0.054	0.121**	−0.514**	−0.241**					
7. 母亲学历	3.88	1.31	0.159**	0.060	0.136**	−0.464**	−0.303**	0.780**				
8. 父亲情感支持	4.88	0.89	0.273**	0.300**	0.530**	−0.074	−0.201**	0.159**	0.208**			
9. 母亲情感支持	4.96	0.80	0.319**	0.302**	0.534**	−0.103	−0.161**	0.172**	0.217**	0.729**		
10. 亲子沟通	10.46	2.66	0.240**	0.083	0.185**	−0.221**	−0.226**	0.319**	0.262**	0.303**	0.232**	
11. 父母干涉	4.88	1.78	−0.136**	−0.053	−0.117**	−0.107**	0.105	0.131**	0.102	−0.258**	−0.313**	−0.040

注：** 表示 $p < 0.01$，*** 表示 $p < 0.001$。

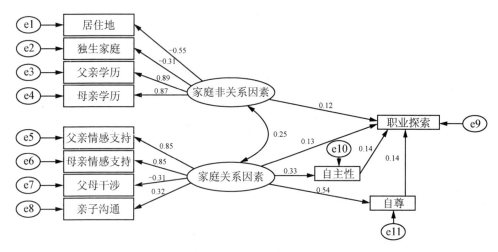

图 3-1　家庭系统对职业探索影响的验证模型

三、公共管理因素对文化融合的影响机制

实现中国梦，除了面临个体的职业化、发展性、身份性等问题外，社会和谐也是关键问题之一。要保证社会的和谐，公共管理的顺畅和不同群体的良性互动是重要的保障措施之一，因此，如何促进公共管理的有效性是重要的研究议题之一。松下幸之助曾说过，企业最大的资产是人。管理企业资产的也是人，但是此人非彼人。无论是复杂的公共管理，还是小企业的管理，本质上都是一群人对另一群人的心理活动进行管理。管理者和被管理者角色的不同，秉承的文化也不同，他们遵循迥异的行为规则。探索公共管理的有效性，首先要分解管理中的角色差异，了解不同群体的文化。在很长一段时间内，管理者中并不看重人的差异性，甚至刻意忽略其角色差异和个体差异。随着人的重要性凸显，人的复杂性也越来越被理论界和实践界看重，因此，有关人的差异性和复杂性的研究成果开始被纳入公共管理的视野，而且日益成为焦点。早先讨论公共管理的时候，绝大多数的研究者会把人视为完全相同的行为主体，认为公共管理中的人具有完全一致的理性态度和认知策略。其实，参与公共管理决策以

及评价公共管理有效性的个体都是有其自身立场和自身价值判断的，绝对不是完全一致、具有相同文化社会身份的个体，他们内部的认知观念和对人际复杂性的看法也是不同的。

(一)公共管理中的群际身份

个体服从整体，去掉个体差异性，寻求同一和简单原则去理解和管理，曾经是公共管理的原则和理念。但是，随着科技的发展，尤其是随着自媒体时代的到来，原来在宏大叙事中被忽略的个体小情境、个体主体动机甚至心理发展变化，却有可能成为影响社会发展、舆论变化的重要因素，进而带来一场宏大的社会发展与组织变革。以法国历史上的攻占巴士底狱为例，在这一影响深远的变革中，底层老百姓的心理活动、社会认同感、被剥夺感等是导致一些混乱的根本原因。而在现代，借助自媒体，任何个体的发声都易使得人们的心理认同感更为趋同，也可能使得行动更为非理性。可见，人们的心理活动对公共管理起着非常重要的作用。

马克思曾经指出，在改造客观世界的生产活动中，生产者自身也改变着，锤炼出新的品质。通过生产而发展和改造的个体身心，造就了新的力量和新的观念，形成了新的交往方式、新的需要和新的语言。这些新的观念、新的交往方式以及新的语言又构建了新的文化。因此，在现代社会中，每个人都有其自身的文化社会身份，这种文化社会身份标识了个体的思维方式。价值观念、情感类型以及行为模式，是集中表现个人心理活动的重要体现。生活经验所产生的个体文化，不只包含着一个人自身所学习和获得的思维方式。人都有归属的需要，会在人际互动的过程中将自己归属到某一个类别或者某一个群体中，从而形成群体所共有的价值观念。一旦个体自我归类为某一个群体，其自我认知方式就会发生变化，随之产生对其群体的认知评价、情感体验和行为表达。当其成员资格不被承认或者被错误地承认时，他们就会为获得承认而采取行动。这种归类又会反过来促进个体融入一个阶层或者一个群体中，这就发生了文化适应过程。文化适应过程是一个连续的、反复的转变过程，它不一定是个人的理性选择，也不完全是文化适应或者策略适应的产物，而是参与者在社会交往过程中产生，并且深嵌于政治、经济、历史文化的语境中的新的认知方式（Kawashima & Bilton，2010；徐晓旭，2015）。

文化适应的结果，使得文化社会身份不仅仅包含着个人的思维方式、价值观念等，还包含着所有相同的社会地位和社会归类的拥有者的共同的社会文化内容，即个人所拥有的群体角色意识。一旦确定了群体的文化社会角色，那么，个人就会按照这种新的角色要求来选择其自身的行为策略和社会态度。这一系列适应最直接的结果是使个体归属于群体，群体内部产生新的社会认知态度，而与外部群体产生更大的距离，从而使得个体文化身份变成群际文化身份，这些群际文化身份就会深刻地影响公共管理的每一个环节，自然也就影响着公共管理的有效性。

(二)公共管理中的群际互动关系

西方公共管理理论认为，公共管理中决策和执行的整个过程有不同人参与，是建立在个体认知活动基础上的社会互动。梳理公共管理的社会互动过程，大概存在三种社会角色，即政策制定者、政策执行者、目标群体。他们之间存在互依三角关系。任何公共政策的决策和执行都会关系到社会资源的分配以及相关群体的认同重构，都会影响参与整个过程的利益相关群体的认知、情感和行为。这个过程本质上是调整和重构以利益和认同为核心的群际关系。因此，公共管理的整个过程都涉及群际互动。

第一类群体是政策制定者。政策制定者通常是已经具有某种确定规则权力的群体。政策制定者通常具有某种使命，通过合法性的继承和发展的互动影响来实现使命。在互依三角关系中，他们通常是动力的来源，也常常是公共管理活动中最主要的推动者。

第二类群体是政策执行者。政策执行者通常不是政策制定者，尽管他们在某种条件下也会参与确定管理制度。从理论上来说，政策执行者应该寻求最好的行为结果，将政策的最优目的转化为最好的执行过程。但是，在其选择性策略的影响下，他们的行为并不能完全如理论上推演的一样，去寻求最好的执行过程。所以，他们的行为会存在差异。其中，贯彻和落实政策最好的是拥有最优决策意图的政策制定者，而最差的则是拉大旗作虎皮、雁过拔毛、层层共谋、瞒上欺下的执行者。

第三类群体是目标群体。没有对政策的目标群体的需要、未来期盼的准确了解，没有对他们所思、所想、所行、所愿的关注，绝对不可能有好的政策执行。目标群体对政策的接受和评价，反过来会影响政策制定者和政策执行者。好的政策制定者加上好的政策执行者，才能不断激发目标群体的德行和政治参与积极性；不好的政策执行者（无论是不是好的政策制定者）都会带来政治冷漠、公民不服从甚至抗争，因此，政策的目标群体是以结果评价的方式来影响公共管理的有效性。在整个公共管理链条中，他们相对来说比较被动，但是，他们的评价却直接影响着整个公共管理链条的持续和方向。

在这个动态互依的三角互动关系中，三者都是按照自身的文化社会身份的需要来选择互动策略和行动逻辑的。因此，要提升公共管理的有效性，就要促进三者之间的和谐互动。其中，最重要的是促进各方理解对方的文化身份和行为策略，达到文化、行为的适应与融合。只有如此，才能促进三者之间的和谐互依，从而达到平衡和共享繁荣。

(三)政策制定者、政策执行者、目标群体的文化与策略

政治文化作为政治系统的心理取向，涵盖了政治信念、政治价值和政治态度等一切与政治有关的心理倾向。它既是内化于国民的政治认知、政治情感和政治评价，也是针对包括政治制度在内的政治对象的一种选择取向。它不仅为国家和社会的政治稳定提供一系列的方向性原则，而且为每一个公民提供了参与政治的规范性指导原则。研究者们认为，政治文化代表了一个国家政治体系运行的核心因素和凝聚力量，具体表现为在整体文化中那些渗透和贯穿于政治过程中的观念、信仰、态度、标准和期望(张纯、王云霞，2016)。政治文化表征于公共管理过程中，体现的是所有管理的理念、基本的价值观以及管理的原

则。因为政治文化是一定的经济基础和社会关系的产物，代表着政策制定者对社会的理解和使命的追求，所以，它一经形成就具有相对稳定的特质。但是，随着社会经济基础的变化，政治文化也会发生相应的变迁。随着生产方式的现代化，政治文化也会更加现代化，从而促进国民的行为方式和社会心理的现代化转型。一般来说，政策制定者的政治文化会更加立足长远、立足于使命、立足于整体，所以，公共政策本质上是服务于整体的、长远的国家利益的。

政策执行者需要运用政治资源，采用解释、宣传、实验、协调与控制等各种行为，将制定政策者的理念和决策内容转化为实际效果，从而实现政策目标。政策执行者的有效性决定着公共政策从政策到结果整个环节的效果，所以，他们是公共管理有效性的最重要的组成成分。因为政策制定的过程本质上是基于价值判断和理念客观化后的文本化，文本本身带有极强的抽象性，所以，对于政策执行者而言，具体执行过程本质上就是抽象政策的具体化，将文本概念转化为具体行为。在具体化过程中，政策执行者自身的价值观念、对政策的理解以及认同都是非常重要的。这一过程也常常被称为"政治的社会化"（段志超，2006）。可见政策执行者自身的价值观念、利益倾向对政策执行效果的影响深远。公共政策常常是对社会资源做权威性分配，通过调整和规范社会利益结构，维护社会整体利益和国家的利益。但是，在利益多元化的情况下，不同利益主体存在着不同的利益差异和利益取向，公共政策本身是抽象的文本，其自身无法使不同阶层、不同区域和部门的个人诉求的利益都得到表达和满足，这时的政策执行者执行的文化逻辑就显得至关重要，在利益冲突中，策略选择不当会导致公共政策执行失控的危险。

公共管理的终极目的是影响政策的目标群体，因此，目标群体所思所想是政策制定者和政策执行者都最应该关注的。当条件（政策的制定和执行）有利于政策的目标群体的时候，目标群体会积极参与；而条件不利于政策的目标群体的时候，目标群体则会表现出疏离和被动。影响公共管理有效性的政策目标群体的文化，本质上是各民族群体的国民文化和国民心态。所谓国民文化和国民心态是指相同文化背景和历史经验下人们所具有的普遍、共同的一种群体人格，是国民或民族在长期的历史文化条件下形成的一系列心理、价值倾向与行为方式的总和，是国民人格的综合体，是深藏于文化和心灵深处的潜意识，是一系列道德价值观念、社会心理与相应的行为方式的集合体。有关影响公共管理有效性的国民性研究如汗牛充栋（黄家亮、廉如鉴，2011），其中最重要的是三点：(1)国民文化和国民心态构建了公共管理的理论和实践的生态环境，这种生态环境具有自身的延续性；(2)国民文化和国民心态也是会发生变化的，但是，因为文化通常是保守和抵抗变革的，所以，这种变化会非常缓慢；(3)在具体公共管理实践中，国民文化和国民心态通常关注的是局部、短期的效果，这种局限性带来的管理结果的影响是巨大的。

(四)动态互依三角的文化

互依三角的动态互动，本质上是三种文化转化下的行为互动。文化互动和融合并不是一个新的话题，从 20 世纪开始就有很多研究者（埃里克森，2008）研究过，出现过如文化融合、杂交、隔离、涵化、并存、悖论、迁移等相关概念和理论模型。各种理论模式都有其提出的背景和合理性，但是这些理论通常用于不同国家、民族、个体在社会变迁过程中发生的文化冲突，较少有研究者关注同一条件下不同角色的文化融合。在公共管理中，互依三角的角色并不是完全平等的，虽然角色差异很大，互动频繁，但互依三角都是在同一大文化背景下进行互动，所以不能简单地套用一个理论模式来进行解释，也不能照搬西方的理论模式。要构建文化融合的合理机制，就有必要找出三者在融合机制中所应该采取的策略。

在公共管理过程中，政策制定者、政策执行者和目标群体三者构成的互动互依三角，可以通过文化的融合构成积极互依的三角关系，也可以消极角力，形成松散互动。如何看待三角关系，如何面对角力的动因来源，是公共管理者需要审慎面对的问题。对于政策制定者而言，一方面要通过文化的选择，创设一种包容的环境，从而引导三角关系的积极有效的互动；另一方面要提出一个共有的远景，通过核心的文化力量引导价值目标的统一。这是政策制定者建构良好公共管理系统的前提。所有的文化引导最终带来的是社会合力的向前。政策执行者树立合理的行政文化，把价值目标认同到政治文化的核心趋向上，在中国的公共管理实践中至关重要。无论政策设计的优劣如何，如果配上最好的政策执行，其效果都可以带来积极互依的关系。如今，重新体会和理解政策制定者的初心，是保障积极互依的基础；对于目标群体而言，积极适应政策变化所带来的文化冲击，以合理的方式进行政策评价和反馈，是积极互依的保障。

四、实现中国梦的科学路径和政策建议

中国梦赋予中国人生活的意义是广博的，内涵是深层的。它所蕴含的个人富足、社会安定、民族团结和国家强盛的希冀，恰恰表达了这些梦想对每个中国人的意义。那么，如何更好地实现中国梦呢？

(一)创造性地转化中华优秀传统价值观

如何令中华优秀传统价值观在当前社会焕发新的生命力是关键。我们的研究发现，以注重和谐、大局为重、自我约束为内涵的价值观，是中华优秀传统价值观区别于西方价值观的特色所在。但是，这些价值观的内涵不能简单地从历史中复制，而要在坚持核心价值观的基础上处理好与其他价值观的关系，赋予它们新的内涵。例如，注重和谐与公平竞争有何关系？大局为重与个人成就有何关系？自我约束与个体自由有何关系？我们建议，在多元价值共存的背景下，创新中华优秀传统价值的内涵，调和其与其他价值之间的关系。传统文化是在传统社会特定的历史文化背景中发展起来的，而现代社会有诸多方面与传统社会存在差异，所以，发扬传统文化殊非易事。不过，家庭是传统文化的重要载体。随着现代化和城镇化的发展，虽然家庭结构发生了一定程度的变迁，但是，家庭作为中国人的精神家园、情感来源的地位仍然无法取代。而且，其他方面的社会变迁(如工作流动)所导致的传统人际环境的丧失，更增强了以家

庭为纽带的社群关系的重要性。因此，发扬优秀传统文化应以家庭为纽带，通过家庭文化、风气、行为规范来传递适合现代社会的传统价值观，使之内化到每个人的行为中，然后再向社会扩展。

(二)将中华优秀传统价值观教育融入时代精神之中

传统价值观来源于历史文化，但不能简单地从历史文化中复制。例如，在中国历史上，"孝悌忠信、礼义廉耻"作为基本的社会道德，一直都被提倡。随着外来文化的传播，我们对这些传统美德重视得不够，有时甚至漠视、不恰当地批判其中的某些品德。但是，中华优秀传统价值观永远不会被时代淘汰。2014年4月1日，习近平总书记在比利时布鲁日欧洲学院发表的重要演讲中指出："2000多年前，中国就出现了诸子百家的盛况，老子、孔子、墨子等思想家上究天文、下穷地理，广泛探讨人与人、人与社会、人与自然关系的真谛，提出了博大精深的思想体系。他们提出的很多理念，如孝悌忠信、礼义廉耻、仁者爱人、与人为善、天人合一、道法自然、自强不息等，至今仍然深深影响着中国人的生活。中国人看待世界、看待社会、看待人生，有自己独特的价值体系。中国人独特而悠久的精神世界，让中国人具有很强的民族自信心，也培育了以爱国主义为核心的民族精神。"当下，我们需要赋予中华优秀传统价值观以新的时代精神。但是，单纯地将古代的故事、人物和思想重新宣传，收效可能不大。应当开发符合新时代精神及接受习惯的读物、影视作品和宣传方案。在内容上，建议将传统价值观与解决时代问题、新兴产业及生活方式问题联系起来。例如，将"注重人与自然的和谐"的价值观与企业通过环保盈利的行为、个体的环保行为以及亲近自然的时尚生活方式联系起来。在形式上，建议采用大型纪录片、时尚漫画、手机游戏等新形式去传播。

(三)树立既传统又时尚的模范榜样

树立道德模范是我国宣传工作的传统做法，这种做法的不足之处是，所树立的模范道德极高尚，生活极贫苦。如此，虽然民众敬仰其道德，但很难在行为上去效仿。因为现代社会的价值观也强调生活质量和个人幸福。实际上，传统价值观与此并不矛盾。建议政府考虑发掘和树立集优秀传统价值观与现代价值观于一身的新模范。比如，树立以职业精神为核心的现代职业道德模范。职业精神是现代社会职业活动的最重要指导思想。以职业精神为核心，对于每个普通的中国人而言就意味着用自己的敬业态度和责任感来追寻和拥有生命意义。如果食品工厂的工人能够将食品安全作为职业道德的根本，那么，他就会自觉抵制使用不合规定的化工原料；如果安全监督人员能够将安全检查看得比煤矿效益更重要，那么，生产事故率将极大地降低。其实，每个人兢兢业业、敬业爱岗，就是实实在在追寻生命意义的过程，也就是实现中国梦的过程。

(四)建立"幸福市民-幸福社区-幸福城市"社会人文教育体系

多开展以学校、社区、城市为基本单元的爱国主义教育。爱国主义是民族精神的核心，是中国力量的本质。从"天下兴亡，匹夫有责"到"为中华之崛起而读书"，爱国主义在中华民族代代相传。要实现中华民族伟大复兴，必须在全社会开展爱国主义的公民教育。这种教育要结合传统文化与时代精神，将国家发展与个体发展实实在在地联系起来，让个人看到自己与国家相联系的意义，让每个人都感受到社会的发展、国家的繁荣对个人生命的意义和价值。不管经济如何发展，社会如何改革，幸福最终是一种心理感受。思想宣传工作应该结合心理学专业知识在社区中进行宣传，我们要利用高校的师资，在学校、城市图书馆、博物馆、公园、广场、社区等公共场所，将具有心理辅导性质的讲座和活动进行常态化设置。在内容上，一方面，以"不断建立相对公平"作为当前社会改革政策宣传的重点；另一方面，要帮助市民从心理上建立"社会总体上是公平的，努力总可以控制和改善命运"的信念。

(五)探索多元化宣传手段，将中国梦和民众底层心理需求相结合

要让中国梦深入人心，最重要的就是将中国梦与每个人的心理需求相结合，鼓励个体积极迎接时代，鼓励自我选择人生道路，鼓励建立良好的人际关系，鼓励多种形式的成功。随着信息技术的迅猛发展，当前涌现了众多对社会、组织和人具有巨大影响的社会媒体，用户创造内容（User Generated Content，

UGC)和消费者产生媒体(Consumer Generated Media，CGM)是其关键特征。这类媒体允许人们撰写、分享、评价、讨论和沟通，提供人们彼此用来分享意见、见解、经验和观点的平台。中国梦的宣传可以合理运用多媒体手段，以中国梦为引领，大力加强不同阶层、不同社会群体、不同民族之间的了解，减少偏见与歧视，促进社会融合。不同群体只有在共同目标的引领下，在相互依赖的情境下才会去积极主动地相互认识和了解。中国梦是中华民族的共同梦想，在实现这一伟大梦想的过程中，全体中国人必须相互依赖，携起手来共同努力，因此，需要不断加强中国梦的宣传，发挥其团结和引导广大人民群众的重要作用。

第三节

中国多民族的共同心理与中国梦

一、中华民族共同心理

我国是一个有着 56 个民族的统一多民族国家，虽然不同民族的文化不同，但是，经过千百年的接触、交流，各民族之间还是有着较多了解的，民族之间的相互学习也从未中断过，形成了你中有我、我中有你，谁也离不开谁的局面。在党的民族政策指引下，各民族的根本利益高度一致，中国成为各民族的共同家园，各民族一起学习、工作、生活，有着共同的愿景，形成了"一体多元，和衷共济"的大好局面，特别是国家推广普通话这一通用语言，更是加速了文化涵化、文化融合的过程。

(一)共同民族心理的研究

中华民族共同心理是中华民族共同精神家园的重要组成部分，是中华民族精神的结晶。它既是中国各民族团结的心理基础，又是中华民族凝聚力的源泉；既是中华民族生存与发展的根基，又是中华民族伟大复兴的重要推力。因而，在当前形势下，研究不同民族的心理共性，理应成为我国民族心理研究的重点，对民族政策的实施和民族教育亦有着重要的启示。历史学和文化学的研究表明，在我国的56个民族中，一些民族在生产方式和文化传统上具有较大的相似性。例如，在内蒙古地区与东北地区，一些少数民族如蒙古族、鄂温克族、鄂伦春族、赫哲族等，都以游牧渔猎为主要生产方式，多有信奉萨满教的文化传统。这些民族拥有相似的思维方式与人格特征。有关研究表明，与汉族学生比，鄂伦春族学生具有更好的视觉空间记忆。这显然与他们所处的森林的生态环境和狩猎-采集的生产方式有关。又如，在我国的南方地区，许多少数民族以农耕为主要生产方式，受汉文化影响较深，如壮族、畲族、土家族等，其思维方式、人格特征也与汉族接近。研究发现，多民族共同的心理特点与人格特征，有助于对民族地区的人们产生概括性的认识，在处理民族关系时更具有自觉性与主动性。

(二)中华民族共同心理不等同于汉族人心理

在我国，多民族共同心理的最高层次是中华民族共同心理。中华民族共同心理就是对中华民族共同体这一客观存在的心理反映。虽然汉族人在我国人口中占绝大多数，但中华民族共同心理不仅为汉族人所拥有，也为少数民族同胞所拥有。例如，儒家文化在中华民族历史上为许多少数民族所认同。北魏孝文帝(鲜卑族)称孔子为"文圣尼父"，西夏仁宗(党项族)尊孔子为"文宣帝"，元代成宗(蒙古族)尊孔子为"大成至圣先师"，清代顺治皇帝(满族)称孔子为"大成至圣先师文宣王"，至康熙时又恢复为"大成至圣先师"。其中固然有统治者维护统治的动机，但是，孔子的一些思想为各民族的人们所认同也是不容怀疑的事实。张积家教授曾带领其团队做过一项实验，让蒙古族大学生在汉语环境下与蒙语环境下列举他们理想的人格特征，发现所列举出的人格特征并不完全相同，但也有相当一些特征在两种语言环境下均被提到。这说明，蒙汉民族共同推崇的理想人格特征的确存在。又如，中国各民族普遍存在深刻的爱国心理。清末，蒙古族的僧格林沁率数千名蒙古骑兵在天津抗击英法联军保卫国家。在抗日战争时期，西南地区少数民族，还有新疆的维吾尔族、哈萨克族等民族出钱出枪，派出战斗人员奔赴抗战前线。在和平建设时期，又出现牛玉儒等少数民族好干部支持国家的统一事业，充分展现出中华民族热爱共同家园、建设祖国的集体心理。

过去，中华民族共同心理被称为"中华民族精神"或"中华民族共同心理素质"，具体表现为热爱祖国、勤劳勇敢、热爱和平、不屈不挠、团结互助、诚实守信、重德务实、家国情怀、自强不息等。中华民族共同心理现在又被称为"中国智慧"。有学者总结了中华文明的内涵，它包括阴阳观念、人文精神、崇德尚群、中和之境和整体思维。他们认为，中华文明的演进路径为：多元一体格局的形成，多民族的交融，外来文明的吸收，雅与俗互动，以复古为革新（袁行霈、严文明、张传玺，等，2006）。

(三)单一民族心理研究的局限性

中华人民共和国成立后，我国的民族心理研究主要集中于少数民族心理上。而中华民族共同心理研究则以思辨性研究居多，政治学者、文化学者参与较多，民族学者、心理学者参与较少。有关中国人心理的实证研究亦存在以汉族人心理来替代中华民族共同心理的现象。无论是民族学界的"民族共同心理素质"研究，还是心理学界的"民族共同心理"研究，莫不如此。这种特指方式有其必要性，但是，它偏重于单一民族心理研究，忽略了多民族的共同心理研究，有"只见树木，不见森林"之嫌。单一民族心理与多民族共同心理则处于中间的层次，是民族心理学的研究对象。民族心理学不仅应该重视单一民族心理研究，也应该重视多民族共同心理的研究。

二、民族心理的发展过程

(一)在相互影响中发展

中国的多民族交往交流交融历史悠久而漫长。现在主流学术研究往往集中于单一的民族文化，忽略了各民族之间的相互影响和相互作用。事实上，汉族从来就不是一个单一的种族，汉族只是一个文化的概念。汉族在历史上融合了众多的少数民族，如鲜卑、突厥、党项、乌桓、女真、契丹等。现代汉语也不是几千年前华夏族所讲的语言，其中融入了大量的少数民族语言的词汇和语音。其他少数民族语言也深受汉语影响，部分民族（如回族和满族）甚至以汉语为通用语，真正形成了"你中有我，我中有你"的文化格局。目前，对于作为中国主体民族的汉族是如何兴起的，汉族是否与少数民族一样在信仰上具有共通性，一直以来也缺乏足以服众的定论。在当今学界，有一种形而上学的看法，将汉族作为一个单一的民族，与中华民族、中华文化的概念相互混淆。而我们今天谈论的中华民族，其实是一个融合了多个民族，在不断的环境和社会演化中逐渐取得协调的文化共同体。

自古以来，民族文化的讨论无外乎两个话题：一是我们从哪里来——涉及对世界诞生的猜想、民族的形成历史等；二是我们到哪里去——涉及民族的生死观、神话体系的建立等问题。从耳熟能详的盘古开天、女娲造人、仓颉造字开始，汉族以祖先崇拜和天神崇拜为基本，辅以对自然现象、日月星辰的信仰，形成了中原地区民族的宗法制信仰核心，在后世各种宗教、新思想传入过程中最终站稳了脚跟；到了后期，逐渐融入中原文明的各个少数民族也开始推崇宗法制，所以，也不能简单地将"宗法制信仰"称为汉族所独有的社会现象。同时，在众多少数民族中，如苗族、瑶族、土家族、白族等，也都流传有类似的"盘古创世"传说等。所以，如果讨论各个民族的文化、思想差异，不光应注意形而上学的"异"，还要注意到其文化上的"同"，尤其是还要清楚这"同"里包含了多少的"异"。因此，汉族文化是在不断融合其他民族的文化、信仰的基础上逐渐发展壮大的，是不断成熟和完善的。毛泽东曾在刊登于《人民日报》上的《论十大关系》中指出，各个少数民族都对中国的历史作过贡献。汉族人口多也是长期内许多民族混血造成的。但从另一个角度来讲，这也说明汉族的先民思想在传承过程中并不具有独立性，由于创世传说的不明确，民族起源究竟从何而来也是一大谜团，至少在神话时代（三皇五帝）到民族基本成熟的时期（秦汉初期），华夏诸族起源问题一直掩藏于历史的迷雾之中。至春秋末期、秦汉之始，中原文化早早地接触并接纳了儒家思想，神学上的思考，诸如对神话起源的探讨、对文明起始的研究转化为纯粹哲学上的思考。自此以后，对中国的"纯粹性"起源、世界初始的研究就更多地涉及思想、哲学领域，而不再是神话的创世之说了。这是中华文明有别于西方文明体系的显著特征。《易经》认为，"天地氤氲，万物化醇；男女构精，万物化生"。但具体的"天地"是如何诞生的话题并没有被明确地讨论，即使是在"盘古开天"的神话中，盘古与"天地混沌"的起源也没能够明确地表达。更何况"盘古开天""女娲造人"的故事也并非上古先人所创，而是汉代之后逐渐补充上去的。而真正可以称得上完整的神话记述成型，则要到清末民初钟毓龙所著的《上古神话演义》。

（二）华夏文明的雏形本身就不是独立的

华夏文明的雏形本身就不是独立的、自成一体的，而是在民族逐渐发展过程中不断地融合各民族的文化，不断地融合外来文化，逐渐添加新的细节与形象，并走出了一条不同于世界其他民族的发展道路。在这一过程中，来自其他民族的文化影响不可忽视，其最终整合在以儒家思想为基本的家国观念和以道家思想为方针的修身体系中，使得儒学在整个封建中国时代都主导着文化思想，直至今日仍发挥着影响力。从理论上说，一旦文化中涉及"神造世人"，有至高无上的"上帝"存在的话，就极易在文化发展中构建某种有神论思想。独特的儒家文化环境铸就了传统思想中的无神论基础，尽管世界上差不多同样古老的民族中也都流传有类似"大禹治水"的传说（如"挪亚方舟"的故事），但大禹的传说中洪水起因不明——并非神降罪于人，整个治水过程中充满了人类的智慧，而非对神虔诚的信仰。在整个故事中神的形象、存在意义也极为模糊。归根结底，中国传统上从政教合一的半神权政治转向世俗皇权至上的时间可以追溯到三皇五帝时代，这一时期就产生了将祭天之权收归于王公贵族的思想，是从"万物皆有灵"，人人皆可祭天、占卜凶吉的萨满巫术转向成熟的宗法体制的重要一步。

在祭神拜神的权力逐渐被王族剥夺的过程中，战乱频发，民众便由对神的盲目崇拜逐渐转向怀疑，类似"何辜今之人！天降丧乱，饥馑荐臻"的思想频出，对"神为何不爱世人，要降罪于世间"的质问出现。最终华夏民族抛弃了对神的遵从，转而将精力转向关注社会发展、世人存亡之上。《论语·八佾》第十二章提到"祭如在，祭神如神在"，其本质也是对神学主张的探讨。此时，神是否存在的核心问题被搁置，转而关注宗教思想在教化百姓、维护皇权统治上的重要性的探讨。这种皇权完全压制神权所产生的文化，不仅在全国范围内，而且在世界上都极为少见。在这之后所发展的其他信仰文化也不可避免地需要依附于世俗政权。因此，在讨论民族问题时，往往要注意区别汉族与其他少数民族在信仰上的差异。

中原地区的文化圈形成了奇特的宗教"信仰娱乐圈"：大多数人会表示自己"没有宗教信仰"，因为儒家一般来说并不能算作某种意义上的宗教。即使有其他宗教信仰的人也往往不虔诚，对宗教抱一知半解的态度，讲求功利性，也可以同时信仰多个宗教，甚至广泛信仰一些本来不属于神范畴、与祖先范畴相去甚远的形象（比如关公）。在这种情况下，中国得以形成多民族和谐共存的社会生态。对单一信仰的不严格遵从形成了对众多信仰的宽容心。

（三）争端充斥着整个发展过程

从世界史的角度看，民族和宗教之间的争端充斥着整个人类的历史，多数是民族之间的同化或反同化所导致的悲剧，其本身还是由于在一神论的发展中独立排他的思想占了上风。从伊斯兰教什叶派与逊尼派的分裂，到天主教所谓"十字军东征"，时至近代，宗教思想逐渐成为西方文明的道德基础。信仰思想以"意识形态"的身份改头换面，从第一次世界大战乃至近年的叙利亚战争，无不有信仰上的冲突，宗教极端思想的滋生蔓延。在世界进入动荡变革的时期，求同存异的思想就越发显得重要。在此背景下，铸牢中华民族共同体意识、构建人类命运共同体就有了时代的迫切性。

三、中国各民族的文化适应

文化适应是指不同文化群体在持续的文化接触中导致一方或双方的文化模式发生变化的现象。文化适应包括群体层面和个体层面：群体层面的文化适应是指两个群体在文化接触中发生的文化模式的变化；个体层面的文化适应是指个体在不同文化接触中发生的心理与行为的变化。与文化适应有关的概念有文化涵化、文化融合、文化融入、跨文化适应。文化适应的结果包括心理适应与社会文化适应。前者是指个体的心理状态达到了满足，后者是指个体习得了新文化环境所必需的技能。我国是一个多民族、多族群的国家，文化适应具有如下中国特色。

(一)一体多元，和衷共济

虽然我国不同民族、族群的文化不同，但民族团结是主旋律。各民族群众和睦相处，和谐发展，形成"一体多元，和衷共济"的大好局面。当不同民族、族群的个体来到其他民族、族群生活的地区时，认知上有准备，情感上容易认同，行为上就容易适应，由"文化冲击"带来的适应压力会小许多。这与西方文化适应研究所聚焦的移民文化适应有着根本不同。

(二)和而不同，相互尊重

我国实行民族平等、民族自治政策。国家鼓励各民族相互尊重，和而不同。国家倡导的文化适应不仅在于习得新文化环境下的各类行为技能，还在于能够很好地传承本民族文化；不仅要求个体认同移入地文化，还允许和鼓励个体保持对原文化的认同。根据社会身份认同理论，个体的文化身份分为整合、同化、分离、边缘化四种类型。我国文化适应的目的是整合，不是同化，更不是分离与边缘化。少数民族同胞在适应汉文化的同时可以保留对本民族文化的认同。文化适应的结果是个体成为双文化的个体。

(三)相互适应，和谐发展

传统文化适应研究主要关注移民迁入新文化环境中的适应过程，这是单向的文化适应。我国各民族、族群的文化适应是双向的。少数民族个体来内地学习与工作，汉族人也在少数民族地区工作与生活，相互之间都有文化适应的过程。少数民族同胞有主动适应汉文化的需求，汉族同胞亦有主动适应少数民族文化的需求，在此基础上和睦相处，和谐发展。我国各民族的分布存在"大散居、小聚居、交错杂居"的特点，为相互的文化适应创建了有利条件。

当前，研究不同民族、族群间相互的文化适应理应成为我国文化适应研究的重点，并且对民族教育有重要启示。民族教育既要强化中华民族共同体意识，也要正确对待不同民族、族群的族群意识；既应该培养学生的民族认同意识，也应该培养学生合理的民族分界意识；民族之间不仅应该相互包容，更应该相互欣赏、相互学习。这样，才有利于培养出双文化个体，民族团结才会有坚实的心理基础。

四、社会变迁背景下的民族认同-社会认同理论的视角

"我是谁？"自古以来就是困扰每一个人的问题。哲学家把人类的自我定义称为"认同"（identity）。一个人的认同可以分为个体认同（Personal Identity）与社会认同（Social Identity）。个体认同是根据个人特点形成如"我是一个勇敢的人"；社会认同是根据社会群体来建构的认同，如"我是蒙古族人"。自亨利·塔菲尔（Henry Tajfel）等人于 20 世纪 70 年代提出社会认同理论（Social Identity Theory）以来，社会认同研究逐渐成为群体研究的热点。民族作为一种群体分类，具有中国特色并符合中国国情，民族认同研究对于和而不同的民族关系发展有重要意义。塔菲尔认为，社会认同是"个体知晓他/她归属于特定的社会群体，而且他/她所获得的群体资格会赋予其某种情感和价值意义"。社会认同的首要条件是群体分类，个体将自己划归为某一群体，这一过程被称为范畴化，范畴化实现人对世界的认知简化。群体与群体之间的差异可以通过有意识放大，使之胜过己群体与外群体的共性。在群体内部，放大共性，有意识或无意识地

忽略个体之间的差异，也使己群体成员的共性大于与外群体的共性。范畴化不能完全地解释族群认同，只有将自我卷入范畴化才能理解族群认同。自我范畴化是将自我划归为某一群体的过程。这一过程的结果是自我与己群体的相似性增强且具有相同的认同，与外群体的相异性得到放大，使自己的认知与行为符合规定，因此，自我范畴化使自身具备了己群体的所有特质。人类的重要需求之一是形成积极的自我形象，范畴化的自我会积极地看待自我及己群体，进而形成己群体的积极群际特异性。因此，人们通常将贬义刻板印象赋予外群体，将褒义刻板印象赋予己群体。

塔菲尔对社会认同的定义强调认同的心理意义。相对于社会认同，群体资格是一个更日常的概念，虽然它往往与社会认同一起出现，甚至在一些情况下二者混用，但从社会认同理论角度看，群体资格是社会分类的一种方式，它在群体层面界定了群体边界，在个体层面确定了个体归属。社会情境下的认同应该被看作一个双向的过程：一方面是个体对群体的社会认同过程，这在社会认同理论尤其是后来的自我归类论中有详尽论述。简言之，个体被看作具有能动性的人，会自主地进行自我归类，进而形成自己的社会认同。另一方面是群体对个体的接纳过程，即群体对个体的群体资格的认可。可见，群体资格并不必然随着社会认同的产生而自然地存在，虽然在多数情况下二者同时出现，但也存在着诸多的例外情况。研究发现，在弱势群体中存在着"外群偏好"，即弱势群体的成员对己群体的认可程度较低或者不认同，己群体成员对己群体的认可程度越低，在他身上出现外群偏好的可能性就越大。与之相应的是"己群体歧视"，这是一种群体内的社会排斥，即瞧不起己群体的人，如在殖民地生活的人往往瞧不起自己的同胞。李静发现，族群分类体系可以分为官方话语下的分类体系与民间话语下的分类体系。官方话语下的群体分类通常基于民间的群体分类模式，通过简化、重组等形式创造出一个新的分类体系。官方话语下的分类体系一旦形成，必然影响民间话语下的群体分类模式；民间话语下的分类模式也可能是官方分类体系的进一步划分。官方话语分类的盛行并不代表民间话语分类的衰弱。在日常生活中，民间话语下的分类体系影响更深远。民间话语下的分类体系体现为被分类群体与行动者之间的社会距离，为行动者在交往中提供了外群体的刻板印象，节省了认知成本。

在社会变迁的大背景下，我国少数民族正在经历着世俗化和现代化的过程。对此，社会学界、民族学界和心理学界已经有了诸多讨论，但多从社会学的角度以宏观叙事的方式来讨论文化、社会变迁的路径和影响，抑或从心理学的角度分析这一背景下民众的心理健康。社会认同理论通过将宏观视角与微观视角相结合，帮助我们更好地理解社会变迁背景下的民族认同。民族认同作为社会认同的一种，同样是一个双向的过程：一方面，国家通过身份信息登记制度赋予了个体的群体资格（民族身份）；另一方面，个体通过自我归类对所属民族产生社会认同（民族认同）。从赋予个体群体资格的过程看，现有民族政策的基本原则是由血缘决定，即"公民的民族成份，只能依据其父亲或者母亲的民族成份确认、登记"，并在此基础上允许公民在年满18周岁之日起的两年之内有一次变更民族成份的机会，充分尊重了公民的个人意愿。从个体通过自我归类对所属民族产生社会认同角度看，个体通过自我归类过程认识到他归属于特定的民族，他所获得的这一民族成份会赋予他一定的情感和价值意义，情感意义在很大程度上由血缘关系所决定，更多由民族文化所决定。群体资格的赋予因血缘关系的稳固而少有问题产生，民族认同的问题往往产生在价值意义的层面。

根据多重交叉群体身份模型（Multiple Cross-cutting Group Memberships Model），个体的社会认同具有如下特点：（1）一个人可以同时具有多种社会认同，这些不同的认同成分可能互不相干，也可能相互交叠。例如，一个人可以同时是一位蒙古族人和一位律师，也可以同时是一位母亲和一位女儿。（2）社会认同存在着不同的分类水平，即一种社会分类可能具有更高的抽象水平，从而涵盖了其他的多种社会分类。例如，壮族同胞和蒙古族同胞都是中国公民，都是中华民族的一员。（3）上述两点分别涉及不同的社会分类维度与分类水平，在实际生活中，哪一种分类水平和分类维度得到凸显，会受到个体特质和情境因素的共同作用。在一种情境下，可能只有一个层次的一种认同得到了凸显，如"我是一个朝鲜族学生"，也可能在多个层次上的多种认同同时得到了凸显，如"我是一个中国朝鲜族学生"。这种有关己群体的表征不仅影响人的自我概念，还影响自我和他人之间关系。

个体的社会认同存在上述特点，因此，不同的社会认同之间有时会出现冲突，尤其是在社会变迁背景下，这种冲突会更加频繁。社会认同理论认为，一个人会努力构建一种相对一致、完整的自我概念，不同社会认同之间出现冲突时，个体就会面临巨大的调和压力。根据共同内群认同模型（Common Ingroup Identity Model），个体可以通过重新归类来改变看待不同民族的视角，将两个民族重新表征为同一群体。在这一重新归类过程中，不需要个体否认民族身份来实现对新群体（如中华民族/工作伙伴/朋友）的认同，而是以二元认同的表征形式实现，即人们仍然将原来的两个民族视为两个民族，但他们同属于要完成共同目标的大群体。这种二元认同可以减少对民族认同的冲击，从而有利于群体之间的和谐，实现高层级（民族共同体）认同与低层级（本民族）认同的和谐共存。因此，民族认同问题实质上不是"无法或者难以产生民族认同"，而是"不同的群体身份带来的不同社会认同"之间的冲突与协调过程。

中华民族是由56个民族组成的民族共同体，对中华民族的认同是高层级认同。民族教育在保证民族文化特色的同时，不应该忽视对中华民族共同文化的强调，应加强中华民族共同体认同的教育。中华民族共同文化不单纯是汉文化，应兼容并蓄地涵盖各民族文化的精华，以期在保留对本民族认同的同时凝聚对中华民族的认同，从而降低社会变迁背景下民族认同带来的个体内部心理冲突。总的来看，社会认同理论在宏观社会文化变迁背景下为理解民族认同提供了一个微观切入点，据此可以提出合理的政策建议，为我国各民族和而不同、和衷共济、和美共荣的健康发展助力。

五、容器隐喻与民族心理

(一)隐喻的基本概念

隐喻是以容易理解的、具体的、有形的、容易界定的始源域概念来映射难以理解的、抽象的、无形的、难以界定的目标域概念，从而实现抽象思维。隐喻代表概念形成的方式，代表一种深层次的认知机制。从 20 世纪 80 年代起，认知科学将隐喻看作人类建构概念系统的重要手段。美国心理学家乔治·莱考夫(George Lakoff)将隐喻看作人类认知世界的基本方式，因此，隐喻反映思维的本质。隐喻有不同种类，包括空间隐喻、实体隐喻和结构隐喻。大多数隐喻通过知觉与运动形成，所以，空间隐喻最常见，也最为基础。人类认识世界始于空间中的相对位置与位移，通过个体与事物在空间中形成的上下、左右、前后、远近、内外、中心和边缘等位置关系表达对事物的认知，进而使空间概念与抽象概念建立联结，这就是空间隐喻。空间隐喻是个体使用空间概念来理解或表示其他概念。莱考夫和约翰逊在其著作《我们赖以生存的隐喻》(*Metaphors We Live by*)中提出，空间隐喻分为三类：(1)方位隐喻，即用表示方位的词来表征抽象概念，如用"上/下"表示代际关系，用"高/低"表示社会地位、道德水平或权力大小，用"前/后"表示时间的过去与未来；(2)距离隐喻，即用距离概念来表征抽象概念，如用"长/短"表征时间间隔的久暂，用"远/近"表示个体与他人关系的亲密程度；(3)容器隐喻，即用容器状意象图式来表征抽象概念，如用"内/外"来表征群体内部与群体外部的区分。

(二)隐喻的功能研究

容器隐喻主要用容器来表征事物的类别、个体与他人之间的亲密度等。通常说来，与个体亲密度高的他人会在同一容器之内，与个体亲密度低的他人会在同一容器之外；相同类别事物在同一容器之内，不同类别事物不在同一容器之内。因此，当实验中出现的他人/事物与容器的配对符合容器隐喻时，被试的反应会更快，如果不符合，被试的反应会变慢。当两张图片属于同一类别（如都是动物或交通工具），而且被一个大边框框住时，被试反应更快；当两张图片不属于同一类别（例如，一张是动物，另一张是交通工具），而且被两个边框分别框住时，被试的反应更慢。这说明，容器隐喻对类别认知起易化或促进作用（Boot & Pecher，2010）。容器隐喻是用容器意象图式来表征事物是否属于同一类别，因此，体现社会关系认知与分类的研究较多。我们发现，中国大学生称外国人"老外"时，其占优势的动机是"贬低与排斥"；当外国人听到中国人称他们"老外"时，其最主要的心理感受是被欺负和不受尊重。从容器隐喻角度研究汉语的谦词与敬词，研究采用词汇判断任务，要求被试判断屏幕上出现的词是敬词还是谦词。词汇出现位置有二，一个在圆圈外，一个在圆圈内。结果发现，当谦词在圆圈内呈现时，语义加工迅速；当谦词在圆圈外呈现时，语义加工迟缓。这说明，汉语母语者对谦词的语义加工存在"圈内隐喻一致性效应"。当敬词呈现在圆圈内和圆圈外时，被试的反应时间却无显著差异。这说明，汉语母语者的敬语使用特点是"谦内"与"内外皆敬"（张积家、王悦，2012）。李惠娟从亲密程度角度研究汉语亲属词的容器隐喻。她给被试在圆圈不同位置（圈内/圈边缘/圈外）呈现不同亲密程度的亲属词，发现当亲密度高的亲属词出现在圆圈内时，被试的反应更快，错误率更低；当亲密度低的亲属词出现在圆圈外时，被试的反应时间更短，正确率更高。她还发现，亲属关系性质类似于一种容器，与己身有血缘关系的亲属被归入同一容器内，与己身无血缘关系的亲属被归为容器外，即存在"血亲—容器内""姻亲—容器外"的容器隐喻（李惠娟、张积家、张瑞芯，2014）。

(三)隐喻的自我研究

隐喻的自我研究是近年来心理学研究的热点领域之一。人类的自我概念存在文化差异。人类的记忆存在自我参照效应（Self-reference Effect），与自我有关的加工会导致最优成绩。北京大学心理系教授朱滢等人研究表明，中国人有关自我的记忆并不优于与母亲有关的记忆。这说明，中国人自我中包含母亲的成分(戚健俐、朱滢，2002)。周爱保等人还发现，宗教文化中的重要他人可以被回族大学生整合到自我中，并在提取诱发遗忘加工中产生阿訇参照效应。这说明，西方人的自我属于个体型，中国人的自我属于整体型、网络型。这符合容器隐喻的特点(周爱保、张奋、马小凤，等，2015)。

(四)中华民族共同体符合容器隐喻

谈到中华民族共同体符合容器隐喻，这里有三点理由。一是经过几千年的历史嬗变，各民族已经形成了"你中有我，我中有你"的地理、历史与文化的共同体格局。我国各民族分布的特点为大散居、小聚居、交错杂居，共同生活在名为"中国"的"容器"之中，现存的各民族也是历史上民族交融的结果。二是我国不同民族的根本利益一致，我国实行民族区域自治制度，消除民族压迫与民族歧视。党和政府关心少数民族的福祉，给予少数民族同胞尽可能多的照顾。三是我国各民族具有共同的愿景，这就是实现"富强、民主、文明、和谐、自由、平等、公正、法治、爱国、敬业、诚信、友善"的社会主义核心价值观，使得各民族追求的目标更加一致。容器隐喻虽然是语言现象，但在民族团结教育中却有特殊的、重要的价值。容器隐喻可以恰当和形象地说明中华民族是共同体，各民族同胞是兄弟，因此，容器隐喻是民族团结教育的好方式。通过理解容器隐喻，可以明确中华各民族共同开拓的祖国疆域是各民族的共同家园，中华优秀传统文化是各民族的共同文化基因。民族兴则中国兴，民族发达则中国发达，民族幸福则中国幸福，民族有希望则中国有希望。所以，各族人民要像爱护珍贵容器一样爱护各民族的共同家园，爱护民族团结的大好局面，不说不利于民族团结的话，不做不利于民族团结的事。

(五)容器隐喻对民族心理研究的意义

容器隐喻研究在当代民族心理研究中有十分重要的意义。在多民族背景下研究容器隐喻，其意义在于四个方面。

第一，研究容器隐喻有助于了解不同的族群心理，增进民族认同。我国有56个民族，每一个民族都有其独特之处。多样化的民族文化造就了多样化的人际关系，多样化的人际关系造就了多样化的族群心理。各民族的婚姻家庭制度、宗教信仰、风俗与习惯不尽相同，因此，就有了区别自己人与他人的方式。了解这些区分自己人与他人的方式，有助于不同民族之间的交际，使不同民族能够和睦相处、和衷共济、共同发展。社会心理学的研究表明，在面孔识别中存在本族效应，个体对本族人的面孔比对不熟悉的异族人的面孔有更好的辨识能力。情绪心理学的研究发现，情绪的面部表情识别具有群体内优势效应，当情绪由自己文化群体内的成员来表达时，就更容易被识别。因此，运用容器隐喻研究民族认同，可以丰富民族认同的研究，揭示民族认同的心理实质。

第二，研究容器隐喻有助于加强中华民族的共同体意识。习近平总书记在党的十九大报告上提出，深化民族团结进步教育，铸牢中华民族共同体意识，加强各民族交往交流交融，促进各民族像石榴籽一样紧紧抱在一起。中国是各民族的共同家园，56 个民族同呼吸、共命运，使中华民族共同体意识成为国家统一之基、民族团结之本。要实现中华民族伟大复兴的中国梦，就需要积极培育中华民族共同体意识，打牢各族人民团结奋斗的政治基础、思想基础和社会基础。民族共同体是在一定的地域内形成的具有特殊历史文化联系、稳定的经济活动特征和心理素质的民族综合体。民族共同体意识由民族共同体成员对民族共同体的认同、持有的积极情感与维护民族共同体团结统一的行为倾向组成。民族共同体意识说到底就是意识到各民族共处于同一容器（疆界）之内，同呼吸、共命运。

第三，民族共同体意识的形成不是一蹴而就的。这可用费孝通的"各美其美，美人之美，美美与共，天下大同"16 字箴言描述，具体可以划分为三个阶段：第一阶段是"自在"阶段。"自在"是指独立的存在，即一事物区别于他事物。这一阶段的民族共同体意识的特点是"各美其美"。即在民族共同体发展的初期，成员的本民族意识强，民族共同体意识弱。第二阶段是"自为"阶段。"自为"即展开显露之意。这一阶段民族共同体意识的特点是在"各美其美"基础上出现了"美人之美"。随着民族共同体内部不同民族之间的接触的增加，跨民族交往不断深入，不同民族的成员有了共同的经济活动，采用共同的国家通用语言文字，不同民族的成员开始以欣赏的眼光看待其他民族的制度及文化，开始体会其他民族的价值体系、文学与艺术，开始认识不同民族对于民族共同体的重要性。第三阶段是"自觉"阶段。"自觉"是主观能动性加反思。这是民族共同体意识发展的高级阶段，特点是"美美与共"。在这一阶段，民族共同体内的各民族从和睦相处、相安无事发展到和衷共济、和谐发展，各民族有了共同的理想、价值体系与世界观。各民族之间通过相互交往与学习，做到了"你中有我，我中有你，谁也离不开谁"。在实现民族共同体目标的过程中，所有民族都意识到"一个民族也不能掉队""一个民族也不能少"。当民族共同体意识空前提高时，民族共同体成员开始出现了共同心理素质，这是民族共同体意识的最高发展阶段。

第四，研究容器隐喻有助于建立人类命运共同体意识。人类命运共同体是指在追求本国利益时要兼顾对他国的合理关切，在谋求本国发展中促进各国共同发展。人类共处于一个地球上，各国共处于一个世界中，理应具有人类命运共同体意识。党的十九大报告提出，要推动构建人类命运共同体。人类命运共同体是关于人类社会的新理念。面对复杂的世界经济形势和全球性问题，任何国家都不可能独善其身，孤立主义与贸易壁垒没有出路。从隐喻的角度看，人类命运共同体就是全人类同处于一个"容器"之内。地球好比一艘大船，190多个国家就是不同的船舱。各国只有平等相待，合作共赢，坚持不同文明兼容并蓄、交流互鉴，承载全人类共同命运的"地球之舟"才能平稳前行。如何建立和发展人类命运共同体意识，容器隐喻研究也能够提供一些重要启示。

六、民族共同心理与中国梦

中国梦的顺利实现有赖于各族人民深化共识、携手并进，铸牢中华民族共同体意识任重而道远。民族问题绕不开，也不可能绕开，少数民族群体客观地存在于我们中间，不同宗教信仰的人口基数巨大。社会现实促使我们必须正视复杂的民族环境所带来的各种问题。民族问题的核心是发展问题，发展才是硬道理，这是邓小平在改革开放初期定下的我国未来发展的总基调，也是我国现阶段多民族地区实现中国梦的关键共识。我们不要怕被人一时误解而停步，要坚持不懈地沟通和交流，客观地、实事求是地认识到我国目前存在的各种民族问题，把主要的精力集中在促进少数民族地区经济建设与社会发展上。

（一）当前存在的主要问题

1981 年，党的十一届六中全会指出，我国社会的主要矛盾是人民日益增长的物质文化需要同落后的社会生产之间的矛盾，这无疑明确了经济发展在我国不断提升综合实力的道路上的重要作用。党的十九大报告明确提出，中国特色社会主义进入新时代，我国社会主要矛盾已经转化为人民日益增长的美好生活需要和不平衡不充分的发展之间的矛盾。这一论述对中国现状把握得非常透彻。在现阶段，我国人民的生活水平总体达到了小康水平，物质资源已今非昔比，城乡现代化正在加速实现。然而，也存在阶层固化现象凸显、收入分配差距逐渐加大等诸多问题。尽管改革开放以来少数民族地区经济建设成就显著，但是与沿海经济带相比总体上还有差距。在市场经济主导的大环境下，民族地区的传统经济体系竞争力也需要提升。因此，扫清阻碍、促进发展，从思想上统一各个阶层的力量，成为我们国家发展的重中之重。

（二）归根结底还是促进发展

在目前国际大局势下，我国既有内部发展不均衡、民族互相理解不顺畅所引发的各种矛盾，也有外部势力恶意干扰、阻碍国家繁荣发展的消极因素，还有一些地方存在独特的民族问题。在这种情况下，标本兼治才是解决问题的得当方法。反分裂、维稳定是地方发展的先决要素，但最终还是要回到经济社会的发展上来。把民族地区的各种问题简单地归结为民族自身问题、宗教影响、境外势力骚扰等因素，而不去思考如何改善民众生活、促进经济发展的方法，自然不会迎来长治久安。中国的少数民族聚居地区分布于广阔的内陆地区，这里拥有丰富的自然资源，也有诸多风能、水能、光伏能源可以利用，更有优质的旅游资源和深厚的文化底蕴。"绿水青山就是金山银山"是习近平总书记的重要指示，实现自然资源的合理利用与开发，保护生态环境是国家百年大计。

(三)将诸多理想汇成共同的中国梦

实现每个群体的中国梦的过程，就是个人的价值观与总体价值观寻找共性的过程。在社会发展过程中，各民族群众均需要通过各种渠道来表达自身的诉求，这就需要寻找社会共同意识的交汇点。不同民族、社会群体对社会共同价值的认同程度是由阶层利益重叠的多少来决定的，共同价值观如果可以覆盖大多数群体的利益需要，自然就会被社会所认可，反之则不会。因此，建设中国特色社会主义的关键之处还在于将社会各界的诉求，汇聚成改革社会、建设国家的力量，最终回归到一句"为人民谋幸福"上。随着中国梦概念的深化，只要越来越多的群体得以在台上发声，将自己的理想和诉求融于日新月异的社会经济发展进程中，就能将诸多理想汇成共同的中国梦。

(四)注意解决的敏感问题

1. 保障民族区域自治

对民族交融的研究要遵循实践的规律，民族区域自治制度是我党在革命战争时期逐渐探索出的一项基本政治制度，发展至今已经有 5 个自治区、30 个自治州和 120 个自治县(旗)，涵盖了众多的少数民族人口。2018 年全国两会期间，习近平总书记在参加内蒙古代表团审议政府工作报告时指出，加强民族团结，根本在于坚持和完善民族区域自治制度。要高举各民族大团结旗帜，全面贯彻党的民族政策，使民族区域自治制度这一理论根源越扎越深、实践根基越打越牢。民族区域自治制度在历史的进程中证明了自身的存在价值，展示了民族团结所能达到的高度。民族区域自治制度是对古人政治思想的超越，以"求同存异"的眼光去审时度势建立起来的维护我国一体多元民族现状的政治方案。事实证明，这种民族区域自治制度是有效的，是必须坚持和完善的。

2. 关注宗教问题

民族问题的另一个重点是宗教问题。宗教作为一种复杂的社会现象，其存在本身就反映了当时的生产力水平等诸多社会因素。宗教问题往往与边疆地区联系紧密。在很多少数民族地区，宗教思想和民族思想紧密结合。因此，处理宗教问题在维护民族团结和国家安全的问题上占有极大的比重。在具体实践上，应该明确"宗教工作的本质是群众工作"，积极提倡宗教中"为善"的一面，为我们建设中国特色社会主义的事业添砖加瓦，鼓励以宗教为脐带让更多不同民族的思想互相了解、互相尊重，通过改善少数民族的民生经济来促进和睦、平等与团结。在宗教和民族问题上不仅要立足于国内，还要通过全球的交流，提倡不同民族、不同宗教群体之间的互相理解，充分响应"一带一路"倡议，促进跨地区、跨民族、跨文化交流。

(五)认同统一的中华文化

为了实现中国梦，就要把各族人民的智慧和力量凝聚到全面建成社会主义现代化强国上来，凝聚到实现中华民族伟大复兴上来。这种凝聚的核心问题就是要让各族人民能认同统一的中华文化，在各民族之间建立共通的价值体系，使得各民族相互认同，互相尊重，这是增强中华民族共同心理意识的关键。为此，汉族同胞应该欣赏少数民族的历史与文化，尊重少数民族的习俗与禁忌；既要加强国家通用语言文字的普及，又要做好少数民族语言文字的传承；既要关爱少数民族同胞，又要防止变相的民族歧视。这样，民族团结才会有坚实的心理基础。在互相理解基础上，各民族之间终将消弭误解，走向共同繁荣、共同发展的道路。当然，民族的交融与理解要遵循客观规律，一味简单地实行加速民族交融的强硬措施必然遭遇反弹，造成不可估量的后果。

我们要看到，民族共同心理的凝聚依然任重道远。如何协调经济发展，如何保证分配公平，如何保证执政效率，如何尽可能地满足每个民族、群体的利益诉求，众多问题交织错杂。我们面临的路还长，中国人民在实现中国梦的道路上已经共同走过一段历程。总之，中华民族共同的中国梦的实现，必须凝聚全中国人民的智慧和力量。开展民族心理研究来推进民族教育、促进各民族之间互相理解，也是推动我国各民族的团结事业的重要举措。

第四节

社会变迁与文化认同：从民众心理认知看古今中西之争

近代以来，有关中国文化的讨论，始终离不开国家受西方列强入侵后救亡图存这段历史的影响，褒贬不一，其中的主旋律是激烈地批判它、否定它。中国近代思想史研究者对民国初期东西方文化论战中的各个派别进行了详尽深入的分析，并将其分为古今之争与中西之争（甘阳，2012；陈来，2009）。立足古今之争，人们倾向于认为，中国文化面对西方文化的威胁应该除旧布新，全盘借鉴西方进行自我改造。立足中西之争，人们倾向于在应对中国文化面临的危机时，强调中西文化是两种在性质上完全不同的文化。无疑，承认前者虽然勇气可嘉，贴近当时的社会现实，但会危及中国人的文化认同。强调中西之别，虽然在当时容易被误解为简单地固守传统，但它不仅是对前者反传统的自然反抗，而且从长远来看有利于中国人的文化认同获得连续性。从 20 世纪 80 年代末文化论战的新一轮发酵，到 21 世纪全球联系日益紧密背景下国内深化改革与复兴传统文化并举的社会实践，古今中西之争始终是个没有充分解决的现实问题。

不管是以新文化运动为代表的对中国文化的否定态度，还是以新儒家为代表的对中国文化的肯定态度，都是知识分子应对中国文化认同危机的心理反应。这些心理反应的背后，虽然有着同样浓烈的爱国情怀，却发展出不同的思想走向。知识分子的这些文化态度在民众身上是否也有类似的反映呢？现代化的实现和传统文化的复兴归根结底要靠人民大众，因此，考察他们对传统文化和现代化的态度同样具有重要的意义。社会心理学的内隐理论（Implicit Theory）认为，普通人对事物常常有朴素的不自知的看法和认知，这些看法并不一定与科学理论和专家观点相同，甚至很多时候恰恰不一致（Dweck，Chiu，& Hong，1995）。一个人对某事物的态度在很大程度上受他对该事物内隐的认知的影响。

本研究从社会心理学的两种内隐理论出发，通过考察民众对社会变迁与中国文化的认知，解释他们对中国文化和现代化的态度。这种心理学解释的最大意义在于：通过发掘和提升隐藏在民众中间的群体智慧，探寻解决古今中西之争的新视角和新方法，为引导和塑造更有利于中国传统文化复兴和实现全面现代化的民众心理认知结构提供科学的建议。

一、心理学研究社会变迁的思路

心理学对社会变迁的研究，或着眼于某种心理维度随着社会发展的变化，考察人们的心理随着时间如何变迁；或着眼于个体对社会变迁本身规律的看法，考察人们对社会变迁的心理认知。不管是哪一种思路，均离不开近代以来西方国家的自发现代化，以及非西方国家受西方输入现代化影响产生的被动现代化这个一体两面的全球社会变迁背景。对于西方国家而言，它们内生的对社会变迁的认识影响了非西方国家对社会变迁的认知，即使是非西方国家对现代化弊端的反思和批判，其观点也受到西方国家的主导性影响。在这种"西学东渐"的背景下，非西方国家的社会变迁研究总是绕不开要不要全盘西化的争论。因此不难理解，社会变迁成为心理学家感兴趣的研究主题，是与跨文化心理学和本土心理学的发展，以及文化逐渐成为主流心理学的重要课题之趋势紧密联系在一起的。

(一)从心理变迁到变迁心理

长久以来，跨文化心理学发现并建构出以"个人主义-集体主义"(Individualism-Collectivism)价值观为核心的理论框架，用来描述不同国家或文化之间的差异，并经由"独立自我-互依自我"(Independent Self-Interdependent Self)的概念引起主流社会心理学的关注(Smith & Semin，2007)。与具有集体主义价值观的人相比，具有个人主义价值观的人有如下特点：他们通常用个人特质而不是社会角色进行自我定义；他们的个人目标比群体目标对自己更重要；个人态度比社会规范对他们的行为决定作用更大；完成任务比人际和谐对他们而言更重要；他们对内群体和外群体区分相对不明显(Triandis，1989)。一般认为，西方发达国家是个体主义的文化，非西方发展中国家是集体主义的文化。后来，这种不同地区之间的文化差异维度被用来描述某个国家或地区(甚至全球范围内)的价值观在时间维度上的变迁。Greenfield(2013)借助谷歌图书数据库，分析了美国1800—2000年出版的100多万本书中与价值观有关的代表词汇，结果发现，在200年间，个体、自我、独特等与个人主义价值观有关的词汇出现的频次逐渐增多，而服从、权威、归属等与集体主义有关的词汇出现的频次逐渐减少。来自中国的几项价值观调查表明，中国人的个人主义价值观随着代际变迁也有不断提高的趋势(苏红、任孝鹏，2014)。一项世界价值观调查发现，个人主义价值观在全球范围均呈现不断提高的趋势(Inglehart & Baker，2000)。依托社会学家滕尼斯(Ferdinand Tönnies)区分礼俗社会(Gemeinschaft)和法理社会(Gesellschaft)的理论，心理学家将集体主义价值观作为传统社会的核心价值，将个人主义价值观作为现代社会的核心价值，从社会生态的角度解释个人主义价值观的变迁，形成了心理变迁的现代化理论(Modernization Theory)(Greenfield，2013)。这种理论假定，从传统社会到现代社会的变迁有既定的模式，任何国家和地区的现代化都必须经历工业化和城市化的过程，而个人主义价值观的提升是工业化和城市化在人的心理方面产生的必然结果。研究发现，这种结果不仅与人们所处的宏观社会生态因素（如城市化）有关，而且可以通过像社区或个体居住流动性这样的微观社会生态因素来解释（Oishi，Lun，& Sherman，2007）。我们每个人在生活中可能都体验过社会生态环境和人们价值观的变化，那么，是否也像社会学家和心理学家一样对社会变迁的规律有基本的认知呢？这就涉及社会变迁的内隐理论。该理论的重点不是关注价值观随着时间的心理变迁，而是关注人们如何看待价值观的变迁规律，即研究人们的变迁心理。Kashima 等（2009）提出社会变迁的民间理论（Folk Theory of Social Change，FTSC），用来指代普通人理解社会变迁规律的一般认知框架。该理论同样是建立在现代化理论的基础上，假定经济全球化背景下人们认为，社会从传统到现代的变迁是一个自然的和普遍的过程，形成了社会变迁的自然论信念（Naturalism Belief）和普遍论信念（Universalism Belief）。持有两种信念的人认为，每一个国家或社会的变迁都必然经历相似的从传统到现代的过程。如果一个国家当前还比较传统，那么，随着时间的推移它将会越来越现代；如果一个国家当前的现代化程度不高，那么，它一定与另一个现代化程度较高国家的过去某个时段具有相似的特征，因为该国家也是从类似的现代化程度较低阶段发展过来的。该理论的第三种信念是变迁信念（Change Belief），指人们在社会变迁特征上持有的一种基本看法。研究者通常会问被试，过去和未来的社会或过去和未来社会中的人，在某些品质上与现在相比是多还是少。例如，100 年前的中国社会与现在相比，技术创新是多还是少。人们对这类问题的基本看法是，随着社会变迁，社会的科技、经济发展水平会越来越高，人们的能力和技能也会越来越高；但同时社会失序（Social Dysfunction）会越来越严重，人们的热情程度和道德水平也会越来越低（Kashima，Bain，Haslam，et al.，2009）。换言之，人们认为，社会变迁在向好的一面改变的同时，不可避免地伴随着向坏的一面的改变。这种变迁信念在一定程度上反映了西方社会对现代化弊端的反思和批判。

(二)本土心理学对现代化理论的超越

从发展社会学角度来看,现代化理论只是三种主要的社会变迁理论之一。如前所述,现代化理论的观点主要基于西方国家的现代化过程,认为所有国家的现代化过程都是一个由界定一致的传统社会向着一个界定一致的现代社会变迁的过程。因此,该理论的最大特点是假定所有国家的社会变迁具有趋同性,并将社会变迁看作一种先进社会(现代社会-西方发达国家)代替落后社会(传统社会-非西方不发达国家)的优胜劣汰过程。而发展理论(Theories of Development)和转型理论(Theories of Transformation)则持有不同观点(杨宜音,2010)。发展理论是针对 20 世纪 60 年代以来非西方发展中国家的社会发展提出的。所谓发达国家并不是以其在一条历史的渐进线上处于前沿位置来界定的,而是以不发达国家的"不发达"为前提的,大多数发达国家通过不平等的世界经济格局和不公正的贸易关系控制和支配了非西方不发达国家;从发展的角度看,各个国家在整个世界体系中的地位不是固定不变的,整个世界的发展具有复杂性和非线性。转型理论是针对苏联、东欧和中国 20 世纪 70 年代以来的巨大社会转型提出的。社会转型涉及个人与国家、社会与国家,以及市场与国家之间多重关系的重大调整,转型国家的社会变迁不是简单地从传统到现代,而是有着不同国家独特的过程、特征和经验(杨宜音,2010)。杨中芳(1999)主张,"研究者逐渐把自己文化传统放在研究思考现代中国人的社会心理现象以及行为之框架之中"。她在心理学领域呼应了社会学的发展理论和转型理论的观点。在本土心理学看来,传统并不必然要为现代所取代。相反,研究者应该注重分析传统在遭受西方现代元素冲击之后,如何改变自身以适应新元素,并形成新传统的过程。换言之,传统与现代的关系不是处在一个维度两端的非此即彼的关系,而是可以相互转化的关系。在这种背景下,本土心理学提出了社会变迁的文化传承理论(Cultural Heritage Theory)和文化混合理论(Cultural Mixing Theory)。前者认为,每种社会都有自己的文化传统,尽管一种社会不可避免地经历现代化的冲击，但很多文化传统仍然会保留下来。例如，虽然东亚不同国家的现代化程度不同，但它们却共享儒家的一些价值观（Allen，Ng，Ikeda，et al.，2007）。后者认为，经济全球化和现代化会促使不同的社会和文化进行交流，产生多种文化的共存和融合（赵志裕、吴莹、杨宜音，2015）。例如，社会变迁使台湾地区的大学生的个人现代性获得提升，但同时个人传统性并没有被取代，仍然保持了较高的水平（杨国枢，2004）。在这样的思路下，不仅心理变迁的研究超越了现代化理论，而且变迁心理的研究也对现代化理论提出了质疑。有关社会变迁内隐理论的研究发现，中国人和日本人对社会变迁具有跟西方人不一样的看法，由此将人们对社会变迁的认知模式由原来的一种扩充至三种：（1）变迁信念，认为未来社会有好的一面也有坏的一面；（2）乌托邦/敌托邦（Utopianism/Dystopianism，U/D）理论，认为未来社会总体上越来越好（或越来越坏）；（3）扩展/萎缩（Expansion/Contraction，E/C）理论，认为未来社会是从好坏两方面都更扩展（或更萎缩）。U/D和E/C两种社会变迁认知模式主要受非西方国家社会变迁认知的独特性的影响。例如，除了对未来社会具有好坏参半的认知，受经济社会快速发展的影响，中国人也具有未来社会在总体上越来越好的认知，以及未来社会在好坏两个方面都更加凸显的认知；相反，受经济社会发展速度减缓的影响，日本人认为，未来社会总体上会越来越坏（Bain，Kroonenberg，& Kashima，2015）。

我们认为，从本土心理学的角度，以超越现代化理论的视野考察中国民众对社会变迁的认知具有重要的理论和现实意义。第一，人们对社会变迁的认知是对自己所身处的社会经历变迁时进行综合知觉的内隐观点。这种观点不仅是个体经验的无意识累积，也是同一社会成员群体经验的投射。第二，人们的社会变迁认知可以超越个体生命的时间限制，向过去和未来两个时间端点进行相当程度的延伸。第三，人们在现实社会的态度在相当程度上受到对过去和未来社会及其变迁规律认知的影响。如果一个人认为未来社会人与人之间会变得更冷漠(更少热情),那么,他就更可能支持政府推出的加强人与人之间情感联系的政策。因此,社会变迁认知的研究为我们在历史视野内考察民众对古今中西之争的看法,提供了颇具本土契合性的便利方法。

二、民众社会变迁认知的维度与模式的调查研究

(一)调查的方式和内容

诚如前述,东西方对社会变迁的认知可能不同。然而,以往研究在考察社会变迁认知的内容维度时仍然以西方人的社会变迁认知内容为基础,而这些内容并不能涵盖中国社会变迁的某些重要方面。例如,五四运动提倡科学和民主,这里的科学属于以往研究所考察的发展维度,但民主在以往研究中并没有涉及,它也属于发展维度,还是具有独立于发展的独特含义?鉴于此,我们在考察中国民众的社会变迁认知时,参考有关近代东西方文化论战的资料的同时,加入了更贴近中国社会背景的内容。研究的方式是在广州进行入户调查($N=533$),询问人们对 1 000 年前、100 年前、30 年前和 30 年后的中国社会和中国人的认识,与现在相比,在各项指标上是多了还是少了。结合探索性因子分析和多维尺度分析,我们发现,中国民众的社会变迁认知具有很多独特性:除了保留以往社会变迁认知研究的发展和失序维度,我们还在研究中加入了传统、道德和民主等新的社会变迁内容。

(二)民众对中国社会认知的变化

探索性因子分析的结果发现,虽然民众对 1 000 年前的中国社会、100 年前的中国社会、30 年前的中国社会和 30 年后的中国社会的认知内容均包含 4 个维度,但构成 4 个维度的内容不同(见表 3-2)。首先,"公平"在认知 100 年前的中国社会时与"发展"属于一个维度,在认知其他时间点的中国社会时则与"传统"连在一起;其次,"道德"在认知 1 000 年前和 100 年前的中国社会时与"传

统"属于一个维度,在认知 30 年前和 30 年后的中国社会时与"传统"相分离,并且在认知 30 年后的中国社会时与"民主"连在一起;再次,"民主"在认知 1 000 年前和 100 年前的中国社会时是独立维度(并没有与"发展"属于同一维度),在认知 30 年前的中国社会时与"失序"连在一起,而在认知 30 年后的中国社会时则与"道德"连在一起。

表 3-2 民众对过去和未来中国社会的认知在因子结构上的变化

时间	因子结构
1 000 年前	F1(发展),F2(公平、传统、道德),F3(民主),F4(失序)
100 年前	F1(发展、公平),F2(传统、道德),F3(民主),F4(失序)
30 年前	F1(发展),F2(公平、传统),F3(道德),F4(民主、失序)
30 年后	F1(发展),F2(公平、传统),F3(道德、民主),F4(失序)

注:4 个时间点的 4 个维度为因子分析的结果,但 4 个维度里面的子维度划分是理论上而不是数据上的,每个子维度包含 1～4 道题目,共 15 道题目。

从"道德"内容由与"传统"相联系,到与"传统"分离,再到跟"民主"走到一起,可以推论出两个相互联系的观点:第一,随着社会的变迁,"道德"的含义可能发生了变化,人们越来越赋予道德更现代的意义(如从强调个人性私德到强调社会性公德);第二,经由"道德"在"传统"与"民主"两个维度之间的穿梭,可看出传统与现代相冲突的紧张关系得到了缓解。这一点可以通过多维尺度分析的结果得到佐证(见图 3-2 和图 3-3)(韦庆旺、时勘,2016)。在多维尺度分析的二维图中,民众对 100 年前中国社会的认知,那些构成"传统/道德"一端的题目(传统文化、道德模范、职业道德、社会信任)与构成"现代/科学民主"一端的题目(民主、个人自由、科学发现、技术创新、经济发展、市场机制),形成了一个维度(横轴);而这些题目在对 30 年后中国社会的认知中,全部聚集在"好社会"一端(横轴),只不过所谓"好社会",又分为是温情度很高还是发达度很高的社会(纵轴)。

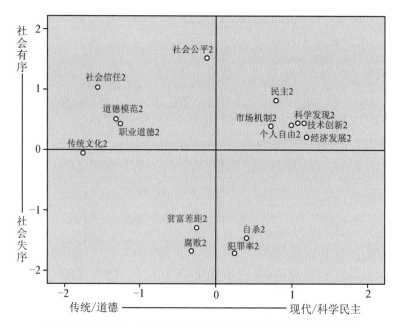

图 3-2　民众对 100 年前中国社会的认知（多维尺度分析结果）

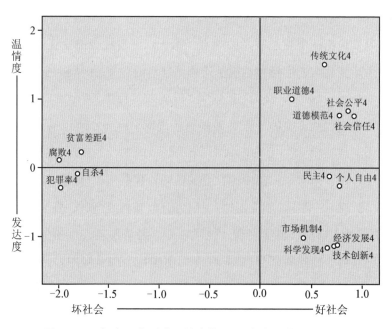

图 3-3　民众对 30 年后中国社会的认知（多维尺度分析结果）

(三)积极指标总体线性增长

我们不仅考察了人们对中国社会变迁的认知，还考察了人们对中国人品质变迁的认知。在保留以往研究中涉及的能力和热情维度的同时，我们增加了自信、胆怯、顺从等品质内容。探索性因子分析发现，能力和热情之外的内容形成了两个新的维度：自信(自信、爱支配的)，胆怯冷漠(胆怯、顺从、自私、冷漠)(韦庆旺、时勘，2016)。民众对中国社会变迁和中国人品质变迁的认知，总体上随着时间呈现线性增长的趋势。为了更清晰地呈现这一结果，我们合并了一些维度，将中国社会层面所有积极指标合并为"社会好"，包括发展、公平、传统、道德和民主；将中国人品质层面的能力和自信合并为"自信"(见图3-4)。

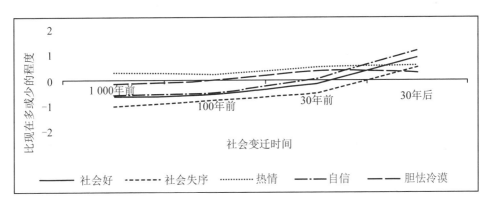

图3-4　民众对过去和未来中国社会和中国人的认知变化趋势

从图3-4看，如果仅就与现在的时间点(各项指标为0)比较而言，可发现民众对当前中国人的品质有些许担忧，因为他们对中国人热情品质的认知得分在所有时间点上均大于0，即人们认为，现在中国人的热情品质比过去和未来都要更差。然而，与这些许担忧形成鲜明对比的是民众对未来充满希望。他们不仅认为我国的经济和科技将进一步向好发展，还认为我国社会的民主、公平、传统和道德水平也将进一步提高，表现在图中集合了所有这些中国社会层面积极指标的"社会好"所呈现的线性增长趋势上。此外，人们还认为，中国人的能力在未来将进一步增强，同时中国人的自信水平也将进一步提升，表现在该图中集合了能力和自信两类指标的"自信"所呈现的线性增长趋势上。因此，整体上看，不管当前的水平高低，从过去到现在，再到未来，人们对中国社会和中国人认知的积极指标总体上呈现线性增长的趋势。这个结果进一步验证了中国人的社会变迁认知具有"乌托邦"的模式，即人们相信未来的中国社会和中国人总体上会越来越好。

如果结合积极指标与消极指标来看图 3-4 的结果，可发现，民众一方面认为中国社会越来越好，另一方面也认为中国社会失序越来越严重。这可以说是支持了 FTSC 的变迁信念。然而，民众在对中国人品质的认知方面，并没有表现出自信（包含能力）越来越高而热情越来越低的 FTSC 变迁信念的特征，相反，非常清晰地呈现出社会变迁内隐理论所提出的第三种"扩展"的认知模式。所谓"扩展"的认知模式，是指当同样的人格品质从积极和消极两个角度进行描述的时候，给被试呈现反义词时，被试均认为会随着社会变迁而提高的认知模式。热情和冷漠是从积极和消极两个角度对同一品质的描述，自信和胆怯也是从积极和消极两个角度对同一品质的描述。但是，如图 3-4 所示，在相当长的一段时间内，民众认为这两种同一品质不管从积极角度描述还是从消极角度描述，都呈现共同增长的趋势。但是，30 年后热情自信和胆怯冷漠这种共变趋势不明显。

相关分析的结果从另一个角度验证了上述结论。民众对 1 000 年前、100 年前、30 年前和 30 年后中国人品质变迁的认知中，胆怯冷漠得分与自信和热情得分的 8 个相关系数，全部呈现显著的正相关。除了 30 年后胆怯冷漠和热情的相关为 0.10 之外，其余 7 个相关系数均在 0.22~0.31 之间。以往研究发现，扩展的社会变迁认知模式体现了个体对社会活力的感知。受经济社会快速发展的影响，中国人对中国社会变迁具有扩展的认知模式，而且认为中国社会更有活力。相反，受经济社会发展速度减缓的影响，日本人对日本社会变迁有萎缩的认知模式，而且感觉日本社会更没有活力（Bain, Kroonenberg, & Kashima, 2015）。因此，我们所发现的民众对中国社会变迁好与坏相互激荡的扩展认知模式，同样凸显了民众对中国社会活力的感知。

（四）初步的研究结论

综上所述，中国社会变迁认知的研究，通过对民众认知中投射的较长时间跨度进行纵向的历史视角分析，为古今中西之争的解决提供了思想和情感沉淀的空间。这样的研究不仅展示出传统与现代的冲突随着时间逐渐缓解，而且为我们看待社会变迁中出现的问题提供了积极的视角和正能量。此外，与社会变迁认知研究相比，社会心态研究着眼于对民众当前的心理状态进行描述和分析，即使是进行纵向分析，其时间跨度也比较短，难免得出社会心态负面为主的结论（王俊秀，2015）。

三、关于文化认同危机及其应对的讨论

近代以来，伴随着古今中西之争的文化论战，中国人对中国文化的认同也产生了危机。这种认同危机反映在对待中国文化的态度上，体现出非常强烈的情绪反应和情感冲突。悠久的历史和曾经灿烂辉煌的中国文化被西方文化冲击，令很多中国人不得不对中国文化持批判和否定的态度，但这种批判和否定越激烈、越彻底，就越不可避免地引起更多的中国人对中国文化的维护和肯定。这种对待中国文化的爱恨交织的态度，反映了中国人在面对中国文化认同危机时的复杂应对方式，其动力特征很难通过单一维度的"积极-消极"态度去衡量。文化认同的多成分观点、对弱势群体社会认同的动态分析，以及作为内隐理论的文化本质论，为分析中国文化认同的这种矛盾性质提供了有益的理论参考。

（一）文化认同的多成分观点

文化认同和社会认同本质上都是与自我认同相区别的群体认同。社会心理学家逐渐将群体认同看作一个包含多种成分的概念。一种综合的分析认为，群体认同包括个体在群体层面的自我摄入（self-investment）和在群体层面的自我界定（self-definition）（Leach，Van Zomeren，& Zebel，2008）。群体层面的自我摄入是指个体感觉到与群体联系的紧密性（solidarity），对群体和自己的群体身

份的满意度(satisfaction),以及群体身份对个体认识自我是否具有中心性(centrality)。群体层面的自我界定是指个体觉得自己与其他群体成员是否相似,即个体自我刻板化(Individual Self-stereotype)的程度,以及个体认为内群体成员之间是否相似(尤其是与外群体相比),即内群同质性(In-group Homogeneity)的程度。有意思的是,Leach 等(Leach,Van Zomeren, & Zebel,2008)将群体认同的自我摄入和自我界定分别与前述滕尼斯的礼俗社会和法理社会相对应。个体在群体层面有较多的自我摄入,如同礼俗社会所描述的以亲缘和地缘为基础的联系紧密的群体关系。个体在群体层面有较多的自我界定,如同法理社会所描述的以共享目标和兴趣为基础的自由选择的有机群体关系。相应地,以自我摄入为基础的群体认同更容易感知群体或群体成员所遭受的威胁,并且对群体或群体成员的失败和不良行为有较多的防御反应,例如,对群体的不良行为进行合理化。相反,以自我界定为基础的群体认同在面对群体或群体成员不良行为的时候,更容易表现出接受和批判的态度。

大多数中国人对中国文化的认同,至少在民国初期更多地以自我摄入为基础,因此,容易在中国文化面临危机的时候产生防御性的应对反应。例如,有些人像阿Q一样,对中国文化所受西方文化冲击采取精神胜利法的维护态度,以中国文化在古代的辉煌为荣,认为现代的西方文化都可以在中国文化中找到源头,因此,中国文化比西方文化更优秀。这种防御性的文化态度在当时的东西方文化论战中被称为国粹派。相反,新文化运动对中国文化持批判态度,但很难说发动和参与新文化运动的知识分子对中国文化的认同是以自我界定为基础的,因为他们的自我摄入程度同样很高。

(二)弱势群体的社会认同

近代以来,中国人的文化认同之所以遭受危机并具有矛盾性,归根结底在于当时的中国人相对于西方人而言是弱势群体。社会认同理论认为,人们选择认同某个群体主要基于四种动机:(1)提高自尊,指利用优秀群体的成员身份让自己觉得有价值;(2)降低无常感或提高认知安全感,指群体成员身份让个体清楚自己是谁；（3）满足归属感，指通过依附某个群体获得归属感；（4）找寻存在的意义，指通过认同自己所属的群体而对抗死亡焦虑（赵志裕、温静、谭俭邦，2005）。试想，如果一个人从属于一个弱势群体，他利用弱势群体身份提高自尊的功能首先就会受到损害，而其他三种功能除非间接受到第一种功能受损的连带影响，否则受到损害的程度较小。弱势群体成员由于不满足低自尊的现状，倾向于进行改善，而改善的方法取决于他对社会流动性的看法。如果个体认为群体之间的边界是可渗透的，很容易从一个群体进入另一个群体，即认为社会流动性高，那么，他将采取个体策略来改善弱势群体认同，即通过自己努力进入居于高地位的群体，从而获得与高地位群体成员身份相当的物质地位和积极评价。如果个体认为群体之间的边界不可渗透，很难从一个群体进入另一个群体，即认为社会流动性低，那么，个体策略将失效，只能采取群体策略，大多数时候表现为社会创造（王沛、刘峰，2007）。此时，弱势群体要么选择不同的比较维度与高地位群体进行比较，要么重新定义已经存在的比较维度，选择不同的比较群体。

在西方文化的冲击下，20世纪初对中国文化的认同令中国人的自尊受到威胁。他们一方面感知到从中国文化群体进入西方文化群体的社会流动性极低，很多人采用社会创造的策略来提高自尊，尤其表现为选择科学和民主以外的其他维度与西方文化进行对比。例如，认为中国文化虽然在科学上不如西方文化，但在道德上优于西方文化；中国文化虽然在物质上落后于西方文化，但在精神上优于西方文化。这种对不同比较维度的反复选择，在整体上构成民国初期东西方文化论战的"二元论"叙述模式，产生了强调中西文化异质性（非优劣性）的观点，从而缓解了中国人认为中国文化不如西方文化的自卑感。然而，大多数强调中西文化异质性的观点并不排斥通过学习西方文化来改造中国文化。要理解这种态度背后的心理机制，有必要引入对文化本质论（Cultural Essentialism）的讨论。

（三）作为内隐理论的文化本质论

本质论指普通人对社会类别是否有其本质的看法，是内隐理论的一种（高承海、侯玲、吕超，等，2012）。持有本质论观点的人认为，社会分类具有一个深深的、不可观察的实体，这个实体导致分类成员的表面特征，并且是恒定不变的和不可能通过人为的干预而改变的。这里的社会类别可以是对任何社会群体的分类，如种族、民族、性别、阶层、宗教、文化。Haslam 等（Haslam，Rothschild，& Ernst，2000）通过考察人们对 20 种社会分类在 9 种本质论观点上的评分，发现本质论包含自然类别（natural kind）和群体实体性（entitativity）两个维度。前者指一种社会分类的稳定性、不可改变性、必要性、离散性和自然性；后者指一种社会分类的信息性、统一性、内在性和排他性。一种社会分类越具有自然类别属性和群体实体性，人们就越对该社会类别持有本质论的看法。本质论者在进行群体知觉时更关注与刻板印象一致的信息，更多地采取原型表征策略加工相关信息，很容易对群体形成刻板印象。同时，本质论者更倾向于从内在的生物因素解释群体差异（尤其像种族这种接近自然类别的群体），似乎为群体的不平等现状和劣势群体持久的边缘化提供了正当性理由，也削弱了不同群体及其成员之间相互交往的兴趣。如果个体遭遇偏见，本质论者更不能面对和接受，并且在未来与偏见持有者的交往中表现出更多的退缩行为（高承海、侯玲、吕超，等，2012）。此外，群体本质论会加强个体对内群体的认同，进一步增加对外群体的偏见。对于弱势群体成员，持有本质论观点使他们更僵化地依附于他们的群体。可见，本质论与前述群体认同的多成分观点，以及弱势群体的社会认同过程具有紧密的联系。由于本质论是人们日常不自知的内隐观点，它为弱势群体背景下的群体认同过程提供了更深层次的解释。

上述有关群体本质论的讨论，同样适用于讨论文化本质论。例如，研究发现，文化本质主义主张文化独特性，倾向于保护文化传统，排斥其他文化。虽然直接使用文化本质主义作为概念的研究并不多，但研究者基于种族本质论为主体的大量群体本质论的研究文献，对文化本质主义进行了深入的理论分析。与以往研究强调文化（群体）本质论对文化间互动产生负面影响的观点不同，Chao 和 Kung（2015）跳出弱势群体成员的个体认同建构，从社会群体之间的权力结构着眼，认为文化本质论对于弱势群体具有积极的作用。对于弱势群体而言，文化本质论可以提高群体凝聚力，抵抗来自支配群体的主导，以及保护自己的文化传统。这些基于宏观社会结构进行分析的观点，很适宜于分析我国在民国初期的古今中西文化论争。

那么，究竟中国文化本质论与对待中国文化和西方文化的态度有什么关系呢？我们认为，首先，根据文化认同的多成分观点，中国文化历史悠久，中国人对中国文化的认同更多地基于自我摄入而不是自我界定，因此，在面对西方文化冲击时会产生防御反应（如国粹派对传统文化的维护）。其次，根据弱势群体的社会认同分析，很多中国人会寻找中国文化居于优势的维度与西方文化进行比较（如新儒家对传统文化的肯定），然而，不能将这种文化态度简单地理解为社会认同理论的社会创造概念（不主张社会结构改变），因为这种态度对团结中国人和保护传统文化具有积极的作用（主张社会结构改变），反映了文化本质论的观点。最后，根据文化本质论，本质论者面对"偏见"不仅不能接受，而且有退缩行为，而建构论者（与本质论相对）能够勇于批判内群体和本土文化。这或许可以解释，为什么很多 20 世纪初到西方留学或接受西式教育的知识分子对中国文化持否定态度，主张彻底地学习西方文化，而他们明明都是爱国人士（如很多新文化运动的发动者和参与者）。

四、中国文化本质论及其作用的进一步调查

（一）调查内容的设计

我们将中国文化本质论看作具有整合性的理论框架，用来解释几种主要的对待中国文化的态度。首先，通过梳理东西文化论战的资料，将中国文化态度分为三种，并开发相应的量表。(1)肯定中国文化的态度，包括 5 题（$\alpha = 0.85$），例如，"中国文化发掘和保持自己的独特性有利于它对世界的贡献""中国文化有能力转变其传统形态而进入现代形态"；(2)否定中国文化的态度，包括 4 题（$\alpha =$

0.88），例如，"中国文化缺乏现代化最重要的品质""中国文化必须进行根本的改变和彻底的改造"；（3）维护中国文化的态度，包括 3 题（$\alpha = 0.77$），例如，"很多西方文化的思想都可以在中国文化中找到源头""从长远发展方向看，中国文化比西方文化更有前途"。其次，根据社会类别本质论的二维结构，从实体论和不变论两个角度测量中国文化本质论，包括 1 题测量实体论——"中国文化和西方文化有本质的不同"；2 题测量不变论（$\alpha = 0.90$）——"中国文化是不可改变的""中国文化是可以改变的"（反向题）。最后，考察民众对现代化的两种态度，即西学为体和中学为体。前者用 2 题测量（$\alpha = 0.66$）："现代化应以认真学习西方文化为基础，以发扬中国文化为辅""现代化主要是彻底地学习西方文化，要少谈中国文化"。后者用 1 题测量："现代化必须以发扬中国文化为基础，以学习西方文化为辅"。我们通过网络对全国范围内的 602 位民众进行问卷调查，发现中国文化本质论可以很好地解释对待中国文化和现代化的态度。

（二）中国文化本质论具有二维结构

因子分析的结果表明，中国文化本质论包含两个维度：实体论，强调中国文化与西方文化的异质性；不变论，认为中国文化不可改变。从表 3-3 的相关系数看出，实体论和不变论两者之间几乎是零相关，说明它们相互独立。再看实体论和不变论与其他变量的相关，全部呈现了不同模式，表明两者在对待中国文化和现代化的态度上具有完全不同的作用（韦庆旺、时勘，2016）。这些结果支持了以往研究将社会类别本质论看作二维结构的观点。虽然社会类别本质论具有二维结构的观点由来已久，但是，有关本质论的实证研究绝大多数没有对此细加区分。究其原因可能有三个：第一，很多社会类别本质论的研究源于对个体素质本质论的延伸。所谓个体素质本质论，主要包括能力本质论和人格本质论，均关注个体的素质是可变还是不可变。这种不变论在延伸到社会类别本质论的研究之后，很少加入实体论的内容。第二，西方研究者关注较多的社会类别，均具有明显的自然属性，如种族和性别。这种社会类别的本质论主要以不变论（自然类别维度的核心内容之一）为基础，对实体论考虑不足。第三，在西方个人主义文化背景下，即使在考察社会类别的本质论时，仍然将社会类别看作附属于个体的特质，而不对社会类别进行直接描述，使群体实体论很难显现。相反，跨文化研究发现，东方文化比西方文化更认为群体具有实体性，而且，如前所述，文化比种族和性别在社会分类上更具有"社会"属性，实体论理应作为描绘中国文化本质论的重要成分。因此，认为中国文化本质论具有二维结构是合理的。当然，受到剧烈社会变迁的影响，中国文化不变论得分的均值较低，这表明大多数中国人认为，中国文化是可变的。

表 3-3　文化本质论的结构及其与对传统文化和现代化的态度之间的相关性（$N=602$）

	$M(SD)$	1	2	3	4	5	6
1. 实体论	4.17(1.06)						
2. 不变论	2.76(1.00)	-0.04					
3. 肯定中国文化	5.54(0.77)	0.23^{**}	-0.12^{**}				
4. 否定中国文化	2.93(1.25)	-0.04	0.04	-0.42^{**}			
5. 维护中国文化	5.01(1.00)	0.20^{**}	-0.11^{**}	0.52^{**}	-0.20^{**}		
6. 西学为体	3.03(1.39)	0.00	0.09^{*}	-0.35^{**}	0.54^{**}	-0.14^{**}	
7. 中学为体	5.36(1.18)	0.12^{**}	-0.08	0.46^{**}	-0.22^{**}	0.37^{**}	-0.23^{*}

注：量表均为七点量表；* 表示 $p<0.05$，** 表示 $p<0.01$。

（三）中国文化本质论与对中国文化的态度

从表 3-3 的结果来看，肯定中国文化和维护中国文化的态度得分较高，否定中国文化的态度得分较低。同时，三种对中国文化的态度之间皆有显著的相关（韦庆旺、时勘，2016）。肯定中国文化的态度与维护中国文化的态度之间呈显著的正相关，两者分别与否定中国文化的态度呈显著的负相关。该结果表明，肯定中国文化的态度与维护中国文化的态度是相似的。然而，如果用中国文化本质论的实体论和不变论预测这两种文化态度，即可看出两者的差别。实体论和不变论在肯定中国文化的态度上具有交互作用(见图 3-5):对于中国文化实体论者,是否认为中国文化不可改变均不影响其肯定中国文化的态度(得分高);对于中国文化非实体论者,认为中国文化可以改变比认为中国文化不可改变的信念提升了肯定中国文化的态度。实体论和不变论在维护中国文化的态度上则没有交互作用。

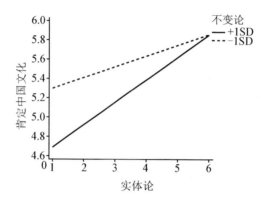

图 3-5 中国文化实体论和不变论在肯定中国文化上的交互作用

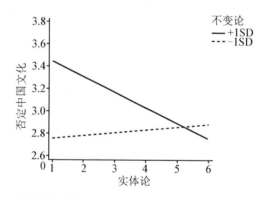

图 3-6 中国文化实体论和不变论在否定中国文化上的交互作用

此外,实体论和不变论在否定中国文化的态度上也具有交互作用(见图 3-6):对于中国文化实体论者,是否认为中国文化不可改变均不影响其否定中国文化的态度(得分低);对于中国文化非实体论者,认为中国文化不可改变比认为中国文化可以改变的信念提升了否定中国文化的态度。也就是说,如果仅以不变论代表本质论，那么，对中国文化持否定态度的人持有最强的中国文化本质论。然而，就实体论而言，他们并不认为中国文化与西方文化有本质的不同，好像又具有非本质论的观点。按照以往的本质论观点，这一结果不仅在本质论的含义上存在矛盾，而且与以往关于本质论效应的研究结果不符。以往研究发现，持有本质论（不变论）的人通常对内群体比较认同和偏袒，而本研究发现，中国文化不变论的观点引起了对中国文化的否定。同时，这种否定与新文化运动对中国文化的批判态度可能也不同，因为后者不是简单地对中国文化进行否定，还隐含了对中国文化发展的积极诉求。该如何解释这种种矛盾呢？首先，中国文化本质论是一个二维结构，应将实体论和不变论区分看待。其次，应该注意这里的研究对象是普通民众，而新文化运动的发动者和参与者是知识分子，他们的心理机制可能不同。最后，我们的研究关注弱势群体的本质论和群体态度，并且聚焦于比以往更加宏观的历史和文化背景，以往的理论可能不适合理解这种特定背景下的心理机制。将来的研究应该进一步考察在这种特定的背景下，中国文化本质论和文化态度与文化认同之间的关系。

（四）中国文化本质论与对现代化的态度

中国文化本质论不仅可以解释对中国文化的态度，还可以解释对现代化的态度。回顾表 3-3 中相关分析的结果，实体论与中学为体显著正相关，不变论与西学为体显著正相关（韦庆旺、时勘，2016）。换言之，人们越认为中国文化与西方文化不同，越支持以发扬中国文化为现代化的基础；越认为中国文化不可改变，越支持以学习西方文化为现代化的基础。结合实体论和不变论对中国文化态度的交互作用结果，可发现以两个维度描述中国文化本质论具有重要的意义。首先，它们同样属于本质论的内容，但实体论和不变论与对中国文化和现代化的态度之间却有着不同方向的关系。实体论与肯定中国文化的态度和坚持以中国文化为基础的现代化态度相联系，而不变论不利于肯定中国文化的态度，并与坚持以西方文化为基础的态度相联系。其次，认为中国文化与西方文化具有本质不同的实体论是对中国文化积极态度的保障。因为，对于中国文化实体论者而言，无论是否持有中国文化不变论，都有较高的肯定中国文化的态度，以及较低的否定中国文化的态度。但民众持有"既认为中国文化与西方文化不同，又认为中国文化不可改变"这一最强的本质论时，就会产生最极端的否定中国文化的态度。

五、新时代的中国文化认同建构需要主体意识和历史意识

综合我们关于民众社会变迁认知和中国文化本质论的研究结论，可以为化解古今中西之争提供重要的启发。首先，以文化实体论为基础的文化主体意识是对中国文化持肯定态度的心理基础。这种主体意识不仅可以为处于弱势地位的文化提供保护功能，而且并不妨碍对其他文化持开放吸收的态度。其次，挖掘隐含在民众社会变迁认知模式背后的历史意识，有利于拓宽看待社会变迁的视野，化解传统与现代的冲突，超越以问题导向认知当前社会现实的思路，获得积极心态和正能量（韦庆旺、时勘，2018）。最后，中国文化的主体意识和历史意识与中国文化可变论相结合，可使中国文化在全球化时代面对未来时形成更健康自信的开放心态。

当前，在世界范围内进行的交流与合作并不是某一个现代文化的普及和代替其他文化的过程，而是所有参与这个进程的文化体的重构性互动过程。费孝通从历史和考古的角度分析认为，中国文化在中国历史较早期形成以汉族文化为核心，然后与其他少数民族文化和其他国家文化经过无数次大小不同和深浅不一的相互融合建构，一直持续至今（费孝通，2009）。最近，社会与文化心理学家提出一种称为文化会聚主义（polyculturalism）的文化研究新视角，将文化看作一种动态建构过程，认为不同文化之间并不是可划清界限的类别关系，而是互有牵涉的融通关系。这种观点与当前全球多元文化混搭越来越相似。世界上越来越多的人拥有多元文化身份。从个体的角度看，文化会聚主义可看作个体所持有的一种内隐理论。如果一个人持有文化会聚主义的观点，他将更主张

文化之间的相互学习和相互调和。从表面上看，文化本质论和文化会聚主义两种观点是相冲突的。但是，文化本质论的干预研究发现，以强调不同文化之间的差异为导向的文化本质论不仅没有增加对其他文化的排斥，反而提高了个体对文化的开放性和文化智力水平。国内关于散居少数民族的研究也有类似的发现，少数民族个体的民族本质论与对本民族的认同和对汉族的认同均呈正相关（高承海、万明钢，2013）。

可见，文化的主体意识和历史意识与文化会聚主义的文化建构论（与文化不变论相对）并不矛盾，这几种观点的结合不仅可以解释20世纪古今中西之争的文化论战，也适合作为21世纪经济全球化新形势下对中国文化的认同策略。与那些认为现代化和经济全球化会使不同文化趋同消解的观点不同，我们认为，树立文化的主体意识，培养文化的历史意识，非但不会阻碍现代化，还会促进中国文化更好地实现现代化。只有立足于主体意识和历史意识对中国文化进行新的建构，才能实现中国传统文化在新的普遍意义上的复兴（陈来，2009）。而且，这种文化复兴要依靠广大的普通老百姓，因为他们中间凝聚着厚重的主体意识和历史意识（虽然有时可能不自知）。正像杨中芳所指出的，社会变迁的研究不应只研究"现代性高"的知识分子和大学生，更应该研究那些芸芸大众，他们在相当程度上代表了整个社会文化传统改变的方向和动力（杨中芳，1999）。

六、研究启示

综上，从民国初期古今中西文化论战中梳理出来的有关社会与文化变迁的几种态度，不仅可以通过其投射于当前普通民众心理而揭示出社会变迁认知和中国文化本质论两种内隐理论的内涵，而且可以为新时代进一步提升中国文化认同提供有益的启发。联系这些研究结论，我们认为，中华民族伟大复兴的社会心理促进机制建设可从以下几方面着手。

第一，弘扬优秀传统文化，唤醒民众对传统文化的亲切感和认同感。中国文化实体论是对中国文化持积极态度的基础和保证，即人们需要认识和体会中国文化与西方文化是不同的。然而，面对来自西方现代化的冲击，很多优秀传统文化面临衰落的危机。当前，中国的社会与文化变迁不乏西方元素，一些人为了适应社会发展而盲目地学习西方的东西。两方面的力量导致了一些人精神与价值的缺失感。应该说，传统文化在民众心理的根基较深，并不会随着社会变迁而被完全取代。因此，弘扬优秀传统文化，很容易唤醒民众对传统文化的亲切感和认同感。

第二，总结提升中国经验，坚定民众拥护中国道路的信念与决心。从民众的社会变迁认知来看，中国的经济与社会发展水平均呈现不断提高的趋势。从民众的中国文化本质论来看，人们认为中国文化虽然具有自己的独特性，但却是可以改变的。因此，中国近代以来复兴之路的实践已经对传统文化做出了解构与建构，并使之成为当前中国文化的一部分，只是对此还缺乏足够系统的沉淀与提炼。因此，亟须在保持中国文化认同连续性的基础上，总结提升中国经验，坚定民众拥护中国道路的信念与决心。可见，中国经验与中国道路背后的精神内涵必将注入这一连续性的中国文化认同中，成为新的传统。

第三，重视培养历史意识，理顺民众看待社会变迁的观念与态度。近代以来中国社会变迁的节奏极为迅速，加之现代化的趋同性和经济全球化的一体性，使得人们看待自己所处的社会时常常采取与西方发达社会横向比较的视角，而忽视了自己社会变迁的历史。因此，很容易将当前的社会矛盾和问题看作落后的表现，而不是看作凤凰涅槃一样的发展中的阵痛。为此，要重视培养民众的历史意识，一方面应该看到中国在近代以来受到西方列强入侵造成的极不平等的现实基础，另一方面更应看到中国在这种薄弱的基础上取得的发展和提高。有了这样的历史意识，必将对中国社会变迁持积极的态度，不以负面问题为导向看待社会变迁。

第四，强调持续发展眼光，增强民众对当前生活的幸福感和自豪感。如果说历史意识是从过去看待现在，看看如何一路走来，那么，看如何从现在到未来，则是一种向前发展的眼光。通过分析民众的社会变迁心理可知，应该树立民众对未来社会的积极信念，明确未来社会呈现出的传统与现代趋于融合的特征。如果从过去到现在再到未来的整体时间历程看，则必然会出现过去、未来比现在好的态度，这不能简单地理解为对现在的不满和逃避。在持续发展的眼光下，眼前的问题不必夸大，而是要包容和解决。正像积极心理学所倡导的那样，对过去感恩、对现在满意、对未来充满希望，这才是真实的(authentic)幸福感。

第五，以文化认同来稳固和加强国家认同。经济全球化时代对个体最大的挑战之一是多元和多重文化认同对自我认同的解构与重构。应该说，国家认同非常重要，移民和人口流动既可能将中国人转变成外籍，也可能将外国人转变成中国籍。外籍华人和中国籍非华人都可能支持中国事业，并对中国发展作出巨大贡献。相对于国家和国籍标签，文化标签更有利于在经济全球化时代使个体不局限于身份而产生较深度的国家认同，更有利于产生包容性的多重认同。按照本质论的二维结构观点，一个社会类别越具有社会属性，越具有群体实体性，就越不受自然属性（如种族）的限制。近代以来，多元一体的中华民族认同的形成，不仅是全体中华儿女面对外辱和危亡时一体性的凸显，也是中华文化延绵相继的心理认同生成物。鉴于文化认同的这种延续性和包容性，在经济全球化时代，培育和加强民众的文化认同，可以更好地稳固和加强国家认同，为实现中华民族伟大复兴作出新的贡献。

第五节

城市外来人口社会融合的结构与特征

一、绪论

"社会排斥"的概念自提出后，逐渐被更多不同领域的研究者所接受。起初这一概念主要局限在经济领域，被定义为个人或群体被全部或部分地排除在充分的社会参与之外。20 世纪 90 年代之后，它被引入心理学领域，社会心理学家将其定义为个体受到他人的拒绝与忽视（Williams，2007）。这里所说的他人既可能是个体，也可能是群体。Williams（2007）指出，社会排斥会损害人们四种基本需要的满足，即归属需要、控制需要、自尊需要和存在意义感。大量研究也发现了社会排斥对被排斥者的行为、认知、情绪等方面所产生的负面影响（杜建政、夏冰丽，2008）。"社会融合"作为与"社会排斥"相伴而生的一个概念，得到了多个领域研究者以及政府机构的关注。其中，法国政府就曾经在 20 世纪 80 年代出台收入支持计划，通过职业培训来帮助社会成员获得工作机会，获得合法收入，最终获得一定社会地位（黄匡时、嘎日达，2010）。

为了实现社会和谐，更好地实现社会融合，我国政府做了大量的工作，出台了很多具体的促进融合的政策，比如，取消各种针对城市流动人口的歧视性政策，完善对流动人口的各项服务等。同时，对于社会融合这一事关社会稳定、关乎社会每个成员切身利益的重大问题，不同领域的研究者也做了大量的探索性研究工作。但一直以来，关于社会融合的概念结构问题，研究者始终没有达成一致。有人将国外研究者关于社会融合结构的研究总结为了三类，包括二维模型、三维模型和四维模型。其中，二维模型包括结构性融合和文化性融合两个维度，三维模型则包括结构性融合、社会-文化性融合以及政治-合法性融合三个维度，四维模型则包含了社会经济融合、政治融合、文化融合、主体社会对移民的接纳与拒斥等维度。社会经济融合与结构性融合基本一致，同时也涉及社会性活动与社会组织的参与等社会融合层面的内容。因此，国外关于社会融合的维度研究中，经济融合、文化融合以及社会融合是相对比较共同的成分，这对于我们关于社会融合的研究具有一定的借鉴意义。虽然政治融合也是国外不同社会融合的重要的共同成分，但我国已经保证了公民基本的政治权利，因此，这一点对于我们的研究借鉴意义不大。

国内研究者在参考借鉴国外关于社会融合结构研究的基础上，也进行了有益的尝试和探索。童星、马西恒（2008）认为，新移民与所在城市的社会融合将会依次经历二元社区、敦睦他者以及同质认同三个阶段。他们更多从发展的角度强调社会融合的过程，与其他社会融合结构研究的结果差异较大。但他们也认为，在"二元社区"阶段，几乎所有城市都对新移民采取排斥和歧视的态度，这集中体现在城市的各种规章制度，特别是户籍、就业、社会保障等方面的政策对新移民的各种限制，使得新移民在经济收入、社会地位等各方面与所在城市居民差异较大，因而流动性极大。郭良春等（2005）以及王毅杰和史晓浩（2010）的研究均以流动儿童为考察对象，他们主要是没有任何经济收入的被抚养人，所以，无须考虑经济融合的问题（周皓，2012）。此外，对流入地文化传统、风俗习惯的认可也是多项研究共同涉及的一个方面。其中杨菊华（2010）、王桂新等（2008）、张文宏和雷开春（2008）直接提及文化融合，而田凯（1995）和张继焦（2004）所关注的生活方式、朱力（2002）的社会层面适应、风笑天（2004）的生活融合、杨黎源（2007）的风俗习惯、郭良春等（2005）的社会生活适应以及蒋华等（2007）的符号（外表、语言、饮食习惯）等虽然表述有所差异，但基本都涉及的是迁入人口对于迁入地文化传统的适应。最后，心理融合也是表3-4中所列众多社会融合指标的共同之处。其中朱力（2002）、风笑天（2004）和张文宏等（2008）都直接提及心理融合，而杨菊华（2010）、张文宏等（2008）和王桂新等（2008）所提到的身份认同就是指流动者与本地人及家乡人之间的心理距离、归属感以及对自己是谁、从何处来、将去往何处的思考与认知，主要包括心理距离、身份认同等主观指标。通过以上对国内外既有文献的梳理，我们认为，社会融合是外来人口在经济、文化与心理方面融入所在城市的过程。

改革开放以来，我国的人口迁移与流动变得越来越频繁，主要表现为大量的农村人口通过就业、升学等不同方式进入城市（特别是大中城市）居住和生活。鉴于身份的不同，这些人员被不同的研究者称为城市流动人口、流动人口、城市新移民、外来人口、外来务工人员等。本研究中所说的"城市外来人口"包括有常住户口和没有常住户口的所有外来人员。我们试图以对广州市外来人口的调查为基础，通过因素分析验证社会融合的三维度模型，并考察社会融合的特点。

二、研究方法

（一）问卷编制

在前人研究的基础上，我们确立了社会融合的三个维度，分别是经济融合、文化融合与心理融合，并邀请 5 名人格与社会心理学方向的硕士研究生和博士研究生参与题目编写。首先，研究者解释每个维度的含义，并一起进行讨论，确保每位编写者对每个维度含义的理解与研究者的设计初衷一致。在此基础上，每位研究者分别从认知、情感和行为三个层面针对每个维度编写 3 道题目，共编写 45 道题目，对这些题目进行语义分析，合并语义相近者。最后，我们将所有条目合并为 26 个，将 26 道题目编入城市外来人口社会融合问卷。问卷使用李克特五分等级量表，要求被试按照每道题目符合自己的程度分五级评定，1 为完全不符合，5 为完全符合。

（二）被试

我们随机选取广州市的外来人口共 618 名，其中男性 321 名，女性 297 名；小学毕业者 49 名，初中毕业者 219 名，高中毕业者 165 名，大学毕业者 179 名，研究生毕业者 6 名；年龄最大者 56 岁，最小者 17 岁，平均年龄为 32.1 岁，标准差为 8.59。在广州的居住时间最长者为 25 年，最短者为 1 个月，平均为 60.15 个月，标准差为 60.98。将 618 名有效被试随机分为两组，其中第一组 358 名，第二组 260 名。

三、结果及分析

（一）探索性因素分析的结果

根据第一组 358 名被试对 26 道题目的评定进行探索性因素分析，Bartlett

球形检验的结果显著，KMO 系数为 0.81，表明数据适合做因素分析。根据碎石图、解释方差百分比以及平行分析的结果，应取三个因素进行方差最大化正交旋转，逐步删除多重载荷、载荷量和共通性低的题目 8 道，余下的 18 道题目均为单载荷，且载荷量均大于 0.40，共通度均大于 0.30，三个因素解释的总方差百分比为 52.80%。因素分析结果见表 3-4。

表 3-4　探索性因素分析结果

题目	因素 1	因素 2	因素 3	共通度
我觉得自己的职业令人羡慕	0.75			0.57
我的工作很稳定	0.72			0.59
我对自己的工作环境很满意	0.70			0.55
我愿意子女将来从事我现在的职业	0.69			0.47
我对自己目前的工作很满意	0.67			0.50
我希望能将目前的工作做下去	0.67			0.50
我对子女所受的教育感到很满意	0.56			0.33
我愿意与当地人做邻居		0.87		0.77
我愿意和当地人一起参与社区活动		0.85		0.74
我愿意与当地人做同事		0.84		0.71
我愿意与当地人通婚		0.65		0.43
我觉得自己属于这个城市		0.54		0.35
我觉得自己是这个城市的一部分		0.51		0.36
我觉得保持老家的生活方式(如饮食习惯)很重要			0.81	0.65
我现在依然还会过老家的特有节日			0.75	0.59
我觉得孩子应该会说我们的家乡话			0.54	0.34
遵守老家的风俗习惯对我来说很重要			0.44	0.33

其中，因素 1 的 7 个项目，包括"我觉得自己的职业令人羡慕""我对自己的工作环境很满意""我对自己目前的工作很满意""我对子女所受的教育感到很满意"等，涉及的主要是个体对于目前所从事职业以及子女受教育情况的看法。这与个体的经济收入直接相关，属于社会融合的经济层面，因此，将第一个维度命名为经济融合。第二个维度为 6 道题目，包括"我愿意与当地人做邻居""我愿意和当地人一起参与社区活动""我觉得自己属于这个城市"等，主要涉及的是个体对于和当地人交往的意愿以及在心理上对于自己是否已经成为所在城市一员的评价，

属于社会融合的心理层面，因此，将第二个维度命名为心理融合。第三个维度的4道题目，包括"我觉得保持老家的生活方式（如饮食习惯）很重要""我觉得孩子应该会说我们的家乡话"等，主要测量的是个体对于自己原有文化传统的坚持性，属于社会融合的文化层面，因此，将这一维度命名为文化融合。为了与其他两个维度的得分性质保持一致，文化融合维度的4道题目均需反向计分，三个维度的 α 系数分别为0.82、0.76和0.64，总量表的 α 系数为0.72。

（二）验证性因素分析的结果

根据第二组260名被试的评定，使用AMOS软件对以上探索性因素分析确定的三因素结构模型进行验证性因素分析，考察该模型是否得到了另外样本的支持。拟合度指数见表3-5。结果表明，三因素模型拟合指数良好。

表3-5　验证性因素分析结果

因子数	x^2	df	x^2/df	RMSEA	NFI	IFI	TLI	CFI
3	284.9	126	2.26	0.06	0.85	0.90	0.90	0.91

（三）城市外来人口社会融合的特点分析

1. 城市外来人口社会融合的性别差异

独立样本 t 检验表明（见表3-6），在经济融合维度上男性得分显著低于女性（$t=-2.06$，$p=0.04$），而在文化融合与心理融合维度上不存在显著的性别差异。

2. 城市外来人口社会融合的户籍差异

独立样本 t 检验表明（见表3-6），在经济融合和文化融合维度上，已有本地户口的外来人员和无本地户口的外来人员的得分均存在显著差异，而在心理融合维度的得分两者不存在显著差异。

表3-6　城市外来人口社会融合的性别与户籍差异

维度	总体	男性	女性	$t_{性别}$	$p_{性别}$	有本地户口	无本地户口	$t_{户口}$	$p_{户口}$
经济融合	2.71±0.71	2.61±0.75	2.85±0.63	−2.06	0.04	3.14±0.48	2.56±0.72	4.65	0.001
文化融合	2.55±1.22	2.33±1.70	2.69±0.44	−1.69	0.09	2.82±0.66	2.47±1.34	1.73	0.02
心理融合	2.31±1.18	2.30±1.27	2.34±1.06	−0.36	0.72	2.28±0.22	2.34±0.30	1.63	0.26

四、研究结论

第一，本研究在前人探索的基础之上，通过对广州市 618 名外来人口进行调查，在探索性因素分析和验证性因素分析的基础上，确认了社会融合的三维度结构，其中三个维度分别是经济融合、文化融合与心理融合。经济融合是指外来人口在经济收入方面与所在城市居民的融合程度，主要体现在外来人口具有稳定、较高收入水平以及良好社会声望的工作和职业，同时子女能够受到良好的教育；文化融合是指外来人口在行为层面能够融入所在城市的文化，尊重并愿意接受所在城市的生活方式、语言和风俗习惯；心理融合是指外来人口对所在城市具有归属感，在心理上认同所在城市，将自己看作所在城市的一部分，愿意与所在城市居民一起工作、交朋友、通婚等。

第二，在现实生活中我们很容易发现，很多外来人口在当地生活多年之后，经济方面与当地人没有区别，甚至很多人比当地人生活更加富裕，同时，生活多年之后也会入乡随俗遵从当地的文化习俗，比如，婚丧嫁娶等活动遵从当地的风俗习惯，按照当地的风俗习惯过节日等。但很多人依然不认为自己是当地人，心理上始终认为自己是故乡的人，也就是说并没有认为自己已经完全融入了当地的社会。因此，社会融合的三个维度反映了社会融合的三个方面，体现了外来人口从身份准入、行为适应和心理认同三个不同层次在所在城市的社会融合过程，表现出社会融合是一个不断递进的过程（周皓，2012）。

第三，田凯（1995）认为，流动人口适应城市生活的过程就是再社会化的过程，必须经历经济、社会和心理三个层面的融合，首先是拥有相对稳定的职业，其次是在这一基础上形成与当地人相近的生活方式，最后是形成与当地人相同的价值观。这与本研究所构建的社会融合的三维度结构基本一致。此外，朱力（2002）也将进城务工人员的适应分为三个层次——经济适应、社会适应和心理适应，与田凯（1995）以及本研究的三个维度的内涵基本一致。同时朱力

(2002)也认为,社会融合的三个维度是依次递进的,其中经济适应是基础,是进城务工人员适应城市的起点和立足点,社会适应(文化适应)是对城市生活方式的适应,反映的是进城务工人员融入城市生活的广度,而心理适应属于精神层面,反映了适应城市生活的深度。只有达到心理适应,才能表明进城务工人员真正地融入了城市生活。

第四,大多数研究结果表明,社会融合包括四个维度——经济、文化、行为和身份。其中,经济融合与本研究的三维度结构完全对应,身份融合对应心理融合,而文化和行为融合均属于本研究所说的文化融合。因此,本研究的三维度结构虽然与这些研究的维度结构不同,但本质上并无差异。本研究发现,在经济融合维度上存在显著的性别差异,男性的经济融合程度显著低于女性,这与前人的研究结果存在一致性(张文宏、雷开春,2008)。由于性别角色的差异,相对于女性,男性对于经济收入的要求更高,不同男性之间的收入差异水平也更大。同时,男性一般很少通过婚姻的方式来获得稳定的经济收入,因此,男性达到当地平均收入水平的压力更大。

第五,同时我们也发现,有本地户口的外来人员,其经济融合水平显著高于无本地户口的外来人员,这说明我们所编制的调查问卷具有很好的预测效度。相对于无本地户口的外来人员,具有本地户口的外来人员在本地的时间相对更长,拥有稳定工作的可能性更大,收入水平接近或高于平均水平的可能性更大,所享受的本地的社会福利更多,因此,经济融合的水平必然更高。他们在本地生活的时间更长,接受当地语言和风俗习惯的可能性也更大,因此,文化融合的水平也比无本地户口的外来人口更高。但我们也发现,不管是男性还是女性,有还是没有当地户口,外来人员的心理融合水平之间均没有显著差异,这可能与他们整体上心理融合水平都偏低,出现了地板效应有关。当然这也说明了心理融合作为社会融合的最高层次,难度更大,所需要的时间更长。但本研究同样发现,居住时间与社会融合的三个维度——经济融合、文化融合以及心理融合都呈现显著的正相关,相关系数分别为 0.17、

0.21 以及 0.19，p 值均小于 0.05。因此，虽然社会融合是一个漫长的过程，但依然是可以用时间来解决的问题。当然，为了促进社会和谐，有必要采取各种措施加快社会融合的步伐。

第六节

健康型组织的概念、结构及评价模型

一、从个人健康到组织健康

(一)组织健康的基本概念

关于健康的概念，世界卫生组织 1948 年就在其成立宪章中有明确的阐述：健康是一种在躯体上、心理上和社会上的完美状态，而不仅仅是没有疾病和虚弱的状态(时勘、郑蕊，2007)。可见，健康是一个综合的概念，既包括身体健康，也包括心理健康；既有个人层面的健康，也有社会层面的健康。一个组织，一个国家，都涉及健康问题。类似这样的概念和研究近年已成为学界研究的一个热点。近年来，组织行为学研究领域出现了组织健康(Organizational Health)的新概念。依据该概念，一个组织、社区和社会，如同人体一样，也有健康好坏之分。其衡量标准是，能否正常地运作，是否注重内部发展能力的提升，能否有效、充分地应对环境变化，能否合理地变革与和谐发展(时勘、郑蕊，2007)。此外，组织行为学界针对企业、社区甚至社会，还提出了一系列有关组织健康的标准，如关注目标、权利平等、资源利用、独立性、创新能力、适应力、解决问题、士气、凝聚力、充分交流 10 项指标。这些指标不仅适用于企业，也适用于社区甚至更大的社会范畴。也有学者将相关的理论运用到救援人员心理健康促进的实践当中,取得了很好的效果(时雨、时勘、王雁飞,等,2009)。综上所述,在宏观社会层面上对社会心理促进的研究还比较少,已有的研究大多在概念上比较狭窄,或者是间接概念,不能涵盖并清楚揭示复杂的社会互动的各个层面,尤其是对于探索中华民族伟大复兴的社会心理促进机制而言,可供借鉴的研究成果不多。但是,如果能够结合民族复兴的历史渊源、民族复兴进程监测评价体系、当前的社会心态评估以及国民幸福指数等方面,先行建立研究的基础,将更有利于建构综合的社会心理促进评价模型。正如王兴琼、陈维政(2008)所提出的,组织健康不仅涉及组织本身所涉猎的内容,还包括了组织外的利益相关者,比如,社会责任以及客户忠诚等。

(二)健康型组织的初期研究

早期对组织健康的研究开始于 20 世纪 50 年代至 60 年代,而第一个对组织健康的定义是:一个健康的组织,不仅在它所处的环境中生存,更需要能够长期地运行,并且能够持续发展和具有处理问题的能力(Argyris,1958)。这是在分析学校组织健康时提出来的。而在 20 世纪 80 年代前,研究的领域几乎都局限在对学校组织健康的研究上,因此,得出的组织健康的概念还具有很多局限性。到了 20 世纪 80 年代,对企业组织健康的研究已经有了一定的发展,但此时对组织健康的关注还停留在强调企业短期的财务成功上。比如,Clark(1982)认为,组织健康是指组织成员自觉按照组织中未明确规定的潜意识行为进行工作,这些行为能够确保组织维持现状以及促进其发展。这种对组织健康的提法只关注了企业自身的经济效益以及发展,员工在其中只是按照要求行事。虽然这在当时在一定程度上促进了组织的发展,但是从长远来看,尤其在经济动荡和变革阶段,这种做法会阻碍组织的进一步发展。基于这样一种现实,Cooper 和 Cartwright(1994)将组织健康的概念向前推进了一步,认为组织健康的特征应该既包括财务上的成功(如利润),也包括健康的工作场所,在这里是指具有健康的和令人满意的工作氛围和组织文化。

从 Cooper 等人对组织健康的理解来看，他们已经意识到健康的场所和组织文化与财务健康一样重要，因此，他们将组织健康的内涵进一步扩大。此后的研究者还是遵循这一理念，从两个方面来看待组织健康，只不过是在具体的细节因素上进行了区分，比如 Ryff 和 Singer(1998)指出，组织健康既需要公司有效运行，同时还需要公司有生长和健康发展的能力。对组织健康的结构探讨源于 20 世纪末，当时由于对组织健康的概念和内涵缺乏统一的认识，还没有成熟和公认的组织健康的结构。Shuck，Rocco 和 Albornoz(2011)试图将基于学校的组织健康的概念推广到企业等组织内，但是，由于测量上的问题以及组织之间的差异，结果不够理想。此后 Jaffe(1995)对组织健康的结构进行了分析，提出了包括组织绩效和员工健康的两维度结构。Bennett，Cook 和 Pelletiier 等人根据生命周期论，将组织健康的结构扩大为四个方面，分别是肌体健康、情感健康、心理健康和精神健康(Bennett，Aden，Broome，et al.，2010)。另外，各项研究在结构上或者有重合，或者对组织健康的内部结构缺少内在的逻辑关系探索，很难对组织健康的成效进行检验。

（三）NQI 有关组织健康的卓越框架

在组织健康的结构探讨上，能总结以往研究的成果，并且以理论模型的形式进行呈现的，要数组织健康的卓越框架和 HERO 模型。前者被加拿大国家质量研究所(National Quality Institute，NQI)应用，为组织的发展提供认证，这些认证内容包括了良好的企业指导和道德领导行为。一些组织采纳这个卓越框架后，获得了积极的成效，变得越来越健康。在这样的组织里，它们的领导人能够理解员工，客户和股东之间建立了动态平衡关系；组织为了践行自身的责任，会构建彼此之间的信任关系，促使其在社会责任、员工健康和顾客满意度方面做得越来越好。随着时间的推移，研究证实，无论是在私立公司还是在公立单位，这一计划都使组织获得了成功(Dan，2004)。它们所形成的组织框架从三个维度出发，形成了一条健康型组织建设的链条。在该结构中，组织通过自身的过程管理、有效领导，将焦点集中在员工、客户以及供应商等利益相关者身上，通过组织自身投入资源，进行健康环境建设，形成健康型的组织文化，培养出健康的员工和健康的客户以及健康的供应商等群体；通过满意度调查，不断地调整组织的发展策略，进而使企业自身的绩效水平得到了提高。后来该模型接受了 Moos(1984)的社会环境理论的观点，将事物看成一个大的系统，系统与系统之间是相互影响、不可分割的，系统中一部分的变化会影响到系统其他部分的变化。也就是说，作为一个组织，要想使自身达到健康型组织的状态，必须将自己放在更大的系统或者结构中来审视(见图 3-7)。

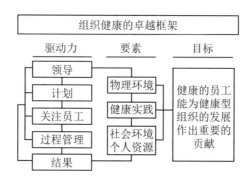

图 3-7　NQI 关于组织健康的卓越框架

(四)Salanova 有关组织健康的 HERO 模型

HERO(Healthy and Resilient Organizations)模型是有关组织健康的较为全面的结构模型(DeJoy，Wilson，Vandenberg，et al.，2010)，它整合了理论和实证研究，包括关于工作压力、组织行为和积极职业健康的一系列心理学研究成果(Llorens，del Líbano，& Salanova，2009；Salanova，Llorens，Cifre，et al.，2012；Vandenberg，Park，DeJoy，et al.，2002)。Salanova 在定义这个模型时指出，一个组织去做出系统性的、计划性的和积极的努力，进而去提高组织的以及包括它们的员工的实践过程，在此基础上，才能获得积极的结果(Salanova，Llorens，Acosta，et al.，2013)。根据 HERO 模型，一个健康的、有韧性的组织具备三方面的要素，而且它们之间存在相互作用。这三个要素包括：(1)健康的组织资源和实践(如领导)；(2)健康的员工(如工作投

入）；（3）健康型组织的结果（如高绩效）
（见图 3-8）。

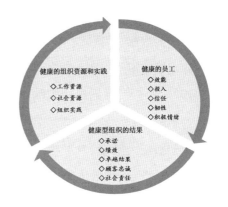

HERO 模型整合了员工的健康和涉
及的组织背景变量（如工作要求、工具
和技术以及社会环境）与组织的绩效。
这个模型告诉我们，在理解组织的时候
要知道：（1）组织是如何从实践层面与
员工的健康相关联的；（2）组织如果投
资于员工的健康，会收获具有韧性的、

图 3-8　Salanova 的组织健康 HERO 模型

高动机的员工；（3）从结构和工作流程的角度来看，哪些是能够将员工直接导向
健康型结果的组织。从社会心理学的视角来看，HERO 模型相较于以往的其他
模型，能够进一步考虑健康型组织的结果。这不仅包括了员工的健康和他们的
工作环境，还包括了工作以外那些影响员工健康和发展的问题。

二、健康型组织评价的研究进展

(一)健康型组织的概念和结构假设

正如 Newell(1995)所提出的，对组织健康的界定，必须放在特定的时代背
景中，组织健康的内涵会随着时代发展而发展。健康的人能应对各种挑战，倾
向于生活在幸福中。正如健康的人具有活力、稳健性和韧性一样，健康型组织也
应该有类似的特征。因此，健康型组织应该是一个包括身、心、灵三大维度的系
统概念。在前面述及的中华民族复兴进程监测评价指标体系的探索中，涉及国民
素质、社会心态的概念均过于宽泛。因此，我们在已有组织健康研究成果的基础
上，从身、心、灵全人健康的角度来探索健康型组织建设的质量问题。

2004 年 8 月 16 日，中国科学院心理研究所联合中智德慧、清华大学、北
京师范大学以及海内外学者，在北京召开了"心的力量、新的成长：建设健康型
组织论坛暨第二届中国 EAP 年会"。与会专家总结了国外员工援助计划

(EAP)引入我国企业后开展组织健康评价研究的经验，讨论了我国社会经济转型时期面对的组织兼并、重组、裁员等带来的冲击。时勘等人首次提出了健康型组织建设的新概念，倡导把组织健康评价工作提升到"身心健康、胜任发展、变革创新"层次，以推动组织不断适应环境变化，达到创新发展之目的。经过十余年的系统探索，健康型组织建设的评价结构已经定位于身心健康、胜任发展、变革创新三大维度（时勘、周海明、朱厚强，等，2016）。研究者们认为，健康型组织是指一个组织能正常运作，注重内部发展能力的提升，并且有效、充分地应对环境变化以及开展合理变革。在这一评价结构中，不能孤立地谈身心健康这一维度，其他两个维度是实现身心健康的重要保证。具体而言，胜任发展是实现企业发展和保证员工福利待遇的基础，而变革创新则是通过组织文化建设，不断地追求创新和体现社会责任的过程。其评价的结构假设如图3-9所示。

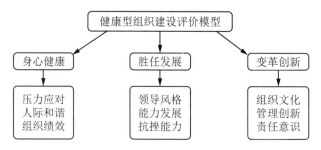

图3-9　健康型组织评价结构假设模型

(二)评估方法的管理熵探索

熵与耗散理论的管理学模型来源于物理学家克劳修斯（Rudolf Julius Emanuel Clausius)提出的热力学第二定律中的熵思想以及统计物理学家普里戈金(Ilya Prigogine)据此提出的耗散结构理论。熵在各领域的迁移性研究始于信息论，其创始人香农(Claude Elwood Shannon)提出使用信息熵来测度各类随机事件的不确定性状况及水平，并证明了存在于任何随机事件集合中的不确定性，由此产生的无序度均可用熵来进行统一描述。信息熵概念的提出与广泛使用，标志着熵理论在系统科学领域的普及与兴盛。随后，熵理论在国际上逐渐应用于通信与信息工程、环境科学、金融市场、能源应用等复杂系统的研究之中，以支持各类系统运行情况的量化度量和决策信息获取(卢侃,2011)。随着管理工程与管理科学研究的深入,任佩瑜等国内学者率先在管理学领域提出熵概念,并建立管理熵模型评价方法来应用于企业各类效能指标评估。区别于传统评价方法,基于管理熵的企业组织评价理论体系不再依赖数值数据,能够协同定性定量指标,并简化复杂计量结果,成为高度操作化的评价企业管理效能的有效应用工具。在耗散结构的视角下,将组织定义为复杂系统并对非线性管理工作进行熵流分析的理论思想,被国内外研究者逐渐认可,在管理学一级学科下独立衍生,而后形成跨领域交叉应用。管理熵理论应用的组织对象逐渐转向全国企业、医疗机构以及学校等企事业单位(任佩瑜、张莉、宋勇,2001),研究视角也从微观企业层面,扩展到产业层面、区域环境治理乃至宏观层面的管理建设活动之中。

管理熵理论假定企业组织处于一个相对封闭的系统之中,在组织内部的制度体系、资金资产、人力资源等共同影响之下,产生复杂的运作机制,组织架构中各纵向层级与横向部门间形成交互联系及作用。企业同时处于社区乃至社会这一更为复杂的巨系统之中,其运行过程还受到外部政治环境、经济形势和道德法律的影响。因而,从企业视角看其自身管理经营各环节存在不确定性,此间不确定性持续增加,有序的组织系统逐渐趋于无序并最终衰亡,也即组织系统所受到的管理效率递减规律制约。管理耗散结构解释了拓展到一般情况下,组织非但没有灭亡,反而持续壮大的原因。当复杂企业组织远离平衡静止状态,与外界环境不断进行物质、能量和信息交换时,组织内部各结构相互作用,此时产生负熵增。当负熵产生的组织有序度增量大于自身无序度增量时,新的能量得以产生,由此形成新的有序结构,该过程被称为管理耗散(任佩瑜、张莉、宋勇,2001)。基于熵与耗散理论,正熵增导致系统向无序的方向发展并趋于混乱,是物质退化的标志;负熵增则把系统带向有序,是物质进化的标志。其衍生出的管理学理论模型,就是借助其一般原理来分析系统中的不确定性问题,进而探索有序结构的方法论。

(三)健康型组织的管理熵效用

健康型组织一般包括财务指标、组织指标等客观对象,也包括领导、员工等群体的主观指标。过往研究多使用加权平均的传统评价方式，单一化地评价每项具体指标，对于评估健康型组织这一复杂系统的各维度协同效果和发展趋势均存在局限性，特别是在协同的量化模型设计、全面的评价指标构建体系方面，缺乏综合性考量。基于健康型组织理论，组织健康的身、心、灵多维度结构下包含着主、客观各项评价因子。其中，身心健康维度是组织内部心理感受的直观体现，胜任发展维度反映的是组织运转的效率，变革创新维度体现的是组织文化建设带来的价值引导（时勘、周海明、朱厚强，等，2016）。因此，对组织的健康评估过程不能孤立地面向单一维度开展，应该在人与人、人与组织、组织与组织之间探索其协同、交互、不均衡等非线性复杂系统特征。同样，组织整体功能也受管理效率递减的熵增与耗散规律调节，所以，采用管理熵和管理耗散模型评价方法能够规避传统实证方法的孤立性缺陷。用协同的方式在三维度评价框架间建立联系，可以实现对健康型组织动态、全面的综合评价。

使用管理熵模型对健康型组织的组织层面管理效能的评估可以围绕某一特定的客观评价指标进行正熵的改进和负熵的维持，来达到整体评价的目的。本研究将管理熵模型应用于健康型组织的综合评估，以突破传统方法框架，构建延展能力强、操作弹性灵活的综合性管理熵流指标体系，以洞察不同流程中引起无序和混乱的症结所在，并据此提出针对性的减熵建议，也拓展了熵模型的使用范畴。从实际应用的角度来看，铁路行业在业务领域、组织管理、客户群体等方面，均涉及巨大的信息流和资源流，在企业组织中属于较高层级的复杂巨系统，在管理熵理论研究对象中具有充分典型性，也具有可观的应用前景。

三、健康型组织评价的结果及分析

(一)参评组织简介

基于中国铁路总公司(2013 年铁道部实行铁路政企分开，组建中国铁路总公司，承担铁道部的企业职责。2019 年中国铁路总公司改制，成立中国国家铁路集团有限公司)与中国科学院大学的重点课题"铁路行业青年工作骨干胜任模型开发"(2015F032)合作背景，项目组采取网络信息平台与纸质问卷结合的方式，面向中国铁路总公司员工展开调查，共发放问卷 800 份，回收问卷 746 份，对原始数据进行统一筛选后获得有效问卷 727 份，有效回收率达到 90.88%。各项主要的人口学变量分布如表 3-7 所示。

表 3-7　有效样本信息统计表($N=727$)

指标	类别属性	数量/人	占比/%	指标	类别属性	数量/人	占比/%
性别	女	200	27.51	年龄	25 岁及以下	233	32.05
	男	527	72.49		26～35 岁	381	52.41
婚姻	未婚	397	54.61		36～45 岁	81	11.14
	已婚	320	44.02		46～55 岁	28	3.85
	离异或丧偶	10	1.38		56～60 岁	2	0.28
地区	哈尔滨局	213	29.30		61 岁及以下	2	0.28
	沈阳局	238	32.74	学历	初中及以下	6	0.83
	南宁局	220	30.26		高中/中专	48	6.60
	总公司	56	7.70		大专	358	49.24
工作年限	5 年及以下	393	54.06		本科	298	40.99
	6～15 年	216	29.71		硕士	15	2.06
	16～30 年	106	14.58		博士及以上	2	0.28
	31 年及以上	12	1.65	行政级别	科员	192	26.41
技术职称	无职称	244	33.56		副科级	34	4.68
	初级	187	25.72		正科级	22	3.03
	中级	234	32.19		副处级	1	0.14
	副高级	11	1.51		正处级	1	0.14
	高级	24	3.30		厅局级	1	0.14
	其他	27	3.71		非行政人员	476	65.47

(二)评价结果及分析

健康型组织评价问卷采用李克特五点计分法(从"5-非常符合"到"1-非常不符合")进行数据收集。针对问卷调查的结果，采用 SPSS 22.0 进行统计分析。该问卷经过检验，具有较高的信效度指标。为便于比较分析，将全部题项分值按统一标准转化为百分制呈现。根据健康型组织建设评价结构，首先将员工通过三道七点计分题直接评分的身心健康、胜任发展、变革创新三维度得分，与完成全部问卷的 177 题后在三维度上的累计综合得分相比较，结果如图 3-10 所示。

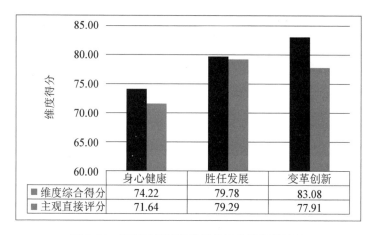

图 3-10　健康型组织建设评价三维度得分比较

注：使用最小值为 60、最大值为 85 的坐标轴边界以更直观地呈现分值，比较差异。

由图 3-10 可见，接受调查的中国铁路总公司员工（$N = 727$）在健康型组织建设评价三大维度上的综合得分接近中高等水平，变革创新维度得分达到高分特征组分值标准（80 分以上），这说明该组织在管理理念和发展战略模式上总体保持较为良好的状态，通过一定的组织文化和责任意识，保证了员工的健康发展和组织的长远进步。此外，员工对三大维度的主观直接评分上，呈现出与综合得分之间一定的差异，集中表现于三大维度的主观直接评分均低于综合得分，其分值落入中等分特征组（70～80 分），且身心健康维度的主观直接评分相对较低。这说明在员工的主观心理感知上，创新管理风格、员工能力培养和精神文化建设等组织层面形成的效用相对较强，而工作压力管理、人际氛围和工作业绩等与具体工作相关的效用相对模糊。由于员工对大类维度的主观直接评分存在概括性、主观性、抽象性等特征，对健康型组织效能的评价可能要通过其他途径来进一步验证，具体将在下文管理熵模型的运用中详细分析。

(三)管理熵模型的建构

假设存在一个相对封闭的组织躯体——身、心、灵结构系统，它在运动过程中的能量状态和有序程度状态的变化，即体现为健康型组织体系下的管理熵。组织作为非线性的复杂系统，一定时期内在其管理熵的作用下会产生管理熵流值，若不加以管理干预则自然会形成正熵增，组织健康水平也会不断降低；在施加科学的管理干预后，经由管理耗散的作用就会产生负熵增，组织健康水平就会得到提升。这两者共同作用就会使得组织健康系统的管理熵总值(即管理耗散模型中一级系统的熵流值)发生变化。它是体系内由健康型组织九大维度构成的二级维度熵流值的加权平均，整体健康状况会由身、心、灵结构下九个心理测评量表体系熵值结果出现协同呈现。据此，管理耗散模型中某个目标二级维度体系管理熵流值的计量公式为：

$$D = \sum_{i=1}^{n} k_i ds_i。 \tag{3-1}$$

其中，D 为目标二级维度体系产生的熵值，i 为该体系中产生熵值的各项三级子指标，k_i 为评价对象各子指标在特定维度下的权重，权重依据该指标反映的组织健康效能在体系中的贡献率，运用熵权法计算而得。赋权公式如下：

$$F_i = \frac{1 + ds_i}{\sum_{i=1}^{n}(1 + ds_i)}。 \tag{3-2}$$

(3-1)(3-2)两式中 ds_i 为各三级子指标所产生的健康型组织的管理熵流值，计算公式为：

$$ds_i = -K_B X_i Ln X_i。 \tag{3-3}$$

其中，K_B 为管理熵系数，计算公式为 $K_B = 1/LnN$，N 为二级维度体系内三级子指标个数，X_i 为各项三级子指标值和指标得分标准值的比值。管理耗散模型通过管理熵系数表达出下述观点：复杂系统内每增加一个评价子指标，其二级综合维度熵流值 D 增加一个单位，所追加的边际成本相应上升。系统越庞大，子指标熵的变化对一级系统整体熵值的作用越小。但管理熵系数的功能具有相对性，在把各二级维度体系作为独立系统单元分析时，需考虑每个维度内部的边际成本差异；在将各二级维度体系置于对健康型组织效能一级系统整体考察时，各维度体系又相对转变为简单要素，此时，边际成本的差异可不予计算。

(四)健康型组织效能的管理熵测度

综合公式(3-1)(3-2)(3-3)，得出各级系统熵流值权重，在此基础上，以全国数据为样本，可计算出各级健康型组织效能指标系统管理熵流值结果，如表3-8所示。

表 3-8　健康型组织效能指标系统管理熵流值计算表

指标	指标得分 D_i	得分标准值 D^*	得分比较值 $X_i = D_i / D^*$	熵流值 $ds_i = -K_B X_i Ln X_i$	权数 $F_i = (1+ds_i)/\sum(1+ds_i)$	加权得分
一、压力应对						
情绪衰竭	3.570 2	3	1.190 1	−0.064 3	0.040 1	−0.002 6
玩世不恭	3.988 6	3	1.329 5	−0.117 7	0.037 8	−0.004 5
成就感低	4.076 6	3	1.343 8	−0.129 5	0.037 3	−0.004 8
工作摆脱	2.753 9	3	0.918 0	0.024 4	0.043 9	0.001 1
					一级体系熵流值合计：	−0.061 2
二、人际和谐						
促进和谐	4.231 4	3	1.410 5	−0.161 9	0.047 2	−0.007 6
隔阂避免	4.118 4	3	1.372 8	−0.071 2	0.060 3	−0.004 3
					一级体系熵流值合计：	−0.101 0
三、组织绩效						
工作投入	4.264 2	3	1.421 4	−0.194 9	0.075 0	−0.014 6

续表

指标	指标得分 D_i	得分标准值 D^*	得分比较值 $X_i = D_i / D^*$	熵流值 $ds_i = -K_B X_i Ln X_i$	权数 $F_i = (1+ds_i) / \sum (1+ds_i)$	加权得分
角色内绩效	4.332 8	3	1.444 3	−0.207 0	0.073 9	−0.015 2
角色外绩效	4.251 7	3	1.417 2	0.192 7	0.075 3	0.014 5
				一级体系熵流值合计：−0.173 6		
四、领导风格						
德行垂范	4.619 4	3	1.539 8	−0.796 0	0.037 8	−0.007 7
愿景规划	4.519 0	3	1.506 3	−0.810 6	0.038 5	−0.007 3
个性化关怀	4.535 9	3	1.512 0	−0.808 1	0.038 4	−0.007 4
领导魅力	4.552 3	3	1.517 4	−0.805 8	0.038 4	−0.007 4
				一级体系熵流值合计：−0.190 1		
五、能力发展						
情境因素	3.321 8	3	1.107 3	−0.042 8	0.077 3	−0.003 3
内容因素	3.609 6	3	1.203 2	−0.084 3	0.073 9	−0.006 2
社会因素	4.288 2	3	1.429 4	−0.193 5	0.065 1	−0.012 6
				一级体系熵流值合计：−0.110 5		
六、抗逆能力						
个体抗逆力	4.350 2	3	1.450 1	−0.216 9	0.079 3	−0.017 2
团队抗逆力	4.117 6	3	1.372 5	−0.174 9	0.083 6	−0.014 6
				一级体系熵流值合计：−0.176 3		
七、组织文化						
组织授权	3.971 5	3	1.323 8	−0.115 4	0.040 7	−0.004 7
关注客户	4.030 5	3	1.343 5	−0.123 2	0.040 3	−0.005 0
大局意识	4.029 1	3	1.343 0	−0.123 1	0.040 4	−0.005 0
价值引领	4.202 6	3	1.400 9	−0.146 7	0.039 3	−0.005 8
社会责任	4.233 7	3	1.411 2	−0.151 0	0.039 1	−0.005 9
				一级体系熵流值合计：−0.130 4		
八、责任意识						
组织公民行为	4.328 9	3	1.443 0	−0.164 4	0.040 7	−0.006 7
诚信领导	4.535 9	3	1.512 0	−0.194 2	0.039 2	−0.007 6
				一级体系熵流值合计：−0.178 0		

指标	指标得分 D_i	得分标准值 D^*	得分比较值 $X_i = D_i / D^*$	熵流值 $ds_i = -K_B X_i Ln X_i$	权数 $F_i = (1+ds_i)/ \sum (1+ds_i)$	加权得分
九、管理创新						
精神管理	4.190 6	3	1.396 9	−0.164 7	−0.058 9	−0.009 7
互通有无	4.139 9	3	1.380 0	−0.156 9	−0.059 4	−0.009 3
创新支持	4.345 7	3	1.448 6	−0.156 0	−0.059 5	−0.009 3
				一级体系熵流值合计：−0.164 8		

注：基于有限篇幅，本表仅呈现全部问卷共177题中部分代表性三级子指标管理熵流值计算过程。

本次面向我国铁路行业的健康型组织评估调研，分别在哈尔滨铁路局、沈阳铁路局、南宁铁路局（2017年，各铁路局均更名为"中国铁路××局集团有限公司"）及中国铁路总公司总部机关开展。为比较不同地区单位健康型组织建设情况差异，我们按地区进行健康型组织效能管理熵分析计算。同上表计算方式，将全国样本及不同地区的样本，按照健康型组织效能二级维度体系管理熵流值计算，结果如表3-9所示。

表 3-9　各地区健康型组织效能二级维度体系管理熵流值合计

维度	全国	哈尔滨局	沈阳局	南宁局	总公司
压力应对	−0.061 2	−0.041 0	−0.076 6	−0.062 2	−0.070 1
人际和谐	−0.101 0	−0.087 1	−0.107 2	−0.108 7	−0.082 2
组织绩效	−0.173 6	−0.133 1	−0.188 1	−0.192 5	−0.147 2
领导风格	−0.190 0	−0.134 3	−0.224 0	−0.191 1	−0.140 0
能力发展	−0.110 5	−0.091 5	−0.117 2	−0.125 5	−0.054 3
抗逆能力	−0.176 3	−0.135 2	−0.214 7	−0.185 4	−0.110 9
组织文化	−0.130 4	−0.091 8	−0.161 0	−0.141 6	−0.081 4
责任意识	−0.178 0	−0.129 4	−0.205 3	−0.182 9	−0.151 8
管理创新	−0.164 8	−0.122 2	−0.205 2	−0.174 7	−0.127 3

(五)耗散结构模型的建构与计量

1. 建构二级维度矩阵

$$\boldsymbol{A} = (a_1, a_2, \cdots, a_i),$$

其中，a_i 为目标评价组织某一时刻某个二级维度体系的管理熵值，$i = 1$，2，$\cdots$，9 分别代表健康型组织九大维度指标体系的熵流值。该矩阵将每一维度通过熵权法加总后的熵值集中，用以进一步计算维度间的相互作用力。基于四地区及全国样本的各二级维度体系熵流值，建构出影响健康型组织效能总熵值的二级维度矩阵 $\boldsymbol{A}$：

$\boldsymbol{A}_1 = (a_{11}, a_{12}, a_{13}, a_{14}, a_{15}, a_{16}, a_{17}, a_{18}, a_{19}) = (-0.0612,$
$-0.1010, -0.1736, -0.1900, -0.1105, -0.1763, -0.1304,$
$-0.1780, -0614\ 8)$

$\boldsymbol{A}_2 = (a_{21}, a_{22}, a_{23}, a_{24}, a_{25}, a_{26}, a_{27}, a_{28}, a_{29}) = (-0.0410, -0.0871,$
$-0.1331, -0.1343, -0.0915, -0.1352, -0.0918, -0.1294, -0.1222)$

$\boldsymbol{A}_3 = (a_{31}, a_{32}, a_{33}, a_{34}, a_{35}, a_{36}, a_{37}, a_{38}, a_{39}) = (-0.0766, -0.1072,$
$-0.1881, -0.2240, -0.1172, -0.2147, -0.1610, -0.2053, -0.2052)$

$\boldsymbol{A}_4 = (a_{41}, a_{42}, a_{43}, a_{44}, a_{45}, a_{46}, a_{47}, a_{48}, a_{49}) = (-0.0622, -0.1087,$
$-0.1925, -0.1911, -0.1255, -0.1854, -0.1416, -0.1829, -0.1747)$

$\boldsymbol{A}_5 = (a_{51}, a_{52}, a_{53}, a_{54}, a_{55}, a_{56}, a_{57}, a_{58}, a_{59}) = (-0.0701, -0.0822,$
$-0.1472, -0.1400, -0.0543, -0.1109, -0.0814, -0.1518, -0.1273)$

2. 建构影响因素的权重矩阵

$$\boldsymbol{C} = (c_i)T_{1 \times 9},$$

其中，$c_i (i = 1, 2, \cdots, 9)$ 分别代表 9 个二级维度体系熵流值在健康型组织效能一级系统熵流值中的权重，权重基于实际取样数据，由熵权法计算而得。基于四地区及全国取样数据，计算出各项影响因素的维度权重矩阵 $\boldsymbol{C}$：

$$C_i = \frac{\sum\limits_{i=1}^{9}(1 + ds_i) \times e^{K_{B_i}}}{\sum\limits_{i=1}^{9}\sum\limits_{i=1}^{9}(1 + ds_i) \times e^{K_{B_i}}} \circ \tag{3-4}$$

即各二级维度体系得出的健康型组织的构成因素强度大小，并剔除各个子体系的管理熵系数（即各维度提高其对组织健康作用效果的边际成本）的非线性作用后，计算出的标准化健康型组织二级维度水平及其在相对组织健康水平中的份额。由公式(3-4)计算出的各地区的维度权重矩阵 C 如下：

$$
C_1 = \begin{bmatrix} c_{11} \\ c_{12} \\ c_{13} \\ c_{14} \\ c_{15} \\ c_{16} \\ c_{17} \\ c_{18} \\ c_{19} \end{bmatrix} = \begin{bmatrix} 0.006\,1 \\ 0.005\,8 \\ 0.005\,6 \\ 0.005\,3 \\ 0.005\,9 \\ 0.005\,6 \\ 0.005\,7 \\ 0.005\,4 \\ 0.005\,6 \end{bmatrix} ; \quad
C_2 = \begin{bmatrix} c_{21} \\ c_{22} \\ c_{23} \\ c_{24} \\ c_{25} \\ c_{26} \\ c_{27} \\ c_{28} \\ c_{29} \end{bmatrix} = \begin{bmatrix} 0.006\,0 \\ 0.005\,7 \\ 0.005\,5 \\ 0.005\,5 \\ 0.005\,7 \\ 0.005\,5 \\ 0.005\,7 \\ 0.005\,5 \\ 0.005\,5 \end{bmatrix} ; \quad
C_3 = \begin{bmatrix} c_{31} \\ c_{32} \\ c_{33} \\ c_{34} \\ c_{35} \\ c_{36} \\ c_{37} \\ c_{38} \\ c_{39} \end{bmatrix} = \begin{bmatrix} 0.006\,2 \\ 0.006\,0 \\ 0.005\,5 \\ 0.005\,3 \\ 0.006\,0 \\ 0.005\,3 \\ 0.005\,7 \\ 0.005\,4 \\ 0.005\,4 \end{bmatrix} ;
$$

$$
C_4 = \begin{bmatrix} c_{41} \\ c_{42} \\ c_{43} \\ c_{44} \\ c_{45} \\ c_{46} \\ c_{47} \\ c_{48} \\ c_{49} \end{bmatrix} = \begin{bmatrix} 0.006\,2 \\ 0.005\,9 \\ 0.005\,4 \\ 0.005\,4 \\ 0.005\,8 \\ 0.005\,4 \\ 0.005\,7 \\ 0.005\,4 \\ 0.005\,5 \end{bmatrix} ; \quad
C_5 = \begin{bmatrix} c_{51} \\ c_{52} \\ c_{53} \\ c_{54} \\ c_{55} \\ c_{56} \\ c_{57} \\ c_{58} \\ c_{59} \end{bmatrix} = \begin{bmatrix} 0.005\,9 \\ 0.005\,8 \\ 0.005\,4 \\ 0.005\,5 \\ 0.006\,0 \\ 0.005\,6 \\ 0.005\,8 \\ 0.005\,4 \\ 0.005\,5 \end{bmatrix}
$$

3. 建构各影响因素间的相互作用矩阵

$$
B = (b_{ij})_{9 \times 9} ,
$$

其中，b_{ij}（$i, j = 1, 2, \cdots, 9$）为建立的目标组织健康型组织效能评价体系中，9 个二级维度体系之间相互作用力的大小矩阵。该矩阵通过维度间影响水平的两两比对，反映出九大维度间的相互作用情况。矩阵 B 和维度权重矩阵 C 都可以解释九大健康型组织评价维度的分熵流值对健康型组织系统总熵的作用情况。相互作用矩阵 B 的数值可在运用熵权法计算维度权重矩阵 C 时通过如下方式确定：

$$b_{ij} = \begin{cases} 1, & i = j, \\ a_j / a_i, & i \neq j. \end{cases}$$

代入维度权重矩阵 C 的具体指标值得出相互作用矩阵 B 的取值：

$$B_1 = \begin{bmatrix} 1.000\,0 & 1.040\,2 & 1.083\,3 & 1.154\,7 & 1.030\,0 & 1.080\,5 & 1.072\,7 & 1.135\,1 & 1.091\,2 \\ 0.961\,3 & 1.000\,0 & 1.041\,5 & 1.110\,1 & 0.990\,2 & 1.038\,7 & 1.031\,2 & 1.091\,2 & 1.049\,0 \\ 0.923\,1 & 0.960\,2 & 1.000\,0 & 1.065\,9 & 0.950\,7 & 0.997\,4 & 0.990\,2 & 1.047\,8 & 1.007\,2 \\ 0.866\,0 & 0.900\,8 & 0.938\,2 & 1.000\,0 & 0.892\,0 & 0.935\,7 & 0.928\,9 & 0.983\,0 & 0.944\,9 \\ 0.970\,9 & 1.009\,9 & 1.051\,8 & 1.121\,1 & 1.000\,0 & 1.049\,0 & 1.041\,5 & 1.102\,1 & 1.059\,4 \\ 0.925\,5 & 0.962\,7 & 1.002\,6 & 1.068\,7 & 0.953\,8 & 1.000\,0 & 0.992\,8 & 1.050\,6 & 1.009\,9 \\ 0.932\,2 & 0.969\,7 & 1.009\,9 & 1.076\,5 & 0.960\,2 & 1.007\,3 & 1.000\,0 & 1.058\,2 & 1.017\,2 \\ 0.881\,0 & 0.916\,4 & 0.954\,4 & 1.017\,3 & 0.907\,4 & 0.951\,9 & 0.945\,0 & 1.000\,0 & 0.961\,3 \\ 0.916\,4 & 0.953\,3 & 0.992\,8 & 1.058\,3 & 0.990\,2 & 0.990\,2 & 0.983\,1 & 1.040\,3 & 1.000\,0 \end{bmatrix}$$

注：基于有限篇幅，本处仅呈现全国总体样本的相互作用矩阵 B_1。

4. 一级系统管理熵流值的最终计算

$$S = A \times B \times C,$$

其中，S 是整个健康型组织的总熵，它由三级子指标体系矩阵 A、二级维度相互作用矩阵 B 和权重矩阵 C 相乘而得。若 $S > 0$，则代表健康型组织建设活动处于无序混乱状态，健康管理效率递减，健康型组织效能低下；若 $S < 0$，则代表健康型组织内外部信息畅通，健康水平处于上升发展阶段，健康型组织则效能良好。最后得出各地区所具备的健康型组织水平的总管理熵流值 S。

$$S_1 = A_1 \times B_1 \times C_1 = -0.064\,8;$$

$$S_2 = A_2 \times B_2 \times C_2 = -0.048\,5;$$

$$S_3 = A_3 \times B_3 \times C_3 = -0.074\,9;$$

$$S_4 = A_4 \times B_4 \times C_4 = -0.068\,3;$$

$$S_5＝A_5×B_5×C_5＝－0.048\,5。$$

(六)实证研究结果分析

1. 一级系统总熵值的结果分析

根据以上评价结果,各地区健康型组织效能指标体系的总管理熵均为负,说明我国铁路行业的整体健康管理效能较强,这与企业高层的访谈结果一致。结果还表明,经过行政体制改革后,中国铁路总公司在自主经营、自负盈亏、独立核算运营过程中,尤其在高速铁路建设的发展时期,更加注重人本主义管理模式变革,营造出整体健康的组织氛围。铁路员工对组织健康管理的满意度较高,组织氛围积极向上,健康型组织的管理熵流呈现出稳定、有序、上升的良好负熵状态。跨地区视角的比较分析表明,各地的健康型组织效能整体差异较小,组织整体战略规划在各地区执行力较强,公司主流价值观、经营管理理念以及各类资源得以落实和平衡。在参评单位之间,总体表现为沈阳局健康型组织管理负熵的绝对值较大(0.074\,9),南宁局负熵值水平居中(0.068\,3),高于全国平均水平(0.064\,8);总公司(0.048\,5)和哈尔滨局健康型组织系统负熵值相对其他地区较低(0.048\,5),位于全国平均水平之下。

2. 二级维度体系熵值的结果分析

二级维度体系各组织健康指标熵值同样均为负,且熵流值远低于0.01,说明各类管理机制的落实对公司降低总健康效能熵值的作用均是积极的。由图3-11直观可见,具有不同熵值特征的维度在地区间熵流高低趋同,但是各地间存在维度熵值上的数值差异。其中,领导风格维度熵值($-0.190\,0$)的全国水平值最低,熵值区间为$[-0.224\,0,-0.134\,3]$;责任意识维度($-0.178\,0$)次之,熵值区间为$[-0.205\,3,-0.129\,4]$;随后是抗逆能力($-0.176\,3$)、组织绩效($-0.173\,6$)和管理创新($-0.164\,8$)维度,熵值区间分别为$[-0.214\,7,-0.110\,9]$,$[-192\,5,-0.133\,1]$和$[-0.205\,2,-0.122\,2]$。以上五维度熵值均低于各维度平均水平,说明此类维度对于降低健康型组织效能总管理熵的协同作用较为明显。压力应对($-0.061\,2$)、人际和谐($-0.101\,0$)、能力发展(-0.110 5)、组织文化(-0.130 4)四维度的熵值均高于各维度平均水平，二级体系管理熵值均保持为负，说明此类维度对于降低健康型组织效能总熵值的作用仍是积极的。从一级维度视角来看，组织目前各项健康指标的运转现状相对良好，但二级体系内的协同效应欠佳，内部健康模块出现干扰系统稳定的正熵因子，若不加管理，易导致系统总熵值上升速度大于管理耗散的作用强度，诱导组织健康系统朝无序的方向发展，具体问题指标的诊断我们将通过三级子指标的微观视角展开。

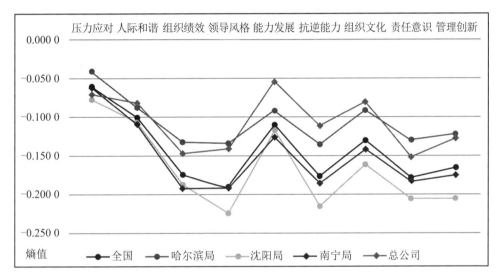

图 3-11　各地区健康型组织效能二级维度体系管理熵流值比较

3. 三级子指标体系熵值结果分析

从三级子指标体系管理熵值具体观测健康型组织效能情况发现，压力应对、人际和谐、能力发展三个二级维度体系内存在熵值为正的子指标，对公司健康效能产生不利影响。结合管理熵流值分布图(见图 3-12)分析如下：在压力应对维度下存在正熵子指标最多，集中在第 16～18 题及第 22～25 题，对应健康型组织问卷中的工作摆脱量表，公司员工在情绪影响和行为上受工作牵制较大，除正常加班时间外，被试者从主观上普遍认为，在非工作时间段仍受工作状况影响，对工作压力的摆脱程度较低。访谈结果也表明，在业务竞争激烈的工作环境下，公司虽不要求员工在非工作时段保持对工作任务的关注，但部分激进企业仍主张少闲暇、多工作的"狼性文化"，致使公司整体压力水平水涨船高，员工不能降低自身的工作摆脱行为强度，使得压力应对维度的熵值提升，给组织整体的健康系统造成一定程度的无序。

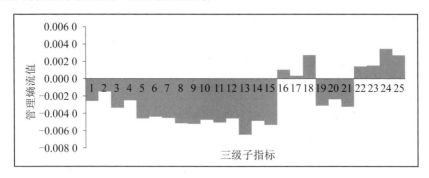

图 3-12　压力应对维度三级子指标管理熵流值分布

在人际和谐维度下的正熵子指标集中在第 13～15 题和第 19 题（见图 3-13），对应到健康型组织问卷中人际和谐量表的隔阂避免指标，此处形成一种较特别的现象：员工对于组织中整体人际和谐氛围的营造有着较高心理期待，但在牺牲自我、抗击权势、公平原则等条件下，却表现出较为强势的坚持态度，认为不应为了自身现时利益、面临上级领导压力以及涉及公平问题的方面进行忍让，将和谐因素置于次要地位。由访谈结果可以总结出，该现象主要来自被试群体中具有较高人格素质的青年干部，对于原则性问题多持有正直和理性态度，因而将道义视为首要工作基础。

图 3-13　人际和谐维度三级子指标管理熵流值分布

公司对员工的培养体系较为完善，具有明确的培训计划和培训内容，员工需对其岗位负责内容具有充分的认知和技能基础后方能上岗。在能力发展维度下的正熵指标集中在第 2 题（见图 3-14），具体表现为公司针对新雇员的培训，未体现出差异化的策略，员工普遍反映，新招聘的人员通常接受相似的培训，参与课程和讲授内容趋同，未能体现出因岗位性质不同而应有的差异化内容。公司在全国各路局统一招聘各岗位技术和管理人员，在入职初期通常安排同质的培训课程，员工进入各自站段及岗位后，再由各自单位开展针对性的业务培训。参与此次调研的员工认为，完全采用大课性质的全员培训效果并不明显，希望有更多时间接受专业对口的差异化培训。

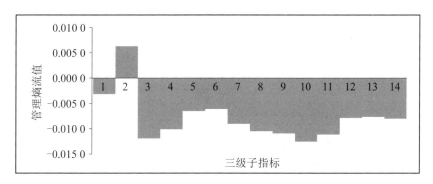

图 3-14　能力发展维度三级子指标管理熵流值分布

四、研究结论

第一，本研究在管理熵视角下，利用熵值法逐层测度了组织健康系统各维度正熵和负熵流值，同时识别出企业特定时刻健康状况在不同维度下的协同变化趋势，将评价理论模型应用于心理与管理指标结合的组织健康效果的计量，是一次突破性的成功尝试，丰富了管理熵理论在组织行为学领域的应用。

第二，通过评估健康型组织的效能与各维度的协同效果及评价工具的工作实用性，我们发现：领导风格、员工行为、团队心理、组织氛围、管理理念等的变化对组织总体健康水平有积极影响；单位领导的管理风格能为员工广泛接受；内部员工具有较显著的组织公民行为，在遇到困难和身处逆境时具有良好的抗逆能力；公司管理层亦不断寻求创新的管理模式，在综合的健康管理过程中，员工与领导间形成人力资本合力，带动公司总体绩效不断提升。

第三，某些健康维度的协同仍存在管理缺陷，表现为员工工作摆脱程度低、组织文化氛围有待营造、差异化培训体系有待完善等方面。为维持组织内部现有的低熵并增加各组织健康维度的负熵流入，保持组织健康的管理耗散系统，应当提高健康型组织效能及有效性。

五、未来展望

第一，关于健康型组织的概念和结构的探索问题。从目前的研究来看，这方面的研究结果还是不完善的，虽然已经被较为广泛地使用，但概念所包括的内容是否被精确理解、测量方式是否具有可操作性、反馈模式是否有针对性、研究可否持续开展，是亟待深入探索的问题。目前，由于组织的类型、文化和重视程度存在诸多差异，需要通过较为系统的理论模型建构来规范健康型组织的测量模型。当前有关健康型组织各维度的关键概念多为描述性的，源于西方学者的研究结果。对健康型组织结构的一些核心概念的修订如何考虑我国的社会文化背景，特别是目前高速变化的新常态背景以及经济下行时期的独特情况，还需要更为系统和扎实的探索工作。

第二，关于健康型组织的数据模型的检验问题。为了更有效地获得研究支持，着重需要解决的是共同方法偏差问题。我们在前一个阶段采取上-下级配对取样方法，对问卷进行反复修订，力图保证数据获取的真实性。在横断研究当中，要尽可能保证数据获得的多元性，即从多种来源收集数据，因此，健康型组织评价工具考虑将自评、他评问卷配合使用，同时尽可能获取来自客户的评价数据，以避免测量中的程序性问题。在今后的研究中，在数据的分析层面上应尽可能采用多层线性模型来探索跨层数据的影响机制，比如，除个体层面的数据分析外，更应该考虑在群组层面或者是组织层面的效应问题。总之，通过被试来源的多样性以及数据分析的跨层方面来保证避免共同方法偏差问题。但是，在获取有效性的数据时，尤其是在检验健康型组织的成效时，纵向研究设计是理想的选择。正如 Salanova 等（2012）所提出的，在检验 HERO 模型的时候，使用纵向研究设计来检验 HORP（组织的投入，如自主性和人际资源等），员工和组织之间的调查结果随时间推移所呈现出来的关系可能更为可靠。

第三，关于数据的采集方式问题。有学者提出，建立具有及时反馈功能的评价系统，对于有效地提升组织管理水平也是至关重要的。最近的研究在采用大数据和人工智能方面也开始做类似的探索，但是遇到了具有挑战性的问题。一方面，参与网络调查的人员未必能够完全代表所在组织的员工，这可能会削弱调查数据的外部效度；另一方面，由于是在虚拟环境中对调查问卷进行回答，如何更好地保证获取数据的真实性，也是一个值得进一步探索的问题。不过，随着 AlphaGo 等相关机器计算产品的问世，人们更加倾向于在组织评价中采用更多的网络数据的收集方法。这些方法究竟孰优孰劣，还有待实践的检验。

第四，基于管理熵模型评价结果对被试组织健康的影响的未来研究，可以通过降低健康效能系统正熵和增加负熵以控制总管理熵，从而设计组织健康管理的最优化干预模式，并结合各二级维度间的协同作用对健康型组织建设提出减熵建议。后续研究应定期回访被调查单位，一方面，通过观察组织健康各维度熵流值的增量大小，监控组织健康效能的改进度，以进一步验证管理熵模型应用于组织健康管理的价值；另一方面，继续探索健康型组织建设与管理熵模型的结合渠道，将模型调整后应用于不同行业的管理实践。

第五，关于健康型组织建设的跨文化比较研究。根据前面的讨论，很自然地考虑到要关注健康型组织所处的文化背景。从文献分析结果可以发现，西方发达国家的研究者一直秉承组织健康的视角，虽然他们的假设模型中也涉及组织外的健康问题，如社会责任和客户忠诚等概念（He，Li，& Lai，2012），但是，对这些因素的外部环境影响机制探索得并不深入。此外，不同国家的法律制度、劳动政策，特别是影响民众的社会心理变迁的因素，都是值得关注的差异问题。此外，我国是一个多民族的、幅员辽阔的大国，地区差异与行业差异一样不可忽视。从这个意义上讲，更应该从我国的文化特点和时代背景出发，继续深入探索适合我国国情的健康型组织结构。

（韦庆旺、胡平、张积家、张登浩、时勘、谢咏、陈建、郭人豪、朱厚强、邱孝一、邝贝贝、杜樯、周海明、陈咏媛、崔有波、武心丹）

第四章

基于胜任特征模型的能力建设研究

第一节

胜任特征模型总体开发的研究进展

一、胜任特征模型建构方法的探讨

(一)问题的提出

随着社会经济的转型，胜任特征模型建构方法受到了来自理论和实践两方面的挑战，主要争议集中于：面对快速变化的世界，胜任特征模型建构方法是否还有存在的必要？传统的行为事件访谈法是否有被 O* NET 取代的可能？采用基于行为锚定的问卷调查方法能否较充分地挖掘出深层次的专家经验？随着大数据挖掘技术的应用，传统的胜任特征模型建构方法是否有被淘汰的可能？如果该模型还要继续焕发生命力，需要在哪些方面予以改进？此类问题引起了国内外同行们的广泛关注，大家都在思索应该如何推进胜任特征模型建构方法的进一步发展等诸多问题。

(二)胜任特征模型建构方法的难点

在 2016 年 4 月国际华人心理学大会召开之际，时勘、李超平等人发起了胜任特征模型建构方法的专题论坛，以推进此方面研究的进一步完善。这次会议邀请到了从事胜任特征模型建构的权威专家来进行交流。在交流会议上，专家们分别就胜任素质方法的核心特征和要求、快速变化环境下的能力模型建构、中小企业胜任特征模型在国内应用中的几个问题、基于胜任特征模型的人才测评之优劣分析、中兴通讯管理干部胜任特征体系的建立与应用、民航飞行员的选拔中胜任特征模型的应用发表了独到的见解。在会议的后一部分，大家聚焦于共同关心的问题进行讨论，达成的共识是，胜任特征模型建构方法确实需要根据经济全球化、信息化的新趋势进行变革，但揭示各行业关键岗位的胜任特征要求的生态效应指标仍然是不可或缺的，建模方法的基本框架可以探索，但需要解决好发展中的完善问题。这就需要研究者根据快速多变的形势以及各行业的复杂需求的差异，不断改进和探索出新的途径和方法。

(三)胜任特征模型建构方法的探讨

在这次会议之后，我们与全国铁道团委合作开展"青年干部胜任特征模型开发"项目，系统完整地采集铁路行业不同地区的多层次样本，调查范围涉及全国九个地区，而且与"一带一路"倡议下的新形势相结合。我们首先从对胜任特征(competency)的核心概念的追溯开始，探索了麦克利兰对于胜任特征研究的特殊贡献，以及大批学者在理论和实践领域的持续研究。其次，我们在中国铁路总公司开展了系统的调研和建模工作。这项研究包括了战略分析、工作分析、行为事件访谈及团体焦点访谈等多项内容。

在战略分析部分，我们从"一带一路"倡议的需求出发，采用 PEST 分析模型、五力分析模型和 SWOT 分析法，确定胜任特征的基本战略要求。然后，在公共安全三角形理论模型的指导下，开展了风险性识别、脆弱性分析和抗逆力模型评估的工作。

在工作分析部分，我们主要探索了如何应用 O*NET 分析技术查明关键岗位的知识、技能要求。本次调查还特别讨论了人格特征评价工作的作用，试图探讨人格因素是否会在同一岗位的评估中产生差异。

在行为事件访谈的结果分析里，我们采用了优秀组和普通组的访谈结果对比分析，分析中不仅应用了 NVivo 编码软件技术，提高了数据分析效果，还试图说明，在大数据、智能化的新形势下，行为事件访谈技术是否存在不可替代的作用。

在此基础上，我们通过多地区、多组次的团体焦点访谈，总结出铁路行业青年干部的胜任特征模型，为后期的胜任特征模型建构奠定了基础。

二、本次开展的胜任特征模型建构研究

在下文中，我们将分别介绍几项有代表性的胜任特征模型经典研究。

(一)中国铁路总公司站段团委书记的胜任特征模型开发

本研究首先使用 O*NET 问卷对站段团委书记进行工作分析，然后从中选拔优秀的站段团委书记进行行为事件访谈，结合团体焦点访谈的结果，探究出铁路行业站段团委书记的胜任特征模型，获得其主要胜任特征。随后在培训有效性验证中，检验这种胜任特征模型建构方法是否更加有效，并且进一步证实，现有的行为事件访谈方法在生态效应方面有不可替代的作用。

(二)出入境检验检疫人员胜任特征模型的示例研究

本研究选取出入境检验检疫人员进行行为事件访谈和半结构化问卷调查，建构出入境检验检疫人员胜任特征模型，以证实我们倡导的胜任特征模型建构方法的外部效度，并为在国家公务员局全面推广公务员胜任特征模型的研究成果提供依据。

(三)多重匹配因素对员工行为有效性的影响机制研究

人与环境互动心理学认为，只有当人与所处的环境特征相一致时，才会激发出其内在潜能，发掘出积极的行为。因此，本研究在解决员工的胜任特征模型的基础问题之后，试图从员工与环境的多重匹配因素出发，探索多重匹配因素对新入职员工职业适应性的影响，对老员工的组织认同、工作投入和对组织

满意度的影响，以及多重匹配因素对团队效能和团队凝聚力的影响，并基于多重匹配因素开发出能够提高 P-O（人与组织）匹配、P-J（人与职位）匹配、P-G（人与团队）匹配和 P-S（人与上级）匹配的干预方案，对实证研究进行完善和扩充。

（四）救援人员应对非常规突发事件的抗逆力模型研究

本研究针对公共危机事件突发的应急情境，采用质化研究和实证研究相结合的方法，揭示危机应对人员及危机应对团队的抗逆力模型及其作用机制和救援团队的抗逆力模型，在此基础上，开发了信度和效度均符合测量学标准的个体抗逆力和团队抗逆力的测量问卷，以便和国家应对非常规突发事件应急平台对接。

第二节

铁路行业站段团委书记的胜任特征模型建构与验证

一、引言

近年来，铁路行业青年职工数量以每年约 10％的幅度增长。2014 年，中国铁路总公司下发了优化铁路局党群机构编制的意见，增加了包括站段团委书记岗位在内的铁路企业运输一线职工岗位编制，旨在进一步加强青年职工培养的针对性，使共青团组织更好地承担起团结带领广大青年展示作为、成长进步的任务。在此背景下，负责中国铁路总公司青年工作的全国铁道团委，开展了铁路行业站段团委书记的岗位胜任特征模型的研究，试图为铁路行业的人力资源开发工作做出新的探索。

胜任特征又称胜任资质、才干、素质等。该领域研究兴起于 20 世纪 70 年代，并逐渐发展成为人力资源管理研究与实践的一个热点。到了 20 世纪 80 年代，胜任特征概念传入我国，起初围绕胜任特征的研究以国有企业管理者为对象展开，后来逐渐扩展至民营企业及党团领导干部，形成了一定的研究规模，并取得了丰富的成果（时勘、王继承、李超平，2002）。近年来，随着社会经济的转型，这种建模方法在受到挑战的同时也在不断完善。本研究以铁路行业站段团委书记为对象，采用多重方法对该岗位的胜任特征模型进行建构，以期为建模方法的改进提供依据。

二、研究设计

（一）概念界定

胜任特征是指能将工作中有卓越成就者与表现平平者区分开来的个人的潜在特征（McClelland，1973）。它可以是动机、特质、自我形象、态度或价值观、某领域知识、认知或行为技能等任何可以被可靠测量或计数的，并能显著区分优秀与一般绩效的个体特征（Spencer & Spencer，1993）。胜任特征模型即用来描绘某（类）职位任职人员胜任特征构成的岗位特征的总和。这种呈现既可以是详细的文字说明，也可以是形象的图形勾勒，或二者的结合（Spencer & Spencer，1993）。铁路行业站段团委书记为铁路企业中的青年骨干，工作中主要承担政工职能，如青年员工思想工作、入职培训组织、集体活动组织以及宣传策划等，也承担一定的业务管理职能。

（二）研究目的和方法

通过 O*NET 工作分析、行为事件访谈和团体焦点访谈方法建构的铁路行业站段团委书记胜任特征模型，能够为铁路行业人力资源开发和管理提供依据。其步骤为：

第一步，通过 O*NET 工作分析问卷调查和编码表，从站段团委书记工作任务的角度，收集该岗位的任职资格信息，形成站段团委书记胜任特征模型的雏形 1。

第二步，进行行为事件访谈，将访谈结果根据胜任特征词典进行编码，并对编码得到的数据资料进行统计分析，从而获得铁路行业站段团委书记胜任特征模型的雏形 2。

第三步，组织团体焦点访谈，由实践领域的人员对本研究得到的胜任特征模型雏形进行讨论，最终获得胜任特征模型。

第四步，进行培训有效性验证，邀请中国铁路总公司和人力资源专家对站段团委书记进行培训，通过对比培训，验证新建立的胜任特征模型在提升站段团委书记能力方面的有效性。

本研究在采用行为事件访谈等传统建模方法的同时，将借助工作分析、工作适应性分析以及培训有效性验证的方法进行补充性开发，完成胜任特征模型建构工作，数据统计由 SPSS 22.0 完成。

三、铁路行业站段团委书记胜任特征模型建构

(一)工作分析及其被试

本研究选用了美国劳工部组织开发的 O*NET 工作分析问卷进行调查，共包括了两个部分：工作技能评价问卷和工作风格评价问卷(Li, Shi, & Taylor, 2004)。O*NET 工作分析问卷的第一部分为工作技能评价问卷，共 35 道题，主要测试完成各岗位所需要的工作技能。这些工作技能通常是通过训练或经验而形成的。每一项技能的内涵皆被清晰界定(如阅读理解：明白与工作有关的文件中的句子和段落)。要求被试在五点量表(不重要、有点重要、重要、非常重要、极其重要，分别赋值 1~5 分)中对每项技能对其工作表现的重要性给予评分。第二部分为工作风格评价问卷，共 16 道题。工作风格是一种能够影响某人做一项工作有多好的个人特质。每一种工作风格内涵皆被清晰界定(如取得成就：工作要求建立和维持富有挑战性的个人成就目标及为达到目标而努力)。要

求被试在五点量表(不重要、有点重要、重要、非常重要、极其重要,分别赋值1～5分)中就每项工作风格对工作表现的重要性进行评价。在中国铁路总公司抽取 215 名站段团委书记参加调研,回收有效问卷 199 份,问卷有效率为92.6%。其中,男性 106 人,女性 88 人,另有 5 人性别信息缺失;年龄范围19～39 岁($M = 27.27$,$SD = 3.83$,1 人信息缺失),专科学历的人占 41.2%,本科及以上学历的人占 52.7%(1 人信息缺失);在本公司的工作年限从 1 个月到 16 年不等($M = 5.24$ 年,$SD = 3.41$,1 人信息缺失)。被试年龄分布与文化程度情况见表 4-1。

表 4-1 被试背景信息表

指标	类别属性	数量/人	占比/%
年龄/岁	19～25	57	28.6
	26～28	76	38.2
	29～39	65	32.7
	缺失	1	0.5
	总计	199	100.0
文化程度	高中程度以下	1	0.5
	高中毕业	5	2.5
	完成高中以上、专科以下课程	5	2.5
	专科毕业	82	41.2
	学士	94	47.2
	完成学士以上、硕士以下课程	4	2.0
	硕士	6	3.0
	博士	1	0.5
	缺失	1	0.5
	总计	199	100.0

(二)工作分析的结果

1. 工作技能

在五点计分(1分为不重要,5分为极其重要)中,筛选工作技能题目时综合考虑以下原则:(1)低于均值一个标准差以上的优先排除;(2)得分的百分等级须在25以上;(3)高于均值的优先选取;(4)高于经验值3分。最终获得工作技能的题目有18项(见图4-1)。

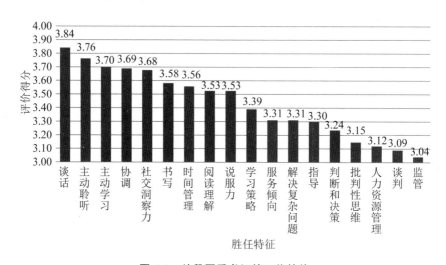

图4-1 站段团委书记的工作技能

对站段团委书记岗位的工作技能要求按照重要性排列,前十位依次为谈话、主动聆听、主动学习、协调、社交洞察力、书写、时间管理、阅读理解、说服力、学习策略。

2. 工作风格

在五点计分(1分为不重要,5分为极其重要)中,筛选工作风格题目时综合考虑以下原则:(1)低于均值一个标准差以上的优先排除;(2)得分的百分等级须在25以上;(3)高于均值的优先选取;(4)高于经验值3.5分。最终获得工作风格的题目有12项(见图4-2)。

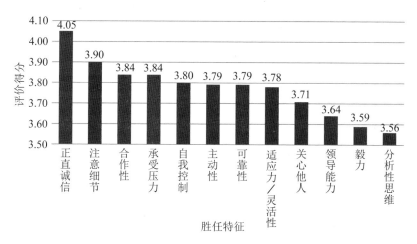

图 4-2 站段团委书记的工作风格

对站段团委书记的工作风格要求按照重要性排列，前十位依次为正直诚信、注意细节、合作性、承受压力、自我控制、主动性、可靠性、适应力/灵活性、关心他人、领导能力。

3. 工作分析获得的胜任特征模型雏形

通过 O*NET 工作分析结果，我们从工作技能和工作风格两方面对站段团委书记进行了调查，完善了站段团委书记胜任特征模型编码表，为最终胜任特征模型的建构奠定了基础。其中，工作技能 18 项，工作风格 12 项，共计 30项（见表 4-2）。

表 4-2 站段团委书记的胜任特征模型雏形框架

工作分析内容	具体题目
工作技能	谈话、主动聆听、主动学习、协调、社交洞察力、书写、时间管理、阅读理解、说服力、学习策略、服务倾向、解决复杂问题、指导、判断和决策、批判性思维、人力资源管理、谈判、监管
工作风格	正直诚信、注意细节、合作性、承受压力、自我控制、主动性、可靠性、适应力/灵活性、关心他人、领导能力、毅力、分析性思维

4. 人格因素对工作分析结果的影响

本部分研究采用层次回归分析（Hierarchical Regression Analysis）的方法，

在严格控制性别、年龄、文化程度和工作年限的情况下，考察中国铁路总公司团干部的人格因素对工作分析结果的影响。表 4-3 是对人口统计学变量、大五人格和两个工作分析量表的维度分数进行相关分析的结果。

从表 4-3 可见，外倾性与工作技能量表的两个维度(认知技能、社会技能)得分都存在显著的正相关关系($r=0.34$，$p<0.001$；$r=0.34$，$p<0.001$)，与工作风格量表的两个维度(成就导向、人员导向)得分也都存在显著的正相关关系($r=0.40$，$p<0.001$；$r=0.34$，$p<0.001$)。宜人性与工作技能量表的两个维度(认知技能、社会技能)得分都存在显著的正相关关系($r=0.26$，$p<0.001$；$r=0.31$，$p<0.001$)，与工作风格量表的两个维度(成就导向、人员导向)得分也都存在显著的正相关关系($r=0.44$，$p<0.001$；$r=0.26$，$p<0.001$)。尽责性与工作技能量表的两个维度(认知技能、社会技能)得分都存在显著的正相关关系($r=0.29$，$p<0.001$；$r=0.24$，$p<0.01$)，与工作风格量表的两个维度(成就导向、人员导向)得分也都存在显著的正相关关系($r=0.33$，$p<0.001$；$r=0.33$，$p<0.001$)。神经质与工作技能量表的两个维度(认知技能、社会技能)得分都存在显著的负相关关系($r=-0.22$，$p<0.01$；$r=-0.25$，$p<0.001$)，与工作风格量表的两个维度(成就导向、人员导向)得分也都存在显著的负相关关系($r=-0.33$，$p<0.001$；$r=-0.24$，$p<0.01$)。开放性与工作技能量表的两个维度(认知技能、社会技能)得分都存在显著的正相关关系($r=0.26$，$p<0.001$；$r=0.21$，$p<0.01$)，与工作风格量表的两个维度(成就导向、人员导向)得分也都存在显著的正相关关系($r=0.26$，$p<0.001$；$r=0.35$，$p<0.001$)。

此外，人口统计学变量中，年龄、工作年限和学历也和五个人格变量、工作技能两个维度得分以及工作风格两个维度得分有不同程度的相关。因此，下面关于人格变量对工作技能评价、工作风格评价影响作用的探讨中，需排除人口统计学变量的作用。

表 4-3 大五人格和工作技能重要性、工作风格重要性问卷各维度平均数、标准差及相关系数

变量	M	SD	1	2	3	4	5	6	7	8	9	10	11	12	13
1. 性别[a]	0.45	0.50	n. a.												
2. 年龄	27.27	3.83	−0.22**	n. a.											
3. 工作年限[b]	5.24	3.41	−0.01	0.70***	n. a.										
4. 学历[c]	4.54	0.89	−0.22**	0.34***	0.02	n. a.									
5. 外倾性	4.66	0.86	−0.05	0.14	0.03	0.12	(0.71)								
6. 宜人性	5.24	0.93	0.02	0.05	−0.06	0.19**	0.41***	(0.78)							
7. 尽责性	5.03	0.82	0.01	0.13	0.13	0.11	0.49***	0.41***	(0.78)						
8. 神经质	3.45	0.98	−0.01	−0.12	−0.04	−0.13	−0.49***	−0.58***	−0.49***	(0.76)					
9. 开放性	4.81	0.78	−0.11	0.14	0.12	0.14	0.47***	0.17*	0.47***	−0.26**	(0.73)				
10. 认知技能	3.42	0.68	−0.08	0.42***	0.21**	0.30***	0.34***	0.26***	0.29***	−0.22**	0.26***	(0.79)			
11. 社会技能	3.49	0.71	0.05	0.32***	0.13	0.15*	0.34***	0.31***	0.24**	−0.25**	0.21**	0.79***	(0.87)		
12. 成就导向	3.67	0.70	−0.02	0.27***	0.08	0.31***	0.40***	0.44***	0.33***	−0.33***	0.26***	0.64***	0.67***	(0.86)	
13. 人员导向	3.84	0.61	0.14	0.13	0.12	0.06	0.34***	0.26***	0.33***	−0.24**	0.35***	0.46***	0.58***	0.67***	(0.85)

注：性别[a]：男=0，女=1。年龄：以年为单位。工作年限[b]：以年为单位。学历[c]：高中程度以下=1，完成高中以上、专科以下的课程=3，专科毕业=4，学士（大学本科毕业）=5，完成学士以上、硕士以下课程=6，硕士=7，博士=8。* 表示 $p < 0.05$，** 表示 $p < 0.01$，*** 表示 $p < 0.001$，双侧检验。N 从 194 到 199 不等，采用成对删除法处理缺失值，对角线上的数字表示量表的信度系数。n. a. 表示不适用。

相关分析的结果为人格变量影响工作技能评价、工作风格评价重要性得分提供了初步依据。因此，下一步采用层次回归的方法，在控制人口统计学变量的前提下，深入探讨人格变量的影响。首先，对性别变量进行虚拟编码，创设了一个虚拟变量(dummy variable)。在层次回归方程中，分别以工作技能两个维度的评价结果、工作风格两个维度的评价结果作为因变量，在第一步把性别的虚拟变量和其他三个人口统计学变量(年龄、工作年限和学历)作为控制变量引入方程，第二步引入外倾性分数，看引入外倾性后，方程的解释力增加了多少。引入外倾性后方程增加的解释力(ΔR^2)即外倾性对某一工作分析维度的效应量。如果该效应量显著，则说明外倾性的影响作用显著。统计分析结果如表 4-4 所示。

表 4-4　外倾性对工作技能评价结果、工作风格评价结果的层次回归分析结果

自变量	认知技能重要性		社会技能重要性		成就导向重要性		人员导向重要性	
第一步：控制变量								
性别[a]	0.06	0.06	0.17*	0.17*	0.10	0.10	0.18*	0.18*
年龄	0.47***	0.42***	0.52***	0.46***	0.31**	0.24*	0.15	0.09
工作年限	−0.13	−0.09	−0.23*	−0.20*	−0.14	−0.10	0.01	0.04
学历	0.15*	0.14	0.01	−0.004	0.23**	0.21**	0.05	0.03
第二步：自变量								
外倾性		0.27***		0.29***		0.35***		0.34***
R^2	0.21	0.29	0.15	0.23	0.14	0.26	0.05	0.16
F	12.57***	14.78***	8.06***	11.07***	7.53***	13.02***	2.43*	7.04***
ΔR^2		0.07		0.08		0.12		0.11
ΔF		18.80***		19.83***		30.30***		24.27***

注：性别[a]：男＝0，女＝1。* 表示 $p < 0.05$，** 表示 $p < 0.01$，*** 表示 $p < 0.001$，$N＝199$，采用成对删除法处理缺失值。性别、年龄、工作年限、学历和外倾性所在行的数字表示该变量的标准化回归系数 β。

就人格变量的完整影响而言，在控制了人口统计学变量影响作用的基础上，人格变量对认知技能的重要性评价结果有显著的正向影响作用[$\Delta R^2 = 0.10$，

$\Delta F(5,180)=5.11$，$p<0.001$]，对社会技能的重要性评价结果有显著的正向影响作用[$\Delta R^2=0.11$，$\Delta F(5,180)=5.58$，$p<0.001$]；对成就导向的重要性评价结果有显著的正向影响作用[$\Delta R^2=0.20$，$\Delta F(5,183)=11.06$，$p<0.001$]，对人员导向的重要性评价结果有显著的正向影响作用[$\Delta R^2=0.18$，$\Delta F(5,183)=8.73$，$p<0.001$]。综上所述，相较于工作技能（认知技能＋社会技能）的评价结果，工作风格（成就导向＋人员导向）的评价结果更易受到评价者人格特征的影响。具体来讲，人格特征对工作技能（认知技能＋社会技能）的效应量分别为0.10和0.11，对工作风格（成就导向＋人员导向）的效应量分别为0.20和0.18。就五个人格分数独特的贡献而言，对于认知技能，外倾性对认知技能重要性得分有显著的正向影响作用（$\beta=0.18$，$p<0.05$），即外向的评价者更加倾向于认为认知技能很重要，而宜人性、尽责性、神经质、开放性对认知技能重要性得分均无显著的影响作用（$p>0.05$）。

外倾性和宜人性分别对社会技能重要性得分有显著的正向影响作用（$\beta=0.19$，$p<0.05$；$\beta=0.19$，$p<0.05$），即外向的评价者、宜人性高的评价者更加倾向于认为社会技能很重要，而尽责性、神经质、开放性对社会技能重要性得分均无显著的影响作用（$p>0.05$）。

宜人性和外倾性分别对成就导向重要性得分有显著的正向影响作用（$\beta=0.30$，$p<0.001$；$\beta=0.19$，$p<0.05$），即宜人性高的评价者、外向的评价者更加倾向于认为成就导向很重要，而尽责性、神经质、开放性对成就导向重要性得分均无显著的影响作用（$p>0.05$）。

开放性对人员导向重要性得分有显著的正向影响作用（$\beta=0.23$，$p<0.01$），即开放性高的评价者更加倾向于认为人员导向很重要，而外倾性、宜人性、尽责性、神经质对人员导向重要性得分均无显著的影响作用（$p>0.05$）。

综上所述，在某种程度上，相较于其他三类人格因素，外倾性和宜人性对认知技能、社会技能、成就导向的影响作用更强，而相较于其他四类人格因素，开放性对人员导向的影响作用更强。

在通过工作分析获得的胜任特征雏形和与大五人格相关研究的基础上，研究者对各个要素按重要性进行排序，合并相关内容一致的题目，删减不重要的题目，并补充了认为有必要的题目。我们在界定各项要素的具体定义后，以时勘、王继承修订的 Spencer 通用胜任特征词典为基础形成了铁路行业站段团委书记胜任特征编码表。

(三)行为事件访谈

1. 研究对象

按照中国铁路总公司提供的绩效标准，在兰州、郑州、哈尔滨、沈阳、南宁铁路局中选取站段团委书记 63 名(优秀站段团委书记 32 名，普通站段团委书记 31 名)。其中，53 名被试为样本 1(绩效优秀者 27 人，绩效一般者 26 人)，10 名被试为样本 2(绩效优秀者 5 人，绩效一般者 5 人)。样本 1 用于建构胜任特征模型，样本 2 用于检验胜任特征模型的交叉效度。

2. 研究步骤和方法

本研究主要采用行为事件访谈法(包括主题分析、编码技术和统计分析的方法)建构铁路行业站段团委书记的胜任特征模型。访谈人员主要指参与胜任特征评价的访谈人员和编码分析员。由于胜任特征资料的主要获取方法为行为事件访谈法，这种方法对访谈者面试访谈的实践经验要求很高。在本研究中，主要访谈者为 4 名心理学博士研究生、1 名心理学硕士研究生，以及 1 名管理学硕士研究生。编码分析员(即评分者)均为心理学专业人员，拥有胜任特征编码分析经验。

根据国外进行行为事件访谈的经验，区分绩效优秀者和绩效一般者的理想指标是绩效指标，统计学意义上一般指超过平均成绩一个标准差以上的绩效(Larrere & McClelland，1994)。本次调研不便进行量化操作，所以采用的是"上级提名"的方法，以往研究也多采用这种方法。据此，共确定了优秀组(32 名)和普通组(31 名)来进行行为事件访谈。访谈实行双盲设计，访谈人员并不知道所访谈人员属于优秀组还是普通组，访谈对象也不知道自己所在的组别。

在访谈前，研究者设计了行为事件访谈提纲和行为事件访谈信息记录卡。主要编码工具为时勘、王继承修订的 Spencer 通用胜任特征词典，以 McBer 公司开发出来的专有手册(Spencer & Spencer，1993)为主，并根据这次工作分析及大五人格相关研究的结果增加了适合铁路行业的内容。行为事件访谈法是一种开放式的行为回顾式探察技术，是揭示胜任特征的主要途径。行为事件访谈需要被访谈者列出在工作中遇到的关键情境，然后，让他们尽可能详尽地描述在那些情境中发生了什么。具体包括：这个情境是怎样引起的？牵涉了哪些人？访谈对象当时是怎么想的，感觉如何？在当时的情境中想怎么做？实际上又做了些什么？结果如何？访谈者根据访谈提纲来引导访谈对象提供关键事件，推进整个故事的进程。访谈内容集中于描述访谈对象在某一真实环境中的行为、想法和做法。本研究中，所有访谈过程都根据事先设计的行为事件访谈提纲进行。在征得被访谈人同意的基础上，对所有63次访谈都进行了录音和整理，每人的谈话最长为73分钟，最短为27分钟，平均为49.29分钟。

3. 胜任特征编码

第一步，学习、讨论。组织研究人员对通用胜任特征词典进行学习、讨论。

第二步，编码训练。在不知道谁属于优秀组、谁属于普通组的情况下，按照词典的胜任特征题目对录音文稿进行试编码，在讨论中提高认识的一致性，以符合计分标准。根据使用的情况进一步修订。

第三步，正式编码。根据正式编码纲要，分析员要对63份访谈录音文稿进行独立编码(见表4-5)。

表4-5　站段团委书记胜任特征访谈资料开放式编码分析摘录(示例)

编码文本	胜任特征	赋值
……另一个优势就是因为我自己，因为我干宣传，我跟媒体的接触比较多，可能就是说我比他们在媒体的人脉上有优势，可能我认识的媒体很多而且可能大家以为跟媒体经常接触，跟一些记者关系会比较好，比如说我告诉他说你在宣传我们车站的同时要凸显出我们团员青年，只要在不违反他们工作要求的情况下，他们也愿意帮助。……	建立人际资源 影响力	L4 L3

4. 数据处理

第一步，提取三个数据指标。

对分析员最初独立编码得到的数据进行汇总、记录和统计，具体为：统计出每人的各种胜任特征，如"自信心"在文稿中出现的分数、频率情况，并记录每人每项胜任特征出现的最高分数，得到每个胜任特征的平均分数、频次和最高分数三个指标。

第二步，编码结果的信度检验。

采用 Pearson 相关分析三个指标与访谈长度（字数）的关系。

第三步，建立胜任特征模型。

通过对优秀组和普通组在每一胜任特征出现的平均分数的差别进行检验，将差异检验显著的胜任特征确定出来，作为站段团委书记的胜任特征。

第四步，验证胜任特征模型。

根据 Spencer 的观点，一般可采用三种方法来验证胜任特征模型：（1）交叉效度。选取第二个效标样本，再次用行为事件访谈法来收集数据，分析建立的胜任特征模型是否能够区分第二个效标样本（分析员事先不知道谁属于优秀组或普通组）（McClelland，1973）。（2）构念效度。根据胜任特征模型编制测验或评价中心等方法来评价第二个效标样本在上述胜任特征模型中的关键胜任特征，考察绩效优秀者和绩效一般者在评价结果上是否有显著差异。（3）预测效度。使用行为事件访谈法或其他测验进行选拔，或运用胜任特征模型进行培训，然后跟踪这些人，考察他们在以后工作中是否表现更出色。

本研究选择了第一种验证方法，即交叉效度检验。

5. 研究结果及分析

如表 4-6 所示，样本 1 优秀组的平均访谈长度为 7 107 字，平均时间为51.15 分钟；普通组的平均访谈长度为 5 869 字，平均时间为 47.52 分钟。在访谈长度与时间上，两组均无显著差异。

表 4-6　样本 1 优秀组与普通组访谈长度的差异检验

比较项目	优秀组		普通组		t 值	df	p 值
	均值	标准差	均值	标准差			
长度/字数	7 107	4 463.1	5 869	2 789.7	1.216	43.87	0.231
时间/分钟	51.15	9.59	47.52	7.74	1.336	39	0.189

在样本 1 的 53 份访谈资料中，采用频次计分，有 1 个胜任特征的得分与访谈长度(字数)显著相关；最高分数则与访谈长度(字数)无显著相关；而胜任特征的平均分数这一指标比较稳定，只有 1 个与访谈长度(字数)相关。在客观性上，频次、平均分数与最高分数三个指标均比较合适。也就是说，不同组在胜任特征的频次、平均分数与最高分数水平上的区别，并不能归因于表达水平上的差异。根据以往研究，采用平均分数在国内外研究中比较通用(时勘、王继承、李超平，2002)，本研究也证实了这点。所以，我们采用平均分数作为鉴别标准，得到的结果如表 4-7 所示。

表 4-7　胜任特征的频次、平均分数、最高分数与访谈长度的相关表

	长度与频次	长度与平均分数	长度与最高分数
成就动机	0.202	−0.037	−0.043
关注秩序与质量	0.334	0.167	0.215
主动性	0.146	−0.126	−0.139
信息搜集	0.364	−0.073	−0.022
人际洞察力	−0.045	−0.193	−0.204
服务意识	0.0094	−0.174	−0.205
影响力	−0.213	−0.032	−0.042
组织权限意识	0.169	−0.417*	−0.092
人际资源建立	0.139	−0.191	−0.030
人才使用和培养	0.024	−0.154	−0.086
指挥	−0.363	−0.217	−0.177
团队合作	−0.131	0.194	−0.045
团队领导	−0.001	0.195	0.152

续表

	长度与频次	长度与平均分数	长度与最高分数
分析思维	−0.082	−0.107	−0.128
概念思维	0.433	0.064	0.224
专业知识	0.798	−0.297	0.607
自我控制	0.505	0.157	0.449
自信心	0.384	0.158	0.308
灵活性	0.032	0.212	0.184
组织观念	−0.697*	−0.100	−0.199

注：* 表示 $p < 0.05$。

为了检验本研究所确定的胜任特征能否在样本 1 中的优秀组与普通组之间显示出差异，本研究对样本 1 的优秀组与普通组的胜任特征平均分数进行了差异检验。结果表明，优秀组与普通组的被试在 8 个胜任特征上均有显著差异（见表 4-8）。差异显著的胜任特征分别是成就动机、关注秩序与质量、主动性、服务意识、影响力、团队领导、分析思维和灵活性。这说明优秀组与普通组在这 8 个因素上有区别，从而确定这 8 个因素构成了站段团委书记胜任特征的雏形 2。

表 4-8　样本 1 优秀组与普通组各胜任特征平均分数的差异检验

比较项目	优秀组		普通组		df 值	t 值
	均值	标准差	均值	标准差		
成就动机	5.669 4	2.782 67	3.327 9	2.148 90	35	2.874**
关注秩序与质量	4.685 6	2.216 72	2.409 1	2.343 27	25	2.563*
主动性	4.850 0	2.514 25	3.287 6	1.210 85	23.637	2.408*
信息搜集	3.257 5	2.068 70	2.725 7	0.969 95	17	0.635
人际洞察力	3.496 7	0.660 21	3.761 0	1.349 71	33	−0.697
服务意识	5.990 0	2.641 16	3.649 3	1.801 98	30.076	2.307*
影响力	6.180 0	1.985 73	4.568 3	2.012 39	31	2.305*
组织权限意识	2.493 1	1.014 33	2.680 7	1.319 75	26	−0.417
人际资源建立	4.366 9	0.618 38	4.180 0	1.076 15	23	0.538

续表

比较项目	优秀组		普通组		df 值	t 值
	均值	标准差	均值	标准差		
人才使用和培养	4.435 7	0.807 28	4.485 8	1.917 10	25.694	−0.102
指挥	2.583 3	0.970 40	1.855 6	0.622 72	13	1.781
团队合作	3.375 0	1.823 15	3.277 3	1.894 91	21	0.126
团队领导	6.115 6	2.268 08	4.330 8	1.937 95	29	2.294*
分析思维	4.248 2	1.903 35	2.683 3	0.779 84	28.994	3.513**
概念思维	3.555 6	0.583 33	2.833 3	1.125 46	13	1.642
专业知识	3.333 3	0.577 35	1.000 0	1.522 36	2	3.500
自我控制	1.792 5	1.684 90	1.714 3	1.496 03	9	0.080
自信心	3.665 0	0.983 19	1.888 3	1.846 84	10	2.080
灵活性	4.684 4	2.213 72	2.683 0	1.219 02	23.763	2.967**
组织观念	3.416 7	0.735 98	2.425 0	1.178 63	8	1.657

注：* 表示 $p < 0.05$，** 表示 $p < 0.01$。

在本研究中，这 8 个胜任特征的平均分数在优秀组和普通组之间有统计学意义的差异，符合验证胜任特征有效性的原则：如果杰出表现者的胜任特征分数高于一般表现者，则胜任特征模型的有效性就可以得到确立（Spencer & Spencer，1993）。

对样本 2 的普通组（5 名）和优秀组（5 名）的访谈长度进行差异检验（见表 4-9）。检验结果表明：$t = 1.446$，$Sig = 0.186$，$p > 0.05$，两组访谈结果在访谈长度（字数）上的差异没有达到显著水平，访谈长度没有影响优秀组和普通组在胜任特征得分上的差异。同样，数据表明，访谈时间也没有影响优秀组和普通组在胜任特征得分上的差异。

表 4-9　样本 2 优秀组与普通组访谈长度的差异检验

比较项目	优秀组		普通组		t 值	df	p 值
	均值	标准差	均值	标准差			
长度/字数	4 880.4	630.96	3 758.6	1 615.4	1.446	8	0.186
时间/分钟	74.6	6.35	66.2	18.28	0.971	8	0.360

接下来进行交叉效度分析，对样本 2 优秀组和普通组的胜任特征模型进行差异检验（见表 4-10），结果表明，样本 2 普通组和优秀组在 7 个胜任特征上的得分有显著差异，即样本 1 中得到的 8 个胜任特征中，有 7 个在样本 2 中得到了验证。

表 4-10　样本 2 优秀组与普通组各胜任特征平均分数的差异检验

比较项目	优秀组		普通组		df 值	t 值
	均值	标准差	均值	标准差		
成就动机	6.500 0	0.624 06	4.500 0	1.322 88	8	3.057*
关注秩序与质量	3.200 0	1.095 45	1.800 0	0.447 21	5.297	2.646*
主动性	4.200 0	1.303 84	2.400 0	0.418 33	4.815	2.939*
影响力	4.784 0	1.459 53	2.466 0	1.501 93	8	2.475*
团队领导	6.800 0	0.958 88	3.980 0	1.820 15	8	3.065*
分析思维	8.184 0	1.707 49	4.200 0	2.873 93	8	2.665*
灵活性	5.500 0	1.274 75	2.500 0	0.985 88	8	4.163**

注：* 表示在 0.05 水平上差异显著，** 表示在 0.01 水平上差异显著。

经过以上统计分析及验证，成就动机、关注秩序与质量、主动性、影响力、团队领导、分析思维和灵活性 7 个因素具有显著差异，被确定为铁路行业站段团委书记的胜任特征模型雏形。

(四)团体焦点访谈

以上 7 个胜任特征因素是否真正反映了铁路行业站段团委书记的实际工作要求呢？为了探讨这个问题，研究者组织了相关人员进行团体焦点访谈。团体焦点访谈也叫团体深度访谈，是社会科学使用的一种研究方法。团体一般由企业领导者、人事干部和研究人员组成，多采用座谈方式来讨论确定某职位的任务、责任、绩效标准以及期望优秀任职者应表现出来的胜任特征行为或特征（时雨、仲理峰、时勘，2003）。

1. 研究目的

对前期通过工作分析和行为事件访谈所建立的胜任特征模型雏形再进行确

认，以确立所开发的胜任特征模型的有效性。

2. 被试

抽取 56 名没有参加过行为事件访谈的中国铁路总公司站段团委书记，分为 8 个小组，每组 7 人。

3. 研究步骤

组织被试就所得的胜任特征模型框架进行讨论，每个小组的讨论均由一名心理学博士研究生或硕士研究生主持，访谈提纲根据前期整理的胜任特征模型框架制定。被试要讨论的内容包括有没有可以合并的题目、有没有可以删除的题目、有没有可以增加的题目等。在具体的讨论过程中，首先，将每个小组讨论的内容整理成文字；然后，进行文字分析处理；最后，由 2 名心理学博士研究生和 3 名心理学硕士研究生组成的团队对访谈结果进行讨论、分析及整理。

4. 研究结果

通过团体焦点访谈，我们得到了 3 条在行为事件访谈中没有提及或较少提及的能力要素，分别是乐群性、学习能力和组织能力。而这些能力要素几乎在每一组团体焦点访谈的谈话中都有所体现，与中国铁路总公司未来的青年工作紧密相连，也是一个优秀的站段团委书记应该具备的素质。

在工作分析、行为事件访谈以及团体焦点访谈多重方法研究结果的基础上，研究者最终获得了胜任特征模型建构的结果，如表 4-11 所示。

表 4-11　铁路行业站段团委书记胜任特征模型

	项目
胜任特征模型	成就动机、关注秩序与质量、主动性、影响力、团队领导、分析思维、灵活性、乐群性、学习能力、组织能力

四、培训有效性验证研究

为验证本研究所开发的胜任特征模型对于铁路行业站段团委书记的针对性

与适用性，课题组设置了对比培训实验，通过验证新建立的胜任特征模型在提升中国铁路总公司团干部的能力方面的有效性，来验证模型开发的效果，同时为模型改进提供修改和完善的意见。

(一)培训框架设计

1. 培训干预的整体框架

培训干预的整体框架如图4-3所示。

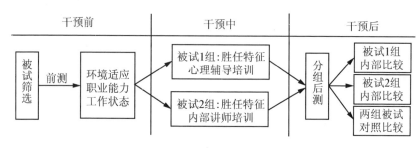

图4-3 培训干预的整体框架

首先，从相应铁路局抽样选取站段团委书记作为被试，在培训实施前对被试实施前测，测试内容包括环境适应、职业能力、工作状态三大胜任特征模块。其次，由专业职业心理培训师对被试进行胜任特征的心理训练，其中，无法到场参与培训的人员由担任内部讲师的人员在各自单位内进行内部培训。将参与心理辅导培训的被试纳入被试1组，将参与内部讲师培训的被试纳入被试2组。培训结束三个月之后，再次对接受过培训的不同组被试实施后测。最后，通过比较前测数据与后测数据之间的差异，来验证培训干预模式的有效性。

2. 测量工具

研究采取现场实验法、问卷调查法，通过SPSS 22.0统计分析软件进行培训有效性研究，使用的量表工具如下：

(1)职业能力。采用自编管理能力量表。

(2)环境适应。采用P-O匹配量表(Cable & DeRue，2002)、P-J匹配量表(Cable & DeRue，2002)、P-G匹配量表、P-S匹配量表(汪可真、郑兴山、

张林，2011）、员工社会化量表（王雁飞、朱瑜，2012）。

（3）工作状态。采用工作满意度量表（Tsui，Egan，& O'Reilly，1992）、工作倦怠量表（李超平、时勘，2003）、组织公民行为量表（Lin & Peng，2010）、任务绩效量表（Williams & Anderson，1991）、工作投入量表（Schaufeli，Bakker，& Salanova，2006）、组织认同量表（Smidts，Pruyn，& Van Riel，2001）、反生产行为量表（Robinson & Bennett，1995）、离职倾向量表（Mobley，Horner，& Hollingsworth，1978）。

3. 培训有效性验证程序

调查分两次完成，第一次在培训开始之前，第二次在培训结束三个月之后。第一次调查时，研究者在现场对个别问题进行解答，并告知被试调查结果保密，仅用于为企业提高培训质量、改进管理方式提供参考。研究者在现场解答问题，确保被试的答题质量。而内部讲师培训由研究者委托该企业培训负责人完成，事先对该负责人进行培训，提供指导语，并确保追踪到人。培训后的追踪测试在事后进行，因部分被试不在现场，通过网络测评方式完成。

(二)培训实验实施

1. 培训对象

胜任特征模型培训人员样本从上海、南京、杭州、新疆、合肥、宁波、温州等地各站段的团委书记群体中随机抽取。第一轮测评共发放 500 份问卷，回收有效问卷 488 份，有效回收率为 97.6%。在进行不同组别的胜任特征模型培训之后，再对这 488 名被试进行后测问卷调查，分别在被试 1 组获取 143 份有效问卷，在被试 2 组获取 238 份有效问卷。其中，被试性别因铁路企业工作性质，多为男性（占 95.80%），被试年龄均在 20~29 岁之间，大部分被试拥有大学专科及以上学历（专科占 71.33%，本科占 28.67%）。

2. 研究假设

本研究提出假设是，实施基于 10 项胜任特征模型的培训后，站段团委书记的环境适应能力、职业能力、工作状态的后测成绩显著高于前测和控制组。

3. 培训方法

对站段团委书记的培训通过五天的集中团队授课方式进行，培训内容围绕站段团委书记 10 项胜任特征模型展开。结合培训任务繁重、授课量大等因素，对不同内容方面的培训采用多种授课方法来实施，主要包括了班级讲授法、角色扮演法、团队建设法、情境冲突法和心智模拟法等方法，并采用了情景模拟、岗位风险源辨识-应对卡等特殊方式，来达到对各种胜任特征的掌握。

(三)培训有效性分析

1. 培训结果的比较分析

对站段团委书记的 10 项胜任特征模型展开培训，从培训成效的角度看，对被试 1 组在职业匹配性、社会化影响、管理能力、工作满意度、工作倦怠、组织公民行为、任务绩效、工作投入、组织认同、反生产行为、离职倾向等指标上的得分，分别进行培训前和培训后的配对样本 t 检验，以验证培训有效性假设。结果如表 4-12 所示。

表 4-12　被试 1 组胜任特征培训有效性差异检验结果

		均值	样本量	自由度	标准差	均值标准误	p
职业匹配性	培训前	3.71	143	142	0.52	0.04	0.002***
	培训后	3.90	143	142	0.48	0.04	
社会化影响	培训前	3.95	143	142	0.42	0.03	0.001***
	培训后	4.12	143	142	0.45	0.04	
管理能力	培训前	3.69	143	142	0.43	0.04	0.032**
	培训后	3.80	143	142	0.42	0.03	
工作满意度	培训前	3.78	143	142	0.57	0.05	0.175
	培训后	3.88	143	142	0.73	0.06	
工作倦怠	培训前	3.26	143	142	0.61	0.05	0.031**
	培训后	3.11	143	142	0.44	0.04	
组织公民行为	培训前	4.08	143	142	0.47	0.04	0.044**
	培训后	4.20	143	142	0.51	0.04	

续表

		均值	样本量	自由度	标准差	均值标准误	p
任务绩效	培训前	4.15	143	142	0.51	0.04	0.000***
	培训后	4.50	143	142	0.45	0.04	
工作投入	培训前	3.41	143	142	0.85	0.07	0.008***
	培训后	3.67	143	142	0.76	0.06	
组织认同	培训前	3.90	143	142	0.77	0.06	0.051*
	培训后	4.08	143	142	0.75	0.06	
反生产行为	培训前	1.95	143	142	1.06	0.09	0.000***
	培训后	1.32	143	142	0.52	0.04	
离职倾向	培训前	2.07	143	142	1.10	0.09	0.021**
	培训后	1.79	143	142	0.92	0.08	

注：*** 表示 $p < 0.001$，** 表示 $p < 0.01$，* 表示 $p < 0.05$。

对被试进行培训前后的 t 检验结果，从图 4-4 与图 4-5 可以看出，经过专家心理辅导培训的被试 1 组，在职业匹配性、社会化影响、管理能力、工作满意度、组织公民行为、任务绩效、工作投入、组织认同 8 项正向指标上，培训后的平均水平均高于培训前的平均水平；在工作倦怠、反生产行为、离职倾向 3 项负向指标上，培训后的平均水平均低于培训前的平均水平。

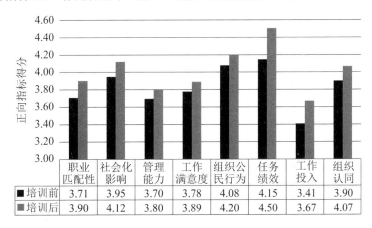

图 4-4 被试 1 组培训前后正向指标得分比较

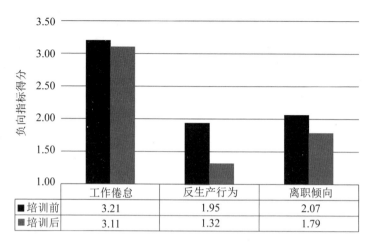

图 4-5　被试 1 组培训前后负向指标得分比较

其中，职业匹配性、社会化影响、任务绩效、工作投入、反生产行为 5 项指标在培训前后的差异达到 0.01 的高度显著水平，说明经过胜任特征专家心理辅导培训，站段团委书记的职业匹配和社会化程度得到了显著提升，通过增强工作投入度培训，达到了任务绩效的提升，与之相对的反生产行为程度降低，且员工的工作行为得到了规范。管理能力、工作倦怠、组织公民行为、离职倾向 4 项指标在培训前后的差异达到 0.05 的一般显著水平，说明在胜任特征培训后，站段团委书记的管理能力得到了提升，组织公民行为得以强化，与之相对的工作倦怠情绪降低，离职倾向程度减弱。组织认同指标在培训前后的差异亦达到 0.1 的显著性水平，说明员工在经过胜任特征专家心理辅导培训后，对组织的认同和归属感有了一定程度的提升。但在工作满意度指标上，培训前后的结果不存在显著差异，说明专家心理辅导培训对于员工的工作满意感知还未产生直接影响，工作感知方面的因素有待进一步进行培训前后的 t 检验。

对被试 2 组进行培训前和培训后的配对样本 t 检验，对 10 项胜任特征模型的培训效果的检验，结果如表 4-13 所示。

表 4-13 被试 2 组胜任特征培训有效性差异检验结果

		均值	样本量	自由度	标准差	均值标准误	p
职业匹配性	培训前	4.01	238	237	0.45	0.03	0.018**
	培训后	4.14	238	237	0.68	0.04	
社会化影响	培训前	4.15	238	237	0.44	0.03	0.033**
	培训后	4.26	238	237	0.63	0.04	
管理能力	培训前	3.93	238	237	0.48	0.03	0.019**
	培训后	4.04	238	237	0.58	0.04	
工作满意度	培训前	3.63	238	237	0.53	0.03	0.000***
	培训后	4.18	238	237	0.68	0.04	
工作倦怠	培训前	3.70	238	237	0.62	0.04	0.000***
	培训后	2.43	238	237	1.12	0.07	
组织公民行为	培训前	3.69	238	237	0.52	0.03	0.000***
	培训后	4.05	238	237	0.49	0.03	
任务绩效	培训前	4.07	238	237	0.49	0.03	0.005***
	培训后	4.20	238	237	0.50	0.03	
工作投入	培训前	3.54	238	237	0.71	0.05	0.394
	培训后	3.60	238	237	0.75	0.05	
组织认同	培训前	3.75	238	237	0.65	0.04	0.064*
	培训后	3.88	238	237	0.76	0.05	
反生产行为	培训前	1.91	238	237	1.05	0.07	0.018**
	培训后	1.69	238	237	1.00	0.06	
离职倾向	培训前	2.04	238	237	1.12	0.07	0.041**
	培训后	1.83	238	237	1.07	0.07	

注:*** 表示 $p<0.001$,** 表示 $p<0.01$,* 表示 $p<0.05$。

从内部讲师开展的培训效果来看(见图 4-6、图 4-7),被试 2 组各项指标结果均有所改善,其中,工作满意度、组织公民行为、任务绩效 3 项正向指标得分表现出尤为显著的提升,工作倦怠这一负向指标得分表现出显著下降($p<$ 0.001);在职业匹配性、社会化影响、管理能力、反生产行为、离职倾向 5 项指标上,表现出较高程度的改善($p<0.05$);在组织认同指标上的得分表现出

一定程度的提升（$p<0.05$）。但在工作投入指标上，未与培训前表现出明显差异。

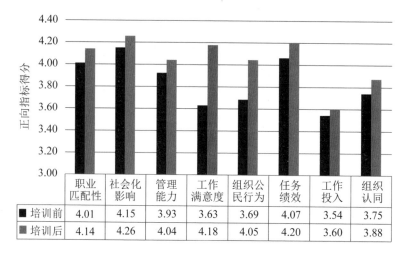

图 4-6　被试 2 组培训前后正向指标得分比较

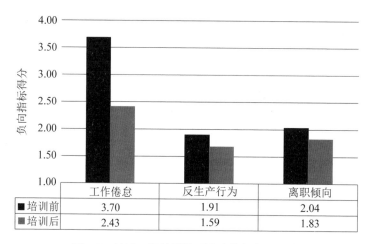

图 4-7　被试 2 组培训前后负向指标得分比较

我们将被试 2 组与被试 1 组的培训有效性结果相比较后发现：在工作满意度的提升方面，内部讲师培训的效果比专家心理辅导培训的效果更佳（差异性的概率 p 值由不显著到显著），说明与工作直接相关的评价性指标，内部讲师培训能够在心理辅导的基础上，通过加深员工对本职工作的认知来提高其正向感知；在管理能力的提升、组织公民行为的强化以及工作倦怠的降低方面，同样表现为内部讲师培训效果更佳（差异性的概率 p 值显著性更高），使员工工作能力和责任意识的提升效果更为明显。

但在工作投入度的提升方面，专家心理辅导培训比内部讲师培训的效果更佳（差异性的概率 p 值由不显著到显著）。同时，社会化影响、反生产行为指标的改善也证明专家心理辅导培训更有效，说明由心理因素引起的工作行为特征和意识感知更需要通过专业的心理干预来改善及强化。这是因为心理辅导培训更侧重于以心智塑造的方式对学员施加干预，从而固化或重塑个体的思维模式。此外，专家心理辅导培训对于离职倾向的降低也更为有效。

2. 培训有效性结果分析

研究结果表明，经过培训干预的被试在胜任特征模型各个维度上的得分均实现了不同程度的提高；经过外部专家心理辅导培训的被试在由意识及其引起的行为模式改变方面得到的培训效果较为显著，但在与工作直接相关的能力指标上培训效果不明显；经由受过专业指导的内部讲师培训的被试的改善侧重于工作适应性和能力方面，但在反映心理及行为指标上效果不明显。总体而言，面向站段团委书记的培训效果良好，预期的胜任特征模型得到了较好的改进，培训后各项胜任特征的改善明显。这验证了本研究所建构的胜任特征模型在铁路行业中具有针对性与适应性，能够在今后铁路行业站段团委书记的培训中广泛应用。

五、研究结论与未来展望

(一)研究结论

第一，把大五人格因素引入工作分析后发现，站段团委书记的开放性、外倾性以及宜人性确实导致了岗位职能因素拔高或评低岗位胜任特征模型要求的情况，这应引起关注。

第二，在工作分析的前导分析和团体焦点访谈汇总分析的前提下，行为事件访谈所揭示的站段团委书记胜任特征模型更能体现铁路行业对青年干部的要求，证明该技术对于胜任特征模型建构依然效果显著。

第三，采用专家心理辅导培训和内部讲师培训方法，虽然验证效果各有侧重，但都证实了所建构的站段团委书记胜任特征模型的有效性，而且总体看来，实验组取得了比控制组更为有效的培训结果。因此，基于胜任特征模型的培训方法可以在铁路行业中推广。

(二)未来展望

第一，我们建构的铁路行业站段团委书记的胜任特征模型，还有待于在今后的实践中扩展其外部效度。

第二，胜任特征模型建构方法还有待于在大数据的新背景下，在方法论方面不断完善，以满足新的时代要求。

第三节

出入境检验检疫人员的胜任特征模型建构

一、引言

近年来，中国对外经济贸易范围不断扩大，人员往来日趋频繁，这也对出入境检验检疫工作提出了更加严峻的挑战。出入境检验检疫是政府行政部门以保护国家整体利益和社会利益为衡量标准，以法律、行政行规、国际惯例或进口国法规要求为准则，对出入境货物、交通工具、人员及其他事项等进行管理及认证，并提供官方检验证明、民间检验公证和鉴定完毕的全部活动。出入境检验检疫人员作为这些职能和工作的直接执行者，承担着重要的责任。此外，在对国家公务员的胜任特征模型的研究中，出入境检验检疫部门是试点的重点，因此，课题组首先在此部门开展了系统的试点研究，主要探讨采用什么样的标准来选拔、培训和考核检验检疫人员。这已经成为加强和改进出入境检验检疫工作的一项重要议题。

目前，胜任特征理论和方法的研究已经取得了丰硕的成果，并且在我国各类组织的人力资源管理实践中得到了广泛的应用，但是，尚未有学者探讨出入境检验检疫人员胜任特征模型的内容与结构。

针对当前出入境检验检疫工作的现实需求和研究现状，本研究基于对广西、广东两地出入境检验检疫部门的调研，首先，利用行为事件访谈技术提取了出入境检验检疫人员的胜任特征；其次，通过半结构化问卷调查和因子分析，在这些胜任特征的基础上进一步抽取了五个维度，建构了出入境检验检疫人员的胜任特征模型，以期为我国出入境检验检疫部门的招聘、培训、考核等人力资源管理实践提供参考和借鉴。

二、文献回顾

(一)胜任特征模型

自哈佛大学心理学教授麦克利兰提出"应为胜任而非智力进行测验"以来，胜任特征理论受到了人力资源研究者和实践者的广泛关注，并取得了快速发展。与传统的智力和成就测验相比，胜任特征能够更好地区分优秀与一般的绩效，预测工作能否成功。作为对传统工作分析(Job Analysis)的一种替代，胜任特征模型在人力资源管理实践中的各个环节都有着广泛的应用，如招聘、培训、绩效评估和职业发展等。胜任特征理论不仅在企业管理中得到了实践检验，也被应用于政府公共部门。美国、英国、日本、澳大利亚等国家都基于胜任特征理论建立了公职人员的人力资源管理体系(陆晓光、朱东华，2013)。我国虽然起步较晚，但已有一些学者就胜任特征理论与方法在公务员队伍能力建设中的应用进行了有益探索。陆晓光和龚其国（2014）利用行为事件访谈技术，针对处级领导干部建构了包含业绩导向、制度建设、综合思维、影响力、人际关系和团队领导六个维度的胜任特征模型。赵耀（2005）在问卷调查的基础上，得到了中央国家机关人事干部的五维胜任特征模型。也有一些研究针对的是基层公务员的胜任特征。李苑凌、张皓和夏芳（2012）指出，基层政府统计员的胜任特征模型包括四个维度：进取务实的个性、组织协调与问题解决能力、统计资料的搜集与处理的技能及系统的专业知识。而地方税务系统公务员的胜任特征模型包括成就动机、团队协作、自信、主动性、人际关系五个维度（王结玉，2014）。

（二）出入境检验检疫

出入境检验检疫部门作为政府行政机构，其主要职责是对出入境物品进行包括卫生检疫、动植物检疫、商品检验等的检查。目前，对于出入境检验检疫工作的研究主要围绕政府执行力建设、法规政策、宏观发展或检验检疫技术等方面展开。就出入境检验检疫部门的人才队伍建设而言，国家公务员局修订的《国家公务员通用能力标准框架（试行）》提出了政治鉴别能力、依法行政能力、公共服务能力等九项能力要求。但是，如何测评这些能力，文件中没有给出明确说明。有人提出要在出入境检验检疫部门推行绩效管理，但也缺乏实证研究的检验。在当前的公务员选拔实践中，也还存在着职位分析不充分、测评要素设置不合理、评价主体对评价标准理解不一致等问题（陆晓光、朱东华，2013）。因此，构建科学的人力资源管理体系成为当前出入境检验检疫部门响应党和国家关于加强公务员队伍建设的号召、改进出入境检验检疫工作的迫切需求和重要突破口。可以看到，尽管胜任特征模型在政府公共部门中得到了越来越多的应用，但几乎没有涉及出入境检验检疫部门的研究。加强和改进出入境检验检疫部门的人才队伍建设，是提高政府执政能力的题中应有之义，也关系到经济、社会的健康和谐发展。为此，本研究将质性研究与定量研究相结合，来建构出入境检验检疫人员的胜任特征模型。

三、胜任特征模型的建构

(一)行为事件访谈与编码

1. 被试

在模型的建构阶段，研究选取广东、广西、山东、辽宁四地出入境检验检疫部门的 60 名职员。根据上级对绩效的评定结果，被访谈者均为绩效优秀者。

2. 访谈过程

(1)访谈前准备

在实地访谈开始之前，首先要对访谈员进行培训。在本研究中，访谈员由人力资源专家和管理学硕士研究生组成。为了确保所有访谈员能够独立进行行为事件访谈，要求访谈员认真学习行为事件访谈技术，并通过互相访谈的方式进行练习。

(2)实地访谈

所有访谈都根据事先编制的行为事件访谈提纲进行。为了消除被访谈者的顾虑，向其说明本次访谈的目的是建立胜任特征模型，数据资料主要用于公务员考试录用、培训、考核等政策制定工作，不会对其绩效评估和岗位晋升产生影响。在征得被访谈者同意后，对访谈进行全程录音。同时，还根据行为事件访谈信息记录卡对被访谈者在访谈过程中的行为表现进行记录，作为后期编码时的补充材料。

(3)编码过程

具体编码过程包括三步。

第一步，将录音资料转换为文本。

第二步，进行编码训练。基于 Spencer 的胜任特征编码词典，首先，由6 名管理学、心理学专业的硕士研究生对任一访谈文本进行试编码，通过反复讨论达成一致意见，并对编码词典进行补充、修订。其次，对另外 6 份文本进行独立编码，并对编码一致性进行分析。

第三步，正式编码。从 6 人中选择编码一致性较高的 3 人，根据补充修订后的编码词典对全部访谈文本进行正式编码。

（4）访谈结果

对正式编码结果进行汇总整理，并用 SPSS 21.0 进行统计分析。共提取出 25 项胜任特征，各项胜任特征出现的频次如表 4-14 所示。

表 4-14　各项胜任特征出现的频次统计

胜任特征	频次
政策理解能力	6
人际关系建立	11
信息收集能力	8
创新能力	2
责任意识	13
执法说服力	2
成就动机	9
综合分析	5
业务支持能力	13
沟通能力	7
组织协调	5
压力承受能力	5
贯彻执行能力	9
团队合作	8
主动性	3
学习发展	9
服务意识	4
应急处置能力	5
诚实守信	7
质量意识	4
服从性	6

续表

胜任特征	频次
细节关注能力	3
专业知识	11
自我定位	3
规范执法	7

(二)半结构化问卷

问卷调查法也是建构胜任特征模型的一种重要手段，在实践中有着广泛的应用。基于行为事件访谈得到的25项胜任特征，我们编制了半结构化问卷，调查出入境检验检疫人员对各项胜任特征重要程度的评价。

1. 被试

广西、广东两地出入境检验检疫部门的201名职员，其中男性102人、女性99人，平均年龄27.6岁。

2. 研究问卷

要求被试填写半结构化问卷。问卷包含两个部分。

一是胜任特征问卷。针对行为事件访谈得到的25项胜任特征，要求被试就其所评价的工作岗位的重要程度以及做好本岗位工作该能力所需要达到的程度进行评价。评价采用李克特五分等级量表。

二是补充性问题。通过设计开放性问题，供被试在填答封闭性试题之外，开放式地表述自己所在岗位所需要的能力、素质特点，以及需要该能力、素质的工作情境。向广西出入境检验检疫人员发放问卷220份，回收有效问卷201份(有效回收率91.4%)，对25项胜任特征的重要性评定情况如表4-15所示。

表 4-15　出入境检验检疫人员胜任特征重要性评定

胜任特征	均值	标准差
政策理解能力	4.61	0.55
人际关系建立	4.50	0.61

续表

胜任特征	均值	标准差
信息收集能力	4.44	0.57
创新能力	3.89	0.80
责任意识	4.81	0.40
执法说服力	4.35	0.75
成就动机	3.89	0.78
综合分析	4.36	0.64
业务支持能力	4.38	0.73
沟通能力	4.67	0.55
组织协调	4.46	0.72
压力承受能力	4.39	0.61
贯彻执行能力	4.56	0.57
团队合作	4.53	0.67
主动性	4.19	0.68
学习发展	4.59	0.51
服务意识	4.39	0.69
应急处置能力	4.40	0.65
诚实守信	4.54	0.57
质量意识	4.33	0.90
服从性	4.42	0.57
细节关注能力	4.26	0.71
专业知识	4.54	0.62
自我定位	4.28	0.67
规范执法	4.63	0.67

3. 探索性因子分析

由于本研究构建胜任特征的主要目的是为出入境检验检疫部门选拔和评价职员，而现有的 25 项胜任特征数量较多，增加了测评的复杂性，盲目减少指标又会损失重要信息，降低测评活动的有效性，故采用探索性因子分析对现有的

25 项胜任特征进行降维。

首先，进行因子分析的适宜性检验，KMO 系数为 0.75，Bartlett 球形检验显示，$\chi^2 = 914.86$，$df = 300$，$p < 0.01$，表明该样本适宜进行因子分析。探索性因子分析共提取特征值大于 1 的因子 8 个，对总方差的解释率为 66.56%。但是经分析，在后面几个因子上负荷较高的题目比较零散。结合碎石图，最终确定提取 5 个因子，如表 4-16 所示。因子数目确定后，再次进行因子分析，KMO 系数为 0.75，Bartlett 球形检验显示，$\chi^2 = 817.71$，$df = 253$，$p < 0.01$，删除跨载荷的"综合分析"和载荷较低的"学习发展"，保留 23 项胜任特征，抽取公因子 5 个，累计可解释总方差的 54.70%。

表 4-16 探索性因子分析结果

胜任特征	因子 1	因子 2	因子 3	因子 4	因子 5
规范执法	0.812				
专业知识	0.763				
执法说服力	0.660				
质量意识	0.578				
团队合作	0.554				
组织协调		0.682			
业务支持能力		0.649			
沟通能力		0.636			
人际关系建立		0.597			
压力承受能力		0.590			
成就动机			0.748		
创新能力			0.651		
信息收集能力			0.565		
主动性			0.536		
应急处置能力			0.469		
服务意识				0.634	
服从性				0.625	
责任意识				0.615	

胜任特征	因子1	因子2	因子3	因子4	因子5
诚实守信				0.538	
政策理解能力					0.808
细节关注能力					0.590
贯彻执行能力					0.523
自我定位					0.424
方差解释率/%	11.92	11.76	11.24	10.49	9.29
累计解释率/%	11.92	23.68	34.92	45.41	54.70
Cronbach's α	0.76	0.72	0.70	0.63	0.68

因子1包括规范执法、专业知识、执法说服力、质量意识和团队合作5项胜任特征，主要涉及执法中所需要的相关知识、能力和特征，故命名为"执法能力"。

因子2包括组织协调、业务支持能力、沟通能力、人际关系建立和压力承受能力5项胜任特征，体现了协调、人际沟通等方面的能力，故命名为"协调沟通"。

因子3包括成就动机、创新能力、信息收集能力、主动性和应急处置能力5项胜任特征，主要与工作中积极主动、追求卓越、开拓创新等方面的能力特征相关，故命名为"主动创新"。

因子4包括服务意识、服从性、责任意识和诚实守信4项胜任特征，主要涉及个人品格与特质，故命名为"品格特质"。

因子5包括政策理解能力、细节关注能力、贯彻执行能力和自我定位4项胜任特征，体现了分析、理解并执行政策的能力，故命名为"分析执行"。

4. 信度检验

对问卷及其5个维度的内部一致性信度进行检验，结果显示，问卷整体的Cronbach's α系数为0.87，具有较好的内部一致性。5个因子的α系数分别为0.76、0.72、0.70、0.63和0.68，说明出入境检验检疫人员的胜任特征模型的5个维度的信度也都处于可接受水平。

5.验证性因子分析

为了验证前文建构的胜任特征模型的结构，在广东地区采用同样方法重新收集了 117 名出入境检验检疫人员的问卷资料。基于前文由探索性因子分析得到的 5 因子模型，利用 Mplus 7 对广东地区收集的数据进行验证性因子分析。结果显示，$\chi^2 = 283.94$，$df = 220$，RMSEA$= 0.05$，CFI$= 0.92$，TLI$= 0.91$，SRMR$= 0.07$，模型拟合情况较好。

四、研究结论与未来展望

(一)研究结论

加强和改进人才队伍建设和管理是提高出入境检验检疫部门执行力的重要途径。基于研究现状和现实需求，本研究采用行为事件访谈和问卷调查，根据广西和广东两地出入境检验检疫部门的调研数据，建构了出入境检验检疫人员的胜任特征模型。模型包括组织协调、业务支持能力、沟通能力等 25 项胜任特征，并分为执法能力、协调沟通、主动创新、品格特质和分析执行 5 个维度。

执法能力反映了对出入境检验检疫人员依法文明行政的能力要求。检验检疫作为一项专业性较高的工作，对相关工作人员的专业知识和技能提出了较高要求，同时，在行政执法过程中，需要工作人员之间良好的团队合作。

协调沟通要求出入境检验检疫人员能够很好地与其他单位及个人进行沟通，与有助于完成工作目标的人建立或维持良好关系，并对各种资源进行合理配置，协调各种利益关系，提供必要的技术及业务支持，共同完成工作任务。

主动创新要求出入境检验检疫人员乐于承担分外的工作，并且发动其他人一起努力，在问题发生前提前采取行动，防患于未然；不断给自己设定挑战性的目标，追求卓越，主动进取；开拓新的检验检疫工作思路和方法，打破现状，有自己的独特见解，不断创新。

品格特质包括服务意识、责任意识、服从性和诚实守信。具有这些品格特质的出入境检验检疫人员能够时刻以为人民服务为宗旨，热爱检验检疫工作，兢兢业业，遵守各种规章制度，听从上级指示，信守承诺，可信可靠。

分析执行体现了出入境检验检疫人员分析理解和贯彻执行相关政策的能力。作为国家公职人员，出入境检验检疫人员一方面需要能够正确理解国家检验检疫的相关政策，并结合具体岗位要求，制订操作性强的执行计划；另一方面要对自己的能力有客观和全面的认识，并通过不断学习来提高能力，寻求职业上的发展。

(二)未来展望

基于胜任特征的人力资源管理体系，我们将根据特定岗位或职业的胜任特征需求，对员工进行甄选和有针对性的培训，进而提高员工胜任水平和整个组织的绩效。本研究提出的五维胜任特征模型，为出入境检验检疫部门进行人员选拔、培训、考核等人力资源管理实践提供了参考依据。本研究所建构的出入境检验检疫人员胜任特征模型仅仅基于广西、广东两地的调研数据，样本的代表性还存在着一定的局限。该模型是否能够推广到其他地区的出入境检验检疫部门，还有待进一步研究和探讨。同时，该模型对绩效等工作相关变量的预测作用也需要实践的检验。

第四节

多重匹配性对新入职员工职业适应性的影响

一、研究的理论背景、目的与假设

(一)研究的理论背景

组织行为学研究发现，员工的工作态度和行为不仅受到其所掌握的与工作相关的知识、技能以及人格特质的影响，还会受到其所处的环境特点的影响，其与环境的交互是影响个体行为的决定性因素（王元元、时勘，2014）。因此，人的态度和行为是自身与环境相互作用的结果。职业适应性指个体能顺应职业环境的变化，解决自身职业发展中面对的问题所必须具备的一系列能力，是衡量一个人职业发展最重要的指标之一，是个体家庭生活与社会生活幸福的基础，也可以影响到企业的经营绩效与发展前景。因此，探索员工的职业适应性，尤其是探索新入职员工的职业适应性，对于正确合理地了解员工现状，发现员工职业发展中存在的问题，有着非常重要的作用，考察职业适应性的影响因素尤其是人与环境的匹配性因素显得尤为重要。人与环境的匹配与否可以直接影响到员工的态度与行为，探究匹配性因素对员工态度和行为的影响是非常重要的一项研究。但以往对于匹配性因素的研究主要针对的是企业内的员工，对于新入职的员工来说，匹配性不佳会直接影响到其职业适应性，进而带来一系列的适应不良的问题。因此，研究匹配性因素对新入职员工职业适应性的影响，并对即将入职的员工进行干预，从而提高其与未来职业的匹配度，使其对未来的职业适应做好准备，有着非常重要的意义。

新入职员工面临着学职转换等角色转变问题，如果能在新入职阶段与所在组织、工作、团队和直接领导实现良好的匹配，就能很快地融入新的工作生活环境中，更好地为团队和组织贡献自己的力量。如果在入职初期，员工与组织或者工作、团队、领导没有实现很好的匹配，将会导致长时间的磨合期，这样，就会浪费诸多的资源，同样会耗费更多的人力成本去招募新的员工。因此，在招聘阶段招聘到合格的员工，并进行合理的培训，提高其与所在组织、工作、团队和领导的匹配度，是留住员工并提高组织核心竞争力的有效方法之一。

但是，人与组织（P-O）匹配和人与职业（P-J）匹配均存在一定的局限性。比如，P-O 匹配理论的出发点是在招聘过程中寻求与组织目标、价值观等相契合的员工。但是，对于未入职的员工或者新入职的员工来说，组织目标和价值观是相对虚无的概念，他们没有办法在短时间内做出判断。因此，P-O 匹配对于新入职员工适应性的影响效能值得商榷。另外，P-J匹配理论在现实生活中也有其局限性，因为这种匹配忽略了其他匹配因素对于员工选拔的影响。这种入职前的匹配虽然能保证应聘者在短时间内适应工作，但能否与同事相处融洽，拥有和谐的员工关系，也是值得研究的重要条件。因此，对于新入职员工来说，接受组织相关的价值理念、目标和愿景的培训也是非常必要的。而在工作方面，新入职员工虽然在学校学习了与工作相关的知识，但在将知识运用到实践方面，仍然存在较大的困难，因此，就会呈现出在业务上不熟练的状态。由于新入职员工仍处于轮岗或者摸索阶段，在真正接触到工作的核心之前，P-J匹配的培训也是非常必要的。另外，对于新入职员工来说，他们在短时间内并未真正了解组织的文化理念，更没有真正地融入这个组织，即与组织衔接的纽带尚不够牢固。这个时候员工感觉到的与团队成员是否和谐相处，与领导是否匹配，是否在小范围的团队内部找到归属感，才是决定员工能否顺利过渡的关键，这是其完成职业转变并留在组织的关键。所以，随着社会和企业环境的急速变化，企业员工要能够适应各种职业压力与应激环境，并能够在模糊的情境中做出恰当的决策，探索匹配性因素对其职业适应性的影响，这对于提高其适应性至关重要。

(二)研究目的

考察P-O匹配、P-J匹配、P-G(人与群体)匹配和P-S(人与上级)匹配等匹配性因素，对新入职员工的职业适应性的影响及作用机制。

(三)研究假设

新入职员工的职业适应性包括组织环境适应性、工作适应性和人际适应性三个方面。根据以往研究，在各种匹配性因素中，P-O匹配对员工行为的影响最大，影响时间最长，P-J匹配对员工行为的影响最直接，P-G匹配和P-S匹配在各种自变量对员工态度和行为的影响中起到调节作用。对新入职员工来说，他们在新的团队中会形成以新员工为主要成员的小团体，在小团体中共同面临与企业环境的磨合、学习工作技能的困境、与团队中领导或是其他部门成员的相处等问题。这样的小团体给他们带来的归属感比团队领导或是组织给予的关怀更强烈。当然，这也与企业中领导与成员之间的权力距离有关。以往研究认为，组织文化通过价值观的渲染，可以直接帮助员工适应其职业，企业文化则通过工作特征间接地对员工的职业适应性产生影响。为此，我们特提出假设1和假设2。

假设1：P-O匹配能对员工的职业适应性做出预测；

假设2：P-J匹配在P-O匹配对员工职业适应性的影响中起中介作用。

尽管没有研究探索P-G匹配和P-S匹配对员工职业适应性影响的调节作用，但团体动力学理论认为，员工与团队及领导的交互作用是决定员工行为的重要因素。以往研究发现，社会支持、同伴支持与信念对大学生职业适应性具有独特的解释力，关系因素（与同事的关系、与领导的关系）对进城务工人员的职业适应能力能做出更好的解释。P-G匹配和P-S匹配尽管不能直接预测结果变量，但可以更好地对结果变量做出解释，类似于调节效应。基于此，提出本研究的假设3和假设4。

假设3：P-S匹配在P-O匹配、P-J匹配对员工职业适应性的影响中起调节作用；

假设4：P-G匹配在P-O匹配、P-J匹配对员工职业适应性的影响中起调节作用。

二、研究方法

（一）被试

从北京、浙江、山东、江苏、安徽等地选取工作年限一年及以下的员工作为被试。主要采用人力资源管理人员协助的方式，问卷以团体施测的形式在开会前进行统一作答，并当场回收。共发放问卷200份，回收有效问卷189份，有效回收率94.5%。其中女性86人，男性103人。

（二）调查方法

以问卷调查法为主，兼有问卷测试后的访谈。

(三)测量工具

1. 匹配性问卷

匹配性问卷由 P-O 匹配、P-J 匹配、P-G 匹配以及 P-S 匹配四个分问卷组成。

(1)P-O 匹配问卷。为获得员工与组织匹配的完整内容,P-O 匹配问卷包括价值观匹配和目标匹配两个维度,采用 Cable 和 DeRue(2002)编制的 P-O 匹配6 道题目的英文问卷。其中价值观匹配问卷和目标匹配问卷各 3 道,本研究中它们的 Cronbach's α 系数分别为 0.675、0.808,中文问卷由 3 名心理学博士研究生翻译而成。例如,"我生活中的价值观与组织所倡导的价值观相类似"(价值观匹配),"我个人的目标与组织目标相类似"(目标匹配)。

(2)P-J 匹配问卷。包括需求与供给、能力与要求两个维度,采用 Cable 和DeRue(2002)编制的 P-J 匹配 6 道题目的英文问卷。需求与供给、能力与要求两个分问卷分别含 3 道题目,Cronbach's α 系数分别为 0.811、0.801,中文问卷由 3 名心理学博士研究生翻译而成。例如,"我对工作的期望和工作所能带给我的具有一致性"(需求与供给),"我所拥有的工作技能正好能满足我的工作需要"(能力与要求)。

(3)P-G 匹配问卷。采用 P-G 匹配英文问卷,问卷包括 5 道题目,Cronbach's α 系数为 0.686。中文问卷由 3 名心理学博士研究生翻译而成。例如,"和团队里其他人相处是我工作中最好的部分之一"。

(4)P-S 匹配问卷。P-S 匹配指上下级观点、价值观、目标、意图等之间的深层相似性。本研究采用员工与主管契合问卷(汪可真、郑兴山、张林,2011)加以修订而成。本问卷的信效度在国内研究中得到了验证,Cronbach's α 系数为 0.832。

2. 职业适应性问卷

借鉴国内王益富(2014)编制的企业员工职业适应性问卷中的题目修订而成。问卷包括组织环境适应、工作适应、人际适应三个维度,每个维度 4 道题目,共 12 道题目。例如，"我能很好地接受组织的经营模式"（组织环境适应题目），"我能很好地与其他部门同事进行沟通交流"（人际适应题目），"我能很好地解决工作中遇到的问题"（工作适应题目）。所有题目采用李克特五点计分法，得分越高，表示员工的适应性越好。

（四）数据处理

采用 SPSS 16.0 和 AMOS 8.0 对数据进行处理。

三、研究结果与分析

本研究所采用的问卷均由同一批被试作答，且时间相隔较短。我们首先进行共同方法偏差的检验。采用 Harman 单因素检验法对数据的共同方法偏差进行检验，将匹配性问卷得分、员工职业适应性问卷得分放入同一探索性因素分析模型中，检验模型未旋转的因素分析结果。结果发现，在未固定因子数目的情况下，因素旋转结果的第一个公因子的方差解释率为 16.623%，特征值大于 1 的因子有 8 个，没有出现只有一个因子，或者某一因子解释率特别大的情况。因此，可以认为，本研究的数据不存在共同方法偏差的问题，由这批数据进行分析得出的变量之间的关系是可靠的。

（一）问卷的信效度分析

首先，剔除无效问卷，对除人口统计学变量以外的数据进行缺失值和异常值处理。其次，对问卷进行信效度分析及进一步的统计分析。

1. 匹配性问卷的信效度分析

（1）匹配性问卷的信度检验。用 Cronbach's α 系数对匹配性问卷进行信度分析，可以看出，匹配性总问卷及分问卷的信度都达到 0.686 以上，说明问卷的信度良好。

（2）匹配性问卷的效度检验。根据前人研究，将匹配性问卷分为 P-O 匹配问卷、P-J 匹配问卷、P-G 匹配问卷以及 P-S 匹配问卷。用 AMOS 8.0 进行验证性因素分析，模型的各项拟合指数如下：$\chi^2/df = 3.248$，RMR $= 0.046$，GFI $= 0.867$，IFI $= 0.889$，TLI $= 0.872$，NFI $= 0.848$，CFI $= 0.889$，RMSEA $= 0.043$，说明问卷具有良好的结构效度。模型中各潜变量到显变量的各条路径系数均达到显著水平，说明问卷具有良好的内敛效度。另外，问卷经过了 5 名心理学博士研究生的翻译与修订，具有良好的内容效度。模型结构如图 4-8 所示。

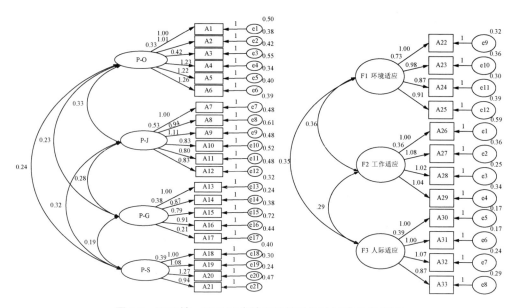

图 4-8　匹配性、职业适应性问卷的验证性因素分析模型

2. 职业适应性问卷的信效度检验

（1）职业适应性问卷的信度检验。用 Cronbach's α 系数对职业适应性问卷进行信度分析，职业适应性总问卷及三个分问卷的信度均达到 0.800 以上，问卷信度良好。

（2）职业适应性问卷的效度检验。用 AMOS 8.0 对职业适应性问卷进行验证性因素分析，模型的各项拟合指数如下：$\chi^2/df = 3.996$，RMR $= 0.037$，GFI $= 0.922$，NFI $= 0.930$，RFI $= 0.910$，IFI $= 0.947$，TLI $= 0.931$，CFI $= 0.946$，RMSEA $= 0.084$，模型拟合良好。而且模型中各潜变量到显变量的路径系数均达到显著水平，说明问卷的结构效度和内敛效度良好。问卷经过了 5 名心理学博士研究生和硕士研究生的审核与修订，内容效度有保障。

（二）新入职员工匹配性及职业适应性现状分析

1. 新入职员工的匹配性分析

对新入职员工的匹配性进行描述性统计，发现工作年限一年以下的员工匹配的各个维度得分均超过了 3 分，说明新入职员工感知到的自身与组织、工作、团队和领导的匹配都非常良好。其中，他们感知到的 P-G 匹配得分最高，其次是 P-O 匹配，P-J 匹配次之，P-S 匹配最差。进行方差分析发现，它们之间的得分存在显著差异（$p < 0.001$，$F = 16.351^{***}$）。进一步进行事后检验发现，P-G 匹配得分显著高于 P-O 匹配、P-J 匹配和 P-S 匹配（$p < 0.01$）。另外，P-S 匹配的得分要显著低于 P-O 匹配的得分（$p < 0.01$）。这可能与他们新入职有关。新入职员工经常会接受入职培训，培训内容大都包括组织文化理念培训、团队合作培训等，而且他们在学校里也经常接受团队合作方面的培训，因此，他们的 P-G 匹配得分要显著高于其他得分，且 P-O 匹配得分也较高。相反，他们对于手头从事的工作并不熟练，与领导的交往比较少，而且正处于磨合期，因此，P-S 匹配得分较低，显著低于 P-G 匹配和 P-O 匹配。

2. 新入职员工职业适应性现状分析

对新入职员工的职业适应性现状进行分析，发现新入职员工适应性较好。如表 4-17 所示，适应性得分均在 4 分以上，其中，人际适应得分最高，其次是组织适应，环境适应得分最低。进一步的方差分析发现，三种适应性得分不存在显著差异（$F = 1.588$，$p > 0.05$），这可能与新入职员工经常接受培训与鼓励有关。新入职者会形成以新入职员工为主的小团队，团队成员彼此年龄相仿，面临共同的问题，交流较多，而且经常会得到其他人的关心与帮助，人际适应的得分最高。在工作方面，他们对未来工作都没有深入的了解，尚处于学习和探索阶段，尚未面临艰巨的工作任务，因而比较自信地认为，自己所掌握的知识、技能与能力可以比较好地应付未来的工作，工作适应得分也比较高。但在与组织的匹配方面，他们刚好面临从学校环境到工作环境的转变，对企业所持的价值观并不是很了解，只是处于客观概念性的接收阶段，在学职转变过程中将会出现诸多的不适应。比如，学校作息比较自由，纪律比较松散，而进入工作环境以后，要面临紧张的环境和严格的约束，在学校养成的懒散习惯不适应工作的紧张节奏，这样会导致一系列的烦躁情绪，甚至对环境的不适应，在环境适应方面的得分显然会比较低，在组织环境的适应方面得分也是偏低的。

表 4-17　新入职员工匹配性和职业适应性得分

适应性维度	组织适应	环境适应	工作适应	人际适应	P-O 匹配	P-J 匹配	P-G 匹配	P-S 匹配
$M\pm SD$	4.230± 0.584	4.153± 0.818	4.218± 0.634	4.334± 0.554	3.990± 0.604	3.778± 0.712	4.194± 0.577	3.765± 0.646

(三)多重匹配因素对新入职员工职业适应性的影响

1. 匹配性因素与新入职员工职业适应性的相关分析

从相关分析表可以看出，P-O 匹配、P-G 匹配、P-S 匹配和 P-J 匹配等匹配性维度与新入职员工的职业适应性及环境适应、工作适应和人际适应三个维度均呈现不同程度的显著正相关($p<0.05$)，而性别与新入职员工职业适应性及其各维度的相关不显著($p>0.05$)。在控制性别变量的情况下，我们采用分层回归检验匹配性因素对新入职员工职业适应性影响的具体机制进行探索，如表 4-18 所示。

表 4-18　匹配性因素与新入职员工职业适应性的相关分析

	P-O 匹配	P-J 匹配	P-G 匹配	P-S 匹配	环境适应	工作适应	人际适应
P-O 匹配	(0.816)						
P-J 匹配	0.755**	(0.843)					
P-G 匹配	0.623**	0.544**	(0.686)				
P-S 匹配	0.384*	0.418*	0.360*	(0.832)			
环境适应	0.486**	0.363*	0.459**	0.571**	(0.881)		
工作适应	0.588**	0.462**	0.534**	0.669**	0.799**	(0.801)	

续表

	P-O匹配	P-J匹配	P-G匹配	P-S匹配	环境适应	工作适应	人际适应
人际适应	0.441*	0.400*	0.484**	0.635**	0.686**	0.862**	(0.871)
性别	−0.099	−0.051	−0.084	−0.206	−0.155	−0.050	−0.082

注：* 表示 $p<0.05$，** 表示 $p<0.01$，*** 表示 $p<0.001$。

2. 分层回归分析结果

根据假设，我们以新入职员工的职业适应性为预测变量，分别以性别和 P-O 匹配、P-G 匹配、P-S 匹配和 P-J 匹配为自变量，采用分层回归分析的方法，考察性别和 P-O 匹配、P-G 匹配、P-S 匹配、P-J 匹配对新入职员工职业适应性的预测作用。第一步，将性别引入回归方程；第二步，将 P-G 匹配引入回归方程；第三步、第四步、第五步，分别将 P-S 匹配、P-O 匹配和 P-J 匹配引入回归方程。回归分析结果如表 4-19 所示。

表 4-19　匹配因素对新入职员工职业适应性影响的分层回归分析

模型	自变量的顺序	自变量 β 值	F	ΔR^2
模型 1	第一步：性别	性别−1.109	0.375	0.012
模型 2	第二步：P-G 匹配	性别−0.065 P-G 匹配 0.525**	5.997**	0.274**
模型 3	第三步：P-S 匹配	性别 0.034 P-G 匹配 0.559*** P-S 匹配 0.332*	11.714***	0.262***
模型 4	第四步：P-O 匹配	性别 0.032 P-G 匹配 0.462*** P-S 匹配 0.376** P-O 匹配 0.306*	11.107***	0.066*
模型 5	第五步：P-J 匹配	性别 0.029 P-G 匹配 0.482*** P-S 匹配 0.412** P-O 匹配 0.168 P-J 匹配 0.117	9.318***	0.020

注：* 表示 $p<0.05$，** 表示 $p<0.01$，*** 表示 $p<0.001$。

通过表 4-19 可以发现，在控制了性别变量的情况下，依次考察 P-G 匹配、P-S 匹配、P-O 匹配和 P-J 匹配对员工职业适应性的预测效应，发现除模型 1 外，其他四个模型的方差均达到显著水平（$p < 0.05$），且模型 1 和模型 5 的 R^2 改变量不显著，即性别和 P-J 匹配对新入职员工职业适应性的预测效应不显著。观察第五个方程可以发现，P-O 匹配的回归系数也不显著（$p > 0.05$）。但 P-G 匹配和 P-S 匹配对新入职员工职业适应性的预测效应依旧显著（$p < 0.05$）。其中，P-G 匹配对新入职员工职业适应性的预测效应大于 P-S 匹配，即对新入职员工来说，员工与团队的匹配对其职业适应性的影响要大于员工与领导的匹配，而员工与工作的匹配及员工与组织的匹配对新入职员工的职业适应性的影响不显著。在各种匹配性因素中，只有 P-G 匹配和 P-S 匹配对新入职员工的职业适应性具有预测效应，且 P-G 匹配对新入职员工职业适应性的预测效应大于 P-S 匹配。

3. 中介效应检验

根据相关分析结果和回归分析结果，检验 P-S 匹配在 P-G 匹配对新入职员工职业适应性的影响中是否起中介作用。通过图 4-9 可以发现，P-G 匹配、P-S 匹配对新入职员工职业适应性影响具有中介作用。模型的拟合指数如下：$\chi^2 / df = 1.829$，RMR = 0.060，IFI = 0.888，CFI = 0.883，RMSEA = 0.102，模型拟合一般。根据中介效应的检验程序，发现 P-G 匹配到 P-S 匹配、P-S 匹配到 F3（职业适应性）、P-G 匹配到 F3（职业适应性）的路径系数均显著（$p < 0.05$），进行 Sobel 检验，Sobel 检验结果 $= 2.416 > 0.97$，Sobel 检验显著，P-S 匹配在 P-G 匹配对新入职员工职业适应性的影响中起到部分中介效应。可以发现，在整个模型中，中介效应占总效应的 $a \times b / (a \times b + c) = 38.650\%$。

下一步，我们采用 Bootstrap 分析方法来检验 P-G 匹配在 P-S 匹配对新入职员工职业适应性影响中的中介效应是否显著。将 Bootstrap 的置信区间设定为 95%，如果路径系数 95% 的置信区间没有包括 0，就说明中介效应是显著的。结果发现，经过 Bootstrap 检验，在 95% 的置信区间下，P-G 匹配到 P-S 匹配适应路径中，P-S 中介效应路径系数的上限为 0.601，下限为 0.022，平均间接

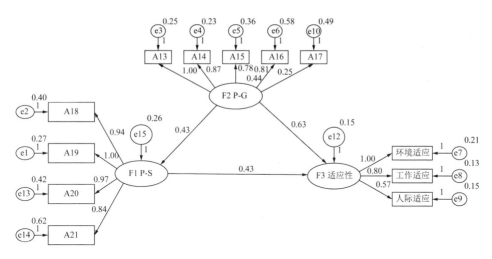

图 4-9　P-S 匹配、P-G 匹配对新入职员工职业适应性影响的模型

效应为 0.177，标准间接效应的标准误为 0.147。由此可知，每条路径系数的 95% 置信区间都不包括 0，说明 P-S 匹配在 P-G 匹配对新入职员工职业适应性的影响中的中介效应是显著的。

4. P-J 匹配、P-O 匹配的调节效应检验

根据回归分析结果，P-J 匹配、P-O 匹配对新入职员工职业适应性的预测效应不显著，因此，检验 P-O 匹配、P-J 匹配是否在 P-G 匹配、P-S 匹配对新入职员工职业适应性的影响中起调节效应，首先对所有自变量和调节变量进行中心化处理。如表 4-20 所示，采用原始分数减去平均分的方式来进行中心化处理后，进行调节效应分析的第一步，即以性别为自变量、新入职员工职业适应性为因变量建立第一个回归方程（模型 1）。然后，依次引入 P-G 匹配、P-S 匹配、P-O 匹配和 P-J 匹配，建立第二个回归方程（模型 2）。最后，将 P-O 匹配×P-G 匹配、P-O 匹配×P-S 匹配、P-J 匹配×P-G 匹配、P-J 匹配×P-S 匹配的交互项引入第三个回归方程，建立模型 3。考察各模型的方程分析结果 F 值以及各交互项的回归系数发现，三个回归方程的方差分析结果除第一个外均显著（$p < 0.001$），即第二个和第三个回归方程均有效。三个方程的 R^2 改变量只有第二个显著，即在加入调节变量的交互项后，方程的 R^2 变量不显著了，说明调节变量的调节效应不显著。观察第

三个回归方程发现，P-S 匹配与 P-O 匹配和 P-J 匹配交互项的回归系数均显著，即 P-J 匹配、P-O 匹配在 P-S 匹配对新入职员工职业适应性的影响中起调节作用。

表 4-20　P-J 匹配、P-O 匹配的调节效应检验

模型	自变量的顺序	自变量 β 值	F	ΔR^2
模型 1	第一步：性别	性别 0.138	1.524	0.019
模型 2	第二步：P-G 匹配、P-S 匹配、P-O 匹配、P-J 匹配	性别 0.180 P-G 匹配 0.329* P-S 匹配 0.278** P-O 匹配 0.169** P-J 匹配 0.137	19.750***	0.549***
模型 3	第三步：P-O 匹配×P-G 匹配、P-G 匹配×P-S 匹配、P-S 匹配×P-J 匹配、P-O 匹配×P-J 匹配	性别 0.212** P-G 匹配 0.314** P-S 匹配 0.257** P-O 匹配 0.122 P-J 匹配 0.201 P-O 匹配×P-G 匹配 0.015 P-J 匹配×P-G 匹配 0.043 P-O 匹配×P-S 匹配 −0.317* P-J 匹配×P-S 匹配 0.287*	11.819***	0.031

注：* 表示 $p < 0.05$，** 表示 $p < 0.01$，*** 表示 $p < 0.001$。

新入职员工的职业适应性会随着 P-S 匹配的提高而提高，即 P-J 匹配可以显著地调节 P-S 匹配对新入职员工职业适应性的影响（见图 4-10）。这也在一定程度上说明，对新入职员工来说，P-J 匹配对他们来说也非常重要，只有 P-J 匹配得好，其他才会起作用。在 P-J 匹配不好的情况下，即便 P-S 匹配再好，员工也感觉力不从心，而且员工与领导匹配得越好，越能感觉到自己与领导在各方面的差距，感觉不能胜任所从事的工作，因此，会出现适应不良的情况。这也说明了找工作要与专业对口，否则其他方面的条件再好，也不会缓解员工内心的焦虑与烦躁。

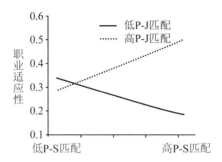

图 4-10 P-J 匹配在 P-S 匹配对职业适应性影响中的调节作用

5. P-S 匹配有调节的中介变量检验

根据有调节的中介变量检验程序，首先，检验 P-S 匹配在 P-G 匹配对新入职员工职业适应性影响中是否存在中介效应，这个在图 4-9 中已经得到证实。其次，检验 P-O 匹配和 P-J 匹配的调节效应，发现其调节效应也显著，因此，P-S 匹配是有调节的中介变量。

6. 整合模型

根据中介效应检验结果和调节效应检验结果，建立整合模型，如图 4-11 所示。

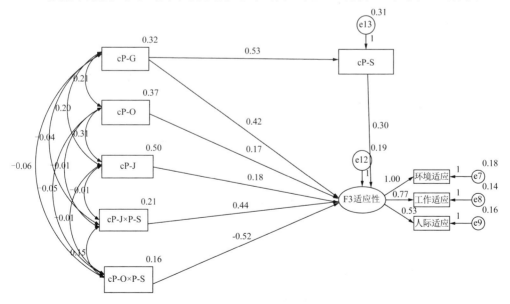

图 4-11 P-G 匹配、P-S 匹配、P-O 匹配、P-J 匹配对职业适应性影响的整合模型

整合模型的拟合指数如下：$\chi^2/df=3.613$，RMR＝0.031，IFI＝0.901，CFI＝0.896，RMSEA＝0.102，模型拟合一般。根据中介效应的检验程序，可以发现：

(1)P-G 匹配到 P-S 匹配、P-S 匹配到 F3（职业适应性）、P-G 匹配到 F3（职业适应性）的路径系数均显著（$p<0.05$），因此，进行 Sobel 检验。Sobel 检验结果＝1.332＞0.97，Sobel 检验显著，P-S 匹配在 P-G 匹配对新入职员工职业适应性的影响中起部分中介效应。

(2)P-S 匹配与 P-O 匹配以及 P-S 匹配与 P-J 匹配交互项的回归系数显著，即 P-O 匹配、P-J 匹配在 P-S 匹配对新入职员工职业适应性的影响中起到调节作用。P-S 匹配是有调节的中介变量。

模型中的中介效应分析如表 4-21 所示。从表中可以看出，模型中中介效应占总效应的 $0.128/(0.128+0.303+0.424+0.435+0.522+0.185+0.175)=5.893\%$。采用 Bootstrap 分析方法来检验 P-G 匹配在 P-S 匹配对员工职业适应性影响中的中介效应是否显著。将 Bootstrap 的置信区间设定为 95%，如果路径系数 95% 的置信区间没有包括 0，就说明中介效应是显著的。结果发现，经过 Bootstrap 检验，在 95% 的置信区间下，P-G 匹配到 P-S 匹配适应路径中，P-S 中介效应路径系数的上限为 0.293，下限为 0.070，平均间接效应为 0.128，标准间接效应的标准误为 0.040。由此可知，路径系数的 95% 置信区间不包括 0，说明 P-S 匹配在 P-G 匹配对新入职员工职业适应性的影响中的中介效应是显著的。

表 4-21　多重匹配因素对新入职员工职业适应性影响的中介效应分析

预测变量	W P-S 匹配	X P-G 匹配	WU1 P-S× P-J 匹配	WU2 P-S× P-O 匹配	U1 P-J 匹配	U2 P-O 匹配
对 Y 的直接效应（职业适应性）	0.303	0.424	0.435	−0.522	0.185	0.175
对 W 的直接效应（P-S 匹配）		0.533				
经过 W 对 Y 的中介效应		0.128				

为解释混合模型中的调节效应，写出 W 和 Y 对各自预测变量的回归方程：

$$P\text{-S 匹配}＝0.533P\text{-G 匹配} \tag{4-1}$$

职业适应性＝0.303P-S 匹配＋0.424P-G 匹配＋0.175P-O 匹配＋0.185

$$P\text{-J 匹配}＋0.435P\text{-J 匹配}×P\text{-S 匹配}－0.522P\text{-O 匹配}×P\text{-S 匹配} \tag{4-2}$$

将方程(4-1)代入方程(4-2)，整理得：

职业适应性＝0.552P-G 匹配＋0.175P-O 匹配＋0.185P-J 匹配＋

$$0.435P\text{-J 匹配}×P\text{-S 匹配}－0.522P\text{-O 匹配}×P\text{-S 匹配} \tag{4-3}$$

从方程(4-3)可以看出，模型中 P-J 匹配对 P-S 匹配影响的调节效应是正向的，P-O 匹配对 P-S 匹配影响的调节效应是负向的。

四、研究结论与意义

(一)研究结论

本研究探索了 P-O 匹配、P-J 匹配、P-G 匹配和 P-S 匹配对新入职员工职业适应性的影响，得到了如下结论。

第一，本研究以工作年限一年及以下的新入职员工为对象，探讨了职业适应性的影响因素。研究结果表明，P-G 匹配、P-S 匹配对新入职员工职业适应性具有预测效应，且 P-G 匹配的预测效应要大于 P-S 匹配。P-G 匹配不仅可以直接影响新入职员工的职业适应性，还可以通过 P-S 匹配对新入职员工的职业适应性产生间接影响。

第二，探索匹配因素对新入职员工职业适应性的影响不仅扩充了匹配性因素影响的结果变量，而且阐释了多重匹配性因素对员工职业适应和职业生涯发展具有良好的预测作用。

第三，P-G 匹配和 P-S 匹配对新入职员工职业适应性具有预测效应，而 P-O 匹配、P-J 匹配在 P-S 匹配对新员工职业适应性的影响中起到调节作用。这解释了多重匹配因素对新入职员工职业适应性影响的独特作用机制。

第四，本研究将 P-O 匹配、P-J 匹配、P-G 匹配和 P-S 匹配放在同一个研究中，同时探索四种匹配性因素对新入职员工职业适应性的具体作用机制，这对匹配性的整合研究来说是一种有效的推进。

(二)研究意义

第一，研究结果为合理招聘和培训提供了实证证据。在招聘和培训过程中，人力资源管理者应注重 P-J 匹配。P-J 匹配能够调节 P-S 匹配对新入职员工职业适应性的影响，这也是新入职员工未来能够实现 P-J 匹配创造更多绩效的基础。因为员工只有对所做的工作熟悉，才会产生较高的自我效能，表现出更多的组织公民行为。

第二，对于新入职员工来说，P-G 匹配对其职业适应性的预测效力最大。在新入职员工培训阶段，团队合作培训是非常必要的。员工能够在团队中有良好的归属感时，才能进一步融入组织，去学习与工作相关的技能，进而提高其职业适应性。

第三，在新入职员工的培训阶段进行组织文化理念培训是提高员工 P-O 匹配的必要内容。研究发现，具有高度 P-O 匹配的员工，其职业适应性受 P-S 匹配的影响较小。可以认为，P-O 匹配是员工与组织长期磨合，相互包容、相互渗透的过程，对于员工长期的发展具有潜移默化的影响。

第四，P-S 匹配在四种匹配性得分中最低，这可能与领导权力距离比较大有关。若想使新入职员工能尽快适应新的工作，企业领导需要主动关心新入职员工，以平等的态度消除新入职员工的沟通障碍，帮助新员工尽快地融入组织。

第五节

————

抗逆力模型的作用机制研究

一、研究目的与文献回顾

(一)研究目的

在突发危机事件中,无论是对个体还是对团队而言,其抗逆力水平都主要表现为对情境的适应,最终目标都是恢复功能和重塑平衡。恢复到危机事件前社会功能的速度越快,其抗逆力就越强。本研究的目的就是考察个体抗逆力对危机管理中的风险认知、危机决策,以及应对行为和心理健康的作用机制,同时也探究团队抗逆力对个体抗逆力及其心理健康的影响。具体地讲,首先,探索危机救援人员的抗逆力与应对方式、心理健康的关系;其次,揭示危机救援人员的抗逆力对风险认知及危机决策的影响;最后,探索突发危机情境下团队层面的抗逆力对个体抗逆力的影响。

(二)文献回顾

多项研究结果表明,救援人员的个体因素在压力反应中起着重要的调节作用。心理资本是个体应对压力并保持身心健康的有效的个人因素。也有研究结果表明,高抗逆力个体在面对重大压力事件时往往会表现出较少的压力症状,而且其不良生理反应和情绪反应也较少,因此,能够更快地实现生理和情绪复原。还有研究表明,应对方式能够有效预测抗逆力的变异。高抗逆力个体往往采取任务定向的应对方式,而低抗逆力个体往往采取情绪定向的应对方式。还有研究把应对策略分为三类：接近型应对策略（Approach Coping）、自助型应对策略（Self-help Coping）、适应型应对策略（Accommodation Coping）。其中，适应型应对策略有助于个体经历积极情绪，并进一步影响其自我抗逆力。还有研究者考察了风险认知对危机管理的影响，认为情绪会影响人们对风险事件的感知与判断，进而影响其行为。因此，风险认知在危机管理的过程中起着非常重要的作用。不同的个性特征的个体会表现出不同的风险偏好，从而影响其风险认知和评价，最终决定个体的决策行为和决策质量。因此，危机救援人员的个性特征、风险偏好、认知评价和行为选择都是影响危机决策的重要因素。同时，危机救援人员的特质型抗逆力和能力型抗逆力也将对决策效果产生重要影响。然而，目前关于这方面的实证研究并不多见。

二、研究框架的提出

综合以往研究发现，尽管现有文献已对抗逆力及其结构要素与应对方式的关系进行了详细的研究，但是，抗逆力对心理健康的影响机制并不明确，尤其是在突发危机情境下，危机救援人员的抗逆力水平到底如何，它又是如何影响其应对方式及心理健康水平，以及如何影响其风险认知及危机决策水平的，值得深入探索。因此，本研究着重考察危机救援人员的抗逆力对其应对方式、心理健康的影响，以及对其风险认知、危机决策的影响，同时，还考察团队层面的抗逆力对个体抗逆力的影响。本研究框架如图 4-12 所示。

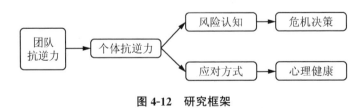

图 4-12　研究框架

子研究 1：个体抗逆力与应对方式、心理健康的关系（见图 4-13）

研究假设：应对方式在抗逆力对心理健康的影响过程中起着中介作用。

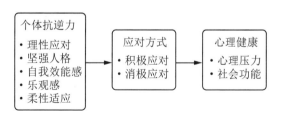

图 4-13 子研究 1 的框架

子研究 2：个体抗逆力与风险认知、危机决策的关系（见图 4-14）

研究假设：风险认知在抗逆力对危机决策的影响过程中起着中介作用。

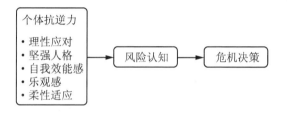

图 4-14 子研究 2 的框架

子研究 3：团队抗逆力与个体抗逆力、心理健康的关系（见图 4-15）

研究假设：个体抗逆力在团队抗逆力对个体心理健康的影响中起着中介作用。

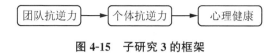

图 4-15 子研究 3 的框架

三、研究方法

(一)被试

我们在浙江、河南 5 家单位发放 900 份问卷，回收问卷 860 份。在所有问卷回收之后，首先检查问卷填答的有效性，将大部分题目没做、没有认真审题、填写不认真的问卷剔除后，最后得到有效问卷 836 份。本次的被试男性占85%，未婚的占 62%，30 岁以下的占 71%，学历为高中/中专、大专的占61%，工龄/军龄 5 年及以下的占 50%，5 家单位的取样分布基本合理。

(二)测量工具

在本研究中，主要包括的变量有抗逆力、应对方式、心理健康，相应的测量工具如下。

1. 个体抗逆力问卷

采用本研究针对危机救援人员编制的个体抗逆力问卷，问卷采用李克特六分等级量表(从"6-非常同意"到"1-非常不同意")，让被试进行自评。在本研究中，该问卷的信度 α 系数为 0.94。采用 AMOS 进行验证性因素分析，结果显示，该问卷结构良好，各项指标符合统计学要求。具体如下：CMIN/df 为3.12，GFI 为 0.93，IFI 为 0.96，TLI 为 0.95，CFI 为 0.96，RMSEA 为 0.05。

2. 应对方式问卷

采用 Carver 简版应对方式问卷，包括积极应对和消极应对两个维度，一共14 道题目。该问卷采用李克特七分等级量表(从"7-完全符合"到"1-完全不符合")进行评价。其中，描述积极应对的题目有"集中精力、采取行动去应对艰难情境""从别人那里寻求情感支持"等，描述消极应对的题目有"告诉自己这不是真的""为发生的事情责备自己"等。在本研究中，该问卷的信度 α 系数为 0.82。采用 AMOS 进行验证性因素分析，结果显示，该问卷结构良好，各项指标符合统计学要求。具体如下：CMIN/df 为 2.96，GFI 为 0.95，IFI 为 0.98，TLI为 0.95，CFI 为 0.98，RMSEA 为 0.07。

3. 心理健康问卷

采用一般心理健康问卷(GHQ-12)，一共 12 道题目，包括社会功能和心理压力两个维度。该问卷采用李克特五分等级量表(从"5-非常符合"到"1-非常不符合")进行评价。例如，"做事时能集中注意力""因担忧而失眠"等。其中心理压力维度的部分题目采取反向计分。在本研究中，该问卷的信度 α 系数为0.85。采用 AMOS 进行验证性因素分析，结果显示，该问卷结构良好，各项指标符合统计学要求。具体如下：CMIN/df 为 2.96，GFI 为 0.95，NFI 为0.97，RFI 为 0.93，IFI 为 0.98，TLI 为 0.95，CFI 为 0.98，RMSEA为 0.06。

4. 风险认知问卷

采用社会风险认知问卷，一共 4 道题目。该问卷采用李克特五分等级量表(从"5-非常符合"到"1-非常不符合")进行评价。例如，"当遭遇突发危机事件时，那些场景对我是陌生的""当遭遇突发危机事件时，我认为它是不可控制的"等。在本研究中，该问卷的信度 α 系数为 0.76。采用主成分分析法，对风险认知问卷进行探索性因素分析，结果显示，KMO 值为 0.83，接近适合做因素分析的最佳值 0.9。Bartlett 球形检验显著，结果显示风险认知是一个单维结构，累计方差解释率达到了 59.59%。

5. 危机决策问卷

采用李克特五分等级量表(从"5-非常符合"到"1-非常不符合")进行评价。该问卷有 4 道题目，包括"当遭遇突发危机事件时，我能够果断地做出决策""突发危机事件处理后，我对自己的决策过程感到满意"等。在本研究中，该问卷的信度 α 系数为 0.87。采用主成分分析法，对危机决策问卷进行探索性因素分析，结果显示，KMO 值为 0.85，接近适合做因素分析的最佳值 0.9。Bartlett球形检验显著，结果显示危机决策是一个单维结构，累计方差解释率达到了 71.35%。

6. 团队抗逆力问卷

采用本研究针对危机救援团队所编制的团队抗逆力问卷，以李克特六分等级量表(从"6-非常同意"到"1-非常不同意")，让被试进行自评。在本研究中，该问卷的信度 α 系数为 0.95。采用 AMOS 进行验证性因素分析，结果显示，该问卷结构良好，各项指标符合统计学要求。具体如下：CMIN/df 为 2.04，GFI 为 0.95，IFI 为 0.99，TLI 为 0.98，CFI 为 0.99，RMSEA 为 0.05。

(三)统计分析

本研究采用 SPSS 16.0 和 AMOS 18.0 进行所有统计分析。具体进行的统计分析包括：首先，采用探索性因素分析、信度分析和验证性因素分析等技术来考察所使用问卷的信度和效度；其次，采用结构方程技术来探索个体抗逆力与应对方式、心理健康之间的关系；最后，采用中介回归分析考察个体抗逆力与风险认知、危机决策之间的关系。

(四)研究程序

所有调查问卷由各单位负责人员统一组织下发。研究者会事先对负责人员进行问卷调查指导，并告知所有调查数据完全保密，仅用于科学研究。所有问卷集中填写，当场回收。所有问卷回收之后，由研究者进行逐一检查，剔除无效问卷，然后，进行数据的录入及统计处理工作。

四、研究结果与分析

(一)子研究 1 的研究结果

1. 验证性因素分析

为了考察各测量工具之间的聚合效度和区分效度，我们在假设检验之前，首先进行了验证性因素分析。本研究中包括三个变量：个体抗逆力、应对方式、心理健康。我们进行了三因素模型(三个变量)、二因素模型(应对方式为一个因素，抗逆力和心理健康负荷为一个因素)和单因素模型(所有变量对应一个因素)的验证性因素分析(见表 4-22)。三因素模型($\chi^2 = 9\ 449.56$，CFI$= 0.96$，RMSEA$= 0.06$)明显优于二因素模型($\chi^2 = 11\ 966.31$，CFI$= 0.74$，RMSEA$= 0.09$)和单因素模型($\chi^2 = 13\ 705.20$，CFI$= 0.61$，RMSEA$= 0.11$)。结果显示三个变量之间具有良好的区分效度，同源误差不会影响统计分析结果，可以进行下一步的假设检验分析。

表 4-22　验证性因素分析模型比较结果

模型	χ^2	df	CFI	TLI	RMSEA
三因素模型	9 449.56	1 271	0.96	0.93	0.06
二因素模型	11 966.31	1 273	0.74	0.70	0.09
单因素模型	13 705.20	1 274	0.61	0.58	0.11

2. 描述性统计结果

从表 4-23 可以看出，本研究问卷的内部一致性系数处于 0.71～0.90 之间，都高于推荐值 0.7，说明这些变量的信度系数是可以接受的。相关分析结果表明：个体抗逆力的五个维度都与积极应对存在着显著的正相关关系，同时，柔性适应和乐观感两个维度与消极应对也存在着显著的正相关关系；个体抗逆力和社会功能、心理压力两个维度存在着显著的正相关关系，积极应对和心理压力存在着显著的正相关关系，消极应对和社会功能存在着显著的负相关关系。因此，有必要进一步对各变量之间的关系进行分析。

表 4-23　描述性统计结果

	M	SD	1	2	3	4	5	6	7	8	9
1. 坚强人格	5.19	0.75	**0.82**								
2. 理性应对	4.69	0.89	0.52**	**0.90**							
3. 自我效能感	4.98	0.71	0.58**	0.70**	**0.84**						
4. 柔性适应	4.72	0.75	0.49**	0.67**	0.68**	**0.71**					
5. 乐观感	4.84	0.91	0.47**	0.55**	0.57**	0.61**	**0.85**				
6. 积极应对	5.66	0.85	0.29**	0.30**	0.31**	0.30**	0.23**	**0.77**			
7. 消极应对	3.51	1.45	−0.04	0.06	0.02	0.10**	0.11**	0.06	**0.88**		
8. 社会功能	3.45	0.95	0.25**	0.25**	0.28**	0.21**	0.20**	0.07	−0.40**	**0.87**	
9. 心理压力	4.10	0.62	0.29**	0.43**	0.43**	0.34**	0.26**	0.28**	0.04	0.38**	**0.81**

注：*** 表示 $p < 0.001$，** 表示 $p < 0.01$，* 表示 $p < 0.05$；对角线上的数字是本研究问卷的内部一致性系数。

3. 人口统计学变量的差异检验

为了考察人口统计学变量对因变量的影响，我们分别对其进行了独立样本

的 t 检验和方差分析。结果发现，不同性别对心理健康有非常显著的影响（$t=-3.08^{**}$，$p<0.01$），不同婚姻状况对心理健康有非常显著的影响（$t=6.90^{***}$，$p<0.001$），不同年龄段对心理健康有非常显著的影响（$F=19.38^{***}$，$p<0.001$），不同工龄对心理健康有非常显著的影响（$F=12.49^{***}$，$p<0.001$），不同学历对心理健康有非常显著的影响（$F=11.54^{***}$，$p<0.001$），不同单位对心理健康有非常显著的影响（$F=62.78^{***}$，$p<0.001$）。因此，非常有必要将人口统计学变量及不同单位的变量作为控制变量，进一步考察自变量和因变量之间的关系。

4. 结构方程模型的分析

本研究采用 AMOS 18.0 对个体抗逆力、应对方式与心理健康之间的关系进行结构方程模型分析。根据理论背景和研究框架，本研究先建立了应对方式的全中介模型，并对性别、婚姻、年龄、工龄、学历、单位等变量进行了结构方程模型分析。在分析的过程中，研究者根据 AMOS 18.0 提供的修正指数，逐步对最初的结构模型进行了修改，在逐一删除影响不显著的路径后，最终得到了修订模型（见图 4-16）。修订模型的各项拟合指数都达到了 0.9 以上（见表 4-24）。这说明该模型得到了数据支持，是有效的。

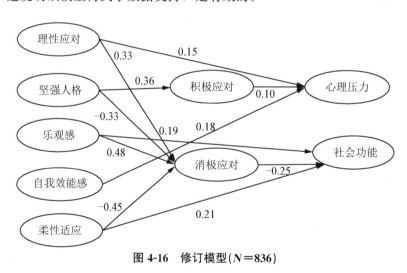

图 4-16　修订模型（$N=836$）

表 4-24 模型的各项拟合指标($N=836$)

χ^2	df	χ^2/df	GFI	IFI	TLI	CFI	RMSEA
1 326.86	405	3.28	0.91	0.93	0.92	0.93	0.05

此外，本研究还采取了中介效应检验程序（即 Sobel 检验）进行验证。结果表明，积极应对在坚强人格与心理压力之间起完全中介作用，消极应对在坚强人格和社会功能、理性应对与社会功能之间起完全中介作用，消极应对在乐观感和社会功能、柔性适应和社会功能之间起部分中介作用（见表 4-25）。

表 4-25 中介作用的 Sobel 检验

路径	$\beta(SE)$	z	中介作用
坚强人格→积极应对	0.36(0.04)		
坚强人格→消极应对	−0.33(0.10)		
理性应对→消极应对	0.33(0.12)		
乐观感→消极应对	0.48(0.13)		
柔性适应→消极应对	−0.45(0.17)		
积极应对→心理压力	0.10(0.02)		
消极应对→社会功能	−0.25(0.02)		
坚强人格→积极应对→心理压力		3.99	完全中介效应
坚强人格→消极应对→社会功能		3.31	完全中介效应
理性应对→消极应对→社会功能		−2.64	完全中介效应
乐观感→消极应对→社会功能		−3.64	部分中介效应
柔性适应→消极应对→社会功能		2.54	部分中介效应

注：模型中的数值为标准化的路径系数；p 值均小于 0.05。

从图 4-16 和表 4-25 可以看出，应对方式确实在个体抗逆力和心理健康之间起着中介作用，但并不是对个体抗逆力的所有维度都起中介作用。研究结果表明，理性应对对心理压力有显著正向影响（$\beta=0.15$，$p<0.05$），理性应对对消极应对有显著正向影响（$\beta=0.33$，$p<0.05$）。坚强人格对积极应对有显著正向影响，对消极应对有显著负向影响，其标准化路径系数分别为 0.36、−0.33。

积极应对在坚强人格和心理压力之间的关系中起着完全中介效应，同时，消极应对在坚强人格和社会功能之间的关系中起着完全中介效应。乐观感对社会功能有直接显著影响($\beta=0.19$，$p<0.05$)，乐观感和消极应对有着显著正相关关系，其标准化路径系数分别为0.48。消极应对方式在乐观感与社会功能之间起着部分中介作用，柔性适应对社会功能有显著正向影响($\beta=0.21$，$p<0.05$)，柔性适应对消极应对有显著负向影响($\beta=-0.25$，$p<0.05$)，与积极应对没有显著相关性，同时，消极应对在柔性适应与社会功能之间起着部分中介作用。此外，自我效能感对心理压力有直接显著影响($\beta=0.18$，$p<0.05$)，说明越是自我效能感强的危机救援人员，感知到的心理压力越少，越能保持心理健康。

(二)子研究2的研究结果

1. 验证性因素分析

为了考察各测量工具之间的聚合效度和区分效度，我们在假设检验之前，首先进行了验证性因素分析。本研究中包括三个变量：个体抗逆力、风险认知、危机决策。我们进行了三因素模型(三个变量)、二因素模型(抗逆力为一个因素，风险认知和危机决策负荷为一个因素)和单因素模型(所有变量对应一个因素)的验证性因素分析。结果如表4-26所示，三因素模型($\chi^2=4\,431.69$，CFI$=0.97$，RMSEA$=0.07$)明显优于二因素模型($\chi^2=5\,363.54$，CFI$=0.81$，RMSEA$=0.10$)和单因素模型($\chi^2=7\,150.08$，CFI$=0.61$，RMSEA$=0.12$)。结果显示，三个变量之间具有良好的区分效度，同源误差不会影响统计分析结果，可以进行下一步的假设检验分析。

表4-26　验证性因素分析模型比较结果

模型	χ^2	df	CFI	TLI	RMSEA
三因素模型	4 431.69	557	0.97	0.94	0.07
二因素模型	5 363.54	559	0.81	0.78	0.10
单因素模型	7 150.08	560	0.61	0.57	0.12

2. 描述性统计结果

从表 4-27 可以看出，本研究问卷内部一致性系数处于 0.71～0.9 之间，都高于推荐值 0.7，说明这些变量的信度系数是可以接受的。相关分析结果表明：个体抗逆力和风险认知、危机决策的正相关关系显著，风险认知和危机决策呈现显著负相关关系。因此，有必要进一步对其关系进行深入分析。

表 4-27　描述性统计的结果

	M	SD	1	2	3	4	5	6	7
1. 坚强人格	5.19	0.75	**0.82**						
2. 理性应对	4.69	0.89	0.52**	**0.90**					
3. 自我效能感	4.98	0.71	0.58**	0.70**	**0.84**				
4. 柔性适应	4.72	0.75	0.49**	0.67**	0.68**	**0.71**			
5. 乐观感	4.84	0.91	0.47**	0.55**	0.57**	0.61**	**0.85**		
6. 风险认知	2.74	0.92	−0.13**	−0.13**	−0.15**	−0.06	−0.05	**0.76**	
7. 危机决策	3.87	0.73	0.34**	0.44**	0.39**	0.32**	0.24**	−0.18**	**0.87**

注：** 表示 $p < 0.01$，对角线上的数字是本研究问卷的内部一致性系数。

3. 人口统计学变量的差异检验

为了考察人口统计学变量对因变量的影响，我们分别对其进行了独立样本的 t 检验和方差分析。结果发现，不同性别对危机决策效果有非常显著的影响（$t = −6.07***$，$p < 0.001$），不同婚姻状况对危机决策效果有非常显著的影响（$t = 3.15**$，$p < 0.01$），不同工龄段对危机决策效果有非常显著的影响（$F = 3.17*$，$p < 0.05$），不同年龄段对危机决策效果有非常显著的影响（$F = 5.40**$，$p < 0.01$），不同学历水平对危机决策效果有非常显著的影响（$F = 11.54**$，$p < 0.01$），不同单位对危机决策效果有非常显著的影响（$F = 20.10***$，$p < 0.001$）。因此，非常有必要将人口统计学变量及不同单位的变量作为控制变量，进一步考察各变量之间的关系。

4. 中介回归分析结果

从图 4-17 可以看到个体抗逆力三个维度、风险认知和危机决策的标准化回归系数。从表 4-28 中可以看出，危机救援人员越是坚强、理性，越有利于危机决策，而风险认知对这种影响并没有中介作用。越是自我效能感高的危机救援人员，其对风险的认知越低，其危机决策水平越高，且这种影响是通过风险认知来实现的。此结果表明，风险认知对自信水平和危机决策具有完全的中介作用。此外，本研究还采取了中介效应检验程序（即 Sobel 检验）进行验证。结果表明，该中介效应显著（Sobel＝2.15，$p<0.05$）。

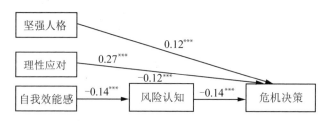

图 4-17　个体抗逆力、风险认知和危机决策的标准化解图

表 4-28　个体抗逆力、风险认知及危机决策的中介回归分析结果

	风险认知		危机决策		危机决策	
	模型 1	模型 2	模型 1	模型 2	模型 1	模型 2
第一步	-0.26^{***}					
单位		0.24^{***}	0.22^{***}	0.15^{**}	0.22^{***}	0.12^{*}
性别			0.14^{**}	0.11^{**}	0.14^{**}	0.11^{**}
婚姻						
年龄				-0.13^{*}		-0.13^{*}
工龄				0.14^{*}		
学历			0.12^{*}			
第二步						
坚强人格				0.12^{**}		0.12^{**}
理性应对				0.28^{***}		0.27^{***}
自我效能感		-0.14^{**}		0.15^{***}		0.14^{**}
柔性适应						

续表

	风险认知		危机决策		危机决策	
	模型 1	模型 2	模型 1	模型 2	模型 1	模型 2
乐观感						
风险认知				-0.18^{***}		-0.12^{***}
R^2	0.02	0.04	0.05	0.23	0.05	0.24
Adjust-R^2	0.01	0.03	0.05	0.22	0.05	0.23
ΔR^2	0.01	0.02	0.00	0.18	0.05	0.19
F	2.96^*	3.64^{**}	8.71^{***}	36.08^{***}	8.71^{***}	33.02^{***}
p	0.012	0.003	0.000	0.000	0.000	0.000
df	5/796	5/791	5/796	5/791	5/796	6/790

注: * 表示 $p<0.05$, ** 表示 $p<0.01$, *** 表示 $p<0.001$。

(三)子研究 3 的研究结果

本研究的被试来自浙江、河南的 3 家单位。共发放问卷 500 份,回收 460 份,剔除没有参加过集体/团队救援任务、空白过多、反应倾向过于明显、作答不认真的无效问卷后,剩余有效问卷 285 份,涉及 42 个团队,各团队 3～10 人不等。本研究采用的调查工具有:个体抗逆力问卷、团队抗逆力问卷和心理健康问卷。在本研究中,三个问卷的信度 α 系数分别为 0.94、0.95、0.85,同时,分别采用 AMOS 对其进行验证性因素分析,结果显示各问卷结构良好。

1. 验证性因素分析

为防止同源误差,首先,将 42 个团队的数据进行内部处理,即将各团队内部每个成员对团队的评价分数进行加总平均,然后汇聚成团队分数。其次,采取 Harman 单因素检验法,在假设检验之前,对各测量工具进行了验证性因素分析。本研究中包括三个变量:团队抗逆力、个体抗逆力和心理健康。我们进行了三因素模型(三个变量)、二因素模型(心理健康为一个因素,团队抗逆力和个体抗逆力负荷为一个因素)和单因素模型(所有变量对应一个因素)的验证性因素分析。结果如表 4-29 所示,三因素模型($\chi^2=5\ 561.35$,CFI$=0.96$,RMSEA$=0.05$)明显优于二因素模型($\chi^2 = 7\,939.93$，CFI$=0.77$，RMSEA$=0.08$)和单因素模型($\chi^2 = 8\,601.99$，CFI$=0.71$，RMSEA$=0.10$)。结果显示三个变量之间具有良好的区分效度，同源误差不会影响统计分析结果，可以进行下一步的假设检验分析。

表 4-29　验证性因素分析模型比较结果

模型	χ^2	df	CFI	TLI	RMSEA
三因素模型	5 561.35	1 374	0.96	0.93	0.05
二因素模型	7 939.93	1 376	0.77	0.72	0.08
单因素模型	8 601.99	1 377	0.71	0.67	0.10

2. 描述性统计结果

从表 4-30 可以看出，本研究问卷的内部一致性系数处于 $0.87 \sim 0.95$ 之间，都高于推荐值 0.7，说明这些变量的信度系数是可以接受的。相关分析结果表明：个体抗逆力和团队抗逆力、心理健康之间的正相关关系显著。所以，接下来有必要对其关系进行深入探索。

表 4-30　描述性统计结果

	M	SD	1	2	3	4
1. 个体抗逆力	4.90	0.64	0.37**	**0.94**		
2. 团队抗逆力	4.93	0.52	0.11	0.28**	**0.95**	
3. 心理健康	3.93	0.67	0.44**	0.48**	0.16**	**0.87**

注：** 表示 $p < 0.01$，对角线上的数字是本研究问卷的内部一致性系数。

3. 不同单位变量的方差分析

我们将不同单位作为分组变量进行方差分析。结果发现，不同单位的个体抗逆力水平和心理健康水平存在非常显著的差异，不同单位的团队抗逆力水平也差异显著(见表 4-31、图 4-18)。由图 4-18 可以看出，单位 3 的个体抗逆力水平、团队抗逆力水平和心理健康水平都显著高于单位 1 和单位 2。这说明，个体抗逆力水平高的单位，其团队抗逆力水平高，心理健康水平也高。但是，究竟是个体抗逆力影响了团队抗逆力，还是团队抗逆力影响了个体抗逆力，以及两个变量和心理健康之间到底是什么关系，还需要进一步探索分析。

表 4-31　不同单位的个体抗逆力、团队抗逆力和心理健康的方差分析

	SS	df	MS	F	Sig.
个体抗逆力	26.85	2	13.42	42.39	0.000
团队抗逆力	2.42	2	1.21	4.55	0.011
心理健康	41.00	2	20.50	66.39	0.000

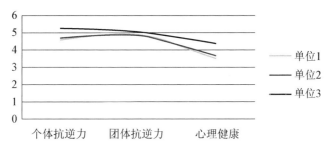

图 4-18　不同单位的个体抗逆力、团体抗逆力和心理健康的差异比较

4. 中介回归分析结果

为了探索个体抗逆力在团队抗逆力与个体心理健康之间是否存在中介作用，研究者对三者关系进行了中介回归分析（见表 4-32）。结果发现：团队抗逆力对个体抗逆力有正向影响作用，团队抗逆力通过影响个体抗逆力而进一步影响个体的心理健康水平（见图 4-19），即个体抗逆力在团队抗逆力和个体心理健康之间具有完全中介作用。此外，本研究还采取了中介效应检验程序（即 Sobel 检验）进行验证。结果表明，该中介效应显著（Sobel＝3.26，$p<0.01$）。

表 4-32　个体抗逆力、团队抗逆力及心理健康的中介回归分析结果

	个体抗逆力		心理健康		心理健康	
	模型1	模型2	模型1	模型2	模型1	模型2
第一步						
单位	0.36***	0.35***	0.43***	0.42***	0.43***	0.30***

续表

	个体抗逆力		心理健康		心理健康	
第二步						
团队抗逆力		0.25^{***}		0.13^{*}		0.04
个体抗逆力						0.36^{***}
R^2	0.13	0.20	0.19	0.20	0.19	0.31
Adjust-R^2	0.13	0.19	0.18	0.20	0.18	0.30
ΔR^2	0.13	0.06	0.19	0.02	0.19	0.12
F	42.90^{***}	64.80^{***}	64.80^{***}	5.67^{*}	64.80^{***}	24.74^{***}
P	0.000	0.000	0.000	0.018	0.000	0.000
df	1/283	1/282	1/283	1/282	1/283	1/281

注：***代表 $p<0.001$，**代表 $p<0.01$，*代表 $p<0.05$。

图 4-19　团队抗逆力、个体抗逆力和心理健康的标准化解图

五、研究结论

(一)子研究 1 的结论

子研究 1 探索了个体抗逆力与应对方式、心理健康之间的关系。研究结果表明，个体抗逆力、应对方式对心理健康都有正向显著影响，而且，应对方式在个体抗逆力与心理健康之间起着中介作用。具体而言，越是坚强的危机救援人员，越会更多地采用问题解决和求助的积极方式；越是柔性适应强的人员，越少采用消极应对方式，因而感知到的心理压力就越小。反之，越是采用消极应对方式，越容易导致其社会功能失调。

(二)子研究 2 的结论

子研究 2 探索了个体抗逆力与风险认知、危机决策之间的关系。研究结果表明，个体抗逆力、风险认知对危机决策都有正向显著影响，而且风险认知在自我效能感与危机决策之间起着中介作用。越是自我效能感强的危机救援人员，其对风险的感知越低，危机决策水平越高。危机救援人员越是坚强、理性，越有利于危机决策。

(三)子研究 3 的结论

子研究 3 探索了团队抗逆力、个体抗逆力以及心理健康三者之间的关系。研究结果表明，团队抗逆力水平高的单位，其个体抗逆力水平和心理健康水平也高，且个体抗逆力在团队抗逆力与个体健康之间起着中介作用。

（时勘、时雨、张腾、李英武、朱厚强、杨鹏、王元元、梁社红、

杨存存、周海明、郭鹏举、詹恺、魏敏嫒、李朋朋）

第五章

科学思想库、人才培养及科学普及的
心理影响机制研究

———

科学思想库、人才培养及科学普及研究概述

实现中华民族伟大复兴的基础是实现"科技强国梦"和"教育兴国梦",而实现科技强国和教育兴国的社会心理促进机制显得尤为重要。本章关注的科学问题是:首先,在国家重大科技决策中,科学思想库对保障国家战略性新兴产业、重大社会经济决策起着至关重要的作用;其次,培养和造就一大批不同类型挑战科学技术前沿难题的高端人才(含特殊技能人才)是科技创新的关键,应重视其成长的社会心理影响因素;最后,探索学校教育的方式和促进科学普及的社会心理促进机制是提升整个中华民族的公民科学素质和科学精神、保障科技创新与可持续发展的又一关键问题。

一、科学思想库建设与发展

科学思想库指专门提供科学技术政策研究和为政府的决策提供科技咨询的思想库。科学技术政策的决策是提高国家竞争力和实现国家战略目标的关键

一环。科学思想库具有鲜明的科技特色，主要表现在：科学思想库在开展决策咨询、建言献策、推动领导决策科学化的同时，还发挥着繁荣学术园地、促进学科建设和科技发展的作用。对于在自然科学、社会科学方面作出了卓越贡献的科学院院士、工程院院士、社会科学家，怎样才能鼓励他们对国家科学技术发展、宏观经济决策等积极建言献策？关于建立国家科学思想库的提议由来已久。但是，这一平台究竟应该怎样建设才能真正吸引各领域专家有效地参与国家科技发展的重大决策，这不是政府机构营造宽松的沟通环境、出台一些科技政策就能直接达成的。基于此，我们对科学思想库的特性、社会职能、研究重点等进行探究。

(一)科学思想库的特性

现代科学技术日益呈现出跨越式的创新与发展趋势，对政府制定正确的科技发展战略提出了更多的挑战，同时也对科学思想库提出了更高的要求，呈现出如下特点。

1. 研究内容的知识与技术密集性

科学思想库的研究内容多是科学技术发展战略、科技政策等，因此，会涉及很多具体的学科知识、技术知识，深入系统地了解这些知识是科学思想库研究工作的首要内容和基础。对某一领域相关知识的了解和研究深度决定了该思想库对这一领域的研究水平，并进一步决定了其提出政策建议的正确性和影响力。所以，研究内容的知识与技术密集性是科学思想库区别于其他类型思想库的首要特点。

2. 研究分析的跨学科性

科学思想库研究的跨学科性表现在两个方面：一方面是自然科学之间的交叉。现代科技的一个重大特点就是学科的横向渗透、交错与综合性极强，科学技术朝着综合化、复杂化的方向发展。因此，对某个学科、某个领域或某项技术相关问题的研究都脱离不了这种跨学科性。另一方面是自然科学与社会科学的交叉。现代科学技术向政治、经济、社会、军事、文化、教育、卫生等各个领域广泛地渗透，科学技术的发展战略不单单是科学技术的问题，它会涉及社会发展、政治影响和外交策略等多方面的社会问题。因此，此类研究实际上是自然科学与社会科学的有机结合。

3. 自然科学家在科技决策中占主导

科技政策的制定需要专业力量，缺乏对科技专业知识了解的人被排除在科技政策的参与过程之外。因此，在科学思想库的每项研究中，相关领域的自然科学家以他们掌握的相关领域专业知识而占据研究的主导地位。科学技术领域繁多和不同领域科学知识的专深，导致科学思想库往往不能将所有领域的科学家都囊括其中。所以，常常采用的方式是针对不同的研究问题临时聘请相关的专家，组成研究小组进行课题研究，而当课题结束时再将研究小组解散。

(二)科学思想库的社会职能

1. 为政府提供科技政策咨询

为政府提供科技政策咨询是科学思想库最主要的作用。这种咨询作用主要涉及两个方面：一是对政府有关科技的宏观政策提供建议。科学技术的综合化、复杂化使得科技政策的制定变成一种复杂性的活动。二是对公共政策中有关科技的方面提供建议。近年来，科学技术不断向公共政策的各个领域渗透，使得政府的公共政策问题日益复杂。科学思想库具备强大的研究能力，可以组织进行专门的科技政策研究，这将会为政府的决策提供强有力的支持。

2. 对科研项目有效性进行评价

政府为了合理分配研究资金、提高研究投入的使用效率，需要对其科研资助政策以及研发的实施、成果和影响进行评价。科学思想库拥有科技领域高水平人才和长期的研究工作基础，以其研究的客观、中立性著称。因此，它在科研评价方面具有较高的优势，可以提供权威、专业的科研评价。例如，英国曼彻斯特大学的工程、科学与技术政策研究所(PREST)和萨塞克斯大学的科学政策研究所(SPRU)就是为英国政府提供专业科研评价的主要机构之一。它们不但开展评价理论和方法研究，还从事实际评价工作。

3. 向公众普及科技政策知识

科技发展对社会的影响越来越大，公众越来越渴望了解并参与科技政策的制定。而科学思想库通过各种手段宣传其研究成果和基本主张，如发表著作、研究报告、定期出版物，召开各种各样的研讨会等。这些宣传手段让公众了解政府科技政策制定的过程以及依据，同时也搭建了政府与科学界同公众交流思想的平台。这就使得科技政策的制定更广泛地体现民众权益，也可以增强决策的科学性和有效性。

4. 培养科技人才

科学思想库聚集了各专业的大批专家学者，在日常的实践和交流中培养了大批高素质的人才。例如，中国科学院和中国社会科学院都建有自己的各梯队研究人员和研究生队伍，承担了培养储备研究人才的职责。

(三)科学思想库的研究重点

本研究从科学思想库建设与发展的角度出发，将科学思想库的研究重点聚焦于科技体制改革、战略性新兴产业以及院士制度建设和完善三个方面。

1. 科技体制改革

我国科技体制改革的目的是最大限度地推动科技创新，发挥科技创造力。目前我国的科技创新还面临激励机制、官本位制、科研评价和科技成果转化等诸多机制问题。关于我国科技体制和政策的研究并不鲜见，特别是有关创新型国家的研究为数不少，但多停留在现象学的描述上，即根据已有的文献资料进行归纳总结，相关的实证研究并不多见。本研究在院士群体层面获取了相关调查数据，对科技体制改革展开了实证研究。

2. 战略性新兴产业

战略性新兴产业是根据科学技术的重大突破性进展而形成的新兴产业。做好新兴产业的规划和部署，对于推动国民经济和社会发展、增强国际竞争力至关重要。因此，研究重点围绕"我国应该发展哪些战略性新兴产业及如何发展"这一核心问题，尝试为我国战略性新兴产业的发展在最有基础、最有条件的领域取得突破提供依据。

3. 院士制度建设和完善

院士制度是许多国家科学建制中的重要组成部分。由于各国院士团体都以国家的名义集中了全国乃至国际上最优秀的科学家，院士制度成为国家尊重科学、提高科学家地位的重要制度保障。基于此，有关院士制度的调查研究旨在广泛征询科研人员和民众的意见与建议，对院士制度作出总体评价，并整理出需要解决的问题。

二、高端人才培养

"钱学森之问"确实引发了我们的思考，即中国高端人才的成长途径究竟存在哪些问题？培养和造就一大批能够挑战社会经济和科学技术前沿难题的高端人才是我国创新发展的核心任务之一，探索我国不同类型的高端人才（含特殊技能人才）成长的社会心理影响因素是本研究重点探究的议题。

（一）高端人才的内涵及特征

美国《创新杂志》从工业创新的角度指出，创新人才是指能够孕育出新观念，并能将其付诸实施，取得新成果的人。高端人才在各个领域特别是科学技术和管理领域有强烈的事业心和社会责任感，有创新精神和能力，能为国家发展作出重大贡献，在国家甚至在世界上的相关领域都是带头人和杰出人才；高端人才具有合理的知识结构、能力结构及良好的个性品质和素质特征（李勇、陈建成，2008）。

（二）高端人才成长的影响因素

科研人员是科研院所最宝贵的战略资源。要建设好科研院所，就需要一批创新人才进行各方面的创新，营造有利于科技人才成长的创新管理机制，充分发挥他们的积极性、主动性、创造性。近年来，中国科学院吸纳了一大批年轻、知识层次高、掌握高新技术的科技人才。他们思维活跃、技术过硬，敢于挑战权威，由他们组成的创新团队正在为提升我国的核心竞争力、落实"四个率先"发挥积极的作用。

在中国科学院的六个京内研究所的大力配合下，本研究的研究团队组织了科研团队创新行为调研。本研究的一个基本出发点是试图通过系统科学的调研，比较全面、准确地了解科研团队创新管理的现状。通过对不同团队在不同维度下的各个指标的得分进行比较分析，从而诊断科研人员的个性特征、领导风格以及团队创新氛围。研究发现，创新人才除了具备深厚而扎实的专业知识，还有其独特的心理特征，即能打破现有框架的创新思维和对未知事物进行探索的内在动机。创新人才通常表现出灵活、开放、好奇的个性，更注重自己的成长和进取，力求创造性地解决问题和发现事物的真谛。我们对杰出科技人才成长规律的研究也表明，25～35岁是科研人员精力充沛、注意力集中、创新思维活跃的巅峰时期，是奠定科学家未来职业发展的关键时期。在这个时期，如果能够给他们提供展示创新才能的舞台，将能最大限度地实现其创新价值。调研结果还表明，大部分科研人员具备了创新行为发生的条件，身心状态良好，具有主动性、创新性、自主性、灵活性等特点。心理学测量与评估结果表明，充分发挥科研主管领导力的作用机制，通过主管创新期待和授权型领导风格来激励高端人才的成长，会有显著的成效；领导的创新期待和科研人员自我期待若存在不一致，他们之间的沟通和交流将受到负面影响，甚至出现某种程度的不和谐。因此，团队领导应充分关注对其成员的创新期待。

（三）组织影响因素

研究结果还表明，在一个能够授权的组织中，科研人员对工作往往更具激情，更易投入工作中，更具有冒险倾向、灵活的思维和充沛的精力。此外，科研团队通过整合个体之间的不同技能、观点和背景来提供产生新思想的环境，可以产生有益的新产品和新程序。团队创新并不是直接产生的，而是需要通过团队的社会心理过程来影响新想法的产生、评估、接受和执行等过程。因此，需从团队层面提升科研人员的工作环境和氛围，调动科研人员的工作动机和创新行为。此外，建设学习型团队的核心思想是科研人员不断学习新知识、共享新技能，进而带来组织竞争力的提升。这些研究提醒科研管理者，在重视科研人员业绩的同时，也必须清楚科研人员业绩目标的形成可能会带来一些其他方面的问题。例如，单纯以业绩作为目标并不能带来创新，反而会削弱科研人员的学习积极性，在单纯使用业绩目标激励的情况下，科研人员可能仅仅以完成任务指标为目的，只重视工作成果，失去创新的兴趣和动力，最终导致组织的创新源泉枯竭。

三、大众科学普及

中华民族伟大复兴并非完全是科学家、高端人才和知识分子的事情，而是需要全社会的参与。大众科学普及特别是青少年科学普及教育的社会心理促进机制应该是一个值得关注的热点问题。在未来国家之间综合国力的竞争中，要提高国民科学文化素质，创新能力显得至关重要，而科教兴国战略正是培养高素质创新人才的重要举措。

(一)科学普及的定义

科学普及是利用普及载体，通过灵活多样的方式，向公众传播科学知识、科学思想、科学方法和科学精神的活动。科学普及是提高国民科技素质的重要手段，有助于健全社会科技意识，也是学校教育的重要补充；同时，通过提高公众的科学素养，还可以促进科学的进步和发展。有学者提倡，不仅应该普及科学技术知识，而且应该普及社会科学知识，要激发科学家为大众撰写科普书籍的热情，提高书籍的科普渗透作用和科普书籍的质量，并主张通过科学普及提高学校传统教学的效果(Shibley, Dunbar, Mysliwiec, et al., 2008)。一个国家要想屹立于世界民族之林，保持兴旺发达，必须不断提高国民的科学素质。开展有效的科学普及工作，必须在坚持科学性与通俗性相结合的原则下，依据教育的原则和各类人群的心理特点，充分发挥科学家和教育家的作用。

(二)国外的科学普及

在世界范围内，联合国教科文组织开展了多项活动，不断推进世界各地的科学普及工作。西方发达国家早在19世纪初就开始重视提高公众的科学素养。最初，一些儿童书籍通过文字、版画等形式向儿童传递了物理学、天文学、社会学、人类学、政治学等各类科学知识(Chappey，2011)。我们将在研究中系统介绍世界各国科学普及的共同点和差异，为科学普及工作的开展奠定基础。

(三)科学普及的心理促进因素

虽然西方发达国家的科学普及工作已经取得良好的社会效益，但是，研究者依然在不断探索进一步完善和提高科学普及工作的社会心理促进机制，如针对如何提高青少年科学素质的自我效能感，影响科普工作的社会心理因素，以及如何依据心理学原理促进公众获得科学知识和科学方法等方面开展了调查研究。这些调查结果发现，人对行为结果所能带来的功效产生期望(自我效能感)后，会主动性地从事和坚持这一活动。因此，在开展青少年科学普及教育工作时，要考虑提高青少年科技创新的效能感。目前，我国各地也比较重视公众的科学普及工作，各地科技馆、博物馆数量逐渐增多，一些学校也开设了科学普及课程。目前，我国科学普及工作已经在一定程度上提高了公民的科学认识，培养了科学探究精神。提高科学普及的效果也成为我国科普研究者探索的热点问题。

四、小结

第一，要充分发挥科学思想库在国家重大科技决策中的作用，保障国家战略性新兴产业、重大社会经济决策建立在理性科学的基础上，探索建立和完善与国家科技创新关系密切的科学思想库的社会心理促进机制。

第二，要培养和造就一大批挑战社会经济和科学技术前沿难题的高端人才，探索我国不同类型的高端人才(含特殊技能人才)成长的社会心理影响因素。

第三，探索教育改革思路为实现中国梦培养后备人才，构建社会心理促进机制，特别是要构建我国民众科学普及的有效促进模式。

第二节

科学思想库的研究进展

为高端人才和科学思想搭建平台，建立宽松、合理的吸收机制，广纳先进思想，从而充分发挥科学思想库在国家重大科技决策中的作用，是保障国家战略性新兴产业、重大社会经济决策立足于理性科学的基础。基于此，我们从科学思想库建设的角度，对我国的科技体制改革、战略性新兴产业、院士制度建设和完善等方面开展的一系列调查研究进行介绍。

一、我国科技体制改革的研究

近年来，我国社会经济得到了长足发展，目前正处于发展方式转变的关键时期，亟须科学技术发展和体制转变来适应这一形势。中国科技怎么面向未来？一些深层次的、妨碍科技创新的问题尚需要系统探讨和解决。

(一)四个方面的核心问题

温家宝同志在中国科学院成立 60 周年大会上发表的题为《让科技引领中国可持续发展》的讲话，是引发我们思考的重要来源。据此，我们提出了四个方面的核心问题，分别是：如何更加自由地讨论，更加专心地钻研，更加自主地探索和更加自觉地合作。为此，在中国科学院院士工作局主导下，本课题组专门开展了"中国科技体制和政策"的专题研究，主要针对目前我国科技人才培养、科技法律、科技规划、科技专项管理、基础研究、科研队伍、科研评价标准与机制以及现代科研院所等方面亟待解决的重大问题，结合我国科技体制和政策的相关现状进行调研和探讨，并提出相应的政策性建议。

(二)调研方法及结果分析

本研究采用心理学深度访谈和问卷调查方法，由中国科学院学部心理学调研中心负责执行。课题组对 225 名院士及其所在科研单位的 158 名科研负责人和 543 名科研人员进行了调研，征询了有关我国科技体制和政策的态度和看法，从各学部院士、科研单位负责人及科研人员的角度，剖析了我国科技体制和政策目前存在的主要问题，进行了比较分析，并提出了解决思路和改革建议。研究结果显示，制约科研人员自主创新的主要问题是：(1)管理过度行政化导致科研人员缺乏主体地位；(2)考核评估消耗科研人员大量时间。此次调研中，国家自然科学基金委员会、中国科学院等行政化程度相对比较低的部门，在管理水平、效率等方面得到了较高的评价。那么，怎样避免科技管理的过度行政化，值得深入思考。

要解决这些问题，应注意到以下三个方面。第一，避免科技管理的过度行政化，否则将导致科研人员缺乏主体地位，对科技决策系统缺乏有效的监督制约，科研管理方法落后于创新发展的实际需求。科技发展需要多元化，需要长久的可持续发展，政府主导是必要的，但科研管理的过度行政化实际上导致科技发展中科研人员缺乏主体地位，从而追求短期效应。政府如何创造公平、公正的促进多元创新的宽松环境，是值得关注的问题。第二，我国科技体制改革存在逆市场化倾向。科技资源配置机制存在的主要问题是国家部委多头管理、部门分割，项目决策、执行和监督等一手包揽，这些情况导致管理不科学，验收走过场，应考虑加强第三方科技项目监督评估机制的问题。第三，一些科研人员的科研价值取向存在功利化问题，妨碍科学家"更加自由地讨论"。主要问题是：不敢做学术批评、缺乏纯学术的讨论会、上级管理者的压制等。科学家需要在市场经济条件下，建立持久性科研价值体系。此外，重大战略性项目由少数人决策的现状必须改变。妨碍科学家"更加自觉地合作"的主要问题是：利益因素阻碍团体之间的合作，科研经费的获得与地位、职称联系太多等。当然，科研人员自身的科研价值导向的塑造问题，也值得关注。

(三)对策建议

第一，为了避免科技管理过度行政化的趋势，要实施"辅助创新"的科研管理。我们的调研结果表明，过度行政化实质上是一种交易型领导方式，更容易抑制科研人员的创新主动性，导致反生产行为。因此，应该倡导科学研究的变革型领导。我们建议，在明确科学家责任的同时，赋予科学共同体更大的自主权；要重视分权治理、民主管理和参与式评价；要保持创新体系的开放，引导创新人才的合理流动。

第二，为了健全创新发展的科技体制，在深化科技体制、科技计划及科研机构改革方面，要健全有利于创新的社会基础结构，以促进公益性、共性技术及成果转化，抑制逆市场化倾向；要重视市场功能的健全，制定以市场为基础导向的创新政策和科技计划；应该有限度地利用公共利益原则和政府干预来引导科技创新，同时也要倡导企业家精神。

第三，心理行为调查也暴露出科研人员的科研价值取向的功利化趋势。这里有宏观政策的影响问题，也存在科研人员自身的科学精神问题。为了改善"价值创造"的科研环境，培养科研人员持久性价值观，中国科学院学部呼吁，要高度重视科学家的科学精神的培养教育；在科学工作者中间，要鼓励严肃认真的学术批评，避免偏见和压制；要稳定支持有价值的研究，限制利益因素的不良影响。

二、发展我国战略性新兴产业的研究

(一)调研方法

围绕"我国应该发展哪些战略性新兴产业及如何发展"这一核心问题，课题组以中国科学院院士群体为调查对象，关注的具体问题是：我国应该发展哪些战略性新兴产业？为什么要发展这些产业？如何发展这些产业？课题组首先组织学科领域专家进行了国内外相关领域进展的文献调研，了解世界主要大国战略性新兴产业的政策、措施和方向。在此基础上，运用心理学原理和方法编制了调查问卷，并组织中国科学院院士代表和有关专家15人，事先对调查问卷的内容结构和调查方式进行了讨论；之后向中国科学院院士发放问卷，回收有效问卷109份。

(二)调研结果及建议

第一，我国最有可能发展战略性新兴产业的领域是哪些？

统计109位院士的问卷调查结果，被选率达到50%以上的战略性新兴产业领域主要集中在四个方面：(1)新能源产业(太阳能、风能等可再生能源)；(2)信息产业(互联网和传感网、微电子和纳电子、基础的集成电路芯片和软件，信息和数字化产业，基于信息技术的现代服务业)；(3)生物产业(人口健康、生物质能、生物医药、干细胞)；(4)新材料产业(新能源材料、信息材料、生物材料、节能与环保材料)。调研结果还汇总了最有可能实现传统产业改造升级和高新技术产业化的领域，如航空航天、节能环保、新能源汽车、海洋高技术、物联网等八个领域。在座谈会上，一些院士认为，基于系统论的原理，一个社会的有效运转永远离不开能量、信息、物质和人与自然的互动，而50%以上院士选择的四大产业体现了能量流(新能源产业)、信息流(信息产业)、物质流(新材料产业)和人的生活(服务业)与健康(生物产业)的系统观。这些与国际战略性新兴产业的发展潮流也是一致的。

第二，为什么要选择这些产业作为战略性新兴产业？

院士们认为，我国战略性新兴产业主要应具备三个特征：(1)满足未来的国家重大需求；(2)具有广阔的国内外市场；(3)技术突破带动形成新产业。院士们认为，首先，应把"国家重大需求推动"作为战略性新兴产业的主要特征。其次，在经济社会发展史上确实有过很多跨越式发展，但是，有些产业因自身特点必须逐步发展，就不宜过分追求跨越。我们在考虑全球未来面对的重大问题的同时，必须关注中国自身需面对的独特问题。最后，战略性新兴产业可以分为两类：一类是具有潜在性或者具有潜在战略性的新兴产业，这种产业需要核心技术的突破和相关技术的系统集成；另一类是技术上基本成熟且需要加以产业化推动的产业。战略性新兴产业都是相互渗透、相互衔接、相互集成的，而且不能完全用经济指标来衡量。战略性新兴产业以限定在 3～5 个领域范围内为佳。

第三，如何发展这些战略性新兴产业？

院士们认为，发展战略性新兴产业要注意在充分论证的基础上统筹规划，要有计划、分层次、讲科学，既尊重和保护地方积极性，又遵循产业发展规律、讲求系统布局，避免全国各地一哄而起、重复建设，造成新的内耗和浪费，还应强调技术上的先进性和拥有自主知识产权，注重提升产业的国际竞争力。

在宏观控制方面，新兴产业的选择是一个全局性问题，应该围绕中国近 20 年发展的主要命题和中国未来市场发展的需要来进行统一规划和引导。国家明确了可能发展的战略性新兴产业后，应对这些产业核心技术的突破进行严谨的科学论证，形成技术路线图，这应成为国家委托中国科学院学部着力推进的工作。此外，发展战略性新兴产业要解决科技进步和产业发展相脱节的问题。在探索全球背景下中国战略性新兴产业的发展时，要注意立足于国情，慎重地选择和发展，要避免发展和竞争中的不利因素，以求得可持续发展。

在过程控制方面，必须把握好产业发展的规律和节奏，充分发挥科技支撑、政府引导和市场推动的共同作用。在早期孕育阶段，政府要立足于科技，确定战略重点，积极地部署需攻关的核心技术和相关技术的集成。在中期发展阶段，政府应采取鼓励性政策，使有潜力的产业克服技术、资金、市场等方面的不完善，逐渐向新兴产业过渡。要培育先导产业，充分发挥政产学研的联动机制来促进核心技术的突破和成果转化。在后期应用阶段，主要以市场需求为导向，创新市场机制，充分发挥市场对产业的推动作用，促进战略性新兴产业做大做强。

第四，发展四大战略性新兴产业有哪些具体建议？

调研中，院士们根据自己所从事的科学研究领域，针对性地提出了重点领域需要突破的核心技术，对各产业重点领域的核心技术、经济技术效益、绿色环保和产业带动性等问题进行了评价，并对某项核心技术的获得途径以及发展对策提出了一些具体建议。

在新能源产业方面，关键核心技术问题主要是化石能源高效清洁利用、太阳能发电、新能源并网、储能技术、光伏材料等。要发展智能电网来适应大规模的可再生能源发电，其中，要着力解决智能电网中储能技术、电力电子技术等方面的技术问题；发展风能应着力解决风机抗热、抗寒的问题；发展太阳能应重点突破半导体的材料问题，尤其是要推动快中子反应堆的商业发电。

在信息产业方面，应发展以高性能计算机和新型网络为基础的信息化产业，包括高性能计算机、微电子、传感网和物联网、智能网络、平面显示产业等。在发展高性能计算机方面，重点是研制拥有自主知识产权的通用与专用微处理器芯片；在发展量子信息和量子计算机技术方面，重点是突破海量信息检索、保密信息传输等技术；在发展微电子技术方面，重点是突破芯片制造技术；在发展传感网和物联网方面，重点是突破传感器的联网应用技术；在发展智能网络方面，重点是解决云计算系统技术问题，同时建议发展信息服务业。

在生物产业方面，生物育种领域要突破生物育种技术、农作物转基因技术、绿色食品技术；生物医药领域要建立新药研发平台，突破生物信息技术、合成生物学技术和癌症治疗技术；生物制造领域需要突破生物芯片、生物工程、生物制造与仿生制造等技术，开展生物环保和生物能源方面的探索；生物质能领域应着力解决生物质能源产量问题和提升上、中、下游的高新技术等。此外，要加强新药的产权保护，关注生物信息学的发展，着力发展医疗器械包括普及性的仪器产业来适应生物健康产业的发展，还要着力发展以人为中心、以健康为中心、低能耗高性能的电子信息产品。

在新材料产业方面，应着重于高新技术在新工艺和新装备上的突破，着重于新工艺和新装备的应用对于提升传统材料性能和发展新功能材料的研发，关注新能源材料、信息材料、生物材料、节能与环保材料、陆海空天运输装备材料和新型功能材料等方面的关键技术研发。其中，新能源材料领域要重点研发高效储能材料、新型电池材料、新型电力电子器件等；信息材料领域的重点是发展半导体发光材料、新型显示材料、太赫兹材料和技术、微纳电子和高性能芯片材料；节能与环保材料领域应重点发展节能建筑玻璃等节能材料和工业节能技术，以及针对尾气、工业烟气净化的催化材料，废水处理的低成本高性能水处理膜材料，油气开采和高分子材料的绿色制造与回收处理技术；陆海空天运输装备材料领域要重点发展高性能纤维及复合材料、高性能轻量化材料、航空航天电子材料、高速铁路和车辆的关键材料等；新型功能材料领域应重点研发稀土材料(轻稀土基催化材料、长寿命大容量稀土储氢材料和低能耗稀土光电材料)、高温无毒超导材料、自旋电子学材料与器件等。

三、我国院士制度建设和完善的研究进展

(一)院士制度的相关情况

院士制度出现于 17 世纪欧洲近代科学发轫之时，是许多国家科学建制中的重要组成部分，并在人类文明发展史上不断完善。由于各国院士团体都以国家的名义集中了整个国家乃至国际上最优秀的科学家，院士制度成为国家尊重科学、提高科学家地位的重要制度保障。我国现行的院士制度是由中国科学院学部委员制度发展而来的。中国科学院学部于 1955 年成立，逐步建立了包含六个方面内容的院士制度。

(1)院士和院士团体的定位。中国科学院院士和中国工程院院士分别是国家设立的科学技术和工程科学技术方面的最高学术称号，为终身荣誉。中国科学院是国家在科学技术方面的最高咨询机构和最高学术机构，中国科学院学部是国家重要的科学思想库。中国工程院是中国工程科学技术界的最高荣誉性、咨询性学术机构，由院士组成，致力于促进工程科学技术事业的发展。

(2)院士团体的职能。中国科学院学部和中国工程院以服务国家、服务人

民、发展科技为己任，重在发挥咨询评议作用、学术引领作用、明德楷模作用。

（3）院士团体的组织机构。中国科学院设有数学物理学部、化学部、生命科学和医学学部、地学部、信息技术科学部和技术科学部六个学部，中国工程院设有机械与运载工程学部、信息与电子工程学部、环境与轻纺工程学部等九个学部。中国科学院学部主席团和中国工程院主席团是院士大会闭会期间的常设领导机构。

（4）院士的队伍建设。包括院士增选和院士团体的道德学风建设。

（5）院士的待遇。包括院士津贴和资深院士津贴。

（6）院士的社会作用及影响。主要体现在获得创新性成果，推动本学科领域的发展，建设优秀科研团队，发现、培养高素质青年科技人才，提高公众科学素养、发挥明德楷模作用等方面。

（二）本次调研的基本情况

《国家中长期人才发展规划纲要（2010—2020 年）》提出了"改进完善院士制度，注重院士称号精神激励作用，规范院士学术兼职"的重点任务。为此，中组部发文明确要求此重点任务由中国科学院会同中国工程院、教育部、科技部完成。经部委部际协调组会议决定，由两院院士组成的"改进完善院士制度"院士专家组负责组织开展此项调研工作。本次调研由中国科学院学部心理学调研中心负责执行，旨在广泛征询广大院士及其他科研人员的意见与建议，对院士制度作出总体评价，并整理出需要解决的问题。根据"改进完善院士制度"的任务目的，由两院院士组成的专家组总结分析了我国院士制度的运行现状，开展了对院士的集体访谈，通过相关文献资料的检索和内容整合，汇总了目前院士制度存在的突出问题。在此基础上，课题组进一步邀请相关领域的专家通过头脑风暴、团体焦点访谈发表意见，根据座谈的意见反馈确定了调查问卷。本次调研共回收院士群体自评有效问卷 502 份，同时选取了某科研院所的各级科研人员对院士制度进行他评，回收他评问卷 104 份。

（三）调研结果及建议

本次调研按照院士制度内涵的六个方面进行，形成了相应六个方面的调研结果。在此基础上，提出如下建议。

第一，推进咨询立项。加强咨询立项的针对性，加强咨询研究支撑机构建设，提高院士参与咨询工作的积极性，扩大咨询成果的影响力，并建立咨询报告的科学评议制度，增加咨询经费的投入力度。目前，院士决策咨询工作应重点关注为国家宏观决策提供科学依据和科学建议、国家科学技术发展规划和重大科技决策问题、经济建设和社会发展中的重大科学技术问题。

第二，加强院士团体的学术与科学传播工作。关于学术活动，应加强开展学科发展战略研究、组织专题论坛、组织高层次学术研讨。关于学术出版工作，应主办高水平学术期刊，并加强出版学科发展战略研究报告、咨询报告。两院目前设有陈嘉庚科学奖、光华工程科技奖等，应进一步提高奖项的影响力，坚持宁缺毋滥，确保获奖水平。关于科学传播工作，应重点提高社会公众的科学素质，弘扬科学精神和文化，开展具有引导性和前瞻性的科普工作，并采用不同的组织形式，改进传播内容。

第三，完善院士增选制度。要遏制不正之风，完善增选程序，促进学科协调，并明确标准设定、推荐人的责任及权利，增强院士大会的职能，并加强增选制度的制定和执行。

第四，加强院士行为自律。院士与学部之间不存在行政人事隶属关系，兼职问题应由人事主管部门以文件形式作出明确规定，学部在这个问题上应倡导院士自律，提出指导性意见。两院目前在加强院士自律方面，均出台了一系列的规章制度，关键是加强这些制度的执行，并细化、规范院士的学术兼职、学术活动及院士称号的使用范围。

第五，倡导分年龄段管理，退而不休。院士退休问题需要上报国务院，由国务院或人社部统一发文明确。建议新当选的院士于70岁退休，退休后学部提供咨询经费支持，院士可继续投入学部咨询工作中。已是院士的应在80岁时办理退休手续。实行院士称号终身制，但在人事关系上实行退出和退休制度。

第六，进一步做好院士服务工作。为了使中国科学院学部真正成为凝聚高端智力的大家庭，要把学部办成"全国院士之家"，办成全国科学家向往、全社会崇敬和热爱的科学殿堂。为了促进院士的身心健康，应该做好院士群体的医疗、养老等工作，采用多种形式，加强对院士群体的心理关爱工作。

第三节

创新工作要求对科研人员创新行为的影响机制

一、引言

(一)问题的提出

商业竞争加剧以及不可预知的技术变革，使得科研人员创新驱动下的组织创新，成为组织获得生存与发展的关键因素。一般来说，创新并不属于传统意义上的核心工作任务，主要依赖于科研人员的自发自愿，因而被视为一种角色外行为。如何有效地驱动科研人员创新，为组织提供新颖、灵活、富有创造性的产品、服务和解决方案，进而提升组织的运作效率和竞争力，是当今管理者必须面对的一个重要现实问题。鉴于创新行为具有变革导向和挑战现状的特点，打破原有的工作规范容易被误解为反角色行为或偏差行为，可能给科研人员的职业发展带来负面影响。因此，即使有些科研人员相信自己可以产生创新性的观点和想法，他们仍可能会选择按现行惯例做事，放弃创新。然而，当科研人员察觉到高水平的创新情境线索，认为创新行为是应该的、值得的和理所当然时，他们会更多地致力于为提出新观点和新方法而付出努力。为此，一些组织及时地进行了工作再设计，扩大了传统的任务边界，明确要求科研人员发现阻碍组织效率的问题，识别出待改进的机会，创造性地应对日益动态、复杂的工作任务。工作要求规定了某一职位的任职者所要从事的工作内容和承担的工作职责，是组织对任职者的行为表现进行绩效考核的标准。创新作为工作要求则意味着创新行动是被期待的，创新成果成为角色内绩效的一部分。组织对创新的重视度和接纳性降低了科研人员对创新的风险顾虑，有助于提升科研人员参与创新活动、追求创新目标的可能性。从人力资源管理措施上看，组织如何通过将创新纳入工作职责范围内，从而鼓励科研人员创新也引发了越来越多的研究和讨论（Anderson，Potočnik，& Zhou，2014）。创新领域的学者们开始探讨创新工作要求与科研人员创新的关系问题。尽管一些实证研究表明，在控制了相关的工作特征和领导行为后，创新工作要求对科研人员创新仍具有正向预测作用，但也有研究发现二者之间的关系更为复杂（Yuan & Woodman，2010）。

(二)现有理论研究的不足

现有理论研究还不能很好地解释创新工作要求与科研人员创新的关系，尤其是对影响科研人员创新的内在机理及边界条件还不能阐述清楚。首先，科研人员在考虑是否遵照来自工作岗位的创新要求之前，内在的动机或者心理状态是很复杂的，他们会衡量自身对工作的把控程度（Yuan & Woodman，2010）。从个人得失最大化的角度来看，创新工作要求增加了创新行动与回报的关联性，进而影响了科研人员对创新带来的收益和风险的结果预期。除了这种"有用感"的考量，创新的内在动力即科研人员内心的自我决定感和主动意识也是非常重要的。科研人员可以通过践行创新要求来满足内在的胜任需求。个体即使在创新支持的环境中也未必会创新，可见个体的自我认知和自我决定也是很重要的创新影响机制。根据人-环境匹配理论（P-E fit Theory）（Caplan，1983），在应激源——工作要求的影响下，个体会通过激活心理资源来应对。个体付出的心理资源越多，就越会内化这种工作角色期待，即整合为自我设定的创新期待。这种自我创新期待进一步触发了自我实现预言效应，激励个体采取创新行动，达成创新绩效。因此，我们提出自我创新期待是创新工作要求影响创新行为的一个内在机制。

其次，科研人员在面临创新要求时不但会审视自我的能力和处境，而且会观察组织内部的整体运行状况以及所在工作团队的绩效表现，可以形象描述为"看势头"。随着工作任务的丰富化和多元化，组织中的任职者常常需要面临诸多工作要求，如完成任务绩效、创造与创新、安全职责、沟通协调等。因此，个体在决定是否进行创新之前，必然会对周围的工作环境进行评估，他们需要通过多种线索来判断自己的创新行动是否值得，是否会给所在的组织带来价值。而个人对具体情境下创新重要性和必要性的评估和判断，会影响到他们参与创造性活动的动机和意愿。感知到的绩效提升必要性是指科研人员感知到其所在团队、工作单元或组织当前的绩效水平不够高，需要进一步提升。从创新行为的意义构建视角出发，绩效提升必要性意味着引入新事物的有利契机，向科研人员释放一个明确的、积极的信号，即创新是提升组织效率的现实需要，是帮助组织适应动态环境的必经之路。在这种情形下，科研人员认识到创新可以为组织带来高效益，提高组织竞争力，则科研人员具备了高创新认知。因此，他们会深刻理解组织设置创新要求的初衷是需要他们的创新成果来提升绩效、获取和维持竞争优势（Shin & Yuan，2017），会更加积极地响应创新要求，由衷地希望自己带着创造性去工作。本研究预期，当科研人员感知到的绩效提升必要性更高时，创新工作要求与自我创新期待之间的正向关系更强。

最后，以往研究主要检验创新工作要求对一般创新行为的影响，却没有注意到创新想法在新意程度上的差异性。科研人员创新指的是在组织情境下，科研人员提出的新颖而有价值的想法。这些想法可以是对现状的渐进式适应，也可以是对产品、服务、流程的根本性突破。渐进性创新涉及对现有的思维模式和惯例的小幅改进，而根本性创新指的是解决问题的真正原创性方法和全新创意。近年来的实证研究将二者加以区分，并发现影响这两种形式创新的前因变量不尽相同。在本研究中，我们将渐进性创新和根本性创新的二维度划分法引入研究框架，试图探索创新工作要求是否会同时促进渐进性创新和根本性创新。

二、理论基础与研究假设

(一)创新工作要求与科研人员创新的研究进展

由于创造性活动要求个体投入大量的时间、精力和高度的认知努力，且与常规工作完成方式是竞争性行为选择关系，这就需要科研人员相信创新行为是被期待、认可和奖励的。为了提升科研人员的创新绩效，组织应致力于创设和营造有利于创新的积极情境因素。在众多影响科研人员创新绩效的环境因素中，工作特征因素与科研人员创新的关系一直是学术研究关注的焦点之一。以往的研究探讨了多种工作特征因素(诸如工作复杂性、工作自主性、任务结构、时间压力)对个体创造力的影响。然而，研究者们忽视了一个最直接最简单的解释，即创新可能是工作要求的结果。换言之，人们之所以创新，可能是因为他们被要求这样做。工作要求定义了科研人员为了达到绩效标准应当承担的一系列工作职责，如果将创新明确纳入科研人员的角色内绩效，创新行为就变得必要和"合法"。Janssen(2000)指出，如果个体面临较高的外界要求，创新就变得势在必行。在这种情形下，创新行为的效益更为显著，人们也因此愿意积极地投入创新过程中。因此，创新工作要求这一因素很可能对组织提高创新行为的干预措施产生深刻的影响，从以往对工作设计的关注转向变更工作要求。无论是理论构建发展还是管理实践诉求都表明，我们应深刻理解创新从角色外自主选择转变为角色内工作要求会如何影响个体创新自我认知观念的形成、创新决策的评估判断，以及创新结果。

然而，关于创新工作要求与科研人员创新行为之间的关系的实证结果存在不一致性。一些研究的结果表明，创新工作要求对科研人员创新有正向预测作用(Unsworth，Wall，& Carter，2005)。也有研究者发现，创新工作要求与科研人员创新之间的关系更为复杂。例如，Shin 和 Yuan（2017）发现，创新工作要求只对创新内在兴趣低（low intrinsic interest in innovation）的科研人员的创新行为有积极的推动作用，并且这种对低内在兴趣的科研人员的积极效应只在当他们认识到创新要求对个人或组织具有重要意义时存在。此外，与假设的正向预测作用相反，Tierney 和 Farmer（2011）发现，感知的创新工作要求的变化与创新自我效能和创新绩效的变化之间存在显著的负相关关系。这些不一致的研究结果表明，两者之间的关系比预想的要复杂，需要进一步澄清其中的内在机制以及边界条件。

（二）自我创新期待的中介作用

Kanter（1988）认为，岗位职责是产生创新行为的原发性动力。当职能背景或工作岗位要求创新时，人们更倾向于对创新有关的活动作出积极评价。创新工作要求明确地将创新行为与高工作绩效联系起来，使创新成为履行工作角色的必要途径。根据人-环境匹配理论，外在环境的迫切要求提高了科研人员的唤醒水平，较高的唤醒水平则会激发个体改变自己或者改变其所在的工作环境，以达到个体特质与组织环境最大限度的匹配。改变自己包括更新和调整认知、期望、能力、行为，而改变工作环境指的是改变任务目标、工作方法、工作设计、任务分配和协调、人际沟通等。创新行为有助于达成上述这些改变，强调未来导向和变革导向，是一种问题解决导向的适应性策略，契合了个体成长和自我实现的高层次需求（Deci & Ryan，2000），故创新成为工作要求这一新规定更容易被人们接纳。

根据加勒提亚效应（Galatea Effect）（McNatt，2004），一个人期望越多，得到的也就越多，因为期望会引导人们朝着相应的方向去努力。具体针对创新行为来说，我们假设科研人员的自我创新期待对其创新行为有正向促进作用，主要原因有以下两点：第一，在持有较高自我创新期待的科研人员眼中，取得创新成果可以给他们带来成就感，满足内部的胜任和成长需求，因此他们有动力参与创新活动并坚持不懈地为创新付出努力。动机性信息加工理论（Kunda，

1990)指出，个体会选择性地注意、编辑和保留与其关注的问题一致的信息。那么，期待自己创造性地解决问题的科研人员会将认知资源更多地运用到问题解决上。例如，发现和识别潜在的问题，搜集、加工与工作任务相关的信息，开展一系列的试验和探索，产生尽可能多的备选方案（Zhang & Bartol，2010）。第二，自我创新期待提供了一种动机资源，调动科研人员最大限度地激发自己的创新潜能，提出新颖而有用的想法，这其中既有微小的创意，也有开拓性的新想法，即渐进性创新和根本性创新（Madjar，Greenberg，& Chen，2011）。渐进性创新基于对现有框架的延伸和扩展，而根本性创新则代表了对当前的思维模式和做事方法的根本性突破。根据创造力的广泛存在性，我们认为，创新自我期待可能对渐进性创新和根本性创新具有激发作用。

综上，创新工作要求促使科研人员期待自己在工作中表现出较高的创新性。科研人员对自我的创新期待进一步促成了渐进性和根本性的创新绩效，可以认为自我创新期待在创新工作要求与渐进性、根本性创新之间起着中介作用。Tierney 和 Farmer(2011)将皮格马利翁效应应用到工作场所的创新过程中，发现自我的创新期待联结了领导创新期待对科研人员创新的积极效应。另外，Carmeli 和 Schaubroeck(2007)的研究也表明，领导、顾客和家庭这三类相关群体的创新期待均通过科研人员的自我创新期待对创新卷入水平产生影响。基于以上论述及相关实证研究，我们提出以下假设。

假设 1a：自我创新期待对创新工作要求与科研人员渐进性创新之间的关系具有中介作用。

假设 1b：自我创新期待对创新工作要求与科研人员根本性创新之间的关系具有中介作用。

(三)绩效提升的调节作用

研究者指出，科研人员创新意愿的形成受到规范性创新要求和具体情境下现实需要的共同作用。这是因为，科研人员需要根据实际的工作状况识别出有利于履行创新要求的机会。根据个体创新的意义构建视角（Ford，1996），当科研人员通过对周围环境的解读认识到创新对提升组织整体绩效的重要性时，他们将更好地领会到组织对创新的迫切需要并相应地产生更强的创新意识。绩效提升的必要性源于科研人员主观期望的绩效与真实的客观绩效之间的差距，这就产生了一种需要改变现状的心理压力源（Zhou & George，2001）。这种心理上的落差使人们切身体会到，新技术和新方法之所以被需要，是因为它们优于现有的技术和方法，有利于提高组织的效能。当组织所传达的创新期待和科研人员切身感受到的创新必要性相匹配时，科研人员对工作中的创新要求就有了深刻而全面的理解，意识到个体创新对于组织有效性的价值和重要性，故更乐于内化外在的创新要求，迫切地期望自己能够提出改善组织现状的创新方案（Ford，1996）。相反，科研人员对当前的组织系统运行非常满意，则表明他们还没有识别出待改进的空间，没有发现变革的机会。在这种情形下，组织所传达的创新要求与具体的情境要求不一致，科研人员会在组织为什么需要创新的问题上产生困惑。这使得他们难以将自己的创新工作要求与组织的生存和发展联系起来，导致创新意愿和自我期待不那么强烈。基于以上理论分析，我们提出以下假设。

假设2：感知到的绩效提升必要性正向调节创新工作要求与自我期待之间的关系，即感知到的绩效提升必要性越高，创新工作要求与自我创新期待的正向关系越强。

（四）被调节的中介模型

最后，我们提出一个被调节的中介模型，认为自我创新期待是联结创新工作要求与科研人员渐进性、根本性创新的中介机制，而感知到的绩效提升必要性是加强这一正向间接效应的一个关键的边界条件。创新工作要求通过自我创新期待间接促进渐进性、根本性创新，而这一间接效应的第一阶段依赖于感知到的绩效提升必要性。具体而言，当感知到的绩效提升必要性较高时，创新工作要求通过自我创新期待正向影响科研人员渐进性、根本性创新的间接效应更显著。据此，我们提出以下假设。

假设3a：感知到的绩效提升必要性正向调节创新工作要求通过自我创新期

待影响科研人员渐进性创新的间接效应，感知到的绩效提升必要性越高，这一间接效应越强。

假设3b：感知到的绩效提升必要性正向调节创新工作要求通过自我创新期待影响科研人员根本性创新的间接效应，感知到的绩效提升必要性越高，这一间接效应越强。

本研究的理论模型如图5-1所示。

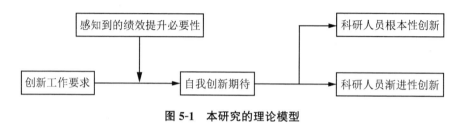

图5-1　本研究的理论模型

三、研究方法

（一）样本选取与数据收集

本研究的样本来源于某学术机构的研究所，其研究内容均属于自然科学领域，具体包括物理、化学、生物学、计算机科学以及工程学。本研究基于科研团队，采用上-下级配对的方式进行调查，也就是说团队领导填写领导问卷，对其直接下属的创新行为进行评价，并填写自己的个人信息；该领导的直接下属填写科研人员问卷，包括对创新工作要求、感知到的绩效提升必要性、自我创新期待的评价，以及相关的个人信息。考虑到配对取样的难度，以及上下级互评的敏感性，我们在调查之前给每一位科研人员分配了唯一的编号并在其问卷上做出标记。对于领导问卷，每一份问卷都写明该领导需要评价的团队成员的姓名和编号。这样做既可以方便填写问卷的领导对其团队成员做出有针对性和区分度的回答，又可以确保领导与科研人员的问卷能够一一配对成功。为体现调研的保密性，参加者在填答完毕后将问卷装入信封直接交给研究者。

研究者共发放领导问卷 400 份，科研人员问卷 400 份。回收的问卷中，领导和科研人员能够上下匹配的数据点有 325 对。将空白过多、反应倾向过于明显的问卷剔除后得到有效问卷 315 对，分布在 66 个科研团队中。最终，问卷的有效回收率为 78.75%。参与调查的科研人员中，男性占 52.7%，女性占 43.2%，4.1% 的参与者未填答自己的性别；平均年龄为 30.70 岁($SD=5.08$)，上下级平均共事年限为 3.42 年($SD=2.7$)。参与调研的人员教育水平较高，3.1% 取得学士学位，36.6% 取得硕士学位，60.3% 取得博士学位。

(二)研究工具

本研究包含的变量有：(1)创新工作要求；(2)感知到的绩效提升必要性；(3)自我创新期待；(4)科研人员渐进性、根本性创新行为。本研究使用的所有量表均来源于信效度较高，并得到广泛验证和认可的英文原创量表。研究工具的翻译工作采用 Brislin(1980)提出的标准的翻译-回译程序，由双语专家完成，以最大限度地保证研究工具的质量。计分方法采用的是李克特七点计分法，其测量的工具分别如下。

创新工作要求采用 Yuan 和 Woodman(2010)开发的问卷，共包括 5 道题目。在问卷中，我们请科研人员根据其工作感受，判断对每项陈述的同意或不同意程度。例如，"为了完成我的工作要求，我必须要表现出创造力""我的工作职责包含探寻新技术和新方法"等。问卷的信度系数 α 为 0.9。

感知到的绩效提升必要性采用 Yuan 和 Woodman(2010)编制的问卷，请科研人员根据对自己所在的团队、部门和组织的现状进行判断。具体的题目为："我所在工作团队的绩效有待提升""我所在部门的许多事务有待改进""我所在组织的绩效有待提升"。问卷的信度系数 α 为 0.88。

自我创新期待采用 Carmeli 和 Schaubroeck(2007)编制的问卷，总共 3 道题目，分别是："我希望自己带着创造性去工作""对我而言，创新在工作中很重要""如果我在工作中没有发挥出创造力，我很可能会对自己失望"。问卷的信度

系数 α 为 0.79。

科研人员渐进性、根本性创新行为的测量基于 Madjar 等（2011）和 Baer（2012）使用的问卷，共 11 道题目。团队领导根据对该下属的了解进行判断，评价每项行为描述在该下属的工作表现中的典型性程度。其中，渐进性创新行为的测量有 5 道题目。比如，"该下属提出渐进性改变的小创意""该下属提出对现行做事方法的小幅改进"等。问卷的内部一致性系数 α 为 0.94。其余的 6 道题目用于测量根本性创新行为，示例题目包括"该下属提出突破性的想法——不是仅仅对已有的研究、工作流程、产品或服务做些许改变""该下属提出极具创意的点子"等。问卷的信度系数 α 为 0.95。

根据相关研究，我们首先控制了人口统计学变量：性别、年龄、教育程度、工作年限。其次，组织支持科研人员创造性地完成工作，并尽可能提供创新所需的资源，相当于科研人员处于一个鼓励创新的"强情境"中。为了排除这种强情境的重要影响，我们还将组织创新支持作为控制变量。组织创新支持的测量采用 Zhou 和 George（2001）编制的量表，包括 4 道题目。在本研究中，量表的信度系数 α 为 0.86。

（三）分析采用的方法

本研究的数据具有多层嵌套结构，315 名科研人员分属于不同的团队，团队领导为其每一位下属评分。因此，我们采用多层次线性回归分析来控制潜在的团队和领导的效应，运用 Mplus 7.4 软件来完成数据分析。此外，为了减轻多重共线性对回归系数估计的影响，我们在分析之前对所有的预测变量进行了标准化。为了检验假设的被调节的中介效应的显著性，我们采用了蒙特卡洛方法来构建置信区间。该方法由于准确地反映了间接效应的抽样分布不对称的特性而被认为优于传统的技术（如 Sobel 检验）。

四、研究结果与分析

(一)研究变量的描述性统计分析结果

表 5-1 提供了本研究各变量的描述统计分析结果、内部一致性系数和变量之间的相关系数。表中显示:(1)创新工作要求、感知到的绩效提升必要性、自我创新期待、科研人员渐进性创新和科研人员根本性创新的内部一致性系数 α 为 0.79～0.95,表明这些变量在样本数据中表现出了较好的内部一致性特征。(2)创新工作要求与自我创新期待正相关($r=0.62$,$p<0.01$),自我创新期待与科研人员渐进性创新($r=0.17$,$p<0.01$)和科研人员根本性创新($r=0.23$,$p<0.01$)均有显著的正相关关系,这为我们的假设提供了初步的支持。

(二)假设检验

我们的假设意味着一个第一阶段被调节的中介作用,即调节变量增强或者减弱了自变量对中介变量的影响。在本研究中,检验被调节的中介作用就是检验创新工作要求通过自我创新期待影响科研人员渐进性、根本性创新的间接效应是否随感知到的绩效提升的必要性而变化,表 5-2 和表 5-3 呈现了与假设相关的多层次路径分析的结果。

为了检验假设 1,在控制了人口统计学变量和组织创新支持的影响后,如表 5-2 所示,创新工作要求与自我创新期待有显著的正向关系($\gamma=0.52$,$p<0.001$),而自我创新期待可以显著地正向预测科研人员渐进性创新($\gamma=0.18$,$p<0.01$)和科研人员根本性创新($\gamma=0.17$,$p<0.01$)。为了检验中介效应的显著性,我们采用蒙特卡洛方法进行重抽样来构建置信区间。创新工作要求通过自我创新期待影响科研人员渐进性创新的间接效应是显著的(间接效应 $=0.09$,置信区间 CI[0.035,0.162]);创新工作要求通过自我创新期待影响科研人员根本性创新的间接效应也是显著的(间接效应 $=0.09$,置信区间 CI[0.021,0.172])。因此,假设 1a 和假设 1b 得到验证。

表 5-1 研究变量的描述性统计分析结果（N=315）

研究变量	均值	标准差	1	2	3	4	5	6	7	8	9
1. 性别	0.45	0.49	—								
2. 年龄	30.70	5.08	0.06	—							
3. 教育程度	4.60	0.53	−0.07	0.23**	—						
4. 工作年限	4.92	5.08	0.14*	0.78**	0.02	—					
5. 组织创新支持	5.50	1.03	0.04	−0.10	0.05	−0.06	(0.86)				
6. 创新工作要求	5.33	1.01	−0.07	0.08	0.17**	0.09	0.45**	(0.90)			
7. 感知到的绩效提升必要性	4.87	1.12	−0.01	0.10	0.04	0.10	−0.05	0.13*	(0.88)		
8. 自我创新期待	5.48	0.93	−0.05	0.02	0.17**	0.01	0.45**	0.62**	0.12*	(0.79)	
9. 科研人员渐进性创新	5.06	1.01	0.04	0.13*	0.12*	0.13*	0.09	0.08	−0.01	0.17**	(0.94)
10. 科研人员根本性创新	4.56	1.18	−0.15**	0.09	0.30**	0.06	0.08	0.18**	−0.00	0.23**	0.51** (0.95)

注：对于性别，0="男"，1="女"；对角线上括号中数字表示内部一致性系数 Cronbach's α；* 表示 $p<0.05$，** 表示 $p<0.01$，*** 表示 $p<0.001$。

表 5-2　中介效应分析结果($N=315$)

预测变量	因变量		
	自我创新期待	科研人员 渐进性创新	科研人员 根本性创新
	γ	γ	γ
性别	-0.01	-0.02	-0.14^{**}
年龄	0.00	0.00	-0.09
教育程度	0.08^{*}	0.11^{*}	0.24^{***}
工作年限	-0.03	0.17^{*}	0.11
组织创新支持	0.21^{**}	0.02	-0.08
创新工作要求	0.52^{***}	-0.10	-0.00
自我创新期待		0.18^{**}	0.17^{**}

创新工作要求→自我创新期待→科研人员渐进性创新的间接效应		
间接效应	95%置信区间	
	下限	上限
0.09	0.035	0.162

创新工作要求→自我创新期待→科研人员根本性创新的间接效应		
间接效应	95%置信区间	
	下限	上限
0.09	0.021	0.172

注：95%置信区间基于 20 000 蒙特卡洛模拟样本；$*$ 表示 $p<0.05$，$**$ 表示 $p<0.01$，$***$ 表示 $p<0.001$。

多层次模型结果（见表 5-3）显示，感知到的绩效提升必要性与创新工作要求的交互项对自我创新期待有显著的正向预测作用（$\gamma=0.16$，$p<0.001$）。我们选取感知到的绩效提升必要性在高（$M+1SD$）、低（$M-1SD$）两种取值时做出调节效应图。如图 5-2 所示，当感知到的绩效提升必要性高时，创新工作要求与自我创新期待之间的正向关系更显著，这为假设 2 提供了支持。

为了检验有调节的中介效应的显著性，我们计算了简单效应的乘积，并通过蒙特卡洛模拟法分析在不同的感知到的绩效提升必要性水平下，自我创新期待在创新工作要求和科研人员渐进性创新、科研人员根本性创新之间的间接效应，分

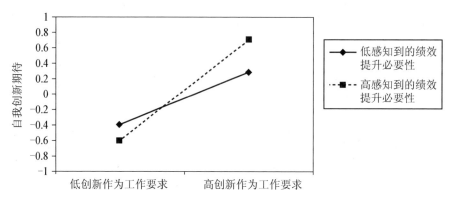

图 5-2　感知到的绩效提升必要性对创新工作要求与自我创新期待关系的调节作用

析结果也呈现在表 5-3 中。从表 5-3 可以看出，不管感知到的绩效提升必要性水平如何，自我创新期待在创新工作要求与科研人员渐进性创新之间的中介作用都是显著的，并且这种差异也显著（组间差值＝0.06，置信区间 CI[0.014，0.112]），说明感知到的绩效提升必要性正向强化了这一间接关系。同样，在表 5-3 中，自我创新期待在创新工作要求与科研人员根本性创新之间的中介作用在高、低感知到的绩效提升必要性下都是显著的，并且差异显著（组间差值＝0.05，置信区间 CI[0.010，0.105]）。因此，分析结果的模式支持假设 3a 和假设 3b。

表 5-3　有调节的中介效应分析结果（N＝315）

预测变量	因变量		
	自我创新期待	科研人员 渐进性创新	科研人员 根本性创新
	γ	γ	γ
性别	−0.01	−0.02	−0.14**
年龄	0.01	0.00	−0.10
教育程度	0.08*	0.11*	0.24***
工作年限	−0.04	0.17*	0.11
组织创新支持	0.23***	0.02	−0.08
创新工作要求	0.50***	−0.10	−0.00
感知到的绩效提升必要性	0.05		

续表

预测变量	因变量		
	自我创新期待	科研人员 渐进性创新	科研人员 根本性创新
	γ	γ	γ
创新工作要求×感知到的 绩效提升必要性	0.16^{***}		
自我创新期待		0.18^{**}	0.17^{**}
有调节的中介效应分析：创新工作要求→自我创新期待→科研人员渐进性创新的间接效应			

感知到的绩效 提升必要性	有条件的 间接效应	95%置信区间	
		下限	上限
高	0.12	0.043	0.202
低	0.06	0.019	0.117
差异	0.06	0.014	0.112
有调节的中介效应分析：创新工作要求→自我创新期待→科研人员根本性创新的间接效应			
高	0.11	0.028	0.204
低	0.06	0.011	0.124
差异	0.05	0.010	0.105

注：95%置信区间基于 20 000 蒙特卡洛模拟样本。* 表示 $p<0.05$，** 表示 $p<0.01$，*** 表示 $p<0.001$。

五、基本问题讨论

本研究考察的是一个第一阶段被调节的中介模型，试图阐释创新工作要求如何（通过自我创新期待）以及何时（当感知到的绩效提升必要性高时）影响科研人员渐进性、根本性创新。与我们的预期一致，当感知到的绩效提升必要性高时，自我创新期待在创新工作要求与科研人员渐进性、根本性创新之间的中介作用更显著。因此，结果表明，感知到的绩效提升必要性越强烈，创新工作要求越容易转化为自我创新期待，自我创新期待转而促进科研人员渐进性创新和根本性创新。

(一)理论意义

首先，本研究以人-环境匹配理论为分析框架，识别出自我创新期待是创新工作要求影响渐进性创新和根本性创新的一个关键自我认知机制。具体而言，当来自工作的创新要求激活了内在的成长和胜任需要后，科研人员会注入心理资源来承担创新任务，从而将来自工作的外部要求内化为自我对创新的期待。而自我创新期待具有动机效能，继而引起自我实现预言，使科研人员内在的创新潜能得到充分的发挥。以往研究在探讨角色内创新行为发生的原因时，主要以科研人员对创新结果的得失预期作为中介变量。本研究从自我决定和自我实现的角度揭示了创新工作要求激励科研人员超越个人得失、积极投身于创新活动的心理过程，扩展了从个体的工具性（instrumentality）视角来理解科研人员创新行为的局限。这说明工作角色期待可以影响个体内部状态，而不仅仅是出于义务感知。在人-环境匹配的意义上，创新行为是科研人员应对外界要求和挑战的一种适应性应对策略。这为阐释创新行为提供了一个新的视角，从而对人-环境匹配理论和个体创新文献均进行了有意义的拓展。未来研究可以进一步考察科研人员在遵从创新要求的过程中其他可能的中介机制，如创新角色认同、对创新的挑战/威胁评价、基于创造性问题解决的应对策略等。

　　其次，本研究提出并检验了感知到的绩效提升必要性对创新工作要求与科研人员创新之间间接效应的调节作用。这种权变导向的研究为主效应划定了更准确的边界条件。创新工作要求对科研人员认知和行为的影响具有一定的情境性，在不同的情境条件下可能产生不一样的影响，感知到的绩效提升必要性越高，创新工作要求对创新绩效的积极效应越强。这反映了个体会依赖多种情境线索来综合判断自己所处的情形，并依据外部情境的变化调节行为的范围和程度。与 Shin 和 Yuan（2017）的研究结论一致，作为具体情境下的创新有利性特征，感知到的绩效提升必要性会提升科研人员的创新大局观和对创新重要性的认知，进而推动科研人员对规范性的创新要求的响应程度。当科研人员认为其所在的组织绩效低于目标水平或者不理想时，他们会因此认识到创新要求存在的意义，从而将更多的心理资源分配给创新任务，并由此产生强烈的创新愿望和自我期待。值得关注的是，我们的研究结果表明，当科研人员对现状十分满意时，他们对自我的创新期许仍维持在较高的水平。这证明，社会组织的一个本质属性就是期望行为模式的不断再现，这反映了个体对组织的角色期待具有较强的遵从倾向。创新符合个体的成长与发展需求，因而更容易达成个体内心意愿与角色履行的高度一致。此外，在组织中占据了创新要求岗位的科研人员可能正是因其拥有较高的创新技能才得以留任，相对而言，他们更有能力成功地完成创造性任务。因此，存在一定程度上的人-工作匹配，可能是科研人员对创新工作要求的接纳程度较高的另外一个原因。除了情境需求，未来的研究可以发掘出更多的调节变量。比如，科研人员主动性人格、认知风格、组织为创新所提供的资源等也有可能影响科研人员如何承担创新任务及取得创新绩效。

最后，本研究的另一个理论贡献在于细化了科研人员创新的概念，同时把渐进性创新和根本性创新作为结果变量来分析创新工作要求的积极作用，得到的研究结果更有说服力。之前的研究没有区分渐进性和根本性这两种新意程度不同的创新行为，因此在测量上存在着一定的不足。我们的实证结果表明，一旦个体内化了创新工作要求并产生内部的创新期待，便既有可能提出渐进性改进的方案，又有可能提出全新创意来践行岗位职责和自我实现。后续的研究可以对渐进性创新和根本性创新加以区分，比较这两种类型的创新所需情境条件和个体特质的异同，从而深化和完善对两者关系的理论认识。

(二)管理启示

第一，组织可以通过变更工作要求赋予组织成员"合法"的创新者角色，使科研人员感受到组织对其创造潜能的积极期望，从而对科研人员的创造力开发带来实质性的影响。在人力资源管理层面，可以将创新纳入职位描述或者明确传达创新属于工作职责的一部分，应受薪酬制度的认可和奖励。

第二，管理者需要注意的是，仅仅提出创新工作要求并不必然产生实际的创新绩效，科研人员内化外在要求后产生的自我创新期待才是促进创新的驱动力。创新并不是一蹴而就的，需要时间来孕育出可行并对组织有附加值的新想法。自我创新期待作为一种心理状态，通常发生在创新行为结果之前。组织可以对管理者进行培训，让他们充分认识科研人员承担和履行工作角色的过程，指导他们通过个别座谈、群体讨论和问卷调查等方式跟踪调查和分析科研人员自我创新期待的发展状态。如果科研人员提高了自己对取得创新成就的期望，那么接下来就有很大可能性提出渐进性和根本性的创新想法。

第三，感知到的绩效提升必要性提高了创造性活动的价值和意义感，即创新可以帮助所在的组织或团队提升整体绩效。当科研人员意识到具体情境下的现实创新需要时，他们会更加积极地响应组织设置的规范性创新要求，形成更加强烈的内部动机去从事创造性活动。因此，组织可以通过提供教育与培训机会，引导科研人员打破对现状的心理舒适感，敏感地识别出周围环境中可能存在的问题，发现潜在的提升空间。而对于刚刚取得不俗绩效表现的组织，管理者则可以在与组织成员接触时直接向他们解释创新对全局的重要性，以帮助科研人员理解组织增加创新要求背后的用意，从而加速创新要求的自我决定进程，实现科研人员创新水平的不断提升。

第四节

组织冲突对科研人员行为的影响机制

一、引言

在全球经济衰退和科技发展处于瓶颈期的大背景下，各国之间"零和博弈"式的竞争日益加剧。各领域的前沿技术和核心技术早已被各国政府视为核心利益，成为市场上的"非卖品"。国内，随着老龄化的日益发展和城市化的日益加深，产业升级早已不是新鲜话题。传统行业对于新技术的需求迫在眉睫。因此，中央和各级地方政府对科研单位越来越重视，投入也与日俱增。科研单位是科研人员聚集的地方，同时，科研人员是单位最宝贵的资源。当大量拥有高智商、高学历，而各自的经历和背景却大不相同的科研人员聚集在一起后，冲突的产生在所难免。如果积极引导正面冲突，消除和控制负面冲突，科研人员的行为就可以随之改善，如此，对科研创新会产生 1＋1＞2 的积极作用。反之，则有可能引发科研人员的反生产行为，产生 1＋1＜2 的负面作用，甚至造成大规模的科研人员流失、科研机密泄露等极端情况，给单位造成重大损失。本研究探索的重点问题包括：(1)不同类型的组织冲突与工作投入、职工创新行为、反生产行为之间的关系究竟如何？(2)情绪智力的高低与职工创新行为、反生产行为之间的关系是怎样的？

组织冲突在日常工作中极为常见，可以根据不同的产生原因分为不同的类型，如任务冲突、关系冲突、身份冲突。组织冲突可以是对组织有益的，也可以是有害的。组织冲突的管理有多种方式，不同的个体在不同的环境下会做出不同的选择。组织冲突会对工作投入产生积极或消极的影响，如任务冲突会对工作投入产生积极的影响，而关系冲突和身份冲突会对工作投入产生消极的影响。前人研究表明，情绪智力对组织绩效、工作投入、工作氛围等有明显的影响。因此，本研究将情绪智力作为组织冲突和工作投入之间的调节变量进行研究。

在创新行为研究方面，以往研究发现，良好的组织氛围、优秀的领导力、适当的激励措施都会激发科研人员创新行为。工作投入也会激发科研人员创新行为，我们将基于这一点进行研究。反生产行为的形式多种多样，特定的反生产行为可能更加隐蔽、危害更大，如知识分子的反生产行为。反生产行为产生原因也各不相同。研究发现，工作投入的降低会导致更多的反生产行为。

本研究根据人际关系理论、组织冲突理论、组织冲突管理理论、情绪智力理论、工作投入理论等，对三种类型的组织冲突和两种类型的组织行为的关系进行分析，并构建出相应的关系模型，具体如图 5-3 所示。

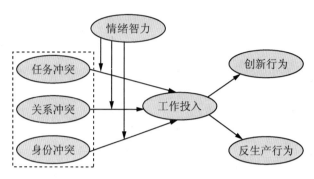

图 5-3　本研究的理论模型

二、文献综述与研究假设

(一)组织冲突、工作投入与情绪智力

我们根据组织冲突形成的原因对其进行了分类。本研究认为,在一个组织中,不同类型的心理需求会产生不同的组织冲突类型,大体可分为三种:由对成就感的需求而产生的任务冲突、由对归属感的需求而产生的关系冲突、由对权力资源的需求而产生的身份冲突。在此基础上,本研究进一步分析了三种冲突如何对组织行为产生影响,提出任务冲突会对创新行为产生积极影响,而关系冲突和身份冲突则可能产生反生产行为。组织冲突是不可避免的,但如果不加管理,冲突激化,则会影响组织的正常运行。从产生根源及应对措施出发,组织冲突的动因又可分为个体因素、群体因素和管理因素。

本研究主要探讨组织冲突对工作投入的影响。在对科研单位 J 组织冲突重新分类的基础上,首先,探索任务冲突对工作投入的影响,并且引入情绪智力作为调节变量,探究情绪智力对组织冲突和工作投入之间关系的调节作用;其次,探索关系冲突和身份冲突对工作投入的影响。如前人理论所述,任务冲突由对工作的成就感需求而引发,冲突双方若存在观点和意见上的分歧,必然会想方设法说服对方,或者通过更多的工作证明自己的观点或意见是正确的。因此,任务冲突理论上会对工作投入产生积极影响。关系冲突和身份冲突会让冲突各方产生心理上的波动，增加组织成员的情绪劳动，进而对工作投入产生负面影响。情绪智力较高的组织成员，由于其情绪管理能力较强，会在一定程度上排遣心理上的负面影响，并自我调节。综上所述，我们提出以下假设。

假设1：任务冲突对工作投入有正向预测作用。

假设2：关系冲突对工作投入有负向预测作用。

假设3：身份冲突对工作投入有负向预测作用。

假设4a：情绪智力对任务冲突和科研人员工作投入的关系都具有正向的调节作用。相较于情绪智力低的科研人员，任务冲突对情绪智力高的科研人员的工作投入的影响更大。

假设4b：情绪智力对关系冲突和科研人员工作投入的关系都具有正向的调节作用。相较于情绪智力低的科研人员，情绪智力高的科研人员的工作投入受关系冲突的负面影响更小。

假设4c：情绪智力对身份冲突和科研人员工作投入的关系都具有正向的调节作用。相较于情绪智力低的科研人员，情绪智力高的科研人员的工作投入受身份冲突的负面影响更小。

(二)工作投入、创新行为与反生产行为的关系

对科研人员创新行为的研究主要集中于科研人员创新行为的动因和影响因素。国外研究方面，不少学者探索了组织革新的影响因素及其影响机制，重点分析了领导力对组织冲突和创新行为的影响。研究结果表明，优秀的领导力有助于组织成员的创新行为，正面的领导力行为包括鼓励组织成员勇于进行尝试、开放的沟通方式、组织成员密切合作，以及积极参与实际工作。具备优秀领导力的领导能够给组织成员提供创新的机会和空间，使组织成员的创造力得到最大限度的发挥。此外，具备高效领导力的领导者能够充分协调组织成员内部关系，使组织内部始终保持高效的工作关系，最大可能地减少组织冲突。而组织内部高质量的关系又能进一步激发创新行为。

国内研究方面，胡少楠、王詠(2014)研究了工作投入的概念和测量。在前

人理论的基础上，他们归纳出工作投入是个体在工作中的一种积极融入的状态，是连接个体情绪、工作环境和工作绩效的纽带。工作投入是个体从心理、生理、认知投入工作中的一种行为状态。科研人员创新行为的定义是科研人员在工作过程中产生的创新构想或问题解决方案，并努力付诸实践的行为。按程度分，可分为问题式创新和变革式创新。反生产行为亦称反生产工作行为或反生产力行为，是指个体有意表现出的对组织或组织相关的合法利益存在潜在危害的行为。根据已有研究，反生产行为最典型的特征便是其多样性（Marcus & Schuler，2004）。

根据前期的理论研究和访谈结果，本研究另一个重要研究内容是探索工作投入对科研人员创新行为和反生产行为的影响。我们将先探索工作投入和科研人员创新行为的关系，再揭示工作投入和反生产行为之间的关系。如前所述，科研人员的工作投入包括了生理、认知和情绪三个方面。当生理投入和认知投入同时增加时，科研人员容易在日常工作中熟能生巧，并进行较为深入的思考，在日常工作中发现创新点，进而促进创新行为。当情绪投入持续增加时，科研人员更能感受到工作的乐趣，并在工作中获取成就感，这有利于减少或消除反生产行为。因此，本研究提出以下假设。

假设5：工作投入对科研人员创新行为有正向调节作用。

假设6：工作投入对反生产行为有负向调节作用。

（三）组织冲突、创新行为与反生产行为的关系

国内研究方面，张辉华、黄婷婷（2015）探究了情绪智力对组织绩效的作用机制。该研究首先将情绪智力定义为一种能力，主要包括认知、理解和管理情绪，以及运用情绪促进思考的能力。该研究表明，情绪智力高的人能够获取团队信任，并成为团队联系的中心，进而对工作绩效产生正面影响。王仙雅、林盛、陈立芸（2013）在研究科研压力对科研绩效的影响机制时，也探索了情绪智力的调节作用。该研究表明，高情绪智力的个体更能减少不健康心理带来的消极影响，从而能正向影响工作绩效。高情绪智力的个体善于利用积极的情绪营

造良好的组织氛围，更容易对工作满意，表现出较高的组织承诺。情绪智力越低的个体则越会放大工作中的负面情绪，即使在良好的学术氛围中也不易产生积极的行为。国外研究方面，Lindebaum（2010）探究了领导情绪智力与团队绩效和团队科研人员工作投入的关系。该研究认为，情绪智力高的领导有能力理解和管理自己及他人的情绪，并且在团队中营造良好的工作氛围。综合前人的研究结果可以得出，情绪智力对组织绩效、工作投入、工作氛围等有明显的正向影响。根据前期的理论研究和访谈结果，本研究的一个重要研究内容是探讨组织冲突对科研人员行为的影响。组织冲突会通过工作投入对科研人员行为产生影响，不同类型的组织冲突也会直接对科研人员行为产生一定的影响。因此，本研究提出以下假设。

假设 7：任务冲突对科研人员反生产行为有负向调节作用。

假设 8：关系冲突对科研人员反生产行为有正向调节作用。

假设 9：身份冲突对科研人员反生产行为有正向调节作用。

三、研究方法

（一）样本选取与数据收集

本研究的样本选取在 J 研究所科研人员中进行。在取样范围内，按计划发放问卷 320 份，并按时回收问卷 297 份，回收率为 92.8%，其中，有效问卷 270 份，有效率为 90.9%。我们将有效的 270 份问卷分成 54 组，每组由指定的组长完成本组的领导问卷，其他成员完成科研人员问卷。所有的问卷都采用匿名的方式。参与调查的科研人员中，男性占 77%，女性占 23%；按学历分，专科占 3%，本科占 7%，硕士研究生占 57%，博士研究生占 33%。

（二）研究工具

本研究采用的量表均属于受到广泛认可的问卷。除此之外，本研究还根据问卷调查的结果，进一步验证量表的整体一致信度，使得量表的测量结果更具说服力。其测量工具分别如下。

1. 组织冲突量表

本研究根据三种不同的冲突类型，采用了前人研究过的成熟量表。身份冲突采用 Bendersky 和 Hays(2012)开发的量表。任务冲突的题目如："对于工作中的问题，团队成员会勇于提出自己的意见""团队成员会对工作上的问题有不同的见解"等。关系冲突的题目如："团队成员之间有很多摩擦""团队成员之间性格冲突很明显"。身份冲突的题目如："组织成员之间常常为了工作成果的归属发生冲突""组织成员常常对工作成果的归属产生争议"。量表的初始开发者也对量表进行了信度效度检验，分别为 $\alpha=0.84$，$\alpha=0.91$，$\alpha=0.87$。在此基础上，为了更加适合本研究，我们对题目做了翻译、措辞、反向处理等工作。任务冲突、关系冲突、身份冲突的 α 值分别为 0.809、0.850、0.840，任务冲突、关系冲突、身份冲突的 KMO 值分别为 0.855、0.779、0.794。因此，此量表的信度和效度都是可以接受的。

2. 工作投入量表

本研究的量表基于使用最为广泛的 UWES 量表进行设计。Schaufeli 等(2006)开发了 Utrecht 工作投入量表(Utrecht Work Engagement Scale, UWES)，该量表从活力、奉献和专注三个维度进行设计，并经过实践检验，具有较高的信度和效度。UWES 目前已经成为相关实证研究中应用最为广泛的工作投入测量工具。经过实践检验，可以确认修订后的中文版量表也具备较高的信度和效度，这样就更加方便了国内学者进行相关研究。本研究针对研究对象的特点，在 UWES 问卷的基础上，对措辞、转义等进行了调整。工作投入的 α 值为 0.948，工作投入的 KMO 值为 0.973 。因此，此量表的信度和效度都是可以接受的。

3. 情绪智力量表

情绪智力量表也是使用较为广泛的量表。Scott 建立了情绪智力量表(EIS, $\alpha=0.83$)。该量表是一份采用五点量表形式的自我陈述问卷，被试根据自己的符合程度来选择数字。情绪智力是一组能力的集合，包括情绪感知能力、合理运用情绪的能力、正确理解自我情绪的能力、情绪的自我调控能力等。Wong和 Law 也对情绪智力量表进行了研究，开发出采用七点量表形式的 16 项问卷量表。主要分为对自我情绪的了解（Self-emotion Appraisal，SEA）、对他人情绪的了解（Other-emotion Appraisal，OEA）、情绪的利用（Use of Emotion，UOE）、情绪的管理（Regulation of Emotion，ROE）四个方面，α 值分别为 0.89、0.88、0.76、0.85。本研究在前人设计的量表的基础上，结合被调研对象的特点，对情绪智力量表做了转义和调整。情绪智力的 α 值为 0.954，情绪智力的 KMO 值为 0.954。因此，此量表的信度和效度都是可以接受的。

4. 创新行为量表

针对科研人员创新行为量表，本研究采用了权威专家 Scott 和 Bruce 在 1994 年开发的创新行为量表（Innovative Behavior Scale）。该量表被广泛地使用于各类相关研究。本研究针对研究对象的特点，在前人问卷的基础上，对措辞、转义等进行了微调。科研人员创新行为的 α 值为 0.896，科研人员创新行为的 KMO 值为 0.967。因此，此量表的信度和效度都是可以接受的。

5. 反生产行为量表

针对反生产行为量表，本研究采用了 Robinson 和 Bennett（1995）曾经研究并使用过的量表，具有相当的权威性。本研究针对研究对象的特点，在前人问卷的基础上进行了措辞、转义等微调。反生产行为的 α 值为 0.672，反生产行为的 KMO 值为 0.762。因此，此量表的信度和效度都是可以接受的。

（三）分析方法

研究取样采用多层嵌套结果，即参加调查的 270 名科研人员分属不同的团队。同时，考虑到不同团队领导的评分差异以及科研单位科研人员在不同团队中表现的差异，本研究采用了 SPSS 中混合线性模型来对数据进行分析处理，充分考虑以上客观情况，以便得到更准确的数据。

四、结果分析

(一)研究变量的描述性统计分析结果

相关性分析可度量变量之间是否存在相关关系，变量间的相关程度研究一般采用 Pearson 模型进行分析。本研究通过 Pearson 模型进行检验，统计分析结果如表 5-4 所示。

(二)假设检验

1. 任务冲突、关系冲突、身份冲突对工作投入的作用检验

任务冲突和工作投入两个变量的样本数都是 270，任务冲突的均值是 3.988 1，标准差为 1.369 83。工作投入的均值是 4.029 4，标准差为 1.216 72。任务冲突和工作投入的相关系数为 0.637，显著性水平小于 0.01。因此，任务冲突和工作投入的相关关系为正向，且为显著相关。关系冲突和工作投入两个变量的样本数都是 270，关系冲突的均值是 3.963 0，标准差为 1.372 53。工作投入的均值是 4.029 4，标准差为 1.216 72。关系冲突和工作投入的相关系数为 -0.608，显著性水平小于 0.01。所以，关系冲突和工作投入的相关关系为负向，且相关性显著。由此可以得出结论，在 J 研究所中，关系冲突与工作投入具有显著的负向相关关系。身份冲突和工作投入两个变量的样本数都是 270，身份冲突的均值是 4.040 7，标准差为 1.353 16。工作投入的均值是 4.029 4，标准差为 1.216 72。身份冲突和工作投入的相关系数为 -0.592，显著性水平小于 0.01。所以，身份冲突和工作投入的相关关系为负向，且相关性显著。由此可以得出结论，在 J 研究所中，身份冲突与工作投入具有显著的负向相关关系。

2. 任务冲突、关系冲突、身份冲突对科研人员创新行为的作用检验

任务冲突和科研人员创新行为两个变量的样本数都是 270，任务冲突的均值是 3.988 1，标准差为 1.369 83。科研人员创新行为的均值是 4.013 0，标准差为 1.051 70。任务冲突和科研人员创新行为的相关系数为 0.614，显著性水平

表 5-4 研究变量的描述性统计分析结果

	均值	标准差	N	任务冲突	关系冲突	身份冲突	工作投入	科研人员创新行为	反生产行为
任务冲突	3.988 1	1.369 83	270				0.637**	0.614**	−0.540**
关系冲突	3.963 0	1.372 53	270				−0.608**	−0.558**	0.530**
身份冲突	4.040 7	1.353 16	270				−0.592**	−0.584**	0.522**
工作投入	4.029 4	1.216 72	270	0.637**	−0.608**	−0.592**			
科研人员创新行为	4.013 0	1.051 70	270	0.614**	−0.558**	−0.584**			
反生产行为	2.709 3	0.540 44	270	−0.540**	0.530**	0.522**			

注:** 表示 $p < 0.01$。

小于 0.01。所以，任务冲突和科研人员创新行为的相关关系为正向，且相关性显著。由此可以得出结论，在 J 研究所中，任务冲突与科研人员创新行为具有显著的正向相关关系。关系冲突和工作投入两个变量的样本数都是 270，关系冲突的均值是 3.963 0，标准差为 1.372 53。科研人员创新行为的均值是 4.013 0，标准差为 1.051 70。关系冲突和科研人员创新行为的相关系数为 −0.558，显著性水平小于 0.01。所以，关系冲突和科研人员创新行为的相关关系为负向，且相关性显著。由此可以得出结论，在 J 研究所中，关系冲突与科研人员创新行为具有显著的负向相关关系。身份冲突和科研人员创新行为两个变量的样本数都是 270，身份冲突的均值是 4.040 7，标准差为 1.353 16。科研人员创新行为的均值是 4.013 0，标准差为 1.051 70。身份冲突和科研人员创新行为的相关系数为 −0.584，显著性水平小于 0.01。所以，身份冲突和工作投入的相关关系为负向，且相关性显著。由此可以得出结论，在 J 研究所中，身份冲突与科研人员创新行为具有显著的负向相关关系。

3. 任务冲突、关系冲突、身份冲突对反生产行为的作用检验

任务冲突和反生产行为两个变量的样本数都是 270，任务冲突的均值是 3.988 1，标准差为 1.369 83。反生产行为的均值是 2.709 3，标准差为 0.540 44。任务冲突和反生产行为的相关系数为 −0.540，显著性水平为 0.000，小于 0.01。所以，任务冲突和反生产行为的相关关系为负向，且相关性显著。由此可以得出结论，任务冲突与反生产行为具有负向相关关系。关系冲突和反生产行为两个变量的样本数都是 270，关系冲突的均值是 3.963 0，标准差为 1.372 53。反生产行为的均值是 2.709 3，标准差为 0.540 44。关系冲突和反生产行为的相关系数为 0.530，显著性水平为 0.000，小于 0.01。所以，关系冲突和反生产行为的相关关系为正向，且相关性显著。由此可以得出结论，在 J 研究所中，关系冲突与反生产行为具有显著的正向相关关系。身份冲突和反生产行为两个变量的样本数都是 270，身份冲突的均值是 4.040 7，标准差为 1.353 16。反生产行为的均值是 2.709 3，标准差为 0.540 44。身份冲突和反生

产行为的相关系数为 0.522，显著性水平为 0.000，小于 0.01。所以，身份冲突和反生产行为的相关关系为正向，且相关性显著。由此可以得出结论，在 J 研究所中，身份冲突与反生产行为具有显著的正向相关关系。

4. 情绪智力对工作投入的调节作用检验

为了验证情绪智力调节变量对工作投入中介变量的调节关系，本研究通过 SPSS 混合线性分析，分别使用任务冲突、关系冲突、身份冲突三个自变量对情绪智力的调节作用进行检验。结果如表 5-5、表 5-6、表 5-7 所示。

表 5-5 任务冲突条件下情绪智力对工作投入的调节作用

	F	显著性
截距	5.707	0.018
任务冲突	10.360	0.001
情绪智力	8.649	0.004
任务冲突×情绪智力	9.124	0.003

表 5-6 关系冲突条件下情绪智力对工作投入的调节作用

	F	显著性
截距	64.191	0.000
关系冲突	9.671	0.002
情绪智力	69.577	0.000
关系冲突×情绪智力	6.809	0.010

表 5-7 身份冲突条件下情绪智力对工作投入的调节作用

	F	显著性
截距	49.478	0.000
身份冲突	7.130	0.008
情绪智力	56.403	0.000
身份冲突×情绪智力	4.661	0.032

为了进一步探索其调节作用，本研究采用英国谢菲尔德大学管理学院杰瑞

米·道森(Jeremy Dawson)教授的 Excel 宏文件生成调节效应图形，如图 5-4、图 5-5、图 5-6 所示。

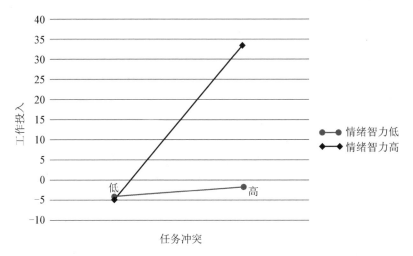

图 5-4 任务冲突条件下情绪智力对工作投入的调节作用

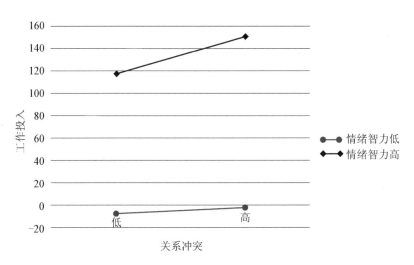

图 5-5 关系冲突条件下情绪智力对工作投入的调节作用

针对任务冲突、关系冲突、身份冲突三个自变量，分别验证了情绪智力对工作投入的调节作用。得到的显著性分别为 0.001、0.003、0.032，都小于 0.05。可以得出结论，情绪智力对工作投入具有明显的正调节作用。从图 5-4、

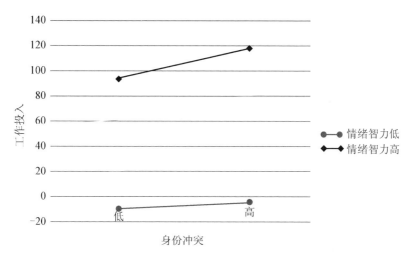

图 5-6 身份冲突条件下情绪智力对工作投入的调节作用

图 5-5、图 5-6 也可以看出，在任务冲突、关系冲突、身份冲突三个不同的自变量影响的条件下，情绪智力在其中对工作投入也具有明显的正向调节作用。

5. 工作投入对科研人员创新行为的中介作用检验

本研究结合问卷调研的数据，探索工作投入对科研人员创新行为的中介作用。

第一步，任务冲突（X_1）、关系冲突（X_2）、身份冲突（X_3）对科研人员创新行为（Y_1）的回归检验（见表 5-8）。

表 5-8 任务冲突、关系冲突、身份冲突对科研人员创新行为的回归检验

自变量	估计	标准误差	N	显著性
任务冲突（X_1）	0.473 302	0.039 539	270	0.000
关系冲突（X_2）	−0.459 355	0.039 459	270	0.000
身份冲突（X_3）	−4.887 51	0.361 26	270	0.000

注：因变量为科研人员创新行为（Y_1），95% 的置信区间。

第二步，任务冲突（X_1）、关系冲突（X_2）、身份冲突（X_3）对工作投入（M）的回归检验（见表 5-9）。

表 5-9 任务冲突、关系冲突、身份冲突对工作投入的回归检验

自变量	估计	标准误差	N	显著性
任务冲突(X_1)	0.562 217	0.041 966	270	0.000
关系冲突(X_2)	−0.534 020	0.042 530	270	0.000
身份冲突(X_3)	−0.563 832	0.038 800	270	0.000

注：因变量为工作投入（M），95％的置信区间。

第三步，任务冲突（X_1）、关系冲突（X_2）、身份冲突（X_3）和工作投入（M）对科研人员创新行为（Y_1）的回归检验（见表 5-10）。

表 5-10 任务冲突、关系冲突、身份冲突和工作投入对科研人员创新行为的回归检验

参数	估计	标准误差	N	显著性
任务冲突(X_1)	0.182 87	0.026 119	270	0.484
工作投入(M)	0.809 323	0.029 356	270	0.000
关系冲突(X_2)	−0.032 034	0.025 132	270	0.204
工作投入(M)	0.800 196	0.228 575	270	0.000
身份冲突(X_3)	−0.447 41	0.025 731	270	0.083
工作投入(M)	0.787 486	0.030 232	270	0.000

注：因变量为科研人员创新行为（Y_1），95％的置信区间。

在第一步检验中，任务冲突、关系冲突、身份冲突对因变量科研人员创新行为的显著性都为 0.000，小于 0.005。显著性得到验证。

在第二步检验中，任务冲突、关系冲突、身份冲突对中介变量工作投入的显著性都为 0.000，小于 0.005。显著性得到验证。

在第三步检验中，任务冲突（X_1）、关系冲突（X_2）、身份冲突（X_3）对科研人员创新行为（Y_1）的显著性分别为 0.484、0.204、0.083，均大于 0.05；与此同时，工作投入（M）对科研人员创新行为（Y_1）的显著性都为 0.000，小于 0.005。

综合以上分析结果，本研究得出结论，在任务冲突（X_1）、关系冲突（X_2）和身份冲突（X_3）的条件下，工作投入（M）对科研人员创新行为（Y_1）存在不完全中介效应。

6. 工作投入对反生产行为的中介作用检验

本研究结合问卷调研的数据，探索工作投入对反生产行为的中介作用。

第一步，任务冲突（X_1）、关系冲突（X_2）、身份冲突（X_3）对反生产行为（Y_2）的回归检验（见表 5-11）。

表 5-11 任务冲突、关系冲突、身份冲突对反生产行为的回归检验

自变量	估计	标准误差	N	显著性
任务冲突（X_1）	$-0.430\ 617$	0.145 646	270	0.000
关系冲突（X_2）	0.426 237	0.035 151	270	0.000
身份冲突（X_3）	$-4.220\ 14$	0.337 33	270	0.000

注：因变量为反生产行为（Y_2），95%的置信区间。

第二步，任务冲突（X_1）、关系冲突（X_2）、身份冲突（X_3）对工作投入（M）的回归检验（见表 5-12）。

表 5-12 任务冲突、关系冲突、身份冲突对工作投入的回归检验

自变量	估计	标准误差	N	显著性
任务冲突（X_1）	0.562 217	0.041 966	270	0.000
关系冲突（X_2）	$-0.534\ 020$	0.042 530	270	0.000
身份冲突（X_3）	$-0.563\ 832$	0.038 800	270	0.000

注：因变量为工作投入（M），95%的置信区间。

第三步，任务冲突（X_1）、关系冲突（X_2）、身份冲突（X_3）和工作投入（M）对反生产行为（Y_2）的回归检验（见表 5-13）。

表 5-13 任务冲突、关系冲突、身份冲突和工作投入对反生产行为的回归检验

参数	估计	标准误差	N	显著性
任务冲突（X_1）	$-1.281\ 36$	0.033 764	270	0.000
工作投入（M）	-53.4843	0.037 258	270	0.000
关系冲突（X_2）	0.156 32	0.032 346	270	0.000
工作投入（M）	$-0.517\ 252$	0.356 29	270	0.000

续表

参数	估计	标准误差	N	显著性
身份冲突(X_3)	0.132 407	0.033 579	270	0.000
工作投入(M)	0.520 723	0.038 337	270	0.000

注：因变量为反生产行为(Y_2)，95％的置信区间。

在第一步检验中，任务冲突、关系冲突、身份冲突对因变量反生产行为的显著性都为0.000，小于0.005。显著性得到验证。

在第二步检验中，任务冲突、关系冲突、身份冲突对中介变量工作投入的显著性都为0.000，小于0.005。显著性得到验证。

在第三步检验中，任务冲突(X_1)、关系冲突(X_2)、身份冲突(X_3)对反生产行为(Y_2)的显著性均为0.000，小于0.05；与此同时，工作投入(M)对科研反生产行为(Y_2)的显著性都为0.000，小于0.005。

综合以上分析结果，我们认为，在任务冲突(X_1)、关系冲突(X_2)和身份冲突(X_3)的条件下，工作投入(M)对反生产行为(Y_2)存在不完全中介效应。

五、研究结论及创新点和不足之处

(一)研究结论

本研究验证了所提出的模型，并通过访谈、描述性分析等得出了以下结论。

第一，通过访谈，发现组织冲突、创新行为、工作投入、反生产行为等确实是J研究所管理工作所关注的重点。可以认为本研究的选题是很有现实意义的。访谈中得到的一些观点也在一定程度上支持了文献研究中的理论。

第二，通过描述性分析，可以得出以下结论：学历、职称对组织冲突存在显著差异；性别、年龄、学历、职称在情绪智力上存在显著差异；性别、年龄、学历、职称在工作投入上存在显著差异；性别、年龄、学历在科研人员创新行为上存在显著差异。

第三，本研究同样验证了所提出的模型。研究结果表明，任务冲突和中介变量工作投入之间存在着明显的正向相关关系，而关系冲突、身份冲突和中介变量工作投入之间存在着明显的负向相关关系。

第四，任务冲突和结果变量科研人员创新行为之间存在着明显的正向相关关系，而关系冲突、身份冲突和结果变量科研人员创新行为之间存在着明显的负向相关关系；任务冲突和结果变量反生产行为之间存在着明显的负向相关关系，而关系冲突、身份冲突和结果变量反生产行为之间存在着明显的正向相关关系。

第五，在任务冲突、关系冲突、身份冲突的条件下，调节变量情绪智力对工作投入都有明显的正向调节作用。在任务冲突、关系冲突、身份冲突的条件下，中介变量工作投入对结果变量科研人员创新行为存在着不完全中介作用。同样，在任务冲突、关系冲突、身份冲突的条件下，中介变量工作投入对结果变量反生产行为也存在着不完全中介作用。

(二)创新点和不足之处

本研究从第三方的角度对 J 研究所中的组织冲突情况进行了探究，并探讨了组织冲突、工作投入、科研人员创新行为及反生产行为之间的关系。很多组织冲突相关的研究，是以工作关系为视角，如上级与下级的冲突、平级科研人员间的冲突、不同部门间的冲突等。这种研究方式往往适用于等级森严的矩阵组织。而科研所人员素质较高，领导和科研人员的地位也相对平等，因此，本研究从人的心理需求角度来研究几种类型的组织冲突，更能反映科研所的实际情况，并用于指导实际工作。情绪智力作为调节变量在前人的研究中多有涉及，根据前人的研究，情绪智力往往对组织绩效、工作氛围、工作投入等有积极的调节作用。但考察情绪智力对组织冲突的调节作用的研究较少。本研究弥补了这方面的不足。

由于条件限制，被访谈或调研的科研人员都在同一单位，处于同一组织文化的影响之下，研究的结论是否能够推而广之，有待进一步调查。另外，由于人类正常的心理防御机制，反生产行为的调研、工作投入的调研等可能存在一定程度上的偏差。受研究者能力和时间所限，本研究存在着不足之处，有待深入探究。

第五节

领导创新期待对科研人员根本性创新行为的影响机制

一、引言

科研人员创新是指在组织情境下，科研人员提出的新颖而有价值的想法。这些想法相对于组织中的其他可用想法是独特的，并且在短期或者长期内对组织有潜在的价值。在当前的商业环境中，组织面临着日益激烈的市场竞争以及不可预知的技术变革，科研人员创新已经成为组织赖以生存、发展和获取竞争优势的原动力。为此，学者们也开展了大量研究来探讨哪些因素能够促进科研人员创新。其中，领导行为被证实是影响科研人员创新的重要因素之一。Sternberg(2007)注意到，推动创新在过去只是领导力建设的一个选项，但是，今天不能激励下属创新的领导者将不能引领组织走向未来。

领导者拥有分配工作任务的职位权力，他们对科研人员的创新角色期待会使科研人员将创新活动看作工作职责的一部分，因此，在很大程度上影响了科研人员对创新行动的意义构建。实证研究已经证实，领导创新期待对科研人员创新具有正向预测作用。其中，Tierney 和 Farmer(2004)以创新的皮格马利翁过程为概念框架，发现对下属持有较高创新期待的领导者表现出更多的创新支持行为，这些行为通过影响科研人员感知到的创新期待来进一步促进创新自我效能感和创新绩效。Carmeli 和 Schaubroeck(2007)的研究结果也表明，领导创新期待会被科研人员内化为自我创新期待，进而促进科研人员的创新过程卷入。因此，现有研究主要从科研人员的创新意愿和动机的视角来解释皮格马利翁效应在创新领域的应用。

创新作为人类智慧的最高表现形式，要求个体进行一系列复杂、高强度的认知加工。如果不投入大量的时间精力到创新过程中去，很难提出新颖而有实用价值的想法。在 Amabile(1983) 的创造力成分模型中，与创新相关的认知过程是其核心组成部分，主要包括三个关键的活动，即问题界定、信息搜索和编码、方案生成。创新产生于人类思维的认知阶段，因此，投入大量精力到创造性问题解决的认知过程中，至少与内在动机和创新意愿有同等重要的作用。然而，实证研究却很少考察创新过程投入如何驱动创新成果的出现。在当今的组织中，创新行为大多在团队背景中发生。创新管理需要深入探讨团队情景如何影响个体创新。创新行为的综述类文章已经指出人-情景交互的重要性，相应地，实证研究也逐渐开始采用跨层的视角来检验个体差异和团队因素的交互作用对科研人员创新的影响。为了弥补以上不足，本研究试图深入探索领导创新期望为什么、在什么条件下和怎样影响科研人员根本性创新行为。

二、研究假设模型

我们结合了创新过程投入模型以及个体与情境的交互视角，提出一个跨层的被调节的中介模型，来分析领导创新期待影响科研人员根本性创新行为的过程机理及边界条件。首先，为了创造性地解决问题，科研人员不仅需要获取大量的信息资源，而且需要以全新的视角对这些信息进行集成和重组(Mumford & Gustafson，1988)。因为创造性问题解决过程包含分析问题、搜集相关信息和形成备选方案这三个复杂而关键的因素，需要投入大量精力，故我们认为创新过程投入是领导创新期待影响根本性创新行为的一个中介机制。也就是说，领导创新期待促进科研人员追求创新并将大量的时间、精力和注意力分配给创新活动，推动这些与创新有关的认知过程，进而激发出突破性创新成果。此外，虽然个体为创新所付出的努力有利于根本性创新想法的产生，但个体的认知资源和思维方式都存在局限性，再加上颠覆式的问题解决方案需要较强的开创性，因此，个体提出的根本性创新想法往往不够完善和可行，需要进一步优化和论证。团队掌握氛围重视每个人的努力、分享和合作，强调学习和技能发展。这样的团队氛围促进团队成员在创造性问题解决过程中的资源共享、优势互补，每个成员都会在比较、对照和补充的过程中，有意无意地认识、学习到其他成员思考问题的方法，使自己的思维能力得到潜移默化的改进，从而在相互启发的过程中，激发出全新的创意或对已有的根本性创意进行修正和完善。因此，我们认为，团队掌握氛围可以进一步提高创新过程投入对根本性创新行为的积极效应，两者协同影响科研人员的根本性创新，即当团队掌握氛围高时，创新过程投入与创新绩效之间的正向关系更强。综上，本研究提出一个跨层次的被调节的中介模型来扩展现有研究中对于领导创新期待为什么影响科研人员创新这一问题的理解（通过创新过程投入），识别出创新过程投入影响科研人员创新的边界条件（当团队掌握氛围高时），用更精确的模型来解释影响创新行为发生的因素，试图为领导如何激发下属创新提供管理建议。本研究的理论模型如图 5-7 所示。

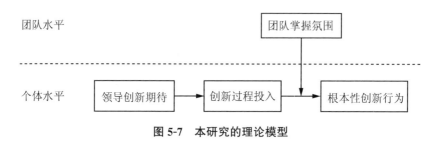

图 5-7 本研究的理论模型

（一）领导创新期待、创新过程投入与根本性创新行为

从创新的一般定义来看，创新既指对原有事物的改进，也指新事物的引入。前者是一种渐进性的新想法。渐进性新想法意味着对现有框架的改良，当科研人员在相关领域积累了大量的知识、技术和专长后，就倾向于沿着已有模式进行延伸和扩展，这样更容易达成微创新。近年来，实证研究将这两种类型的创新加以区分，并且发现二者由不同的因素驱动。在探讨领导行为如何激励根本性创新行为时，我们首先应注意到对于大多数科研人员而言，创新是一种角色外行为。因为组织的现行惯例通常建立在过去成功的基础上，所以，人们往往更倾向于选择常规做法而不是创新。考虑到根本性创新行为意味着向大多数组织成员所接受和承认的事物挑战，而且这种挑战经常伴随着较高的风险和不确定性（Madjar，Greenberg，& Chen，2011），因此，科研人员需要持有较强的创新行为被接受的信念，相信创新行为是会被接受、认可和奖励的，否则他们不太可能去追求根本性创新。那么，领导面临的挑战之一就是如何使科研人员投入创新过程中去。根据管理中的皮格马利翁效应，我们认为，来自领导者的创新角色期待会促进科研人员的创新过程投入。角色期待意味着一个角色都应该承担那些对塑造角色行为有重要作用的工作内容。由于领导者在组织中拥有合法的职位权力，控制着大量对科研人员极其重要的资源，因此科研人员会密切关注领导对他们的期望是什么，依据领导对他们的期望来采取行动。领导会视科研人员的创新能力以及创新是不是岗位要求而对不同的科研人员传递程度不同的创新期待。此外，根据 Ford（1996）的创新行动理论，领导创新期待也传递了领导对创新行为的关注、重视和支持。这将影响科研人员对创新行为被接受程度的信念，即创新是不是有价值并且合法的行为，从而促进科研人员更多地参与到创新行动中去。因此，我们预测领导的创新期待对下属的创新过程投入有正向推动作用。

科研人员对创新过程投入的程度进一步决定了他们表现出根本性创新行为的可能性。与创新有关的认知加工是大脑将储存的信息重新组合、加工成新的信息的一个过程。根据 Zhang 和 Bartol（2010）的定义，创新过程具体包括三个阶段：（1）问题识别；（2）信息搜寻和编码；（3）想法和创意产生。根本性创新更加需要打破固有思维的限制，进行多向灵活思维，充分拓展思路对原有的认知-

知识结构进行改造和重组。为了构想出全新的、原创性的点子，个体必须有意识地运用创新思维，即主动去发现问题、考察问题的背景、审视问题的价值，以积极的行动搜集相关的信息资料，通过将这些信息与已有的知识、经验进行联结、编码、集成，寻求解决问题的最佳途径与方案（Zhang & Bartol，2010）。创造性问题解决要求广泛而深入的认知加工。如果这一创新过程由于缺乏精力投入没有被充分执行，例如，没有很好地理解问题症结所在，没有全面搜集和分析相关信息或者只产生了少量备选方案，那么，方案的新意程度一定会下降。故本研究预测，创新过程投入程度越高，产生根本性创新想法的可能性越大。

基于以上的理论论证及实证证据，当领导明确表达出对下属的创新期待时，下属会内化这种来自领导的人际影响，投入更多的时间、精力和注意力到创新思维过程中，重新从根本上思考解决问题的方法，从而开拓出颠覆性、突破性的产品、服务或工作方式。因此，本研究提出以下假设。

假设 1：创新过程投入对领导创新期待与根本性创新行为之间的关系具有中介作用。

(二)团队掌握氛围的调节作用

在工作场所中，除了领导行为这一关键的情境因素，团队动机氛围也与许多工作行为高度相关。成就目标理论（Ames，1992）将团队动机氛围定义为科研人员对成功或失败标准的共享感知，即团队动机氛围帮助科研人员理解哪些行为是被期待和奖励的。团队掌握氛围支持努力和合作，强调学习和技能发展，关注胜任力建设。这种氛围会促进团队成员之间的支持行为，共享积累的经验和教训，团队成员也可以从其他成员的知识积累中受益。基于上述团队掌握氛围的定义和特点，本研究假设团队掌握氛围对创新思维过程具有激发作用，与创新过程投入以协同的方式促进根本性创新想法的形成。由于每个人受教育背景不同，所积累的知识经验不同，所掌握的信息不同，切入问题的角度不同，以及分析问题的层次、方法、水平不同，对某一个问题会产生各种不同的甚至是对立的看法。在科研人员的创新活动过程中，较高的团队掌握氛围可以促进团队成员之间进行开放的讨论、争辩，每个人都可以从不同的角度提出解决问题的可能方向。个人的创新投入和努力，再加上这种不同意见的相互交换、相互启发、相互激励和相互补充，不仅可以使思维在碰撞中发生连锁反应，丰富团队中每一个成员的知识和经验，引发创新思维的共振，从而得出更具有新意的方案，而且会再度激发团队成员提出新的问题，唤醒新的联想。这样，团队中的每一个成员都可以打破自己思维的局限，迸发出创新的思路。与我们的推理一致，Hirst 等（2009）的研究表明，团队学习行为可以激励趋近型目标定向（Approach Orientation）的个体表现出创新行为。因此，本研究提出以下假设。

假设 2：团队掌握氛围正向调节创新过程投入与根本性创新行为之间的关系，即团队掌握氛围越高，创新过程投入与根本性创新行为的正向关系越强。

(三)被调节的中介模型

综合以上分析以及前文提出的假设 1 和假设 2，我们进一步提出一个被调节的中介模型，即领导创新期待通过创新过程投入间接影响根本性创新行为的发生，且这一间接过程的强弱取决于团队掌握氛围的高低。具体而言，当团队掌握氛围高时，领导创新期待、创新过程投入和科研人员根本性创新行为三者之间的间接效应更强。由此，本研究提出以下假设。

假设 3：团队掌握氛围正向调节领导创新期待通过创新过程投入影响科研人员根本性创新行为的间接效应。当团队掌握氛围高时，这一间接效应更强。

三、研究方法

(一)样本选取与数据收集

被试来自北京市的 6 家企业。由于本研究是一个跨层次的研究，为了避免同源误差和可能的数据分析偏差，我们基于工作团队进行了抽样，并采用上-下级配对的方式来获取相关数据。具体而言，团队领导填写领导问卷，对其直接下属的根本性创新行为进行评价，并填写个人信息；该领导的直接下属填写科研人员问卷，包括对感知到的上级领导的创新期待、对自身的创新过程投入、对团队掌握氛围的评价，以及相关的个人信息。考虑到配对取样的复杂性，以及上下级互评的敏感性，所有问卷都在调研前进行了处理。我们对需要科研人员填写的问卷进行了编号，每个编号对应唯一的科研人员。做好标记后，我们将问卷放入信封，信封的封口处贴有胶条，以便每一名科研人员在问卷填答完毕后能够亲自将问卷封装后交给研究者，体现了本次调研的保密性。为了得到领导对科研人员创新行为的评价，我们同时制作了需要领导填写的问卷，每一份问卷都写明被评价的科研人员姓名和编号，这样做既可以方便填写问卷的领导对其下属做出有针对性的回答，又可以确保领导与科研人员的问卷能够一一配对成功。

研究者共发放领导问卷 400 份，科研人员问卷 400 份。回收的问卷中，领导和科研人员能够上下匹配的数据点有 301 对。将空白过多、反应倾向过于明显的问卷剔除后得到有效问卷 291 对，分布在 51 个工作团队中。整体问卷有效回收率为 72.75%。参与调查的科研人员中，男性占 47.42%，女性占 47.77%，4.81% 的参与者未填答自己的性别；平均年龄为 32.35 岁（$SD=7.16$），上下级平均共事年限为 3.42 年（$SD=3.80$）。

(二)研究工具

本研究包含的变量有：(1)领导创新期待；(2)创新过程投入；(3)团队掌握氛围；(4)科研人员根本性创新行为。本研究采用的所有量表均为信度、效度较高，并得到广泛验证和认可的英文原创量表。研究工具的翻译工作采用 Brislin(1980)提出的标准的翻译-回译程序，由双语专家完成，以最大限度地保证研究工具的质量。其测量的工具分别如下。

1. 领导创新期待

采用 Carmeli 和 Schaubroeck(2007)开发的领导对科研人员的创新期待问卷，共 4 道题目。此问卷采用李克特七分等级量表（从"1-非常不同意"到"7-非常同意")计分。在问卷中，我们请科研人员根据对其直接上级的了解，判断每项行为的同意或不同意程度。比如，"我的直接上级期望我在工作中表现出创造力""我的直接上级期望我能够创造性地完成工作"等。问卷的内部一致性系数 α 为 0.82。

2. 创新过程投入

采用 Zhang 和 Bartol(2010)开发的问卷，共 11 道题目。问卷包括识别问题、信息搜索和编码、创意产生三个维度。科研人员根据面临创新任务和问题时每项行为描述出现的频率进行判断。为了得到更为准确的测量结果，我们采用李克特七分等级量表(从"1-从不"到"7-几乎总是")计分，分别为"从不""很少""偶尔""有时""经常""频繁""几乎总是"。比如，"我花大量的时间来理解问题的本质""我参考不同来源的信息以激发创意""我试图突破思维定式想出新的解决方案"等。问卷的内部一致性系数 α 为 0.93。

3. 团队掌握氛围

采用 Nerstad，Roberts 和 Richardsen(2013)编制的问卷，共 6 道题目，采用李克特七分等级量表(从"1-非常不同意"到"7-非常同意")计分。科研人员根据对所在团队的了解进行判断，并在每项陈述后面相应的数字上画"○"。比如，"我所在的团队鼓励大家开展合作，相互交流思想和观点"等。问卷的内部一致性系数 α 为 0.93。

4. 科研人员根本性创新行为

对科研人员根本性创新行为的测量基于 Madjar 等(2011)和 Baer(2012)使用的问卷，共 6 道题目。此问卷采用李克特七分等级量表(从"1-非常不典型"到"7-非常典型")计分。团队领导根据对该下属的了解进行判断，每项行为描述为该下属的工作表现中的典型性程度。根本性创新行为的示例题目包括"该下属提出突破性的想法——不是仅仅对已有的研究、工作流程、产品或服务做些许改变""该下属提出极具创意的点子"等。问卷的内部一致性系数 α 为 0.95。

在研究过程中，我们还获取了参与者的一般人口统计学资料。根据相关的研究，我们选取性别、教育程度、上下级共事年限作为个体层面的控制变量，在团队层面上，我们控制了团队规模的影响。

（三）分析方法

本研究的取样呈多水平嵌套结构，即参与调研的 291 名科研人员分属于 51 个不同的团队。由于每个科研人员所在的工作团队不同，每个团队领导在评分标准上也有所偏差，而且为了检验团队掌握氛围的跨层次调节作用，本研究采用多水平线性模型来对数据进行分析处理，将组内效应和组间效应分离，以得到更为精确的数据结果。我们使用 Mplus 7.4 进行所有的统计分析，在此，科研人员代表了数据结构的第一层，而团队代表了数据结构的第二层，允许回归方程在团队层面有随机斜率和随机截距。

在进行结果分析之前，我们计算了根本性创新行为的组内相关 ICC(1)＝0.38。这表明，根本性创新行为的评价有显著的组间差异，进行多层分析十分必要。另外，在进行假设检验时，我们同时估计了所有回归方程，以减少对模型参数和标准误估计的偏差。为了使多层分析的结果便于解释以及减轻多重共线性对层二变量估计的影响，我们对层一的预测因子进行了组别平均数中心化，对层二的预测因子进行了总体平均数中心化。

为了检验被调节的中介效应的显著性，本研究采用了蒙特卡洛方法来构建置信区间。参数自助法重新抽样的特点是只对参数做出正态分布假设，对间接效应的分布不做假设，间接效应通常是有偏的，不服从正态分布。该方法的优点是可以准确可靠地给出非对称的置信区间并且易于实现。

四、研究结果与分析

（一）研究变量的描述性统计分析结果

表 5-14 提供了本研究各变量的描述性统计分析结果、内部一致性系数和变量之间的相关系数。表中显示：（1）领导创新期待、创新过程投入、团队掌握氛

围、根本性创新行为的内部一致性系数 α 为 $0.82 \sim 0.95$，表明这些变量在样本数据中表现出了较好的内部一致性特征。(2)领导创新期待与创新过程投入正相关($r = 0.30$，$p < 0.01$)。创新过程投入与根本性创新行为正相关($r = 0.19$，$p < 0.01$)，这为我们的假设提供了初步的支持。

表 5-14　研究变量的描述性统计分析结果

研究变量	M	个体水平 SD	团队水平 SD	1	2	3	4	5	6	7	8
1. 领导创新期待	5.00	0.97		(0.82)							
2. 创新过程投入	4.92	0.92		0.30**	(0.93)						
3. 根本性创新行为	4.02	1.22		0.07	0.19**	(0.95)					
4. 性别	0.53	0.70		−0.01	−0.02	−0.08	—				
5. 教育程度	3.24	0.84		0.11	0.18**	0.08	−0.19**	—			
6. 上下级共事年限	3.42	3.80		−0.07	−0.08	−0.01	0.00	−0.06	—		
7. 团队规模[b]	5.71		2.22							—	0.08
8. 团队掌握氛围[b]	5.43		0.57								(0.93)

注：对于个体水平变量 $N = 291$，对于团队水平变量 $N = 51$；对于性别，$0 =$ "男"，$1 =$ "女"。对角线下方是个体水平变量之间的相关系数，对角线上方是团队水平变量之间的相关系数，对角线上括号中数字表示内部一致性系数 Cronbach's α。[b]表示团队水平变量，* 表示 $p < 0.05$，** 表示 $p < 0.01$。

(二)数据聚合检验

我们计算了不同的统计检验指标来确认个体报告的团队掌握氛围是否可以聚合到团队层面。首先，组内一致性 r_{wg} 在 51 个团队中的均值是 0.91，从 0.71 到 0.99，表明在被调查团队中，成员有共享的对于团队掌握氛围的感知。再者，足够的团队之间差异也为数据聚合提供支持[ICC(1) = 0.14；ICC(2) = 0.47]。经验标准是 ICC(1) > 0.05 和 ICC(2) > 0.5。本研究的团队规模较小(均值 = 5.71)，导致 ICC(2)偏低。但有学者认为，即使有相对低的 ICC(2)，有高的 r_{wg} 以及显著的组间方差，聚合仍是可行的。综上，我们通过将个体水平的回答聚合到团队水平来得到团队掌握氛围的值。

(三)假设检验

我们的假设意味着一个第二阶段被调节的中介作用，即调节变量增强或者减弱了中介变量对结果变量的影响。本研究中，检验被调节的中介作用就是检验领导创新期待通过创新过程投入影响科研人员根本性创新行为这一间接效应是否随团队掌握氛围而变化，表5-15至表5-18呈现了与假设相关的多层次路径分析的结果。

1. 创新过程投入的中介作用

为了检验假设1，我们首先拟合了一个单层模型，如表5-15所示。领导创新期待与创新过程投入有显著的正向关系（$\gamma = 0.26$，$p < 0.001$），而创新过程投入可以显著地正向预测根本性创新行为（$\gamma = 0.16$，$p < 0.05$）。我们采用蒙特卡洛方法进行重抽样来构建间接效应的置信区间，如表5-16所示，领导创新期待通过创新过程投入影响根本性创新行为的间接效应是显著的（间接效应＝0.04，置信区间 CI[0.005，0.089]）。因此，假设1得到验证。

表 5-15　单层次的中介效应分析结果

预测变量	因变量	
	创新过程投入	根本性创新行为
	γ	γ
性别	0.04	0.04
教育程度	$0.16^{\dagger}$	0.11
上下级共事年限	-0.01	0.02
领导创新期待	0.26^{***}	0.04
创新过程投入		0.16^{*}

注：对于个体水平变量 $N = 291$，对于团队水平变量 $N = 51$。$\dagger$ 表示 $p < 0.10$，$*$ 表示 $p < 0.05$，$**$ 表示 $p < 0.01$，$***$ 表示 $p < 0.001$。

表 5-16 领导创新期待通过创新过程投入对根本性创新行为的间接效应

间接效应	95％置信区间	
	下限	上限
0.04*	0.005	0.089

注：基于 20 000 蒙特卡洛模拟样本，* 表示 $p<0.05$。

2. 团队掌握氛围的调节作用

多层次模型结果（见表 5-17）显示，团队掌握氛围与创新过程投入对科研人员根本性创新行为的关系有显著的正向预测作用（$\gamma=0.24$，$p<0.05$）。我们选取团队掌握氛围在高（$M+1SD$）、低（$M-1SD$）两种取值的调节效应图。如图 5-8 所示，当团队掌握氛围高时，创新过程投入与根本性创新行为具有显著的正向影响（$+1SD$ 的简单斜率：$\gamma=0.30$，$p<0.01$）；当团队掌握氛围低时，这一正向关系未达到显著水平（$-1SD$ 的简单斜率：$\gamma=0.03$，n. s.）。这为假设 2 提供了支持。

表 5-17 跨层次的被调节的中介效应分析结果

预测变量	因变量	
	创新过程投入	根本性创新行为
	γ	γ
性别	0.04	0.04
教育程度	0.16†	0.10
上下级共事年限	−0.01	0.02
团队规模		−0.02
领导创新期待	0.26***	0.03
创新过程投入		0.16*
团队掌握氛围		−0.06
创新过程投入×团队掌握氛围		0.24*

注：对于个体水平变量 $N=291$，对于团队水平变量 $N=51$。† 表示 $p<0.10$，* 表示 $p<0.05$，** 表示 $p<0.01$，*** 表示 $p<0.001$。

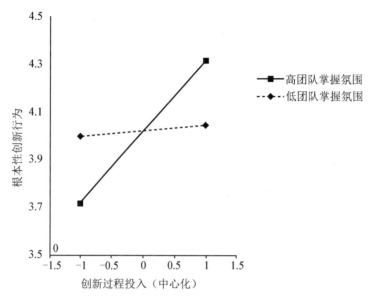

图 5-8　团队掌握氛围对创新过程投入与根本性创新行为关系的调节作用

3. 被调节的中介作用

当团队掌握氛围为高、低两种取值时，我们计算了简单效应的乘积，并通过蒙特卡洛模拟构建了置信区间。如表 5-18 所示，当团队掌握氛围高时，创新过程投入在领导创新期待与根本性创新行为之间的中介作用是显著的（间接效应＝0.08，置信区间 CI[0.022，0.162]）；当团队掌握氛围低时，这一间接效应不再显著（间接效应＝0.01，置信区间 CI[−0.048，0.064]）。分析结果的模式支持我们的第二阶段被调节的中介效应。

表 5-18　当团队掌握氛围在高、低两种水平时，

领导创新期待→创新过程投入→根本性创新行为的间接效应

团队掌握氛围	有条件的间接效应	95％置信区间	
		下限	上限
高(M+1SD)	0.08*	0.022	0.162
低(M−1SD)	0.01	−0.048	0.064

注：基于 20 000 蒙特卡洛模拟样本，* 表示 $p < 0.05$。

五、研究结论

本研究考察的是第二阶段被调节的中介模型，试图阐释领导创新期待如何（通过创新过程投入）以及何时（当团队掌握氛围高时）影响科研人员根本性创新行为。与我们的预期一致，创新过程投入是领导期待与根本性创新之间的关系中介，而这一间接关系的第二阶段受到团队掌握氛围的调节作用。当团队掌握氛围高时，创新过程投入在领导期待与根本性创新之间的中介作用显著。

首先，创新领域的理论文献提出，将创新细分为渐进性创新和根本性创新，然而实证研究才刚刚开始探索引起这两类创新的不同的前因变量，具体关注根本性创新行为的研究更是少之又少。已有研究证实了创新所需的资源，科研人员的职业承诺、内在动机和风险承担意愿对根本性创新的影响，以及领导创新期待对一般创新的积极作用。本研究在已有研究的基础上，凸显了领导创新期待对于推动根本性创新的关键作用。根据 Ford（1996）的创新行动理论，我们发现，虽然科研人员更偏好习惯性行为，但当他们相信领导者期待、重视以及奖励创新时，就会内化这种人际期望，从根本上创造性地解决问题。其他的情境变量，如创新作为工作要求、领导者的调节焦点等，也可能影响科研人员对于创新被接受程度的信念。此外，科研人员的创新能力信念，如知识、技能和情绪，同样是影响选择习惯性行为还是创新行为的重要因素。未来的研究可以进一步探讨其他的情境因素和个体差异变量对科研人员根本性创新行为的影响。

其次，我们结合了创新的皮格马利翁效应和创新过程模型，Zhang 和 Bartol（2010）发现创新过程投入在领导创新期待与科研人员根本性创新之间起中介作用。与前人的实证结果基本一致，领导者传达较高的创新期待会对下属的创新绩效产生正向的促进作用。然而，前人的研究认为，创新绩效的皮格马利翁效应之所以发生，主要是由于领导者的积极创新期待影响了下属从事创新活动的意愿和动机，却没有在领导创新期待与创新过程投入之间建立联系。有学者指出，内在动机是导致创新行为的必要不充分条件，为了更好地理解创新想法是如何产生的，应当多关注创新思维过程本身。我们开辟了一个新的视角，找到了领导创新期待通过影响科研人员的创新过程投入，进而促进根本性创新的证据。这些结果不仅表明了领导者的关键作用，还显示出科研人员的创新过程投入会进一步传递领导创新期待对根本性创新的积极作用。创新过程投入本质上反映了科研人员响应领导创新期待后所采用的行为策略，而这一行为策略在构思突破性新点子的过程中至关重要。未来研究还可以考虑其他可能调节中介，比如信息交换，为了创造性地解决问题而向领导、同事求助等。

最后，本研究的跨层分析响应了近年来研究者们的呼吁——应多关注能培养科研人员创新的工作环境，从人在情境中的角度检验了团队氛围如何影响个体创新构想过程。我们证实了团队掌握氛围的跨层调节效应，放大了个体创新行动的投入产出比。当团队掌握氛围高时，领导创新期待更可能通过创新过程投入正向影响科研人员根本性创新。由于情境的权变影响，当团队掌握氛围低时，科研人员即使投入创新过程中也未必能够取得相应的创新成果。总之，本研究验证了团队氛围感知对个体创新行为的跨层影响。

第六节

国内外科学普及的研究现状

在现代社会中，科学技术已渗透到了人们生活的方方面面。如果我们没有科学知识，就无法参与涉及科技的重大问题的讨论和决策，如转基因食品、干细胞研究、核能应用等。实现科技强国梦需要每一位公众的参与。一个国家要屹立于世界民族之林，长期兴盛发达，也应不断提高国民的科学素质。加大科学普及的研究工作力度，有助于提高科学普及的效果，进而提升公众的科学知识水平、科学探究方法以及科学探究精神，提高公众的科技决策参与意识，提高人们的生活质量，促进我国尽快实现科技强国的梦想。

一、互联网技术推动了科学普及工作的开展

随着互联网技术的迅速发展，国内外关于科学普及的网站日益增多。国内知名的科学普及网站包括中国科普网、科普中国、中国科普博览、果壳网、微科普等。国外知名的科学普及网站包括新科学家、科学美国人、科学杂志、BBC自然科学、自然杂志、牛顿科学世界（日文）、Discovery探索频道、美国国家地理等。科学普及教育工作不仅运用了传统的互联网客户端，还运用了自媒体和移动互联网技术。例如，大量传统的科学普及互联网门户开发了微信公众号和 App 客户端。这两种新媒介的运用极大地推动了科学传播实践。

随着科技的发展和进步，公众对科学的热情逐渐升高，科学普及的信息化能够及时迅速地展现科学发展的动态以及科学发展给人类带来的利与弊，极大地满足了公众对科学知识的渴求。但需要注意的是，运用这些信息化渠道进行科学普及宣传工作的人群并非全是相关领域专家（比如微信公众号的开发者），信息是否可靠、准确，需要公众进一步进行甄别。

二、公民科学素养的大型调查研究增多

在信息高度发达的时代，通过何种手段普及科学知识俨然不是一个太难的问题。科学普及的最终目标是提高公众的科学素养。我国公众的科学素养如何？需要提高他们哪些方面的科学知识和科学素养？这需要大量的调研。针对上述问题，研究者主要开展了三方面的工作。

第一，科技部、中宣部等制定了《中国公民科学素质基准》（以下简称《基准》）。该文件指出，中国公民科学素质基准是指中国公民应具备的基本科学技

术知识和能力的标准。公民具备基本科学素质一般指了解必要的科学技术知识，掌握基本的科学方法，树立科学思想，崇尚科学精神，并具有一定的应用它们处理实际问题、参与公共事务的能力。制定《基准》是健全监测评估公民科学素质体系的重要内容，将为公民提高自身科学素质提供衡量尺度和指导。《基准》基本涵盖公民需要具有的科学精神、掌握或了解的知识、具备的能力，包括认识论、方法论、科学观、发展观、自然科学基础知识和技能、安全常识等。每条基准下列出了相应的基准点，对基准进行了解释和说明。《基准》适用范围为18 周岁以上，具有行为能力的中华人民共和国公民。测评时从 132 个基准点中随机选取 50 个基准点进行考察，50 个基准点需覆盖全部 26 条基准。根据每个基准点设计题目，形成调查题库。测评时，从 500 道题库中随机选取 50 道题目(必须覆盖 26 条基准)进行测试，形式为判断题或选择题，每题 2 分。正确率达到 60% 视为具备基本科学素质。虽然对于这一《基准》有些科学家提出了质疑，但是，这一文件的制定也在一定程度上推动了我国对科学普及实施效果的检测和评估。实际上，已经有研究者根据这一标准开展了相关的研究工作。从国外这方面的研究来看，美国最初在科学素养调查中提出了科学素养的三维基本要求。之后，各国先后制定了本国的科学素养标准。以美国为例(高宏斌、鞠思婷，2016)，1989 年出版了《面向全体美国人的科学》，这一纲领性的文件描述了科学素养的广泛含义，包括数学、技术、自然科学和社会科学等许多方面。在此基础上，美国科学促进会 1993 年发布了《科学素质基准》。1996 年，美国国家科学院国家研究理事会发布了《美国国家科学教育标准》。美国的这些标准和文件强调学习科学要在"观察、互动、变革和学习"中进行，极大地提升了美国的科学教育工作水平。

第二，针对科学普及的现状，我国也开展了多项大型公民科学素养和科普需求的调查研究。其中一项是关于中国公民科学素质的调查。这一调查由中国科协主要负责实施，每隔几年开展一次。2020 年 4 月到 10 月开展的第十一次中国公民科学素质抽样调查范围广泛，包括了 22 个省(除台湾省外)、5 个自治区、4 个直辖市。结果发现，我国 31 个省区市和新疆生产建设兵团的公民科学素质全部达到或超过"十三五"预期发展目标，我国公民科学素质发展已整体进入新阶段。但是在公民科学素质水平整体提升的同时，发展不平衡的问题依然存在，需要进一步加强对科学素质薄弱群体的教育、传播和普及工作力度。2021 年 6 月 25 日，国务院印发《全民科学素质行动规划纲要（2021—2035 年）》，以习近平新时代中国特色社会主义思想为指导，为全面建设社会主义现代化强国提供基础支撑，为推动构建人类命运共同体作出积极贡献。另一项大型调查是近几年一直在持续发布的《公民科学素质蓝皮书：中国公民科学素质报告》。该项工作由中国社会科学院数量经济与技术经济研究所和科技部中国科学技术交流中心共同完成。两家单位根据《中国公民科学素质基准》及其题库，设计并研发了测试题目，开展了公民科学素质试点统计调查工作。根据调查结果，形成当年的调查报告并发布蓝皮书。在 2017—2018 年的报告中，提出科学普及工作要重视科学精神层面引导，加强哲学社会科学普及，推动创新文化建设，优化科普资源共建共享，共促区域科学素质协同提升等建议。

第三，中国科协科普部联合百度数据研究中心和中国科普研究所还定期联合发布《中国网民科普需求搜索行为报告》。2016 年度的报告指出，中国网民科普搜索指数继续保持增长态势，关注的科普主题排在前三名的为健康与医疗、信息科技和应急避险。其中，科技信息主题搜索指数增长最快，应急避险和食品安全主题搜索指数呈现负增长。这份报告也指出，2016 年中国网民科普搜索热词中，咳嗽、感冒、软件、Wi-Fi、地震、维生素、台风、艾滋病、疼痛和糖尿病名列前十位。从科普需求的目标人群来看，中国网民科普搜索排名前三的省份是广东、江苏和四川，20～29 岁是网民搜索信息最多的年龄段，30～39 岁网民科普搜索的意愿则是最高的。科普热点搜索中也存在性别差异，女性群体更关注生理健康，男性群体更关注科技新知。PC 端偏重于搜索科技、安全和环境信息；移动端偏重于搜索医疗和健康等。此外，该报告还关注了中国网民科学常识搜索行为特征。其中，中国网民关注最多的科学常识是生命与健康、地球与环境、物质与能量。最后，该报告也总结了年度热点事件的搜索情况。

从上述研究可以看出，对于公民科学素质的大型调查和科普需求的研究已经结合了大数据的先进方法。这为准确了解公民的科学水平以及科普需求提供了强有力的支持。

三、科学普及的研究进展

(一)科学普及效果的影响因素研究

科学普及的效果受到多种因素的影响，有个人的因素，有从事科普工作人员的因素，还有经济和社会文化因素。首先，有研究者考察了个人因素对科普效果的影响。例如，研究者(陆璐、王建玉、郑悦，等，2017)发现，对心身疾病的科普教育不仅会提高公众对这一科普内容的认知，而且能使其应对心身疾病的方式更加积极。在此过程中，一些人口统计学特征(性别、年龄、学历)对心身疾病的科普效果有影响。其次，个人的社会经济地位、认知等因素也会影响科学普及的效果。再次，从事科学普及工作的人员有专家也有普通人群。某一领域的专家因为拥有精深的专业知识和专业技能，更能够得到大众的普遍信任，会有更好的科普效果。相信权威的心理，让大众更愿意接受那些有头衔的专家们的建议。然而，现代社会中，有些科普工作并非由专业人士担任，这在一定程度上影响了科普的效果。最后，有研究者考察了经济社会文化因素对科学普及效果的影响。例如，研究者采用层次分析的方法考察了省和地方一级科协影响科学普及效果的因素(Liu，Alam Kazmi，Zaman，et al.，2016)，发现经济发展会影响到科学普及的效果和科学普及资金的投入情况，我国东部地区明显好于中西部地区。因此，区域经济的发展情况对科学普及有显著的影响，地方一级的科协资金投入与当地的经济发展紧密相关。实际上，科学普及的效果受多种因素影响，除了上述因素之外，科学普及还会受到其他因素的作用，如公众的态度、情感，科普教育的手段和方式、方法等。

(二)科学普及负面效果的研究

科学普及最终的目的是提高公众的科学知识和科学素养，然而，美好的愿望不一定能够全部实现。因此，有研究者考察了科学普及是否能够达到预期的效果和目的，以及科学普及过程中可能出现的问题。通常科学普及工作通过向公众提供科学知识，使公众能够更加理解科学知识，并获取更多的科学知识。为了实现这一目的，在科学普及过程中为了提高公众对知识的可获得性，往往会简化或者易化一些科学知识。然而，这种做法的后果是，公众在接受科普或者说易化的科学知识后，可能会低估专家的作用。有研究者针对这一问题，开展了实证研究。Scharrer 等（2017）在德国招募了 73 名各种教育背景被试（50 名女性），让他们阅读两类有关健康的科学知识文章。一类是给专家听众的科学知识说明文（专业文章），另一类是给普通大众的科学知识说明文（科普文章）。这些文章来自德国的在线期刊或杂志。结果发现，人们阅读了科普文章后，会出现易化效应（an easiness effect）。阅读科普文章比阅读专业文章更容易让被试同意其中的观点，被试也会更自信地依靠自己的观点做出一些判断。

(三)提高科学普及著作影响力的研究

虽然随着技术手段的不断发展，采用多媒体等技术进行科学普及教育已经成为一种新的趋势和潮流，然而传统纸质媒介的作用依旧不可替代。科普读物可以向公众传播思想、介绍新发现，也可以引发公众的辩论和思考。因此，有研究者结合自己多年的科普写作经验，总结了科普写作和出版过程中的十条有效规则（Kucharski，2018）：（1）在日常写作中，积累丰富的写作经验；（2）找到一个恰当的科普主题；（3）找到一个代理机构，帮助进行图书的策划；（4）列出写作的计划；（5）找到合适的出版机构；（6）构建独具特色的写作体例；（7）开展研究和访谈以获取更多的信息资源；（8）对科普著作的写作初稿进行多次修改和编辑；（9）对撰写的科普书籍进行广泛的宣传；（10）在各种场合介绍自己撰写的科普书籍。

此外，我国台湾中正大学哲学系教授陈瑞麟（2018）从文本分析的角度讨论了风靡台湾的科普读物"科学文化"书系是如何取得成功的。"科学文化"书系自1991年出版以来，取得了可观的发行量，其中的《混沌：不测风云的背后》《居里夫人——寂寞而骄傲的一生》《你管别人怎么想——科学奇才费曼博士》《理性之梦——这世界属于会做梦的人》等书备受欢迎。从他的研究来看，这一书系之所以能够受到公众的普遍欢迎，并起到了良好的科普效果，主要源于两个关键策略。一方面，这一书系是以选择传记型的科普书和文学性的修辞来引起兴趣；另一方面，这一书系也是以传奇化的书名标题强化了读者或者购书者的第一印象。从某种程度上讲，撰写科普读物要比撰写普通的科学论文和学术著作更难。科普读物不仅要有科学性，更要有趣味性。那么，这些科普读物是由哪些人来撰写的呢？有研究者针对这一问题，开展了大型的跨国研究(Bentley & Kyvik，2011)，选取了阿根廷、澳大利亚、英国、美国、德国、马来西亚等13个国家和地区大学教师出版的科普读物进行了实证分析。研究的目的在于了解科普读物出版的量化程度，以及科普出版与科学著作出版之间的关系。科普读物出版数量是根据2005年到2007年科学家在报纸和期刊上发表的科普文章的数量计算的。结果发现，少数学者承担了科普读物的撰写和出版工作，并且科普读物的出版量远远低于科学著作的出版量。研究者发现，出版科普读物的作者在学术界往往有着更高的学术排名，也有更多的科学著作出版。这种科普读物与学术著作出版之间的积极相关在各个国家和各个学术领域都具有一致性。我们可以欣慰地看到，科普读物的作者至少有一部分还是具有较高的学术造诣和学术水平的。目前，我国原创的科普读物还相对比较匮乏，我们希望未来有更多的科学家投身于科普读物的撰写工作中。

(四)科学普及效果评估方法的研究

随着科学普及活动开展的广泛性，人们对科学普及活动的关注不再只是一个"有或无"的问题，而是一个"效果好不好"的问题。因此，近年来，国内外的学者普遍开始重视科学普及效果的评估，有关这方面的研究也日益增多。从国内的研究来看，研究者也综合国内外科学普及活动效果评估的研究，探究并构建了大型科普活动效果评估的理论框架(见表 5-19)(张志敏、郑念，2013)。这个评估指标体系分为三个层级，包括 4 个一级指标、13 个二级指标和 36 个三级指标。其中一级指标分别是策划与设计、宣传与知晓、组织与实施、影响与效果，涵盖了大型科普活动的初期策划、中期宣传、后期组织实施和影响效果发挥各个阶段。关注大型科普活动前期策划设计工作的效果检验，是这个效果评估框架的特点之一。二级指标是对一级指标的进一步解释，也是一级指标的组成部分。例如，策划与设计下设主题、内容、形式 3 个二级指标，重在考察一次大型科普活动策划设计的整体水平。研究者同时也给出了三级指标的具体说明，以及各级指标评估的角度和评估的方法。该研究框架已经在我国一些大型科普活动中进行了检验，并体现出了相应的功能。例如，根据该标准开展的科普效果的评估，客观描述了活动的效果，检验了活动是否实现了预期的目标，等等。

表 5-19　大型科普活动效果评估的指标体系、角度和方法

评估指标			评估角度	评估方法
一级指标	二级指标	三级指标		
策划与设计	主题	时代性 感召力	专家	访谈 评分
	内容	科学性 贴近公众性 丰富性 通俗性 兴趣 公众偏好	公众 组织与服务者	问卷调查法
	形式	多样性 吸引力 适合性 公众偏好	专家	访谈

续表

一级指标	二级指标	三级指标	评估角度	评估方法
宣传与知晓	大众传媒报道	渠道		统计
		数量		媒体报道检测
		深度		问卷调查
	非大众传媒宣传	渠道		访谈
		数量		电话调查
组织与实施	安保	设施		
		人员		
	讲解咨询	态度		
		能力		数据填报
		充足性		
	展项与活动	展项完好率	专家	问卷调查
		活动正常开展率	公众	访谈
	现场秩序	布局合理性	组织与服务者	评分
		有序参与性		
	场地与时间	交通便利性		
		设施便利性		问卷调查
		时间便利性		
影响与效果	社会影响	社会知晓度	公众	访谈
		公众满意度		
	科学传播效果	知识影响		
		情感影响	公众	问卷调查 访谈
		态度影响		
	科普能力提升效果	社会动员	组织与服务者	问卷调查 访谈
		队伍建设		

从国外的情况来看，英国的科学节是比较有影响力的活动，也是欧洲最大的科学节。这一活动包括讨论最新的科学成果的影响以及供公众参与的各种形式的活动。2005年以来，英国科学促进会每年都会委托专业的评估公司对科学节进行总结性评估，并出具规范完整的评估报告（刘彦君、吴晨生、董晓晴，

310

等，2010)。该评估主要从三个方面进行考察：影响力、参加人群和活动过程。英国科学节评估的模式非常丰富，具体包括：对科学节的参与者(公众、游客、主办方的工作人员、组织者等)进行评估；对科学节活动的报告者(现场报告者、进行演讲或者主持的人员)进行评估；对参观者(游客、公众等)结构进行评估；对科学节活动进行评估；对主办方工作人员、组织者和参观者的反馈及反馈意见的落实情况进行评估；对媒体报道情况进行评估；对分会场活动进行评估。虽然英国科学节的评估活动已经比较全面也比较专业，但是，仍有一些不足之处。比如，缺乏科学节对提高目标人群科学素养作用的评估。尽管如此，在我国对科普活动较少进行评估的背景下，这一评估模式仍然对我国科学普及活动评估具有重要的借鉴意义。

(五)科学普及人才的评估研究

科学普及是一项复杂且重要的工作，它关乎一个国家公民素质的整体提升。什么样的人能从事这项工作，怎么评估哪些人可以做这项工作，即对从事科学普及工作人才的评估，也是研究者目前关注的一个前沿问题。通常情况下，评估有科普才能的人具有什么样的特征是比较困难和模糊的事情。有研究者根据国内外的研究结果以及专业化的访谈，确立了我国科普人才量表的结构(Ren，Zheng，& Sun，2012)。这一量表包括三个维度，分别是科普意识、科技传播能力和科学精神。在这三个维度下有16种要考察的能力，每种能力的权重是0.1或0.05。这一评价体系为我国科普人才的选拔、考核和培训提供了客观依据。了解什么样的人擅长从事科普教育工作是科普研究中非常重要的一项工作，有利于更好地选拔科普工作的人才。然而，这一工作方兴未艾，有待于进一步的完善和提升。

虽然国内外的科普研究已经取得了一定的进展，但目前我国科学普及教育工作还有一些问题亟待解决。首先，我国科学普及工作的现状如何？科学家、院士和高端人才在科学普及工作中怎样发挥作用？目前我国在这方面的研究还相对缺乏。其次，对有效开展科学普及工作的社会心理机制缺乏研究。科学教育工作的开展不仅要考虑科学普及的内容，同时也要充分利用和依据教育心理学的基本原理和人的心理发展特点，从个体和群体两个层面找到有效促进科学教育效果的社会心理机制，提升我国科学普及教育的效率。最后，科学普及工作的核心目标是构建科学的思维方式。如何从知、情、意、行相统一的视角构建科学思维的心智模式的科学普及教育是未来研究的关键。

第七节

科学普及研究的理论和实践

科普工作应坚持理论研究与实践研究相结合、科学性与趣味性相结合的原则，依据青少年科学普及的社会心理促进机制，设计、生成丰富多彩的活动与组织模式。在这一原则基础上，本节内容将以心智模式理论、班杜拉的观察学习理论以及审辩式思维的理论为基础，设计科普教育的心智模拟培训法，并提出构建科学普及的示范性平台的构想以及审辩式思维的培养建议。

一、科学普及实践研究的理论基础

（一）心智模式理论

心智模式的概念起源于认知心理学领域，最早是由苏格兰心理学家克雷克（Kenneth Craik）于 1940 年创造出来的。它是指人们的长期记忆中隐含着的关于世界的心灵地图。心理学家认为，每个人在探索周围环境的过程中，必然会形成对外界的认知地图，它指导着个体对外界的看法和行为。心智模式又叫心智模型，包括深植我们心中关于我们自己、别人、组织及周围世界每个层面的假设、形象和故事，以及深受习惯思维、定式思维、已有知识影响产生的局限。该理论后来被认知心理学家菲利普·约翰逊-莱尔德（Philip Johnson-

Laird)和马文·明斯基(Marvin Minsky)、西蒙·派珀特(Seymour Papert)所采用，并逐渐成为人机交互的常用名词。随后，被誉为"学习型组织之父"的著名管理学家彼得·圣吉(Peter M. Senge)在其著作《第五项修炼》中，将心智模式的概念引入了管理领域。他认为，心智模式是根深蒂固于心中，影响人们如何了解这个世界，以及如何采取行动的许多假设、成见，或图像、印象，是人们对于周围世界如何运作的既有认知。根据这一定义，我们可以了解到，心智模式其实是作为人脑中的一个评价功能而工作的。人们描述和选择环境的刺激，随后形成对世界状况看法的思维模式，并决定着自身的行为方式。

(二)观察学习理论与心智模式的关系

根据班杜拉的观察学习理论，个体不仅可以通过直接的行为实践来获得知识、技能和社会规范，而且可以观察他人的行为及产生的后果来进行间接经验的学习。心智模式的形成亦如此。首先是个体接受外界环境的信息刺激，然后经由个人运用或观察得到进一步的信息回馈，若自己主观认为是好的回馈，就会保留下来成为心智模式，不好的回馈就会放弃。心智模式不断地接收新信息的刺激，这种刺激的过程可通过强化或修正来加固或修正已有的心智模式。心智模式的具体作用机制见图5-9。

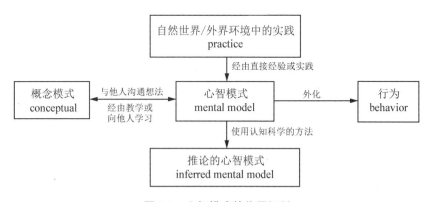

图 5-9 心智模式的作用机制

由上图可以看出，个体的心智模式的形成及作用机制是先天因素和后天因素共同作用的结果，不仅会受到个体本身先天素质比如信息加工方式、学习能力、感知力的影响，还会受到后天外界环境、教育、工作实践和他人的影响。不仅实践、环境会对个体的心智模式有影响，心智模式也会反过来影响个体的行为。因此，科学普及教育的核心问题，归根结底是大众思维模式的科学改变问题。所以，心智模式就像开车使用的导航器，它能指导人们对于外界的看法和行为，隐含着关于处理周围世界各种问题的方法和思想，即心灵地图，能够使人们在实践中运用科学思维的方式解决现实生活问题。

(三)审辩式思维

审辩式思维是由英文 critical thinking 翻译而来。今天，我们更常见的表达方式是"批判性思维"。也有人建议将这个词译为"严谨的思考""明辨性思维"等。"道可道，非常道；名可名，非常名"，审辩式思维认识到了语言的固有局限性。实际上，对于审辩式思维，很难对其给出一个确切的定义，当然，也没有必要给出一个标准定义。但是，有关审辩式思维定义的相关讨论，有助于我们加深对审辩式思维的理解。审辩式思维是一种判断命题是否为真或是否部分为真的方式。审辩式思维是我们学习、掌握和使用特定技能的过程。审辩式思维是一种我们通过理性达到合理结论的过程，这个过程中包含着基于原则、实践和常识之上的热情和创造。审辩式思维的源头在西方可以追溯到古希腊苏格拉底的方法，在东方可以追溯到古印度佛教的《卡拉玛经》(一部以倡导怀疑精神为突出特色的经典)和《论藏》等佛教经典。审辩式思维对一个人在教育、政治、商业、科学和艺术等许多领域内的发展都会产生重要的影响(谢小庆，2016)。

二、科学普及研究的实践与应用

科学普及工作是一项面对全体大众的系统工程。一方面，我们要充分利用传统媒介，如书籍、电视等继续普及科学知识，提升公众尤其是青少年的科学素养；另一方面，我们也要依据科普工作的社会心理促进机制，结合国际先进科学教育理念，在个体发展的生态系统中探索利用社交网络媒体等技术科学思维创建心智模式的科学普及教育手段与方法，开发科学普及教育的校本课程体系与科学教育软件包，并构建科学教育的网络平台系统。

(一)发挥传统电视媒介在科学普及教育中的作用

青少年是一个社会的未来，也是科学普及教育的重点对象。发展心理学将处于12～18岁的个体称为青少年。近年来，随着互联网的兴起，研究者们比较关注如何利用互联网对青少年进行科普教育。然而，随之而来的是家长对孩子视力的极度担心。有些研究发现，多媒体对青少年的视力损伤较为严重，因此，家长们对青少年使用电子产品(尤其是移动电子设备)规定了严格的时间，甚至不允许自己的孩子使用。这在一定程度上限制了采用互联网和移动多媒体对青少年进行科普教育的效果，因为传统电视媒介在科学普及教育中仍具有不可忽视的作用。实际上，电视媒介一直以来也是科学知识的传播载体，承担着向社会大众普及科学知识、弘扬科学精神、传播科学理念等重任(刘嘉，2017)。但是，值得思考的是，在当代移动多媒体盛行的年代，以传统电视为中心的媒介环境是否有适合青少年观看的科普节目呢？这些节目的受欢迎程度如何呢？这些都是值得探究的问题。

我们曾经在北京和伊春调查了606名小学生和他们的父母，考察了小学生对科普节目的喜爱程度及其个体差异，并进一步揭示了影响其观看科普节目的因素。在所调查的小学生中，有112名被试选择了"会观看科教节目"。并且，科教节目排在少儿节目、娱乐综艺节目、影视剧之后的第四位，说明科教节目比较受我国青少年的喜爱。研究发现，男生和女生在对科教节目的选择上存在显著差异：男生选择观看的比例显著高于女生，说明男生更喜欢观看科教类节目。观看电视节目的青少年中有23.8%观看少儿科普节目，远低于对动画片(61.2%)的观看，也低于对少儿综艺节目(35.3%)的观看。观看科教节目和观看少儿科普节目的青少年，都认为自己对科学知识很感兴趣。

通过本调查我们发现，采用传统电视媒体对青少年进行科学普及有一定的基础，还比较受小学生的欢迎。因此，传统的电视媒体在科学普及教育中依然有自己独特的地位。值得注意的是，采用这一媒介进行科学教育也有需要进一步关注和探究的问题。基于本调查结果，我们提出如下建议。

第一，充分发挥电视媒体的优势和引导作用，开发出更多更优秀的科普节目，让青少年能够通过这种媒介作用了解科学知识，提升科学素养。例如，科技领域的发展日新月异，如果能够将科技发展、人工智能等成果与综艺节目相结合（张梓轩、陶然，2018），制作出既遵循艺术规律又体现科学精神的节目，将更能体现电视媒体在科学普及方面的魅力。

第二，在制作科普类节目时，要考虑性别差异，不仅要足够吸引男孩子，也要考虑女孩子对科学的兴趣和好奇心。

第三，在通过电视媒体传播科学知识的同时，也要注意提升青少年的审辩式思维能力。此外，不能仅仅是科学知识的宣讲或者是科学常识的介绍，既要注重科普的宣传效果，也要考虑引发青少年的科学思维，让他们在掌握科学知识中学会质疑，学会辩证地看待科学成果的作用。

第四，在采用电视媒体进行科普教育时，要激发青少年对科学的兴趣。点燃青少年的科学热情非常重要，然而，本研究和以往其他研究（颜燕、陈玲，2010）都发现，科普节目的制作还有一些需要改进的地方。因此，在科普节目的制作上，要使情节和画面等适应青少年的身心发展特点。

(二)心智模拟培训法的研究

心智模拟培训法最早起源于著名心理学家冯忠良教授提出的"结构-定向教学"(1992)的理论和方法。这一理论和方法在我国中小学教育和职业教育的应用中取得了很大的成功，对于规程对标科学普及教育的设计很有指导价值。这是因为，科学普及教育实际上是一种文化建设心智模式的建构过程，首先是要建构个体科学思维的能力与态度心理结构，而要加强其科学创造能力的建设，必须依据参加培训个体的心智模式进行结构化的心理规律定向培养。所谓结构化，即培训首先要确立以建构个体的心智模式的结构为中心的观点，在科学普及教育内容和形式、知识和技能的设计中，要通过心理结构的建构，使个体的心理产生预期的变化，从而促进心智模式的形成与发展。所谓定向化，即定向建构科学思维的心理结构的教学，其教学的成效在于心理结构的形成质量，为了提高教学成效，必须依据心理结构形成和发展规律，实施定向培养。

根据智能模拟培训法（时勘，1990）的指导思想，通过对我国企业文化建设的先进经验的理论总结，在吸取了国内外心智模拟的先进理论和方法的基础上，形成的有关文化建设科普教育的培训模式，我们称之为心智模拟培训法（Intellectual Simulation Method）。这种方法倡导以人为本，突出心智模式的改变和重塑，并借助现代化模拟培训手段，参照智力动作按阶段形成、智能模拟培训法和体验式教学的理论和程序，达到了重塑学习者心智模式、固化科技创新意念和行为之目的。

(三)构建科学普及的示范性平台

以心智模式理论为基础，借助国际先进科学教育理念，采用多媒体技术，我们可以分别从科学思想库、高端人才培养和大众（特别是青少年）科学普及的社会心理影响机制的角度，探索从身、心、灵等多层次心智模拟、潜能开发的角度，构建"青少年科学梦幻城"科普教育示范性平台（见图5-10），以模拟仿真、情境互动的方式，采用心智模拟培训法，通过"目标定向、情感体验、心理沟通、结构整合、心智重塑、现场践行、反馈评估"等环节，将中华民族伟大复兴的科技梦通过科学思想库、高端人才培养成功范例，从大学、研究生阶段各专业科学实验情景模拟，形成一个新型的科普教育模式。从科学思想库建设、高端人才成长模式和幼儿园—小学—中学—本科—研究生的成长历程分析，将获得大众科学普及教育，特别是青少年的科学普及教育的社会心理规律。

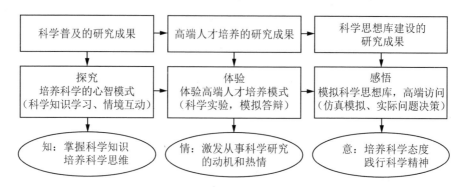

图 5-10　基于心智模式的"青少年科学梦幻城"科普教育示范性平台

首先，利用大众科学普及和青少年教育研究的成果，建构"科学的心智模式"，指导青少年脚踏实地地掌握科学知识，培养科学思维。至于科教内容和科教模式，可以根据科学教育的学科内容（生命科学、物质科学以及地球和空间科学）与青少年年龄特点，结合校外教育特色。此外，根据社交网络媒体内容聚合和多层次呈现的特点，采用多媒体技术开发多个主题活动系统（如人与自然、科学与技术等），并在实验场所进行示范展示，进而考察该示范性平台对青少年科学素养促进的作用。让青少年参与科学创造的决策过程、亲身实践科学研究的模拟活动，或者模拟思想库的建立过程，观摩科学家解决问题的过程和方法，使青少年勇于创新、敢攀高峰，在思想上增强民族意识，塑造科学热情。

其次，组织青少年观看科学实验（如王亚平的太空教学）、进实验室体验、模拟大学生项目的答辩过程，借助高端人才培养模式的成果，进一步激发青少年从事科学研究的动机、热情和创造力。

再次，利用科学思想库的建设成果，通过对院士、科学家的高端访问、模拟仿真，来感悟科学家对实际问题的决策过程，培养青少年形成科学态度、践行科学精神。利用大众科学普及和青少年教育研究的成果，构建科学思维的心智模式示范性平台，指导青少年脚踏实地地践行科学内涵，增强民族创新意识。

最后，针对以上科学普及的实践模式的效果，还可以建立有效性检验机制和建构模型，检验的同时也是对科学实践教育的再深化。本研究将采取 STAR

模式，并借助虚拟的网络平台实现这一功能。STAR 模式的含义是：从案例分析角度，提出一个情境（Situation，S），这可能是源于实际生活中热点问题的一个问题情境，例如，如何减少交通拥堵问题；确定应该承担的任务（Task，T），青少年将对情境中讨论的对象、预期的目标和具体的规则进行界定；通过联系实际，确定具体的行动计划（Action，A）；从结果导向（Results，R）的角度，提出一些行动建议，比如，谈论未来应该如何做才能减少交通拥堵问题。

（四）青少年科学思维能力的科学培养

找到科学知识在当今的信息化时代已经不再是一个问题。因此，科学普及工作重要的是要培养一种科学的思维模式。中华民族的发展在于有创新能力，而创新能力的培养最重要的就是要提高国民审辩式思维的能力。培养审辩式思维除了有利于培养创新精神和创新能力之外，还有利于青少年在信息时代的生存和发展，消除迷信和盲信（罗清旭，2000）。审辩式思维主要表现在认知和人格两个方面，具体包括解释（interpretation）、分析（analysis）、评估（evaluation）、推论（inference）、说明（explanation）和自我调控（self-regulation）六项认知技能。这就要求学生对文本持以理智的怀疑和反思的态度，能够发现问题、提出问题、质疑观点、自主分析，最后通过缜密的推理解决问题，即学会概括、推理、分析、比较和评价。它具有以下几个突出的特点：第一，根据真凭实据讲话。第二，合乎逻辑地对自己的观点进行论证。第三，善于提出问题，拥有不懈质疑的精神。第四，善于对自身进行反省，并学会包容与自己不同的各种意见。第五，对一个命题的适用范围有着深度的认识和理解。第六，果断决策、直面选择、勇于面对和接受自己选择的后果，承担自己的责任。

在培养审辩式思维时要注意其发展规律。哈佛大学认知发展心理学家佩里（William Perry）将大学生批判性思维发展分为四个阶段：（1）二元论阶段。这一阶段的大学生总是认为非对即错、非此即彼。（2）多元论阶段。这一阶段的大学生开始认识到事物的复杂性和多样性，每件事每个问题都可以有多种解决方法。(3)相对性阶段。这一阶段的大学生学会了权衡证据,并能区分出证据的有效程度,认识到知识的背景性。(4)信奉相对主义。这一阶段的大学生认识到世界上没有绝对的事情,认识到形成正确逻辑的必要性,并能对具体场合如何行动做出选择(朱新秤,2006)。

青少年是祖国的未来,他们思维能力的情况决定了国家未来的发展,因此,我们要在科学普及和教育教学工作中着力培养他们的审辩式思维能力。根据前人研究,我们认为,在教育阶段,教师可以通过以下途径来培养学生的审辩式思维能力。

第一,可以进行专门的有关审辩式思维发展的训练,培养学生在问题思考过程中的自主策略。在学生获取和问题有关的信息时,让学生做批注,即要求学生在阅读时随时将自己头脑中的想法附注到书页旁边的空白处,并同时根据这些旁注实时写下自己的一些想法和评论。学生越是专注于正在思考的问题,就越能了解自己不了解、不认同该问题的地方。在获取问题相关信息的同时,也要鼓励学生采用发散思维进行思考或比较,对问题产生全方位的了解和认识。

第二,要鼓励学生对一些想当然的问题进行合理质疑,尤其鼓励学生讨论那些没有唯一标准答案的问题,告别寻找标准答案的教育。教师需要明白,自己的主要任务并不是传授给学生一些知识和标准答案,而是提高学生的思维水平。当下的中国教育,习惯于让学生找出标准答案,习惯于将标准答案告诉学生。在这样的教育中,学生迫切需要寻找标准答案,若找不到答案就会感觉很焦虑。于是,学生逐渐缺乏怀疑和创新精神。这些状况导致了教育活力的窒息。教师需要引导学生讨论一些并没有标准答案的问题。在对这些问题的探讨过程中,学生的审辩式思维水平可以得到提高。

第三,引导学生构建思维导图。思维导图是一种非常有效的方式,构建思维导图能够有效地引导学生对正在思考的问题加以总结和归纳,进而对问题进行有效的辨析。思维导图的内容和框架可以延伸到问题的各个相关层面,还可以涵盖学生自己的想法和思考,是对问题更加深入的理解和拓展。

第四，教师可以随时进行提问。在思考问题整个过程中，教师可以根据学生的理解，适时地提出不同性质的问题，并请学生思考后回答。这些问题可以包含定义性问题、证据性问题、价值性问题、预测性问题、假设性问题等。教师给出这些问题，随后让学生综合各种已知的信息，结合自己的思考，给出合理答案及理由。

第五，让学生自己对思考的问题进行归纳和总结，将问题讨论过程中的问题、质疑、启示、思考等记录下来。通过这样的总结和归纳训练，可以锻炼学生的概括能力。学生在总结问题时，不仅能够对问题进行评价和反思，对问题做出很好的梳理，还能逐渐养成更加全面、更加立体地看待问题的思维习惯。特别是在科学普及教育中，面对新的科学知识，学生不应该马上全盘接受，而是要多提出自己的问题，并对这些问题进行梳理和总结。

第六，组织辩论或讨论。让学生围绕问题中具有争议性的话题进行辩论或讨论。这个论题应是有讨论价值的核心辩题，可以由教师根据问题内容提出。讨论或辩论具有极强的思辨性，是最能培养学生审辩式思维的两种策略。学生必须围绕论题以及各自的观点，积极寻找证据以支持自己的观点。辩论的好处在于，学生在准备辩论的过程中，不仅需要明晰自己的论点、准备论据，还需要分析对方的论点和可能用到的论据，以便提出有针对性的论点和论据。

第七，注意营造开放的讨论情境，培养学生包容异见的观念。一个具有审辩式思维的人，不仅会提出质疑，更会双向质疑，也就是说在质疑他人的同时，也质疑自己。一个具有较强的审辩式思维的人应该"能够深刻地质疑自己的思想构架"，能够想象与自己观点相对的思想形态并且辩证地看待二者的优劣，"不被自己的观点蒙蔽双眼"。正因为这样，他才会包容异见，倾听来自不同人的声音。倾听他人的意见意味着学生思维的接纳性、包容性更强，也更加有助于学生思维的多元化。

第八，鼓励学生进行元认知训练，监控自己的学习过程。在给学生布置任务时，要指导他们对自己的学习过程进行有效的监控，让学生意识到自己是如何思考的并对其加以控制。例如，要求学生回忆做出的不正确的判断，重建导致这种结局的思维过程，找出错误之处以后做改正。在培养科学思维能力时一定要注意培养学生问问题的习惯，不要轻信被教授的知识。在教学过程中要根据教学目的和学习目标选择匹配的培养方法，如果以培养思维为目的，课堂活动和作业中就要包括审辩式思维的内容。最重要的是，审辩式思维的培养应该在所有教育阶段中一以贯之，只有这样学生的思维能力才能慢慢成长。

按照生态系统理论，每个人都是在自己的家庭、学校和社区中生存。这些系统会随着时间的推移，按照个体生涯发展的特点发生变化。家庭是个体最主要的微系统，其次是学校和社区。在幼儿阶段，对个体产生直接影响的多是家庭微系统。因此，要充分利用家庭的优势、发挥家长的作用，可以开展幼儿创新、亲子辅导等活动。在学龄阶段，学校是科学普及教育的主渠道，这时可以采用模拟科学实验、科技项目答辩等方式，激发青少年的科学创造力。当然，在健康型社会建设中，科学家、院士等高端人士将会发挥更大的作用，可以通过科学思想库的建设、太空实验、与院士进行互动访谈等提升国民的科学素养。在这一模式下，人们通过实际行为体验科学实验的过程，通过认知活动探究科学的思想和技术，通过感悟点燃自己对科学的热情。而科学普及教育会通过社交网络多媒体的作用得以实现，科学普及的效果会通过个体与群体社会心理促进因素展现出来。

（曲如杰、董妍、时勘、刘晔、邓麦村、钟晨丽、
王皓月、梁社红、朱厚强、刘鹤立、黄迪）

第六章

基于网络媒体平台的社会心理行为研究

第一节

基于社交媒体平台的基础理论

一、网络媒体大数据的高效获取与集成

（一）常见的社交网络媒体平台

社交网络是连接虚拟世界与现实世界的桥梁，它在互联网上将现实生活中人与人之间的关系建立起来。知名的市场研究机构电子营销家（eMarketer）指出，2016 年全球社交网络用户数量达到了 23 亿。其中，脸书（Facebook）在2016 年年底的用户数达到 14.3 亿，而且在持续增长。从社交网络的类型看，不同的社交网络平台也有着不同的特征，因而拥有不同的用户群体。例如，人人网和脸书、微博和推特（Twitter）、大街网和领英（LinkedIn）就分别代表三种不同的社交网络。人人网和脸书是基于朋友之间强关系的社交网络，有助于朋友之间关系的维系和改善；微博和推特是基于单向关注的弱关系的社交网络，这样的网络有利于塑造意见领袖和消息传播；大街网和领英是面向

商务人士的职业社交网络，帮助用户利用社交关系进行商务交流以及求职应聘。

这些社交网络每天都会产生大量规模化、群体化的用户数据（User Generated Content，UGC）。例如，截至 2020 年第四季度，推特全球月活跃用户约 3.3 亿，领英有 6.75 亿，而脸书则达到了惊人的 25 亿。这些用户数据中蕴含着非常多有价值的信息，吸引了众多社会学、心理学、新闻传播学、统计学、计算机科学等领域的专家和学者对其进行广泛的研究。他们借助多种学科的理论和方法对社交网络进行深入的探索，从而产生众多有价值的研究课题，如社交网络中节点用户的分类，社交网络中人物影响力的研究，社交网络中节点用户的兴趣挖掘，信息在社交网络上的传播模型，社交网络中的社区识别（Community Detection），虚假信息和机器人账号的识别，社交网络信息对股市、大选的影响以及传染病暴发的预测等。社交网络的分析和研究是一个涉及多学科的交叉研究领域，研究人员通常会以社会学、心理学、传播学的基本结论和原理为指导，综合运用计算机、数学、统计学科中的数据挖掘、算法、图论、统计理论等对社交网络数据进行分析，对其进行模拟和预测，从中发现特征、行为规律和未来的趋势等有价值的知识。用离散数学中的图表达社交网络是研究社交网络的基本方法，从事这方面研究需要了解清楚诸如节点（node）、边（edge）、图（graph）、度（degree）、入度（in-degree）、出度（out-degree）和路径（path）等概念。

（二）Web 数据的抽取与集成

我们对网络媒体大数据的获取与集成主要是围绕着 Web 来进行的，这部分工作也是我们后续分析和挖掘数据内容的基础。然而，由于 Web 信息的异质性和非结构化，获取和集成来自 Web 的数据是个极具挑战性的工作。一个 Web 网站中的页面往往是由多种模板生成的，如主页、查询结果页面、详细页面。如何区分不同结构的页面并将相同结构的页面聚在同一个簇中，以在每个簇中无监督地学习其背后的模板等，有很多需要解决的问题。在此，我们重点研究了从半结构网站中抽取结构化数据的方法。从详细页面中抽取结构化数据最关键的一个步骤是对这些页面归约一个好的模板，因为归约得到的模板可以直接用来自动抽取页面中对应的数据域。然而，由于数据域缺失情况的存在，归约一个好的（无歧义的）模板是一个非常复杂的问题，该问题已被证明是一个 NP 完全问题。由于这个限制，我们做了一些合理的假设，来使方法可用和高效。

我们的 Web 信息抽取方法包含三个主要步骤：模板归约、结构化数据抽取和数据后处理。第一步，高效地从详细页面中得到模板，该步骤在我们的方法中是最关键的；第二步，利用归约得到的模板从页面中抽取对应的数据域；第三步，处理抽取的数据，使数据具有更高的质量。所有步骤都是全自动的，不需要任何人工干预。由于采用的是无监督的数据抽取算法，本研究得到的结构化数据是以表结构存储的，但是，每一列的数据是没有属性信息的。因此，这一部分，本研究利用特定领域的知识来对抽取得到的数据进行自动标注和集成。领域知识包括一个已知的种子数据集以及一些已知的规则方法。这部分的研究也称为模式匹配。

进行模式匹配时，我们对属性的类型进行分类考虑。例如，对于长文本的属性（如电影简介），在种子数据集和抽取数据之间进行传统的文本相似度计算就能对这类属性进行标注；而对于特定结构的数字类型（如电影评分），往往无法标注两个数据间的相似度，本研究采用一定的规则来进行标注。进行模式匹配后，我们使用一个统一的模式来集成不同数据源抽取得到的结构化数据，并且在进行集成时，通过抽取得到的实体名称和其来源的页面 URL 区分不同的实体。在本研究中，我们将不同页面中相同的实体名称都视为不同的实体（将来的研究工作中我们会考虑如何集成不同数据源中相同的实体名称）。有了已经抽取出的表结构的结构化数据，接下来需要自动确定不同网站间的数据域对应关系。给定一个核心模式如 DBPedia，我们的模式匹配算法旨在确定抽取得到的表结构数据和核心模式之间的数据域对应关系。表 6-1 是抽取得到的一个电影领域的结构化数据表。其中，第二列的数据域应该和电影领域的实体名称相匹配，第四列和第五列的数据域应该和属性"actors"相匹配。

表 6-1　抽取得到的电影领域的结构化数据

http://movies. tvg...	At Close Range	1986，Movie，R，111 mins	Sean Penn	Christopher Walken
http://movies. tvg...	Timeless	1996，Movie，NR，84 mins	Peter Byrne	Melissa Duge
http://movies. tvg...	Zoot Suit	1981，Movie，R，103 mins	Daniel Valdez	Edward Olmos
http://movies. tvg...	Crooklyn	1994，Movie，PG-13，112 mins	Alfre Woodar	Delroy Lindo
http://movies. tvg...	Legionnaire	1998，Movie，R，98 mins	Van Damme	Akinnuoye-Agbaje

由于自动抽取的数据中没有模式信息，传统的基于模式的匹配方法不适用于我们的研究情形。在本研究中，我们提出了一种基于实例的匹配方法，通过比较属性对应的实例之间的相似度来确定属性之间的相似度。如果产品的两个属性之间的值大多数相同或非常相似，就可以认为这两个属性是相同的。但有时直接比较属性之间的相似度可能导致错误。例如，汽车的外观颜色和内饰颜色由于拥有非常相似的取值空间，很有可能被混淆。另一个例子是电影的首映时间和电影DVD的上市时间。这类混淆可以通过映射不同数据源间的实体得到纠正，这样保证了只对相同实体的属性实例进行比较，既能提高比较的效果，又能提升模式匹配的效率。

在本研究中，我们首先提出一个实体匹配的算法来辅助模式匹配。为了保持匹配的高效性，我们只考虑实体名称之间的精确匹配，将核心模式中的实体名称抽取出来并建立索引，并试着用抽取得到的表格中的每一列匹配核心模式中的实体名称。如果能被匹配的实体名称高于一个用户定义的阈值（在我们的实验中设为0.1），我们就认为，这个表格和某个领域相关，并进一步进行模式匹配。同时，我们也考虑采用实体名称和页面标题之间的重合度来判断实体是否为详细页面的真正描述，这是由于一个详细页面可能会描述多种类型的实体名称。例如，在电影的详细页面中，会有该页面真正描述的电影名称，也可能会有多个和该电影相关的其他电影名称。根据我们的观察，那些页面真正描述的实体名称往往会出现在页面的标题之中。因此，我们利用页面标题和实体名称之间的重合度来判断页面的真正实体名称。

在一个表格被实体名称匹配成功之后，我们就建立了不同数据源之间的实体对应关系。这样，在模式匹配时只有相同实体之间的属性实例需要被比较。建立对应关系时，如果遇到实体名称重名现象，我们会进一步考虑属性值来区分重名的实体。在进行模式匹配时，我们计算抽取表和核心模式之间基于实例的相似度。由于存在很多种类型的实例，利用一种单一的计算方式很难得到好的相似度度量，我们在大量的网站中做了广泛的统计和调查，总结了几种属性值类型，并针对不同的类型使用不同的相似度度量。对于公制可度量的文本属性，我们使用传统的字符串匹配方法（如 TF-IDF 和提取词干）；对于非常短的文本，我们则使用 N 元文法。对于布尔型的属性，由于这种类型的属性值很容易被混淆，我们将相同值的相似度分数设为 1，不同值的分数设为 -1，尽可能使不同的属性之间的相似度分数降低。对于有计量单位的数值型属性，我们会将这些属性值标准化到相同的单位上再进行比较，同时也使用用户定义的一阶规则来匹配那些公制不可度量的属性。对于单个属性，我们会尝试所有的相似度度量方法。如果没有一种是合适的，则会使用默认的方法，也就是利用空格将实例切分开，并利用 Jaccard 系数来计算相似度。在自动抽取的数据上进行模式匹配时，还会遇到多种特殊的挑战，我们均提出不同的方法来处理这些问题。

（三）一种自适应分布式的网络媒体数据高效爬取系统

一个高效的网络数据获取系统离不开一个性能良好的网络爬取系统。从抓取内容的范围来看，有通用爬取系统和聚焦爬取系统。通用爬取系统通常为通用搜索引擎收集数据，要求有较高的覆盖率，而聚焦爬取系统通过采集并预测网页内容是否与特定主题相关，完成具体某一主题相关网页数据的收集。结合本研究工作，我们设计并开发了一种既尽可能地全面抓取网页内容，也能关注特定的站点、具有聚焦特点的自适应分布式网络爬取系统。

1. 爬取系统总体架构设计

该爬取系统采用以爬取队列为中心的分布式系统架构，将爬取队列设置在中心控制服务器。作为主节点，执行爬取任务的爬取系统程序部署在各分布式爬取系统服务器上，作为从节点，从节点的爬取系统程序会从主节点待爬。如图 6-1 所示，该分布式爬取系统架构分为三大部分：中心控制服务器、分布式爬取服务器和 MongoDB 数据库集群。整个系统三层架构互相协调运行，共同完成数据收集任务，同时每一层都可以实现自身的规模扩展，而不影响其他两层运行，因此，整个架构都具有较好的可扩展性。取链接队列获取链接进行爬取，抓取到的数据会保存在 MongoDB 数据库集群之中。

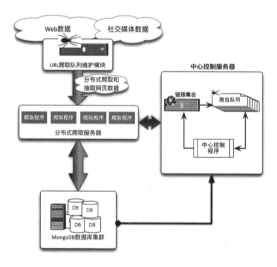

图 6-1　爬取系统架构图

2. 爬取系统运行流程设计

该爬取系统运行流程设计为循环抓取直至队列为空后一小时停止。在此期间，有新的链接注入队列或数据库中，有链接达到再次抓取时间被注入队列，则爬取系统再次开始抓取。总体上采用广度优先抓取策略，但同时也结合等待时间调整队列排序。具体运行流程如图 6-2 所示。

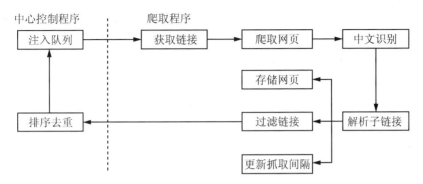

图 6-2　爬取系统运行流程图

爬取系统按照这九个步骤循环执行，其中第一步和第九步是中心控制程序进行的，其余是在各分布式爬取系统服务器上进行的。

3. 爬取系统数据库设计

该系统涉及很多数据信息，一些数据是为了实现目标数据的存储，这些表要保证数据的完整，方便之后其他系统的应用。另一些数据是为了维持系统正常运行，这些数据结构的设计要保证为系统运行提供足够的逻辑控制信息，同时也应足够简洁，减少空间消耗。因此，数据库的设计十分重要。本系统数据设计包括两大部分：中心控制数据设计和网页元数据设计。本系统设计将爬取到的网页信息存储到 MongoDB 数据库集群中。MongoDB 是一个面向集合的、模式自由的文档数据库，数据被分组存储在数据库中形成一个集合（collection），每个集合在数据库中都有一个唯一的标识名，相当于关系型数据库中的表。MongoDB 具有高性能、易部署、易使用、存储数据便利的特点，适合对读写一致性和实时性要求不太高，但是要求实现复杂查询功能和大容量、高性能的系统。本系统设计了四个集合，分别存储在两个数据库中，这两个数据库是可以配置的。当配置的数据库是同一个集群的同一个数据库时，这四个集合是存在一起的。这是因为四个集合中的两个用于统计和控制抓取间隔，另外两个用于存储网页实际内容。分开存储便于维护和扩展。

4. 爬取系统模块设计

该爬取系统采用主从分布式结构。因此，模块也划分为主从两个大模块。中心控制模块作为主节点控制程序，爬取系统程序模块作为从节点任务执行程序。具体设计如图6-3所示，系统分为两大模块：中心控制模块和爬取系统程序模块。

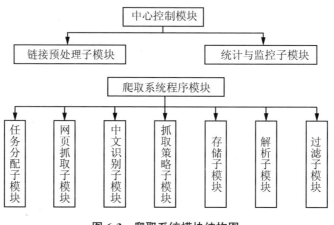

图6-3 爬取系统模块结构图

中心控制模块虽然部署于主节点，起到监控各爬取系统的作用，但是，并没有直接与爬取系统程序模块产生交互作用。它们都是通过获取远程字典服务（Redis）数据库数据对爬取系统进行监测，通过调节该数据库抓取队列对爬取系统进行调节的。爬取系统控制模块也不依赖于中心控制程序，只要远程字典服务数据库队列有数据，爬取系统就可以运行下去，同时，各节点爬取系统程序也没有交互，互不影响。只要爬取系统的各子模块按照设定的流程运行，就可以有效完成抓取任务。限于篇幅，这些模块的实现不再详细说明。

最后，我们对该系统进行了详细的测试，从链接排序去重效果、分布式爬取系统运行状态、页面类型划分方法、重新抓取间隔更新结果几个方面，测试系统几个主要模块的运行效果。测试结果表明，该系统达到了最初设计的要求。

二、基于社交媒体数据的用户兴趣及行为研究

(一)微博系统中的用户关系分类

较之传统博客，微博操作更简单方便，草根性更强，且广泛分布在浏览器、移动终端、桌面等多个平台上，有多种商业模式并存。据统计，截至 2021 年 6 月 30 日，微博月活跃用户达到 5.66 亿人，月活跃用户规模同比净增 4 300 万人；日活跃用户达到 2.46 亿人，日活跃用户规模同比净增 1 600 万人。微博已经成为众多网民关注朋友动态、与好友交流、获取信息、表达观点立场等的有效途径。显然，微博也成为我们研究和了解社会心理变化的重要网络媒体来源。

与其他媒体相比，微博的信息不再是以服务器为中心，而是以人为核心，微博信息接收者对于信息接收控制的权力得到了加强，实现了定制信息的自由。信息接收者定制信息的自由是通过微博平台上的"关注"功能来实现的。微博用户希望把谁设置为联系人，看到他的信息，可以直接"关注"该微博用户。该微博用户的信息就会自动被推送而进行不断的传播。这样，传播方式在基础层面发生了变化，信息以接收者定制的方式被传播，不再是以通过一个中心向四周扩散的方式传播，单一中心的概念不复存在，并通过"关注"与"被关注"的放大效应，形成了一个庞大的信息网络。从理论上讲，任何人都有可能被卷进这个由人编织的信息网里。同时，微博用户也掌控着选择接受哪些人、哪些类话题的权力，未被其关注的信息会被屏蔽掉，这使信息受众的主体能动性大大增强。另外，微博的"回复""评论""私信"功能为用户之间的信息交互传播提供了保证。

在数以亿计的微博用户里，一个用户如何找到自己感兴趣的人呢？由微博运营商进行推荐是一个很好的途径。那么，随之而来的问题是，在如此庞大的用户群里，运营商如何推荐用户真正感兴趣的人呢？在如今的微博中，一般使用基于共同好友的推荐。例如，在图 6-4 中，用户

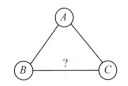

图 6-4 微博中的好友推荐

A 与用户 B 为好友，那么，推测 B 的好友 C 也可能是 A 的好友，所以，系统把 C 推荐给 A。然而，这个假设在很多情况下并不成立。比如，A 和 B 可能是现实中的好友，而 B 和 C 可能是因为共同的兴趣而在网络中结识为好友的。此时，如果仅仅因为都是同一人的好友而进行推荐，就会导致用户对推荐的人不感兴趣，从而认为运营商的推荐功能非常不靠谱，这样的推荐效果就会适得其反。如果我们能够判断出 A 与 B 以及 B 与 C 的关系，那么，我们就不会做出上述不符合用户需求的推荐。所以，研究微博中用户之间的关系是十分有意义的。

我们把微博中的关系分为同学、师生、同事、共同兴趣或领域等，在识别过程中综合利用微博中的关注关系、用户互动信息、用户资料、微博的文本内容等信息。通过对用户关系的识别，我们就拿到了分析用户行为的"金钥匙"，可以为用户提供更好的好友推荐、微博推荐等服务，提高用户的满意度。因此，这项研究对微博用户以及运营商都非常有意义。新浪微博为用户提供了"分组"的功能，即用户在关注一个用户后可以将他放入指定分组，如同学、名人、老师等分组。这些分组实际上代表了被关注者与用户之间的同学关系、偶像与粉丝关系、师生关系等。有了分组以后，用户可以查看某一类关系的用户微博，或者只对某一类关系的用户发送微博。但问题是，并不是所有用户都会对自己关注的人进行分组，用户可能嫌麻烦或者认为没必要，并不会选择使用这一功能。所以，对用户关系进行自动分类是十分必要的。

我们提出了一种采用条件随机场生成关系图的方法。条件随机场中的图是一个概率无向图，需要对点进行标注，因此，要把原始的以微博用户为节点的用户图，转换为以用户关系为节点的关系图。在这里，我们做了一个马尔科夫假设，即两个关系之间是存在边界的，仅当两者之间存在一个共同的用户，这种关系才成立。基于此假设，我们将图进行了转换，提出了如何生成模型中势函数的方法。利用微博的特性和数据，我们选择了不同的势函数，在点上的势函数和边上的势函数上我们都考虑了同质性和极性。另外，在点上我们考虑了特定模式，而在边上的势函数，我们额外考虑了传播性和限制性。为了验证算法的效果，我们利用真实数据集进行了实验。首先，爬取了微博中的真实数据，并进行了关系的标注；其次，通过对训练数据的学习获得了各项势函数的权重；最后，利用条件随机场的解码算法进行了关系的分类，并与传统的分类方法进行了比较。结果证明，我们的算法效果显著。在此基础上，我们对分类结果进行了具体的分析，计算了各类结果的准确性，并对出现以上结果的原因进行了分析。我们还根据不同势函数的权重的情况，分析了不同要素对不同关系的影响。此外，我们还列举了微博用户关系分类的部分应用，讨论了一个用户的亲密好友是否都属于同一种关系，用户的亲密好友圈是否会发生变化等问题。

(二)微博系统中的用户兴趣挖掘

随着越来越多的用户使用微博这一社交网络平台，该平台积累了大量的用户相关信息，包括用户的个人资料、发表的微博、关注的朋友、粉丝和其他行为，如转发、评论等。如果我们能够基于微博用户的各方面信息准确地分析用户的喜好，挖掘用户的兴趣，就能够更好地分析用户的心理特征，为探究整个社会的心理行为提供数据支撑。在本研究中，用户的一个兴趣被定义成一个关键词和权重。对于活跃用户，关键词可以从用户的丰富的文本信息提取出来。权重表示用户对该关键词代表的兴趣的喜爱程度。权重的值越大，表明用户对这个关键词的兴趣越大。一个用户可以有一个或者多个兴趣。因此，我们用一个由多个关键词和权重组成的向量来表示用户的兴趣，具体定义形式如下：

$$\{keyword\ 1：weight\ 1；keyword\ 2：weight\ 2；\cdots；keyword\ l：weight\ l\}$$

在微博有一些信息共享的行为，如关注、转发、评论、提及等。Welch等(2011)在研究中提到了同质性，即在推特环境下，相互关注的用户比没有关注关系的用户之间的兴趣更为相似。在不同的文化背景下，中文微博系统中的信息共享行为是否有相同的性质呢？为了从用户的关系信息中推断出其兴趣，我们定义了计算两个用户的兴趣相似度以及计算两个用户的共同好友比例的方法。观察发现，具有信息共享行为的用户比没有这些行为的用户之间的兴趣相似度更高。我们据此提出一种新的推断用户兴趣的方法。为计算用户间兴趣传播图中的边(b,a)上的权重，我们综合考虑了基于转发、评论、提及行为、关注行为及朋友间的交集五个因素。为提高算法的效率，我们还对传播矩阵进行了简化处理。最后，我们利用来自微博上的一部分用户的真实数据集，对模型方法的效率以及推断准确性进行了实验比较，几组对比实验都验证了本研究提出的方法的有效性。

此前关于用户兴趣挖掘方面的工作，大致可以分为三种。一是基于用户内容的方法，主要是利用用户的档案信息以及自定义的标签和描述性的标签等信息。二是基于用户行为的方法，这里的用户行为主要指用户浏览的历史网页和历史的查询、点击行为等。这两类信息都与用户本身有关，与其他用户之间的关系不大。但是问题在于，考虑到微博这种社会网络下，有很多用户是不活跃的，这些用户发微博的频率很低，他们更多地浏览其关注的用户发表的内容，因此文本信息较少。三是基于社会线索的方法，比如，利用用户的朋友来推断其兴趣，这种方法可以很好地解决新用户和不活跃用户的问题。以上三类方法没有考虑到用户与用户之间的相互影响，我们提出的方法很好地解决了这个问题。

(三)微博用户的层级化兴趣标签挖掘

微博中的标签信息是用户为自己手动编辑的一些词语，用来描述自身的兴趣爱好，我们称之为用户的自打标签。用户可以随时对这些自打标签进行修订。如何从中甄别出与用户兴趣爱好有关的内容，进而挖掘出规范而统一的兴趣标签，一直是学者们感兴趣的问题。我们基于新浪微博对此问题进行了研究，探索如何为微博用户推荐出规范、有层次且能反映其个人兴趣的标签。基于不同的社会群体，社会心理也是有层次的，该问题的研究有助于分析具有不同层级兴趣的用户群体的社会心理差异。

我们首先分析并处理了新浪微博用户的自标签文档；其次，将用户兴趣按照粒度进行分类，提出了一个改进的主题模型 LTTM 来模拟一个自打标签的生成过程；再次，根据我们的模型训练参数为测试用户获得一级和二级兴趣标签；最后，针对 LTTM 模型存在的不足，我们提出了一个改进的 SLTTM 模型，并在这个模型中引入了标签相似度的概念，在模拟自打标签生成的同时，利用高斯分布来模拟这种相似度的生成。实验结果表明，我们的模型在准确率和召回率方面都具有较大的优势。

第二节

事件谣言微博的感知与检测

一、概述

社交网络具有易于发布信息和传播及时便利的特点，发生在现实世界中的事件几乎同步地出现在社交网络系统中，且通常社交网络系统比传统的新闻媒体会更早出现这些信息。但社交网络系统不仅包含真实的信息，还充斥着大量的不良信息，比如，包含在微博或推文中的不良链接信息和虚假信息。不良链接微博或推文通常包含广告链接、钓鱼网站链接和恶意代码链接，会损害用户个人利益，主要是侵犯用户隐私及损害其经济利益。而社交网络谣言可能产生更为严重的危害，轻则对个人造成伤害，重则引发社会公众焦虑、恐慌心理蔓延，不仅对整个社会心理产生影响，还会影响社会稳定。因此，控制社交网络谣言源头、快速地识别谣言、肃清社交网络环境尤为重要。

目前，社交网络系统上不良信息识别工作主要集中在不良链接微博或推文的识别上。国内外研究者提出了自动检测不良链接微博或推文及其发布者的有效方法，但还没有自动检测社交网络谣言特别是事件谣言的有效方法。事件谣言是指以社会事件为主要描述对象的虚假信息。目前的谣言检测主要依靠人工分析，人工分析的优点是认真、细致、有理有据，缺点主要包括四个方面。一是滞后性强。当谣言大量出现时，人工辟谣才会对其进行分析、判断。二是难度大。造谣者精心编造的谣言很难短时间内被识别出来。三是耗时、耗力。以2012年新浪微博的统计为例，每天新增微博约2 500万条，识别这些微博中是否存在谣言的工作量非常大。四是处理效率不高。受辟谣人力所限，辟谣组织的处理能力相对于2 500万条的日发布量而言，显得微乎其微。靠有限的人力监控数量庞大的微博显得力不从心。因此，利用计算机技术实现谣言的自动识别尤为重要。

本研究以新浪微博上的微博数据和用户数据为数据源，通过对其进行深入的分析，尝试抽取出事件谣言微博的相关特征，设计一种基于特征抽取和分类的事件谣言微博自动检测技术，目的是迅速、准确识别出事件谣言微博。在国内外这方面研究的基础上，我们在事件谣言微博识别的研究中所做的探索性工作，为进一步拓展在社交网络系统上其他类型谣言的识别技术提供了一种思路。

以新浪微博为例，不良链接信息主要分为三类：(1)以发布公告为目的，以广告的链接为主要内容的微博；(2)以攻击为目的，以钓鱼网站链接为主要内容的微博；(3)以恶意攻击为目的，以指向恶意代码的链接为主要内容的微博。不良视频信息包括两种：(1)无关回应视频，指回应社交网站某个正在讨论的话题，但与待讨论话题内容无关的视频；(2)为吸引关注而发布的视频。希望提高视频关注度的用户通常会发布大量无关的视频作为对该视频的回应，以此提高该视频的回应排名。不良用户是指发布上述信息的用户。这些用户和一般合法用户的行为不同。上述不良信息和不良用户对社交网络平台、用户个人及社会的健康发展都会产生不利影响，因而研究这类有效识别技术有现实意义。目前，对社交网络平台上的不良信息的识别主要集中于自动检测不良链接信息及其发布者。其主要技术是将文本和社交网络的链接结构结合起来，利用分类技术进行检测，下面我们分别介绍。

（一）社交网络不良信息识别技术研究

社交网站在蓬勃发展的同时，也受到大量不良信息的侵袭。这些不良信息影响了社交网络的资源分享、交互性和开放性。Heymann 等（2007）对如何解决社交网站上不良信息泛滥等问题进行了初步的探讨。他们调研后发现，已有的检测电子邮件和网站不良文本信息的技术不适用于社交网络不良信息识别，应将传统的不良信息检测技术和社交网络自身特性相结合，以实现对社交网站不良信息的检测。

Hu 等（2010）对脸书上用户发布不良信息的行为进行分析，并使用聚类算法实现了脸书上不良链接信息和恶意用户的检测。首先，他们提出了基于聚类的检测方法，主要分为两个步骤：第一步是模型建构和构造初始聚类，第二步是识别包含不良链接信息的聚类。第一步的具体方法是，首先，将每个公告表示成〈描述信息，网页地址〉（如果公告里没有网页地址则将此公告去掉）。网页地址是恶意用户希望其他用户访问的网站地址，如广告网站、钓鱼网站地址或指向恶意代码的链接。描述信息是指该公告内网页地址附近的文本。其次，构建公告相似图 $G=(V, E)$，将每个公告看作一个节点，当两个公告内包含同一个网页地址，或者描述信息相同时，将两个节点间连上一条边。在图 G 内，边 $e=(u, v)$ 的端点 u 和 v 相似。图 G 的每个极大连通子图构成一个公告聚类。在识别不良链接公告聚类时，主要使用"突发"特征和"分布"特征。"突发"是指恶意用户在短时间内发布大量的不良链接信息。对于一个步骤中聚类而言，"突发"特征的计算方法是，先计算聚类相应的极大连通子图中每条连接的两个公告时间差（两个公告发布时间的差的绝对值），然后将这些时间差用中位数来表示"突发"特征的值。"分布"特征用聚类中的公告的发布者数目描述，在为每个聚类计算上面两个特征值后，为这两个特征分别设置了阈值。如果聚类的两个特征满足阈值，则认为该聚类是不良链接公告聚类，聚类中的每个公告都是不良链接公告。Hu 等（2010）在脸书上抽取了数据集，并在数据集中验证了该方法，发现影响算法准确率和召回率的因素是"突发"和"分布"两个特征的阈值。社会化注释(Social Annotation)通常用软件实现，一个用户在访问网页时可以为此网页注释，其他用户浏览网页时，通过使用该软件看到别的用户对该网页的注释。Web 2.0技术使社会化注释蓬勃发展。

如图6-5所示，在社会化标注系统中，用户可以对系统图的任意资源进行自由格式标记。Scott等（2006）提出并发展了协同标注方法（Collaborative Tagging）。协同标注是社会标注最成功的一种模式。在社会化标注系统中，用户可以任意对资源进行标注，因而图6-5显示的由用户、资源、标签组成的超图是用户驱动的。在用户驱动的社会化标注系统中，用户可以通过给资源加标注来引起更多用户的关

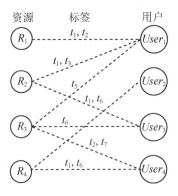

图6-5 社会化标注系统模型

注，将大量用户吸引到该用户希望得到关注的资源上来。在协同标记系统中，这样的行为被称为"社会垃圾"（Social Spam）。这样的行为会影响社交标注系统的可信度，因而，设计自动识别社会标注系统垃圾及其制造者非常有意义。Markines等（2009）将问题限制在社会书籍标注系统（Social Bookmarking System）上。选择社会书籍标注系统的原因是：此系统中，用户对系统覆盖范围外的内容进行标注。这一特性使大量有"社会垃圾行为"的用户把社会书籍标注系统作为攻击目标。他们将"社会垃圾"通过标注系统进行分析，抽取出可用于识别"社会垃圾"的六种特征，并将系统中的资源转化为六种特征的向量表示，通过标注好的训练集的支持向量机等分类模型，分类测试集中的数据。实验表明该算法提出的特征是有识别能力的，算法的准确率达98%左右。

（二）社交网络不良信息发布者识别的关键技术

推特作为热门的社交网站之一，近年来发展十分迅速，吸引了全球数量庞大的用户，因而成为发布不良信息的攻击者的目标。Wang（2010）以推特网站的用户为研究对象，使用不同的技术来解决识别不良链接推特发送者的问题。他

将有以下行为的用户定义为不良推特发布用户：一是发送大量重复的包含指向钓鱼网站或攻击代码等恶意链接的推特用户；二是滥用推特网站的回复功能向用户主动发送信息的用户；三是向推特网站首页显示的热门话题推送攻击性词语，使推特网站临时关闭热门话题的用户。他对上述三种行为进行了分析，目的是利用机器学习的方法实现对上述恶意用户的自动识别。他将推特的用户关系描述成一个图 $G=(V，E)$，图中的节点 v 表示一个用户，有向边 $e=\langle u，v\rangle$ 表示用户 u 跟随（follow）用户 v，即用户 u 是用户 v 的跟随者（follower），用户 v 是用户 u 的朋友（friend）。该方法利用图 G 计算基于图的特征，通过对用户行为的分析提出基于内容的特征。

1. 基于图的特征

推特网站的用户通过关注（following）、被粉（followed）等行为建立社交网络，形成用户关系图。如图 6-6 所示，图中的节点表示用户，两个用户之间的有向边表示用户间的关注关系。对于图中的每个节点，根据图可计算以下特征。

一是朋友数。当用户 A 关注用户 B 后，用户 B 就成为用户 A 的朋友，因而用户 A 的朋友数是指被用户 A 关注的用户数目，用 N_{fr} 表示用户的朋友数。当用户关注其他用户时，推特网站会发送通知邮件给被关注的用户。用户通过大量关注其他用户的方式来引起其他用户的注意，使其发送的推特被大量用户关注到。

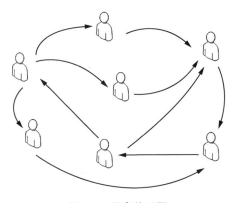

图 6-6　用户关系图

二是跟随者数。当用户 A 被用户 C 跟随后，用户 C 就成为用户 A 的跟随者，因而用户 A 的跟随者数是跟随用户 A 的用户数，用 N_{fo} 表示。恶意用户由于恶意信息，因而，主动跟随他们的用户数不多。

三是名誉值。用户的声望用 r_{ff} 表示，是用户的朋友数与朋友数和跟随者数之和的比值，具体计算方法如下：

$$r_{ff} = \frac{N_{fr}}{N_{fr} + N_{fo}},\qquad\qquad(6\text{-}1)$$

恶意用户的名誉值趋近于 1。这是由于，恶意用户为使自己发送的信息引起更多用户的注意，会发送大量跟随请求，即其朋友数大，但普通用户一般不主动跟随恶意用户，因而恶意用户的跟随者数相对于朋友数要小得多，这就使得其名誉值靠近 1。一个用户的名誉值越大，意味着他是恶意用户的可能性越大。

2. 基于内容的特征

基于内容的特征主要包括重复推特数、HTTP 链接数、回复/提到数等。

重复推特数是指一个用户其发送的内容重复的推特数。推特内容相似度用边际距离度量。在计算边际距离时，对推特文本进行了预处理，删除了 @relies、♯topic 和 HTTP 链接。因为恶意用户在发布内容重复的推特时为吸引大量用户注意，会在推特正文添加不同的 @relies、♯topic 和 HTTP。由此可知，恶意用户会发送大量内容重复的推特。而非恶意用户一般不会发布很多内容重复的推特。因而重复推特数是识别恶意用户的有效特征。

HTTP 链接数是指用户发布的包含链接的推特的数目。恶意用户为实现攻击的目的，经常在其发布的推特里加入指向钓鱼网站等恶意站点的链接。因而，发布的以链接地址为主要内容的推特越多，恶意用户的可能性越大。

回复/提到数是用户发布的包含@关键字的推特数目。推特用@＋用户名＋回复内容的格式表示回复给用户的信息。推特允许用户回复任意其他用户的信息。用户在其推特的任意位置可以提到任意用户的名字。恶意用户利用推特上述机制，为吸引到其他用户的注意，会主动回复不是他的朋友或跟随者发布的推特。恶意用户还会在他发布的推特中提及其他用户的名字。因而回复/提到数越大，表明恶意用户的可能性越大。

Wang(2010)将用户的识别看作二分类问题，即将用户分成恶意用户和非恶意用户两类。在抽取出上述基于用户的特征和基于内容的特征后，在用户的特征向量构成的数据集上应用了不同的分类方法，如决策树、神经网络、支持向量机等。在所有方法中，贝叶斯分类器取得了最好的分类效果。经实验验证，贝叶斯分类器的分类结果的准确率、召回率都达到90%以上，充分证明了算法的有效性。

Wang(2010)识别了具有三种恶意行为的用户。Hu等(2010)主要识别利用热门话题和链接地址进行恶意攻击的用户，目的是将用户引入攻击者希望用户访问的站点，如广告、钓鱼网站和执行恶意代码等，从而取得了较好的实验效果，但其提出的检测手段易于被攻击者规避。譬如，攻击者为提高自己的跟随者数目，可以通过eBay等网站，花很少的费用，购买到大量跟随者。Wang和Hu等都把用户的识别问题看作二分类问题。Hu等爬取了推特网站上的真实数据作为数据集，并抽取出数据集中有关2009年三个热门话题的推特及相关用户，得到了数据子集，在此数据子集上人工标出355个恶意用户和7852个非恶意用户。人工标注的特点在于，几乎全部人工标注者均认为这355个用户是恶意用户，因而置信度非常高。

Hu等(2010)提出了新的基于内容和基于用户的特征，对Wang(2010)的研究进行了扩充。他们提出的新的基于内容的特征包括hashtag比率、URL比率等。

hashtag比率是每个推特中hashtag数目与推特单词数目的比值，也就是每篇推特中hashtag出现的可能性。

URL比率是每个推特中URL的数目与推特单词数目的比值，也就是每篇推特中URL出现的可能性。

除此之外，还包括每篇推特中的数字个数、hashtag个数、URL数目、转发次数。利用人工标注的数据集对上述特征的识别能力进行的分析发现，hashtag数目、URL比率的识别能力最强。

Hu等(2010)提出的新的基于内容的特征包括用户发布的推特数目、用户账号年龄(注册时间和爬取数据时间之差)、每个跟随者的平均朋友数、用户所有推特被回复的次数、跟随者发给用户的推特数目等。通过在人工标注数据集上对上述特征的识别能力进行分析，他们发现每个跟随者的平均朋友数、用户账号年龄、跟随者发给用户的推特数目的识别能力最强。他们将用户转化成特征向量后，使用支持向量来对用户分类。实验表明，该算法可有效地识别出非恶意用户，但恶意用户中有 30％左右没有识别出来。Yang 等（2011）在上述方法和 Wang（2010）研究的基础上进行了补充。他们的贡献在于：首先，对恶意用户逃避现有技术检测的手段进行了分析；其次，结合上述分析，提出了新的用于检测恶意用户的特征；再次，通过将用户转化为用特征向量表示，运用分类方法将用户分类；最后，对所用到的特征的鲁棒性（在此指用户规避此特征检测的难度）进行了严密的数学计算，并选择了图中鲁棒性较强的新特征，然后，将用户表示为新特征空间的特征向量，利用决策树等分类方法，取得比之前方法更高的准确率。

上述分类算法要求有标注的训练数据，获得这样的数据需要很高的成本。Lee 等（2010）和 Stringhini 等（2010）主要利用蜜罐技术来实现对不良信息发布者的识别。蜜罐是一个信息收集系统，它伪装成攻击目标，吸引恶意用户前来攻击，在用户攻击时收集信息，分析攻击成功的原因，并通过监听技术掌握攻击者之间的联系、攻击者实施攻击所用的工具和攻击者的社交网络。Stringhini 等（2010）提出结合蜜罐技术与机器学习技术的识别方法，其检测系统的整体架构与 Lee 等（2010）提出的方法类似。不同之处在于 Stringhini 等在脸书、推特和聚友网（Myspace）三个网站爬取了数据，并根据不同的数据集提出了不同的有识别能力的用户特征。经实验验证，基于蜜罐技术的检测方法在三个数据集上都取得好的效果。

（三）检测和识别其他不良信息的发布者

用户不仅可以在社交网络上发布文本信息，还可以在浏览其他网站的同时把感兴趣的视频、图片等资源分享给其他用户，甚至可以使用专门的视频社交网站。以油管（YouTube）为例，在这个网站上，当若干用户在讨论某一话题时，其他用户可以发布视频来参与话题的讨论。用户自由发布视频作为回应的机制，使用户有可能"污染"讨论的话题，甚至"污染"系统。"污染"有两种含义。第一种含义是指用户为获取点击量，而将该视频作为其对正在热烈讨论的话题的回应，但视频内容与其回应的话题无关。这类用户被称为"垃圾制造者"（spammer）。第二种含义是指基于社交网络视频网站的回应排名机制（视频被回应的次数越多，其回应排名越高），用户发布大量视频（这些视频大部分可能与被响应视频无关）作为某视频的回应，以提高该视频的响应排名，进而提高该视频被大量用户点击的可能。这类用户被称为"促进者"（promoter）。以上行为会影响社交网站系统的可信度。

Benevenuto 等（2009）提出了识别视频社交网站上的"垃圾制造者"和"促进者"的方法。他们首先从油管网站上爬取了 260 000 个用户和用户所发布的视频，作为实验所需数据集。然后，通过对以上数据集进行抽样得到一个数据子集，并用人工的方法将数据子集中的每一个用户分类为"垃圾制造者""促进者"和合法用户。接着，对标注的数据集进行分析，从中找出"垃圾制造者""促进者"和合法用户的特征。用户特征主要包括三方面：一是从网站的用户资料中得到的用户特征；二是从用户的社交行为中得到的用户特征；三是从用户发布的视频中抽取出的视频特征。接下来，将数据集中的每个用户转化为以上述三种特征为特征空间的向量，建构可将用户分类的模型。经实验验证，该方法识别"垃圾制造者"和"促进者"的准确率较高，但召回率并不理想。

二、事件谣言微博特征的抽取

（一）重要概念

首先我们给出几个重要概念的定义和说明。

1. 谣言

谣言是有关公众感兴趣的事物、事件或问题的虚假信息。事件谣言是描述社会事件的虚假信息，本研究的事件谣言包含时间、地点、人物等要素，事件内容涉及社会事件（经济类传闻、明星绯闻等谣言不在本研究讨论的事件谣言识别范围内）。事件谣言微博是微博谣言的重要组成部分，编造事件谣言的用户最多使用 140 个字描述时间、地点、人物、事件，并可能配以图片来佐证谣言内容。像新浪微博上流传过的"金庸去世"的谣言是关于名人的个人新闻，不在本研究的识别范围内。

2. 负面意见词

负面意见词是微博中出现的表示负面情感或负面评价的词语。在本研究中，负面意见词包含动词和一部分形容词。表 6-2 给出了负面意见词的示例。

表 6-2 负面意见词示例

微博中的语句	负面意见词类型	负面意见词
真是让人忍无可忍！	动词	忍无可忍
太震惊啦！	形容词	震惊

3. 事件触发词

自动内容抽取（Automatic Content Extraction，ACE）会议是典型的含有事件抽取任务的测评会。根据自动内容抽取事件抽取定义，事件由触发词和事件结构元素表示。事件触发词是触发事件的动词。例如，在中文事件抽取的经典例子"毛泽东 1893 年出生于湖南湘潭"中，"出生"是该语句描述的事件的触发词。

4. 微博

在本研究中，微博用一个二元组 $t = \langle text, pic \rangle$ 表示，其中 $text$ 是微博内的文本，pic 表示微博内的图片。

5. 事件谣言微博检测

给定一个微博数据集 $D = (U, T)$（其中 U 表示用户的集合，T 表示微博的集合），设计算法自动识别 T 中的每条微博是否为事件谣言微博。

如前所述，目前对微博系统不良信息的识别主要集中在识别广告链接、钓鱼网站链接和指向恶意代码链接的微博上。关键步骤是抽取不良链接微博的特征，再基于这些特征利用分类、聚类等数据挖掘技术进行识别。事件谣言微博和不良链接微博有非常显著的不同，主要在于以下三方面。

第一为内容方面。首先，不良链接微博最显著的特征是含有广告链接、钓鱼网站链接或指向恶意代码的链接。大多数钓鱼网站地址和恶意代码地址出现在谷歌安全浏览(Google Safe Browsing)和软件(如 Capture-HPC)中,发布者是以攻击为目的。而发布事件谣言微博的用户的目的是造谣,不是进行恶意攻击,因而谣言中不含有上述类型的链接。其次,同一用户发布内容重复的微博是不良链接微博的特性,但此特性不适用于事件谣言微博,为达到攻击目的,同一个用户经常发布内容重复或近似重复的不良链接微博。而谣言微博一个用户一般只发布一次。最后,发布不良链接微博的用户为扩大攻击范围,会在微博里提到(@)很多用户或主动回复不是其好友的用户,而事件谣言微博发布者一般在微博里描述谣言内容,并配以图片,大都不会影响其他用户。

第二为发送者方面。首先,不良链接微博发布者会大量盲目关注其他用户,但很多谣言发布者没有此特征。其次,前者的粉丝数较少,后者无此明显特征。最后,不良链接发布者名誉值一般趋近于1,而谣言用户不会。

第三为发送方式方面。不良链接微博发布者一般用客户端或微博 API 等实现内容重复的不良链接微博的大量发送,而谣言发布者一般无此特征。

综合以上分析,我们认为,检测不良链接微博的显著特征不适用于事件谣言微博的识别,因而前述相关文献提出的方法无法解决本研究提出的事件谣言微博的检测问题。

(二)事件谣言微博的特征

基于对微博谣言数据的分析,本研究提出基于事件谣言微博特征的检测技术。这里关注的是事件谣言的检测,通过对新浪微博的数据进行分析,抽取出事件谣言基于微博文本的特征、基于微博其他方面的特征、基于用户的特征和基于微博来源的特征等。现分述如下。

本研究以新浪微博为数据源。在新浪微博中,每条用户的微博内容由文本和多媒体两部分组成,文本是指微博中的文字信息,多媒体是指视频和图片等。事件谣言的发布者用文字来描述谣言的内容,大都配以经过编辑处理的图片或旧的新闻事件的图片来佐证自己的谣言,使其"有图有真相",使人轻信或上当。

事件谣言微博兼具谣言与事件微博的特点，主要的特征有四个方面。

1. 基于微博文本的特征

在抽取出微博文本的各个特征之前，我们先对微博文本进行预处理。预处理过程描述如下：对于每条微博 $t_i = \langle text, pic \rangle$，首先，利用正则表达式脚本将其中包含的图片地址链接过滤掉，得到其文本；其次，将微博的文本存入文本文件中，对此文件使用分词软件（如中科院 ICTCLAS 2011）进行分词处理；最后，使用停用词表将分词后的文本中的停用词过滤掉。事件谣言微博描述的大都是产生负面影响的社会事件，以达到造谣者的恶意目的。基于触发词的事件抽取是事件抽取方面的经典方法。其步骤为：先抽取事件触发词，再利用语法分析等技术查找事件的各种角色，如人物、地点等，最后根据事件抽取触发词对事件分类。因而，事件触发词对判断文本是否描述事件非常重要。经过对微博数据的分析，我们发现，事件谣言微博描述事件使用的触发词通常出现在社会新闻用词中，这与不良链接微博和用户个人相关的一般微博有显著不同。因而，我们首先定义事件触发词数目这一区别事件微博和其他微博的特征。

特征 1：事件触发词数目。给定微博 $t_i = \langle text, pic \rangle$，其事件触发词数目 $count\_enenttext(t_i)$ 是微博 t_i 的文本 $t_i.text$ 中事件触发词的数目。为将事件谣言与其他微博区分开来，本研究使用的微博触发词的词表由出现在新闻语料里的非日常生活常用动词组成。

特征 2：重复文本微博数。给定一条微博 $t_i = \langle text, piclink \rangle$，其重复文本微博数 $count\_duptext(t_i)$ 与文本和微博 t_i 的文本相同，并且发布者不是原微博用户。不同于发布不良链接微博的用户，发布谣言的用户通常不会发布内容重复的谣言微博。事件谣言微博在微博系统中反复出现，是由于微博被转发和被其他用户复制内容。因而，微博文本在其他用户的微博中的重复出现次数是事件谣言微博的重要特征。

特征 3：强烈负面意见词数。给定一条微博 $t_i = \langle text, piclink \rangle$，其强烈负面意见词数 $count\_negopinion(t_i)$ 是微博 t_i 的文本中较强负面意见出现的次数。

我们通过分析发现，用户在发布事件谣言微博时，绝大多数是传达负面信息，并且在叙述谣言内容时，会用到强烈的负面情感的词汇或词组。而不良链接微博和大多数用户发布微博传达负面情绪时，一般不会使用意见强度极强的词语。因而，当一个事件微博使用负面意见较强的词汇时，是事件谣言微博的可能性会增大。

特征 4：转发微博文本的强烈负面意见数目。给定一条微博 $t_i = \langle text, piclink \rangle$，其转发微博文本的强烈负面意见词数 $count\_tran\_negopinion(t_i)$ 是转发微博 t_i 的所有微博的文本中强烈负面意见的数目之和。新浪微博如允许用户在转发微博的同时发布文字描述，转发微博和文字将形成该用户的一条新微博显示在该用户的个人微博主页中，被转发的微博以图片的形式显示在转发微博中。我们发现，事件谣言被转发时，有些用户会在自己的转发微博里表达对被转发微博描述的意见。这些意见通常表达较强的负面情绪，而正常的非谣言微博一般不会有很多用户发布上述类型的意见。因而，特征 4 是事件谣言微博的特征。

2. 基于微博其他方面的特征

特征 5：微博被转发次数。给定一条微博 $t_i = \langle text, piclink \rangle$，其被转发次数 $count\_tran(t_i)$ 是转发微博 t_i 的数目。对于一条微博来说，其转发数越多，说明该微博被重视的程度越高，其传播范围将会越大。事件谣言微博描述的是公众感兴趣的社会信息，因而传播速度非常快。通常一条事件谣言出现后，会在短时间内引起很多用户转发。

特征 6：微博非粉丝转发次数。给定一条微博 $t_i = \langle text, piclink \rangle$，其被转发次数 $count\_tran\_nfr(t_i)$ 是转发微博 t_i 的次数，发布者不是其粉丝的微博的数目。在通常情况下，用户发布的个人微博被转发时，转发者会对该用户的关注者或粉丝表示关注，非其关注者或粉丝的用户大都不会转发该微博。由于不良链接微博具有攻击性，其发布者通过盲目地主动关注大量用户来扩大该恶意微博的攻击范围。而在通常情况下，用户看到主动关注他的用户的微博后，不会转发该用户的不良链接微博，因而，微博的非粉丝转发数不能用于识别不良链接微博。事件谣言则不同，事件谣言不但会引起其粉丝的关注，和发布者没有关注或粉丝关系的用户在看到其他用户转发的事件谣言微博后，会查看被转发的事件微博。该用户还可以查看其他用户对此事件谣言微博的评论，然后进行转发或评论。因而，非粉丝转发数是事件谣言微博的重要特征。当一条微博的非粉丝转发数越大，它不是一般的事件微博的可能性就越大。

特征7：图片微博时间差。对于一条微博 $t_i = \langle text, piclink \rangle$，微博发布时间用 $t_i.time$ 表示，微博包含的图片出现时间用 $t_i.pictime$ 表示，则微博 t_i 的图片微博时间差的标记函数 $diff\_time(t_i)$ 的计算公式，枚举了微博包含的图片在网络上出现的日期和微博发布日期之间的关系。第一种情况中，$t_i.picklink$ 不存在，是指微博 t_i 不包含任何图片，此时 $diff\_time(t_i)$ 赋值为 0。第二种情况中，微博 t_i 包含图片并且图片在网络上的出现时间早于微博发布时间，则该微博是使用旧图片的新微博，此时 $diff\_time(t_i)$ 赋值为 1。第三种情形是微博包含图片，并且图片出现时间与微博发布时间相同，说明该微博是使用新图片的新微博，此时 $diff\_time(t_i)$ 赋值为 2。我们将图片微博时间差作为一个重要特征，是因为事件谣言微博大都遵循"有图有真相"的原则，即当事件谣言配以图片时，看到该事件谣言的用户会更容易相信谣言描述的是事实。由于事件谣言描述的是虚假信息，其常用的手段是利用发生时间先于其描述的谣言的真实事件的图片，结合谣言内容发布成微博，或利用图片编辑技术自己制作图片。配有图片的事件谣言微博大都是旧图新用。而真实事件微博描述的是刚刚发生的真事，会发布该事件的图，不会旧图新用。因而，特征 7 是事件谣言微博区别于真实事件微博的重要特征。

3. 基于用户的特征

发过恶意谣言微博的用户，其发布的事件微博是微博谣言的可能性很高。因而，本研究通过对事件谣言微博的发布者和其他用户的行为分析，发现有如下用户特征。

特征 8：关注数。对于一个给定用户 u_i，其关注数 $count\_following(u_i)$ 是用户 u_i 关注的用户的数量。不良链接微博发布者为了扩大其传播范围，会盲目地关注大量用户，因而不良链接发布者的关注数非常大。微博谣言发布者和转发者则不同。微博谣言传播的是社会大众感兴趣的社会信息，这些信息很容易引起其他用户的兴趣，并通过微博系统的用户社交网络迅速传播出去，因而，发布事件谣言微博的用户不盲目地关注大量用户。发布事件谣言微博的用户的关注数相对于不良链接微博发布者来说不大。复制事件谣言微博的用户大都相信复制的谣言，这样的用户是普通用户，普通用户不会盲目地关注大量用户，因而关注数不大。事件谣言微博发布者在微博系统中的关注数量适中或偏小。特征 8 可用于区分事件谣言微博发布者和通过盲目关注用户扩大不良信息传播的发布者。

特征 9：粉丝数。对于一个给定的用户 u_i，其粉丝数 $count\_follower(u_i)$ 是关注用户 u_i 的用户数目。新浪微博上粉丝数多的用户大都是社会名人、明星或被新浪微博认证的社会团体，其他用户的粉丝数远小于上述用户。事件谣言微博发布者一般是微博普通用户，粉丝数远小于社会名人。虽然有时会有大量用户因相信谣言内容的真实性而转发其微博，但转发其谣言的用户大都不会关注他。因而，其粉丝数并不会随着其微博被转发而增加，与一般的微博用户粉丝数相差不大。

特征 10：声望。对于一个给定的用户 u_i，其声望 $reputation(u_i)$ 按公式（6-2）计算：

$$reputation(u_i) = \frac{count\_follower(u_i)}{count\_follower(u_i) + count\_following(u_i)}。 \tag{6-2}$$

由公式（6-2）可知，用户的声望值在 0 和 1 之间。事件谣言微博发布者通过微博的用户关注、粉丝关系构成的用户关系网络传播谣言，并不通过盲目关注大量用户来加速传播，其粉丝数相比关注数相差不大，因而，声望值距离不趋近于 1。特征 10 可以区分事件谣言微博发布者和不良链接微博发布者。

特征 11：VIP 标记。对于一个给定的用户 u_i，其 VIP 标记 $vip(u_i)$ 表示用户是否通过新浪微博 VIP 认证。VIP 认证要求用户必须实名制，当用户 u_i 通过 VIP 认证后，新浪微博设置其 $vip(u_i)$ 为 1，否则将其设置为 0。新浪微博规定用户必须进行实名验证才可能通过 VIP 认证。因而新浪微博 VIP 标记为 1 的用户一定是实名制用户。这些通过实名制的 VIP 用户通常不会发布谣言。因而，VIP 标记为 1 的用户发布事件谣言微博的可能性比 VIP 标记为 0 的用户低。

特征 12：用户事件微博比例。给定一个用户 u_i，其发布的微博数记为 $tweetcount(u_i)$，则事件微博比例 $eventp(u_i)$ 是其发布的所有微博中事件微博占有的百分比。$eventp(u_i)$ 按公式(6-3)计算：

$$eventp(u_i) = \frac{\sum\limits_j Isevent(t_j)}{tweetcount(u_i)}, \quad t_j \in T。 \tag{6-3}$$

在公式(6-4)中，$count\_enentverb(t_j)$ 为 0，表示微博 t_j 中不包含事件触发词，则微博 t_j 不是事件微博，此时，$Isevent(t_j)$ 为 0；$count\_enentverb(t_j)$ 大于 0，表示微博 t_j 中包含事件触发词，则微博 t_j 是事件微博，此时，$Isevent(t_j)$ 为 1。

$$Isevent(t_j) = \begin{cases} 0, & count\_eventverb(t_j) = 0, \\ 1, & count\_eventverb(t_j) > 0。 \end{cases} \tag{6-4}$$

发布事件谣言微博的用户大多是利用过去发生的社会事件捏造新的事件谣言，对社会事件的关注度很高。特征 12 表明，用户的事件微博比例越大，说明该用户对事件微博的关注度越高。因而，和对事件微博关注度低的用户相比，对事件微博关注度高的用户在看见事件谣言微博时选择复制发布或转发可能性更大，甚至可能自己编造事件谣言并发布。

特征 13：用户强烈负面意见微博比例。给定一个用户 u_i，负面意见微博比例 $neg\_opinionp(ui)$ 是其发布的微博中包含强烈负面意见的微博占其发布的所有微博的百分比。$neg\_opinionp(u_i)$ 按公式(6-5)计算：

公式(6-6)中，$count\_negopinion(t_j)$ 为 0 表示微博 t_j 中不包含事件触发词，则微博 t_j 不是事件微博，此时，$Isnopinion(t_j)$ 为 0；$count\_negopinion(t_j)$ 大于 0 表

示微博 t_j 中包含事件触发词，则微博 t_j 是事件微博，此时 $Isopinion(t_j)$ 为 1。

$$neg\_opinionp(u_i) = \frac{\sum_j Isnopinion(t_j)}{tweetcount(u_i)}, \quad t_j \in T。 \tag{6-5}$$

$$Isnopinion(t_j) = \begin{cases} 0, & count\_negopiniont(t_j) = 0, \\ 1, & count\_negopiniont(t_j) > 0。 \end{cases} \tag{6-6}$$

事件谣言微博绝大多数表达的是对社会的强烈负面情绪。用户的负面意见微博比例越大，说明该用户在微博中表达的强烈负面情绪越多。因此，和表达强烈负面意见较少的用户相比，这类用户在看到表达负面情绪的事件谣言微博时，复制并重新发布或转发的可能性更大。

特征 14：用户微博非粉丝转发比例。给定一个用户 u_i，用户微博非粉丝转发比例 $tranp\_notbyfr(u_i)$ 是其被非粉丝转发过的微博占其发布的所有微博的百分比。$tranp\_notbyfr(u_i)$ 按公式(6-7)计算。

$$tranp\_notbyfr(u_i) = \frac{\sum_j Isnotbyfr(t_j)}{tweetcount(u_i)}, \quad t_j \in T。 \tag{6-7}$$

$$Isnotbyfr(t_j) = \begin{cases} 0, & \text{当 } count\_tran\_nfr(t_j) = 0 \text{ 时，} \\ 1, & \text{当 } count\_tran\_nfr(t_j) > 0 \text{ 时。} \end{cases} \tag{6-8}$$

$Isnotbyfr(t_j)$ 计算公式中，$count\_tran\_nfr(t_j)$ 为 0，表示转发微博 t_j 的用户都是用户 u_i 的粉丝，此时 $Isnotbyfr(t_j)$ 为 0；$count\_tran\_nfr(t_j)$ 大于 0，表示有不是 u_i 粉丝的用户转发微博 t_j，此时 $Isnotbyfr(t_j)$ 为 1。对用户发布的一般个人微博，转发者一般是其粉丝或互相关注的用户，因而该微博非粉丝转发数为 0。事件谣言微博的转发者既包括发布者的粉丝或关注用户，也包括同其没有关注或粉丝关系的用户，则非粉丝转发数大于 0。一个用户的微博非粉丝转发比越大，表示其发布的微博受到非粉丝的注意越多，发布非一般个人微博的比例越大。发布微博谣言的用户其微博非粉丝转发比例较一般用户高，因而，特征 14 可用于识别谣言发布者。

我们还将利用图结构的特征。首先根据用户转发关系可以构建有向图 G，

从图 G 导出基于图的特征。给定微博系统中的 m 个用户，这些用户之间的转发关系用 $G=\langle V, E \rangle$ 表示，其中 V 是节点的集合，集合中的元素 v_i 表示微博系统中的用户 u_i。E 是 G 的有向边的集合，对于 E 中的任意一个元素 $e=\langle v_i, v_j \rangle$ 表示用户 v_j 转发过用户 v_i 的事件微博，同时用户 v_j 不是用户 v_i 的粉丝。

特征 15：出度。在用户关系转发图中，给定一个用户 u_i，该用户出度 $outdegree(u_i)$ 是在图 G 表示 u_i 的相应节点 v_i 的出边数。$outdegree(u_i)$ 为 0，表示转发用户 u_i 微博的都是 u_i 的粉丝。$outdegree(u_i)$ 大于 0，表示有不是粉丝的用户转发用户 u_i 微博，$outdegree(u_i)$ 值越大，说明转发 u_i 微博的非粉丝数越多。对于一般用户，微博转发者大都是他的粉丝，因而，他在图 G 的出度比较小甚至是 0。对于发布不良链接信息的用户，其非恶意微博转发者大都是其粉丝，恶意链接微博一般转发度很少，因而，其出度很小。而用户发布的谣言不仅会被该用户的粉丝转发，还会被其他用户大量转发，其 $outdegree(u_i)$ 相对于前两种用户较大。因而，特征 15 可用来区分发布谣言的用户和其他用户。

4. 基于微博来源的特征

以新浪微博为例，微博的来源按发布方式主要分成以下几种。

（1）微博登录发布。微博登录发布是指用户在浏览器登录新浪微博的个人账户，然后在新浪微博的个人主页上编辑和发布微博。

（2）客户端发布。客户端发布是指用户通过第三方开发的客户端应用程序来发布微博。

（3）手机登录发布。手机登录发布是指用户在手机上通过微博手机版、微博手机客户端和短信绑定发布微博。

（4）API 发布。API 发布是指用户通过新浪微博 API 来发布微博。

（5）网站发布。目前，很多网站提供分享功能，即用户在浏览网站时，通过网站的分享按钮将网页的信息发布到用户的微博中。

新浪微博将每条微博的来源表示成网页地址的形式，微博的不同来源记为不同的网页地址。如以微博登录发布方式发布的微博来源记为〈a href＝"http：//

weibo. com" rel＝"nofollow"〉"新浪微博"〈/a〉。因而，可以通过匹配网页地址关键字来确定每条微博的来源。

特征16：微博来源。给定一条微博 t_i，其来源 $source(t_i)$ 是微博的发布方式。在本研究中，微博来源 $source(t_i)$ 的值取离散的整数。事件谣言微博发布者发布谣言时一般会配以图片，由于是编造的谣言而不是真实事件，用户一般利用互联网上真实存在的社会事件的旧图片或图片编辑技术制作图片。发布谣言但不是造谣者的用户，在某些论坛中看到事件谣言时会将其发布到微博里。所以，由于手机功能有限，造谣者大都不利用手机发布谣言。事件谣言微博一般伴随图片，而非视频。造谣者很难利用视频来编造让用户相信的谣言，因而来源是视频网站分享的微博一般不是谣言。综上，我们将 $source(t_i)$ 取值成整数，$source(t_i)$ 取 1，表示该微博通过方式（1）、方式（2）和方式（4）中的一种发布；$source(t_i)$ 取 2，表示该微博通过手机登录发布；$source(t_i)$ 取 3，表示该微博通过网站发布。

三、事件谣言微博的自动检测

本研究提出基于分类的事件谣言微博识别检测技术。将微博谣言识别问题看作二分类问题，即将每条微博分成事件谣言或非事件谣言两类。本研究标注一部分数据作为训练集，利用从训练集中学习特征属性和分类属性之间的贝叶斯网络结构，然后，基于此网络结构，利用贝叶斯网络参数学习算法、学习条件概率表，进而对分类数据集中的数据进行分类。我们采用贝叶斯网络分类模型，而非朴素贝叶斯，其原因是本研究提出的特征之间有依赖关系，并不是条件独立的。通过对新浪微博用户和微博内容进行分析，本研究提出16种用于识别事件谣言微博的特征。我们基于分类的事件谣言微博识别算法主要分成如下步骤。

　　首先，将每条微博转化成以 16 个特征为特征空间的特征向量，表 6-3 显示 n 条微博的数据集的微博特征向量。其中，vf_{ij} 表示微博 t_i 在特征 j 上的取值。

表 6-3　微博特征向量表

	特征 1	特征 2	……	特征 j	……	特征 16
t_1	vf_{11}	vf_{12}	…	vf_{1j}	…	vf_{116}
t_2	vf_{21}	vf_{22}	…	vf_{2j}		vf_{216}
…	…	…	…	…	…	…
t_i	vf_{i1}	vf_{i2}	…	vf_{ij}		vf_{i16}
…	…	…	…	…	…	…
t_n	vf_{n1}	vf_{n2}	…	vf_{nj}		vf_{n16}

　　接下来，将训练集中于微博人工标注其是否为事件谣言微博。对于训练集中的任意一条微博，为其增添类别属性，如果该微博是事件谣言微博，设置其类别属性值为 1；如果该微博不是事件谣言微博，则将其设置为 0。表 6-4 给出标注训练集后，训练集中以微博特征向量表示。训练集中含有 n_1 条微博，tt_i 表示训练集中第 i 条微博，c_{ii} 是该微博的类别属性的取值。

表 6-4　训练集特征向量表述

	特征 1	特征 2	……	特征 j	……	特征 16	类别 Class
tt_1	tvf_{11}	tvf_{12}	…	tvf_{1j}	…	tvf_{116}	c_{t1}
tt_2	tvf_{21}	tvf_{22}	…	tvf_{2j}	…	tvf_{216}	c_{t2}
…	…	…	…	…	…	…	…
tt_i	tvf_{i1}	tvf_{i2}	…	tvf_{ij}	…	tvf_{i16}	c_{ti}
…	…	…	…	…	…	…	…
tt_{n1}	tvf_{n11}	tvf_{n12}	…	tvf_{n1j}	…	tvf_{n116}	c_{tn1}

　　本研究使用贝叶斯网络判定每条待分类数据集中的每条微博所属的类别。在人工标注的训练数据集上，本研究使用爬山算法（Hill Climber）学习上述 16 个特征和类别属性之间的贝叶斯网络结构。该算法是基于搜索贝叶斯网络结果学习的经典算法。以微博训练数据集 TD 为例，将每个特征和分类属性看作

贝叶斯网络的节点，爬山算法要求用户指定数据集中 16 个特征节点的最大节点数，先假设一个朴素贝叶斯网络结构 G_0 作为初始结构，然后，利用公式(6-9)计算该网络结构和给定数据集的匹配程度，通过向网络中增加提高匹配程度的有向边来找到最佳网络结构：

$$P(G_i \mid TD) = \frac{P(TD \mid G_I)P(G_I)}{P(TD)}。 \tag{6-9}$$

最后，基于爬山算法学习的网络结构，本研究使用简单估算法来学习微博训练集的条件概率表，然后除以 16 个特征的任意取值组合为条件，类别属性取值分别为 0 或 1 的概率。对待分类微博数据集 TestD 中的任意一条微博 $testt_i = (testvf_{i1}, estvf_{i2}, \cdots, estvf_{i16})$，根据训练集学习得到的条件概率表，得出微博 $testt_i$ 是事件谣言微博的概率 $P(class = 1 \mid testt_i = (testvf_{i1}, estvf_{i2}, \cdots, estvf_{i16}))$ 和不是事件谣言微博的概率，即 $P(class = 0 \mid testt_i = (testvf_{i1}, estvf_{i2}, \cdots, estvf_{i16}))$。

四、微博的室内实验室实验

我们通过爬虫系统爬取了新浪微博上 19 298 名用户发布的 562 309 条微博。表 6-5 描述爬虫系统利用新浪微博 API 爬取的用户数据中用户的属性及其含义。表中第一栏是新浪微博定义的用户属性，第二栏是相应属性的具体含义。表 6-6 是系统爬取的微博信息表，表中第一栏是新浪微博定义的微博属性，第二栏是相应属性的具体含义。

表 6-5　用户信息表

userid	新浪微博分配的用户编号
username	用户名
location	用户注册时填写的用户所在地
description	用户个人主页显示的用户自定义描述信息
followersCount	用户的粉丝数

续表

userid	新浪微博分配的用户编号
friendsCount	用户的关注数
createdAt	用户创建新浪微博账号时间
favouritesCount	收藏该用户的用户数
statusesCount	用户发布的微博数
isVerified	该用户是否通过 VIP 认证，1：是　0：否

表 6-6　微博信息表

id	新浪微博分配的微博编号
createAt	微博的发布时间
text	微博的文本
source	微博来源(如手机微博/新浪微博/新浪网内容分享)
original _ pic	微博内图片的地址
userid	发布该微博的用户的 userid
retweetid	微博 id 是转发自微博 retweetid
commentcount	该微博的评论数量
rtcount	该微博的转发数量

本研究从微博爬虫系统爬取的数据中，抽出 1 943 名用户的信息及这些用户发布的 26 972 条微博，作为实验数据集。

(一)算法评价准则

本研究采用基于特征的分类算法来检测微博是否为事件谣言微博。在通常情况下，分类器的分类结果用混合矩阵表示。本研究提出的基于特征的分类器将每条微博分成事件谣言或非事件谣言两类。表 6-7 表示本研究分类的混合矩阵样例。表中主对角线上的元素 a 和 d 分别表示被正确分类的事件谣言和被正确分类的非事件谣言，次对角线上的元素 b 和 c 分别表示被错误分类的事件谣言和被错误分类的非事件谣言。

表 6-7 二分类问题的混合矩阵

实际类别	预测类别	
	事件谣言	非事件谣言
事件谣言	a	b
非事件谣言	c	d

根据分类结果的混合矩阵，可以得出如下常用于评价分类效果的标准。

1. 准确率（accuracy）

准确率是指正确分类的测试集实例数目与测试集中所有实例数目之比。在本研究中，对于事件谣言类而言，准确率是指正确分类的微博数目与测试集中所有微博数目之比。根据表 6-7，准确率用公式（6-10）计算：

$$accuracy = \frac{a+d}{a+b+c+d}。 \tag{6-10}$$

2. 查准率（precision）

查准率是指正确分类的测试集正例数目与测试集中分类为正例的实例数目之比。在本研究中，对于事件谣言类而言，查准率是指正确分类的事件谣言微博数目与测试集中的被算法分类为事件谣言的微博数目之比。根据表 6-7，查准率用公式（6-11）计算：

$$precison = \frac{a}{a+c}。 \tag{6-11}$$

3. 召回率（recall）

在本研究中，对于事件谣言类而言，召回率是指正确分类的事件谣言微博数目与测试集中的事件微博谣言数目之比。根据表 6-7，召回率用公式（6-12）计算：

$$recall = \frac{a}{a+b}。 \tag{6-12}$$

在通常情况下，查准率和召回率是一对矛盾，即查准率较高则召回率就会较低，反之亦然。因而，引入调和平均数来平衡查准率和召回率。

4. F 值（F-measure）

F 值定义为查准率和召回率的调和平均数。F 值按公式（6-13）计算：

$$F\text{-measure} = \frac{2\,precision \times recall}{precision + recall}。 \tag{6-13}$$

以上是基于混合矩阵的分类评价标准，几乎所有的分类器效果都会用上述标准进行评价。上述标准易受测试集中正例和负例的比例影响，ROC 曲线（Receiver Operating Characteristic Curve）和 AUC 曲线（Area Under Curve）是评价分类效果更强壮的指标。这两个指标不易受测试集中正例和负例的比例影响。ROC 曲线是一个二维图形，其横轴是 FPR（False Positive Rate），纵轴是 TPR（True Positive Rate）。ROC 曲线表示 FPR 和 TPR 之间的对应关系。对于离散分类器（如决策树等），ROC 曲线是一个点。对于连续分类器（如贝叶斯等），ROC 曲线是一条曲线。FPR 和 TPR 分别按公式(6-14)和公式(6-15)计算。

$$FPR = \frac{c}{c+d}, \tag{6-14}$$

$$TPR = \frac{a}{a+b}。 \tag{6-15}$$

(二)实验过程与结果

本研究所用实验数据集包含 1 943 名用户和这些用户发布的 26 972 条微博。我们通过人工方法检测数据集，发现了 104 条事件谣言。该数据集分布不平衡度约为 1∶260。鉴于数据集分布不平衡，本研究不仅利用查准率、召回率、调和平均数等标准评价分类器性能，还使用 ROC 曲线下的面积，即 AUC 值这个不受数据不均衡时影响的标准来评估分类效果。基于所提出的特征，我们使用不同的分类算法在实验数据集上进行了十折交叉验证（10-fold Cross Validation）。十折交叉验证是指分类器训练 10 次，每次将实验数据集中 90% 的数据作为训练集，其余 10% 作为测试集，并计算每次实验的混合矩阵，最后，平均 10 次验证结果得到混合矩阵并计算上述评价标准值的结果。本研究使用了朴素贝叶斯、贝叶斯网络、神经网络和决策树算法。表 6-8 至表 6-10 分别显示不同分类器在事件谣言、非事件谣言两类别上的查准率、召回率、F 值和 AUC 值。

表 6-8 事件谣言类分类效果

分类器	查准率	召回率	F 值	AUC 值
朴素贝叶斯	0.176	0.827	0.290	0.986
贝叶斯网络	0.850	0.654	0.739	0.998
神经网络	0.783	0.692	0.735	0.993
决策树	0.750	0.663	0.704	0.944

表 6-9 非事件谣言类分类效果

分类器	查准率	召回率	F 值	AUC 值
朴素贝叶斯	0.999	0.985	0.992	0.986
贝叶斯网络	0.999	1.000	0.999	0.998
神经网络	0.999	0.999	0.999	0.993
决策树	0.999	0.999	0.999	0.944

表 6-10 两分类平均效果

分类器	查准率	召回率	F 值	AUC 值
朴素贝叶斯	0.996	0.984	0.989	0.986
贝叶斯网络	0.998	0.998	0.998	0.998
神经网络	0.998	0.998	0.998	0.993
决策树	0.998	0.998	0.998	0.944

由表 6-8 至表 6-10 可以看出，分类器在事件谣言类、非事件谣言类和二者综合上都取得了较好的效果。其中，贝叶斯网络效果最佳。上述指标说明了本研究方法的有效性。在事件谣言类别方面，从查准率上看，贝叶斯网络、神经网络和决策树都不低于 75%，其中贝叶斯网络查准率高达 85%，朴素贝叶斯的查准率最低。

从表 6-11 和表 6-12 所示的混合矩阵中可以看出，朴素贝叶斯网络识别出的事件谣言高达 86 条，是识别出的事件谣言数目最多的分类器。但由于其误将 404 条非事件谣言识别成事件谣言，因而查准率大大降低。朴素贝叶斯的查准率最低的原因在于朴素贝叶斯假设特征之间条件独立，即在朴素贝叶斯网络中，每个特征属性的父节点是类别属性。而实际上，上述特征属性之间并不是条件独立的，如微博非粉丝转发数大时，微博转发数必然大。这说明特征 5 和特征 6 不是条件独立的，而是相关的。而朴素贝叶斯忽略了特征之间的条件依赖关系，因而用于分类时会大量误判。所有分类器的召回率都是可接受的，除朴素贝叶斯以外的三种分类器的 F 值均达到 70% 以上，说明本研究算法在事件谣言类别上的有效性。

表 6-11　分类器效果混合矩阵 1

实际类别	预测类别			
	朴素贝叶斯		贝叶斯网络	
	事件谣言	非事件谣言	事件谣言	非事件谣言
事件谣言	86	18	68	36
非事件谣言	404	26 484	12	26 856

表 6-12　分类器效果混合矩阵 2

实际类别	预测类别			
	神经网络		决策树	
	事件谣言	非事件谣言	事件谣言	非事件谣言
事件谣言	72	32	69	35
非事件谣言	20	26 848	23	26 845

通过图 6-7 可知，在 p 取不同值时，查准率、召回率、F 值和 AUC 值这四个评价指标的变化非常小，从 $p=7$ 开始这四个指标不再变化。在 p 取不同值时，AUC 值都趋近于 1，说明当数据分布不均衡的情况下，从以上四个指标在不同 p 取值的情况下的直方图可以看出，在使用贝叶斯网络进行事件分析时，即使我们对于贝叶斯网络结构的先验知识处于了解不足的情况下（任意指定 p 的值），也可以获得较好的检测效果，这说明贝叶斯网络有很强的识别事件谣言微博的能力。

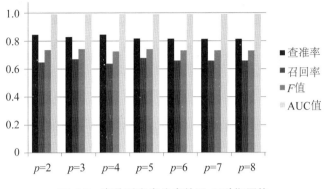

图 6-7 事件谣言类分类效果-贝叶斯网络

五、研究小结

社交网络中流传的谣言轻则影响个人心理，重则引起大众焦虑、恐慌，不利于社会的健康发展。针对微博系统不良信息识别的问题，我们探索了利用计算机技术自动检测事件谣言微博的方法，该研究有重要的理论研究与现实意义。工作成果可以归纳为以下三方面。

首先，我们对目前已有的微博系统的不良信息检测技术进行了充分的研究，并将已有技术识别的不良信息与事件谣言微博进行对比分析，发现了已有算法无法解决的问题。

其次，我们设计并实现了基于国内最大的社交网络平台新浪微博的爬虫系统。该系统可以自动爬取新浪微博数据，为研究事件谣言检测技术打下了坚实基础。

最后，通过对爬虫系统爬取的真实数据和造谣者、传播者的行为进行分析，我们提出了用于识别事件谣言微博的四种特征，分别是基于微博文本的特征、基于微博其他方面的特征、基于用户的特征和基于微博来源的特征，并给出了每种特征的定义和计算方法。

结合上述特征，我们提出了基于分类的事件谣言微博检测技术，在新浪微博真实数据集上进行了十折交叉验证。实验结果证明，该项技术是有效的。

第三节

移动社交网络环境下用户的隐私保护

一、概述

近些年来，随着智能手机和全球定位系统等无线设备的普及，以及移动定位技术的发展，基于位置的服务(LBS)已经越来越贴近我们的生活。例如，利用大众点评网手机客户端查询附近的餐厅，通过微信客户端和好友共享自己的位置，用全球定位系统导航找出最佳行车路线，查询实时交通情况，还有基于位置的广告推送等。图 6-8 形象地展示了一些生活中的基于位置的服务。

图 6-8 基于位置的服务举例

网络技术应用越来越普遍，给我们的生活带来了便利的同时，有时会要求用户提供他们的位置信息。若想获得相应服务，用户必须发送一个包含自己位置信息的查询给服务提供商，有些服务甚至要求用户持续发送自己的位置。基于位置的服务都假定用户同意暴露他们的位置，并且了解可能带来的安全隐患。其实这种假设并不合理，用户大多不会详细阅读应用软件的安装协议，更不必说有时设备已经预装了很多应用软件。即使同意提供位置信息，很多用户也并不清楚这个选择可能带来的后果。实际上，用户在用自己的隐私和服务做交易。

如果用户想要完全保护他的位置信息，则必须关闭定位设备（或服务），但这样也就不能获取想知道的内容。虽然基于位置的服务承诺它们的安全性，然而，用户的个人信息很容易遭到泄露已是不争的事实。若服务提供商不可信，会带来巨大的安全隐患。据报道，已经有人利用 GPS 设备跟踪他人。因此，保护用户的位置隐私十分重要。传统的使用假名（即假身份）的方法在类似情况下并不适用，因为位置信息十分敏感，可能直接映射到一个具体的用户，进而可能泄露他的敏感信息。例如，用户查询"离我最近的××病医院"，而该用户当前位置是在家里，那么和住址信息结合就可以确定该用户的身份，并且他的健康情况会遭到泄露。所以，仅仅抹除用户身份是不够的，因为根据查询中的位置信息等可能识别出用户，位置隐私保护需要避免攻击者将位置信息映射到具体用户。

位置隐私威胁指攻击者未经授权获得原始位置数据，通过信号发射设备推导或计算位置，劫持传输通道，以及识别使用设备的个体。根据 Beresford 和 Stajano（2003）的研究，位置隐私保护是指防止未经授权的组织或个人获得用户当前或过去的位置数据。一些基于位置的服务要求用户提供真实身份，对于这类服务，需要加入如身份验证之类的安全机制，这些不在本研究的讨论范围之内。本研究主要针对的是匿名即可使用的服务，防止服务提供商获得原始位置数据及识别用户身份。用户想要获得相应服务，因而完全的隐私是不可行的，需要在隐私程度和服务质量之间取得折中。那么，究竟什么程度的隐私保护是必要的？现有方法普遍采用传统的数据发布隐私保护中的 k-匿名衡量隐私的保护方法。所谓 k-匿名，是指对于每个用户，至少有 $k-1$ 个其他用户的相关属性与他相同，因此，攻击者识别该用户身份的概率就小于等于 $1/k$。应用在位置隐私保护领域中，主要有以下两种方式实现 k-匿名。

一是匿名区域法。用一个覆盖用户当前位置的区域代替用户的准确位置，该区域内至少包含 k 个用户。这类方法假定在用户和服务提供商之间存在第三方匿名服务器，该服务器被认为是可信的，并可以获取当前所有注册用户的位置，包括活跃的(向服务提供商发出查询的)和非活跃的(未向服务提供商发出查询的)用户。匿名处理，即生成一个匿名区域，由这个匿名服务器完成。服务提供方收到查询内容以及一个区域，将原来的点查询转化成范围查询，返回所有可能结果的集合。

二是虚假用户法。模拟生成 $k-1$ 个位于其他位置的虚假用户，查询相同的内容。服务提供商接收到查询内容以及 k 个具体位置，进行 k 次点查询，针对每个位置返回准确的答案。

这两种方法均能满足 k-匿名的要求。攻击者无法判断该次查询究竟是哪个用户发出的，也就无法识别用户的身份，从而很好地保护了用户的位置隐私。然而，这两种方法也存在局限性。匿名区域法得到的结果并不是准确的，而是所有可能结果的集合。在用户稀疏的区域，为了满足匿名要求，需要为用户生成很大的匿名区域。而随着匿名区域的增大，查询结果的规模也越来越大，也就是说越来越不准确，服务质量就会降低。如果用户对该区域不熟悉，面对这些查询结果会无所适从，最后，选取结果的准确度可能很低。至于虚假用户法，虽然用户的密度对其匿名处理的成败没有影响，但是，由于生成了大量的虚假用户，服务器不得不处理这些虚假的、无实际意义的查询，这不仅加重了服务器的负担，也影响了对真实查询的响应速度。因此，本研究的目的主要是结合上述两种方法的优点，提出一种效果更优的匿名算法。

近年来，学术界在隐私保护领域进行了广泛而深入的研究。一些机构，如医院，收集了大量的数据，希望通过数据挖掘的方式获得有用的知识，出于保护隐私的考虑，数据发布时的隐私保护（Privacy-preserving Data Publishing）应运而生，至今研究成果已数不胜数。随着科技的发展，移动通信设备的普及，位置隐私保护、轨迹隐私保护等方面的研究相继进入科研人员的视线。下面介绍几类相关的研究工作进展。

（一）数据发布时的隐私保护

以表的形式发布数据时，一条记录包括以下几种属性：明确标识符，如姓名等属性；准标识符，组合起来可能识别唯一用户的属性；敏感属性，如疾病、薪水等属性；非敏感属性。在处理数据的过程中，仅仅去除明确标识符（邮政编码、生日、性别等）是不够的，攻击者可能将准标识符映射到唯一的受害者。根据 Sweeney（2002）的研究，87％的美国人都公布了他们类似的个人信息。因此，数据发布前除了去掉明确标识符，还需要将准标识符进行匿名处理。如前所述，最为广泛采用的匿名标准是 k-匿名。k-匿名由 Samarati 和 Sweeney 在 1998 年提出，对于发布的数据中准标识符的每一种取值，都至少有 k 条记录拥有该值。因此，在满足 k-匿名的表中，根据准标识符取值的要求，每条记录都至少与其他 $k-1$ 条记录不可分辨，通过准标识符将一个用户映射到具体一条记录的概率最高为 $1/k$。之后还有其他匿名标准提出，例如 Machanavajjhala 等（2007）提出的 l-多样性。他们认为，k-匿名并不能完全保护隐私，例如，在极端情况下，拥有相同标准符取值的 k 条记录的敏感属性取值相同，那么，无须映射到 k 条记录中具体的某一条，也可以知道被攻击者的敏感属性取值。所以，l-多样性比 k-匿名更进一步要求对于表中拥有相同准标识符取值的一组记录，它们的敏感属性至少有 l 种不同的取值。数据发布时实现 k-匿名的方法主要有以下几类。

1. 泛化

泛化的过程隐藏了具体的数据。对于分类属性，根据给定的分类树，一个具体的取值被比它范围更广的一个取值所取代。例如，"本科生"和"研究生"都可以被泛化为"学生"，泛化所依据的分类树事先给定。对于数值属性，具体的取值被数值区间所代替。与分类属性不同，区间的界定往往是没有事先给出的。从泛化的概念我们可以看出，匿名处理后的数据在某种程度上和原数据保持一致，但也丢失了数据的精度。不同的泛化方法采取了不同的机制。全领域泛化要求一个属性的所有值泛化到分类树的同一层，这种方法的搜索空间比较小，但是，数据失真很严重。子树泛化要求对于一个非叶节点，它的子节点要么全部泛化，要么全部不泛化。还有一种泛化模式可以允许兄弟节点的不同泛化程度，例如，"本科生"泛化为"学生"，而"研究生"保持原状，在这种机制下，"学生"就代表它除"研究生"之外的所有其他子节点的并集。所有记录使用相同的泛化程度，也可以采用记录级的泛化，即一个取值在有的记录中被泛化处理，有的保持原本的数据。

2. 分割

与泛化方法不同，分割方法并不修改准标识符或者敏感属性，而是切断两者之间的联系。分割方法将原数据表分为准标识符表和敏感属性表，分裂的两个表包含一个共同的属性 GroupID，两个表中的记录通过 GroupID 连接起来，每个 GroupID 对应若干个敏感属性值。假设一个 GroupID 对应一个不同的敏感属性值，那么，将一组准标识符映射到 GroupID 的概率不超过 $1/l$。由于保持了原始数据，分割方法在某些条件下更准确，但是，也存在相应的问题。将数据分成了两个表，一些原有的数据挖掘工具可能不能继续使用，需要改进算法。并且分割方法在持续的数据发布情况下也不适用。

3. 扰乱

扰乱方法十分简单、高效。该方法的基本思想是，用一些人造的数据替换原始数据，使得处理后的数据与原始数据在统计特性上的差距不大。人造数据的实现有很多种。可以将敏感属性的值加上一个很小的随机值，或者交换两条记录的敏感属性值。还有一种方法，根据原数据建立一个统计模型，然后，利用这个统计模型选取一些样本点发布出去。虽然扰乱方法很高效，但是，发布的记录是人造的，并不对应现实中的个体，更多的是反映原数据的统计信息。

在这种情况下，相对于人造数据，数据发布者可能会更倾向于直接发布统计结果或者数据挖掘的结果。如果数据挖掘机构希望进一步缩小记录范围进行深入研究，需要真实的数据，扰乱方法就不适用了。

上述三类方法采用了不同机制避免攻击者将准标识符映射到唯一的敏感属性，这些方法各有优缺点，为位置隐私保护打下了基础。事实上，很多位置隐私保护方法都是受上述方法的启发而产生的。

(二)位置隐私保护中实现 k-匿名

移动环境下的隐私保护，作为近年来新兴的研究领域，在方法上和传统的隐私保护领域有很多相同之处，但也存在以下不同点。

第一，存储匿名处理后的数据。传统隐私保护针对的是存储在数据库中的数据，并将这些数据进行匿名处理后发布给其他机构，以便进一步分析。位置隐私保护出于安全考虑，并不存储原始数据，而是存储匿名处理后的数据。也就是说，匿名处理在数据存储之前。

第二，保护进行查询的个体。传统隐私保护的是数据本身而非查询的个体。位置隐私保护则保护进行查询的个体。例如，用户查询"距离我一千米内的加油站"，加油站的位置相当于数据库中的数据，在我们要解决的问题中，需要保护的是用户的位置而非加油站的位置。

第三，允许用户个性化设定隐私保护要求。传统隐私保护方法对所有的数据采用统一的隐私保护要求，即相同的 k。位置隐私保护方法大多允许用户个性化设定隐私保护要求，系统可以提供默认值。

第四，用户可以实时查询。传统隐私保护是离线处理，位置隐私保护处理的是用户的实时查询，要求系统能实时响应。很多相关研究考虑的是某一时刻的位置隐私保护(snapshot)。本研究也将主要关注这个问题。位置隐私保护主要解决的问题是对服务提供商隐藏用户的确切位置。用户设备首先移除类似手机号这样的明确标识符，然后，通过一定的处理满足用户的隐私要求(k-匿名以及其他要求)。有两类常用的解决方法：匿名区域法和虚假用户法。两类方法都广泛采用了 k-匿名的机制来保护用户当前的位置，而两种方法采取了不同的策略实现 k-匿名。本研究也将采用 k-匿名来衡量用户位置隐私的保护程度。下面详细介绍两类方法。

(三)匿名区域法

两类方法的架构不同。匿名区域法假设用户(客户端)和服务提供商(服务器)之间有一个可信的第三方，这个模型在其他领域，如网页浏览已经被成功应用。我们将这个可信第三方称为匿名服务器。匿名服务器接收用户设备发出的位置信息，根据用户的要求(k-匿名以及其他要求)，用一个覆盖它当前位置的区域(k-匿名要求这个区域内至少存在 k 个用户)代替准确位置，并且将查询内容和匿名区域发送到服务提供商。匿名区域法受到传统隐私保护领域中泛化方法的影响，将一个具体的位置泛化成一个区域。由于位置信息的模糊性，服务提供商可能无法查询出准确的结果，所以，查询后返回一个备选列表，其中包含准确的结果。用户接收到结果后需要自己进行筛选。备选列表的规模和匿名区域的大小有很大关系，而匿名区域的大小依赖用户设置的隐私保护程度以及匿名服务器提供的匿名机制。所以，用户需要在隐私保护程度和服务质量之间进行权衡，而匿名服务器应该在保护用户隐私的同时，尽量减小匿名区域。匿名区域法主要需要解决的问题有两个：匿名算法和匿名后查询。大多数方法将整个空间划分成网格的形式，生成的匿名区域是若干相邻格子组成的矩形区域。下面介绍几种有代表性的方法。

采用自底向上的方法，初始匿名区域是用户当前所在的网格，之后进行扩展。其构建了一个类似四叉树的结构，叶子节点为最底层的网格，根节点为整个空间。每个父节点有四个子节点，四个子节点代表将父节点空间田字形划分后的四个子空间。在这种结构下，匿名区域扩展时加入一个相邻兄弟节点的空间，或者扩展为父节点，匿名区域增大为原来的两倍或四倍，效率很高。首先给出约束区间的定义：以用户为中心的矩形区域。然后，把用户作为节点，在两个均在对方约束区间内的用户之间添加一条无向边，通过这种方法构建出一个图。再然后，通过在图上找到一个至少含有 k 个节点的团进行匿名。这个方法性能不佳且难以应用到 k 取值较大的情况。在 k-匿名的基础上增加了 l-多样性的要求，要求区域里面不仅有 k 个用户，还要至少有 l 个不同的地点（如医院、餐馆等）。扩展方法有自底向上和自顶向下两种方法，从用户所在网格扩大匿名区域或者从整个区域逐渐减小匿名区域。扩大或者减小采用贪心的思想，自底向上每次增加用户数最多的一行（或一列）网格，自顶向下每次删除用户数最少的一行（或一列）网格。

在实际情况下，用户都是沿着道路移动的。很大的一个匿名区域可能只包含一个路段，那么，用户的位置被识别出的概率会比较大。所以，该方法定义了自己独特的匿名区域和 l-多样性：将覆盖用户位置的连通路段集（星形结构）作为匿名区域发送给匿名服务器，这个路段集中至少包含 k 个用户和 l 个不同的路段。还有一些研究者针对推送广告的特殊应用，假设用户希望得到有针对性的广告，额外发送一些个人信息，如年龄、性别等，这样，服务提供商可以根据这些属性向用户发送合适的广告和促销信息。因为泄露了额外的信息，增加了被识别出的风险，匿名区域仅有 k 个用户是不够的，所以，研究者提出匿名区域中应该至少存在在年龄、性别这些属性上相近的 k 个用户。

由于查询条件中的位置信息由具体的一个位置变成了模糊的区域，直接处理原查询是不可行的，需要将其转化为传统查询处理器可以处理的范围查询。用户可能身处匿名区域的边界处，首先，处理匿名区域的边界点，找出包含所有可能结果最小的区域，服务器端进而执行范围查询得到所有的备选结果。在图 6-9 的例子中，用户查询离他距离 r 范围内的所有餐馆，在原始情况下，转换成实线正方形的范围查询。在匿名处理后的查询中，假设其匿名区域为阴影表示的矩形，则根据匿名区域的边界（四个顶点）找到包含所有可能结果的最小范围（实线矩形），然后，服务器查询这个范围内的餐馆。Mokbel 等（2006）讨论了不同情况下查询的转换方式，并给予了证明。XStar 模型在匿名区域是路段集的形式，查询方式和矩形区域稍有不同，路段的内部可直接进行范围查询，单独对路段的端点进行点查询，对所有的结果取并集（Wang & Liu，2009）。

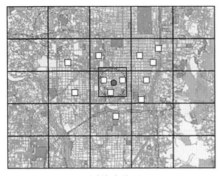
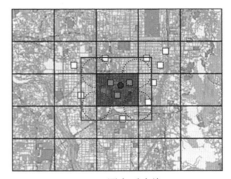

（1）原始查询　　　　　　　　　　　　　　（2）匿名后查询

●	用户
□	餐馆
■	匿名区域

图 6-9　匿名前后查询处理

（四）虚假用户法

虚假用户法的架构是两端的，无须借助第三方匿名服务器，客户端产生 $k-1$ 个虚假位置和用户的真实位置混在一起发送到服务器。服务器针对每个位置查询相同的内容，并返回准确的查询结果。在服务器端看来，将用户映射到一个具体位置的概率不超过 $1/k$，满足了 k-匿名。从这类方法可以看出，是受了数据发布中隐私保护的扰乱方法的启发，虚假位置在服务器端实际上是被当成真实用户来处理的。

Kido 等（2005）最早提出了虚假用户法。初始时刻为了压缩数据传输规模，在一个矩形区域内均匀生成了至少 $k-1$ 个假位置[如图 6-10 所示，存储 k 个位置的空间复杂度从 $O(k)$ 变为 $O(\lg k)$]。考虑一段时间内用户移动的轨迹时，之后要求假位置的变化范围也相对合理，在上一时刻位置的附近移动。You 等（2007）同样针对一段时间内用户移动的轨迹，若对虚假用户的移动不加以约束，他们的移动模式可能和真实用户不同，比如，真实用户的典型移动模式是朝一个方向移动，而虚假用户可能往复移动。研究者通过将原轨迹旋转并保持一定角度等方法模拟用户的移动行为，产生 $k-1$ 条类似真实轨迹的假轨迹。

PAD(Lu，Jensen，& Yiu，2008)主要关注某一时刻的情况。研究者认为，要保护用户的位置隐私，仅仅实现 k-匿名是不够的，对这 k 个用户的分布也有要求，因此，提出了隐私区域的匿名度要求。所谓隐私区域，指客户端发送的 k 个位置组成的凸多边形。研究者提出了两种策略，使生成虚假位置时满足隐私区域最小值 $A_{\min}$，避免产生的虚假用户都分布在真实用户附近，容易被攻击者识破用户的确切位置。

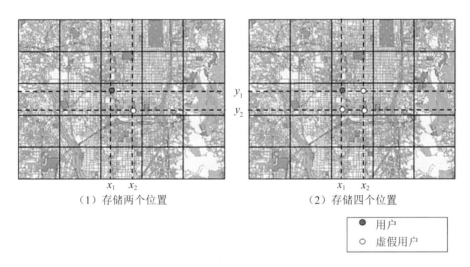

（1）存储两个位置　　　　　　　　（2）存储四个位置

●	用户
○	虚假用户

图 6-10　压缩位置信息

匿名区域法和虚假用户法采用了不同机制，但都能满足用户 k-匿名的要求，保护了用户的位置隐私。它们的处理方式总体上都可以分为两步：第一，对目标用户位置进行匿名处理；第二，将匿名的结果发送到服务器进行查询。然而，这两种方法存在各自的局限性。对于匿名区域法，由于它的泛化操作，查询结果的质量和当前时刻附近的用户密度分布有很大关系。当用户分布稀疏时，为了满足匿名要求，生成的匿名区域可能会很大。随着匿名区域的增大，查询结果规模也越来越大，也就是说查询结果越来越不准确，服务质量降低。一些方法给匿名区域设置了一个最大值，当生成的匿名区域大于这个阈值时，则认为匿名处理失败，那么，在用户稀疏时，匿名失败的概率相对较高。过大的匿名区域和查询结果规模也会加重服务器负担，占用数据传输带宽。虽然虚假用户法不存在匿名失败的情况，可以很好地适应不同的用户密度分布，但它的代价是产生大量的虚假查询，这些虚假查询实际上是没有意义、冗余的，而服务器又不得不处理这些虚假的查询。最终导致服务器处理的真实查询只占所查询的$1/k$，既浪费了资源，也影响了服务器对真实查询的响应速度。

两种方法各有优劣，由此我们想到设计一种结合两种方法的策略。一方面，通过匿名区域法生成一个匿名区域；另一方面，在匿名区域内可以生成一些虚假用户。这样，使算法能适应不同用户密度，确保较高的匿名成功率，同时降低服务器处理虚假用户的比例。两种方法结合主要面临的问题就是如何在两者之间取得平衡。偏向匿名区域法，则返回结果相对不准确；偏向虚假用户法，则冗余查询的比例会增高。本研究的主要目的就是提出一个能够有效平衡两类方法的算法，匿名处理结果是一个匿名区域，其中包含真实用户与虚假用户。具体的处理过程将在下面详细介绍。

二、基于密度生成匿名区域

本研究的目的是提出一种结合匿名区域法和虚假用户法的匿名方法。匿名处理分为两步：生成一个匿名区域，在匿名区域里生成虚假用户。本研究将介绍如何不基于给定的网格，采用基于密度的思想为用户生成匿名区域。下面我们将从系统架构、问题定义及算法流程等几个方面详细介绍这个方法。表 6-13 给出了将要用到的参数及其含义。

表 6-13　参数及其含义

符号	含义
U	用户标识，区分不同的用户
k	用户隐私要求：k-匿名
A_{max}	用户隐私要求：匿名区域面积不超过 A_{max}

续表

符号	含义
p	用户的实际位置
$query$	用户的查询内容
Q	原始查询
CR	匿名服务器生成的矩形匿名区域
CQ	匿名处理后的查询

下面介绍匿名服务器处理数据时的输入和输出：原始查询和匿名后查询。和已有的研究不同的是，我们加入了一个参数 ε，它的具体作用将在后文算法流程中详细描述。

定义原始查询。对于一个用户，他的当前位置是 p，隐私要求是 (k, A_{max})，发出查询 $(query)$，他的原始查询定义为：$Q = (U, p, query, k, A_{max})$。

不同的用户对隐私保护的程度可以有不同的要求，即 k 和 A_{max} 的取值用户可以自己指定。

定义匿名后查询。用户的信息被提交到匿名服务器，处理后的查询变为：$CQ = (U, CR, CQ)$。

我们的算法要生成虚假用户，生成的虚假用户在服务器端看来应该和真实用户完全一致。所以，虚假用户也有相应的 CQ。而我们后文中所说的用户，不仅指真实用户，还包括匿名服务器生成的虚假用户。

(一)系统架构

我们的方法采用和匿名区域法相同的系统架构。我们的系统也基于可信的中间服务器架构，也就是前文所说的匿名服务器，如图 6-11 所示。这种服务可以由运营商提供。当一个用户想要从服务提供商处获得服务，例如，通过大众点评网客户端查询"距我一千米内的火锅店"。首先，用户需要提供查询的内容、当前位置以及对隐私的要求。这些信息被发送到匿名服务器。k 代表用户要求匿名处理结果至少满足 k-匿名，同时为保证查询结果质量，匿名区域要求不大

于 $A_{\max}$。匿名服务器生成一个匿名区域以及一定数量的虚假用户来满足该名用户的隐私要求。之后，匿名后的位置以及查询内容发送到服务器，查询并返回结果列表。在这个过程中，需要在匿名服务器端或者服务提供商端提供一个查询词转换的模块。本研究的主要内容是匿名服务器的匿名算法，即图中匿名服务器所做的处理。

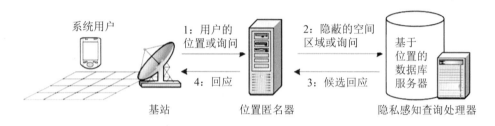

图 6-11　系统架构

(二)用户密度

有了系统架构与问题定义，接下来将详细介绍我们的算法，包括密度的定义与在这个定义下匿名区域的生成及扩展方法。

以往的匿名区域法预先将整个空间划分为网格，致力于快速生成满足 k-匿名的匿名区域。我们的算法引入了虚假用户，并且一步步地扩大匿名区域。因此，在每一次扩大匿名区域之前，面临两种选择：继续扩展匿名区域规模或者停止扩展生成一定数量的虚假用户。在图 6-12 的例子中，用户 U 要求 6-匿名。在我们的方法中，可能会面临以下两种选择。如左图所示，扩展后的匿名区域中有两个用户，可以直接在其中生成 4 个虚假用户；或者如右图所示，可以进一步扩大匿名区域，扩展后区域中覆盖了 5 个用户，只需要再生成 1 个虚假用户。从提高查询质量和减轻服务器负担两方面考虑，理想的结果应该是匿名区域越小越好，虚假用户越少越好。因此，我们需要一个度量标准来评价不同的解决方案，这里我们提出了用户密度 ρ 的定义：

$$\rho = Nuser / |CR|。 \tag{6-16}$$

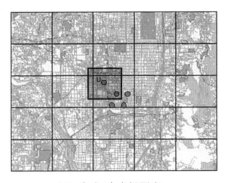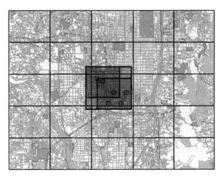

（1）生成4个虚拟用户　　　　　　　　（2）生成1个虚拟用户

● 用户
■ 匿名区域

图 6-12　扩大匿名区域与生成虚假用户

其中，$|CR|$ 表示匿名区域 CR 的面积，$Nuser$ 表示匿名区域 CR 中的用户数目，当用户数目大于目标用户设定的 k 时，以 $Nuser = k$ 计算，以防止匿名区域无必要的扩大（用户数目很大，匿名区域也大的情况）。当用户密度越高时，同样大小的匿名区域包含的用户越多，需要生成的虚假用户越少。同时，用户密度越高时，包含同样数目用户的匿名区域越小。因此，ρ 的定义和我们的需求是吻合的。我们的目标转化为寻找一个合适的匿名区域 CR，使得它能满足用户的隐私要求，并且用户密度 ρ 尽量大。

（三）单步扩展策略

接下来我们讨论给定一个用户，怎样为他生成匿名区域。我们的算法从用户当前位置出发，一步步向外扩展，寻求使用户密度 ρ 最大且满足用户隐私要求的匿名区域。扩展的策略中引入 ε 邻域的概念。基于密度的聚类算法（DBSCAN）中定义了 ε 邻域，我们采取和它相同的定义。

ε 邻域：给定对象半径为 ε 内的区域。

基于 ε 邻域，我们进一步给出了 ε 邻居的定义。

ε 邻居：给定用户 ε 邻域内的其他用户。

我们的扩展是基于用户的。从一个用户向外扩展时，将原来的匿名区域并

375

上该用户的 ε 邻域。这样得到的可能不是规则的矩形，不便于后续的查询。所以，我们用一个更大的矩形覆盖当前区域，我们称这个步骤为匿名区域规范化，如图 6-13 所示。扩展匿名区域时可能会产生图 6-14 所示的情况，用户偏向匿名区域的一侧。初始扩展生成的匿名区域是覆盖目标用户 ε 邻域的矩形，如图中较大的灰色矩形区域。假设目标用户要求的 $k=3$，则初始扩展已经满足他的隐私要求。此时，如果直接返回这个匿名区域，目标用户是匿名区域的中心，很容易被攻击者识破。同时，实现 3-匿名所需的最小匿名区域，如图中较小的灰色矩形区域所示，初始扩展的匿名区域大于实际所需。所以，每次扩展的最后，添加一个收缩的步骤，匿名区域的每条边随机向所需最小匿名区域按一定比例收缩，即沿图中箭头所示的方向收缩。这样，不仅能够减小匿名区域，也能够避免目标用户成为匿名区域的中心。

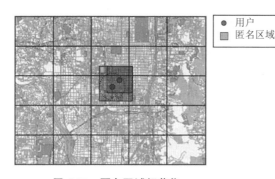

图 6-13　匿名区域规范化

图 6-14　匿名区域收缩

综上所述，单步扩展包括以下三个步骤：原匿名区域并上选定用户的 ε 邻域、匿名区域规范化以及匿名区域收缩。

(四)算法流程

接下来介绍整个算法的流程。从初始用户出发，以他为中心生成一个匿名区域，并计算用户密度。接下来考虑该用户的所有 ε 邻居(假设平均为 n 个)，依次选取其中每个用户进行下一步扩展，生成 n 个新的匿名区域，并分别计算用户密度。这 n 个匿名区域都是进一步扩展的基础。通过其中每一个用户的 ε 邻域扩展时，又会包含进来新的用户，继续扩展，若这些匿名区域互不相同，

一共可形成 n^2 个匿名区域。当一个匿名区域大于用户设置的 $A_{\max}$ 或者达到用户数目、达到设置的匿名度 k 时,即可停止该分支的扩展。当所有的扩展都结束后,在所有的匿名区域中选择密度最大并且尽可能满足用户隐私要求的一个,即得到我们想要的结果。通过上述分析可以看出,匿名区域的个数是 n^c(c 是一个常数,表示扩展的次数)级增加的,因此,算法的效率不高。

表 6-14 算法展示了为用户 u 生成匿名区域 CR 的过程。输入为目标用户 u,半径 ε,最高虚假用户比例 r,输出为用户 u 生成的匿名区域 CR。

表 6-14 用户密度扩展(DensityExpand)算法

Input:User u, radius ε, dummy ratio r

Output:A cloaking region CR

Steps:

1:Initialize CR,$CRSet$;

2:$CR = $Cloaking($CR$,$u$,$\varepsilon$);

3:Add CR to $CRSet$;

4:SingleExpand($CRSet$,u,u,CR,ε);

5:Find the idealest cloaking region CR in $CRSet$;

6:**if** $u.\ k - CR.\ userNum <= r * u.\ k$ **then**

7:GenerateDummies(CR);

8:**return** CR;

9:**else**

10:**return** null;

11:**end if**

第 2 行的函数表示上一小节介绍的单步扩展,在匿名区域 CR 的基础上,以用户 u 为中心,ε 为半径,扩大匿名区域并进行规范化和收缩处理。在这个算法里,我们采用一个集合 $CRSet$ 来存储扩展过程中产生的一系列匿名区域。在第3行中,将初始的匿名区域加入这个集合。第 4 行是一个递归的扩展函数,不断向 $CRSet$ 中加入新的匿名区域,这个函数的具体操作将在表 6-15 算法中介绍。$CRSet$ 中的所有匿名区域都小于 $A_{\max}$,第 5 行计算 $CRSet$ 中所有匿名区域的用户密度,并根据用户设置的匿名度 k 和用户密度选择最优的一个 CR。第 6~11 行计算需要生成的虚假用户数目是否小于设定的阈值，如果小于，则在匿名区域 CR 中生成虚假用户；否则匿名处理失败。函数 GenerateDummies(CR) 处理时，先判断 CR 所覆盖的用户数是否已经超过目标用户 u 的匿名度 k，如果大于它，则无须生成虚假用户。虚假用户的生成机制将在下面介绍。

表 6-15 算法展示了不断扩展匿名区域的过程。输入的参数表示要为用户 u' 进行匿名处理，当前一步在匿名区域 CR' 的基础上进行扩展，且以用户 u 为中心进行扩展。该算法可不断向 $CRSet$ 中添加匿名区域。

表 6-15　单步扩展(SingleExpand)算法

Input：A set of cloaking regions $CRSet$，target user u'，current expand user u，base cloaking region CR'，radius ε

Steps：

1：$\varepsilon\text{-}neighbors = \varepsilon\text{-query}(u,\ p,\ \varepsilon)$;

2：**for each** $user$ in $\varepsilon\text{-}neighbors$ **do**

3：$CR = \text{Cloaking}(CR',\ user,\ \varepsilon)$;

4：**if** $CR.\ area > u'.\ A_{max}$ **then**

5：**return**;

6：**end if**

7：**if** CR is not in $CRSet$ **then**

8：AddCR to $CRSet$;

9：**if** $CR.\ userNum < u'.\ k$ **then**

10：SingleExpand($CRSet,\ u',\ user,\ CR,\ \varepsilon$);

11：**end if**

12：**end for**

第 1 行查询用户 u 的所有 ε 邻居，之后依次处理这些用户。与此前相同，第 3 行表示在 CR' 的基础上，以用户 u 为中心，ε 为半径，单步扩展生成匿名区域 CR。第 4~6 行检验 CR 的大小是否小于目标用户 u' 的需求，如果不满足，则不进行下一步扩展。若 CR 的面积小于用户 u' 设定的 A_{max}，则进一步检测它是否已经在 $CRSet$ 中(扩展过程中可能产生冗余)，如第 7 行所示。若 CR 是新的匿名区域，则将它加入 $CRSet$ 中(第 8 行)。之后判断 CR 中的用户数目是否

小于目标用户 u' 的 k-匿名要求，如果小于，则在新的 CR 基础上，以用户 u 为中心，递归调用自身(第 $8 \sim 10$ 行)。若当前的 CR 已经能够满足目标用户设定的匿名度 k，则无须进行下一步扩展。经过递归，最终 $CRSet$ 中存储了扩展过程中生成的所有匿名区域。

表 6-15 算法递归调用自身。由第 2 行可知，每次调用遍历 $\varepsilon\text{-}neighbors$ 中的每个用户并判断是否继续扩大匿名区域。正如前面分析，$CRSet$ 的规模是 n^c 级增大的。在我们系统的应用环境下，用户能容忍的查询时间有限。所以，我们提出了改进匿名处理复杂度的方法。

由于表 6-14 算法的复杂度很高，而实际面对的场景是用户通过移动设备向服务器查询内容，他们往往希望尽快获得结果，前面提出的算法在时间和空间上都不可行，因此我们需要一个更快速的算法。我们使用用户密度作为标准，扩展匿名区域时倾向于密度大的区域。在实际生活中，用户有一定的聚集性，一个区域用户密集，它附近区域的用户密集的可能性也比较大，所以，我们采取贪心的思想降低复杂度。一个用户 ε 邻居中的每个用户都可以作为中心向外扩展生成新的匿名区域，而我们只选取其中用户密度 ρ 最大的作为下一步扩展的基础，将其他的分枝全部剪掉。当进一步扩展的用户密度 ρ 都小于当前匿名区域的用户密度，或者面积都大于 $A_{\max}$，或者用户数目已经达到目标用户设置的匿名度 k 时，扩展停止。

表 6-16 算法为贪心算法的流程。它的输入、输出均和表 6-14 算法相同。同样地，第 2 行也以目标用户 u 为中心，以 ε 为半径，生成一个匿名区域 CR。然后在 CR 的基础上调用贪心扩展方法生成一个局部最优的匿名区域(第 3 行)。第 $4 \sim 9$ 行判断它的面积是否满足用户要求的 $A_{\max}$，以及为目标用户生成的虚假用户所占比例是否小于给定值。如果都满足，则在匿名区域里生成虚假用户，并返回这个匿名区域；否则匿名处理失败。

表 6-16 贪心算法

Input：User u，radius ε，dummy ratio r

Output：A cloaking region CR

Steps：

1：Initialize CR；

2：$CR=$Cloaking$(CR，u，\varepsilon)$；

3：$CR=$GreedyExpand$(u，u，CR，\varepsilon)$；

4：**if** $CR.\ area<=u.\ A_{max}$ and $CR.\ dummyNum<=r*u.\ k$ **then**

5：GenerateDummies(CR)；

6：**return** CR；

7：**else**

8：**return** null；

9：**end if**

表 6-17 算法详细展示了贪心扩展的流程，输入分别为目标用户 u'，当前一步扩展基于的匿名区域 CR' 和用户 u，以及半径 ε。输出是为目标用户生成的匿名区域 CR。

表 6-17 贪心扩展算法

Input：target user u'，current expand user u，base cloaking region CR'，radius ε

Output：A cloaking region CR；

Steps：

1：$\varepsilon\text{-}neighbors=\varepsilon$-query$(u.\ p，\varepsilon)$；

2：Initialize CR_{max}，u_{max}；

3：**for each** $user$ in $\varepsilon\text{-}neighbors$ **do**

4：$CR=$Cloaking$(CR'，user，\varepsilon)$；

5：**if** $CR.\ \rho>CR_{max}.\ \rho$ **then**

6：$CR_{max}=CR$；

7：$u_{max}=user$；

8：**end if**

9：**end for**

10：**if** $CR_{max}.\ \rho<CR'.\ \rho$ **then**

11：**return** CR'；

12：**else if** $CR_{max}.\ userNum>u'.\ k$ **then**

13：**return** CR_{max}；

14：**else**

15：**return** GreedyExpand$(u'，u_{max}，CR_{max}，\varepsilon)$；

16：**end if**

　　首先，和表 6-15 算法相同，先查询用户 u 所有的 ε 邻居（第 1 行）。第 2 行初始化两个变量，表示以 u_{max} 为中心扩展后的匿名区域用户密度最大，该匿名区域记为 CR_{max}。第 3～9 行遍历 $\varepsilon\text{-}neighbors$ 中的每一个用户，在当前匿名区域 CR' 的基础上，分别以每个用户为中心扩展，用 CR_{max} 和 u_{max} 记录扩展中用户密度最大的匿名区域和相应用户。接下来进行判断。在第 10～11 行中，若 CR_{max} 的用户密度小于之前的 CR'，说明进一步扩展并不能提高用户密度，S 返回扩展之前的 CR'。第 12～13 行中，进一步判断 CR_{max} 中的用户数是否大于目标用户 u' 的匿名度，如果是，则 CR_{max} 已经满足用户 k-匿名的要求，不需要进行下一步扩展，返回 CR_{max}。若以上两个条件都不满足，第 15 行递归调用自身，在 CR_{max} 的基础上，以 u_{max} 为中心进一步扩展。在我们展示的伪码中，这个递归函数里并没有判断匿名区域面积以及虚假用户数目是否合乎用户要求，总是返回一个匿名区域，表 6-17 算法中才进行相应判断。以后可以根据需求适当调整表 6-17 算法的第 8 行，在无法满足用户要求的时候，不直接提示匿名失败，可以为用户返回一个尽可能接近他要求的匿名区域。当然，也可以将匿名区域面积的判断加入表 6-17 算法第 11 行之后，这样在一些情况下可以提前剪枝，提高效率。

　　从表 6-17 可以看出，第 3～9 行只选取用户密度最大的匿名区域，然后判断是否需要继续扩展。在最坏的情况下，需要以每一个用户为中心调用一次表 6-16 算法，所以表 6-17 算法展示的贪心方法是线性的，相对于表 6-14 算法复杂度有了明显的降低。

三、生成虚假用户

　　前面处理的结果是包含若干用户的匿名区域，结合虚假用户法需要在这个匿名区域内生成虚假用户。这涉及虚假用户位置的选择、目标用户移动时虚假用户的处理方案等问题。接下来将介绍解决这些问题的有效方法。

（一）虚假用户处理

对于服务提供商来说，虚假用户的查询都是冗余的，过多的虚假用户会加重服务器的负担。因此，我们控制虚假用户的数目不超过一个阈值（如 20%），表示为用户生成的虚假用户数目至多占其设定的匿名度 k 的比例。因此，即使结合了虚假用户法，也会存在匿名失败的情况。对于成功匿名的用户，在匿名区域里生成一系列虚假用户，而生成的虚假用户在服务器端看来和真实用户完全一致，所以，他们也要提交给服务器匿名区域和查询。若我们模拟虚假用户的行为并为其产生相应的 k 和 A_{max} 时选取不合理（比如 k 很大而 A_{max} 很小），虚假用户的匿名要求得不到满足，这时，需要为虚假用户再生成虚假用户，这样可能会形成无限循环。所以，对于虚假用户，我们采取比较简单的方式处理：不事先指定他的匿名度，而是根据真实用户匿名区域大小分布为他选取一个匿名区域大小，并使得该区域尽可能地包含更多的用户。

为虚假用户生成匿名区域的方法和前面介绍的贪心算法类似。从目标虚假用户的位置出发，不断选择扩展后用户密度最大的用户扩展，直到达到设定的区域大小时停止。不同的地方在于扩展停止条件只有匿名区域面积一个，相比前面的算法有所减少。虽然我们考虑的是某一时刻的位置隐私保护，但实际操作中很难有真正意义上的"同时"。所以，实际上匿名服务器是处理很短的一个时间片里提交查询的用户。这段时间内，生成的虚假用户也会被保存下来，以便于充分发挥他们的价值，被不同的用户复用。

（二）改变处理顺序

引入虚假用户是为了提高匿名处理的成功率，同时，为了降低系统负担，又必须控制虚假用户数目，所以，应当尽可能多地利用每一个生成的虚假用户。在通常情况下，根据用户查询到匿名服务器的顺序处理用户，而通过改变用户的处理顺序可以提高虚假用户的复用率。在图 6-15 的例子中，用户 U_1 要求 $k=3$，U_2 要求 $k=5$，全局设置虚假用户的比例最高为 20%，则最多为用户 U_1 生成 0 个虚假用户，为 U_2 生成 1 个虚假用户。两个阴影矩形分别是最终为他们生成的匿名区域。左图中先处理 U_1，则不能满足他的匿名度要求，匿名失败。右图表示先处理 U_2，为他生成一个虚假用户（图中用白点表示）。将虚假用户生成在 U_1 附近，则他也可以被 U_1 利用。在这种情况下，改变处理顺序后，用户 U_1 从一个匿名失败的用户转换为一个匿名成功的用户。

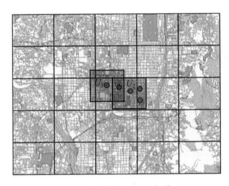 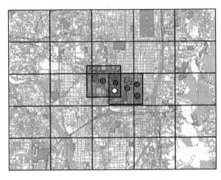

（1）先处理 U_1，U_1 失败　　　　　　（2）先处理 U_2，U_1 成功

● 用户
○ 虚假用户
■ 覆盖区域

图 6-15　用户处理顺序对虚假用户复用率的影响

为了提高虚假用户的复用率，对于在很短的时间片内到达的用户，我们根据 V_{seq} 调整他们的处理顺序，V_{seq} 的定义如下：

$$V_{seq}=k/A_{max}。 \tag{6-17}$$

根据定义，V_{seq} 值越小，相对来说，用户的隐私要求越容易满足。我们将用户按照 V_{seq} 从小到大的顺序处理，也就是说，先处理容易满足要求的用户。V_{seq} 值大的用户除了专门为他生成虚假用户，还可以复用前面处理用户时生成的虚假用户，成功的概率会提高。由于时间片很短，顺序改变对用户体验的影响基本可以忽略。

（三）用户位置选取

虚假用户位置选取最简单的方法就是使他们在匿名区域内随机、均匀分布。为了进一步提高虚假用户的复用率，我们进行了一定的改进：将虚假用户放置在真实用户密集而虚假用户较少的区域。首先，真实用户密集的地方一般对应的是常常被访问的地点，提交查询的用户也会比较多，在这些地方放置虚假用户，可以提高他们被之后用户利用的可能性。另外，放置在用户稠密的地点，可以有效帮助后续用户减小匿名区域的面积，因为只需要扩展比较小的面积就可以增加很多用户。同时，放置时还要考虑这个区域已经放置过的虚假用户数量，否则，可能导致虚假用户不断地聚集到一个小范围内。所以，我们采取的方案是比较匿名区域中的所有用户，选取一个用户密度最高的用户放置在他的 ε 邻域内，并且每次保证该用户周围是第一次生成虚假用户。

(四)持续移动轨迹

我们的算法主要是考虑某一时刻的隐私保护。考虑用户持续移动时，虚假用户位置的选择遵循一个简单的规则：虚假用户当前的位置应当基于他上一时刻的位置，即在上一时刻的附近。在以前的算法中，若不做限制，虚假用户可以出现在空间的任意位置，所以，各算法通过不同的方式限制虚假用户的位置。而在贪心算法中，虚假用户生成在匿名区域里。在相邻的两个时刻，目标用户移动的范围并不大，那么，生成的匿名区域也不会移动很远距离。所以，在我们的算法中，没有对虚假用户的位置做额外限制，只需根据上一小节介绍的方法生成，即可保证相邻时刻之间移动距离在合理的范围内。

四、位置隐私保护的效果评价

本研究主要通过实验验证提出的贪心算法的有效性。所有实验运行的机器配置如下：Intel Core i7-2720QM CPU，具有 2.20 GHz 的主频和 8 G 内存。算法使用 Java 语言实现。本研究主要分为三个部分：数据集、评价标准以及结果与讨论。接下来将详细介绍实验结果。

(一)数据集

这里所有实验数据都由 Brinkhoff(2002)研究中基于网络的移动对象生成器

生成。该生成器在给定的网络上模拟移动对象的典型行为，考虑到了对象的移动速度和道路容量等因素，合理地生成一系列在网络上移动的对象，我们将这些对象视为用户（包括活跃的和非活跃的）。生成器的输入数据选取德国的奥尔登堡（Oldenburg）的公路地图，包括 6 105 个顶点和 7 035 条边。如图 6-16 所示，输出是一系列在该道路网络上移动的用户。我们在整个区域内根据均匀分布选取目标用户。

图 6-16 德国奥尔登堡公路地图

为了验证算法在不同用户密度下的效果，我们使用生成器生成了几个不同规模的数据集，用户数目在表 6-18 中列出。每个数据集中的用户在这一时刻出现在地图上的不同位置。活跃用户从所有用户中随机选取，并认为这些活跃用户在同一时刻向服务器提交查询。

表 6-18 实验数据集

数据集	数据集 1	数据集 2	数据集 3	数据集 4
用户数	1 061	2 138	5 403	10 841

实验中用于比较的基线算法(Baseline)和卡斯帕算法(Casper)相似,仅仅使用匿名区域法,并采取四叉树的结构组织网格。我们将整个区域划分为100×100个网格,单个网格面积记为A_{grid}。为了直观地展示面积的大小,在后面的实验中,我们将所有的面积值都除以A_{grid}。用户要求的A_{max}和生成的匿名区域面积都记为A_{grid}的倍数。

(二)评价标准

为了评价算法的有效性,与Xu等(2012)的研究类似,我们采用以下几个衡量标准:匿名成功率、匿名区域大小以及匿名处理时间。下文的所有实验中,虚假用户的最高比例为20%。提高匿名成功率、减小匿名区域是本研究工作的主要目的,它是衡量算法有效性很重要的标准。当用户分布很稀疏时,他们的匿名要求可能不会全部被满足,所以,我们提出匿名成功率的标准。一个成功的匿名指生成的匿名区域不大于目标用户定义的A_{max},并且其中的用户数不小于他给定的k。顾名思义,匿名成功率指匿名处理成功的用户数目(N_s)占所有活跃用户数目(N_a)的比例,即$rsuccess = N_s/N_a$。虚假用户总是能成功匿名的,所以,包含虚假用户会使结果有利于贪心算法。为了公平起见,我们在计算N_s和N_a时并没有包括虚假用户。由于贪心算法引入了虚假用户,匿名成功率应该有所提高。我们的系统要求实时响应用户的查询,对于算法效率要求很高。因此,我们加入匿名处理时间来评价算法的效果。

(三)结果和讨论

匿名成功率和匿名区域大小是相辅相成的两个标准。我们用二者来验证贪心算法适应不同的用户密度。在数据集1至4,随机选取100个活跃用户。他们的隐私要求设置为k在5~10,A_{max}在50~100 A_{grid}。在同一个数据集上,两个算法处理相同的活跃用户。

首先,计算对活跃用户进行匿名处理的成功率,结果如图6-17所示。隐私设置相同时,随着用户数目的增加,两个算法的匿名成功率显著提高。整个空间被分为10 000个网格,而数据集1上只有1 061个用户,平均10个网格中有

1 个用户，所以，在这个数据集上匿名成功率非常低。从图 6-17 可以看出，在同一数据集上，贪心算法的匿名成功率高于基线算法，这说明相对而言，贪心算法对于不同的用户密度有较好的适应能力。

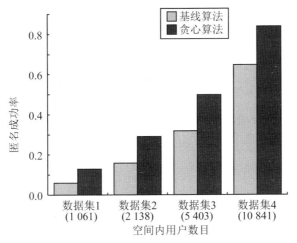

图 6-17 四个数据集上的匿名成功率

接下来针对每个成功匿名的用户，计算为他们生成的匿名区域面积的平均值。图 6-18 展示了这个结果。随着用户密度的提高，匿名区域大小没有一致的变化趋势，从数据集 1 到数据集 2 平均面积增大，而从数据集 2 到数据集 4 平均面积逐渐减小。在同一个数据集上，贪心算法生成的匿名区域的平均面积小于基线算法。

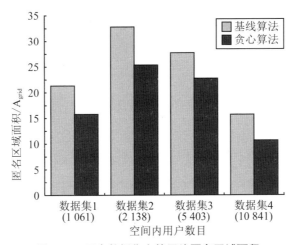

图 6-18 四个数据集上的平均匿名区域面积

下面，我们在数据集 4 上，同样选取 100 个活跃用户，固定 A_{max} 在 50～100A_{grid} 之间，变化 k 的值，观察两个算法的匿名成功率和平均匿名区域面积的变化情况。

在图 6-19 中，k 增大时，两个算法的匿名成功率逐渐下降，说明用户的隐私要求越来越难以满足。同时，在每一次实验中，贪心算法的匿名成功率均高于基线算法。图 6-20 与图 6-19 对应，给出的是成功匿名用户的平均匿名区域面积，随着 k 的增大，匿名区域面积呈增大趋势。在同一组实验中，贪心算法的平均匿名区域面积小于基线算法。若我们固定 k 的值，变换用户 A_{max} 的要求，也能得到和这一组实验类似的结果。实际上，可以将图 6-19 和 6-20 中的横坐标变化看作 V_{seq} 的增大。V_{seq} 越大，匿名成功率越低，匿名区域面积越大。我们的直观感受是，匿名区域随空间中用户数目（用户密度）增加而减小，随 V_{seq} 增大而增大。事实上，对单个用户而言，上述结论基本是正确的（整个空间中的用户数目和活跃用户附近的用户密度并不等价）。但在实验中，我们仅考虑了成功匿名用户的匿名区域，而匿名失败的用户需要的匿名区域超过了用户设定的值，没有计算在内。在图 6-20 中，数据集 1 上成功匿名的用户只有 10％左右，剩下的 90％匿名区域都过大，没有计算在内。所以，匿名区域面积反而比数据集 2 小。

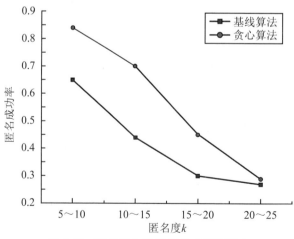

图 6-19 匿名度 k 对匿名成功率的影响

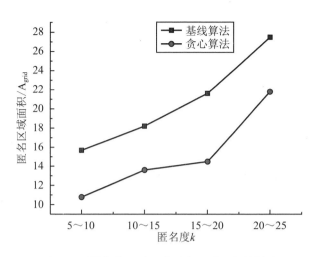

图 6-20　匿名度 k 对平均匿名区域面积的影响

　　前面的四组实验证明了在匿名成功率和匿名区域大小这两个标准上，相对于基线算法，贪心算法不仅更加适应不同的用户密度，面对不同难度的匿名要求也能取得更好的效果。基线算法采取了四叉树的结构访问网格，最为突出的优点就是实时性。若贪心算法的时间消耗过多，那么，无论其效果有多好，都无法为用户所接受。所以，我们用匿名处理时间来衡量两个算法。如图 6-21 所示，参数设置与图 6-19 和图 6-20 的实验相同。匿名处理时间包括成功匿名的用户和未成功匿名的用户，也就是当前时刻所有活跃用户的处理时间之和。随着用户数目的增加，两个算法的匿名处理时间均增加，空间中用户越多，处理时需要遍历的用户越多。在同样情况下，基线算法所需时间小于贪心算法。但是，两者所需时间都在毫秒等级，用户实际使用时感受不明显。显然，当活跃用户数量增加时，总的匿名处理时间也会增加，这里不再通过图表给出结果。由于贪心算法每次查询 ε 邻居时都需要扫描空间中所有用户，为了加速贪心算法，我们进行了一点优化，即图 6-21 中的剪枝算法（Prune）。根据用户密度扩展考虑到的用户一般距离目标用户不会太远，所以剪枝算法中第一次扩展后将距离目标用户过远的用户去除（如只保留离目标用户最近的 100 个用户）。以后每次查询ε邻居时，只扫描保留的用户。这样，在一定程度上减小了用户数目对匿名处理时间的影响。实验结果证明，剪枝算法缩小了与基线算法的差距，而其他指标与贪心算法比较基本无变化。

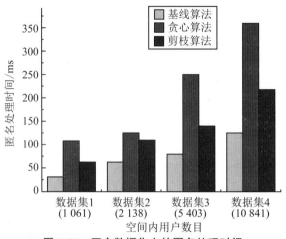

图 6-21　四个数据集上的匿名处理时间

　　贪心算法生成了一系列匿名用户，下面给出与虚假用户相关的实验结果。图 6-22 中，在数据集 4 上活跃用户的隐私要求设置为 k 在 10～15，$A_{\max}$ 在 50～100 A_{grid}。变化活跃用户的数目从 100 增长至 1 000，可以观察整个空间中为活跃用户生成的虚假用户数目以及虚假用户复用率的变化。左 y 轴表示虚假用户的数目，结果可以看出，活跃用户越多（匿名处理的用户越多），总体生成的虚假用户越多，这符合我们的直觉。右 y 轴表示生成的虚假用户的平均使用次数。每当虚假用户为一个活跃用户要求的 k-匿名作出贡献时，他的使用次数加 1。当只有 100 个活跃用户时，整个空间中活跃用户的比例不到 1%，此时活跃用户分布较为分散，为他们生成的匿名区域相交的情况较少，所以，虚假用户不易被复用。随着活跃用户数目的增加，虚假用户平均被使用的次数也逐渐增加。

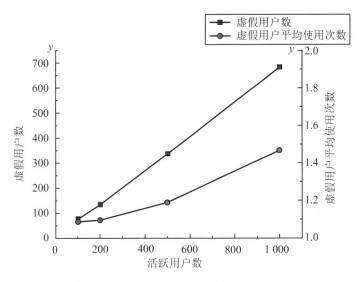

图 6-22 虚假用户与活跃用户数目的关系

图 6-23 给出了匿名度 k 变化时，虚假用户数目和复用率的变化。实验在数据集 4 上进行，活跃用户数目为 1 000 个，A_{max} 在 50～100 A_{grid}。与图 6-22 相同，左 y 轴表示虚假用户的数目，右 y 轴表示虚假用户的复用情况。从图 6-

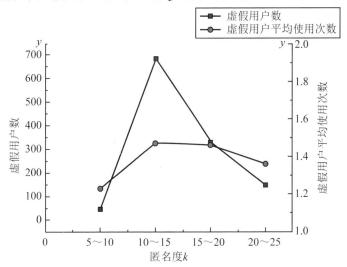

图 6-23 虚假用户与匿名度的关系

23 可以看出，随着匿名度 k 的增大，虚假用户数目先增加后减小。因为当 k 比较小时，用户的匿名要求比较容易满足，在很多情况下无须生成虚假用户。所以，开始时虚假用户数目随着 k 的增大而增大，当 k 继续增大时，用户的要求越来越难以满足，匿名成功率逐渐降低。而对于匿名失败的用户，不会生成虚假用户，所以，虚假用户数目后来又逐渐减小。虚假用户平均使用次数和虚假用户数呈现了相似的变化趋势。从图 6-22 和图 6-23 两组实验结果可以看出，虚假用户的复用率与数目在一定程度上呈正相关，这也与我们的直觉相符。

五、研究小结

位置隐私保护领域常用匿名区域法和虚假用户法，然而两种方法各有其局限性。匿名区域法非常依赖用户的稠密程度，当用户密集时，生成的匿名区域相对较小，可以保证较高的服务质量。而当用户比较稀疏时，则可能会生成很大的匿名区域，服务质量较差。甚至不能生成一个满足用户需求的匿名区域，导致匿名处理失败。而虚假用户法向服务器提交虚假查询，大大加重了服务器的负担。所以，本研究提出了当用户的匿名需求难以实现时，为目标用户生成匿名区域的同时在里面生成一定虚假用户的方法，这样既可以减小匿名区域，又可以控制服务器的负担。

同时，本研究提出的方法并不将整个空间划分为网格的形式，而是给出了用户密度的定义，并根据用户密度生成匿名区域。实验表明，用户分布越稠密，生成的匿名区域越小，服务质量越高。本研究详细介绍了对用户进行匿名处理的流程，并给出了一个更高效的贪心算法，然后使用生成器在地图上生成移动的用户，变换空间中的用户密度和用户定义的隐私要求，验证了本研究提出的方法的有效性以及算法的实时性。

第四节

――――

基于词向量的互联网新闻事件追踪和相关性推断

一、概述

互联网的发展使人们所能接收到的包含新闻、微博等在内的信息量骤增。热点事件是指人们在现实生活中关注的重要信息，指某个时间发生在某个地点的引起人们关注的事情。比如，2014 年 3 月 8 日发生的"马航失联"就是一个热点事件。如何能在同等时间内向用户推送热点事件和话题成为近年来研究的热点。多数互联网公司都在以不同的形式进行热点事件侦测的研究，如百度、谷歌、搜狗、微软等。其中，百度新闻系统最具有代表性。此系统实时抓取主流媒体的新闻数据，进行相似新闻侦测，并且以此为基础加入手工编辑的话题信息等，形成热点事件的展示页面。目前，百度新闻系统的访问量已经非常可观。由此可见，基于新闻的热点事件侦测已成为互联网时代不可或缺的技术。

相对于热点事件，话题可以看作一系列相关事件的集合。比如，历年发生在世界各地的海啸事件可以形成海啸话题等。热点事件有一个具体的时间点，并且从理论角度看，应该包含新闻的五要素（Who，Where，When，What，Why）（Wang，Zhao，& Wang，2010），而话题则不包含确定的时间点，是由发生在一段时间内的相关事件组成的。话题内各个事件的联系也比较灵活。例如，北京的不同地区的下雨事件，可形成一个北京下雨的话题。而全国各地的下雨事件，可形成中国下雨的话题。从这个层面来看，话题的形成可按照层级来聚类，不同的层级代表了不同的话题粒度。

经过多年的研究，热点事件的侦测技术趋于稳定和实用，而如何进行事件的追踪和关系展现，以及如何把现有的话题数据更好地展示给用户成为研究的难点。话题追踪指的是，当我们获取一个事件后，能在前后一段时间内对相关事件进行聚类，形成一个话题。从现实角度出发，人们点击一条热点事件后，必然会想要了解此事件的前后发展情况，此时，需要精确地对相关事件进行追踪。虽然国内外有不少关于话题追踪的研究工作，但大多数的工作没有对话题的聚类粒度做统一的定义。不同的话题可能具有不同的粒度。以北京下雨话题和下雨话题为例，这两个话题实际上具有不同的粒度，后者的层级更高。一系列的相关事件内也包含不同的分支主题。我们可以采用时间轴的方式对各个主题进行发展关系展现。

如今，基于神经网络的深度学习技术在图像和视频领域取得了惊人的成绩。针对自然语言处理和文本挖掘领域，不少科研机构和公司都开始了相关研究，基于深度学习的词向量模型（Vector Space Model，VSM）在词语语义评测方面取得了目前最好的精度。此处的词向量，区别于传统模型的词向量，指的是把训练样本中的词汇转换成统一空间中固定长度的向量。这些词向量可以应用到很多领域，如机器翻译、文本标注、命名实体识别等，均取得了较好的成绩。相对于传统的 VSM 模型，基于深度学习的词向量模型在训练过程中利用了文本中词语的上下文信息，能表达一部分语义信息。例如，给出关系对〈北京，中国〉，再给出另外一个词语〈巴黎〉，词向量模型能给出〈法国〉，这个词语距离上述三个词语的向量加权和最近（Mikolov，Chen，Corrado，et al.，2013）。

目前，对于热点事件侦测、追踪以及关系展现的相关研究本质上均基于词向量模型的方式。这种方式丢失了词语顺序和上下文之间的关系信息，然而这对于新闻而言却是非常关键的信息。所以，本研究结合基于神经网络的词向量模型和传统的词向量模型进行热点事件的追踪和关系展现的探索，利用词语上下文的信息来提升相关事件追踪和关系展现的精度。新闻领域的相关性推断主要涉及两个方面：一方面，话题中事件之间的相关性推断，同一话题包含不同的分支，分支之间也由一些特定的事件相关联；另一方面，随着时间的推移，命名实体之间的关系和含义也随之变化。例如，在 2014 年 3 月之前，和马来西亚关联比较多的词语是旅游、华人等，马航失联事件发生后，关联紧密的却是恐怖袭击、消失、祈福、搜救等词语。所以，命名实体随时间的相关性推断也是一个比较重要的研究领域。

下面介绍国内外在新闻结构化信息抽取、热点事件侦测、话题追踪、词向量和相关性推断等方面的研究工作。

(一)新闻结构化信息抽取

新闻元数据抽取的精确度如何，直接影响到新闻事件侦测和话题追踪的效果。在本研究中，新闻网页的元数据主要包含标题、发布时间、来源、正文和图片等。在新闻结构化信息抽取领域，国内外已经有不少相关的研究工作。Liu 等(2000)最早介绍网页内容抽取的研究工作。早期的抽取算法大多根据网页结构编写正则表达式来手工标记一些抽取模板。这些手工标记的抽取模板可以在限定的网页库中保证较高的抽取精度，但是，也有很大的局限性。一方面需要耗费大量的人力和物力，另一方面针对不同的网站，需要标记不同的模板，而且原有网站结构改变后，必须及时更新相应的模板，否则数据抽取的精度会直线下降。

Cai 等(2003)在研究中提到，可以把网页看成 HTML 树，不同的节点展示了相应的网页内容。Song 等(2004)根据此算法，对 HTML 树中的节点进行重要度排序，重要的节点即为网页的主要文本模块。Sun 等(2011)提出了一种基于文字密度的网页主要内容抽取算法，这种基于文档对象模型的树形结构(DOM Tree，以下简称 DOM 树模型)技术的网页内容抽取工作获得了大家的认可。从 DOM 树模型角度来看，一方面，新闻的正文往往包含大段的文字，而导航、广告等部分包含的文字较少；另一方面，新闻正文部分往往包含较少的 HTML 标签，而链接、广告、导航栏等部分包含了较多的 HTML 标签，如图 6-24 所示。根据这种特性，研究者设计了文本密度算法，基于网页 DOM 树模型来计算各个内部标签的文字密度，并结合一些泛化规则挑选最终的网页主要文本段。

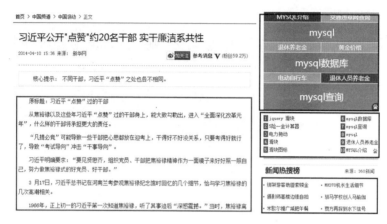

图 6-24　新闻网页文字密度图

针对新闻领域，本研究结合了如上多种算法，探索了如何在尽量少的人工参与下，对新闻元数据进行精确的抽取。

(二)热点事件侦测

近年来，随着互联网的爆发式发展，如何从大量的网络数据中侦测到重要的热点事件，成为研究者关注的一个重点。相比离线环境，互联网环境下的新闻数据具有实时性、持续性等特点。因此，此项研究也面临着更多的挑战。

事件侦测和追踪的相关工作开始于 1998 年。早期的工作基于 K-Means 聚类算法的变形(Online Spherical K-means，OSKM)以及 Single Linkage 聚类算法的变形，大部分采用 VSM 来代表文档，使用 TF-IDF 决定单词的权重，使用 Cosine 计算两文档的相似度。

词向量模型是指每一个文档都用一个向量来表示，向量中的数字代表相应词语在文档中的权重，整个文档集合中词语的个数对应于向量的维度。在以前的词向量模型研究中，研究者经常使用 TF-IDF 来表达向量中词语的权重。其中，TF 是指词语在文档中的出现频率，IDF 是指反向文档频率，然后通过计算向量之间的相似度来进行事件侦测。

早期的事件侦测使用离线的数据集，没有涉及增量型的数据处理。Allan 等(1998)在研究中首次设计了针对数据流的在线事件侦测算法，对于新到来的数据，需要判断此数据是新的事件，还是一个已经存在的旧事件。对于每个新来的数据 X，计算其与邻近的 m 个数据 Y_{t-1}，Y_{t-2}，…，Y_{t-m} 的相似度，如果最大的相似度超过预先设定的阈值，则认为数据 X 和最相似的数据 Y 是一个事件；如果没有超过阈值，则认为数据 X 是一个新的事件。当然在模型运行初始，第一个数据即为第一个事件。

Allan 等(2000)在研究中提出，对于某一特定事件的第一个事件的侦测是困难的。Yang 等(2002)在研究中针对此问题，提出了基于分类的 FSD 算法，首先划定 N 个类别，然后对新到来的新闻分类和不同的类别会有不同的 IDF 集。有人利用文档中的关键词来构建词汇网络，利用两个词同时出现在一篇文档中作为条件构建词语网络，通过中心度算法进行网络分割，从而把整个网络分割成几个小网络，每一个网络都代表一个事件，用小网络中的词语代表此事件，并用文档跟其做相似度比较，超过阈值则划为同一类，进而进行事件的侦测。

在数据流环境中，由于数据的不断积累，新的事件会不断地产生，在线事件侦测算法的效率会随之下降。如何在有限的计算资源下高效地进行在线事件侦测，是事件侦测研究中一个难点和热点。Zhang 等(2007)提出了通过一种树形索引结构、文档之间的相似性计算以及层次聚类算法，按照树形结构组织起来。当新到来一个文本的时候，只需要从树的根节点向下逐个计算文档之间的相似度即可，当计算的两个文档相似度较低时，会停止计算此文档之下的所有子节点，从而减少整体的计算量，提高了算法的执行效率。

上面简述了关于热点事件侦测的研究工作。国内新闻具有少原创、多转发的特点，并且同一事件在不同新闻媒体的报道时间相对集中，结合如上特点以及先前的研究，本研究讨论了如何设计出有效的增量型事件侦测算法。

(三)话题追踪

这里的话题是指一系列相关事件的集合。例如，以"马航失去联系"为主题的话题，包含马航 MH370 在 3 月 8 日失去联系，马航 MH370 疑似被劫持，马航 MH370 可能已经坠落等事件。话题可以很好地反映事件之间的发展关系。用户浏览到某一个事件时，往往会在意这个事件的前后发展情况，话题追踪能很好地满足这一需求。设计针对国内新闻的话题追踪系统有很重要的实际意义。

早先的话题追踪研究也常使用词向量模型来表示文档，使用 TF-IDF 来对文档向量中的词语赋权重，使用合适的相似度计算方式来进行话题追踪。Brants 等（2003）提出了一种动态更新 IDF 值的算法，并且针对不同的数据源设计了不同的 IDF 集合，因为相同的数据源的用词和造句风格相似。在计算相似度的时候，对于相同来源的文档，其相似度应该减去来源中相似度的均值。Zhang 等（2004）提出了基于概率的在线文档聚类算法，沿用 Allan 等（1998）的聚类思想，当新来一个文档的时候，判断其与现有的类的判别概率，如果最大的概率超过阈值就属于旧类，否则属于新类。在计算判别概率的时候，基于贝叶斯估计，并假设文档的构成服从狄利克雷多项式分布。

有一种侦测历史新闻事件的概率模型，其假设数据集中存在 k 个事件，将其作为隐含变量，使用期望最大化（Expectation-Maximization，EM）算法来计算每个新闻属于某个事件的概率。但是，此模型需要提前确定 k 的数值，这也是此模型的局限之一，因为无法预知当前数据集包含多少个事件，所以该模型不适用于新闻的数据流特点。有一些研究者提出了基于隐含狄利克雷分布（Latent Dirichlet Allocation，LDA）主题模型的事件侦测和话题追踪模型。Li 等（2007）提出了基于 LDA 的事件展示模型，首先利用 LDA 计算新闻文档的新闻属于主题的概率和词属于主题的概率，然后使用余弦相似度找到主题之间的关系。

针对新闻领域，He 等（2007）首次提出了突发特征（Burst Feature）的概念。相对于静态文本，数据流具有实时、增量的特点。这一概念的提出，很好地利用了数据流的特点，具体表现为，当事件或者话题较热的时候，其所包含的某些词语在同段时间内也会相对较热，这些词语即为事件或者话题在此时间段内的突发特征。He 等(2007)使用了 Kleinberg(2003)提到的基于有限状态自动机的突发特征侦测算法来进行爆发特征的侦测，并结合传统的 VSM 模型对文档进行表示。在新闻领域的突发特征概念提出之后，Zhao 等(2012)指出，同一爆发特征在不同的时间点也应该具有不同的含义。例如，"总统选举"这个词语在2012 年和在 2016 年的含义就截然不同。AlSumait 等(2008)提出了一种在线的 LDA 模型来侦测事件。其假设话题 k 在 T 时刻的话题词概率是由前 M 时刻该话题的概率线性组合而成，由此进行新时刻的词语概率计算。此算法的不足是，需要大量的工作去学习线性组合的各个权重，不合适的权重会导致模型精确度的大幅变化，并且此算法没有考虑如何计算新出现的词语的概率。He 等(2010)提出了一种基于后验概率的事件侦测和话题追踪算法，并比较了非概率、概率等多种离线和在线方法，最后得出结论，此模型在精确度和时间消耗上均优于同期的其他方法。

近几年，推特作为新的大众数据获取源，呈现了爆发式的增长，同时也产生了不少基于推特的热点事件侦测和话题追踪的研究工作。其中，Petrovic 等(2010)利用了局部敏感哈希(Locality Sensitive Hashing，LSH)算法来记录不同的文档，从而提升数据的聚类效率。其基本思想为，把可能相似的文档聚集到同一个数据桶中，针对此桶中的数据进行热点事件侦测和话题追踪。此种算法的挑战在于，是否能够准确地把相似的文档分到同一个桶中。LSH 算法的选取直接关系到最终事件侦测和话题追踪的精确程度。目前，大多数的话题追踪研究忽略了话题的粒度问题。例如，"下雨"话题就可以细分为"北京下雨""天津下雨"等子话题，在话题粒度不确定的前提下，很难展现给用户合适的话题信息。本研究基于如上的多种算法，探讨了如何设定合适的初始话题粒度来进行话题追踪，并且针对用户的需求，设计了多层级的话题展示方案。

(四)词向量

在传统的词向量模型中，对于一篇文档仅仅使用其所包含的词语来代表。每个词语即为文档向量中的一个元素，不同的词语有不同权重。此种做法丢失了文档中词语之间的关系信息以及上下文之间的信息。而针对新闻领域，这种信息至关重要。从实际角度来看，很多文档可能包含了相同的词汇，但是，由于词语顺序和上下文组织方式不同，却表达了不同的意思，如果仅仅按照词向量模型来进行事件的侦测和话题追踪，很难得到精确的类别信息。最早的词向量研究工作可以追溯到 1986 年。近年来，这些词向量方面的工作成果已经被应用到了自然语言处理方面的多项研究中，如语音识别、统计机器翻译等。

2013 年，Mikolov 等发表了跳字模型（Skip-gram）和连续词袋模型（Continuous Bag-of-Words Model，CBOWM），可以从大量的训练文本中无监督地学习词向量，并且训练速度和精度都比传统的基于神经网络的词向量模型提升不少。根据 Mikolov 等（2013）的介绍，连续词袋模型可以根据句子中的上下文词语来推测当前词语，而跳字模型则可以根据当前词语推测句子中的上下文词语。两种模型适用于不同量的训练语料。当使用连读词袋模型训练的时候，耗费的时间较少，针对常见词，词向量精度较高，适用于训练文本量较大的情况；而跳字模型可用于训练文本较少的情况，并且对于不常见的词语，可以有较好的精度，但相对于连续词袋模型，需要耗费较多的训练时间。基于神经网络的词向量训练模型利用了训练文本中词语的上下文关系，最终训练出的词向量可以表达一定层面的语义信息。例如，词语"北京"和"中国"的向量和，与"法国"的向量差，在整个向量空间中，与"巴黎"这个向量最近。此外，Mikolov等（2013）还介绍了词向量包含的几种语言信息，如语法信息、语义信息等，并且在相应的评测中取得了较好的成绩。相对于传统的词向量模型，近年来的词向量包含了更多的语义信息，因为其训练的过程中主要应用了文档中词语上下文的信息，所以，利用词向量模型的这种特点来进行话题追踪，可以获取较好的效果。

(五)相关性推断

新闻中往往包含了重要的命名实体，如人名、地名、机构名等。在事件侦测任务中，大多数的研究工作关注的是如何有效、精确地侦测到热点事件，而往往忽略了事件中命名实体之间的相关关系。一方面，在展示热点事件的同时，如果能展示出包含实体间的相关关系，将大大提升用户体验；另一方面，在话题追踪中，一个话题往往包含多个子话题，子话题和主线话题也有多种联系。例如，马航失联话题，包含马航搜寻、马航祈福等子话题，而子话题也依赖于主线话题的发展，如何有效地推断话题中各个子话题以及相关事件之间的关系，是话题追踪领域中一个重要的研究点。有人提出一种概率模型来构建离线数据的事件发展关系图。首先，把数据集分割成固定的 N 个时间段，每段时间固定 k 个主题，一个主题包含多条新闻，然后，假设每个时间段的文档生成概率由这 k 个主题和一个混合主题 B（消歧）组成，主题作为隐含变量，使用 EM 算法来估算每个主题的概率分布，获取主题以后使用 KL 散度来计算每个主题之间的关系，从而构建发展关系图。发展关系图如图 6-25 所示，缺点是采用离线方法，而且模型中 n 和 k 的值都是固定的，不符合新闻在线事件发展的实际情况。

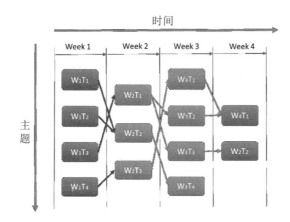

图 6-25 基于 EM 模型的事件关系图

Yang 等（2006）提出了一种基于文档之间相似度来构建事件发展图的模型。其使用传统的词向量模型来代表文档，使用 TF-IDF 给文档中的各个词语赋权重，并在相似度计算中加入了时间维度。他们认为，在同一个话题中，时间跨度越长的两个事件相似度越低，公式如下：

$$tsim = e^{-\alpha\left[\frac{d(t_i - t_{i-1})}{T}\right]} \text{。} \qquad\qquad (6\text{-}18)$$

他们利用固定的经验型阈值来进行相关性判断。如果两个事件之间的相似度超过阈值，就判定为有演化关系，否则判定为没有。这么做的不足是，很难设定阈值的大小，甚至不同的话题应该用不同的阈值来判定相关性。本研究将探讨一种结合词向量的事件相关性推断模型，结合传统的和新的词向量模型来进行同一话题中事件的相关性推断。

二、新闻数据抓取及元数据抽取

本研究探讨的热点事件侦测和话题追踪是基于实时新闻数据。下面介绍如何增量型抓取新闻数据，并从中抽取所需的元信息。

(一)新闻数据增量型抓取

新闻是当今人们获取新数据的重要来源，因为新闻的实时性、规范性等特点决定了新闻网站仍是人们获取信息的主要途径。本研究将重点阐述如何设计高效的新闻爬虫来实时地、增量地抓取国内主流新闻网站的新闻数据。

1. 爬虫数据源确定

不同于传统的爬虫，本研究讨论的爬虫只针对新闻网站。虽然国内存在较多的新闻网站，但各个网站的新闻质量良莠不齐，内容重复率也较高，只有抓取质量高的新闻才能形成较好的事件。所以，在设计之初，我们必须选取高质量的新闻网站作为爬虫的数据源。通过调研，我们选取了百度公司公布的几十个主流新闻网站作为数据源。大多数的新闻网站会根据新闻内容分为多个类别，具体包括国内、国外、社会、军事、娱乐等，这样做有利于用户分类获取感兴趣的内容。根据这一特性，本研究在抓取爬虫数据源之前，会先确定数据源的类别，这样可以确保抓取到的每个新闻网页地址均带有类别标记。为使抓取到的每个网页地址均带有类别标签，我们设计的爬虫附带一个 XML 配置文件，其中记录了每个新闻网站及其子分类的网站名称和具体网址。我们的爬虫会把配置中的这些网址作为爬取入口，抓取网址页面中的新闻链接。这样，我们抓取到的每个网页地址就带有了类别标签信息。

对于新闻类别的判断，国内外已经有许多相关的研究工作。鉴于本研究的重点是热点事件侦测和话题追踪，新闻数据的抓取和判别并不是主要研究内容，所以，我们使用了规则化算法。当确定好数据来源网站后，我们还需确定从数据源的新闻网页中抓取什么数据。通过经验性分析发现，新闻网页地址大多数以超链接形式存在于网页源码的〈a〉标签中。但〈a〉标签中也包含了不是新闻的页面链接，如导航链接、广告链接等，在有限的计算资源下，我们只能提前判断哪些链接是新闻链接，然后抛弃其他链接。这样可减少不必要的数据下载。

2. 新闻网页地址判断

通过分析超链接集中的新闻统一资源定位器（Uniform Resource Locator，URL）数据，我们发现，新闻网页地址数据在网页源码中带有很强的规则性，如表 6-19 所示。

表 6-19　新闻网页地址样例

标题	HTML 标签	规则
黑龙江一旅客列车发生脱线事故 15 名旅客受伤	＜a target＝"_blank" class＝"linkto" href＝"http：//news. qq. com/a/20140413/001604. htm"＞ 黑龙江一旅客列车发生脱线事故 15 名旅客受伤＜/a＞	URL 中包含多级域名

从表 6-19 中我们可以获知，在新闻网页源码中，所有的新闻网页地址均存在于〈a〉标签中，标签中的文本即为新闻标题，href 属性值即为新闻的网页地址，并且，新闻网页地址均具有相同的多级域名。例如，表中的例子，第一级域名为 news. qq. com，第二级域名为 a，第三级域名为 20140413。根据这个规则，我们针对数据源中的每个新闻入口页面制订了相应的规则，规定了只有子域名与我们配置的规则相同的网页地址才是新闻网页地址。目前本研究讨论的新闻网页地址判定算法是基于规则的算法，并且每个数据源的新闻入口页面均需要手工去设定相应的规则。这样做的一个好处是，确保了新闻网页地址判定

的精度，进而减少了下一步的 HTML 下载和数据抽取阶段的工作量。但不足的是，需要大量的人力资源去标记页面规则，并且一旦新闻网站的网页结构更改，我们就必须去更新各个规则，缺乏灵活性。

3. 新闻网页地址去重

当数据源定义好后，我们的爬虫就可以进行数据的抓取了。由于新闻具有实时性的特点，数据源的各个新闻入口页面会实时地变化，所以，本研究设计的爬虫会定期解析数据源的各个页面，抓取页面中新添加的新闻网页地址。此时，我们需要判断抓取到的新闻网页地址集合中有哪些数据是以前没有抓取过的，这就需要设计一个网页地址去重算法。问题可以定义为，当前存在一个网页地址集合 SO，如何把新抓取的另一个网页地址集合 SN 合并到 SO 中去。最简单的方法是，遍历两个集合，查看 SN 中的每一条数据是否在 SO 中。对于较小的数据量，这种做法是可行的。但是，我们的爬虫每天会抓取大约 1.2 万个网页，随着时间的积累，数据量会非常可观，此种暴力去重算法将不再适用。另一种常见的做法是，把 SO 中所有的网页地址进行哈希运算，每个网页地址哈希成一个数字，然后载入内存当中，这样对于 SN 这个集合只需要遍历一遍即可判定哪些网页地址不存在于 SO 当中。这个算法保证了效率，但是，需要占用较大的内存资源。我们采用了商业系统常用的布隆过滤器(Bloom Filter)算法来进行新闻网页地址去重。采用这种方法的优点是可以高效地进行重复判断，并且占用较少的内存资源，缺点是存在一定的判断错误率。但是，在大数据的环境下，用很小的误判率来换取高效判断且较小的资源占用率，是常见的做法。

(二)新闻元数据抽取

前面介绍了如何增量型抓取新闻数据，接下来将会探讨在新闻网页中需要抽取什么数据，以及如何抽取。本研究中的新闻元数据是指新闻标题、发布时间、来源、正文、图片及标签等。其中，新闻标题、发布时间和正文为一篇新闻必须要抽取到的数据。不同的中文新闻网站使用了不同的中文编码，如表 6-20 所示。针对这个特点，本研究使用了开源的 JSOUP 库来进行网页编码的自动识别，这样可以尽量避免数据乱码的生成。JSOUP 是一个使用 Java 编写的

HTML 解析器，它可以自动识别 HTML 的编码信息，并且把 HTML 源码重新组织成 DOM 树模型的结构，这就减少了使用者对 HTML 的处理方面的工作。

表 6-20　新闻网站网页编码

网站	编码
新浪新闻	Gb2312
新华网	Utf－8
腾讯新闻	Gb2312

(三)基于规则的新闻网页元数据的抽取

虽然国内新闻网站数量较多，但是，主流的媒体网站数量有限，如新浪新闻、新华网、腾讯新闻等。这些新闻网站发布的新闻具有实时性强、可信度高以及内容规范等特点，所以，本研究针对这些新闻网站设计了一套规则化算法，虽然需要做一些手工标记工作，但保证了数据抽取的准确度。

1. 新闻标题的抽取

根据 HTML 的编写特点，所有的网页标题都填写在⟨title⟩标签的文本中，例如，"⟨title⟩中国科协党组书记、常务副主席申维辰涉嫌严重违纪违法接受组织调查－时政频道－新华网⟨/title⟩"。所以，我们可以从此标签入手，使用 JSOUP 抽取到候选的新闻标题。通过⟨title⟩标签抽取的标题往往包含各类噪声。如上例所示，此标签不仅包含了新闻标题，还包含了"时政频道""新华网"等文字，更有甚者，包含的文字和新闻的标题相差甚远。所以，仅仅使用此标签抽取到的文字作为标题还不太合适。根据新闻网页的特点，标题字段往往会使用⟨h1⟩标签。所以，我们会抽取网页中所有的⟨h1⟩标签字段，并且通过与⟨title⟩标签中文字的比对，找到新闻的正确标题。基于上述两个规则，我们设计出了抽取新闻标题的算法，经过后期抽取的数据比对，此算法具有较高的抽取精度。

2. 新闻发布时间的抽取

通过对新闻网页发布时间的分析，我们发现了大多数网站的新闻发布时间具有良好的格式。发布时间字符串大多数存在于 HTML 源码中的一个标签下，并且发布时间的格式较少，可枚举，如表 6-21 所示。利用此特点，本研究设计了一个正则表达式来进行新闻发布时间的抽取，从实践角度来看，抽取的精度较高。

表 6-21　新闻发布时间格式

网站	新闻发布时间格式
腾讯新闻	2014-04-13 06：37
新华网	2014 年 04 月 12 日 20：52：45
凤凰资讯	2014 年 04 月 11 日 21：35

3. 新闻正文的抽取

在新闻网站中，新闻正文大多包含在⟨p⟩标签的文本中。本研究首先针对数据源中的每一个网站定义了一套正文标签规则，如表 6-22 所示。我们的算法会从这些定义的标签下，抽取标签为⟨p⟩的文本段，并结合几个噪声信息过滤规则，进行新闻正文的抽取。

表 6-22　新闻正文标签

网站	标签
新浪新闻	＜div class＝"blkContainer"＞
腾讯新闻	＜div id＝"Cnt-Main-Article-QQ"＞
凤凰资讯	＜div id＝"main ＿ content"＞

此处的规则仅仅是对抽取到的新闻做了简单的噪声去除，因为本研究的重点不是新闻的数据抽取，所以，未做进一步的研究。

4. 新闻图片的抽取

通过对新闻网页的源码分析，我们发现大多数的新闻图片存在于新闻正文标签下的⟨img⟩标签内。所以，本研究利用上述定义的新闻正文标签，直接从新闻源码中抽取了所有带有⟨img⟩标签的条目，然后，抽取到了新闻的图片 URL 地址。此算法的优点是，抽取快速，占用计算资源较少。但也存在着不足，例如，无法从抽取到的 URL 中判断图片质量的好坏，往往会抽取到包含图标等噪声的图片。

5. 其他元数据的抽取

一些新闻网站的编辑在发布新闻的时候，会添加上来源、新闻关键字(标签)等信息。本研究设计的规则化抽取算法，也定义了相应的规则来抽取如上元数据。但是，分析发现，这些元数据仅存在于较少的新闻网站中，并且格式很难统一。所以，本研究只针对少数的网站定义了这些元数据的抽取规则。

基于如上的规则化算法，我们可以从新闻 HTML 源码中抽取到相应的元数据。但是，规则化算法最大的弊端是，随着网站结构的变化，需要及时地更新抽取规则，并且不可能针对所有的网站设立相应的抽取规则。这就需要我们设计及实现一套自动化的抽取算法来弥补规则化算法的不足。

(四)基于 DOM 树模型的新闻正文自动抽取算法

前面讨论了如何通过定义各项规则来进行新闻元数据的抽取。这里将探讨新闻正文的自动化抽取算法，此算法关注于新闻的正文抽取，并且对大多数新闻网页有效，将大大地减少人工的参与，与规则化的算法结合，能够提升数据抽取的覆盖率。大多数的 HTML 页面可以使用一个 DOM 树模型来表示。我们需要抽取的新闻正文就在此 DOM 树模型的一个内部标签下，如图 6-26 所示，可以说明自动化抽取算法的目标是如何有效地找到这个标签的。

```
▼<div class="bd" accesskey="3" tabindex="-1">
   <div id="sczy"></div>
 ▼<div id="Cnt-Main-Article-QQ" bosszone="content" style="position: relative;">
   ▶<p align="center">…</p>
    <p align="center">申维辰(资料图)</p>
   ▶<p>…</p>
   ▶<div class="relativeVideo clearfix" id="invideocon" style="width: 1000px;">…</div>
   ▶<iframe src="http://v.qq.com/video/playview.html?vid=j0014f8bexf" width="0" height="0" style="display:none;">…<
    <span id="focusHub" tabindex="-1" style="width:0;height:0;overflow:hidden;display:block;font:0/0 Arial"></span>
    <span id="goRead" tabindex="-1" style="width:0;height:0;overflow:hidden;display:block;font:0/0 Arial" title="已
    继续阅读正文，按上键返回视频区域"></span>
    <div id="ch" style="height: 588px;"></div>
   ▶<script>…</script>
    <script src="http://imgcache.gtimg.cn/tencentvideo_v1/tvp/js/tvp.player_v2.js" charset="utf-8"></script>
```

图 6-26　新闻正文标签图

本研究的正文自动抽取算法基于 Sun 等(2011)描述的算法。首先，使用 JSOUP 把网页源码解析成 DOM 树模型；然后，从叶子节点到根节点，分别计算每一个节点的文字密度值。此处的文字密度值是指，标签下包含的文本数除以子标签的数目，文字密度值越高的节点，更有可能为正文的父节点。这种算法对类似于新闻这种包含大段文字的网页适用性很好。因为新闻的正文段往往包含大量的文本、少量的标签，而导航栏、广告栏等包含较多的标签和较少的文字，这样一来正文段的文字密度值将大大地超过其他模块的文字密度值。当然，除了文字密度值外，还有一些辅助的规则来提升抽取的精度。例如，〈p〉标签的比例、超链接条目的数目等。通过实验数据分析，上述算法获取了较高的抽取精度。算法框架如表 6-23 所示。

表 6-23 新闻的图片抽取算法

输入：一篇 HTML 文档源码

输出：抽取好的新闻正文

步骤：

1. 用 JSOUP 库把 HTML 源码转换成 DOM Tree 对象 DOC

2. for i＝1∶N(N 为 DOC 中标签个数)

3. 计算当前标签的子标签数 T_N

4. 计算当前标签包含的文字数目 W_N

5. 当前标签文字密度值为 W_N/T_N

6. 找到文字密度值最大的标签 T_M

7. for i＝1∶N(N 为 T_M 的子标签数目)

8. 如果当前标签及子标签包含〈p〉，则抽取其内容

9. 组合抽取到的文字段为正文，并输出正文

上述算法只包含了主要算法流程，其附加的规则可再寻找相关的描述。

图 6-27 给出了正文自动化抽取算法的样例。此图包含了一个简化的 HTML 的 DOM 树结构，根节点包含两个子标签，分别为 head，body。body 标签包含多个子标签，从结构上看正文段在第三层标签的第二个 div 标签下，我们的目标即是找出这个标签。图中标签下方的两个数字分别代表文字数和标签数，通过自动化算法，我们可以看到文字密度最大的标签即第三层的第二个 div 标签，其文字密度值为 71/5，至于此标签的父标签，由于文字数没有增加，而标签数增加了，所以，文字密度值反而降低了。还有一点需要注意，文字密度值的计算不包括叶子节点的〈p〉标签等，因为其文字长度很大，只有自己一个标签，所

以，如果包含在内的话，找到的就不是正文的父标签，而是文字最长的段落了。

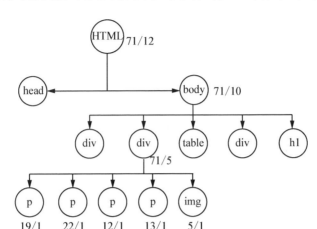

图 6-27 正文自动化抽取样例

三、互联网热点事件侦测

前面我们探讨了如何定义数据源，如何设计高效的增量型新闻数据爬虫，以及如何从抓取到的新闻 HTML 源码中抽取新闻元数据，下面将基于这些新闻数据介绍如何进行热点事件侦测。本研究的热点事件是指新闻领域中在某个时间、发生在某个地点的特殊的事情。一个事件的发生，会伴随着多个相关新闻的产生。这些新闻具有共同的五要素，即 Who，Where，When，What，Why，只有包含相同五要素的新闻，才算同一事件。这就涉及如何从现有新闻中抽取事件的五要素问题，虽然国内外有不少的相关研究，但在我们了解的范围内，还未有高效的方法可用于系统侦测热点事件。

基于如上前提，本研究从另一个角度定义了热点事件。首先，热点事件是大家公认的突发事件。从互联网角度而言，同一新闻由多家新闻网站转发，或者多家新闻网站在相近的时间内发布的某些新闻在描述同一事件。本研究的爬虫可以抓取多数据源的新闻数据。这样一来，我们可以对相近时间内抓取的新闻进行聚类，同一类中的新闻即同一事件，类的大小代表事件的热度。

(一)新闻数据去重

国内的新闻具有原创少、转发多的特点，同一事件的新闻大多是从一个数据源转发而来，其新闻内容基本相同。图 6-28 中列出了“中国留学生‘烧包’式消费引关注：拉动车市楼市”这条新闻在多个不同网站的转载。从图中可以看出，大多数网站在相近的时间内转发了此条新闻，并且未对原新闻内容做过多的修改。根据这个特点，本研究讨论的热点事件侦测第一个任务便是对新闻进行去重操作。此处提到的新闻去重，具体是指去除内容基本相同的新闻。在新闻去重的同时，我们会记录新闻重复的条数，条数越多的新闻越被大家重视，所以，这个新闻也更热。在本研究中，使用重复新闻的条数作为热点事件的热度。

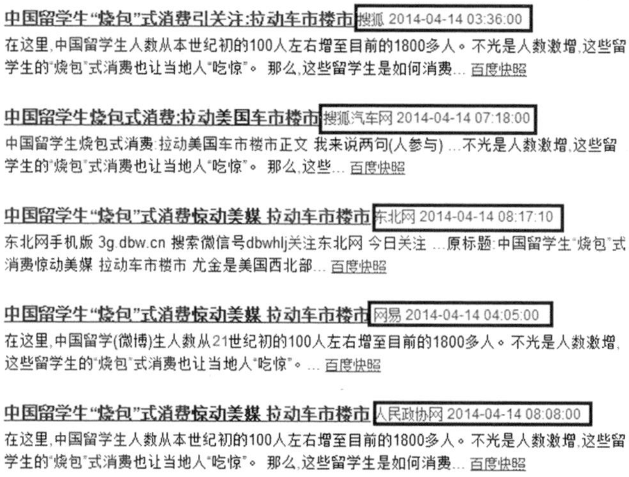
中国留学生“烧包”式消费引关注:拉动车市楼市 搜狐 2014-04-14 03:36:00
在这里,中国留学生人数从本世纪初的100人左右增至目前的1800多人。不光是人数激增,这些留学生的"烧包"式消费也让当地人"吃惊"。 那么,这些留学生是如何消费... 百度快照

中国留学生烧包式消费:拉动美国车市楼市 搜狐汽车网 2014-04-14 07:18:00
中国留学生烧包式消费 拉动美国车市楼市正文 我来说两句(人参与) ...不光是人数激增,这些留学生的"烧包"式消费也让当地人"吃惊"。 那么,这些... 百度快照

中国留学生“烧包”式消费惊动美媒 拉动车市楼市 东北网 2014-04-14 08:17:10
东北网手机版 3g.dbw.cn 搜索微信号dbwhlj关注东北网 今日关注 ...原标题:中国留学生"烧包"式消费惊动美媒 拉动车市楼市 尤金是美国西北部... 百度快照

中国留学生“烧包”式消费惊动美媒 拉动车市楼市 网易 2014-04-14 04:05:00
在这里,中国留学(微博)生人数从21世纪初的100人左右增至目前的1800多人。不光是人数激增,这些留学生的"烧包"式消费也让当地人"吃惊"。... 百度快照

中国留学生“烧包”式消费惊动美媒 拉动车市楼市 人民政协网 2014-04-14 08:08:00
在这里,中国留学生人数从本世纪初的100人左右增至目前的1800多人。不光是人数激增,这些留学生的"烧包"式消费也让当地人"吃惊"。 那么,这些留学生是如何消费... 百度快照

图 6-28　重复新闻展示

文本的去重操作，简单来讲，可以用新文本与原有文本集中每一个文本进行重复度计算，但是，此种算法不适用于文本量较多的情况，当文本量较多时，效率会直线下降。本研究设计的去重算法基于相似哈希(SimHash)算法来判断文本是否相似。相似哈希算法是哈希函数的一种，它利用文档中的各个特征来计算代表文档的相似哈希值(通常是一个 N 位二进制字符串)，一篇文档用一个

相似哈希值来代表，这样再进行重复判断时，我们只需要比较两个相似哈希的汉明距离的远近，相似文档的相似哈希值汉明距离较小。相似哈希算法的计算过程详见图 6-29。对于中文新闻的相似哈希值计算，我们首先需要对其进行分词操作。本研究使用了基于 Java 编写的开源项目 *Ansj_seg* 分词工具，其具有分词准确、效率高等特点。分完词后，每个词即为一个特征，词频即为权重，根据如上介绍的相似哈希算法进行哈希值的计算。在本研究设计的相似哈希算法中，相似哈希值取 64 位二进制数。

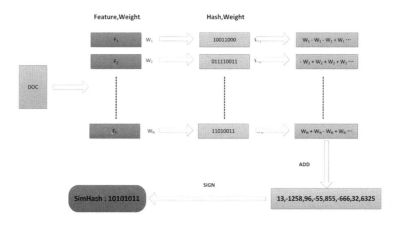

图 6-29　相似哈希计算过程图

新闻的一个特点是时效性强，同一事件的相关新闻均会在短时间内发布。所以，当我们抓取到一个新闻集合后，只需要在之前的一段时间内对此集合中的新闻进行重复判断即可。这样可以大大减少内存资源的占用量以及计算量等。根据实践经验，在本研究中新闻去重的最大时间间隔设置为 7 天。有了新闻的相似哈希值以后，我们需要判断当前集合中是否存在相似的相似哈希值。简单的算法是，用当前的文档相似哈希值和原有集合中所有的相似哈希值做对比，查看每一对值的汉明距离，找到汉明距离最小的对。如果此汉明距离小于预定的阈值，我们就可以判定找到了相同的新闻页面；如果大于阈值，则当前页面是一个新的新闻页面。此种算法需要扫描原有新闻集合，随着数据量的增大，效率将直线下降。

　　相同的文档的相似哈希值的汉明距离在个位数之内。例如，本研究中相似哈希值使用 64 位二进制数代表，相似文档的阈值设置为 7，则如果两个文档相似，其二进制位最多有 7 个位不同。如果把这 64 个二进制位分成 8 段，那么，可以保证相似的文档至少有一段是相同的，如图 6-30 所示。根据这个特点，我们可以设计一套算法来加速相似文档的查询。查询加速算法利用空间换时间的概念，对现有集合中的所有相似哈希值按照段值来建立多个备份。

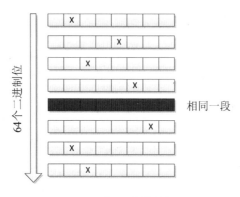

图 6-30　相似哈希分段图

　　本研究中设计的系统建立了 8 个备份，每个备份均使用段索引结构来存储符合条件的相似哈希值，如图 6-31 所示。这样，当一个新的文档需要进行相似性查询时，只需要按 8 段的值去查询相应备份中相同值下的相似哈希值即可。在此，我们可简单地计算一下加速查询与原算法查询的复杂度，来看一下算法的效率如何。例如，我们原集合中存在 2^{34}（10 亿）个文档，对于原算法，需要进行 10 亿次的比对，而对于加速算法，我们把 10 亿个文档按照 8 段的值去建立相应的备份，当进行相似查询时，每个备份最多需要查询 2^{34-8} 次。由此可见，整体复杂度降低了许多。

　　使用相似哈希进行新闻去重的算法，比较适用于两个新闻内容基本相同的情况。虽然国内同一事件的相关新闻大多是由一个新闻转发而来，但也存在着多个原创新闻描述同一事件的情况。在这种情况下，基于相似哈希的去重算法将不再适用。针对上述情况，本研究设计了基于词向量的新闻再聚类算法，

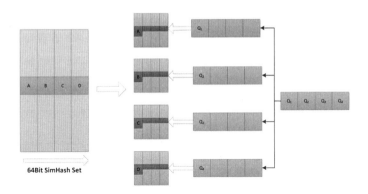

图 6-31　相似哈希集合分段图

与基于相似哈希的去重算法相结合，提升了事件侦测的精确度。

(二)新闻数据再聚类

前面我们探讨了如何使用相似哈希进行相似新闻的去重。虽然国内新闻大多数是不加更改地转发，但是，也存在着多个原创新闻描述同一事件的情况。针对这种情况，我们设计了一套基于词向量的模型，当新闻内容重复率小于我们固定的相似哈希判重阈值时，会自动地对新闻内容进行再聚类。

首先，文档再聚类的对象是超过相似哈希判重阈值，但是汉明距离在 10 位以内的文档。当进行重复查询时，我们会把符合此条件的新闻文档加入集合 SN 中，重复查询完毕后，如果未找到相似文档，那么，接下来针对集合 SN，我们会计算当前文档与此集合中每个文档的相似度。本研究采用余弦相似度测量方式，使用词向量模型来代表文档。其中，文档向量中的每个元素即正文中的词语，权重为词语的词频(TF)。在计算完相似度以后，如果发现最大的相似度大于设定的阈值(本研究的阈值设置为 0.75)，就认为这两个文档描述了同一事件。如果未超过阈值，那么，当前文档 Dcurrent 即为一个新的事件。在本算法中，词语的权重只用到了 TF，而未采用 IDF 相结合的方式。原因是，我们的候选文档集合 SN 已经是汉明距离与当前文档 Dcurrent 较近的文档，所以，只采用 TF 来作为词语权重依然能保持较高的精确度。

(三)热点事件相关信息生成

前两个小节探讨了如何根据现有的新闻数据进行热点事件的侦测,下面将介绍如何生成热点事件的相关信息。此处的相关信息主要包括事件标题及发生时间、事件中相关命名实体和事件相关图片等。

1. 事件标题及发生时间生成

本研究设计的热点事件主要由重复新闻去重后构成,同一事件的大多数新闻采用了基本相同的标题。根据这一特性,我们以最早的发布时间作为此事件的发布时间,最早发布的新闻标题作为事件的标题。国内外关于如何生成文本摘要已有非常多的研究,由于本研究的重点不是事件信息生成,故采用了一套比较简单、高效的摘要生成算法。本研究中事件的正文选取了发布时间最早的新闻正文。首先将事件标题分词,得到词语集合 W_S,对于事件正文中的每一个段落分词得到段落词语集合 $P_{is}\{1 \leqslant i \leqslant N\}$,其中 N 为段落的数量,i 为第几个段落。依次计算各个段落与词语集合 W_S 的重复率 R_P,其中 R_P 的计算公式如下所示:

$$R_P = \frac{|P_{is} \bigcap W_S|}{|P_{is}|},$$

(6-19)

其中 $|P_{is}|$ 为段落 i 中词语的个数。计算完成后,按照重复率的大小对段落排序,取 Top K 的段落作为事件摘要。本研究中的 K 设定为 2。

2. 事件中相关命名实体识别

在国内外,对于命名实体识别(Named Entity Recognition,NER)已经有不少研究工作。本研究中新闻热点事件的相关命名实体识别,主要用到了开源的识别工具 *Ansj_seg*。此工具在对文本进行中文分词的同时,可以给出每个词语的词性,词性中,对于人名、地名、机构名称均有特殊的标记。本研究使用 *Ansj_seg* 对事件摘要和标题做分词处理,然后,选取词性标记为人名、地名、机构名的词语作为事件相关的命名实体,并建立命名实体和事件的倒排索引,详细用途和方法会在后面内容中加以介绍。当抽取到命名实体后,本应该对事件做五要素的判别,但在我们了解范围内,国内外至今还未有准确度高的自动化算法，故本研究中不再对五要素的判别做进一步讨论。

3. 事件相关图片生成

本研究讨论的热点事件是由多个新闻组成的，每个新闻都有可能包含新闻图片。热点事件的图片是一个集合，其包含了这些新闻中的所有图片，以此种方式形成的事件图片集可以展示更多的图片信息给用户。但从实际角度来看，此种做法尚待改进。重复的新闻可能包含相同或者相似的图片，如果把这些图片都包括在事件图片集中，可能会降低用户体验。但考虑到识别相似图片以及去除低质量图片是一个较难的任务，目前本研究使用了简单的全包含方式，在以后工作中可能会加入图片甄别算法。

四、词向量动态训练及时间维度的多向量模型

本部分将重点探讨基于新闻文本的词向量动态训练算法，以及结合时间维度的一词多向量模型的训练。近些年国内外关于热点事件侦测和话题追踪的研究大多基于传统的词向量模型来代表文档，词向量模型具有简单、高效的特点。一篇文档是文本空间中的一个向量，向量中的元素即代表文档中的词语。这种模型也存在着不足，它丢失了文档中词语的上下文关系信息。而对于新闻而言，词语的上下文中往往包含了更多的信息。针对这个不足，我们提出了词向量的动态训练模型以及结合时间维度的一词多向量模型。此处所说的词向量是指，在文本空间中，把每个词语都转换成一组固定长度的向量。词向量的训练过程中利用到了文本中词语的上下文关系，并且训练完的词向量含有一定意义上的语义信息，结合词向量的话题追踪将会比传统模型具有更高的精度。

(一)词向量模型

词向量是指在文本空间中使用一个固定长度的向量来代表词语，如图 6-32 所示。词向量的相关研究起始于 1986 年，并且已经有不少国内外的相关工作。Mikolov 等(2013)提到的词向量训练模型最具有代表性。此模型降低了训练的

复杂度，可以在相同时间内训练更多的文本，进而提升词向量的精度。本研究基于词向量模型，增加了动态训练模块。因为我们的训练样本不同于原有模型的静态文本，是随时间积累的新闻数据。所以，词向量训练模型需要进行动态更新，增加对新词以及变化词语的训练。

基于神经网络的连续词袋模型简化了神经网络结构，加速了模型的训练，可以在同等时间内并行训练更多的文本。从实验结果来看，这是目前精度较高的词向量模型。

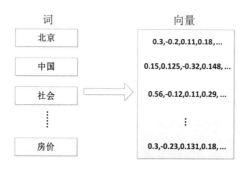

图 6-32　词向量示意图

连续词袋模型利用上下文词语来推测当前单词，如图 6-33 所示。隐含层为输入层的向量和，然后，利用反向传播算法对模型进行训练。此模型对常见词语的训练精度较高，对不常见词语的训练精度不如跳字模型高。

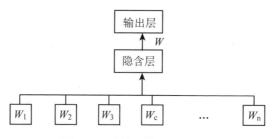

图 6-33　连续词袋网络结构图

在图 6-33 中，输入层为词语的向量，数量是一个窗口（window）大小，隐含层为输入层的词语向量和，输出层为一个 $1 \times N$ 的向量，其中，N 为训练文本中词语的个数。单次训练目标是根据词汇 W_1 至 W_n（不包含当前单词 W_c），进行训练使得在输出层当前单词 W_c 出现的概率更大。此模型训练过程中使用了经典的反向传播算法。

图 6-34 是模型单次训练结构。对整个训练文本进行训练时，如图所示，首先给定窗口的大小，从文本起始依次训练窗口内的各个单词，当窗口内单词训练完毕后，当前窗口向后滑动一次，然后，再如上述过程一样，进行训练直至窗口滑动到训练文本结束。从模型训练过程可以看出，此模型利用了词语的上下文关系，所以，最后训练出的词向量代表了一定程度的语义信息，例如，可以判断两个词语之间关系的远近等。

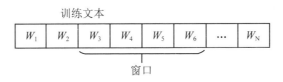

图 6-34 词向量训练过程图

跳字模型不同于连续词袋模型，此模型利用当前单词对前后单词进行推断。单次训练如图 6-35 所示，输入层为当前单词 W_c，隐含层也为当前单词向量，输出层同连续词袋模型，为一个 $1 \times N$ 的向量。此模型的训练目标是，通过训练使得在输出层要预测的单词出现的概率最大，并依次训练当前单词的前后窗口内单词。跳字的整体训练过程同连续词袋一样，也

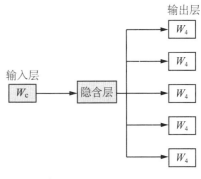

图 6-35 跳字模型

是用了后向传播算法来进行训练。此模型需要消耗更多的训练时间，但是，对于训练文本较小的情况，可以得到更好的精度，并且对不常见词汇的表示也更精确。

上述两个模型训练过程中，使用了层次化函数 Hierarchical Softmax 方式进行优化，目标函数如公式(6-20)所示。本来在单次训练中，从隐含层到输出层的权重矩阵为 $M \times N$ 的矩阵，其中 M 为词语向量的维度，N 为训练文本中的词语数，每次训练都需要进行 N 次长度为 M 的两个向量相乘操作，Hierarchical Softmax 算法对此进行了优化，使用一棵二叉树的结构来表示输出层。这样，在每次训练过程中，仅需要 $\lg N$ 次向量积运算即可，大大地减少了计算量，提升了训练速度。

$$p(w \mid w_i) = \prod_{j=1}^{L(w)-1} \sigma([n(w, j+1) = ch(n(w, j))] V'_{n(w, j)}{}^{\mathrm{T}} V_{wi})。$$

(6-20)

还有另一种优化方案(Negative Sampling)。此方案在隐含层到输出层训练当中，随机地挑选 k 个负样例，而不是对整个权重矩阵进行训练。此方案也减少了计算量。从实验结果来看，两种优化方式都在训练速度方面较原有方案提升了不少。本研究针对 Hierarchical Softmax 优化方式设计了词向量的动态更新模型，随着新闻文本的积累，模型动态的训练词向量有更大的提高。

(二)词向量动态训练模型

前面我们讨论了如何利用训练文本进行词向量的训练以及使用到的优化方式。在以往的词向量训练中，训练数据都是离线数据，不会随着时间而变化，模型也是基于离线数据进行设计的。本研究使用的训练数据是随着时间积累的新闻数据，其最大的特点即是时效性，属于在线数据。所以，以往的模型都不再适用，接下来将基于 Mikolov 等(2013)的模型，设计一套可以随着新闻数据的积累，不断改进动态训练词向量的模型的方案。

由于在 Hierarchical Softmax 优化过程中，需要先根据训练词汇及其词频创建一棵哈夫曼树，然后再进行数据的优化，此过程也是离线模型不适用于在线数据的关键所在。因为离线模型训练前就会建好此哈夫曼树，并且不再改变树的结构及数据。但新闻随着时间的积累，原有词汇的词频会相应地改变，也会增加一些新的词汇，这个过程就会改变哈夫曼树。所以，离线模型不适用于在线数据的训练。本研究将阐述如何根据训练样本动态创建哈夫曼树。针对新闻数据，首先需要对训练文本进行分词，并统计每个词语出现在训练文本中的频率。根据这些词语及词频，按照传统的哈夫曼树建立算法，创建一棵哈夫曼树。如图 6-36 所示，即为一棵由文本"中国人民爱中国，中国会富强起来，人民安居乐业"建立的哈夫曼树。

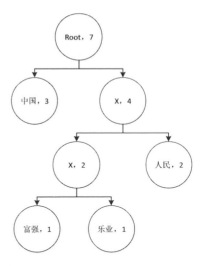

图 6-36 哈夫曼树

动态创建哈夫曼树的关键点，在于如何处理新添加的训练数据。此处提到的新添加的训练数据是指一段时间 ΔT 内，我们的爬虫新爬取到的新闻网页集合。目前爬虫模块 ΔT 根据经验，设置为半小时，这样一来每过半小时，我们就会收到一些新的新闻数据。在新数据到来之前，我们已经对原有数据进行了分词并统计了词频以及创建了哈夫曼树。当新数据到后，我们可以基于原有的统计，加入新数据中的词汇及其词频，然后，再重新建立哈夫曼树。使用此哈夫曼树对新到来的新闻训练文本进行词向量的训练，如前一过程即哈夫曼树的动态创建过程。当动态创建问题解决后，词向量的模型就可以适用于在线数据的训练。在本研究设计的词向量系统中，ΔT 设置为 3 小时，这样避免了哈夫曼树的频繁创建问题，而且也兼顾了新数据训练的及时性。

（三）基于时间维度的一词多向量模型

新闻数据不同于传统词向量训练模型的训练数据，其具有时效性。随着时间的改变，训练文本中词语之间的关系以及含义也可能随之改变。如果我们仅仅使用一个词向量来代表词语，那么，我们将无法获取词语在不同时间点的关系变化。针对这个问题，本研究首次提出了结合时间维度的一词多向量模型，对于一个词语在不同的时间点有不同的向量表示。如图 6-37 所示，一词多向量模型可以记录当前训练文本下，同一词语的多个词向量。解决此问题的关键是在训练过程中，如何确定哪个时间点应该记录当前的词向量。

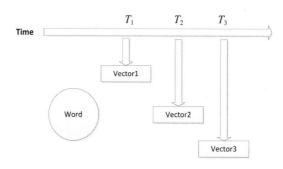

图 6-37　一词多向量模型

通过分析词向量模型的训练过程，我们可以得出，对于某一词汇，当前训练样本中其前后词语变化时，此词汇的词向量会随之变化，对于语境相似的训练文本，词向量的变化较小，但对于语境变化较大的文本，词向量会有较大的变化。此处我们使用余弦相似度来衡量前后两个向量的变化程度。公式如下所示，此处的两个向量指的是当新的训练文本到来后，同一单词的原向量和通过训练后的新向量。当两个向量相似度较高时，可以判定训练文本语义环境变化不大，当相似度较低时，则变化较大。在本研究中，我们给定固定的阈值 0.9，当两个变量相似度小于此阈值时，我们会记录一个时间向量对，时间为当前时间，向量为此词语的原向量，如下所示：

$$Similarity = \frac{\sum_{i=1}^{n}(A_i B_i)}{\sqrt{\sum_{i=1}^{n}(A_i)^2} \times \sqrt{\sum_{i=1}^{n}(B_i)^2}}。 \tag{6-21}$$

通过如上模型，针对新闻数据，我们可以获取同一词语在不同时间点的多个向量。当需要使用到词向量的时候，我们会根据时间因素挑选合适的向量，这样保证了在特定时间环境下语义的准确度。

(四)实验结果

本研究将给出前几节算法的相关实验情况及其结果。本研究中实验使用的机器配置为 4 核心 CPU，8 G 内存，2 TB 硬盘。所有代码使用 Java 实现，数据集使用本系统收集的 2013 年 3 月至 2014 年 3 月的新闻文本数据。在词向量动态训练模型中，本研究提出了哈夫曼树动态创建算法，如表 6-24 给出了在 5 000 万离线训练词语的基础上，针对 500 万增量训练词语的算法耗时对比情况。

表 6-24 哈夫曼树创建算法耗时对比表

算法	向量维度	耗时/毫秒
传统创建法	100	16 334
动态创建法	100	6 259

在我们了解的范围内，还未有基于新闻语料的结合时间维度的一词多向量相关研究工作。所以，本研究只给出了算法运行完毕后的相关统计数字，以待后续研究工作对比。本研究使用了约 55 000 万词语的训练语料来训练一词多向量模型，使用 0.9 作为模型阈值，训练完毕后，得到 2 399 683 个词语的 2 926 826 个向量，平均一个词语约 1.22 个向量。由此可见，很多词语语义关系存在不同程度的变化。

五、基于关键词的多层级话题追踪及相关性推断

这部分将详细介绍如何基于新闻热点事件进行话题追踪，以及新闻领域涉及的相关性推断问题。首先，简单介绍话题的定义以及当前研究中存在的问题；其次，针对存在的问题，提出基于关键词的多层级话题追踪算法；最后，探究如何判断一个话题中相关事件的演化关系以及话题中命名实体间的相关性推断。

(一)话题的定义及当前研究中存在的问题

本研究的话题是指发生在一段时间内，一系列相关的事件组成的集合。例如，"马航失联"这个话题，从 2014 年 3 月 8 日开始，包含"马航 MH370 航班失

去联系""马航 MH370 航班疑似被劫持"等相关事件；又如"下雨"这个话题，可以包含"北京下暴雨""杭州下大雨"等事件。从实际角度出发，当用户浏览到一个事件时，会产生想要了解此事件的相关事件等需求。这就是话题追踪的初衷。话题追踪中一直存在着一个重要的但容易被忽视的问题，即现有的追踪算法都无法保证话题的粒度。例如，可能存在"下雨"的话题，里面包含"北京下雨""杭州下雨"等事件；也可能存在"天气"这个话题，包含"下雨""台风"等事件。从上述问题来看，在话题追踪过程中，未对话题做聚类粒度的定义，致使不同的话题拥有不同的粒度，而且话题与话题之间也可能具有上下层级关系。

话题追踪的另一个问题是，如何有效地展示话题给用户。事件可以使用标题和摘要来展示，但话题是一系列事件的集合，目前还未有特别合适的展示方式，包括关键字抽取、摘要生成等在内的方式，都存在着准确度方面的问题。因为其本身就是国内外正在研究的重点内容。针对如上提出的问题，本研究设计了一套基于关键字的多层级话题追踪算法，此套算法在进行追踪前会聚焦于多个命名实体，一个话题均是围绕这几个命名实体展开的，并探讨了如何更加有效地把相关话题展示给用户。

(二)基于关键词的倒排索引结构

针对话题无粒度的问题，本研究提出了基于关键词的话题追踪算法，此处的关键词指的是人名、地名、机构名等命名实体。每一个话题都围绕两个关键词展开，如"马航、祈福"等话题。话题中的第一个关键词是人名、地名或者机构名等命名实体，另一个词除包含上述命名实体外，还可以是动词，因为动词从一定的层面表达了发生的具体事情。当给话题规定好两个关键词后，我们就确定了当前话题的聚类粒度。

如何给话题确定关键词是本算法的一个关键问题。在事件侦测中我们介绍了针对每个事件均会利用分词软件标记其标题中所包含的人名、地名、动词等。每一个事件都会做相应的标记，然后，根据这些标记以及事件发生的时间，建立起倒排结构的索引。如图 6-38 所示，一对关键词可以对应到多个事件，一个事件也可以对应多个关键词对，一个事件都对应于一个时间，此时间为事件发生的时间。此索引会随着事件的增加而动态地更新，以保证数据的实时性。

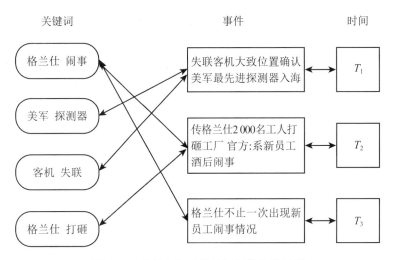

图6-38 事件与相关关键词倒排索引示例

当倒排索引结构建立好后，我们就可以根据相关的关键词对，找到对应的事件集合。通过这种方式，过滤了不相关的事件，在接下来的事件聚类过程中，减少了不必要的计算，提升了算法的效率。虽然大多数事件标题中明确给出了相关的人物或者地点等，但也有一些例外情况，例如，事件"金正恩妹妹正式出任金正恩的秘书"。对于此事件，提取的关键字为"金正恩、妹妹、出任、秘书"，此处的"金正恩妹妹"其实是一个人，指的是"金与正"，但是，目前的自然语言处理工具尚不具备指代替换的功能，很难给出具体的人名。对于此事件，建立的关键词倒排索引就不太恰当。虽然存在上述提到的案例，但是，通过实际分析发现，这种案例只是很少的一部分，不会影响整体的算法精度。

(三)基于关键词的话题追踪

在线事件侦测的特点是，不断地会有新的事件被侦测到，也就意味着，不断有新的事件要进行追踪。本研究将介绍在线数据的话题追踪算法。

1. 在线数据话题追踪框架

当新的事件到来后，我们需要判断此事件是否属于原有的话题，如果属于的话，属于哪一个话题；不属于的话，则为一个新的话题。针对如上任务，本研究设计了基于关键词的在线数据话题追踪算法，框架如图 6-39 所示。首先需要抽取新事件的关键词对，此步可以使用分词软件完成。然后，依次使用关键词对查询建立好的关键词倒排索引，找到包含有相同关键词的事件。此处需要根据候选事件的发生时间进行过滤，只留下日期早于当前事件的候选事件，因为数据抓取以及事件侦测算法并不能严格保证新到来的事件时间上一定是最晚的。针对候选事件集，依次与当前事件进行相似度

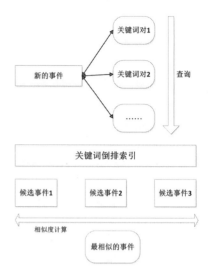

图 6-39　在线数据话题追踪框架图

计算。计算完成后，找到最相似的一个事件 ME 及其相似度 S，此时判断 S 与我们预先设定的阈值 T 之间的大小关系，如果大于预定阈值，表明当前事件与事件 ME 属于同一个话题，否则标记当前事件为一个新的话题。

2. 事件相似度计算

在相似度计算之前，我们首先需要明确如何表示事件。传统的方式使用词向量模型来代表事件，每一个事件都可以用一个向量来表示，向量中每一个元素即是文本空间中相应词语的权重。这种模型具有简单、计算方便的优点，但同时丢失了文本中词语上下文的关系。本研究介绍了基于新闻数据的词向量训练模型。此模型利用了词语的上下文关系进行训练，关系近的词语在向量维度上距离更近。所以，这里探讨如何结合这两种方式来进行事件相似度的计算，并给出了具体方案。基于词向量模型的事件相似度计算，我们使用词向量模型来将事件表示成一个词语的集合，对于集合中的每个词语的权重，使用 TF-IDF 进行赋值，使用余弦相似度计算两个事件向量之间的相似度，相似度计算公式如下所示：

$$Sim(P_x, P_y) = \frac{\sum_{i=1}^{N}(W_{xi} \times W_{yi})}{\sqrt{\sum_{i=1}^{N}W_{xi}} \times \sqrt{\sum_{i=1}^{N}W_{yi}}}, \qquad (6\text{-}22)$$

其中 P_x，P_y 代表两个事件向量，W_{xi} 代表 x 事件向量中第 i 个元素的值，N 代表向量的维度。

由于事件会实时产生，传统的 IDF 计算模型不再适用。本研究设计了增量型 IDF 模型，基于一个文本训练集，建立了静态的 IDF 模型，然后，在一段时间内 ΔT 对静态模型进行修改，加入此段时间内新到来的事件词汇，并更新其相应的词频。当 IDF 模型更新完毕后，就可利用此模型对新到来的事件进行向量元素赋值了。对于事件中词语的权重，本研究除了使用 TF-IDF 对其进行赋值外，还探究了事件关键词在事件相似度计算中的作用。对于由分词软件标记的人名、地名、机构名称等，提升其在整个向量中的权重，事件标题中的词语做了同样的加权处理。

$$Weight(w, p) = \alpha \times \beta \times \frac{tf(w, p) \times \log\left(\frac{N}{pf(w)}\right)}{\|V(p)\|}, \qquad (6\text{-}23)$$

公式（6-23）中，$Weight(w, p)$ 值为词语 w 在事件向量 p 中所占的权重，$tf(w, p)$ 为词语 w 在事件 p 中的词频，$pf(w)$ 为词语 w 出现在多少个文档中，N 为当前的文档总数。$\|V(p)\|$ 是词语向量的二范式，用来对权重进行规范化计算，α 和 β 为权重系数，α 对应命名实体词汇，β 对应标题词汇。这两个系数均通过经验设置。相关数值对相似度的影响可以参考 Yang 等（2002）的研究。

基于词向量的事件相似度计算及词向量训练模型，对于事件中涉及的词汇，我们均有其对应的词向量。我们对这些词语进行加权和运算，公式如下所示：

$$Vector(P_x) = \frac{Vector\left(\sum_{i=1}^{N} tf(w_i, P_x) \times v\right)}{\|V(p)\|}, \qquad (6\text{-}24)$$

其中，$\|V(p)\|$ 为向量加权后的规范化，v 代表向量中的各个元素值。计算完成后，一个事件可以使用一个向量来表示，然后，使用与词向量模型相同的余弦相似度计算两个事件之间的相似度。

当我们计算完如上两个相似度后，使用加权的方式来计算两个事件最终的相似度，计算公式如下：

$$Sim(P_x, P_y) = \alpha \times Sim_{vsm} + \beta \times Sim_{vector}, \tag{6-25}$$

此处的 α 和 β 为权重系数。其中，α 通过经验设定为 0.85，β 设定为 0.15。

(四)多层级话题展示

前面我们讨论了如何结合词向量对在线数据进行特定粒度的话题追踪。这里，将讨论如何展示多层级话题。本研究基于两个关键词进行话题追踪，如"马航、赔偿""李四、离婚"等话题。如果我们只选择一个关键词，如"李四"，那么，从当前的话题中，可以找到许多与其相关的词语及话题，如"离婚""诈捐"等，所以，基于一个关键词的话题集合，可以看成在当前话题层面上升了一个层面。从实际角度来看，两个不同的话题也可能共享一对关键词，因为这两个话题可能是两个关键词的不同角度描述，例如，"李四、王五"的关键词对，可能包括"离婚""公益"等子话题，从这个角度来看，相当于在当前话题层面下降了一个层面。从如上两个角度来看，对于一个话题，我们可以上升或者下降一个层面来向用户推荐，从而增强用户体验，更好地满足用户的需求。

(五)相关性推断

本研究涉及的相关性推断，主要包含几方面内容。首先，指话题中各个事件之间的演化关系推断。在一个话题中，各个事件往往具有演化关系。其次，本研究探究了新闻中命名实体间的相关性，并且给出了能随时间改变的命名实体相关性推断算法。

1. 话题中的事件相关性推断

在本子研究中，一个事件可以对应多个关键词对。例如，某一事件对应的关键词对有"王某、涉嫌""王某、包养""华润、王某"等，针对不同的关键词对，此事件可能会被同时包含于不同的话题中，如"王某、包养""王某、贪污"等话题，由此可见，此事件联系着上述两个话题。另一方面，同一话题中，根据追踪算法，我们记录了一个事件与其最相似的事件及其相似度。从整个话题来看，这种事件对可以形成一个关系网，此关系网即本研究探讨的话题中事件的相关性，具体如图 6-40 所示。

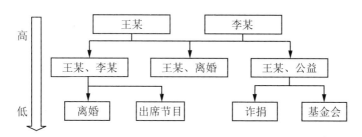

图 6-40 多层级话题展示

本研究使用了事件之间的相似度来代表逻辑发展关系，并通过共享关键词的事件来联系不同的话题。针对共享关键词的话题，也可以展示其包含的子话题中事件的相关关系，如图 6-41 所示。虽然事件之间的逻辑发展关系并不能完全使用事件之间的文本相似度来代替，但此研究点涉及过多的中文语义研究，目前，国内外的相关工作尚不成熟，所以，我们使用了折中的办法来进行关系展现。

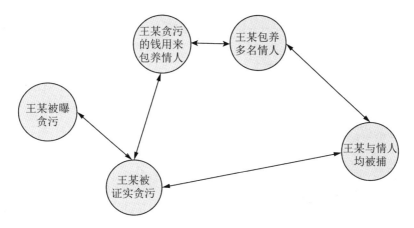

图 6-41 相关事件演化关系图

2. 命名实体之间的相关性推断

本研究讨论的命名实体包括人名、地名、机构名等。它们之间的关系可以使用图来表示，类似于人立方，但本研究并不局限于讨论人与人之间的关系，还会涉及人与地点、人与事件（此处以动词代表）之间的关系；不同于人立方的另一方面是，本研究添加了时间维度，即使同一个人，在不同的时间点也会有不同的人物关系、地点关系等。

(六)网络实验的结果及分析

我们基于一年的新闻数据，分别运行了本研究提出的基于关键词的多层级话题追踪算法和基于向量空间模型的无粒度话题追踪算法。从两个算法运行的结果中，分别随机取了 5 个话题，手工对这些话题进行结果标记，得到了两个模型的精确度，精确度定义如下所示：

$$precision = \frac{TruePositive}{TruePositive + FalsePositive}。 \tag{6-26}$$

从表 6-25 可以看出，随机抽取的话题精确度相差较大，精确度最高的有 0.95，精确度最低的仅 0.34。通过对数据的具体分析，我们发现此问题主要是由话题聚类无粒度区分造成的。

表 6-25　向量空间模型话题追踪精确度表

主题	False Positive	Total(TP＋FP)	Precision(％)
私人飞机	12	31	61.3
《孩奴》	3	60	95.0
71 届全球奖	14	61	77.1
亚洲金融	38	58	34.0
新西兰奶粉	51	269	81.0
平均	23.6	97.4	69.0

表 6-26 为本研究提出算法的精确度表。从表中可以看出精确度相差不大，且平均精确度高于无粒度的话题追踪算法。

表 6-26　基于关键词的多层级话题追踪算法精确度表

主题	False Positive	Total(TP+FP)	Precision(%)
冯某某 私人定制	0	31	100.0
霍华德 加盟	4	44	90.9
杨某某 主持	6	43	86.0
斯诺登 中国	5	60	91.7
范某某 李某某	8	87	90.8
平均	4.6	53	91.9

六、研究小结

本节针对互联网环境下的新闻事件侦测和话题追踪以及新闻领域的相关性推断进行了研究，针对遇到的问题，提出了相应的解决方案，并最终通过构建原型系统，验证了文本所提方法的效果。本研究基于提出的问题及算法，实现了一套稳定、高效的原型系统。其中，部分模块已经稳定运行一年，并结合网络展示模块，很好地证实了所提出算法的合理性及有效性。

第五节

青少年移动社交媒介使用行为的结构及特点

一、引言

(一)社交媒介研究概述

随着网络技术的不断发展，互联网已经成为很多人生活中必不可少的一部分。然而，互联网已经深刻地改变了人类的体验。这也反映在基于社交媒介的人际关系上。社交媒介(Social Media)是指以让使用者"联系、交流和彼此互动"为主要服务功能的网站和软件，常常通过发帖、分享或合作生产信息(Correa，Hinsley，& Gil de Zúñiga，2010)，包括社交网站、与他人交流的工具(邮件和即时通信)和分享信息的网站(论坛、博客等)。与其他媒介(如电视和电台)相比，社交媒介最大的特点是社交互动，而电视和电台则通常不被认为是主要的社交媒介。

(二)移动社交媒介研究

在过去的十余年中，移动设备，如手机和平板电脑已经成为我们生活的一个重要组成部分，很难想象没有它们的情景。随着科学技术的发展，智能手机出现，它除了能打电话之外，还是具有多种功能的手持式计算机。所以，能够访问网络的移动设备在现在的社会中已经非常普及，而通过移动设备进行的社会交往也越来越频繁，需求也越来越强烈，移动社交媒介的出现也就成为必然。移动社交媒介就是指在移动设备上所使用的传统社交媒介以及专门为移动设备所开发的具有社交功能的软件。例如，手机短信、社交网站、微博、手机QQ、微信等。目前，对移动社交媒介的研究还很少，主要还是集中在对手机使用以及短信的研究上。例如，研究者(LaRue，Mitchel，Terhorst，et al.，2010)对手机沟通实用程序的偏好进行研究发现，以某种方式进行沟通的手机使用在每一天发生，在工作日手机最常用的功能是短信息，而相机功能在周末使用得最多(96%)。最少使用的功能为全球定位系统。还有研究者(Lepp，Barkley，& Karpinski，2014)发现，移动社交媒介的使用与学业成绩呈负相关，与焦虑呈正相关，但是移动社交媒介却可以帮助那些难以与朋友发起话题的学生战胜害羞。

近几年，手机QQ、微信等移动社交软件迅速发展，其用户数量增长非常迅速，尤其是在青少年群体中。在手机等移动设备上使用微信、QQ等社交软件已经成为很多青少年的一种生活方式和习惯。但是，目前缺乏对青少年移动社交媒介使用行为的研究，人们也不知道青少年移动社交媒介使用行为有怎样的结构。因此，我们通过开放式问卷调查，并结合已有相关文献编制了一份测量青少年移动社交媒介使用行为的问卷，对青少年移动社交媒介使用行为的特点进行了研究。

二、研究方法

(一)项目来源

根据开放式问卷调查的结果，并参考国内外相关研究文献，我们编写了青少年移动社交媒介使用行为问卷，同时请心理学专业的博士、硕士研究生和教师对问卷进行修改，以保证问卷能适用于青少年。最后形成包括 22 道题目的问卷版本，采用五点计分方法，用于初测。

(二)研究程序

青少年移动社交媒介使用行为的结构及特点的研究主要通过以下步骤完成。

(1)针对青少年移动社交媒介使用行为进行开放式问卷调查；

(2)整理开放式问卷调查结果并参考国内外相关文献，编制青少年移动社交媒介使用行为问卷，通过初测探索青少年移动社交媒介使用行为的结构；

(3)进行青少年移动社交媒介使用行为问卷的复测，对问卷的结构效度及信效度进行验证；

(4)使用最终形成的青少年移动社交媒介使用行为正式问卷进行测试，并据此探讨青少年移动社交媒介使用行为的特点。

(三)研究对象

以安徽省宁国市和山西省大同市两所普通中学的学生为被试，采取方便取样原则发放问卷 941 份，回收有效问卷 883 份，有效率为 93.84%。其中，有142 名被试从不使用移动社交媒介与同学、好友联系；有 741 名被试使用移动社交媒介，其中七年级 118 人，八年级 242 人，高一 196 人，高二 185 人，男生 305 人，女生 436 人。平均年龄为 14.49 岁，标准差为 1.66 岁。

(四)施测及统计分析

班主任主持，以班级为单位集体施测。回收数据采用 SPSS 17.0 和 Mplus 7.0 统计软件进行统计分析。

三、结果及分析

(一)项目分析

首先对初测数据进行项目分析。本研究使用临界比率(Critical Ration，CR)和题总相关来作为题目区分度的指标。CR 的求法是将所有被试根据总分高端的 27% 和低端的 27% 区分为高分组和低分组，对高低两组被试在每一道题目上得分的差异进行显著性检验。独立样本 t 检验显示，高低分组在所有题目上得分的差异均在 0.001 水平上显著。分别计算量表各道题目与量表总分的题总相关，发现所有题目的题总相关均在 0.01 水平上显著，各题目与总分之间的相关均高于 0.35。题总相关和临界比率两个指标说明，该问卷所有题目均具有良好区分度。

(二)探索性因素分析

对问卷的 22 道题目进行探索性因素分析，取样适当性 KMO 的指标为 0.890，Bartlett 球形检验统计量为 3 320.47，$p < 0.001$，表明适合进行探索性因素分析。结果表明，前五个因素的特征值大于 1，可以解释 58.73% 的总体方差。碎石图显示，第四个因素是拐点，从第五个因素之后的趋势走向平稳。因此，考虑抽取四个因素做主成分分析，解释率为 53.90%。删除低负载(载荷小于 0.3)和双负载(在两个因素上均有载荷，或者载荷之差小于 0.3)的题目之后，剩余 17 道题目，但是，第四个因素删除了一些题项之后只剩下了两个题项，因为题项太少且题项内容和第一个因素的题项内容相似，所以删除了该因素。删除题目较多，因此，重新做 15 道题目的区分度分析。然后，用剩下的 15 道题

目重新进行三因素主成分分析，发现每个维度的题目载荷都在 0.4 以上，不存在双负载，总共能解释 57.77% 的总体方差，具体负荷情况见表 6-27。

表 6-27　青少年移动社交媒介使用行为问卷初测探索性因素结构

题目编号	维度		
	因素 1	因素 2	因素 3
6	0.84		
15	0.83		
13	0.82		
3	0.79		
5	0.79		
2	0.75		
14	0.66		
10	0.48		
17		0.84	
19		0.78	
8		0.66	
4			0.71
20			0.68
21			0.56
12			0.54

根据三个因素所包含的题目含义，对因素进行命名，分别为："人际交流与展示"（8 道题目）、"信息获取与分享"（3 道题目）以及"乐趣获得与休闲"（4 道题目）。各维度的含义如下。

人际交流与展示维度代表青少年在移动社交媒介上与好友交流，对好友发布的状态、照片等进行评论的互动行为，以及发布状态、说说和照片等来展示自己、表达情感的行为。

信息获取与分享维度指青少年通过移动社交媒介来浏览新闻、阅读好的文章并把好的文章链接分享给好友的行为。

乐趣获得与休闲维度指青少年在移动社交媒介上玩游戏来放松自己或关注一些感兴趣的公众号、认识一些有共同爱好的人的行为。

(三)青少年移动社交媒介使用行为问卷信效度检验

1. 结构效度

考察不同维度之间的相关，如表 6-28 所示，两两相关均为显著，相关系数在 0.37～0.48，为中度正相关，表明各维度既方向相一致，又有所差别，不可互相代替；各维度与总分的相关在 0.63～0.91，为中到高度正相关，表明各维度与总体概念相一致。

表 6-28　青少年移动社交媒介使用行为问卷各维度和总均分的相关矩阵

维度	人际交流与展示	信息获取与分享	乐趣获得与休闲	总均分
人际交流与展示	1.00			
信息获取与分享	0.37**	1.00		
乐趣获得与休闲	0.48**	0.42**	1.00	
总均分	0.91**	0.63**	0.74**	1.00

注：** 表示 $p < 0.01$。

按照初测确定的结构，使用 Mplus 7.0 对 15 道题目的青少年移动社交媒介使用行为量表三因素模型进行验证性因素分析，以极大似然估计法检验模型的拟合程度，结果见表 6-29。从验证性因素分析的结果来看，各项拟合指数均达到要求，模型与数据拟合良好（RMSEA<0.08）（吴明隆，2009），青少年移动社交媒介使用行为问卷具有良好的结构效度。

表 6-29　青少年移动社交媒介使用行为问卷验证性因素分析模型拟合指数

拟合指数	χ^2	df	χ^2/df	TLI	CFI	SRMR	RMSEA
数值	239.72	85	2.82	0.90	0.92	0.05	0.07

2. 效标关联效度

根据态度-行为一致性原理（Ajzen & Timko，1986），态度应该与行为之间有着显著的相关。所以，本研究把青少年对移动社交媒介的使用态度作为使用行为的关联校标。青少年移动社交媒介使用行为与使用态度的相关结果见表 6-30，结果显示，青少年移动社交媒介使用行为与使用态度之间存在着显著的正相关,这说明使用态度越积极,就会有越多的使用行为发生,也表明我们所编制的问卷有很好的外部效度。

表 6-30　青少年移动社交媒介使用行为问卷各维度与使用态度的相关表

维度	人际交流与展示	信息获取与分享	乐趣获得与休闲
使用态度	0.50**	0.21**	0.29**

注:** 表示 $p < 0.01$。

3. 内部一致性信度

采用内部一致性信度 α 系数作为青少年移动社交媒介使用行为的信度指标,结果见表 6-31。数据表明,该量表的总信度良好,分维度的信度受题目数影响而略偏低,尚可接受。

表 6-31　青少年移动社交媒介使用行为问卷的信度指标

信度	人际交流与展示	信息获取与分享	乐趣获得与休闲	总量表
α 系数	0.88	0.62	0.57	0.86

(四)青少年移动社交媒介使用行为的总体特点

为了考察青少年移动社交媒介使用行为的总体状况,对所有被试在移动社交媒介各维度上的平均数和标准差进行描述性统计,结果见图 6-42。

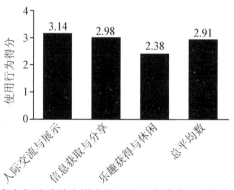

图 6-42　青少年移动社交媒介使用行为各维度平均数和总平均数

从图 6-42 可以看出,青少年移动社交媒介使用行为的总体平均分为 2.91,接近平均分 3。在移动社交媒介使用行为的三个维度中,平均值最高的是人际交流与展示($M=3.14$)，其后，依次是信息获取与分享($M=2.98$)和乐趣获得与休闲($M=2.38$)。总的来说，青少年移动社交媒介的使用行为处于中等水平，但是人际交流与展示的得分最高，这说明青少年使用移动社交媒介最主要的行为是与好友进行人际交流和展示自己。

1. 青少年移动社交媒介使用行为的性别差异

考察青少年移动社交媒介使用行为的性别差异，t 检验结果见表 6-32。结果显示，青少年在人际交流与展示、乐趣获得与休闲两个维度上存在着显著性别差异，在人际交流与展示维度上女生得分显著高于男生，而在乐趣获得与休闲维度上男生得分显著高于女生。这个结果说明，女生更喜欢通过移动社交媒介与好友交流互动和展示自我，而男生则更喜欢在移动社交媒介上做一些放松、休闲和娱乐的行为。

表 6-32　不同性别青少年移动社交媒介使用行为的平均数及差异检验结果

	人际交流与展示	信息获取与分享	乐趣获得与休闲	总平均分
男生($N=305$)	3.05 ± 0.92	2.94 ± 1.01	2.55 ± 0.84	2.90 ± 0.76
女生($N=436$)	3.21 ± 0.91	3.01 ± 0.92	2.26 ± 0.79	2.91 ± 0.70
t	-2.23^{*}	-0.093	4.78^{**}	-0.31

注：* 表示 $p<0.05$，** 表示 $p<0.01$。

2. 青少年移动社交媒介使用行为的年级特点

对不同年级水平的青少年移动社交媒介使用行为进行单因素方差分析，结果见表 6-33，可以看到人际交流与展示、乐趣获得与休闲、信息获取与分享三种行为的年级差异均显著。进一步的事后多重比较表明，在人际交流与展示、信息获取与分享两个维度，七年级的分数都显著低于八年级、高一和高二三个年级，而在乐趣获得与休闲维度则是八年级的分数最高并且显著高于七年级、高一和高二这三个年级。

表 6-33　移动社交媒介使用行为的年级差异

维度	七年级 ($M\pm SD$)	八年级 ($M\pm SD$)	高一 ($M\pm SD$)	高二 ($M\pm SD$)	F
人际交流与展示	2.79±0.96	3.20±0.95	3.23±0.84	3.21±0.85	7.33[***]
信息获取与分享	2.70±1.00	3.11±0.97	2.96±0.92	3.00±0.92	4.86[**]
乐趣获得与休闲	2.13±0.81	2.69±0.83	2.22±0.75	2.28±0.79	20.00[***]
总均分	2.60±0.76	3.04±0.76	2.91±0.67	2.92±0.67	10.51[***]

注：[***] 表示 $p<0.001$，[**] 代表 $p<0.01$。

采用多项式进一步分析年级变化的线性趋势，结果发现，人际交流与展示行为的线性趋势显著（$F=15.63$，$p<0.001$）。如图 6-43 所示，随着年级的增长，青少年人际交流与展示的行为开始增多。

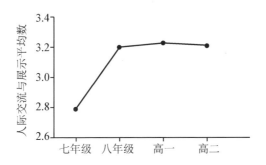

图 6-43　人际交流与展示行为的年级发展趋势图

四、研究讨论

(一)青少年移动社交媒介使用行为的结构

青少年在移动社交媒介上的行为有很多。我们通过文献分析、开放式问卷调查等方法选取青少年具有代表性的 22 种行为构成初测问卷并进行测试，然后进行项目分析、探索性因素分析以及复测后的验证性因素分析，最后进行信效度的检验等一系列标准化的程序。结果发现，青少年移动社交媒介的使用行为可以归为三类：人际交流与展示、信息获取与分享、乐趣获得与休闲。

(二)青少年移动社交媒介使用行为的特点

首先，从青少年移动社交媒介使用行为的总体特点来看，使用行为处于中等水平，人际交流与展示的得分最高，乐趣获得与休闲的得分最低。这说明对于青少年来说，他们在移动社交媒介上的主要行为是交流互动和展示自己，其次是为了获取信息，而娱乐消遣的行为则较低，这也符合社交媒介的特点。

其次，从青少年移动社交媒介使用行为的性别差异来看，在人际交流与展示维度上存在显著性别差异，女生得分高于男生，说明与男生相比，女生在移动社交媒介上更喜欢展示自己，更喜欢与好友交流互动。而这一结果与传统社交媒介的特点一致，Moore 和 McElroy(2012)对脸书的研究就发现，与男性相比，女性有更多数量的好友，发布更多的照片和关于自己的帖子。在乐趣获得与休闲维度上，男生得分显著高于女生，说明男生比女生更喜欢在移动社交媒介上进行消遣娱乐，这也比较符合男生爱玩的天性。在信息获取与分享维度上则不存在性别差异，说明男女生在对待信息上是一致的。而这一结果也与对大学生网络安全感的研究结果基本一致(吕玲、周宗奎、平凡，2010)。

最后，从青少年移动社交媒介使用行为的年级差异来看，在三个维度上都存在显著的年级差异。在人际交流与展示维度上，七年级学生得分最低，并且与其他三个年级学生差异显著。这个原因有很多，其一可能是因为七年级学生刚从小学升入中学，还处在适应阶段。他们更关注的是实际生活的人际交流，所以他们使用移动社交媒介进行交流和展示的行为就较少。其二，刚升入中学的青少年，此阶段最重要的任务是归属感的建立，而不是展示自己。当归属感建立之后，接下来的任务才是自我的展示。所以，四个年级存在着显著的线性关系，说明随着年级的升高、年龄的增加，青少年慢慢开始学会利用移动社交媒介表现自己，和同学好友借助工具来进行互动交流。在信息获取与分享、乐趣获得与休闲维度上，依然是七年级学生得分最低，而八年级学生得分最高。这也许是因为八年级学生的升学压力最小，课业负担较轻，有更多的时间使用移动社交媒介。

五、研究结论

本研究得到如下结论。

第一，青少年移动社交媒介的使用行为包含三类：人际交流与展示、信息获取与分享、乐趣获得与休闲。

第二，本研究编制的青少年移动社交媒介使用行为问卷具有良好的信效度，可以作为青少年移动社交媒介使用行为后续研究的测量工具。

第三，女生在人际交流与展示维度上得分更高，而男生在乐趣获得与休闲维度上得分更高。

第六节

———

互联网背景下幸福感的增益与消减

幸福是一个古老而又永恒的话题，是所有人都在不懈追求的东西。近年来，幸福感的研究越来越多地受到关注，无论是在学术文献中，还在新闻报道、政治辩论或政府工作报告中，它都是一个焦点。幸福感也成为衡量心理健康的一个重要指标。那么，什么是幸福或幸福感呢？国内外心理学中与幸福有关的概念有很多，而其中受研究者关注最多的是主观幸福感（Subject Well-being）（俞国良、王诗如，2015）。主观幸福感是衡量人们生活质量的一个重要的心理指标，是对生活的总体满意感，是一种积极情感超过消极情感并成为主导性情感的体验，由积极情感、消极情感和生活满意度三部分构成。本节从积极情感和消极情感两个角度来论述互联网与幸福感之间的关系。

"生态系统理论"（Ecological Systems Theory）是发展心理学中的一个重要理

论，用以解释环境对儿童发展的影响。该理论认为，儿童的发展嵌套于相互影响的一系列环境系统之中，这些系统包括微系统、中系统、外系统、宏系统和时间系统。为了更好地解释电脑、互联网等电子媒体如何影响儿童的发展，Johnson 和 Puplampu(2008)对生态系统理论做了补充，提出了"生态技术-子系统"(Ecological Techno-Subsystem)。该理论认为，儿童的发展嵌套于多层次的环境模型中，处于最内层的是技术-子系统，主要包括电脑、互联网、手机等电子媒体。电子媒体的使用对儿童的影响是通过技术-子系统来调节的。而在后面的微系统、中系统等各系统中，电子媒体都参与其中并对儿童发展产生影响。其实，不仅是儿童，我们每一个人都生活在这样一系列环境系统当中，受到这些环境系统的影响。随着互联网技术的发展和普及，互联网已经渗透到生活的方方面面，也渗入各个系统当中。而幸福感正是在互联网背景下各个系统相互作用的结果。在网络背景的生态系统下，人们的幸福感会受到怎样的影响，是增益还是消减，这个问题正是我们所关心的。

一、网络使用与幸福感

互联网的使用有很多种，包括网络游戏、网络购物、网络信息浏览和网络社交等。一项对老年人的研究(Berkey，Rockett，& Colditz，2008)发现，使用互联网的老年人比不使用者有着更好的心理健康水平和更高的幸福感，而社会整合和社会支持在网络使用和心理健康/幸福感之间起着中介作用。也就是说，互联网的使用让老年人得到了更多的社会支持和社会整合，从而让他们心理更健康，感觉更幸福。而对中国大学生的研究(Li，Shi，& Dang，2014)发现，网络交往满足了心理需求，可以促进个体的社会自我效能感，让个体体验到更高的主观幸福感。但同时，在线交流所满足的心理需求也会影响个体的"羞怯"状态，这将降低他们的社会自我效能感，从而导致更低的主观幸福感。从性别差异来看，中国女大学生通过网络交往从心理需求的满足中获得的社会自我效能感更低，所以，与男生相比，她们的主观幸福感更低。

互联网不再是只有少数人使用的一种先进技术，它已经成为一个普遍使用的工具。一般的调查数据都是关于互联网使用的广泛模式，而对互联网的具体使用、个体人格维度、情绪变量或社交互动之间的关系却研究得很少。有研究者(Mitchell，Lebow，Uribe，et al.，2011)就发现，互联网使用的具体类型与低水平的幸福感和社会支持相关。而不同的网络使用行为也对大学生的主观幸福感产生复杂的影响。其中，电脑上网获取信息能够正向预测大学生的主观幸福感，而电脑上网娱乐则会负向预测大学生主观幸福感；手机上网交友能够正向预测主观幸福感，而网络使用(电脑网络和手机网络使用的时间、频次)对大学生的主观幸福感没有预测作用。

通过文献梳理可知，网络使用与幸福感的关系特别复杂。我们不能简单地说网络使用正向或负向影响幸福感，二者之间可能存在着很多的中介或调节变量，还需要更多的研究来加以验证。

二、社交媒介与幸福感

(一)青少年社交媒介使用与幸福感

幸福感可以看作一个抽象的、完全个性化的概念，其含义似乎在不断变化。但无论如何测量，社交媒介和幸福感之间似乎都有着密切的联系。研究者(Wang & Wang，2011)对网络交往与青少年的主观幸福感进行了研究，发现网络交往与主观幸福感之间存在显著正相关，而且男生从网络交往中获得的益处要比女生多。还有研究者(Apaolaza，Hartmann，Medina，et al.，2013)研究了西班牙青少年使用社交网站 Tuenti 对心理幸福感的影响，并探讨了自尊和孤独感的作用。结果发现，青少年使用 Tuenti 的强度与社交网站上的社交程度呈正相关，而在 Tuenti 上的社交与青少年感知到的幸福感存在显著正相关。这种关系不是直接的，而是通过自尊、孤独感这两个中介变量来间接实现的。而青少年使用社交网站的频率对社会自尊、幸福感也有着间接的影响。社交网站的朋友数量、青少年收到的关于他们个人资料反馈的频率和语气（积极对消极）都会影响幸福感。积极的反馈会增强青少年的社会自尊和幸福感，消极的反馈则会减少社会自尊和幸福感。由此可见，社交媒介的使用与青少年的幸福感之间有着紧密的关系，而且二者的关系会受到很多因素的影响。

(二)大学生社交媒介使用与幸福感

大学生是使用社交媒介非常频繁的一个群体，社交媒介的使用又会给这个群体造成什么样的影响呢？对在日本的中国留学生进行的研究（Guo，Li，& Ito，2014）发现，社交网站的使用强度无法预测个体感知的社会资本和心理幸福感。社交网站的使用的影响会根据它的服务功能的不同而有所差异。社交和信息功能的社交网站的使用会提高个体感知的社会资本和生活满意度的水平，而社交网站如果被用于娱乐休闲功能则无法预测个体感知的社会资本，但会增加个体孤独感的水平。但是，对在美国的韩国留学生和中国留学生的研究却发现，与其他被试相比，使用脸书的学生表现出较低程度的文化适应压力和更高程度的心理幸福感。传统社交网站的使用则与文化适应压力呈正相关。但其中个体差异如人格、在美国的时间长短、学业成就压力和英语能力都具有一定的解释力（Park，Song，& Lee，2014）。

(三)普通网民社交媒介使用与幸福感

对普通网民的研究（Lee，Noh，& Koo，2013）发现，孤独感会对幸福感产生直接的负面影响，但对自我表露却有着积极的影响。社会支持正向影响幸福感，社会支持在自我表露和幸福感之间起着完全中介作用。该结果意味着，即使孤独的人幸福感很低，他们的幸福感也可以通过使用社交网站而提高。而人际社会支持会影响压力水平，进而影响身体疾病的程度和幸福感，脸书的好友数量会让用户感知到更强的社会支持，从而会减轻压力，并与较少的身体疾病和更高的幸福感相关。梁栋青（2011）的研究也发现，网络社会支持是主观幸福感的一个重要影响因素。对社交媒介使用、面对面沟通、社交孤立、连通性（Connectedness）和主观幸福感之间的关系进行的探索（Ahn & Shin，2013）表明，连通性在社交媒介使用对主观幸福感的影响中起中介作用。此外，连通性和避免社交孤立在面对面沟通对主观幸福感的影响中也起中介作用。网络真实性对主观幸福感的三个指标（生活满意度、积极情绪和消极情绪）会产生积极的纵向影响。但是，也有一些研究者认为，缺乏非语言线索和身体接触是网络交往中的潜在问题。这些研究者认为，在线互动无法提供足够的与个人有关的深度支持或情感支持，导致幸福感的整体减少（Green，et al.，2005）。但是，大多数研究认为，在线社交技术对青少年的幸福感有混合影响。

综上所述，我们可以看到社交媒介的使用与幸福感之间是积极的、正向的关系，适度地使用社交媒介会提高使用者的幸福感。当然，社交媒介的使用与幸福感之间的关系也是复杂的，还会受到很多因素的影响，有待进一步研究。

三、网络成瘾与幸福感

互联网是一个技术工具，使我们的生活更方便，它已经成为我们生活中不可缺少的一部分。随着网络的普及和网络技术的飞速发展，网络成瘾也引起了社会各界的广泛关注。过度的网络使用又会对使用者的幸福感带来什么样的影响呢？

研究表明，过度使用网络的大学生比正常的大学生表现出更消极的生理后果、行为后果、心理-社会后果和经济后果，对生活会更不满意，也更容易感受消极情感，其幸福感也更低（刘文俐、周世杰，2014）。网络成瘾与总体幸福感呈负相关，即网络成瘾越严重，个体的总体幸福感就会越低。成瘾者的总体幸福感低于非成瘾者，并且生活事件、消极应对方式会降低网络成瘾者的幸福感，但是社会支持却可以提高大学生网络成瘾者的幸福感。过度的网络使用也会对面对面交流产生负面影响，它减少了与朋友和家庭成员共度的时间，从而减少了心理幸福感（Kraut，Patterson，Lundmark，et al.，1998）。

此外，网络成瘾还能够负向预测主观生命力（Subjective Vitality）和主观幸福感，而主观生命力在网络成瘾和主观幸福感之间起着中介作用（Akin，2012）。

除此之外，出世和入世心理也会影响到网络成瘾和主观幸福感之间的关系。有研究（杨宏飞、薛尚洁，2008）发现，网络成瘾除了直接对幸福感产生负面影响外，还会通过减弱入世心理中的拼搏精神和出世心理中的平常心而降低幸福感。由此，我们不难发现，网络成瘾不但会直接影响网民的幸福感，还会通过影响一些中介变量而间接地影响幸福感。所以，我们在考察网络成瘾与幸福感之间的关系时，还需要考察二者之间的中介变量。

针对高社交焦虑的个体的研究发现，与社交焦虑较低的个体相比，社交焦虑高的个体认为在进行网络社交时有更高的舒适感和自我表露。但是，对于频繁进行网络交往的个体，他们的社交焦虑与低生活质量和高抑郁呈正相关。也就是说，社交焦虑的个体使用网络交往代替面对面的交往，但是，频繁的网络交往使他们的幸福感更低。这也就告诉我们，无论是什么人，也无论是哪种网络，只要是过度使用都会令用户的幸福感降低。

四、互联网与孤独感

孤独感是心理健康发展的一个重要标志。幼年时的孤独感被认为是以后的低生活健康状况的预测指标。一些理论认为，互联网的使用与更低的孤独感和幸福感有关，而其他理论则认为会增加孤独感。一方面，互联网给人们提供了充足的机会与同学、家人或有共同兴趣的陌生人相联系。此外，匿名性和不同步沟通的可能性也会产生沟通的控制感，进而可能促进亲密关系的发展。另一方面，互联网的使用也可能减少了线下的互动，而且网络当中发展的都是一些肤浅的关系和弱的社会联系（Subrahmanyam & Lin，2007）。"取代假设"（Displacement Hypothesis）认为，网络交往会影响到青少年现实生活中的交往，青少年有可能会用网络中的友谊代替现实社会中的友谊，他们用网络中形成的弱人际联结取代真实生活中的强人际联结。网络交往使他们逃避现实，不去与现实中的人交往，而一味地沉迷于网络。这也是青少年网络成瘾的原因之一。

目前，已经出现了大量的实证研究来探讨互联网的使用与孤独感之间的关系。黎亚军等（2013）对青少年网络交往与孤独感的关系进行了研究，发现青少年的网络交往与孤独感之间的关系非常复杂，二者之间存在着调节变量和中介变量。他们的研究发现，交往对象是否熟悉在网络交往与孤独感的关系中起着调节作用，对于交往对象主要是熟人的青少年，网络交往对孤独感具有显著的负向预测作用，但是当交往对象是陌生人时，二者之间相关不显著。还有研究者（Gentzler，Oberhauser，Westerman，et al.，2011）探索了大学生亲子之间的网络交往与孤独感、依恋和关系质量的关系。结果发现，与父母更频繁地电话交谈的学生有更满意、亲密的父母关系，但那些使用社交网站与家长沟通的学生则有更高程度的孤独感、焦虑依恋以及亲子关系冲突。同伴关系在二者之间起着中介作用。

对网络成瘾的研究也发现，网络成瘾倾向者比非网络成瘾倾向者更容易产生孤独感，并且网络成瘾对孤独感具有显著的预测作用。对大学生的研究（姜永志、白晓丽，2014）发现，大学生的手机互联网依赖让他们变得更加孤独，还会通过网络社会支持的中介作用而间接影响他们的孤独感。除此之外，还有大量的实证研究发现，互联网的使用会影响到孤独感，而孤独感也会影响到互联网的使用。所以，二者之间谁是因谁是果并不是一个很容易说清楚的问题。或者可以说，二者相互影响，互为因果。

五、互联网与抑郁

抑郁是一种易发的情感障碍，而且对人的影响非常大。那么，网络的使用与抑郁之间又有着怎样的关系呢？对老年人的研究（Cotten，Ford，Ford，et al.，2014）发现，互联网的使用增加了老年人的社会支持、社会接触、社会联系，并由此产生更大的满意度。互联网的使用让退休的老年人心理幸福感提高，并且减少了抑郁。尤其是对于那些独居的老年人，网络的使用对他们抑郁的减少作用更大。而对于大一新生来说，他们尚未形成高品质的校园友谊，与远方的朋友进行网络交往可以起到代偿作用。网络交往可以使拥有低质量的现实友谊的学生减少抑郁和焦虑，当抑郁的时候，现实友谊质量较低的学生会更频繁地通过电脑与远方的朋友交流。因此，在大学的最初几个月，一个重要的任务是学习如何利用计算机和其他在线技术获取关系支持，脱离关系可能会损害心理健康和高校适应。在工业化国家，当个体和家人、同伴之间的物理距离增加，面对面互动减少时，即时通信提供了一座很好的跨越距离的桥梁。因此，即时通信工具成为很多人的交流媒介，它与更少的抑郁和社交焦虑的发展有关。对于那些感知到低友谊质量的青少年来说，以沟通为目的的互联网使用能够预测更少的抑郁，而以非交往为目的的互联网使用则预测更多的抑郁和社交焦虑。

在网络交往中，尤其是在社交网站背景中，人们倾向于在夸大他们的个人、专业和其他素质的同时，掩盖其潜在的错误或缺点。所以，经常查看社交网站上好友近况的网民，更加容易感到自卑、抑郁(Pantic，Damjanovic，Todorovic，et al.，2012)。对青少年网络欺负的研究也发现，网络受欺负与抑郁存在显著正相关，网络受欺负正向预测抑郁，而压力感在二者之间起完全中介作用(胡阳、范翠英、张凤娟，等，2014)。网络成瘾和抑郁之间则具有双向关系，荀寿温等(2013)的交叉滞后研究发现，网络成瘾能够显著预测抑郁，而抑郁也可以显著预测网络成瘾。

总之，网络与使用者的消极情绪之间存在着紧密的关系。但是两者的关系会受到很多因素的影响，包括所处情境、人格等因素。

六、结束语

关于互联网与幸福感的研究已经进行了很多年，并且取得了很多的研究成果。但两者的关系错综复杂，还需要从不同的角度来进行深入的研究。所以，我们不能简单地说互联网的出现让我们更幸福或是不幸福，需要针对不同的人、不同的情况，考察很多不同的变量才能做出判断。我们生活在一个庞大的生态系统当中，互联网让各个子系统之间的联系更加紧密。在互联网背景下，影响幸福感的因素越来越多，而且各因素之间互相联系，这就更需要大量的实证研究来探讨不同系统对幸福感的影响。

（何军、雷雳、时勘、王伟、宋文婷、孙升芸、朱丹、赵群）

第七章

社会心理服务体系建设的示范性研究

第一节

————

民族复兴的社会心理促进模式

一、社会心理服务体系建设问题的提出

习近平总书记在党的十九大报告中明确指出，加强社会心理服务体系建设，培育自尊自信、理性平和、积极向上的社会心态。这就把社会心态培育提升到前所未有的高度。如何把握社会心理服务体系建设的核心要义，如何认识政府在社会心理服务体系建设中的职责等，是建设社会心理服务体系无法回避的重要理论和实践问题。习近平总书记在 2016 年 8 月 21 日出席全国卫生与健康大会并发表重要讲话指出，要倡导健康文明的生活方式，树立大卫生、大健康的观念，把以治病为中心转变为以人民健康为中心，建立健全健康教育体系，提升全民健康素养，推动全民健身和全民健康深度融合，进而提出了社会心理服务体系的建设问题。当前，我国正处于经济社会快速转型期，人们的生活节奏明显加快，竞争压力不断加剧，个体心理行为问题及其引发的社会问题日益凸

显，引起社会各界广泛关注。一方面，心理行为异常和常见精神障碍人数逐年增多，个人极端情绪引发的恶性案（事）件时有发生，成为影响社会稳定和公共安全的危险因素；另一方面，心理健康服务体系不健全，政策法规不完善，社会心理疏导工作机制尚未建立，服务和管理能力严重滞后。现有的心理健康服务远远不能满足人民群众的需求及经济建设的需要。因此，加强心理健康服务、健全社会心理服务体系迫在眉睫（辛自强，2018）。通过深入学习贯彻习近平总书记系列重要讲话精神和治国理政新理念、新思想、新战略，我们要按照《中华人民共和国精神卫生法》《中华人民共和国国民经济和社会发展第十四个五年规划和2035年远景目标纲要》等法律政策要求，落实健康中国战略部署，强化政府领导，明确部门职责，完善心理健康服务网络，加强心理健康人才队伍建设。这里，加强重点人群心理健康服务，培育心理健康意识，最大限度满足人民群众心理健康服务需求，形成自尊自信、理性平和、积极向上的社会心态，显得尤为重要。

二、社会心理促进模式

通过前述的中国梦的探索的四个课题，我们已经完成了民族复兴的历史渊源及社会心理评估结构（身心健康），基于胜任特征模型的能力建设和职业发展（胜任发展），科学思想库、人才培养及科学普及的心理影响机制（变革创新）三个角度的理论研究，后来，又基于网络媒体平台的社会心理行为集成平台的转换，将这些成果在网络环境下予以实现，完成了向网络平台转化的研究。在本节中，我们将通过一系列示范性研究来验证成果的可行性和有效性。

（一）理论依据

随着人们对健康概念的认识的深入，"心理健康促进"的内容逐渐植入了"生理健康促进"中，心理健康促进系统（Mental Health Promotion System，MHPS）就是近年来兴起的新领域之一。心理健康促进系统通过考察影响心理健康的各种要素，全面整合了心理援助的各种资源和措施，来促进救援人员心理健康水平的提高，是员工援助计划(Employee Assistance Programs，EAP)的进一步延伸和发展。它不仅可以为个体提供科学完善的诊断、评估、培训、指导与咨询，帮助人们解决各种心理行为问题，还能从救援人员的身(身体)、心(心理)、灵(价值观)等方面，全面促进人和组织的和谐发展。

(二)压力管理理论

危机事件的压力管理(Critical Incident Stress Management，CISM)理论的出现，标志着危机干预从单一的干预手段向综合性干预手段的转变。这是一种整合的、综合的、多元素的危机干预手段，它既有助于缓解危机发生时民众焦躁的心理症状，又能减轻创伤后应激障碍(PTSD)带来的消极影响。CISM 是 Everly 等人于 20 世纪 90 年代提出的一个概念，在美国海军陆战队、新加坡军方、澳大利亚海军等多个机构得到广泛的应用。Flannery 等人认为，CISM 包括三个阶段：(1)事前训练(Pre-incident Training)。它能改进人群面对危机事件时的心理行为反应模式。(2)心理服务(Acute Psychological Service)。危机发生后，在个体、团队、家庭、组织等多个层面上提供任何可能的心理干预。(3)事后反应(Post-incident Response)。它是事件发生后为个体、组织或社区提供的康复服务。总之，CISM 是一个多层次和多方位的支持系统。Castellanno 和 Plionis(2006)对参与"9·11 事件"救援的新泽西州某警察局进行了有关 CISM 的个案研究，他们发现，救援人员在现场获得的有效的心理健康促进服务包括同辈咨询、学科后援、团体工作坊和创伤后再体验项目(这是专门为高危险事件的救援人员提供的专业健康服务)。

(三)社会心理促进模式概要

根据大量有关员工援助计划有效性的系统分析，应该建构社会心理促进系统。如图 7-1 所示，首先，推广这些成果要受到环境因素、社会因素、组织因素和个体因素的内外影响，可以通过社会心理评估来确定其可行性。这需要确定这些社会心理评估的因素。其次，要界定关爱目标和内容，确定服务对象的分级。再次，选择关爱的促进方式。当这些内容确定之后，我们需要寻求社会支持，团结尽可能多的社会团体，实施促进计划。最后，评估社会心理服务体系的促进效果。

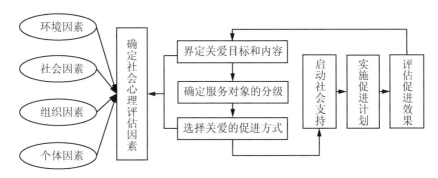

图 7-1　社会心理促进模式概要

三、社会心理促进系统的操作程序

根据已有的研究成果，我们认为，社会心理促进系统需要通过如下七个环节来实现其保障功能。它们分别是确定受援助者、界定援助目标、选择援助模式、获取内部资源、启动社会支持、实施援助计划和评估援助效果。

(一)确定受援助者

首先，要确定哪些人员是社会心理促进系统的受援助者。这需要通过专门的测试或者案例评估，来区分受援助者的等级。

1. 初级受援助者

这类受援助者只是表现出一般的心理问题，只要确定了压力的来源，形成一个支持性的健康环境，如采用较好的沟通、改变人事政策即可解决。对于这类受援助者，通过一些诊断压力工具发现问题所在，营造一些支持性的组织气氛，或者让救援人员参与救援组织的决策，开设减压、提升健康生活质量的活动课程，都可解决问题。

2. 次级受援助者

次级援助对于咨询人员本身的素质有一些特殊要求，需要经过专业训练、掌握专业技巧的人员才能实施，如心理咨询师、员工援助师等被国家职业资格鉴定机构确认的专业人员。他们可以通过专业测试和技巧，测试出受援人员的心理状态，并能缓解受援助者的典型的心理障碍问题。例如，开设心理调节及管理压力课程，传授给受援助者一些简单的松弛方法（如渐进式肌肉松弛法）、健康生活方式、时间管理技能（如定下目标和优先次序），培养敢言的勇气及解决问题的技巧等。

3. 高级受援助者

高级受援助者也称接受临床援助者。这类受援人员的心理健康促进工作是一般专业咨询人员无法胜任的。对于一个组织而言，我们把这方面的援助称为外包，主要指因参与特殊的救援活动引致严重病态的人士的康复及痊愈。这类受援助者，一般是被送往专业医院治疗，返回本部门后，也需要保密的专业辅导服务、24小时热线全程追踪服务。有一些高级受援助者，还需要一些药物治疗的辅助手段。这样，根据以上对受援助者的层次划分，就能把不同创伤水平的受援助者区分开来。

(二)界定援助目标

在确定了人员心理健康援助的层次之后，就要确定对于处于某一层次的受援助者，通过心理促进系统所要达到的援助目标是什么。由于心理援助活动要服从于特定的组织目标，更带有组织或团队活动的特征，援助目标既可能是个体水平的，如增强职位工作能力、增加适应能力、提升救援工作效能、缓解个人心理创伤；也可能是团队、组织水平的，如同事之间的情绪支持、压力纾解、团体咨询，甚至是灾难事件引起的群发事件的集体应对，等等。因此，要根据不同的援助目标，设计出不同的援助方式。此外，要根据促进系统的目标，选择心理学家、心理咨询师、社会工作者、临床心理治疗师和精神科医师，确定安排人员的档次——非专业助人者、次专业助人者或专业助人者，使心理健康促进系统的援助目标更加清晰。

(三)选择援助模式

在确定援助目标之后，就要选择心理健康促进系统的援助模式。这既需要考虑受援助者的实际需求，又需要考虑救援人员承担的工作任务的特殊性。可供选择的援助模式有如下四种。

1. 内置式

组织自行设置实施心理健康援助的专职部门，主要由内部管理人员来兼任咨询服务工作，必要时也会聘请社会工作、心理咨询和辅导的专业人员来部门协助实施健康援助。内置式的优点是针对性强，适应性好，能够及时为受援助者提供援助服务。

2. 综合式

这种模式与内置式的区别在于，在组织内部成立一个专门的心理健康援助服务机构，并在组织内部配备不同部门的管理干部与社会工作、心理咨询和辅导的专业人员。综合式的优点是专业性强，效率高，内部协调好，能够整合内部力量，为受援助者和组织量身订制不同类型的促进计划。

3. 外设式

组织将社会心理服务外包，由外部具有心理咨询和临床治疗经验的专业人员或机构来提供心理健康援助服务。外设式的优点在于保密性好，专业性强，服务周到，能够为组织提供最新的信息与技术，更能赢得受援助者的信任。在有些情况下，不采用内置式来解决问题，并非因为内部人员不能解决这些心理健康问题，而是出于尊重受援助者的隐私要求。

4. 联盟式

组织内部的实施部门与外部的专业咨询机构联合行动，共同提供援助项目。该模式的优点在于能够减轻组织内部人员负担，内外互补，既减少组织经济支出，提高知名度，也能充分发挥内外部的优势。

(四)获取内部资源

不论是哪种社会心理促进系统，都需要从内部获取各方面的资源支持。这些资源支持包括内容培训系统、监督执行系统和援助合作系统(如大学、研究所、专业社团机构)的支持。此外,还包括实施社会心理服务系统的支持,如专业咨询的网络资源服务,为民众专门设置的心理测试和远程互动咨询互动式的心理咨询网,必要的生理、心理训练的设备和场所等。

(五)启动社会支持

在确定援助模式之后,就要启动社会支持系统,来充分利用受众所处社会环境的心理支持。一般来说,对社会心理服务的社会资源系统进行审视和评估,有利于制订出更为个性化的援助方案。需要启动的社会支持系统的内容包括:(1)心理健康援助的原有的经验积累,受援助者的亲友、家庭和同事的援助服务;(2)受援助者所在的组织党政工团等机构的协助。具体的社会支持活动包括:(1)营造一个关爱社会的心理氛围;(2)通过组织的规章、家庭成员的协同支持,使得接受社会心理服务的人员认识到,自己存在一些心理问题是正常的,接受一些心理健康辅导,以便告别过去的情境,适应正常的工作和生活,也是正常的。

(六)实施援助计划

在完成上述五个步骤的准备工作之后,社会心理服务促进系统就要为受援助者提供稳定的诊断、培训、指导与咨询,也就是正式开始实施援助计划。具体的社会心理服务计划,包括需求评估、心理咨询室的服务和数据库的信息支持三方面的工作。需求评估指的是使用心理测量工具(如 SCL-90、EPQ、MMPI 等),对受众的心理状况进行测量,发现导致心理问题的根本原因;心理咨询室是组织开展多种形式心理咨询的固定场所,服务形式主要包括咨询热线、网上咨询和团体辅导等;数据库主要用于建立受众的心理健康档案,进行跟踪与记录。总之,社会心理服务促进系统通过专业人员的心理咨询、知识讲座和数据库等科学手段,来帮助受众解决各类心理问题,完成常态情况下和突发事件情况下的心理服务工作。

(七)评估援助效果

为了评估社会心理服务的效果,建构效果评估反馈系统是相当必要的。评估心理服务效果主要收集的信息包括：（1）接受过促进系统帮助的人员的反馈信息、其他参与促进系统工作的相关人员的反馈信息；（2）直接执行促进系统工作的人员的自评信息；（3）监督机构或专家反馈的信息；等等。评估部门将根据救援活动的周期，选定一定的评估指标系统收集信息来进行评估，以知晓心理健康促进系统设置的必要性。判断促进系统的有效性不仅看增益效果，也看减少或避免了多少损失。

四、主要的示范性研究内容

社会心理服务既可以面向个体心理，也可以面向整体社会心态，开展提高社会信任、树立良好社会价值观的促进活动。社会心理服务体系建设不能简单理解为心理咨询室和精神科门诊的微观技术性工作，采用简单的"治病救人"逻辑，而是要为国家和社会善治谋篇布局。社会心理服务体系建设首先要在制度层面开展心理建设（辛自强，2019）。我们在社会心理服务体系的设计中，首先考虑了这种设计思想，使得社会心理服务体系的示范性研究先从组织建设的角度出发，解决政府、城区、军队、地方企业的健康型组织建设的问题，然后考虑了群体心理，最后考虑了个人心理的问题。这次我们选择的示范性基地的实验研究，主要包括了如下七方面内容。

（一）健康型城区建设模式

社区是健康型城区建设的基础性单元，由上海市静安区卫生和计划生育委员会（2018 年更名为卫生健康委员会）党工委与中国人民大学心理学系共同承担的国家社会科学基金重大项目子课题"健康型城区建设的社会管理模式研究"，作为静安区卫生健康系统重点学科建设项目立项，共有七个子课题纳入"十百千"人才培养序列。经过近五年的努力，健康型城区管理模式研究已经初见成效。本研究主要探索社会心理服务体系建设中的健康型城区建设模式，特别是在中国文化背景下涉及的独特内容和运行规律，以便为实现中华民族伟大复兴的中国梦贡献力量。

(二)社会排斥与融合模式

要形成一个各阶层成员平等相处、彼此关爱、相互融合的和谐社会，作为国家社会科学基金重大项目的子课题"珠江三角洲社会融合的引导模式研究"，经过几年来的努力，已经取得很大的进展。广州市荔湾区推行的社会融合模式针对外来人口如何融入本地的问题，探索了政府政策对于外来人口生活满意度的影响。他们的经验对全国各地均具有示范作用。

(三)城市廉洁文化建设

世界各国廉政管理的成功经验表明，毫不动摇地打击腐败和开展以预防为主的廉政教育，特别是加强廉洁文化建设，两者缺一不可。不过，怎么才能保证评估工作的客观性和科学性？这一直是廉政管理的难点之一。从心理学角度来看，由于人们普遍存在着回避差的评价结果的心理倾向，在调查中，参评者们难以避免这种心理活动带来的自我掩饰的行为(我们称之为评估中的称许性行为)，这显然不利于廉洁文化建设的可持续性发展。鉴于以上情况，重庆市渝中区纪委课题组开展了廉洁文化建设有效性的评估和反馈方法的探索工作。

(四)组织文化对企业并购的影响机制

本研究主要介绍：(1)组织文化对于企业并购的影响机制；(2)员工谏言/员工沉默对企业并购的影响机制和组织文化冲突对工作投入的影响机制；(3)如何应用这些理论成果。

(五)安全心智培训及系统集成方法

本研究探索了在非常规突发事件背景下，如何开展矿山安全文化建设，特别是如何通过安全心智培训的有效应用，使企业的安全生产得到保障，并且把企业全面信息化背景下的安全文化建设成果拓展到其他行业的组织建设中。该项目得到了国家973计划的肯定，并被纳入国家应对非常规突发事件的应急系统。

(六)基层部队主官的胜任特征模型建构与应用系统

在现代化战争背景下，如何探查军人胜任特征模型的新变化，并将这种模型与大数据、信息化结合起来，有效地应用于应急管理的模拟训练中？沈阳军区（2016年与济南军区部分地区、北京军区部分地区联合组成北部战区）政治部干部部联合中国科学院大学管理学院（2015年更名为经济与管理学院），引进现代人才测评思想、理论和技术，针对连队主官的岗位特点和职责要求，在深入调查、科学论证、广泛实践的基础上，形成了《连队主官胜任特征深度评价手册》和《连队主官胜任特征编码词典》等，并成功地运用于连队主官队伍建设工作中，取得了显著成效，得到了中国人民解放军总参谋部（2016年改组为中央军委联合参谋部）的肯定。

（七）危机救援社会心理服务的示范性研究

北京市在这方面的社会心理服务体系建设服务工作分为两方面：一方面，北京市危机救援学校实施了紧急救援员职业资格培训，取得了显著的成效，并且在现场培训的功能模拟中，构造了地震、水灾、火灾、交通事故现场等多种模拟场景，把心理学原理应用于社区的救援工作中；另一方面，北京市红十字会在危急突发事件中发挥了突出作用，有效实施了公益性救助，并协助各级政府在维护社会稳定方面发挥作用。后一方面工作的专报信息得到了中央有关领导同志的肯定和批示。

第二节

健康型城区建设模式

上海市静安区卫生和计划生育委员会党工委与中国人民大学心理学系共同承担了国家社会科学基金重大项目子课题"健康型城区建设的社会管理模式研究"，双方于2014年7月在上海市静安区举行了子课题签约仪式。作为静安区卫生健康系统重点学科建设项目立项，各子课题均纳入"十百千"人才培养序列。

经过近五年的努力，健康型城区管理模式研究已经初见成效。

一、研究目标和内容

考虑到社区建设的要求，我们初期研究的健康型城区建设工作主要包括六个方面的内容：(1)医护人员的抗逆力模型及其组织与员工促进模式；(2)老年人社会网络和健康促进模式；(3)老龄化与认知功能衰退的神经机制及干预；(4)晚期癌症病人的死亡应对与临终精神性关怀；(5)丧亲人群的哀伤社会支持；(6)健康型城区建设模式的实践推进。

二、健康型城区管理模式的系列研究

经过近五年的努力，我们在健康型城区建设方面取得了一定的成绩。

(一)医护人员的抗逆力模型及其组织与员工促进模式

1. 调查工作程序

第一阶段，质性研究。

通过深度访谈获取质性材料，主要了解医护人员在工作中所遇到的压力事件有哪些，会通过哪些途径来缓解压力，以及需要哪些能力和特质来应对这些压力事件。访谈的目标是获取医护人员压力源、应对方式和抗逆力的相关质性材料，以此为后期定量调查研究提供依据。

第二阶段，问卷编制。

根据访谈情况与文献资料，编制医护人员压力源、应对方式、抗逆力问卷，以此了解医护人员的压力特征，应对这些压力的有效方式，以及医护人员的抗逆力结构。

第三阶段，问卷施测。

根据问卷分析与前期访谈的结果，设计一套具有静安特色的医疗卫生系统的组织与员工促进计划。这里，使用自编的医护人员压力源、应对方式、抗逆力问卷，从性别、年龄、科室、职位等不同层面了解医护人员的工作投入、工作幸福感、心理健康状况等。问卷选择了 382 位医护人员。随机分成两组，作为实验组和控制组。每组人数大致相等。培训开始前一两天，两组被试先进行抗逆力、积极情绪等指标前测。

第四阶段，干预培训。

对实验组进行抗逆力提升培训，对其他组采用其他培训方法。培训结束时两组被试接受后测。一个月后两组被试均再接受追踪测量。三次测试的问卷相同，每位被试具有唯一的编码（手机号后四位），保证三次测试能一一对应。对照实验组和控制组前测数据与后测数据、前测数据与追踪数据的差异，以验证培训干预模式的有效性并为后期的干预研究提供理论支持。

2. 研究结果及分析

本研究在两个时间点分别收集自变量和中介变量、因变量数据。通过对 382 份有效数据进行层级回归分析发现：抗逆力对个体的工作投入和工作幸福感均有显著的正向影响；心理脱离在抗逆力与工作投入、抗逆力与工作幸福感之间均起到部分中介作用。以往研究多从消极角度研究抗逆力对个人恢复、适应等行为的影响，关注抗逆力对个体的离职倾向和工作倦怠等的影响。本研究首先从积极角度来验证抗逆力能否使个体在工作压力中拥有更高水平的主观幸福感，提升个体的工作投入水平。其次，以不同地区、不同等级医疗单位的医生、护士和药剂人员为研究对象，不仅进一步验证了前述研究结论，而且拓展了研究对象范围，具有更高的生态效度。研究发现，积极情绪和应对方式在抗逆力与工作投入之间起中介作用（朱厚强、万金、时勘，等，2016）。

3. 本研究的意义

本研究基于积极情绪拓展-建构理论发现，高抗逆力个体具有更高水平的积极情绪，积极情绪的拓展功能带来个体注意范围的拓展和认知灵活性的提升。这有助于个体在工作结束后将注意力从工作中的负面事件转向其他事物。因此，抗逆力高的个体更善于使自己从负面的工作情境、工作压力中脱离出来。这种心理摆脱能够帮助个体在经历应激情境后有效地补充心理资源，在压力情境中维持良好的生理、心理状态，保持工作投入和工作幸福感。此外，工作投入和工作幸福感对个体的任务绩效、关系绩效、组织公民行为、离职倾向以及伴侣的幸福感和组织绩效等都具有显著积极影响。此外，社区组织通过心智培训等方式重点提升了居民的抗逆力水平。一方面，从短期来说，保证了人们在压力情境中维持良好的生理、心理状态；另一方面，减少了业余时间的工作连通行为，在工作时间外能够避免员工卷入工作相关活动，使其得以补充消耗的心理资源。在后续研究中，课题组还会将团队与组织层面的另一些变量纳入研究模型，如团队积极情绪、组织支持和组织文化，通过人与情境的交互作用来进一步提高干预的成效。

(二)老年人社会网络和健康促进模式

1. 基本思路

社会网络(Social Network)是种基于网络而非群体的社会组织形式，是社会成员之间因互动而形成的相对稳定的关系体系。随着我国老年人口比例的不断上升，老龄化社会问题愈显突出。如何解决社会老龄化问题，实现老年人的中国梦显得尤为重要。现在老年人绝大多数居住在家中，活动场所主要为自己所在的社区。因此，要以社区为依托，整合各种社区资源，建设健康型社区，来真正实现健康老龄化。本研究回顾了以往有关老年人社会网络的文献，梳理了老年人社会网络与老年人身体健康和心理健康的关系，并在此基础上开展研究，旨在为促进健康老龄化、建设健康型社区提供理论依据和相关建议。

2. 主要内容

本研究的第一部分为问卷调查，探索中国大陆老年人社会网络的构成、心理健康水平和生理健康水平的关系。第二部分进一步探索老年人社会网络对健康水平的影响的内在机制，展示老年友好的社区管理模式的核心内容。本研究采用横断面研究和追踪研究相结合的方式，系统地研究社会网络对老年人健康的影响。2015 年上半年开始数据收集，2015 年下半年进行数据分析，2016 年上半年生成结果，2017 年完成了调查报告的写作工作。目前，已完成以下三项研究工作。

子研究一：社会网络与老年人心理健康的关系。本研究考察了社会网络的数量和质量是否会对老年人的心理健康产生不同的影响。以 345 名居住在北京的老年人为样本，发现社会网络的数量和质量与心理健康密切相关。结果表明：(1)外围伙伴的数量与心理健康正相关；(2)情感亲密的社交伙伴的质量对心理健康的影响作用最强；(3)情感亲密的社交伙伴的质量对心理健康的影响取决于情感亲密的社交伙伴的数量，对于拥有更多情感亲密的社交伙伴的老年人来说，其社交伙伴的质量与心理健康的关系更强。本研究复制了以往研究的假设，并验证了社会网络的结构/数量和质量对中国老年人心理健康的重要性。

子研究二：影响老年人健康状况的社会网络因素研究。本研究采用了包含社会网络问卷(Social Convoy Questionnaire)中文版、汉化版的身体状况量表(SF-36)和一般社会人口信息的综合性社会网络调查问卷，对 105 位居住在上海市内的 9 个区(杨浦、普陀、黄浦、长宁、宝山、虹口、徐汇、静安和浦东新区)的老年人展开调查，剔除了 5 份无效的问卷后，最终获得有效问卷共 100份。分析数据后得出如下结论：(1)老年人外围的社交伙伴数量与情感亲密的社交伙伴数量呈显著的正相关，外围的社交伙伴数量明显多于情感亲密的社交伙伴数量；(2)性别、婚姻状况、教育程度、年龄和孩子数量对老年人社交伙伴数量没有显著的影响；(3)性别、婚姻状况和孩子数量对老年人健康状况没有显著的影响；(4)年龄、受教育程度对老年人健康状况有显著的影响；(5)情感亲密的社交伙伴数量与老年人健康状况的身体疼痛、一般健康状况、活力、心理健康以及总的躯体健康呈显著的正相关关系；(6)外围的社交伙伴数量和心理健康呈正相关关系，年龄、情感亲密的社交伙伴数量能够显著地预测其健康状况。

子研究三：老年人社会网络对心理和身体健康的追踪研究。子研究一和子研究二揭示了老年人的社会网络和老年人的心理、身体健康有密切的关系。但是，两者之间的因果关系尚不明确，因此，两种可能性均不能排除。一方面，有可能是老年人社会网络在数量和质量上的差异导致了老年人健康水平上的差异，即拥有更多社交伙伴和更高质量的社会网络可能提升老年人的身体健康和心理健康水平；另一方面，也有可能是老年人在健康水平上的差异导致了其社会网络的变化，即健康状况的下降导致老年人的社交伙伴减少和社会网络的质量下降。因此，无法辨别两者之间的因果关系。为此，我们又在上海市静安区老年医院和上海市江宁路街道社区卫生服务中心开展了一项追踪研究。这次调查包括了来自江宁路街道社区卫生服务中心的老年被试 30 人和来自老年医院的被试 60 人，两次收集数据的时间间隔约为半年，通过追踪研究的方法，证明了老年人社会网络和健康之间确实存在因果关系（邢采、杜晨朵、张昕，等，2017）。

3. 对策建议

在我国人口高度老龄化的背景下，老年人的社会网络对其身心健康确实存在重要影响。为了建设健康型社区，为老年人提供社会支持，我们提出如下建议。

首先，子女应当关爱父母。中国自古就有重视孝道的传统，老年人既需要物质上的支持，也需要精神上的支持。子女除了提供给父母经济上的帮助，使父母生活上更加舒适之外，还需要向养育自己的父母提供情感上的慰藉。例如，多探望父母，多与父母交流，关注父母的身体状况和心理健康。

其次，改善社区支持系统。老年人退休之后，社会角色发生变化，社会网络规模缩小，社会机构的支持地位就凸显出来。社区应该重视老年人渴望交流的精神需要，如开办老年大学和文化活动室，加强对老年保健的宣传与教育，多组织社区志愿者活动来促进老年人和家人以外的社交伙伴的沟通，真正实现老有所学、老有所为和老有所乐。

最后，加强政府服务职能。在促进老年人身体健康和心理健康上，政府是有力的社会支持的提供者。一方面，需要完善养老保险，对老年人进行经济支持；另一方面，应当改善医疗保险体系，对老年人提供多层次的医疗服务和照顾，诸如家庭病床、日间照顾、临终关怀等，真正实现老有所医和老有所养。另外，政府有必要对老年人的社会网络进行有益的补充和扩展，保障老年人的身心健康，为实现中国梦助力。

(三)老龄化与认知功能衰退的神经机制及干预

1. 研究问题

上海市静安区是我国第一个步入老龄化的行政区域，老年人口及高龄老年人口均位居上海市首位。本研究的目的是建立科学有效的服务模式，延缓或推迟老年人失智的发生，并提高老年人生存质量，减轻政府及家庭医疗支出负担，建立社区预防老年人失智工作服务点，积极开展各种干预服务。这些研究以轻度认知功能受损和不良生活习惯等失智高危人群为重点关注人群。

2. 理论探索

失智是严重威胁老年人身心健康的精神疾病。随着人口的老龄化，患病率逐渐增加。当前，对失智尚无特效治疗方法，给家庭和社会带来沉重经济负担。本研究证实，早期采取预防和干预措施能够延缓或推迟失智的发生。我们的研究分为两个阶段。第一阶段为理论探究。主要探讨老龄化与认知控制功能衰退的神经机制，研究老年人大脑功能网络交互机制的变异与老年人认知功能行为衰退的关系。第二阶段为应用验证。认知功能衰退的认知干预方式探索，以前一阶段认知功能障碍的脑神经机制为基础，根据认知功能障碍老年人的脑功能衰退与症状表现的理论模型，来决定处置和干预的策略。我们于 2014 年 12 月—2015 年 5 月完成数据采集工作，包括实验设计、神经影像数据、脑电信号数据的采集；2015 年 5—12 月为研究分析阶段，完成各类数据信号的预处理及分析；2015 年 12 月—2016 年 8 月，完成认知预防及干预体系构建，建立认知预防及干预控制培训体系。

3. 实施方案

我们在理论研究的基础上，将成果应用于失智老人的培训实践，举办了多次专家论证会，确定实施方案，然后组织发动老年人群参与培训活动。为江宁路街道的 7 700 位老年人开展认知功能的筛查和评估，全面开展宣传及筛查工作。建立了以上海市精神卫生中心、静安区精神卫生中心、江宁路街道社区卫生服务中心为一体的三级服务网络，组建了专业化服务团队开展服务工作。随后开展了培训应用活动。通过自愿报名、社区动员的参与方式，42 名老年人分别参加认知训练班、有氧训练班和情绪管理班；每班确定组长，老年人自我管理。本项目的课程设置以老年人自身需求为导向，每个班的训练周期为 3 个月，每周 2 次。比如，通过认知训练班的益智健脑训练，帮助老年人提高认知功能，锻炼脑功能；通过有氧训练班的有氧运动，促进老年人的心血管功能，改善认知功能；情绪管理班主要运用生物反馈技术进行团体心理素质训练，提升老年人的心理能力，达到调整呼吸、体会放松和管理情绪的目的。此外，还开展了主题活动多次，共有数百人次参加了活动。每次活动结束后、每期课程结束后均要进行效果评估工作。评估指标包括服务满意度、认知功能状况改善程度、对失智的改善程度和行为改变率。一般在项目开展 3 个月后进行效果评估工作，这种方法大大地提升了工作效率。截至 2018 年 9 月，认知训练课、有氧训练课和情绪管理班累计参与人数为 7 700 人次。参与的老年人认真对待每次课程，积极配合完成相应训练。同时，社区其他老年人也纷纷前来咨询和预约。随着预约人数的增加，相关课程训练班今后将陆续开班。

4. 初步成效

该项目的初步成效体现在：(1)给老年人提供的系统规范的心理行为干预服务取得了明显的改善失智状态的成效；(2)为老年人搭建了人际交往平台；(3)帮助老年人构筑社会支持网，促进其身心发展。我们希望通过该项目的持续开展，促进老年人及其家庭与社区的联系，增强社会对失智老年人的关注和理解，并在老龄化趋势下探寻更加有效的、实用的干预服务措施。

(四)晚期癌症病人的死亡应对与临终精神性关怀

1. 问题的提出

临终关怀运动于 20 世纪 50 年代起源于英国，但关于临终关怀实践和理论的研究是 70 年代才逐渐展开的。我国对临终关怀的学术研究直到 21 世纪才逐渐增多。在梳理已有的中文文献的基础上，我们提出了临终关怀中精神关怀和心理关怀的重要性，并在实践操作中满足临终者的精神性和心理性需求。本研究的目的是探索在生命倒计时的过程中人们的经历，以及人们是如何看待和接受死亡的。讨论晚期癌症病人的死亡应对，关注点通常是如何提供舒适的物质条件减轻病人疼痛，较少涉及精神层面的需求。我们在后一层面的临终关怀项目中，力求设计出更能满足病人心理需求的方案。

因为临终关怀是一个涉及医学、护理学、心理学、宗教学、社会学等不同学科的综合领域，所以需要有不同训练背景的研究者的共同努力。本研究关注的焦点人群是晚期癌症病人及其照顾者。晚期癌症病人除了要忍受疾病带来的痛苦，还需要适应疾病所造成的角色的转换。作为病人，他们的社会活动发生了根本性的改变，与家人和朋友的交流也发生了改变。晚期癌症病人面临的最大挑战是如何面对死亡。

2. 实施计划

第一阶段为定量研究。样本量为 50 名患者，50 名家属；研究内容是，通过死亡态度量表了解病人与相关人员的死亡态度，研究方法为施测中文修订版的死亡态度描绘量表，研究对象是希望参与研究的病人、医务人员、家属。采用的研究技术为量表法。

第二阶段为定性研究。关注的是癌症晚期病人和他们的照顾者对死亡的理解和在死亡临近的情况下的应对策略，主要是了解病人在面对死亡的时候精神世界的情况，以及他们如何处理自己的精神性需求。研究技术采用的是半结构化访谈。

3. 研究结果和实施建议

精神性或者灵性（spirituality）是与宗教信仰不同的一个概念。宗教信仰主要是践行特定的传统教派的信仰、仪式和活动。精神性比宗教信仰更为基础，即使没有宗教信仰的人也有精神性的经验。精神性相当于个体对自己生命意义的追寻，是人们从自己的核心信仰、价值和知觉到的终极意义出发来理解和经历自己的生命的主观经验。有研究指出，濒临死亡的人的精神需求会变得比较强烈。我们的研究探讨这些人的精神需求都涉及哪些方面，以及病人希望他们的需求怎样被满足，从而为完善临终关怀项目提供了依据。

我们后来形成的干预方案，除了满足濒临死亡的人群的基本生理需求，还增加了中医药参与的舒缓疗护，而且创造出安宁护理方法，在告别仪式的举行和志愿者服务方式上，更多地体现出人性化关爱的特色，取得了更好的成效（李永娜、范惠、李欢欢，等，2017）。

（五）丧亲人群的哀伤社会支持

1. 问题的提出

丧亲是人们一生中不可避免的应激事件。与亲密对象的分离往往给个体带来生理、心理以及社会功能等多个层面的广泛影响，使个体经历着情绪健康和生活恢复双方面的挑战。社会支持对个体在应激情境下的身心健康具有普遍的增益性，但其在丧亲领域究竟能否为个体的哀伤适应带来积极影响？如果能，其影响机制如何？这些仍是已有研究未能回答的问题。文献回顾发现，丧亲社会支持的内涵与本质尚不清晰，缺乏良好的测量工具，以及对影响机制研究的纵向设计。基于此，本研究聚焦于回答以下三个问题：第一，丧亲社会支持的内涵是什么？第二，丧亲社会支持对丧亲适应结果有否影响？第三，丧亲社会支持对丧亲适应结果产生影响的机制如何？

2. 研究设计

子研究一：丧亲者社会支持体验的质性研究。通过质性研究深入了解丧亲者的真实社会支持经历与体验，探索丧亲社会支持的内容与结构，并以此作为开发丧亲社会支持量表和进行相关定量研究的基础。

子研究二：丧亲社会支持量表开发与验证。主要是发展出丧亲社会支持量表，并验证该量表的信效度。开发本量表的目的，一是为丧亲社会支持研究提供新的工具，二是有利于本研究后期的横向、纵向及建立模型的定量研究。

子研究三：丧亲社会支持对适应结果的影响。通过横向与纵向追踪设计，分别在两类数据中探索丧亲社会支持及各个维度对适应结果（复杂哀伤、抑郁、孤独感以及创伤后成长）的直接影响。

子研究四：丧亲社会支持对适应结果的影响机制——纵向中介作用。探索社会支持影响丧亲适应结果（复杂哀伤、抑郁、孤独感以及创伤后成长）的纵向中介作用，考察感知社会支持与意义整合变量的纵向中介效应。

子研究五：丧亲社会支持对适应结果的影响机制——依恋风格的调节作用。探索在社会支持影响丧亲适应结果的简单模型与中介模型中，依恋风格变量的调节作用。

3. 研究实施

第一阶段为定性研究。通过深度访谈获取质性材料，主要了解丧亲人群在丧亲后的经历中曾经得到的社会支持，感受到有帮助的社会支持包括哪些种类，以此为后期定量调查研究提供依据和基础。访谈采用焦点小组与个体访谈相结合的方法，研究技术为文献阅读法、主题分析法和统计分析法。第二阶段为定量研究。在质性研究分析的基础上，发展出丧亲人群社会支持测量的量表，并进行验证和修订。采用的研究技术为探索性因素分析和验证性因素分析方法。本次定性研究于 2014 年 9—12 月进行，完成了访谈研究。定量研究于 2015 年上半年开始第一次问卷调查，2015 年下半年开展第二次问卷调查，2016 年上半年进行了第三次问卷调查，由于条件限制，取消了生理指标的采集工作。

4. 研究结论

子研究一结果发现，丧亲社会支持主要包括后事处理、情感支持、生活恢复帮助、经济与物资支持。调查被试的主要支持来源除家人和朋友之外，还包括同事、共同经历者以及一些机构等。社会支持通过调节情绪、改变认知等方式促进个体对丧亲的适应。

子研究二基于质性研究的结果，将中国文化背景下的丧亲社会支持内容发展成量表，并经过项目分析、探索性因素分析、验证性因素分析等检验，最终形成了一个具有良好信效度的测量工具。量表含有四个因子，分别是生活照顾、经济支持、哀伤加工与情绪恢复。

子研究三发现丧亲社会支持的正向影响为复杂哀伤症状与创伤后成长，负向影响为抑郁与孤独感。考察四个因子的影响发现，经济支持正向预测复杂哀伤症状，生活照顾、哀伤加工与情绪恢复负向预测抑郁，哀伤加工与情绪恢复负向预测孤独感，四个因子均不同程度正向预测创伤后成长。

子研究四发现，以丧亲社会支持为自变量，以感知社会支持为中介变量，以孤独感为因变量的纵向中介效应显著。首次调查时丧亲 7~12 个月的样本，以意义整合为中介变量，以孤独感为因变量，其纵向中介效应显著。

子研究五主要通过感知社会支持对创伤后成长的间接影响来探索丧亲社会支持对创伤后成长的影响。研究发现，依恋风格的调节作用均显著。依恋风格较为安全的个体在发生实际支持性人际互动之后，通过促进对社会支持的感知与期待等认知改变来达成内心的成长。高依恋回避的个体往往通过对实际社会支持的直接利用促进成长，而很难通过改变认知层面对于潜在支持可得性的期待而达到成长。而高依恋焦虑的个体，既难以直接利用社会支持，也无法通过间接改变社会支持感知而促进哀伤适应(李梅、李洁、时勘，等，2016)。

三、健康型城区建设模式的实践推进研究

(一)总体进展

本研究主要从整体角度推进各子课题组研究内容的实践应用，并将各地区研究成果叠加至课题协调规划组，特别是在 2016 年第九届全球健康促进大会上，上海市静安区进行了一天的健康社区展示活动。这代表了我国城区社会管理模式的研究水平。总之，上海市静安区在社会心理服务体系建设方面的示范性应用成果，为全国各地树立了榜样。

(二)研究结论

第一，本研究从积极角度验证抗逆力能使个体在工作压力中感受到更高水平的主观幸福感，并能提升个体的工作投入水平。研究发现，抗逆力对个体积极情绪、主观幸福感有正向影响。积极情绪和应对方式在抗逆力与工作投入之间起中介作用。

第二，本研究证实了老年人的社会网络对其身心健康的重要影响。子女应当关爱父母，弘扬孝道。社区应重视老年人渴望交流的精神需要，促进老年人和家人以外的社会伙伴沟通。在促进老年人身体健康和心理健康上，政府是有力的社会支持的提供者。

第三，失智是严重威胁老年人身心健康的精神疾病，早期采取预防和干预措施，能够延缓或推迟失智的发生，并提高老年人生存质量，减轻政府及家庭医疗支出负担。建立社区预防老人失智工作服务点，积极开展各种干预服务，对于轻度认知功能受损和不良生活习惯等失智高危人群不失为行之有效的方法。

第四，关于晚期癌症病人的死亡应对与临终精神性关怀研究表明，晚期癌症病人除了要忍受疾病带来的痛苦，还需要适应疾病所造成的角色的转换。晚期癌症病人面对的最大挑战是如何走向死亡，只有了解人的这些精神需求，才能为完善临终关怀提供依据。

第五，丧亲是人们一生中不可避免的应激事件。要了解丧亲社会支持的内涵、丧亲社会支持对丧亲适应结果的影响因素，才能使丧亲社会支持对丧亲适应结果产生更好的影响。

(三)健康型城区建设的专著出版

2018 年 5 月，经济管理出版社推出了《健康型城区建设模式研究》一书(见图 7-2)，就如何做好健康型城区建设和社会心理服务体系建设工作做了系统的介绍。该书系统地介绍了上海市静安区四年多的实验和实践，特别是创造了一套健康型城区建设的模式。从健康型组织的评估模型入手，提出了"身心健康、胜任发展和变革创新"的评价结构和方法。介绍了如何提升医务人员的抗逆力；介绍了关心老年人的口语认知年老化方法，在休闲活动中如何给老年人提供社会支持。面对失智老年人的康复，研究团队做了大量脑科学实验研究，并有效地运用于康复训练之中。在工作场所中探究了抑郁症状的综合评估和出院精神病患者的再就业的综合干预方法，针对乙肝、艾滋病污名态度，提出了消除污名的对策建议。研究团队还开展了抑郁症患者自杀的神经机制研究，就如何消除自杀新闻的不良暴露方式形成了宣传建议。开展了丧亲人群的哀伤社会支持研究，在哀伤辅导方面形成了可操作的干预建议。最后，研究团队通过在全国近4 000家企业开展幸福评估工作，建立了E-STAR信息反馈模式，在评估全国各行业健康型组织建设后，就整体评估和反馈工作如何采用管理熵理论提供了可操作的理论和方法。

图7-2 《健康型城区建设模式研究》专著

第三节

————

社会排斥与融合模式

一、荔湾区的发展与存在的问题

自改革开放使广东成为改革先行地区以来，省内外人员流动不断增加。荔湾区地处广州西部，俗称西关，是广州市独具岭南特色的中心城区和广佛都市圈的核心区。到 1990 年，常住荔湾区一年以上的流动人口已达到 378 230 人，占全区总人口的 6.82%。2005 年，广州市行政区划调整时，荔湾区合并了原来的村区，形成了现在老城区和城乡接合部的城市布局。老城区居住的外来人员以经商为主，大多为个体经营户、酒店商场服务员及专业市场务工人员；城乡接合部有为数不多的工业区和一些小作坊，居住人员以务工为主，统称为进城务工人员。随着经济的发展和城市"三旧"改造步伐的加快，工厂流水线务工人员不断减少，从事高端信息化产业员工不断增加，居住在荔湾区的高学历、高收入人员越来越多。截至 2014 年 9 月，荔湾区辖内登记流动人员 30.1 万人，其中城镇户口 9.5 万人，占总人数的 31.5%；农村户口 20.6 万人，占总人数的 68.5%。流动人员中，年龄在 16~30 岁的有 169 378 人，占总数的 44.62%。

外来人口的大量流入为繁荣荔湾区经济起到了一定的作用，对搞活商品流通、促进和繁荣市场经济、城市建设、环境卫生等都有促进作用，同时也引起了一系列的社会问题。例如，违法犯罪、斗殴事件增多等。本区外来人员与本地人员的融合成了区政府管理中的重点关注问题。进城务工人员无法顺利融入城镇，被排挤、被歧视，教育、就业、住房等得不到保障，长久累积下来，不利于社会稳定。从2000年至今，在20余年的发展过程中，来荔湾区居住、就业的外来人员在从事行业、职位、人员结构等方面都已经发生了巨大的变化，更增加了政府对外来人口的管理难度。

第一，外来务工人员发生了由以体力劳动者为主逐渐向以非体力劳动者为主的转变。外来人员在本区居住工作已不仅仅是"只求酬劳和一日三餐"的状态，无论在物质追求还是精神追求方面，都与之前有了巨大的差异。他们更加注重自身技能的提高与个体自身价值的实现。同时，他们有能力在本区安居乐业，实现客观身份（户籍）层面由外地人向本地人的转变，同时，由于对本地区的认同感逐步增强，他们逐渐以一种主人翁的状态融入当地，从心理层面实现由外来务工者向本地居民的转变。

第二，目前，新生代进城务工群体成为本区外来人员的重要组成部分。这一群体的工作需求、生活期望值更高，思想、人生观呈现多样性，认识问题不确定性较大，仍然存在工作与身份不统一（工人特质与农民身份）的问题。由于受城乡二元结构及自身文化水平、技能的限制，他们在城市中往往从事缺乏保障、收入不高、社会地位较低的工作。

第三，从治安角度出发，以公安机关负责具体管理的外来人员管理政策、以管理出租屋控制外来人口的政策都已经无法满足现实需求。如何以服务促进管理，使新生代员工真正融入本区，使外来人员与本地人融合共处，实现各阶层平等相处，彼此关爱，成为本区政府管理的一个重要问题。因此，针对广州地区的外来人与本地人融合问题的研究，对于珠三角地区的社会稳定、经济发展都具有极其重要的意义。

二、调查研究及结果分析

(一)调查研究的内容

伴随着迅速的城乡结构转变和城市人口迁移，大量人口涌入新的城市并定居下来，逐步本地化。客观存在的社会排斥对外来人口的心理有很大的影响。在构建和谐社会的过程中，如何通过多种途径实现社会融合？在这方面，政府的公共管理职能发挥着至关重要的作用。特别是习近平总书记在党的十九大提出加强社会心理服务体系建设之后，在社区服务过程中，怎样努力实现来穗人员"上岗有培训、劳动有合同、子女有教育、生活有改善、政治有参与、维权有渠道、生活有尊严"，有效地促进来穗人员"本人融入企业、子女融入学校、家庭融入社区、群体融入社会"，成为建设和谐荔湾，让全民享受到改革成果的关键。为了开展荔湾区社会融合行动计划，荔湾区政府联合民政局、所在街道、中山大学、中国人民大学的科研人员共同参与，从经济、文化和心理三个方面探究了社会融合的现状。

（二）调查结果的分析

调查结果表明，只有外来人群从心理层面认为自己融入了新城市，感知到归属感，对于城市的工作生活感到满意，才能实现真正意义上的社会融合。研究主要有三点结论。

第一，在经济融合方面，外地且没有户口的被试的社会融合度最低，其工作条件和生活条件最为艰苦。在生活融合方面，外地且没有户口的被试具有较强的融入当地社会的意愿，表现出愿意在风俗习惯、语言方式、生活习惯等方面与本地人保持一致。在心理融合方面，外地人，尤其是没有户口的外地人对所在城市表现出缺乏归属感和融入感，与本地人之间在心理层面上存在清楚的界限。而荔湾区本地居民感知到的社会排斥现象不明显，外来人口（无论有户口或无户口）所感知到的社会排斥均高于本地人。

第二，调查研究发现，外来人口感知到的社会排斥对其生活满意度有负向影响，个体的社会自我效能感在社会排斥和生活满意度之间起到中介作用。但是，家庭和朋友的支持调节了社会自我效能感和生活满意度的关系。具体来说，个体感知到的家庭和朋友支持越高，社会自我效能感对生活满意度的正向影响越强。

第三，在深入调查了无户口的外地人当前所面临的社会融合困境后，我们发现，在客观工作条件、经济收入以及社会保障资源方面，这类群体与本地人和有户口的外地人之间存在显著的差异，从而导致了他们对于自身的城市身份认同不高，进而影响心理层面的融入感，在心理融合方面存在的问题最大。

三、荔湾区的社会融合行动计划

(一)让每一位居民感受到改革成果

根据上述调研结果，荔湾区政府果断地采取了社会融合行动计划。一方面，在具体的政策上给予外来人员特殊的经济支持，使得他们具备基本的适应能力。比如，外来人员缴纳摊位费方面，给予折半的优惠。另一方面，通过社会心理支持，使得外来人员在感知上增加情感支撑的获得，从而拉近人际距离，缓解社会压力。其中，最为关键的是通过志愿者服务，促进外来人口和本地群体之间的融合程度的提升。这也使城市治理避免了无序经营带来的混乱。最为显著有效的就是十三行"治乱"，取得了市场管理的重大突破，并得到了《南方日报》和《广州观察》的连续报道(见图7-3)。

图 7-3　《广州观察》和《南方日报》的连续报道

(二)搭建了社区建设的和谐平台

为了实施完善的社会心理服务体系，荔湾区对社区进行分类管理，并引入第三方机构对社区进行全方位评估，以便创建幸福社区。区政府将辖区按照网格进行划分，配备网格员负责网格巡查、收集民意等，开展社区网格化建设，实现了"品牌社区"和"亮点社区"全覆盖。例如，耀华、蟠虬社区凸显宜居类特色，西关大屋、翠洲社区凸显旅游类特色等。此外，将社区居民民主评议作为幸福社区等社会组织评估的重要指标，从而完善了社区监管机制，推动了"三社联动"规范化，打造了荔湾区社会组织培育基地。在615家社会组织中，社区组织占到了54.6%，充分发挥了社区组织促进社区发展的作用。此外，荔湾区党组织积极参与慈善救济、环保、教育等领域的建设工作，共同为打造荔湾党建品牌而努力。这样的工作结果使得社区居民有了更多的获得感，社区创造的多元共治的服务模式，真正给广大社区居民带来了益处，使得社区居民真正感受到改革开放的成果落实到每家每户(见图7-4)。

图 7-4 《中国社区报》关于荔湾区的报道

(三)加强了社会工作专业人才的建设

区政府全面铺开政府购买社会服务，搭建街道家庭综合服务中心平台，引入社会工作专业人才来开展老年人、青少年、残障康复等14类184项专业服务项目。在这些工作中，充分发挥了荔湾区社会工作人才培育基地的作用。截至本研究结束时，荔湾区社工人数达 913 人，近 3 年共举办了 9 场社工实务专题讲座，参加社工人数达 528 人次。区委动员党员、公务员、教师等加入义工队伍，开展"社工＋义工"培训，举办国际社工日宣传展示活动，组织为老服务行动、法律援助志愿者服务等。在册义工 15 772 人，义工团队 164 个，组织专项服务活动 7 575 次，义工参与服务的总时间达 35.4 万小时。总之，荔湾区打造了众多社区服务品牌，如"长者义工队""爱心送餐服务""家存爱、爱传家家庭义工工程""园艺呵护爱心社工＋义工联动""家综慈善进万家"等，不断地提升了社会心理服务的内涵。

四、社会排斥与融合模式的专著出版

2018 年 5 月，经济管理出版社正式出版了反映荔湾区社会融合成果的专著《社会排斥与融合模式研究》（见图 7-5）。该书对广州市荔湾区的经验进行了全面报道。社会排斥与融合是当前和谐社会建设中尤为重要的问题之一。该书首先从社会排斥理论的角度介绍了国际研究的最新趋势，同时，采用实验室方法探究了社会排斥的心理影响机制。然后，考察了美国加州 19 所学校亚裔美国学生的跨种族友谊选择和群体之间的态度，进而对我国流动儿童是否受到歧视、身份认同等问题展开了研究，从群际接触理论的视角出发，考察了城市常住学生与外来学

图 7-5 《社会排斥与融合模式研究》专著

生之间的交友情况，以及友谊与群际态度的关系，为促进外地学生融入新居住地的生活提供了依据。最后结合与广州市荔湾区企业展开的团队调查研究，对

职场排斥与员工反生产行为之间的内在作用机制及其边界条件进行了探究。

此外，该书还探究了社会距离在社会排斥与社区归属感之间的中介效应，以及生活满意感对于社会排斥感的作用机制；探讨了广州市荔湾区政府的社会融合行动计划的成效，并为促进社会融合的实践提出了全新的管理模式。

第四节

城市廉洁文化建设
——以重庆市渝中区为例

一、问题的提出

世界各国廉政管理的成功经验表明，毫不动摇地打击腐败和开展以预防为主的廉政教育，特别是加强廉洁文化建设，两者缺一不可。不过，在一些地区开展的廉洁文化建设的评估效果究竟如何？怎么进行评估才能保证评估工作的客观性和科学性？这一直是廉政管理的难点之一。从心理学的角度来看，人们普遍存在着在评价过程中追求好的评价结果、回避差的评价结果的心理倾向，因此，在调查中，参评者们较难避免这种心理活动带来的自我掩饰行为，我们称之为评估中的称许性行为。这显然不利于廉洁文化建设的可持续性发展。廉政教育的终极目标是改进党政干部的工作作风，增强广大群众对党、对政府的信心。而有效性评估能否客观、真实地反映民情，是我们管理工作的关键之一，否则，廉洁文化建设的评估活动就会流于形式。因此，评估有效性一直是困扰反腐倡廉工作的难点之一。鉴于以上情况，课题组在重庆市渝中区开展了廉洁文化建设有效性的评估和反馈方法的探索工作。

二、调查研究的基本信息

(一)调查结构

廉洁文化并非由一个单一因素构成，它是一个多维度的结构。这符合 Schein(1996)对组织文化三层次结构的划分，即文化包括了价值观层次、行为准则层次和人造物层次。我们认为，廉洁文化的价值观层次属于文化结构的深层次核心，是以廉洁为核心的道德认知在社会大众潜意识中的固化，任何对其的质疑、审视和冲突都会引发认知失调的焦虑感；行为准则层次属于价值观引导下的高道德水准的思考和行为，它往往以个体廉洁行为表现出来，如以廉洁自律、遵纪守法、勤俭节约等为准则的认知和行为；而在价值观和廉洁行为的交互作用下产出的结果，就是廉洁元素的文化载体，它包括了形象化的物质外化物，如城市品牌、历史景观、文娱活动、文史书籍、名言警句、语言和实体形态等。所以，廉洁文化建设的评估应该包括从外显到内隐的三个层次结构，即价值取向、胜任行为和物质载体。基于以上思考和对各地廉洁文化建设实践的考察，我们设计了廉洁文化建设的三层次结构评估问卷，来分别考察城市廉洁文化建设的有效性。评估问卷在前述三层次结构的基础上，细化为 6 个一级指标——个性特质、道德意识、自我约束、行为引领、外显品牌及大众宣传，每个一级指标又细分为 5 个二级指标，共计 30 个二级指标，评估结构如图 7-6 所示。

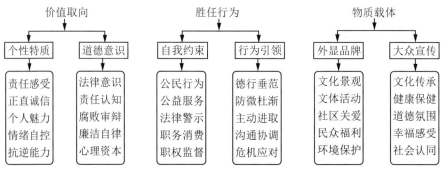

图 7-6　廉洁文化建设评估指标体系结构图

首先，我们按照问卷编制的心理测量学要求，对问卷进行了预试和修订，直至符合调查评估的心理测量学要求。为了便于参评者对评估指标的准确理解，我们对每一个二级指标都按照五分等级锚定进行了文字说明，问卷预试表明，参评者能够理解评价指标及其等级的意义，准确评分。然后，在调查中采用了领导干部及其下属的配对编组，具体的调查实施方法均采用人力资源管理和组织行为学领域通用的 360 度评估法，即由行为者自评和下属他评的方法来完成，较为客观的外显品牌和大众宣传指标只采用他评方式来完成。

(二)实施过程

评估问卷编制完成后，我们于 2015 年 12 月在重庆市渝中区的解放碑、七星岗、大溪沟、菜园坝、南纪门、石油路、朝天门、大坪、上清寺、化龙桥、两路口 11 个街道办事处辖区进行了问卷调查。共发放问卷 1 878 份，回收 1 812 份，对原始数据进行统一筛选后，获得了 1 694 份有效问卷，有效回收率达到 93.5％。然后，对问卷数据进行了统计分析。这次调查的样本包括了纪检干部、街道干部、社区工作者和社区民众。从性别分布看，男性占 47.9％，女性占 51.4％。从年龄分布看，从 25 岁到 56 岁，五个年龄段分布基本平衡。从学历构成来看，初中及以下占 13.8％，高中或中专占 24.8％，大专占 19.2％，本科占 38.1％，硕士研究生及以上占 3.7％。工作年限 5～30 年。从职务行政级别来看，科员占 3.7％，副科级占 10.9％，正科级占 17.5％，副处级占 5.2％，正处级占 19.6％，厅局级占 3％，其他占 42.8％。总体表明，调查分布较平均，取样具有一定代表性。

三、调查结果及分析

问卷编制主要通过行为事件访谈、团体焦点访谈来完成等级锚定的评价量表，然后，采用多测度评估，即 360 度评估获得调查信息。这一评估技术在我国人力资源管理和组织行为学领域已经发展得比较成熟。在本项目的前期研究阶段，我们在纪检监察干部廉洁行为胜任模型评估中，通过小范围试用，证实了这种方法在廉洁文化建设评估中的可行性。后来，在重庆市渝中区的社区基层完成了评价工具的预备性实验工作，从而确定，多测度评估方法可以应用于较大范围的廉洁文化建设有效性评估之中。

(一)价值取向的评估结果的比较分析

如前所述，我们在这次的价值取向和胜任行为两大维度的评价过程中，均采用了自评和他评两个测度来避免评估中的称许性。评价结果发现，被调查者均知道存在他人对自己价值取向和胜任行为进行评价的情况，因此，自我评价偏高的趋势得到了适当抑制。

数据分析结果表明，在有关价值取向维度及胜任行为维度20个题项的评估结果中，参评者评价他人的分数均高于评价自己的分数。此类数据的差异在统计学上达到显著性水平。可见，问卷采用多测度评估方法有效地抑制了评分的"天花板效应"，即个体内部自动化的权衡比较，抑制了过高评价自己的趋势。在此基础上，我们选取参评者的自评分数作为后续分析的数据源。从11个街道被试的评分情况来看，责任认知和公民行为得分最高。责任认知指广大干部在廉洁文化建设中尽守本职，用自己的言行和举止来引领社会风气。这显示渝中区近年来的廉洁文化建设活动的举措是行之有效的。后期的针对性访谈结果表明，近年来，渝中区落实监督执纪"四种形态"，加大审计、专项督查、明察暗访、函询诫勉等日常监督力度，以铁的纪律建设纪检监察队伍，树立责任认知，充分利用本地的传统文化资源，开展多层面、多形式的党风廉政宣传教育活动，通过"学父辈、忆抗战"、征集家风家训作品、编撰《渝州廉政文化故事集》、举办"清风半岛·廉洁渝中"演讲赛等多种群众喜闻乐见的形式，使具有巴渝特色的廉政文化故事成为反腐倡廉教育的重要资源，传递"廉洁渝中"正能量。"清风半岛·廉洁渝中"文化品牌建设取得新进展新成效，并确实在增强广大干部和民众的责任认知能力方面发挥了作用，多次受到中央纪委相关领导和市纪委领导的好评，并得到了人民群众的高度评价。

(二)廉洁胜任行为的评估结果的比较分析

作为廉洁文化建设的胜任行为评估,整体趋势还是自评分数低于他评结果。这次问卷调查涉及的公民行为,近似于组织行为中的OCB组织公民行为,即在与人交往的过程中,愿意帮助他人,并不以回报为目的。在社区文明建设中,能够超越职位或角色要求范围,做出利他或社区的公益行为。调查结果表明,在渝中区民众日常交往中,公民的求助行为普遍能得到积极的反馈,居民对所在社区的归属感较强。对嘉西村普通居民的访谈结果表明,这个新建村落的居民可以为维护社区的整洁环境不计报酬地付出,真正体现出"领导在场与不在场,是否有上级检查"完全一样,有效地将廉洁文化建设成果融入日常生活,形成全社会向善向上的时代新风。

(三)外显物质载体的调查结果及分析

外显物质载体主要包括了文化景观、文体活动、社区关爱、民众福利、环境保护、文化传承、健康保健、道德氛围、幸福感受和社会认同10个民众可以直接感知的二级指标。由于这些因素更多涉及的是评价者对于周围客观环境的感知,受称许性的影响较小,我们在调查中采用了客观评价的方式。调查结果显示,渝中区被试对物质载体10个指标进行评估的结果分布在3.78~3.87分较高水平的范围内,其中,社区关爱、文体活动被评价为廉洁文化建设居前两位的指标。这一结果与渝中区开展的廉洁文化建设教育活动的实际情况是相符合的。例如,人和街道创立的老年关爱活动站,大大地促进了邻里之间的社会交往频率和质量;渝中区以社区为单位,针对老人、儿童、残障、经济困难等群体策划了多项社区关爱活动,"人生关怀"旨在扶助长寿老人、孤寡老人、低收入老人、空巢老人等老龄群体,定期给予固定补助,"扶残助学"为聋哑学校、培智学校学生提供学业补贴等。这些举措使得广大社区民众真实地感受到廉洁文化建设带来的益处,因此,纷纷对"社区关爱"给予较高的评分。

此外,社区民众还对社区文体活动给予了较高的肯定。渝中区情景警示剧《一封家书》落幕后,观众们感慨:"早知如此,何必当初!一家人都进了高墙,写封家书都没人可收，真是既害了自己又害了家人。"以上廉洁文化外显氛围为重庆渝中打造区位优势，聚集和优化资源，创造更多的经济价值和社会文化价值，提升城市竞争力，促进百姓获得感发挥了积极作用。与此同时，廉洁文化评估也揭示出渝中区在环境保护、文化景观方面的工作亟待改进。渝中区纪委在获悉这两项得分偏低之后，立即组织专门的信息反馈沟通座谈会。大家反映，在环境保护方面，由于渝中区地处老城区，城市改造搬迁面临极大的挑战，存在的困难还需要多方协助方能有根本性改观，大家也对此抱有充足的信心。社区民众在座谈会上反复强调，廉洁文化建设不走形式的关键，在于对城市的社会进步、经济发展产生直接的影响。该地区的纪委负责同志也认为，只有把廉洁文化建设与提升城市的核心竞争力结合起来，通过廉洁文化丰富多彩的活动带动良好的社会效益、营造融洽和谐的团体氛围，才会得到广大人民群众的真正肯定。此外，有关领导通过座谈会认识到，在文化景观建设方面，渝中区除了挖掘城区历史文化特色、打造外在文化实体外，还需产生出特色鲜明的廉洁文化品牌，才能为广大民众和外地投资者输送正能量。总之，通过这次廉洁文化建设的评估结果反馈，当地领导干部更加关注城区规划中的环境保护和文化景观问题。

四、分层次调查的结果分析

(一)纪检干部、街道干部与社区民众评估结果的分层次比较分析

我们在对评估整体情况的分析基础上，分别对不同群体(纪检干部、街道干部和社区民众)从三方面进行了差异比较，如图7-7所示。结果发现，在外显品牌指标的评价方面，纪检干部评分最高，街道干部评分次之，而社区民众评分相对较低；在个性特质、法律意识、自我约束、行为引领及大众宣传五个指标上，纪检干部的自我评分依然显著高于社区民众，且街道干部评分显著高于社区民众，而纪检干部与街道干部评分差异不显著($p>0.05$)。我们认为，首先，

三类群体在评价外显品牌时总体情况不错，但纪检干部的评价还是存在偏高的情况，这种评估结果的对比性反馈，对于纪检干部提高归属感、使命感，切实做到"对党忠诚、个人干净、敢于担当"有重要的警示意义，也说明外显品牌方面的工作成效还不尽如人意。其次，纪检干部和街道干部虽然在价值取向、胜任行为和大众宣传的评估方面有一定的自我约束，但是与社区民众评价结果相比较，还是存在自我评价明显偏高的情况。那么，社区民众的评价结果相对低的原因，是值得纪检干部、社区干部在改进工作模式时反思的。当前，我们的廉政建设工作已经向纵深发展，怎样更加真实地获取群众对于干部工作作风和工作成效的反馈信息？多测度评估的比较分析方法可能在领导干部的述职面谈、净化政治生态、遏制腐败现象滋生势头等方面，具有一定的参照价值。

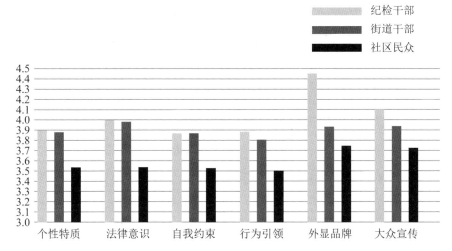

图 7-7 纪检干部、街道干部及社区民众的评估得分差异比较图

(二)渝中区各街道评估结果的比较分析

在廉洁文化建设的有效性评估中，大家尤为关注的是各基层单位相互比较的结果分析。据此，我们将渝中区各街道的评估结果进行了比较分析，以此作为分析渝中区各基层单位的廉洁文化建设有效性的依据。在分析中，我们依然采用了价值取向、胜任行为和物质载体三个层次的结果进行比较分析，结果如图 7-8 所示。

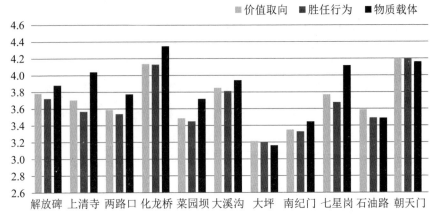

图 7-8　渝中区各街道廉洁文化建设有效性的比较分析

评估结果表明，朝天门、化龙桥、大溪沟、解放碑、上清寺的三维度的得分相对较高，而大坪、南纪门的评分较低。在得分最高的四个街道中，由于化龙桥和朝天门两个街道的评分各项均达到 4.2 分以上的"天花板效应"，需要收集更多方面的数据来确认，我们在此选取整体均衡、综合表现突出的上清寺街道来分析。上清寺的社区民众在渝中区政府支持下，将曾以"脏乱差"闻名的嘉西村，整体改造成焕然一新、具有原汁原味老重庆市味道的住宅区，由于其历史沉淀与现代时尚、古老印记以及清新、整洁、强烈的碰撞，嘉西村已成为重庆市民公认的城市观景新平台。因此，当地人民群众对于地处本街道的、具有明显廉洁文化特色的嘉西村给予了格外高的评价。结果显示，只要当地政府切实开展实体建筑的改造工程，并且赋予廉洁文化的价值理念，最终必然会促成社区民众对廉洁文化建设成效的内心认同。

五、廉洁文化建设因果关系模型的探索结果

(一)问卷调查的总体情况分析

在多测度评估和分层次调查结果的分析基础上，本研究采取上-下级配对取

样方法，以重庆市渝中区委领导干部、纪委干部、街道干部和社区民众为调研对象，又进行了廉洁文化建设因果关系的调查，试图从更深层次、系统的角度探索影响廉洁文化建设有效性的因素，为后期的廉政教育提供更丰富的信息和实施依据。本次调查的因素包含了道德文化、诚信领导、组织认同和组织公民行为四方面因素，均采用成熟的心理学量表，以确保测量工具的信度和效度。

测量工具分别如下：(1)道德文化。采用 Treviño 等(2006)开发的道德文化量表，共 18 道题。(2)诚信领导。采用周蕾蕾(2010)开发的诚信领导量表，包括下属导向、内化道德观、领导特质、诚信不欺四个维度，共 17 道题。(3)组织认同。采用 Smidts 等(2001)开发的组织认同量表，共 5 道题。(4)组织公民行为。采用贾波(2014)修订的组织公民行为量表，包括利他行为、公民美德、责任意识、人际和谐、保护资源五个维度，共 19 道题。各量表均采用李克特五点计分法计分，要求填答者对描述的行为或内容做出评价，1 为非常不符合，5 为非常符合，其中道德文化、诚信领导、组织认同由下属根据自己的真实感受填写相应的得分，组织公民行为由上级领导根据对应下属在该量表上的行为表现进行评分。

我们主要探索了如下三方面问题：第一，道德文化、诚信领导与组织认同的关系如何？第二，道德文化、诚信领导与组织公民行为的关系如何？第三，组织认同在道德文化、诚信领导与组织公民行为之间是否存在中介作用？本调查研究在取样之前，提前对被调查人员进行了上-下级随机配对编码，共形成有效配对 253 对，每对包括 1 名上级，1～3 名下属。共发放上级问卷 253 份，下属问卷 456 份，回收有效上级问卷 242 份，有效下属问卷 429 份，问卷有效回收率分别为 95.7% 和 94.1%。

(二)中介效应模型及其结果分析

我们使用 SPSS 19.0 对数据进行分析发现：道德文化、诚信领导分别与组织公民行为呈正相关。道德文化、诚信领导分别与组织认同也呈正相关，这为检验组织认同对道德文化、诚信领导与组织公民行为的中介作用奠定了基础。

本研究采用 AMOS 17.0 数据分析软件进行潜变量、显变量混合模型分析，最终获得最佳拟合模型，各拟合指标均达到了显著水平，拟合度较为理想。具体结果如图 7-9 所示。

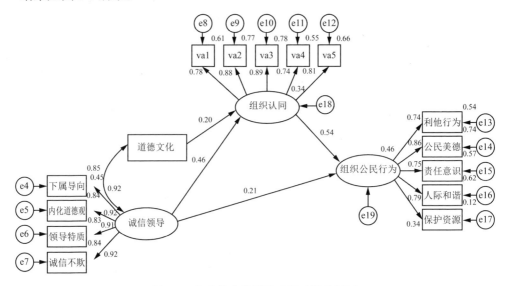

图 7-9　中介效应模型及路径系数分析图

根据结构方程模型分析结果得到的路径图显示，诚信领导不仅通过影响下属的组织认同感来增强下属的组织公民行为，还可以直接影响下属的组织公民行为，并且其效用比道德文化更强。这表明，廉洁文化建设理念主要通过各级领导干部的率先垂范、榜样行为来传递给其下属成员。可见，领导干部基于自己的诚信准则来影响其成员的道德行为，强化他们的道德是非观和行为规范性，是廉洁文化建设成败的关键因素。调查结果还表明，诚信领导和道德文化是两个互相促进、不可分割的因素。虽然二者之间的因果关系有待进一步探索，但这一结果至少说明，渝中区各级领导的诚信领导行为与建设巴渝特色的道德文化共同提升了下属的廉洁文化自觉践行的意愿。渝中区一些纪检干部依纪依法严肃查处违纪违法案件，长期自愿资助偏远地区贫困儿童，带病坚持工作。这种秉公执纪、务实勤政的实际行动传递了领导干部忠诚可靠、服务人民、刚正不阿、秉公执纪的廉洁精神。

除了以上两个影响因素，研究还发现，组织认同在道德文化和组织公民行为之间起到了完全的中介作用，在诚信领导与组织公民行为之间起到了部分中介作用。而且在这种影响作用中，诚信领导对组织认同、组织公民行为的影响力显著大于道德文化对其的影响作用。通过对以上数据的解读可以发现：被评价单位渝中区及其下属社区，由于廉洁文化建设充分重视了诚信领导和道德文化的塑造，促进了广大干部和社区民众在廉洁文化建设中表现出较佳的组织公民行为水平，显示出"一把手"守纪律、讲规矩、作风正与好风气形成良好互动关系。研究还证明，道德文化和诚信领导都能显著提升成员的组织认同感，促使成员将自己视为组织的一部分，促进了广大民众与组织荣辱与共，并自觉、主动地表现出组织公民行为。

六、廉洁文化建设评估结果的整合分析

在本次调查研究中，我们从设计评估调查模型、多测度配对、等级锚定评估、分层次分析到因果关系模型的整合分析，初步探索了廉洁文化评估的基本流程。通过实证研究方法，获得了廉洁文化建设有效性评估的较为系统、真实的数据和分析结果。此外，我们发现，几项分析结果之间层层递进，互为补充。

首先，因果关系模型对等级锚定的有效性起到了补充说明作用，并验证了中央领导在廉政建设中对于领导干部廉洁行为自律的要求的特殊作用，即要求领导干部一身正气、率先垂范。其次，一花独放不是春，在参与廉洁文化建设的机关、组织乃至社区中，良好的道德文化氛围不可或缺。再次，因果关系模型的建构基于领导与下属的配对取样，同样表现出了他评高于自评的现象，这表明配对评价能够抑制称许性的发生。最后，因果关系模型分析结果还表明，民众虽然在外显品牌和大众宣传上的评分低于上级领导的自评分数，但对于政府在廉洁文化物质载体打造方面的努力还是充分认可的。证据在于，物质载体

的打造提升了民众的组织认同感，激励其参与成果维护的活动，并与社区廉洁文化建设的成败荣辱与共。

七、课题组成果得到党刊和人民出版社的肯定

（一）《人民论坛》刊登课题组报道

2016年3月1日，党刊《人民论坛》以《重庆渝中：科学评估助推城市廉洁文化建设》为题发表了时勘、赵轶然和李想的署名文章（见图7-10）。《人民论坛》还专门为此发表核心提示。该文指出，反腐是一场价值观的较量，廉洁文化建设的作用不容忽视。重庆市渝中区与心理学研究者合作，采用配对互评方法，进行了评估有效性的新尝试，取得了突破性进展，为后期廉政教育提供了值得关注的经验。

（二）人民出版社2017年5月正式出版专著

2017年5月，人民出版社出版了《城市廉洁文化建设研究——以重庆市渝中区为例》一书（见图7-11），系统地介绍了城市廉洁文化的概念、意义，并指明该项研究对当前社会历史进程的重大意义。该书聚焦课题组在重庆市渝中区的研究成果，着重从学术角度阐述了城市廉洁文化建设的评估结构与方法，是对该项目很好的总结。

首页 > 人民时政 > 地方要闻 > 正文

重庆渝中：科学评估助推城市廉洁文化建设

2016-03-01 17:09   来源：人民论坛   作者：时勘 赵轶然 李想   字号：A A+

【核心提示】在反腐倡廉新形势下，重庆市渝中区不仅仅协调推进"四个全面"战略布局，积极实践"五大发展理念"，还坚持在廉洁文化建设方面开展科学研究，创造了一套在我国城市开展廉洁文化建设有效性的科学的评估模式，值得各地借鉴。

【摘要】反腐是一场价值观的较量，廉洁文化建设的作用不容忽视。重庆市渝中区与心理学研究者合作，采用配对互评方法，进行了评估有效性的新尝试，取得了突破性进展，为后期廉政教育和改进提供了值得关注的经验。

【关键词】重庆渝中；廉洁文化建设；评估模式。

图7-10 《人民论坛》的新闻报道   图7-11 《城市廉洁文化建设研究》专著

八、研究结论与对策建议

(一)研究结论

通过在重庆市渝中区进行的廉洁文化建设有效性评估的探索，我们得到了以下初步的研究结论。

第一，城市廉洁文化建设的评估结构包括三大维度，即价值取向(个性特质、道德意识)、胜任行为(自我约束、行为引领)和物质载体(外显品牌、大众宣传)。本研究研发的廉洁文化有效性评估问卷具有可信性和适用性，可以在我国其他城市廉洁文化建设评估工作中采用。

第二，采用配对比较的评估方式有助于降低参评者的称许性，获得更为客观的评估信息。采用等级锚定、层次分析、因果模型和访谈验证相结合的评估程序，更能全面获取廉洁文化建设有效性的信息，为后期廉政教育的反馈工作提供依据。

第三，领导者是廉洁文化建设中最为重要的因素。诚信领导对于下属的组织认同、公民行为的影响效力要大于道德文化的作用。领导干部通过诚信准则、榜样行为能更好地影响下属的道德行为，引导其道德是非观。此外，塑造良好的道德文化可以促进民众主动参与廉洁文化建设活动，并表现出更高水平的组织公民行为。

第四，物质载体(外显品牌、大众宣传)在廉洁文化建设中的作用不可忽视。通过环境改善塑造的物质载体，可以提升城市的核心竞争力，促进社会进步和城市经济的同步发展。

第五，廉洁文化建设的教育对象不仅仅局限于各级干部，也包括社区广大民众。廉洁文化建设评估结果可以为后期的廉政教育活动的科学化提供理论和方法依据。此外，廉洁文化与构建"三不"机制相互配合、综合运用、稳步推进，才能产生高效的治理成果，最终助推社会主义核心价值观建设，提升城市竞争力。

(二)对策建议

第一，建议未来的廉洁文化建设的有效性评估采用等级锚定、层次分析、因果模型和访谈验证相结合的评估程序，以全面获取廉洁文化建设有效性的信息，为后期廉政教育的反馈工作提供依据。

第二，领导干部通过诚信准则、榜样行为能更好地影响下属的道德行为，引导其道德是非观，建议从"一把手"抓起，以塑造良好的道德文化。

第三，建议通过环境改善来塑造物质载体，从而提升城市的核心竞争力，促进社会进步和城市经济的同步发展。

第四，廉洁文化建设的教育对象也应包括社区广大民众，建议各级干部通过双向沟通渠道了解民众对于各项工作的意见与建议，以便及时查漏补缺。

总之，在反腐倡廉新形势下，重庆市渝中区坚持在廉洁文化建设方面开展科学研究，创造了一套在我国城市开展廉洁文化建设的科学评估模式，为后期廉政教育的反馈工作提供了依据。建议在全国推广重庆市渝中区廉洁文化建设模式的工作。

第五节

组织文化对企业并购的影响机制

一、研究背景

进入 21 世纪以来，大规模并购事件此起彼伏。在我国，随着经济的高质量发展和产业结构的不断优化调整，越来越多的企业试图通过并购来实现企业外延式发展和自身战略转型。资本运作和并购重组呈现出爆炸式增长态势，据统计，近年来，中国企业兼并重组案例数量年均增长 30％，涉及资产规模年均增长超过 50％。同时，在加入世界贸易组织和实施"一带一路"倡议后，中国与世界经济融合度不断提高，"走出去"开拓市场和开发资源，参与国际范围并购的意愿也在逐渐增强。中国市场的并购活动无论是从交易数量上还是从交易金额上看都在快速上升。如今，并购已经成了一种常见的应对市场环境变化的战略模式，对于力图实现国际化的大型中国企业集团来说，并购成为其实现战略转型和高质量发展的战略举措。

随着中国经济发展进入新常态，正如习近平总书记在接受俄罗斯电视台专访时曾说的，改革已进入深水区，可以说，容易的、皆大欢喜的改革已经完成了，剩下的都是难啃的硬骨头。并购活动的大量涌现和并购活动的高失败率是同样并存的。针对并购失败案例的增多，人们已经开始把原因归结于组织文化对并购过程的影响。越来越多的人士更具体地关注企业并购中组织文化冲突、社会认同和组织公正等因素的影响。不过，探讨组织文化对并购有效性影响的实证研究却非常匮乏，国外关于组织文化差异对并购绩效的影响作用的研究也尚未取得共识。

二、主要的研究发现

这里，我们汇集了近年来有关课题组对并购的研究成果，主要包括如下四个方面。

(一)员工谏言/员工沉默对企业并购的影响机制

在已有文献回顾的基础上，我们通过对 738 对员工-管理者(包括两次取样，第一次 398 对被试；第二次为团队取样，共 65 个团队，340 对被试)的问卷调查，相对系统地探讨了个体自我观念、领导行为和组织氛围对并购中员工谏言/员工沉默的影响机制问题，得到了如下结论。第一，员工的自我观念对是谏言还是保持沉默具有调节作用。研究所关注的三种与谏言/沉默选择有关的自我观念为地位感知、自我审查、权力距离定位。结果发现，对工作的思考想法(having idea)能正向预测员工谏言，并且二者之间的关系会受到权力距离定位的调节作用；对工作的思考想法不能直接预测员工沉默，二者之间的关系会受到地位感知、自我审查、权力距离定位的调节作用。第二，领导行为影响员工谏言/员工沉默的选择，在很大程度上是以员工的心理状态为中介，进而达到影响员工谏言/员工沉默选择的目的。具体表现为，谏言型领导行为对员工谏言有正向的直接作用，而威权型领导行为会对员工沉默有较大的影响作用。组织公平氛围不但会影响员工谏言/员工沉默这一行为层面的选择，还会影响到谏言/沉默的结果转化过程。团队公平氛围对员工谏言具有很强的直接影响作用。其他三个变量，即程序公平一致性、分配公平一致性和分配公平水平都对员工谏言有显著的正向预测作用。此外，员工在组织并购中谏言的直接效应达到了临界显著的程度，员工沉默对工作绩效的影响作用受到程序公平一致性和分配公平一致性的调节作用(时勘、高利苹、曲如杰，2013)。

(二)组织文化冲突对工作投入的影响机制

本项研究从并购过程中组织文化冲突、组织认同、组织公正、认同方式对工作投入的影响的角度进行了探索。

首先，采用完全随机实验设计的文本情境实验法，探索了潜在组织文化冲突的感知对并购后员工的工作投入、合作水平、并购投入以及对企业的整合预期的影响。研究发现，潜在组织文化在不冲突条件下对工作投入、合作意向、整合预期有一些影响，这里，组织并购投入效益显著高于组织文化冲突条件下的情况，且预览条件下的工作投入水平显著高于无预览条件下的工作投入水平。

其次，并购中潜在组织文化在冲突条件下的感知对工作投入与合作意向存在显著的预测作用，组织认同对工作投入与合作意向都存在显著的正向预测作用。同时研究发现，潜在组织文化不冲突条件下的感知对工作投入和合作意向的影响显著地高于潜在组织文化冲突条件下的效果；双重认同能够缓和潜在组织文化冲突对工作投入与合作意向所产生的消极影响。

再次，潜在组织文化冲突感知对组织公正与并购公正存在显著的负向预测作用，外显高公正能够缓和潜在组织文化冲突对工作投入与合作意向所产生的消极影响。

最后，不冲突条件下的任务投入水平显著高于冲突条件下的任务投入水平，且高程序公正条件下的任务投入水平显著高于低程序公正条件。双重认同能够缓和群体文化冲突对任务投入的消极影响。不冲突条件下的合作意向显著高于冲突条件，高程序公正条件下的合作意向显著高于低程序公正条件下的合作意向。双重认同能够缓和群体文化冲突对合作意向的消极影响，且高程序公正条件下的客观合作显著地高于低程序公正条件（林振林，2015）。

(三)组织文化对企业并购有效性的影响机制

通过对企业高管进行访谈与问卷调查，我们探索了企业并购情境下的组织文化指标特征，同时构建了并购有效性指标体系，然后，将两项指标结合起来，开展了组织文化对并购有效性的影响机制研究，提炼出影响机制的整合干预模式。

这项研究发现，个性化关怀、社会责任等组织文化指标更适用于我国企业并购情境。并购有效性指标体系是由组织和个体两个层面组成的。组织层面突出了并购双方信息和能力的双向互动影响，个体层面包含了过去研究缺失的高管组织承诺和离职意向两项指标。此外，组织文化差异对并购有效性的影响作用并不显著，而对高管组织承诺有显著的负向影响；组织文化认同和整合投入度对并购有效性有显著的正向影响作用，组织承诺对文化认同度和并购有效性有中介影响作用。通过引入组织文化双向预览整合概念，结合组织文化对并购有效性影响机制的研究结论，我们提出了基于并购有效性影响机制的组织文化双向预览整合干预模式，强调了"淡化文化差异，加强文化认同和适度整合投入"的重要性，得出了总体研究结论。首先，应综合考虑多种文化因素（文化差异性、文化认同度、文化容忍度、整合投入度）的影响作用；其次，开发的结合财务绩效和协同效应的并购有效性指标体系及一套适用于我国企业并购情境的组织文化差异和文化认同的调查问卷具有可行性（姚子平、杨成君、时勘，2010）。这项整合模式在并购企业中的实践应用，取得了较好的效果。

（四）企业并购中的组织文化预览的规律

这项研究以实验室研究为主，专门验证了双向组织文化预览作为一种新的并购整合方法的有效性，从而为今后的理论和实践提供了依据。本研究辅助以问卷调查和访谈方法，从并购后绩效预期、对经理的评价和对文化认同度的评价等角度，探索了组织文化预览的影响作用。最终发现，首先，组织文化预览对提高并购后组织绩效有积极作用，其中，双向组织文化预览组在组织绩效、个体绩效方面的效果均显著高于无预览组。单向组织文化预览组在并购后绩效也有提高，但是，没有达到统计学显著性水平。其次，组织文化预览主要起效于并购后初期，尤其是双向组织文化预览，在并购后短期内对整合绩效尚有积极的促进作用，有利于并购后的快速整合。再次，双向组织文化预览对于降低并购中人们对并购绩效的预期有一定作用，而单向组织文化预览的作用不显著。最后，组织文化预览虽然并不代表被并购方员工对主并方组织文化的认同程度，但可以提高被并购方员工对主并方管理者的工作能力和满意度的评价水平，也可以让被并购方员工认识到主并方管理者的工作难度（姚子平、杨成君、时勘，2010；时勘、林振林、杨成君，等，2015）。

三、实验结果和成效验证

以下问题其实是环环相扣的基本问题。首先，在并购中员工在什么条件下谏言，什么条件下沉默？其中是什么因素在起作用？与此相关的员工的自我感受、领导行为以及团队合作会发挥什么影响作用？接着，组织文化在冲突背景下发挥什么作用？个人或者团队是否有不同的表现？组织认同、组织公正是否会对这些心理行为产生影响？探索组织文化预览的效能，是在单向预览情况下好，还是在双向预览情况下好？

我们通过对澳大利亚 OZ 矿业公司的成功并购案例，验证了本研究的理论研究结果是行之有效的。课题组博士研究生姚子平在中国五矿集团并购澳大利亚 OZ 矿业公司的过程中，结合理论研究成果，总结出并购实践的六条原则：文化摸底、双向预览、适度投入、求同存异、去粗取精、追踪干预。他的研究结果表明，通过深入访谈可以获得对方的文化内涵，共同参与各种非正式活动可以建立长期有效的互动交流平台；通过召开大型会议来宣讲预览文化框架，特别是高层领导亲临考察交流，能够取得意想不到的融合效应。在并购双方的共同努力下，新建立起来的五矿资源有限公司（MMG）运营平稳，实现了利润稳定增长，保有现金流出现了非常积极的变化。此外，MMG 的高层管理者和一线员工队伍都十分稳定，中央领导对 MMG 公司运营情况做出重要批示，对中国五矿集团公司成功收购 OZ 矿业公司主要资产并成功运营给予了高度肯定（时勘，2018）。

四、研究专著的顺利出版

根据本研究成果完成的专著于 2018 年 1 月由北京师范大学出版社出版（见图 7-12）。该书是一部讲述企业并购中组织文化建设的专著，值得对中国企业并购感兴趣的研究者、高等学校教师和专业人员阅读，更适合企业管理者结合并购实践来进一步展开研究。

图 7-12 《组织文化对企业并购的
影响机制研究》专著

第六节

————

安全心智培训及系统集成方法

改革开放以来，企业组织成为我国市场经济背景下推动生产和发展的中坚力量，为社会创新提供了资本和人才支持。但市场机制通过竞争配置资源的方式存在的客观弊端给企业运营带来了诸多挑战。安全生产是较为突出的问题之一，尤其在煤矿、电力、核能、化工等支柱性产业组织中，工伤事故多发，安全生产形势严峻，对安全绩效的管理成为这类企业的工作难点。国家近年来逐步采取一系列措施来严抓安全生产工作。自"十一五"规划起，开始设立安全生产指标，"安全发展"理念也出现在党的文献中，并在党的十九届六中全会后逐渐纳入社会主义现代化建设的总体战略。目前，政府仍主要通过监管机构采取管制手段来加强安全生产工作。因监管机制不够健全、中西方生产和管制间的关系存在差异，单纯的管制手段已被理论和实践证明效果不理想，普遍存在"管制失灵"的情况。在经济层面，金融危机过后我国企业一直受资金短缺制约，在竞争激烈的行业环境下，生存成为企业的首要着眼点，有限的资金更多投入生产运营过程中，导致安全管理在软硬件设施上的配备不足。在社会层面，由于安全生产相关法规在立法和宣传上还不够完善，社会各阶层的安全意识和安全素质仍难以支持企业的安全生产，社会氛围未发挥对企业不安全行为的强有力规范作用。

一、文献综述

面对安全生产问题凸显的社会背景，近年来，学术界对企业安全生产展开了广泛研究。初期多基于管制的视角集中探索安全生产方案，研究内容一方面集中在对管制必要性的探讨上，从管制的动因、主体、手段等方面展开分析；另一方面侧重于对管制效果的考量，多围绕管制后的事故发生率、生产效率、资源利用率等指标与管制的关系展开关系性研究（Lu & Shang，2005；刘全龙、李新春，2013）。国内学者还针对我国安全事故频发的煤矿企业的安全监管展开研究，但多以定性的静态分析为主，缺乏对动态演化过程的深层次分析。如将量化评价思想引入企业安全生产绩效的评定之中，建立分级评价指标体系，以供企业自身、政府部门对生产安全进行标准化考核（孙晶，2011）。有研究者（张经阳、王松江，2011）针对安全生产系统建立集成模型，为实现对生产安全的保障和事故防范提供了定量控制方法。然而，单从企业生产的外部角度入手研究控制、约束生产安全的途径，始终受管理机制和企业内外部条件的制约，并未从生产的本质上对安全管理产生显著作用。后来，研究者逐步发现，生产型企业员工的不安全心理是引发风险性生产行为的根本原因，从而转向对企业员工、管理者及其组织群体的安全心智模式的研究（山东能源肥城矿业集团、中国科学院大学，2013）。

（一）公共安全三角形理论模型

企业生产安全要求管理者制定与生产配套的战略性安全管理方案。针对公共安全体系多主体、多目标、多层级和多类型的复杂特征，范维澄院士提出的公共安全三角形理论模型，将公共安全体系分为突发事件、承灾载体和应急管理三大组成部分，并通过物质、能量和信息三个灾害要素将三者联系起来，形成一个有机整体。该理论指出，突发事件指可能对人、物或社会系统带来灾害性破坏的事件；承灾载体指突发事件的作用对象，包括人、物、系统三个方面；应急管理指可以预防或减少突发事件及其后果的人为干预手段（范维澄、刘奕、翁文国，2009）。公共安全三角形理论模型从突发事件、承灾载体和应急管理三个方面将风险性、脆弱性和抗逆力等概念综合起来考虑，形成了较为全面的突发事件风险理论与方法。

(二)抗逆力模型

抗逆力(resilience)最早是用于解释人们在面对挫折和逆境时能够有效地应对，从困境中恢复、反弹的心理特征，也指个体在应对负性事件、处理突发危机时表现出的，维持其稳定的心理健康水平及生理功能，成功应对逆境的胜任特征(Siu，Hui，Phillips，et al.，2009)。亦有学者提出，抗逆力是一种抑制最大潜在危险的能力和灾后恢复能力(梁社红、时勘、刘晓倩，等，2014)。本研究将个体抗逆力看作个体在应对非常规突发事件时能维持自身心理健康水平和生理功能的胜任特征。其核心是人和系统遭受重创时能积极适应并恢复反弹的能力。

(三)心理行为耦合模型

主观的心理行为数据的来源包括两方面：一是大范围心理学网络调查问卷的数据；二是运用认知实验任务和情景模拟技术，考察人们在危机状态中的注意、执行功能等行为特点和脑机制，确定的心理行为的因果关系模型。此外，也包括测量问卷的常模。为了实现集成系统获取的主客观大数据的融合，我们在系统集成研究中提出了心理行为耦合模型的构思。这为心理行为大数据分析提供多测度的分析途径，即在系统集成平台中将获得的心理行为数据的挖掘、分析与心理测量的常模、心理行为实验获得的因果关系模型分析结合起来，从而使集成系统的数据分析和对策建议远远超越一般的描述性水平的结果呈现，将大大增强集成系统的分析功能，可望实现主客观大数据的系统融合，提升整体集成平台的决策功能。

(四)安全心智培训

心智模式指每个人在探索周围环境的过程中形成的对外界的认知地图，类似于车载导航仪，能指导人们对外界的看法和行为，隐含着关于处理周围世界各种问题的方法和思想，即心灵地图。而生产型企业探索的安全心智模式则指所有根植于广大管理者和职工心中，影响安全生产行为方式的认知、情感和行为模式的总和。探明企业管理者和关键岗位的安全心智模式是安全文化建设的关键。本研究亦从心理层面出发，通过分析安全生产所要求的心智模式，结合企业组织行为理论和系统集成思想，提出企业安全文化建设和安全心智培训的系统性思路，能够提高受训者的安全意识，保障企业的安全生产。

二、研究方法

(一)问卷调查

本研究根据心理学实证研究范式，依据对个体、组织和社会层面的脆弱性评估的结果，进一步对所获得的抗逆力评估问卷进行修订和完善，从培养安全心智的客观要求之角度，补充完善企业员工的基本能力、人格特质、情绪心理和心理资本等测量工具，形成综合性评估问卷系统。

(二)质化研究

依据公共安全三角形理论模型，在风险性识别和脆弱性分析方面（范维澄、刘奕、翁文国，2009），结合特定行业的历史灾害数据和典型事故案例分析，选取企业管理者、基层生产人员，通过日记重构法、行为事件访谈方法和团体焦点访谈法获取质化分析数据，为实证研究提供补充性数据支持。

(三)模拟仿真

运用认知实验任务和情景模拟技术（即通过不同方式呈现风险信息），记录被试在不同风险信息下的行为反应（包括正确率和反应时）和脑电活动，考察人们在危机状态中的注意功能、执行功能、认知功能的行为特点，为模拟仿真提供心理行为外化的依据。目前，通过集成系统获取的大数据更多的是以描述性统计结果展示。而本研究以实验结果提供的因果关系模型，则可为海量大数据的分析提供多测度的分析方法，使数据挖掘方法与心理模型分析方法更好地结合，进而使模拟仿真的设计更加符合科学规律。

(四)协同模型

依据上述理论和相关实证研究的结果，我们可以找出依据风险性识别、脆弱性分析和抗逆力评估三个关键环节获取的系统分析的各变量的关系。在此基础上，我们提出，安全心智培训需要从协同的角度，设计基本能力、人格特质、情绪心理、抗逆能力、心理资本和综合评估六个模块，以全面、全员、全过程、全动态的角度对非常规突发事件的心理学相关变量进行评估和监控。

三、安全心智培训集成系统设计

本研究基于上述理论背景，经各行业生产型企业的广泛调研实证，提出安全心智培训集成系统设计方案。总集成系统分为需求分析系统和安全心智培训系统两大模块。其中，需求分析系统作为整个集成系统的理论支撑模块，为参与安全心智培训的员工提供培训方案的多维分析，并提取出特定层级和岗位安全缺失性信息，进而自动生成有针对性的心智培训方案。安全心智培训系统则依照需求分析模块提供的建议培训信息，通过线上-线下结合的培训方式，完成整个培训流程。

(一)需求分析系统

需求分析系统模块根据公共安全三角形理论模型，进行企业安全事故的风险性识别、基于人-机-环-管系统的脆弱性分析来进行个体-团队抗逆力评估。本模块的三维需求分析如图 7-13 所示。

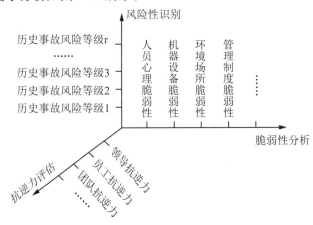

图 7-13　需求分析系统三维结构

其中，风险性识别要按照 ARIS 流程分析法，在运营架构上坚持从战略地图、部门任务分工矩阵及流程区域图、主流程模型到具体的岗位流程模型的层层分解，来实现各岗位风险性因素的系统分析，并通过整合本企业所发生的风险事件历史数据，实现对企业整体的风险识别。脆弱性分析则从物理环境的灾难事故繁衍、反思中进行致灾因子分析。通过对生产的各环节单个致灾因子的提取及无限关联分析，将风险所在的动作进行归类整合，在多个致灾因子中通过关联分析形成灾难的预判分析，对相应风险进行描述并生成控制措施。抗逆力评估主要根据企业的岗位构成和生产经营实际情况，综合灵活采用员工抗逆力、领导抗逆力、团队抗逆力等心理量表对不同类别人员抗逆能力指标进行测度。由此将需求分析系统上升为三维立体结构，形成以风险性识别（D）、脆弱性分析（C）、抗逆力评估（R）作为坐标轴的集成体，如图 7-14 所示。通过计算集成体的体积，对企业对应内容的抗逆能力程度进行量化评估，进而形成对应的安全心智培训方案，供培训系统实施操作。

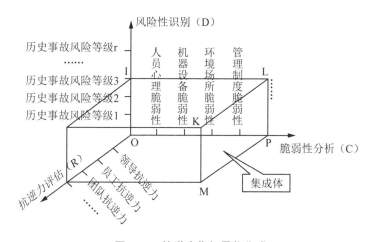

图 7-14 抗逆力指标量化集成

由于脆弱性分析、抗逆力评估维度指标具有多样性，在集成体体积量化计算的过程中可锚定其中一个维度，计算另一维度不同指标下的抗逆力水平。此处将锚定抗逆力评估（R）维度的集成体抗逆能力大小举例计算如下：

$$V_i = OD \times OC \times \sum_{i=1}^{n} OR_i,$$

其中，各维度边长 OD、OC、OR 代表风险性识别、脆弱性分析、抗逆力评估各维度中表现出的非安全性因素大小，V 为集成体反映的总抗逆能力水平，i 为维度指标项。

(二)安全心智培训系统

本系统以智能模拟培训法为指导思想，在吸收国内外企业安全管理的先进理论和方法的基础上，形成了有关安全管理和文化建设的安全心智模式培训法。这种方法倡导以人为本，突出心智模式的改变和重塑，并借助现代化模拟培训手段，参照"智力动作按阶段形成""智能模拟培训法"以及体验式教学的理论和程序，达到了重塑学习者心智模式、固化安全生产行为之目的。一般说来，心智模式包含了情感、认知和态度三方面要素。安全心智培训则倡导人在安全生产过程的身、心、灵的和谐统一。通过目标定向、情境体验、心理疏导、规程对标、心智重塑、现场践行、评价反馈七个关键环节(山东能源肥城矿业集团、中国科学院大学，2013)，实现受培训者(包括管理人员和一线员工)心智模式的改变和重塑。系统流程如图 7-15 所示。

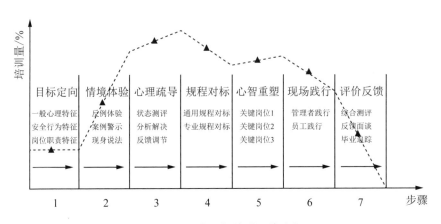

图 7-15　安全心智培训系统流程

1. 目标定向

目标定向是心智模式培训的第一步，目的在于让受培训员工明确什么是心智模式，什么是安全心智模式培训法，这是目标定向的基础。通过访谈沟通，促使员工明确所在岗位在企业整个生产系统中的作用，进而理解所在岗位的胜任特征模型要求。然后，培训机构对培训前管理人员和操作人员的行为、态度和价值取向等心智模式（胜任特征）现状进行评定，发现受培训员工现有的心智模式与企业风险管理要求的差距，确定本次培训的学习目标以及个性化教学的培训方案。生产人员的抗逆力评估主要在目标定向环节实施，包括员工一般心理特征、安全行为特征和岗位职责特征三大类抗逆力特征。目标定向环节使用抗逆力量表、情绪状态量表、抑郁量表、焦虑量表、心理资本量表测评一般心理特征，使用安全意识量表并对接企业生产运营系统中的违章事故积分来获取员工安全行为特征，通过理论知识考试、职业人格、职业能力、个性特质及胜任特征水平测试来评估该岗位的脆弱性与抗逆力。

上述测评结果在需求分析系统中进行，为培训设计提供理论依据。此环节与前一系统完成数据对接，系统根据测评结果数据形成量化培训建议。受培训员工登录系统完善个人信息后，系统根据量化培训建议自动生成"一人一案"制测评培训方案。受培训员工按流程选择并进行各项测试，系统针对每项测试根据预先设定的评分标准和计分规则进行分数计算，并将测评结果评价呈现给受培训员工，同时将量化结果归档于后台，供安全文化培训教师及员工上级管理者整理、查阅及企业整体数据统计。在受测人员完成各项抗逆力测评后，结合前期系统整合的风险性识别、脆弱性分析、抗逆力评估数据，系统根据员工岗位特征及测评结果自动生成安全培训方案，将培训内容、顺序、各项培训时长等信息一并呈现给培训师、一线员工及其管理者。以上各环节描述的是系统的反馈测评部分，员工在完成测评环节工作后，进入系统培训环节，遵照系统自动生成的个性化培训方案，逐项完成培训。

2. 情境体验

通过情景模拟激活受培训员工原有的心智模式，采用的方法是让受培训员工从负面的角度，亲身体验因安全事故致残人员的生活情境，感受伤残导致的生活艰难，触动其心理防线，警示违章管理和违章行为的严重后果，促进受培训员工从负面、消极后果的角度深刻体验，认同企业安全文化建设和参与安全心智培训的必要性。情境体验环节分为反例体验、案例警示和现身说法三个模块，代表着情境体验教学环节包含的三个阶段。第一个阶段要求通过亲自参与体验，感悟身体伤残给身体、心灵带来的创伤，警示其违章后果；第二个阶段通过视频、图片警示冲击视觉，震撼心灵；第三个阶段结合自身经历和体验，换位思考，通过反例体验、案例警示心得体会帮教身边的人，达到一人培训、多人受益的目的。系统根据受培训员工在测评阶段表现出的安全行为缺陷，针对性地生成情境体验案例、活动，由培训师组织员工完成线下体验，并将线下培训结果以过程记录、文字总结等形式上传至系统，供后期归档整合。

3. 心理疏导

心理疏导属于积极主义导向的心理沟通阶段，关键是促进受培训员工心智模式的正面转化，也包括促进管理人员的疏导方法从违章惩罚向科学的咨询、疏导方法的转化。通过个性化咨询和团体心理辅导等模式来疏导受培训者在学习、工作或生活中遇到的心理困扰或情绪问题，促使其改变不合理的认知观念，侧重正向情感诱发和抗逆力提升，为塑造理性、科学的安全心智模式奠定基础。心理疏导环节分为状态测评、分析解决和反馈调节三个模块，代表着心理疏导教学环节包含的三个阶段。第一个阶段用测试考量受培训员工的情绪、心理状态；第二个阶段帮助受培训员工分析不良心理、压力的来源，问题出现的原因，找出解决问题、改变现状的方法，从根本上化解受培训者负面情绪，改善不和谐心理状态；第三个阶段通过系统综合分析确定受培训员工心理状态调节到最佳水平。系统根据受培训员工暴露出的安全心理缺陷，自动生成个人及团体心理辅导培训方案，采用线上-线下结合的方式对受培训员工予以培训，并上传过程记录及总结报告。

4. 规程对标

规程对标通过流程分析，首先确定各关键专业的安全规程的对标标准，然后分析与之对立的形成违章行为的深层次原因。通过案例教学、情景模拟等方式，促使受培训员工掌握和固化煤矿行业通用的安全知识和工作标准。通过有关自身岗位操作现状与标准化要求的对标分析，使受培训员工牢固掌握本岗位专业知识，进一步提高操作技能和隐患辨识能力，为下一步安全心智模式的改变和重塑奠定基础。对标流程分为规程对标讲解、个体对标分析、受培训员工知识学习和管理人员对标（选择性教学）四个模块，代表着规程对标教学环节包含的四个阶段。第一个阶段要求受培训者了解规程对标的意义和方法；第二个阶段要帮助受培训者梳理岗位标准并进行自主对标分析；第三个阶段是受培训者根据对标结果，有所侧重地进行知识学习；第四个阶段侧重于管理人员管理能力的提升。本环节又可按对标内容分为通用规程对标和专业规程对标。其中，通用规程对标主要包括企业安全生产的通识性内容规范，所有受培训者统一进行培训学习；专业规程对标则分岗位独立完成各项规范学习。此时，训练系统提供各对标环节事故案例、课程视频、岗位说明书等学习内容，受培训者在完成每项对标学习后上交对应的对标作业，最终根据对标培训内容形成个人版工作标准，为正式上岗工作提供标准参考。

5. 心智重塑

心智重塑是安全心智培训的第五个环节。受培训员工（包括管理者、安全监管人员和各岗位操作人员）通过对企业系统风险诊断图和所在岗位风险源辨识-应对（系统诊断）卡的学习，掌握导致各关键岗位安全问题的风险源、后果及应对措施，并通过配套的 3D 视频演示等先进手段的心智模拟培训，认识到安全管理系统可能出现的脆弱之处及原有心智模式的不足。本环节通过情景模拟互动、个性化干预和合作型团队等培训方法，塑造科学的心智模式，并不断固化这些认识，达到心智重塑的目的。心智重塑环节分为积极心智培养、个体心智分析和安全心智形成三个模块，代表着心智重塑教学环节包含的三个阶段。第一个阶段引导受培训员工学习心智模式的深层次内涵，树立积极心智理念；第二个阶段帮助受培训员工认清自身存在的心理障碍并加以干预；第三个阶段主要塑造受培训员工安全的心智模式，心智重塑主要通过高危岗位非常规突发事件的风险源辨识-应对卡及模拟仿真系统实现。

6. 现场践行

完成上述培训后，受培训员工进入现场践行环节，完成实地践行操练。通过地面指挥系统参观、原有工作岗位或其他岗位的现场体验，让经过安全文化培训的管理者、员工回到生产实践中。践行方式包括回岗实践和工作轮换等方式，以达到所学安全心智模式迁移（转化）到实践的目的，检验受培训员工对于所获得安全心智模式的掌握效果，使新的认知模式和行为方式得以固化。这一阶段由管理人员对其表现进行评分，评分结果纳入综合评审环节考评体系。

7. 评价反馈

该环节属于安全心智培训的最后一个步骤。按照国家职业资格标准化的鉴定模式，分别从理论知识、专业技能和心智模式等角度，使用综合测评、反馈面谈等方式全面考察受培训员工在知识、技能和态度等方面的掌握状态，并通过完成培训后的追踪，检验安全心智模式在受培训员工头脑中的形成效果，并为后期培训方案的制订、培训项目的实施提供改进意见。

四、集成系统应用于煤矿行业的实践范例

安全生产是煤矿行业类组织运营的重要问题之一。为通过对典型行业抗逆力模型实践案例的示范性展示，验证本研究集成系统的可行性，本项目选择大型国有煤矿企业系统进行流程再造，系统开展安全心智培训的示范性研究。在山东能源肥城矿业集团的大力支持下，课题组联合企业集团组建了国内首家安全文化培训学院，通过对煤矿企业安全生产过程的系统分析，开发了应用于煤矿企业生产活动的安全心智培训集成系统，系统框架如图7-16所示。

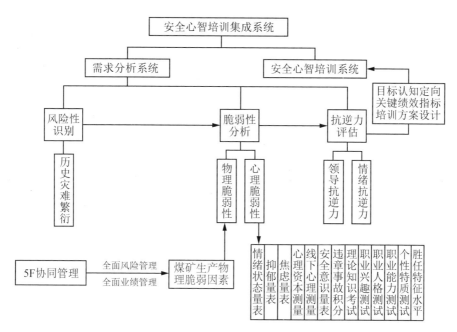

图 7-16 安全心智培训集成系统框架

从目前应对非常规突发事件的最新趋势来看，即使煤矿企业的全面信息化管理系统再完备，由于煤矿生产环境、多种风险源所带来的不确定性，整个管理系统中也难免存在多种脆弱之处。这些脆弱之处既包括物理特征方面，如材料、设备可能出现的问题，也包括人的行为不当出现的抗逆力水平低导致的问题。通过对系统的流程分析，可以找到上述问题产生的风险源，进而去加固其系统本身，同时提升系统中人们抵御风险的能力。风险来源于环境、设备、管理和人员等多种因素，因此，弥补这种脆弱性更需要"以人为本"的安全文化建设来提升组织和个人的抗逆力，以保障应急管理系统万无一失。安全心智模式的获得和培训是增强个人和组织抗逆力的关键。

本系统与煤矿集团 5F（全面风险管理、全面预算管理、全面业绩管理、全面质量管理、全面对标管理）协同管理平台对接，通过平台全面风险、业绩管理模块数据库提取企业历史灾难繁衍信息，以及诸如厂房、车间、流水线、器械、生产环境等煤矿生产过程中的物理脆弱性因素信息，与心理脆弱性测验及抗逆力评估配合,实现需求分析系统整体功能,为安全心智文化建设提供培训方案来源。具体成果则体现在高危岗位非常规突发事件的风险源辨识-应对卡及模拟仿真系统、安全心智培训教程案例体系和安全心智模拟培训的有效性验证上。煤矿企业生产实践表明,安全心智模式改变了教育模式,通过信息化实现了员工的心智培训,而且,公司可通过搭建信息化平台,利用这一心理学成果提升整个企业的科技含量、经营品牌,将5F协同管理法和安全心智培训两大成果密切对接,推广至行业内不同规模的生产性企业,降低煤矿能源这一高危行业的安全事故发生率,更大程度保障企业员工的生命财产安全,产生更大的社会效益。

五、专家鉴定、项目获奖和未来展望

(一)专家鉴定

2013年3月4日,受山东省科学技术厅的委托,山东省能源局组织专家对山东能源肥城矿业集团与中国科学院大学联合开展的"基于全面信息化的煤矿企业文化建设模式研究与示范"课题进行了鉴定,以范维澄院士为首的国家973计划专家组认真审阅了课题资料,察看了现场,并进行了质询和讨论,形成鉴定意见(见图7-17)。

(二)项目获奖

本项目由于在安全文化建设方面的突出贡献,获得了山东软科学优秀成果奖一等奖(见图7-18)。此后,国家煤矿安全监察局(2020年更名为国家矿山安全监察局)办公室下发《关于印发山东能源集团肥城矿业公司安全心智培训经验材料的通知》,向全国推广山东能源集团肥城矿业公司安全心智模式的培训经验。经验材料指出,近年来,山东能源集团肥城矿业公司认真学习贯彻习近平总书记关于安全生产的重要论述、批示指示精神和上级一系列重大决策部署要求,传承历史、创新提升,创建安全文化培训学院,实施安全心智模式"七步"培训法,探索出了一条符合本地区本企业实际的安全培训道路。违章现象重复

> **鉴　定　意　见**
>
> 　　受山东省科技厅的委托，山东省煤炭工业局组织专家对山东能源肥城矿业集团与中国科学院大学联合开展的《基于全面信息化的煤矿企业安全文化建设模式研究与示范》进行了鉴定，专家组认真审阅了课题资料，查看了现场，并进行了质询和讨论，形成如下鉴定意见：
>
> 　　一、该课题提供的研究资料齐全、内容详实，符合鉴定要求。
>
> 　　二、该课题针对煤矿行业全面信息化中亟待解决的风险管理的不确定性和脆弱性问题，从安全文化建设和风险管理的新视角，提出开展安全文化建设以解决智慧矿山建设中人的因素问题，具有重要的创新价值。课题组通过问卷调查、关键事件访谈、汇编栅格、流程分析等方法，进行实证研究。创新成果如下：
>
> 　　1. 开展企业安全文化建设，解决全面信息化系统难以彻底解决的人和组织的脆弱性问题。
>
> 　　2. 提出全面信息化中安全文化建设的核心是提升企业管理者和员工的心智模式，并将心智模式所涉及的身（情绪、行为）、心（专业规程对标、风险辨识与应对）、灵（安全态度、价值观）作为安全文化建设的核心要素，通过三者的平衡协调，使得信息化中的人、管理发挥更好的协同作用。
>
> 　　3. 课题组借助战略分析、流程分析和关键行为事件访谈等多学科分析技术，创立了煤矿企业多层管理人员的胜任特征模型及其360度评估工具，并引入煤矿企业的全员业绩信息化管理和网络学习系统，丰富了煤矿各层级管理人员能力发展系统，特别是试图通过抗逆力培养的方法来解决应急管理系统的能力提升问题。
>
> 　　4. 课题组根据全面信息化对于企业员工素质的新要求，在煤矿风险应急培训体系中，引入课题组创造的管理人员风险源辨识-系统诊断卡和员工岗位风险源辨识-应对卡，开发了基于情境体验、心智重塑的风险情境模拟仿真系统，实验结果证实，这种安全心智模式培训法加速了学习者安全心智能力的形成和转化。
>
> 　　5. 编制《安全心智培训》教程，创建安全文化培训学院，为我国煤矿企业开展安全文化建设、加强管理人员的能力建设，提供了一套较为成熟的企业培训形式。
>
> 　　三、鉴定委员会一致认为，该成果对于我国企业全面信息化管理与安全文化建设相结合具有示范和引领作用。该项目研究具有很强的理论和实践创新，研究水平达到国际先进水平。
>
> 　　建议：加大成果的推广和应用力度。
>
> 　　　　　　　　　　　鉴定委员会主任：　　　　　副主任：

图7-17　专家鉴定意见

发生、"违章大王"屡查屡犯长期困扰肥城矿业公司，也是影响公司安全生产的一个重要问题。如何从根本上加以解决？在广泛研究、深入调查、反复论证的基础上，肥城矿业公司创新安全培训模式，以改变员工心智模式为重点，建设一所没有围墙的学校，受教一次，净化心灵，管用一生。

图7-18　该项目的获奖证书

2012年年初，肥城矿业公司借鉴国内外安全文化、心智模式、智能模拟培训等先进研究成果，与中国科学院时勘博士课题组合作，在梁宝寺煤矿创建了安全文化培训学院。根据公司不同层级岗位胜任特征模型的差异，通过问卷调查、安全行为事件访谈等形式，深入分析各层级人员的安全行为、态度以及安全价值观，运用心理学、认知学、行为强化理论，探索安全心智模式形成规律，最终形成安全心智"七步法"培训模式。通过开发应用安全闭环管控信息系统，针对区队、班组及个人三个层级，根据不安全行为类型和不同安全隐患，制定违章积分管理办法，设定黄牌、红牌、黑牌界线，凡是达到黑牌界线的，列为不诚信区队或不诚信班组，将相关责任人送入安全文化培训学院进行培训。肥城矿业公司实行安全心智培训以来，全员安全素质实现了质的提升，这一培训模式已经成为搞好安全生产和规范管理的重要抓手、重要支撑。

(三)未来展望

第一，在未来的研究中，我们将通过不同地区、不同行业的调研，不断完善安全心智评价模型，通过业务实践将研究策划与教学执行分离，形成研究中心和教学点，使教学点可复制推广。

第二，在培训系统集成方法方面，要强化大数据应用，通过大数据组建安全文化教学智库，在更大样本中获取数据来支持干预模式的改善。同时重点解决大数据背景下，如何将心理学研究获得的因果模型关系用于调查结果的分析与呈现。

第三，把零散的心理学研究成果汇总整合出一套体系化应用工具，使其在测评、监控、干预、培训、反馈等方面的合力远大于各自功能的单独发挥，这将成为未来务必攻克的难点问题，有待项目组通过后续研究进一步探索。

第七节

基层部队主官的胜任特征模型建构与应用系统

为锻造一支政治坚定、素质优良、胜任本职、充满活力的基层主官队伍，牵引带动基层全面建设和部队打仗能力提升，从 2006 年起沈阳军区政治部干部部联合中国科学院大学管理学院，引进其他行业的现代人才测评思想、理论和技术，针对连队主官的岗位特点和职责要求，在深入调查、科学论证、广泛实践的基础上，探索建构了"一个核心、三个维度"共 19 项特征指标的连队主官胜任特征模型，围绕模型建立完善了科学规范的考核、选用、培训、管理等制度机制，并成功运用于加强和改进连队主官队伍建设工作中，取得了显著成效。

一、项目研究计划的执行情况

本项目组的研究对象为沈阳军区 16、39 和 40 集团军连队主官，以及部分担任过连队主官的营主官和机关干部。按照边研究边探索、边实践边完善的思路，利用七年时间完成了文献检索、访谈调研、获取指标、分析调整、验证指标和建构模型六个阶段的工作，在战区部队推广应用并取得较好成效。课题组根据部队实践应用情况，进一步对研究内容进行了修订完善，形成了《作战部队连队主官胜任特征模型的建构研究报告》《连队主官胜任特征深度评价手册》《连队主官胜任特征编码词典》以及"基层主官胜任特征评价应用系统"。

二、创新程度、突出特色和主要建树

作战部队的连队主官的胜任特征模型，是运用现代人才测评理论与技术，按照"人岗匹配"原则，针对连队主官的岗位特点和职责要求，制定出的表现优秀人员的测评标准和要求，也是以思想素质为核心，以能力、个性要素为重点的人才评价指标体系。应当说，建构连队主官胜任特征模型，并形成应用软件系统，有助于改进军事人才选拔培养工作，提高军事人才使用效益，加快推进人才战略工程，建设能打仗、打胜仗的高素质新型军事人才队伍，具有深远的现实意义和重要的应用价值。

第一，具有开创性。首次将人才测评学、管理学和心理学综合运用到部队连队主官选拔培养中，填补了我军该领域的研究空白。

长期以来，我军人才的选拔培养虽然在坚持传统模式的基础上有所发展，但还未能达到与军事技术变革同步发展，还存在着优秀人才成长路径不够明晰、军事人才贡献率不高等问题。为解决这些问题，我军部分单位和人员进行了研究探索，取得一定的成果。但由于受技术方法和历史条件的制约，研究方向和推广使用受到一定的限制，特别是围绕作战部队干部的研究尚属空白。为此，着眼于提高基层干部选拔培养的科学性，运用人才测评学、管理学和心理学的理论、方法和技术，我们在本项目中首次建构了连队主官的胜任特征模型，创新了基层干部选、用、训、管机制，并应用到连队主官的选拔、培训和管理中。这无论在思想理念、工作指导方面，还是在技术手段、制度建设方面，都具有创新的意义。

第二，具有前瞻性。为军事人才的选拔培养做了有益的探索和尝试，对于部队选拔培训工作具有引领作用。

当前，世界军事革命日新月异，我国周边安全威胁异常严峻，我军能否完成党和人民赋予的使命任务，坚决实现能打仗、打胜仗的目标，对军事人才队伍建设提出了新的挑战。我们必须紧跟形势和任务发展需要，把握未来的军事人才发展趋向，与时俱进地加强军事人才队伍建设。在建构连队主官胜任特征模型时，我们充分借鉴了国内外最新研究成果和研究方法，并着眼于信息化条件下人才建设的新要求、干部队伍的新特点以及成长发展的新规律，做了大量的调查分析和实践论证，使建构的连队主官胜任特征模型具有更强的超前性。在研究中，我们提出了连队主官"一个核心、三个维度"的新标准，勾画出连队主官岗位的能力素质图谱，从而指明了连队主官选拔培养的方向，对于未来军事人才选拔培养具有重要启示和引领作用。

第三，具有效益性。有利于降低军事人才选拔培养的成本，提高军队人才队伍建设质量，对于加强部队的建设质量管理具有示范作用。

努力构建人适其岗、才尽其用的格局，始终是人才建设追求的目标。当前，我军在人才选拔培养上还存在着管理粗放、不够精准等问题。这种状况不同程度地影响和制约着人才建设效益的发挥。有关研究表明，通过科学的人才选拔技术，能够减少被选拔的候选者人数，提高选拔的科学性和准确性。这对于单位的长远建设和发展大有裨益。我们建构连队主官胜任特征模型和应用系统，用于辅助连队主官选拔培养，就能达成这个目的。一方面，这有效地辅助了连队主官的选拔培养工作，尽早地发现不适宜担任连队主官岗位的干部，降低选拔失误造成的人力、物力消耗；另一方面，这将有利于根据军官自身特点调整岗位，明晰地指向指挥类、技术类或其他类岗位发展方向，设计出干部的未来发展路径，可以保证少走弯路。可见，连队主官胜任模型建构对于节约军事人力资源和军费开支、提高选拔培养的效益意义重大。

第四，具有实用性。在军事人才选拔培养中具有很强的指导意义和应用价值，发展前景十分广阔，且具有实用价值，可以广泛推广。

长期以来，一些单位在连队主官选拔培养上存在着标准模糊、概略瞄准、主观评价等问题，导致部分干部选用不准，直接影响单位建设。通过七年来的研究探索，我们感到，建构连队主官的胜任特征模型，形成应用软件系统，可以为选拔培养连队主官提供科学规范的素质参照标准。这既可以保证连队主官选拔培养更加准确，也为加强连队主官"后备军"建设指明了方向。同时，建构的连队主官胜任特征模型也为建构其他职级和类别的军官的胜任特征模型积累了经验。

三、学术价值和应用价值

本项目的学术价值在于，综合运用经济学、统计学、人才学、教育学、管理学、心理学等学科的理论知识，采用行为事件访谈法、德尔菲法、问卷调查法等多种科学的研究方法，探索了连队主官队伍建设这一事关部队战斗力的基础问题。通过实证研究充实了胜任特征的相关内容，完善了军内胜任特征模型的理论和技术，丰富了对连队主官选拔培养的研究方法和手段，具有重要的学术价值。

本项目的应用价值在于，连队主官岗位胜任特征模型反映了基层干部胜任本职的核心能力的共性要求，不仅为军队院校加强人才培养提供了指导思想，为军官提高能力素质加强了目标牵引，还为完善军官任职资格提供了有益借鉴，并为建构其他岗位军事干部的胜任特征模型提供了思路和方法，在军事人才领域具有很强的推广价值。此外，本项目提高了连队主官岗位胜任特征模型的技术含量，形成的软件应用系统，可以有力地提升基层干部队伍的建设效率，为强化基层干部的能力素质，提高军事人才资源的使用效益，推进我军职业化和现代化，实现党在新形势下的强军目标提供了有效的技术支持保障。

四、存在的不足和需深入探讨的问题

经过七年的研究探索和实践，项目研究和实践应用均取得了一定成果。但该项目是以陆军作战部队连队主官为研究对象的，对于其他兵种和相当于连的单位的主官是否适用，还需要根据工作环境、任务特点，进一步加强探索研究。虽然项目已经考虑到未来战争对连队主官的影响，加强了前瞻性研究探索，但未来战争具有不可预见性，还需要进行实践检验，确保连队主官胜任特征模型具有更广泛的适应性。

五、鉴定意见和获奖情况

(一)鉴定意见

本项目的评审专家委员会来自中国人民解放军总参谋部,专家们一致认为:作战部队基层主官胜任特征模型的建构研究,基于我军新时期现代化建设的要求,以胜任特征模型探索为核心,将心理科学、管理科学和信息科学的理论综合运用到作战部队连队主官选拔培养中。项目研究历时七年,研究前组织专家对项目重要性进行了评估,研究过程中依托 7 个师、10 个旅、18 个团进行了大样本调研,采用国际先进的技术手段抽取特征指标,邀请专家进行了德尔菲法验证,依托三个试点单位进行了实践检验,从而创建了"一个核心、三个维度"的胜任特征模型,在此基础上,开发了"基层主官胜任特征评价应用系统",为战区部队科学准确考核、选拔和培养基层干部提供了理论依据、研究方法和实用工具,提高了基层干部队伍管理的科学化、规范化水平,达到了项目研究的预期目标。该项目的主要成果如下。

第一,建立了基层干部的岗位胜任特征指标体系。本项目基于环境系统识别、脆弱特性分析和胜任特征评估的科学方法,通过大样本系统研究梳理,分类建构了基于"一个核心、三个维度"及 19 项行为特征指标体系的连队主官胜任特征模型,确立了人才素质的结构维度,揭示了军队基层干部优秀品质的组成要素。这为战区部队的考核评价、培养使用提供了科学的理论依据,推动了干部工作和人才建设的科学化、规范化发展。这一成果在胜任特征模型评估方法和军事人才胜任特征模型的探索方面具有重要的理论创新价值。

第二,干部数字化的培养考核系统提高了选人用人的客观性、准确性和公信度。本项目基于胜任特征模型建立的评价与应用系统,形成了干部数字化考核档案,并依据连队主官的职业资格要求,通过计算机筛选生成提拔使用、选调机关、送学培训等辅助决策方案。试点效果表明，这种新型的信息技术手段促进了干部人事工作公开透明、公平公正，克服了选人用人中主观臆断和人情干扰等因素，明显地调动了广大基层干部积极性，有效地促进了部队战斗力提高，是部队干部培养管理模式的创新，具有重要的应用价值。

第三，增强了干部甄选、培养和发展的针对性、公平性和实效性。本项目建构的连队主官胜任特征模型结构，为干部甄选、培养和发展工作提供了明确的目标定向和方法支持。运用这一指标评估体系，对干部进行个体综合特征的评估，量身定制个性化培养方案，科学设置成长发展路径，考核评定培养提高成效，按年度、职级、岗位循环往复，形成固强补弱、科学鉴别、阶梯提升的闭合管理思路，对于全面提升干部能力、促进军官职业发展，具有重要的指导性意义。

第四，完成了与胜任特征模型相关的应用性成果。本项目完成了《连队主官胜任特征编码词典》和《连队主官胜任特征测评理论与技术操作手册》，以配合研制的"基层主官胜任特征评价应用系统"的操作和使用，给部队基层干部的管理实践提供了具体的指导手段和方法。实践表明，"基层主官胜任特征评价应用系统"和相关的指导手册具有可行性、实用性和有效性，为该成果在战区部队连队主官中的推广打下了坚实的基础。

第五，形成了基于胜任特征模型的军队心理辅导师的职业标准。本项目基于连队主官胜任特征模型的研究，特别是"一个核心、三个维度"的研究结果，提出了军队心理辅导师职业标准。该标准被列入国家员工援助师职业资格标准体系，得到了中国心理学会行业学术组织的认同，为战区部队将心理学运用于思想政治工作提供了新的思路、理论依据和实用手段。

第六，促进了军队人才管理模式的创新和拓展。本项目建构的连队主官胜任特征模型，对于适应军队现代化建设和强军目标要求，改进军事人才的管理模式，具有引领和导向作用。本项目不仅将模型原理应用到加强连队主官队伍建设，还拓展到基层部队营以下干部培养提高，并取得了一大批理论成果和实践成果。这为新时期建构其他职级和类别的军官的胜任特征模型积累了经验，提供了有借鉴意义的成果，也必将对推动干部工作和军事人才建设创新发展产生深远的影响。

综上所述，建议本项目深入地探索军事、政治主官存在的胜任特征差别，并向营团级层次拓展，以便将本研究深入进行下去。评审委员会专家们一致认为，本项目在胜任特征模型理论和评估方法探索方面，达到了国际先进水平和国内领先水平。建议在我军基层部队的人才建设和管理中推广这一成果，为实现党在新形势下的强军目标作出贡献。

(二)获奖情况

本项目获得 2014 年度中国人民解放军总参谋部科技进步奖一等奖，图 7-19 所示两个证书分别颁发给中国科学院大学管理学院和时勘同志个人。

图 7-19 中国人民解放军总参谋部科技进步奖一等奖获奖证书

第八节

危机救援社会心理服务的示范性研究

在社会心理服务体系建设中，还要涉及的是紧急救援体系建设问题。我们重大项目组在这些方面也完成了一些示范性研究试点工作。本节将介绍北京市危机救援的几项示范性研究工作。

一、北京市危机救援学校的示范模式

北京市危机救援学校是国家社会科学基金重大项目的示范基地，成立于2010年，致力于为从事应急安全岗位的人员提供职业化教育和标准化培训，为社会公众提供安全知识普及和自救互救技能培训。目前，已基本形成以应急救援技能培训为核心，以科普宣教、应急演练、安全咨询、风险评估为外延的业务体系。

(一)服务项目

北京市危机救援学校拥有教研、教学、宣传、管理等专业人员。为了满足弹性的培训需求，采取专兼职结合方式组建了师资队伍。其中，专职师资来自中国国家救援队、消防部队、武警特种部队及阜外医院、武警医院等，是国内从事应急救援职业化教育的一支专业队伍。另外，学校聘请了一批来自应急管理、医学救援、灾害救援、心理援助、生产安全、职业教育等领域的专家顾问，让他们为学校的发展定位、业务模式、教研教学等提供具体的咨询建议和技术指导。

如图 7-20 所示，该校投资建设了北京市应急救援培训基地。该基地位于北京市昌平区南口镇，占地 24 公顷，划分为教学区、灾害场景模拟训练区、拓展训练区和生活区等，拥有模拟危楼、废墟管道、营地管理等多种模拟场景训练

设施，可以开展地震搜救、车祸救助、现场急救、车辆涉水、火灾消防等专业科目训练，还可为 300 人同时开展培训。凭借完善的管理制度、规范的工作流程和良好的服务能力，基地被指定为国家社会科学基金重大项目的示范基地，也是中国应急管理学会、北京市志愿服务联合会、北京市社区防灾减灾和北京市红十字会的应急救援培训基地。

图 7-20 北京市危机救援学校的灾害场景模拟训练区图景

（二）服务成效

在政府有关部门和社会各界的支持下，北京市危机救援学校开展的应急服务工作取得明显成效。第一，承担社会责任，主动派遣专业教官参加各地的地震救援，包括出国承担尼泊尔地震救援等公益行动；第二，积极开展国内外合作交流，承接中德、中法、中非等应急机构交流活动组织工作；第三，申请的紧急救援员职业技能培训资格，获得了人力资源和社会保障部审核通过的资格认证，为各类应急救援队伍开展专业化、标准化技能培训，已经累计发放证书 6 000 张；第四，服务于首都的应急安全，先后开展了"5·12 防灾减灾日"、"10·13 国际减灾日"、学校安全教育日等主题日活动，还承接了"邻里守望平安家园"等安全科普大课堂，协助民政系统培训应急救助队伍，并配建标准化应急物资柜；第五，承接北京市"职工技协杯"危险化学品应急处置技能大赛，获得优秀组织奖。

二、红十字组织在安全维稳方面的定位和作用

红十字会，全称"红十字国际委员会"，简称"红会"，由瑞士人亨利·杜南(Jean Henri Dunant)于1863年创建，是一个国际性组织，各国都设有分会。红十字会是一个国际性的人道公益组织，具有世界性、中立性、公正性等鲜明特征，以应急管理、紧急救援、人道救助、查人转信、人道保障为法定职责，是国际上应对自然灾害和处置突发事件的重要力量。许多国家立法保障其特殊地位，在战时红十字会也与政府、军队紧密合作，成为尽人皆知的人道组织。

中国红十字会是中华人民共和国统一的红十字组织，是从事人道主义工作的社会救助团体，是国际红十字运动的重要成员。中国红十字会建会后一直从事救护伤兵、救助难民和赈济灾民活动，在人道应急救援方面发挥了重要作用。其下属协会北京市红十字会近年来赴菲律宾参与台风"海燕"灾害的国际救援，2008年北京奥运会期间参与涉外治安事件救援等，已经形成了完善的紧急救援网络，配合公安部门，为维护和谐稳定、展示良好国际形象作出了重要贡献。要讨论红十字会在国家维稳方面的定位问题，首先要从国家管理下的维稳大系统的顶层设计的角度来剖析。我们认为，红十字组织除了发挥国际跨越政治的合作和国内公益性组织的和平人道的功能外，还应该在国家维稳大系统中发挥它的独特作用。应把红十字组织定位为国家维稳系统的组成部分，纳入国家安全维稳领导体制，使之得到国家层面更强有力的支持，以避免当前维稳工作中出现的沟通合作不畅通、舆论信息不对称的情况，以及解决支撑保障不到位的问题。其实，在支撑保障方面，美国等国家红十字会的经费60%来源于政府，这种定位转化也是符合国际发展趋势的。

红十字组织自身具有独立性、公益性和统一性等特点，在重大突发事件应

急处置和医疗救护方面的作用格外突出。在国际合作和国内灾难救援中，红十字会成为协调非政府组织（NGO）的桥梁，对于志愿者的公益性活动和社会力量支持可以发挥组织协调作用。此外，红十字会在我国有其独特的作用，应该是我国政府反恐维稳的一支不可或缺的力量。2013年10月28日天安门金水桥反恐事件中北京市红十字会的卓越表现，就能充分说明红十字会的独特作用。

三、提升红十字组织参与安全维稳的相关建议

2013年12月25日，时任中央政治局委员、中央政法委书记孟建柱在新华社第5218期国内动态清样"红十字组织作为国家安全维稳力量应予以重视"上做了批示，充分肯定了红十字会在我国安全维稳方面的地位和作用。作为这次建议的主要提出方，我们根据中央政法委有关红十字会在维稳方面的定位和作用的调研要求，论证和说明了红十字会在社会治理和安全维稳中有着不可替代的作用。我们呼吁，加强红十字组织参与国家安全维稳工作，在加大国际工作交流与合作的同时，为红十字会提供政策支持和制度保障，确保红十字组织在维护安全稳定工作中能可持续发展。为此，我们提出以下建议。

第一，开展非常规突发事件的应急管理研究，探索和完善红十字组织在整个维稳系统中的职责和作用。可否以首都维稳为切入点，从风险性识别、脆弱性分析和抗逆力评估的角度，探索红十字组织与现有维稳系统的协同问题。

第二，党的十八届三中全会提出，完善国家安全体制和国家安全战略，国家尊重和保障人权。虽然红十字组织是政府在人道公益领域的重要助手和维护稳定的有益补充，但其在参与重大突发事件处置等方面的功能并未得到充分发挥。随着我国社会发展和国际地位不断提升，参与人道危机和地区冲突处理将成为常态。建议将红十字组织纳入国家安全维稳工作体系，使之成为各级安全委员会的成员单位，以明确职责和任务。为此，可在现有应急体制基础上，建立人道事务常设机构，便于充分发挥红十字组织的作用。此外，要探索红十字

人道工作进驻监所管理，并为检察和审判机关的司法行为提供人权保障，充分发挥红十字组织在尊重和保障人权方面的作用。

第三，政府可以通过购买服务方式，加大对红十字组织在提供日常救助等社会服务和安全维稳工作方面资金和设施的投入力度，切实提高现代化水平，增强红十字组织参与安全维稳工作的实力，激发社会组织的生机和活力。

第四，应当改进和完善现有红十字组织的组织机构设置及其有效性评估体系，建构不同层级红十字组织人员的胜任特征模型，形成各类救援人员职业准入标准。此外，拓展红十字救援人员的职能，如从医学救援发展到心理救援等，完善维稳系统的社会心理促进机制，实现与政法委维稳系统的全面对接，为促进中华民族伟大复兴作出贡献。图 7-21 是北京市红十字会向课题组发来的科研成果的应用证明。

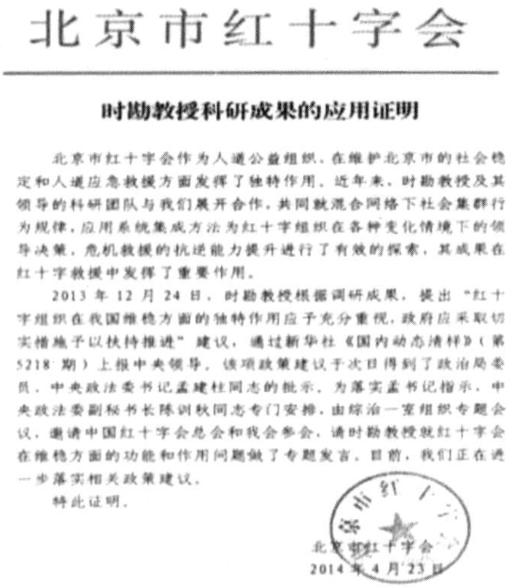

北京市红十字会

时勘教授科研成果的应用证明

北京市红十字会作为人道公益组织，在维护北京市的社会稳定和人道应急救援方面发挥了独特作用。近年来，时勘教授及其领导的科研团队与我们展开合作，共同就混合网络下社会集群行为规律、应用系统集成方法为红十字组织在各种变化情境下的领导决策、危机教授的抗逆能力提升进行了有效的探索，其成果在红十字救援中发挥了重要作用。

2013 年 12 月 24 日，时勘教授根据调研成果，提出"红十字组织在我国维稳方面的独特作用应予充分重视，政府应采取切实推进措施予以扶持推进"建议，通过新华社《国内动态清样》（第 5218 期）上报中央领导，该项政策建议于次日得到了政治局委员、中央政法委书记孟建柱同志的批示，为落实孟书记指示，中央政法委副秘书长陈训秋同志专门安排，由综治一室组织专题会议，邀请中国红十字会总会和我会参会，请时勘教授就红十字会在维稳方面的功能和作用问题做了专题发言。目前，我们正在进一步落实相关政策建议。

特此证明。

北京市红十字会
2014 年 4 月 23 日

图 7-21　北京市红十字会的证明材料

总体说来，我国红十字会在社会治理和安全维稳中具有政府、司法机关和其他社会组织无法替代的作用。我们确实需要红十字组织介入安全维稳工作。而在加大国际的工作交流与合作方面，红十字会更能从第三方的角度出面，来确保与社会各方建立更为融洽的联系。有关红十字组织在维护安全稳定工作中的作用的研究，作为社会治理的组成部分，还将继续下去，这也是社会心理服务体系建设的组成部分之一。

（时勘、胡平、谢咏、陈建、张立刚、朱厚强、尹少清、
闫祥玲、崔玉桓、时雨、赵轶然、李延甲、郭慧丹）

第八章

抗击疫情的社会心理服务体系建设研究

　　2019 年年末，新冠疫情突发，至今源头不明。我国人民在以习近平同志为核心的党中央领导下，团结一心，共克时艰，在较短的时间内实现了武汉这一特大城市的隔离，果断地将 99％的传播源控制在国内。由此，社会心理服务体系建设在应对新冠疫情方面，遇到了前所未有的挑战。时勘博士课题组认为，理应把这一新的研究内容添加到"中华民族伟大复兴的社会心理促进机制研究"之中。那么，在抗击新冠疫情这一非常规突发事件中，我国社会究竟遇到了哪些特殊挑战？社会心理服务体系面临着哪些新的、特殊的要求呢？

　　回首新冠疫情在国内肆虐直至抗击疫情取得阶段性胜利的全过程，我们课题组与全国人民，特别是与心理学界的同人一道，及时响应国家重大需求，利用大数据网络，分别进行了四个阶段的调查。每一阶段都聚焦不同的核心问题，获得了重大突发公共卫生事件背景下民众社会心理与应对方式的调查结果。我们在新冠疫情暴发初期（2020 年 1 月 27 日—2 月 19 日），通过问卷星平台展开第一轮网络调查，针对民众对疫情中的各类风险信息的感知与行为反应问题，在全国 23 个省、5 个自治区、4 个直辖市开展了网络问卷调查，初步了解民众的风险认知现状；2020 年 3 月 20 日至 4 月 19 日，我们聚焦民众风险认知的地区差异与民众的行为应对机制展开了调查，并获得了宝贵的"台风眼效应"的研究成果；在第三轮取样（2020 年 5 月 7 日—24 日）中，主要关注疫区民众与医务人员群体在疫情中出现的特殊心理问题，获得了一些针对性的管理对策方法；调查进行到第四阶段，在中国大陆疫情基本得到控制的情况下，2020 年 8 月

4 日至 24 日进行了第四轮取样，关注经济困难群体在疫情中的应对问题、影响职业群体复工复产中的因素以及学生群体在疫情逆境中的心理恢复与成长。这四次网络调查共包括了 19 134 名被试，是国内新冠疫情调查中规模较大的一次网络调查。

下面将分别针对课题组开展的新冠疫情中民众的风险认知特征研究、民众心理的"台风眼效应"研究、"组织污名化"的心理现象及管理对策研究、医务人员创伤后的心理康复研究和青少年抗逆成长的规律研究等进行详细介绍。

第一节

————

应对新冠疫情中民众的风险认知

一、风险认知的研究背景

近年来，一些重大自然灾害造成了巨大经济损失，如 2004 年的南亚海啸、2005 年的卡特里娜飓风和克什米尔地震、2007 年加利福尼亚野火以及 2008 年中国汶川地震；也有人为灾难造成了社会上的影响和经济方面的损失，如 2001 年的"9·11"事件等。此次新冠疫情在全球大流行，对人类的生存和发展空间可能造成的挑战，远远超过了历次的灾难。

重大突发公共事件首先引发的是公众的风险信息感知。风险认知指公众倾向于依赖个人主观直觉判断来对情境中各种危险事物进行认知评估（Slovic，1987；谢晓非，1995）。这在人类的自我保护和社会行为中发挥着重要作用（Cho & Lee，2006）。根据 Slovic 心理计量学范式，风险认知主要有两个维度：（1）"恐惧"反映了感知到的缺乏控制和灾难性潜力；（2）"未知风险"指的是不可观察的危险(Peters & Slovic，1996；Siegrist，Keller，& Kiers，2005)。流行疾病的暴发可能会引发这两个方面的问题，使人们感受到更大的威胁。人们一般会认为，风险认知基于理性。但2002年诺贝尔经济学奖获得者、认知心理学家卡内曼(Daniel Kahneman)发现，期望效用理论无法解释人们在认知选择中出现的系统性偏差。不过，基于风险危机情境中的大规模现场研究，特别是东方文化背景下的民众风险认知及其心理行为研究，目前还是非常缺乏的。2003年，时勘博士带领团队率先开展了对全国17个城市4 231名市民的两轮调查，对民众的风险认知的理性特征进行了探索。结果发现，负面的信息会导致民众非理性的恐慌，而正面的信息则能使大众采取理性的应对方式。2008年汶川地震发生后，课题组又针对地震创伤后的心理康复问题展开了研究，李纾、谢佳秋等人也针对地震灾难的"台风眼效应"(Psychological Typhoon Eye Effect)进行了成因探索，展开了以民众风险认知为主线的心理行为调查(李纾、刘欢、白新文，等，2009；谢佳秋、谢晓非、甘怡群，2011)。本研究试图在2003年、2008年风险认知信息的影响因素研究之基础上，探索疫情事件中民众恐慌心理形成的原因，为抗击新冠疫情提供对策和情绪引导方法。那么新冠疫情发生后，民众的风险认知现状如何？面对风险信息，民众有哪些心理规律？结合这些问题，课题组进行了调查研究。

二、风险认知实证研究及结果分析

课题组在2019年年底进行了网上调查，调查共涉及全国23个省、5个自治区、4个直辖市。此次问卷调查共获得有效问卷2 144份。调查问卷吸收了时勘等(2003)在重症急性呼吸综合征(以下简称非典)流行期间编制的问卷内容，主要分为风险信息和风险评估调查问卷。根据风险信息因素的分类，问卷共分为四个维度，分别是冠状病毒患病信息、治愈信息、与自身关系密切信息和政府的防范措施；风险评估根据熟悉性和控制性测量问卷，考察六类风险事件。

对获取的数据采用 SPSS 20.0 进行统计分析。

（一）冠状病毒患病信息的影响因素

对风险信息的四个维度进行统计分析（见表 8-1）发现，民众对六类事件感受到的熟悉程度从高到低依次是：传播途径和传染性、预防措施和效果、冠状病毒病因、治愈率、愈后有无传染的问题和愈后对身体的影响。民众对六类事件感受到的控制程度从高到低依次是：预防措施和效果、愈后有无传染的问题、传播途径和传染性、冠状病毒病因、愈后对身体的影响和治愈率。这个顺序说明民众对于不同的信息的认知敏感度有着不同的重视程度。具体表现是，在熟悉程度方面，对传播途径和传染性、预防措施和效果、冠状病毒病因等会更关注；在控制程度方面，更加注意预防措施和效果、愈后有无传染的问题及传播途径和传染性等问题。

表 8-1　民众风险认知结果

风险事件	熟悉程度		控制程度	
	M	SD	M	SD
传播途径和传染性	3.84	0.84	3.14	0.81
预防措施和效果	3.73	0.76	3.39	0.72
冠状病毒病因	3.45	1.01	3.10	0.90
治愈率	3.17	0.87	2.98	0.74
愈后有无传染的问题	2.55	1.06	3.17	0.93
愈后对身体的影响	2.48	1.00	3.00	0.83

（二）两次风险认知地图的对比分析

为了进一步探究民众风险认知特点的相互依存性，我们采用风险认知地图的形式来进一步描述"熟悉性"和"控制性"这两个综合特征，这里以 Slovic 提出的"熟悉性"和"控制性"为坐标，组成 2020 年疫情信息的风险认知地图（见图 8-1），并将该地图与 2003 年非典疫情期间的民众风险认知地图进行了比较（见图 8-2）。从比较结果来看，2020 年民众的多数风险因素处于较为熟悉和可以控制这一象限，但"愈后对身体的影响"在 2020 年仍然处于不能控制和不够熟悉状态，"愈后传染"还是属于比较陌生的。也就是说，到了 2020 年，民众仍然担心病愈后

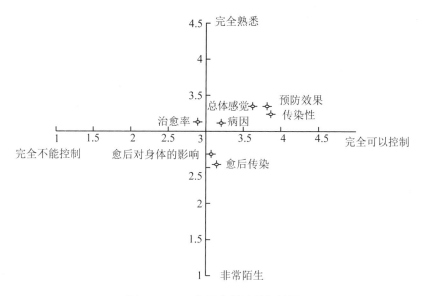

图 8-1 2020 年民众风险认知地图

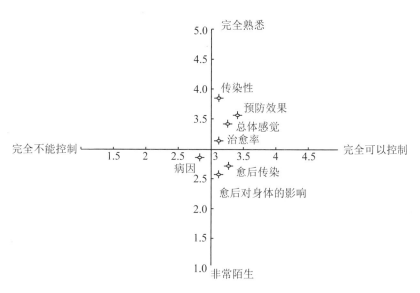

图 8-2 2003 年民众风险认知地图

是否传染和对身体是否有影响等问题。这与 2003 年的风险认知相比，没有发生变化。这可能和科学研究的进展有关，因为时至今日，我们对于非典、新冠病毒感染的愈后传染，对于出院后身体的伤害，并没有精准的研究结果。

当然，由于这些问题与民众自身的安危关系更为密切，出现这种分析结果，也是能够理解的。另外，2020 年出现显著变化的是病因问题，在 2003 年处于不熟悉、不能控制一端的病因，到了 2020 年则变为比较熟悉和可以控制的因素了。

(三)风险认知词云图分析

通过 2 144 位被试填答"当提到新型冠状病毒肺炎(2022 年 12 月更名为新型冠状病毒感染，自 2023 年 1 月 8 日起不再纳入《中华人民共和国国境卫生检疫法》规定的检疫传染病管理)时，你会联想到什么其他的词语或事件(请写出四项)"的结果，我们统计了前十位的高频词，这些词呈现的频次从高至低依次是：非典 571 次、传染 330 次、口罩 261 次、隔离 206 次、死亡 182 次、武汉 101 次、病毒 96 次、流感 90 次、蝙蝠 84 次、禽流感 67 次和消毒 64 次。同时，结合被试的选项使用 Tagul 词云制作软件，编制出民众风险认知词云图(见图 8-3)。从词云图可以看出，民众在疫情期间经常想到的是非典、传染、口罩、隔离和死亡等词语。可以认为，这些词会不断在民众脑海里出现，如果不注意引导，它们会加剧民众的心理紧张感。这从另一个侧面也反映出新冠疫情中民众风险的认知现状。

图 8-3 高频词呈现结果的风险认知词云图

三、调查结果的讨论及对策建议

(一)实证研究结果的讨论分析

1. 风险信息导致的恐慌因素分析

调查研究发现，在影响民众的风险信息中，治愈信息尤其是新增治愈人数对民众的影响最大。其次是患病信息，在患病信息中，医务人员患病人数对民众的风险认知产生的影响最大。这与 2003 年时勘等人的研究结果略有不同。在2003 年非典疫情期间，与民众自身关系密切的信息，即物理空间距离更近的环境(如所在单位和住宅区)中有无患者，最能影响他们的风险认知。民众在经历过疫情之后，对非典的传播途径及致死率都有较为深刻的了解。所以，围绕死亡会有较高的风险评价。人们对二手信息的有效性持怀疑态度，但更容易相信自己感官所获得的证据。经验不仅影响个人如何了解和感知风险，而且影响其行为反应。所以，民众会更多地关注新增治愈率等问题。

此次调查结果发现，新增医务人员患病人数会使民众产生更大的风险知觉。此次，政府动员了数万医务人员集结湖北，抢救新冠肺炎患者，这在我国历史上前所未有。医务人员的健康问题更加牵动亿万民众的心。医务人员身处抢救第一线，与感染人群接触最直接、频次最高，处境最危险，其患病信息更能激起民众的风险认知。在疫情发生初期，政府果断地做出对疫区进行隔离的决定，并要求普通民众不聚集、不出门，同时加大了对社区和乡村要道的疫情防控措施。这一举措得到了广大民众的响应，世界卫生组织对此也予以充分肯定。民众在此过程中感受到了政府的态度和各项举措的力度，给予积极配合，安全感也增加了，由此，对上述风险信息的认知水平也就明显降低了。

2. 两次风险认知地图的变化因素

从调查结果来看，民众的整体风险性认知处在风险因素空间的右上端，即在完全熟悉和完全可以控制所组成的象限内。这与时勘等人 2003 年 5 月上旬发现的非典疫情风险认知地图的结果总体上一致。但两次情况还是存在一定的差异。2020年上半年，面对新冠病毒的肆虐和蔓延，民众能够在短时间内形成对病毒的熟悉感和可控制感，特别是对病因的认识有了可喜变化——从不可控制和不够熟悉转入可以控制和比较熟悉，这与政府迅速而有力的应对行为增强了民众的信心有关。加之网络媒体对疫情及时、科学的报道和对防疫措施的宣传，民众变得更加理性。所以，病因移至比较熟悉和能够控制这一端，这也是对政府、科研专家和媒体宣传的肯定。

不过，对于"愈后对身体的影响"和"愈后有无传染的问题"，认知水平仍然处于不能控制和不熟悉的一端。2020年3月27日，《科学》杂志刊发了一篇社论，期望全球科学界携手合作，像当年结束"二战"那样，启动21世纪"曼哈顿计划"。针对新冠病毒开展的全球疫苗研发合作，目前已经取得一些成效。但是疫情在一些地区仍然出现反弹，彻底战胜新冠疫情还有一个漫长的过程。

(二)民众风险认知的对策建议

1. 针对恐慌因素的管理对策

这主要启示新闻发布单位和社区管理部门，在对患病信息进行客观报道的同时，帮助民众高度重视疫情，但不要盲目地恐慌，并且要更多地宣传治愈信息和政府的防范措施。要特别注意那些与民众自身关系密切的信息，即物理空间距离更近的环境中的信息。此外，政府在民众不了解状况时要果断进行主动宣传，引导舆论的正确走向，增加民众的安全感。

2. 对认知地图的宣传效应

应该客观地告知民众2003年和2020年风险认知地图的变化趋势，在宣传中不要回避依然没有变好的趋势。新冠疫情与以往重大公共卫生事件的影响的显著不同在于，扩张面史无前例，持续时间久远，其负性影响至今仍在延伸。为此，一方面要加强对于公共卫生事件长期防范应对的心理准备，通过普及科学医疗知识技能增加民众的理性，增强民众信心。另一方面，应有专门的宣传策略，以加强民众对新冠病毒与人类共存的长久性的认识，培养成熟的应对心态。

第二节

————

民众"台风眼效应"的心理现象

一、"台风眼效应"的来源

重大突发事件中,不同地区的人们对疫情各类风险信息的认知与主观判断可能存在一些认知的偏差。Gilovich 等(2000)在一项研究中发现了一种非常特殊的区域感知风险现象——"台风眼效应"。它指处于风险事件中心的群体识别风险事件的程度低于周边地区民众的感知,在面对灾难时容易表现出习以为常、麻木松懈的情绪和行为。国内研究人员在非典疫情期间也在公众风险感知调查中得出了类似的结果,即在非典疫情严重的地区,民众的风险知觉不高,而非典疫情不严重的地区,民众的风险知觉反而较高。后来这类现象也在关于地震风险知觉的研究中得到了确认(Li, Liu, Zheng, et al., 2009)。"台风眼效应"使得非疫区民众状态焦虑、从众行为显著高于疫区民众。也就是说,非疫区民众的心理恐慌相较疫区显得更为严重(谢晓非、郑蕊、谢冬梅,等,2005)。那么,在新冠疫情期间,是否依然存在"台风眼效应"这一心理现象呢?

二、新冠疫情期间的"台风眼效应"

在初步了解民众的风险认知现状的基础上,2020 年 3 月 20 日到 4 月 19 日,课题组通过问卷星平台展开第二轮网络调查,聚焦民众风险认知的地区差异与民众的行为应对机制。这次调查共收到有效问卷 3 729 份,课题组对各地民众有关新冠疫情的风险熟悉度和控制度数据进行了非参数检验的比较。调查结果发现了民众的认知特征存在"台风眼效应",即处于严重疫情中心地区的民众,由于反复受到负面信息的刺激,在面对灾难时表现出麻木、习以为常的心态。在这种心态的影响下,民众的防疫意识下降,如佩戴口罩、洗手消毒、避免聚集等日常防护逐渐松懈。研究发现,告知疫情危险性并不会改变这种情形。这是因为,有时经验会误导人们对事物的印象,从而因过于习惯而麻木。疫区中心的人们在疫情的负性信息的反复刺激下,会对这些信息习以为常甚至麻木。反而是身处西藏、新疆等"台风边缘地带"的人,会因缺乏疫情信息而过度紧张。这也验证了李纾等(2009)的研究结果。

本研究还比较了地区之间民众在风险认知上的差异。根据疫情的不同等级,将这些地区划分为如下类型:将湖北省及其周边城市列为疫情暴发区,将浙江和重庆等地列为疫情严重区,将远离湖北的新疆、甘肃和黑龙江等地列为远离疫情区。从表8-2可以看出,方差分析发现三组存在显著差异($F=9.87$,$p<0.001$),表现为疫情暴发区民众对风险认知的熟悉程度和控制程度($M=3.55$)显著高于疫情严重区($M=3.30$)和远离疫情区($M=3.49$)。在控制程度这个维度上,方差分析的结果发现三组存在显著差异($F=4.22$,$p<0.05$),表现为疫情暴发区的控制程度($M=3.44$)显著高于疫情严重区($M=3.29$)和远离疫情区($M=3.28$)。可以看到,熟悉程度和控制程度的数值越高,风险认知水平就越低。这一结果表明,以武汉为中心的疫区确实呈现出"台风眼效应"。

表8-2 不同地区风险认知差异比较

风险认知维度	分组	M	SD	F	p
	疫情暴发区	3.55	0.56		
熟悉程度	疫情严重区	3.30	0.58	9.87***	0.000
	远离疫情区	3.49	0.53		
	疫情暴发区	3.44	0.46		
控制程度	疫情严重区	3.29		4.22*	0.015
	远离疫情区	3.28			

注:数值越高,表示熟悉或控制程度越高,风险认知水平越低。

三、不同疫区民众的风险认知差异

研究发现，疫情暴发区、疫情严重区和远离疫情区的民众存在显著的认知差异。具体表现为，疫情暴发区的民众在风险认知的熟悉性和控制性两方面都表现出较高的分数，高分数体现了对风险认知的低水平，即个体的心理反应比中心以外地区的个体更平静。2008年汶川地震后也有类似的发现。根据Melber等(1977)的简单暴露效应理论，刺激的简单暴露能够导致熟悉程度的加剧，进而导致对刺激的敏感度下降。在此次的新冠疫情中，由于疫情暴发地武汉的民众长时间地处于风险刺激中，这种刺激的不断强化导致了民众适应性的增强，从而降低了他们对风险的敏感程度。

四、如何应对"台风眼效应"

"台风眼效应"有碍巩固国家抗疫之战取得的成果，在后疫情时代，格外值得关注。应对民众认知中的"台风眼效应"，我们有如下建议。

第一，针对出现的"台风眼效应"这一心理现象，我们认为，要及时开展有针对性的宣传工作，克制民众的麻木心理。对于边远地区，民众了解疫情信息有限，也会出现因信息不确定而情绪紧张甚至恐慌的情况，需要加大疫情知识的科普力度。

第二，为了预防人们疫情期间出现的麻木和松懈情绪，在车站、机场等人群高密集场所，建议增设疫情宣传监控人员，提醒和帮助民众做好旅途中的防范和隔离工作。

第三，要根据实际情况调整复工计划，一方面，利用好中国集中力量办大事的制度优势，让各行各业的生产在疫情防控前提下有秩序恢复；另一方面，一些地区过分地加强管控将不利于复工复产的正常进行，还要采取适当措施，促进企业恢复生产。

第三节

——————

"组织污名化"现象及对策

一、污名的概念

2020 年 1 月 30 日世界卫生组织宣布将新型冠状病毒感染的肺炎疫情列为国际关注的突发公共卫生事件(PHEIC)后不久，针对中国及其他亚洲国家的歧视及污名化问题就在持续发酵。英美等国的多家媒体大幅度报道了针对亚洲人的歧视性言论。这些宣传罔顾事实，无端指责，给亚洲，特别是中国人的心理带来较大的负面冲击。焦松明、时勘、周海明(2020)等指出，在疫情暴发期间，经历疫情污名会增加心理健康问题的风险，特别是当这种污名与突发事件相关的压力源和潜在的创伤经历相结合时，会加剧这种负面影响。例如，目睹和照顾重症患者，应对严重的死亡和丧亲之痛等产生的负面影响。因此，在疫情期间，阻断污名的不利影响对民众的身心健康是非常重要的。

当个体或群体具有某种社会不期望或有损名誉的特征，这种特征会降低个体在社会中的地位，使之成为一个有污点和丧失了部分价值的人。而污名就是社会对这些个体或群体贬低性、侮辱性的标签。戈夫曼(Erving Goffman)在《污名——受损身份管理札记》中正式提出"污名"的概念。自我污名化是受到污名的群体将污名化态度指向自己而产生的反应。课题组在对美国芝加哥、中国香港地区 2008 年的企业招聘过程污名化的研究中也涉及这一问题(Corrigan, Kuwabara，Tsang，et al.，2008)。

二、污名化的测量及其影响效应

在疫情暴发初期，在人们没有建立对新冠病毒传染性认识的前提下，没有医学诊断经验的普通人，只能凭借传播源所在地的感染情况来判断自己接触病毒的可能性，而这个过程中就可能导致对特定地域和人群（即传播源头地）的污名化。

(一)测量工具

针对疫情污名的典型行为，时勘博士课题组在 2008 年污名化研究的基础上，编制了测量新冠疫情污名化的调查问卷，如表 8-3 所示。

表 8-3　新冠疫情污名化调查问卷

题号	题目	非常不同意	不同意	说不清	同意	非常同意
1	大多数人都不介意和患过新冠肺炎的人做朋友。	1	2	3	4	5
2	大多数人都认为住过院的新冠肺炎患者的智力和普通人有差别。	1	2	3	4	5
3	大多数年轻女性都不愿和患过新冠肺炎的男人约会。	1	2	3	4	5
4	大多数人都不接受患过新冠肺炎但已完全康复了的人做小学老师。	1	2	3	4	5
5	大多数人都觉得被疫情传染住进医院是生活失败的标志。	1	2	3	4	5
6	如果患过新冠肺炎的人适合某工作岗位，大多数单位不愿意雇用他。	1	2	3	4	5
7	大多数人对因被疫情感染住过院的人不会有过高的评价。	1	2	3	4	5
8	在我住的地方，大多数人对待患过新冠肺炎的人和对待其他人是有区别的。	1	2	3	4	5

题号	题目	非常 不同意	不同意	说不清	同意	非常 同意
9	大多数人不会雇患过新冠肺炎的人去照顾自己的孩子，即使他已康复很久了。	1	2	3	4	5
10	大多数单位不会录用患过新冠肺炎的人，而是选择条件相当的其他人。	1	2	3	4	5
11	大多数人都认为，患过新冠肺炎的人和普通人不会一样值得信赖。	1	2	3	4	5
12	大多数人一旦知道某人曾因新冠肺炎住过院，会把这当一回事。	1	2	3	4	5

（二）污名化的负面影响效应

将公众污名化观点与自身相联系并进行内化会导致自尊丧失、自我效能受损，由此引发一些退缩性行为，如逃避社交等。以往研究表明，受到他人污名化的人会在情绪方面表现出持续焦虑、压抑，行为方面也因受到负面诱导而出现反社会行为；歧视知觉与情感中心应对方式呈显著正相关；自我污名化还显著负向预测听障学生的自尊水平。此次发生的新冠疫情，通过复杂的方式不同程度影响人们的身心健康。精神障碍（如抑郁、焦虑和创伤后应激障碍）和临床应激反应（如恐惧、睡眠障碍）是常见的灾害后遗症。这些症状可以持续数月或数年，而且与以往的传染病类似。此外，与最近的灾害和其他类型的大规模创伤相比，新冠疫情对全球发病率和死亡率以及社会和经济环境的影响是独一无二的。这些因素再加上世界上针对中国以及亚裔群体的污名，都可能增加该群体在心理健康等领域的潜在风险。

针对种族歧视的研究表明，歧视和污名化使被歧视群体感受到不公平，带来焦虑、压抑等负性情绪。同时，亚裔美国人也经历了更多的歧视，特别是此次的新冠疫情，使某些人认为他们可能携带新冠病毒。在新冠疫情发生后，某些区域的民众因遭受他人的排斥和歧视而严重影响了精神心理健康，这对疫情的防控乃至社会秩序的稳定都是不利的。

三、污名化的实证研究

为了证明污名化在疫情期间的效应，时勘博士课题组以 1 071 名非疫情区人员为被试，采用风险认知量表的熟悉度分量表和积极应对方式分量表、污名量表及负性情绪量表进行测量，建构了一个有调节的中介模型。我们采用 Hayes 开发的 SPSS 宏程序 process 分析组织污名化对风险认知熟悉度和负性情绪的调节作用，以及对负性情绪中介效应的调节作用。分析结果（见表 8-4）显示，回归模型中风险认知熟悉度与组织污名化的交互作用对负性情绪的影响达显著水平（$\beta=0.18$，$p<0.001$），负性情绪与组织污名化的交互作用对积极应对方式的影响也达显著水平（$\beta=0.20$，$p<0.001$）。这说明，组织污名化不仅可以调节风险认知熟悉度对负性情绪的预测作用，而且能够调节负性情绪对积极应对方式的中介作用，即组织污名化在模型的前半路径（风险认知的熟悉度对负性情绪的影响）和后半路径（负性情绪对积极应对方式的影响）的调节效应均显著。

表 8-4　有调节的中介模型检验

项目	负性情绪			积极应对方式		
	β	SE	t	β	SE	t
constant		0.31	0.51		0.12	19971***
熟悉性	−0.06	0.05	−0.90	0.37	0.02	14.94***
组织污名化	0.33	0.03	11.09***	−0.04	0.01	−0.54
负性情绪				−0.15	0.01	−3.04**
熟悉性×污名	0.18	0.00	3.60***			
负性情绪×污名				0.20	0.00	4.17***
R^2		0.13			0.21	
F		53.26***			71.28***	

为了更直观地呈现组织污名化对风险认知熟悉度和负性情绪的影响，以及

对负性情绪与积极应对方式之间关系的调节效应，我们将组织污名化按照平均数加减一个标准差的程度分出高、低分组，进一步进行简单斜率检验（见图8-4）。由表8-4、图8-4可知，在组织污名化程度低的情况下，风险认知熟悉度对负性情绪的负向预测显著；在组织污名化程度高的情况下，风险认知熟悉度对负性情绪的负向预测作用减弱。

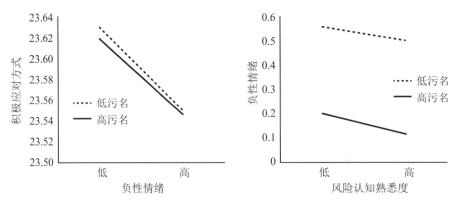

图8-4 组织污名化的调节效应图

由上述的结果可知，在低的组织污名化个体中，风险认知熟悉度可显著地负向预测人们的负性情绪，而在高的组织污名化个体中，这一预测作用不存在。也就是说，增加风险信息的熟悉度会使低的组织污名化民众受益。对于低的组织污名化的民众，风险信息熟悉度较高者比风险信息熟悉度较低者的负性情绪要低。这种污名化现象反映了社会民众对新冠疫情的普遍担心，而对他人进行污名化的处理可有效转移这种由新冠疫情风险事件带来的恐惧、焦虑等负面情绪。所以，当组织污名化水平低时，对新冠疫情的熟悉程度可有效负向预测人们的负性情绪，而当组织污名化水平高时，对新冠疫情的熟悉度对负性情绪的预测作用变得无效。同理，在低的组织污名化个体中，负性情绪可显著负向预测积极应对方式，而在高的组织污名化个体中，这一预测作用不存在。污名化的目的是将疫情的发生归因于某一群体，从而将由病毒引发的不良情绪成功转移。

四、提升民众应对组织污名化的能力

首先，民众对疫情的熟悉度对降低其负性情绪体验、增加其积极风险应对行为具有重要的作用。因此，建议政府和有关组织，在今后的公共卫生事件中及时披露与风险事件的相关信息，从而降低公众的负性情绪，提升民众的积极应对方式。

其次，政府应重视对组织污名化的干预。研究所揭示的组织污名化的调节作用表明，信息管理者在利用提高民众风险认知熟悉度的途径来促进民众积极应对行为产生时，需先降低组织污名化程度，对其进行良好的辅助，因此，要在污名化出现之初就将之制止。加强疫情科普工作，通过合理的舆论引导，尽量减轻组织污名化对疫情防控的影响，减少组织污名化情况的出现。

最后，个人在响应政府的号召参与疫情防控工作时，做好个人卫生防控工作之余，应该熟悉与疫情相关的各种信息，做到心中有数，避免不合理的恐慌，重视对负性情绪的调节，理解污名的不合理性和暂时性，理性思考，不污名化他人。身处疫情区的个人内心应强大起来，受到较严重的社会排斥时要及时寻找有关部门帮助，必要时前往心理咨询站寻求辅导，避免污名标签的进一步内化。

第四节

医务人员创伤后的心理康复

一、突发事件中医务人员的心理危机

在重大突发公共卫生事件中，医务人员作为中坚力量，秉承"敬佑生命、救死扶伤、甘于奉献、大爱无疆"的精神奋战在一线，为国民安康作出突出贡献。但是，医务人员日常工作中不仅需要高度集中精神以保证工作质量，还需要专业、迅速地处置可能出现的突发事件，由此容易导致思想压力大、身心疲惫，从而出现不同程度的心理危机乃至创伤。已有研究表明，医务人员在负性情绪指标上显著高于中国常模（钟霞、姜乾金、钱丽菊，等，2005）。针对抗击新冠疫情一线医务人员的调查同样印证了此观点（张瑶、张西京、彭嘉熙，等，2020）。然而，医务人员自身的心理健康问题往往被忽视，导致医疗问题增多、医患关系紧张，既不利于医务人员自身幸福感，也使公共卫生事件的处置能力受到极大考验。医务人员的心理健康既是社会心理服务体系建设的支撑点之一，也是极为重要的落脚点。临床心理学研究表明，医务人员在重大突发公共卫生事件中，往往容易发生以下几种心理危机。

(一)焦虑、抑郁等情绪滋生

新冠疫情初期，不少医务人员因为种种原因发生职业暴露，同事的感染给个人的情绪带来极大的负面影响。团队之中，负面情绪堆积而无法疏解的状况加剧了医务人员的心理应激。同时，直面危重患者的痛苦与死亡，使得医务人员产生较强的挫败感、自责感和无助感，甚至产生同情疲劳等"次生危害"。此时，医务人员表现出冷漠，可能就是长时间处于这种工作状态而产生的一种保护性反应。焦虑、抑郁、敌对、人际敏感和躯体化强迫都是心理危机患者常见的心理反应。国家卫生健康委疾控局印发的《新型冠状病毒感染的肺炎疫情紧急心理危机干预指导原则》中就明确指出，医护及相关人员易出现过度疲劳和紧张、焦虑不安、失眠、抑郁、悲伤、委屈、无助、压抑、面对患者死亡挫败或自责等心态（王竞、程雅倩、周照，等，2020）。

(二)急性应激障碍

新冠疫情初期，由于对疫情的认知不全面，医务人员往往产生恐慌和心理失衡。同时，来自患者方面的专业与道德要求对医务人员也会施加巨大的压力，医患关系紧张和患者的不理解与不配合，给医务人员也带来了巨大且不易消除的身心伤害。入住定点医院或方舱医院的患者们，往往存在焦虑、不满或悲观情绪，进而可能对医务人员做出蛮横无理的举动。国内研究表明，医务人员在灾害救援任务中会产生生理、认知、行为和情绪等多方面的应激反应。疫情期间，来自多方面的应激事件必然使医务人员背负巨大的压力，并产生对应的应激反应，如呼吸困难、无法放松、疲劳、晕眩等生理反应，以及职业耗竭、心力交瘁、不安全感、情绪不稳定等心理反应。所以，无论是患者还是医务人员，心理危机的干预都应尽早进行，介入越早则未来发生创伤后应激障碍的可能性就越小。特别是突发公共卫生事件初期，伴随着强烈恐惧体验的精神运动型兴奋或抑制，会导致盲目行为。一些急性应激障碍通常会持续数小时至一周，并且在一个月后才能得到缓解。

(三)创伤后应激障碍

创伤后应激障碍是指个体经历、目睹或遭遇一个或多个涉及自身或他人的实际死亡，或死亡的威胁，或严重的受伤，或躯体完整性的威胁后，所导致的延迟出现和持续存在的精神障碍。患有创伤后应激障碍的个体，通常因反复出现的闯入性创伤体验而痛苦不堪，且保持着警觉性增高、对创伤经历的选择性遗忘或持续性回避等行为。医务人员从抗疫一线返回原单位后，负面情绪水平往往仍然会高于常模，说明这种负面情绪给医务人员带来的是长期、难以消除的伤害。随着疫情进入常态化防控阶段，感染病例数大幅降低，心理学层面的救治策略也应从应急干预转向常态化支持和康复。

二、医务人员心理创伤的成因

在突发重大公共卫生事件中，个人的恐慌、紧张情绪是正常反应，无可厚非。然而，一旦个体情绪扩散为群体现象，就会对社会稳定、经济发展产生严重的负面影响。因此，"预前"比"事后"更加重要，要做到"早筛查、早预防、早干预"。而群体性心理创伤的康复成长，首先应着眼于其产生原因。

（一）事件本身的性质及强度

突发重大公共卫生事件中，临床参与救治的一线医务人员可能面对诸多不确定因素，专业认知有限（程辉、周琼、刘小莉，等，2020）。因此，烦琐救护和休整不足并存的情形下，医务人员始终处于多重心理应激状态中。换言之，应激源既可能来自主观感知，也可以来自客观环境。同时，职业角色之外，医务人员可能还扮演着父母、子女等多种社会角色，面临来自家庭的压力。

（二）个体的认知特点

个体的自我效能感、抗逆力、心理摆脱能力、应对方式等心理素质或认知特点是产生心理危机或心理创伤的主要原因（焦建英、胡志、何成森，等，2014）。自我效能感指人们对自己能否实现某特定目标的估计；抗逆力指个体对困境的应对乃至"回弹"的能力；心理摆脱能力指个体从工作情境和工作心境中解脱出来的能力；应对方式指个体对特定事件所采取的应对策略。研究指出，心理素质较低的个体倾向于采用消极的方式解决问题，认为自身难以适应外部环境的要求，从而以消极回避的态度予以应对。然而，诸多与心理创伤相制衡的心理素质均可通过后天干预的方式予以提升。因此，应通过对个体的自我效能感、抗逆力、心理摆脱能力、应对方式的培养，引导其采用合理有效的应对方式，进而提升对重大生活事件的应对能力。

（三）隔离的特殊情境

隔离是这次重大突发公共卫生事件中医务人员及患者所面临的特殊情境。因为疫情防控需要，身处抗疫一线的医务人员往往需要在非工作时间单独活动休息、照料自己的饮食起居。这种情境下，个体缺乏社会支持的获取渠道，易产生孤独感、疏离感以及恐惧焦虑症状。根据线索过滤理论，网络等渠道所给予的社会支持是同样有限的。

（四）面对的社会要求

医务人员背负党和人民的重托，身肩救死扶伤的使命。在面对舍我其谁的场景时，往往既得到了常人所没有的社会支持（物质层面与精神层面），也需要应对救死扶伤、治病救人的社会要求。因此，绝大多数医务人员都是怀揣"敬佑生命，大爱无疆"的信念前去支援抗疫。这种满足角色社会要求的过程，实质上也是利他主义的重要表现形式，对心理创伤有保护性作用。针对新冠疫情中一线医务人员工作投入的研究也表明，职工的社会要求、疫情背景间存在着相互作用关系，对疫情危机强度的感知也影响到其工作投入和工作担当，而工作意义感则能缓冲这种影响。通过社会支持与人工干预等途径提升职工的工作意义感，即可人为地减少疫情对工作投入的影响(Liu，Chen，& Li，2021)。

三、创伤后心理康复的路径和方法

在医护人员回到原单位后，创伤后心理康复显得更加必要。由于对自身有较高的职业道德和职业责任要求，病耻感较重，医务人员大多不愿主动寻求心理帮助，一般来说，返回原单位后，创伤后应激障碍的状态会逐步显现，个别患者甚至半年后才表现出典型症状。所以，对医务人员的长期心理支持应当成为后疫情时代的焦点问题。创伤后心理康复的实现路径应从顶层设计、制度建设到个体群体发展层面，构建全方位、多层次的保障系统。进入疫情常态化防控阶段后，全国各地涌现出诸多勇于担当、拼搏奉献的医务人员和优秀群体。例如，首批驰援武汉的新疆医科大学第五附属医院、北京中医药大学、北京大学第一医院、山西医科大学附属医院和温州市中心医院等，以及倾注全部力量抗击疫情的武汉大学人民医院等，在疫情防控与医务人员心理干预方面，有诸多值得推广的方法和途径。

(一)心理评估与创伤识别

在心理创伤出现前，个体往往表现出一些易察觉的征兆，若对此加以识别，则有利于创伤的及时康复。常见的征兆包括极度疲劳和躯体化症状(如头痛、胸闷、失眠、呼吸困难、发抖、恶心、呕吐、眩晕)等身体反应，以及焦虑、紧张、易怒、沮丧、注意涣散、迟钝、麻木等心理反应。在评估中，要察觉个体对应激源的反应，包括想法（认知）、行为、情绪等，确定应激反应的持续时长和影响范围，还要评估在危机中的应对措施，审视自身的角色定位，包括专业职责、能力范围等。总之，通过心理评估，确定危机后的现状，增强对不确定事件的确定感。山西医科大学附属医院对援鄂医疗队成员采用抗逆力量表初筛、表达性艺术治疗的方法，对抗逆力较低、自我修复能力较差的个体采取针对性干预，有效地识别了潜在病患并对其实施创伤后心理康复。

（二）医务人员的相互支持

武汉大学人民医院东院作为新冠疫情暴发后重症及危重症患者的定点收治医院，得到了来自全国各地医疗救援队的帮助与支持。参与抗疫工作的医务人员，通过社会心理支持方法帮助患者、同伴顺利地应对疫情中的复杂情况。在心理康复过程中，医疗队队员、志愿者和患者之间相互支持与信任，上下级之间相互体谅与关照，家人和朋友之间相互沟通和交流。这些相互支持的方法值得后疫情时代认真总结。例如，北京大学第一医院在援鄂医疗队中按比例配置专业心理咨询机构人员，定期为队员进行心理辅导和干预。心理支持的方法包括倾听、共情、后续跟进、转介、保密等方法。

（三）短时休息与自我提升

个体的心理创伤程度及康复水平取决于其心理应激水平，而心理应激水平则受到心理摆脱水平、应对方式等多种因素的影响。医务人员在出现心理创伤后，应合理安排日常生活，培养兴趣爱好，发泄负性行为，学会倾诉和掌握自我疏导方法。从短期来看，短时休息是迅速恢复精力的最佳方法之一。面对繁重的工作任务，医务人员可在感到疲惫时进行五到十分钟的休息，不建议在疲劳状态下坚持工作。比如，我们在贵州六盘水医院创造的动静结合的心理摆脱和短时休息方式，能够帮助医务人员形成工作与休息之间的良性循环，起到事半功倍的作用。面对工作向私人生活的渗透，给自己立下规矩，尽可能区分工作与生活的通信方式，不把工作任务带回家，不与家人讨论工作问题。只要时间、空间、言语上的"漏洞"少一分，从工作中摆脱就容易一分，休息质量也就高一分。此外，还可以建立生活中的仪式感，使每一天与其他日子不同，使某一刻与其他时刻不同。随着既定程序的执行，自然就会把工作暂时放在一旁。

2021年暑期，山东科技大学周海明、温州模式发展研究院时勘等人，在示范基地李琼等同志的支持下，完成了医院系统短时休息的干预研究，主要探索短时休息这种在工作期间的休息方法，能否缓解医务人员的疲劳和心理压力。研究重点关注短时休息的干预，以及探索短时休息发生效果的机制。一百余名医务人员经过为期两周的干预后，工作投入水平、绩效水平相比干预前有一定的提升。我们预期通过积极情绪以及心理摆脱等方式，干预医务人员的心理健康和压力管理模式，为今后形成可复制、可推广的研究成果奠定坚实的基础。

（四）心理摆脱与工作-家庭平衡

六盘水医院的创伤后心理康复还包括长远发展的干预计划。在中国科学院大学、华东交通大学和山东科技大学的指导下，研究者创拟了一套心理康复策略，能够帮助人们坦然应对压力，获得摆脱。可以从情绪管理、自我效能、沟通合作和压力应对四个角度入手，通过日常生活中的自我激励进行抗逆力的提升；也可通过心理成长团体、企业员工帮助计划或心理咨询等渠道，寻求专业帮助。没有心理摆脱制衡的工作压力之所以能够对人的身心健康造成巨大伤害，主要源于其"任务—疲惫—低效"的独特循环机制。要想打破这一循环，可以通过学习充电的方式，在工作之余提升自身的工作能力，形成"任务—摆脱—高效"的良性循环，从而把握工作与生活的主动权。2021年7月，华东交通大学万金、温州模式发展研究院时勘等人，在示范基地李琼同志的支持下，又完成对近2 000名医务人员的心理摆脱调查取样，然后，根据调查的结果，采取新的举措，进一步扩展工作-家庭平衡的进程。

（五）法律、规章制度的支持

法律体系和规章制度的完善是医务人员创伤后心理康复的重要保障。我国已出台《中华人民共和国精神卫生法》《中华人民共和国突发事件应对法》等法律法规。国家卫生健康委疾控局印发的《新型冠状病毒感染的肺炎疫情紧急心理危机干预指导原则》也从人群分类、识别、干预的各流程入手，对抗击新冠疫情工作中的相关问题进行了具体指导和补充。各医院的主管单位和工会还应发挥服务职能，建立精准合理的医务群体保障机制，以激发医务人员的强烈使命感与荣誉感。在疫情防控中，心理辅导专业人员显得尤为重要，要将高校的心理咨询从业者及社会资源纳入支持队伍，通过行业准则的方式规范重大突发公共卫生事件中的自身定位及职能要求，做好应激障碍的心理康复工作。

第五节

青少年在疫情中的抗逆成长

新冠疫情全球大流行作为重大突发灾难，对全人类的生命安全造成严重冲击，我国青少年群体在心理和情绪方面也受到不同程度的影响，由此引发生活和学习状态的巨大改变。学校停课，社区封闭，大众媒体每日不断播报更新死亡人数、患病人数和高风险地区……引导青少年群体在这种重大危机中康复成长，将其抗逆力作为突出的特殊构念，显得特别重要。本研究试图对青少年在面对突发事件时的心理行为规律进行探索，以寻求促进青少年群体抗逆成长的规律。

一、抗击疫情的调查研究

(一)被试样本和测试工具

本研究对江西省 1 050 个青少年在抗击新冠疫情中的心理适应特征进行问卷调查。调查内容包括个体抗逆力、社会支持、自我效能以及积极应对行为。具体的调查量表为：(1)风险信息特征和风险认知量表；(2)新冠疫情社会支持量表；（3）积极应对行为调查问卷；（4）新冠疫情自我效能量表；（5）个体抗逆力量表。经过检验，研究中使用的所有量表的内部一致性系数均在 0.85 以上。这表明量表均具有良好的信度。

（二）抗逆力模型的作用机制

本研究采用 SPSS 宏中的 Model 6（Model 6 为含两个中介变量的链式中介模型），在控制了性别、年龄和学历之后，对自我效能和个体抗逆力在社会支持和积极应对行为之间关系中的链式中介效应进行检验。如表 8-5 所示，社会支持对自我效能的正向预测作用显著（$\beta=0.25$，$t=7.93$，$p<0.001$）。社会支持和自我效能对个体抗逆力的正向预测作用均显著（$\beta=0.46$，$t=11.57$，$p<0.001$；$\beta=0.32$，$t=8.35$，$p<0.001$）。最后，社会支持、自我效能和个体抗逆力对积极应对行为的正向预测作用亦均显著（$\beta=0.21$，$t=7.09$，$p<0.001$；$\beta=-0.13$，$t=-4.53$，$p<0.001$；$\beta=0.27$，$t=12.38$，$p<0.001$）。当放入链式中介变量自我效能和个体抗逆力后，社会支持对积极应对行为的直接预测作用依然显著（$\beta=0.21$，$t=7.09$，$p<0.001$）。

表 8-5 社会支持和积极应对行为之间的链式中介分析

变量	自我效能			个体抗逆力			积极应对行为		
	β	SE	t	β	SE	t	β	SE	t
性别	-0.07	0.08	-0.87	0.32	0.10	3.28^{**}	-0.07	0.07	-1.01
年龄	0.01	0.06	0.15	-0.06	0.08	-0.73	0.06	0.05	1.03
学历	0.09	0.10	0.94	0.11	0.12	0.88	-0.15	0.09	-1.69
社会支持	0.25	0.03	7.93^{***}	0.46	0.04	11.57^{***}	0.21	0.03	7.09^{***}
自我效能				0.32	0.04	8.35^{***}	-0.13	0.03	-4.53^{***}
个体抗逆力							0.27	0.02	12.38^{***}
R^2	0.06			0.21			0.11		
F	16.49^{***}			55.57^{***}			31.45^{***}		

注：$N=1050$；* 表示 $p<0.05$，** 表示 $p<0.01$，*** 表示 $p<0.001$。

本研究总结出在新冠疫情期间的一种抗逆力作用机制模型，自我效能、个体抗逆力在社会支持和积极应对行为之间起链式中介作用。在新冠疫情期间，社会支持可以显著地正向预测积极应对行为。这证明，社会支持是新冠疫情期间青少年群体积极应对行为的重要促进因素。这一研究结果契合社会支持的主效应模型。社会支持对个体身心健康具有普遍的增益作用，它能够有效地调节个体的行为方式，倾向于产生较多的积极应对行为(李强，1998)。研究结果还发现，在社会支持对积极应对行为的影响机制中，由自我效能和个体抗逆力构成的路径和总中介效应的效应值分别为−0.032、0.125、0.022 和 0.115，且三条中介路径均显著。特别值得关注的是，本研究还发现了社会支持对个体积极应对行为的"双刃剑"效应。社会支持既可以通过提高个体的抗逆力对个体在疫情期间的积极应对行为产生正向作用，也可以通过自我效能对个体在疫情期间的积极应对行为产生负向作用。其中，个体抗逆力对积极应对行为的作用效果最大。这体现了抗逆力在青少年群体应对疫情的过程中的重要作用。

二、抗逆成长的核心胜任特征模型

核心胜任特征(也称"核心素养")的提出是 21 世纪初学术界和教育界对社会变革和经济发展挑战的回应。在体现抗逆成长规律的核心胜任特征模型建构上，我们结合了谢小庆(2016)对审辩式思维核心要素"不懈质疑，包容异见，力行担责"的概括，在吸取林崇德"六大素养"要求的基础上，强调简明扼要、直奔核心，更好地弘扬中华传统优秀文化，特别聚焦于如何用简洁的语言体现社会主义核心价值观内容，使其具体化、好领会。考虑到青少年群体面对困境抗逆成长的要求，我们提出了新时代青少年抗逆成长的核心胜任特征模型要求，包括认知技能(逻辑推理、事实判断和论证评价)、人格特征(德性宽容和人格健全)和社会交往(责任担当、文化自信和抗逆成长)三大核心内容、八大模块的新理论结构，即以下总结的 40 项素养要求。

(1)逻辑推理(数学推理、定义判断、逻辑判断、类比推理、事件排序)。

（2）事实判断（事实探求、客观认识、真伪辨别、实然判断、情感中立）。

（3）论证评价（论点确定、明确概念、因果判断、论据判断、结论判断）。

（4）德性宽容（珍爱生命、孝敬父母、热爱国家、家庭和睦、宽以待人）。

（5）人格健全（身心健康、视野开阔、是非分明、理性平和、积极进取）。

（6）责任担当（敢于担责、言行自律、服务社会、勇于创新、自主管理）。

（7）文化自信（国家认同、民族情怀、尊重历史、人文底蕴、国际视野）。

（8）抗逆成长（危机意识、灾难应对、逆境自救、压力恢复、抗逆发展）。

三、核心胜任特征成长评估模型

目前，国际上应用最广泛的成长评估模型是学生成长百分等级（Student Growth Percentile，SGP）模型。如图 8-5 所示，此模型通过考察青少年在同等能力水平的"学习小组"中的相对位置变化，来评估青少年的成长情况，有效地解决了传统的成长评估方法中存在的问题和弊端。传统的差异性检验（t 检验）主要针对实验组和控制组的群际比较，但是本模型更多反映个人水平上的成长，与同类个体集合的比较可以更加准确地反映其进步情况，如果进步超过了大多数同类个体，说明其取得了较好的成绩。

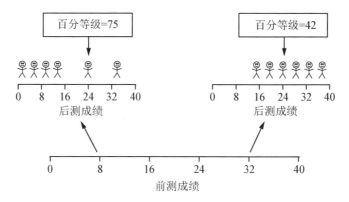

图 8-5 学生成长百分等级模型评估示意图

针对此次疫情对青少年群体抗逆成长的要求，我们进行了基于核心胜任特征模型的培训实验研究。根据学生成长百分等级模型的原理和对数据的要求，将实验组和控制组的实验数据合并，汇总成为原始数据表。本次进行模型分析的是 62 名被试的测试结果，其中实验组和控制组各 31 名。根据 R 语言的计算结果，实验组共有 18 名被试在第二次施测中进步明显（SGP≥50），控制组有 4 名被试进步明显（见表 8-6）。实验结果表明，实验组被试在经过培训干预后，大多数取得了显著进步。

表 8-6　实验组与控制组被试 SGP 值分布情况

组别	维度	人数	比率	程度	人数	比率
实验组	SGP≤50	13	41.93%	低(0～19)	6	19.35%
				较低(20～39)	3	9.68%
				正常(40～49)	4	12.90%
	SGP≥50	18	58.06%	正常(50～59)	3	9.68%
				较高(60～79)	6	19.35%
				高(80～100)	9	29.03%
控制组	SGP≤50	27	87.10%	低(0～19)	13	41.94%
				较低(20～39)	7	22.58%
				正常(40～49)	7	22.58%
	SGP≥50	4	12.90%	正常(50～59)	2	6.45%
				较高(60～79)	2	6.45%
				高(80～100)	0	0.00%

本实验基于风险社会形势开展，验证了青少年群体的抗逆能力是时代发展和人才培育的突出要求，并通过核心胜任特征成长评估的方式进行培训和发展，培训模式经过了学生成长百分等级模型的检验。研究表明，核心胜任特征的培训有利于青少年在疫情中的抗逆成长。

四、抗逆成长模式的推广效果

(一)核心胜任特征的标准化测试与训练系统

时勘博士课题组研发了"核心胜任特征网络心理测试与培训系统"来进行抗逆力的网络调查以及核心胜任特征的培训实验研究。本系统于 2020 年上半年投入使用,其操作系统分为管理者操作端和受测者操作端,系统平台有针对性地辅助核心胜任特征成长评估的功能实现,最高反应时间 0.1 秒,并支持系统管理者和受测者借助微信授权一键登录,十分便利。本系统是专门为执行国家社会科学基金后期资助重点项目"核心胜任特征成长评估模型研究"(项目批准号:19FGLA002)而开发的线上服务平台,可以支持数万人同时进行线上操作学习。

(二)国家社会科学基金后期资助重点项目的成果

"核心胜任特征网络心理测试与培训系统"作为国家社会科学基金后期资助重点项目的重要成果,参与了第九届"挑战杯"大学生课外学术科技作品竞赛,荣获科技作品竞赛类的三等奖。本系统的创新性体现在:首先,实现了心理学、组织行为学、人力资源管理与人工智能、计算机技术有机结合的跨领域创新;其次,应用了多种心理测量技术,超越了以往的研究水平,在心理测评上实现了创新;再次,采用了自动化编码建模的方式,这是在核心胜任特征建模技术上的创新;复次,系统不仅有对个体层面的测量,还从组织层面出发,采用 360 度评估的方式来考察领导行为的绩效;最后,基于胜任特征模型的 40 个网络培训模块,无论是在培训的内容还是方式上,都是巨大的创新。通过本系统,时勘博士课题组在疫情期间针对青少年抗逆成长做了网络调查和培训实验,并储存了大量的实证研究数据,为后期可视化平台的建设打下了基础。

(三)在中国国际服务贸易交易会的展示

本系统在 2020 年 9 月的中国国际服务贸易交易会上展出,获得中宣部、北京市委领导的认可，广受好评。2020 年 11 月，本系统还在中国社会心理学全国大会上进行报告，在社会心理学学术界引起巨大反响。此外，在重庆第九届人力资本高峰论坛上，本系统引起了企业领导干部和学校师生的高度关注。目前，本系统已经实现达数万人的大规模同时在线学习，在江西、贵州、山东、辽宁、江苏、重庆、北京等试点地区的学校、医院、企事业单位等投入实践使用，并取得明显的成效，可以作为一种成熟的模式在全国进行推广。

第六节

————

社会心理服务在危机管理中的特殊要求

一、非常规突发事件的应急管理

非常规突发事件是指前兆不充分、具有明显的复杂性特征和潜在次生衍生危害，破坏性严重，采用常规管理方式难以应对处置的事件。长期以来，由于自然灾害、疾病、贫困、人口剧增、战争等因素的影响，全球被卷入更深的风险旋涡。这些风险的根源更多在于人为因素的影响，如苏联切尔诺贝利的核泄漏事故、日本的核扩散事故。总之，灾难事件波及人类生活的多个领域，导致人类的生存与发展面临更多的风险。我国政府在《突发公共卫生事件应急条例》中明确指出，突发公共卫生事件是指突然发生，造成或者可能造成社会公众健康严重损害的重大传染病疫情、群体性不明原因疾病、重大食物和职业中毒以及其他严重影响公众健康的事件。

1985 年 5 月 17 日，艾滋病已经在美国造成了 12 000 人死亡，总统里根才第一次使用了"艾滋病"这个词。而在 2019—2020 年流感季的 5 个月内，美国疾病控制与预防中心显示 2 600 万人感染，14 000 人死亡，政府也没有采取有效的应对措施。2019 年，澳大利亚火灾持续半年多时间，一半的国土受灾，除了导致某些地球珍稀物种濒临灭绝，还带来了严重的全球环境污染。但是，火灾期间，澳大利亚政府领导人谈起灾情居然视为寻常。2020 年，新冠疫情全球大流行，这是继 2003 年非典疫情之后又一次全球范围内的重大突发公共卫生事件。它直接关系人民生命安全、身体健康与经济社会大局稳定。疫情暴发初期，在以习近平同志为核心的党中央领导下，我国人民万众齐心，将 99% 的发病率完全控制在境内，为国际社会应对疫情扩散树立了榜样，展现了负责任大国形象。我国政府各级领导人在抗疫过程中所展示的大国之治，与西方发达国家某些领导人为了经济发展而消极防疫、置民众安危于不顾的行径截然不同，也与其灾难应对模式的低效能形成鲜明对比。

二、应对新冠疫情的正面经验

当前以非常规突发事件为背景的社会心理服务体系建设，是在以习近平同志为核心的党中央领导下的我国社会治理的创新举措。各地政府和人民团结一心，包括心理学界在内的各界民众共同努力，创造了社会心理服务体系建设的正面经验。

(一)大型城市的一级响应

2020 年春节，武汉这一特大城市短期内果断采取封城计划，及时控制传染源，随后全国多地启动重大突发公共卫生事件一级响应。此时，由中央军委发布命令，各大军事院校医生、护士逆行而上奔赴武汉，全国各地公立医院带头行动，支援武汉。短短十天时间，建成了火神山、雷神山医院。武汉地区创建了方舱医院，医生与患者守望相助，为良好医患关系的展开打开了一扇窗。这为我国新冠疫情防控的应急机制树立了榜样，为后期重大公共卫生事件的应对提供了新的管理模式。

(二)城乡社区的封闭管理

作为社会治理的基层单位，城乡社区重塑了各级政府与基层社会的关系格局，促进了从二元对立向二重共生的关系转变，发挥了基层组织在社会治理的整合建构中不可或缺的作用，在督促居民居家隔离等方面作出了贡献。时勘等(2020)建议强化社区门禁的监控，针对疫情防控提出了社区运行机制的建议和指导。从公共场所与居家的个人防疫，轻症发热病例的居家隔离，到饮食、药物预防、心理调节等，形成了一套新型的预防疫情的管理措施。

(三)"互联网＋新型教育"

我国发生新冠疫情是在 2019 年年底，正值学生寒假期间。2020 年 1 月29 日，国家对全国大中小学及幼儿园的开学时间做出调整。为了减少疫情对教学的影响，教育部出台了《关于在疫情防控期间做好普通高等学校在线教学组织与管理工作的指导意见》，疫情防控期间各高校开展在线教学，实现"停课不停教、停课不停学"，各地学校积极响应，充分利用慕课等优质在线课程教学资源，依托各类在线课程平台、校内网络学习空间等，积极开展在线教学活动，保证了疫情防控期间的教学进度和教学质量。特别是疫情后期，中小学校复课后，为了减少人员的流动与接触，学生们在学校统一用餐，下课后在学校完成作业，杜绝课外补课，对于控制疫情起到了重要作用。

(四)战"疫"中的有效救治

在我国卫健委统一指导下，首先，各地筑牢了不明原因肺炎监测、发热门诊预检的两道防护网。其次，在资源供给方面，各地调配最强的中西医疗资源和专家资源推行中西医结合诊治，加强医疗救治费用保障，以确保患者得到及时救治。最后，关心爱护医务人员，医院为一线医务人员做好后勤保障，免除他们的后顾之忧，合理安排休息，并指导做好个人防护，防止医务人员在救治病人过程中受到感染。

(五)深入一线的健心服务

为了提升心理服务人员专业素养，各级政府组织专家通过视频系统、现场实操等形式，持续开展针对医务工作者、社会工作者和社区管理者等的心理危机干预和情绪疏导等专业培训，使受训人员掌握基本心理健康知识和服务工作流程，有效识别危机状态并提供及时服务。此外，组织相关人员开展电话热线服务个体活动，深入社区、医院等一线阵地服务重点人群和特殊人群，并在地铁站、客运站等位置滚动播放心理健康服务公益广告，努力做到全方位、广覆盖，缓解了民众焦虑、恐慌情绪，满足了民众心理健康诉求。

三、社会心理服务体系建设的特殊要求

新冠疫情发生之后，作为承担"中华民族伟大复兴的社会心理促进机制研究"的重大项目课题组，我们通过全国的四轮调研，在民众的风险认知、"台风眼效应"、组织污名化、创伤后的心理康复和青少年抗逆成长等方面，总结出我国社会心理服务体系建设在非常规突发事件背景下需要应对的五个方面的特殊要求。

第一，要改变危机突发事件的宣传策略。在国家和地方的新闻发布和社区管理的舆论控制方面，实事求是进行新闻客观报道的同时，考虑到民众的接受度，慎重处理负面信息的报道。要多向民众讲解熟悉度和可控性的关系，在宣传中多强调正面信息，特别是政府的防范措施。在帮助民众应对负面消息时，特别要注意那些与民众自身关系密切、物理空间距离更近的环境中的信息。在今后的防疫宣传工作中，要及时披露与风险事件相关的信息，通过普及科学知识技能增加民众的理性，从而降低民众的负性情绪，提升民众的积极应对方式。

第二，针对"台风眼效应"这一特殊的心理现象，要掌握民众的一般心理规律。反复刺激的信息会导致人们的麻木心态，这样民众就可能在面对风险时出现松懈情绪。我们要特别关注重大公共卫生事件发生时，人们这种心态带来的负面作用。加强在车站、机场等人群高密集场所的疫情宣传，各级政府部门今后还要加大公共卫生宣传设施的投入。

第三，政府应重视污名化这一特殊心理现象。污名化包括自我污名和组织污名两种情况。对于自我污名，关键是提升民众自信心和抗逆能力。而组织污名问题更为复杂，首先，需要在污名化出现之初就将之制止。其次，通过合理的舆论引导，减轻组织污名对疫情防控的影响，也要促使受污名的民众产生积极应对行为。最后，要重视对负性情绪的调节，理解污名的不合理性和暂时性，身处疫情区的民众内心应强大起来，必要时前往心理咨询站寻求帮助，避免污名标签的进一步内化。

第四，在创伤后的心理康复方面，建议各大医院和卫健委系统从根本上解决问题。首先，及时进行心理评估与创伤识别，把问题解决在创伤出现前。其次，倡导医务人员的相互支持，医疗队队员、同事、志愿者和患者之间形成相互支持与信任的团队氛围。再次，可以利用课题组已发展得较为成熟的短时休息方法，解决心理创伤出现后的迅速恢复精力的问题。此外，在工作-家庭平衡方面，可以采用心理摆脱方法。中国科学院大学等单位已经创拟了一套心理康复策略，能够帮助人们坦然应对压力，获得摆脱。最后，法律、规章制度的支持是医务人员创伤后心理康复的重要保障。

第五，在青少年的培养方法上，要强调抗逆成长的素养教育要求。青少年是我国各项事业的储备力量，他们的素养决定了国家未来发展的速度和方向。进入常态化疫情防控阶段后，对于青少年群体来说，塑造健全的人格、培养胜任感和控制感非常重要。不仅要把需要、情感、能力、目标、价值观等特质整合为统一的人格框架，而且在这一群体成长过程中，要培养他们的文化自信、宽容德性，特别是不断抗逆向前的态度和心理韧性。本研究探索的抗逆成长的核心胜任特征模型和核心胜任特征成长评估模型，将作为一种成熟的模式有效地促进青少年群体的素养提升。

（时勘、周海明、李秉哲、宋旭东、焦松明、王译锋）

第九章

后疫情时代的社会心理服务体系建设研究

　　自 2013 年开展"中华民族伟大复兴的社会心理促进机制研究"以来，经过新冠疫情的考验，我国的各项工作逐渐进入常态化阶段。最近几年，党中央更加重视社会心理服务体系的建设，2018 年 11 月，国家卫生健康委、中央政法委等 10 部门印发《全国社会心理服务体系建设试点工作方案》（以下简称《试点方案》），对基层社区、学校、机关、企事业单位、医疗机构等提出具体试点目标。社会心理服务涉及社会各个方面、各类人群。为做好社会心理服务工作，要铺设一张覆盖全社会的心理服务网络。具体做法是，搭建基层心理服务平台，完善教育系统心理服务网络，健全机关和企事业单位心理服务网络，提升医疗机构心理健康服务能力，建立健全心理援助服务平台，健全心理健康科普宣传网络，完善严重精神障碍患者服务工作机制，多渠道地开展严重精神障碍患者心理支持和疏导等服务。

　　我们需要遵照《试点方案》的要求，加强心理服务人才队伍建设，在发展心理健康领域社会工作专业队伍、培育心理咨询人员队伍、发展医疗机构心理健康服务队伍、增加心理健康服务专业人员方面努力，同时，组建心理健康服务志愿者队伍，并且健全心理健康行业组织。我们还了解到，《试点方案》要求各试点地区将社会心理服务体系建设纳入当地经济和社会发展规划，并作为政府目标管理和绩效考核内容，制订出试点实施方案和年度工作计划，接受国家级、省级有关部门定期对试点工作开展的督导和评估工作。为此，课题组在 2019 年 1 月至 2021 年 6 月，重点选择了乡村振兴战略的产业发展与民众成长、校园欺凌行为的社会情绪机制、社区法律公共网络平台的普及推广、高端人才核心胜任特征的智能评估以及松紧文化、变革型领导与组织创新行为的关系展开深入研究，力图使前期开展的社会心理服务体系建设的研究内容更加完善。

第一节

———

乡村振兴战略的产业发展与民众成长

2021年3月25日，习近平总书记在北京举行的全国脱贫攻坚总结表彰大会上宣布，中国脱贫攻坚战已经取得了全面胜利。但是，消除农村绝对贫困并不意味着贫困的最终解决。中共中央、国务院在印发的《关于实现巩固拓展脱贫攻坚成果同乡村振兴有效衔接的意见》中明确提出，做好乡村振兴这篇大文章，还需要接续推进脱贫地区发展和群众生活改善。因此，需要将社会心理服务体系建设纳入当地经济和社会发展规划。

一、乡村振兴战略

《试点方案》明确，在乡村振兴战略背景下，要实现乡村振兴战略与社会心理服务体系建设的有机融合。

这里，乡村振兴战略布局已经不仅仅限于狭义的"三农"问题的解决、扶贫事业的延续，而是有了社会建设目标之大战略层面的定位，"城乡融合型社会"已经呼之欲出。为此，在后疫情时代为了避免返贫、脱贫不稳定问题，需要探索脱贫人员的心理机制，以便为助力乡村振兴战略提供新的经验。

二、贫困问题的问卷调查

(一)调查内容

2020 年春，突如其来的新冠疫情给脱贫攻坚与乡村振兴工作带来了新的挑战。对此，除了依据贫困建档卡等信息，还应当使用更为便捷灵活的测量手段，识别出疫情中的贫困人员，为后续巩固脱贫效果评定做准备。研判我国脱贫攻坚现状与特点时发现，在消除绝对贫困和解决区域性贫困的目标实现之际，建立解决相对贫困的长效机制，将扶贫工作重心转向标准更高、人群范围更广的相对贫困问题是当务之急。针对贫困的识别，加拿大学者瓦内萨·布尔西奇(Vanessa Brcic)的研究团队在 2011 年开发了一套贫困的识别工具，包括三个方面的内容：是否入不敷出、是否存在饮食问题和是否存在居住问题(Brcic，Eberdt，& Kaczorowski，2011)。Asadullah 和 Chaudhury(2012)在孟加拉国的贫困地区展开研究时，关注了相对收入因素。使用的问卷分别从横向(同所在地区平均水平相比)与纵向(同自身五年前境况相比)两个维度，来测量民众对自身经济地位的主观认识。本研究引入上述两种调查工具，并进行了本土化修订，形成了李克特七分等级量表。结合本课题前期经验，增加风险威胁、致富动机与信心等因素，开发了新的量表，在全国范围内发起了网络调查，探究后疫情时代全国乡村脱贫人员的生活现状和心理感受。调查问卷的结构如表 9-1 所示。

表 9-1　调查问卷的结构

测试量表	说明	维度	信度分析
计划打断量表	采用李克特五点计分法，测量民众日常生活与工作、社交等 6 类计划受新冠疫情影响而被打断、推迟、取消的程度。	无	0.891
新冠病毒威胁量表	改编自 Majanovic，et al. 2013 年的版本，共包含 5 道题目，测量民众对新冠病毒的反应和看法，采用李克特五点计分法。	无	0.915

续表

测试量表	说明	维度	信度分析
贫困识别量表	修订自 Vanessa Brcic 2011 年开发的贫困识别工具，包含 3 个维度 7 道题目，考察困难群体客观生活水平。	饮食、居住、收支平衡问题	0.702
致富动机量表	修订自 AMS 成就动机量表，选取了 3 道题目，考量困难群体对改善自身收入与生活水平的动机程度。	无	0.782

(二)问卷调查的结果分析

调查被试通过问卷星进入网络链接来独立填写，从而可以筛选出生活水平较低群体。最终收集到有效问卷 4 759 份，通过统计分析，具体的生活与心理指标如图 9-1 所示。

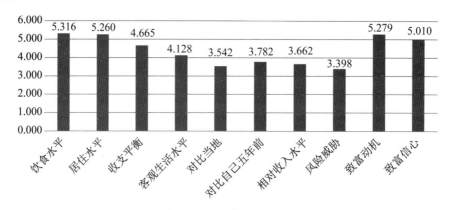

图 9-1　网络调查中低收入群体的生活与心理指标

可以看到，全国样本客观生活水平的总体均值及其具体的三个维度(饮食水平、居住水平、收支平衡)均值、致富动机与致富信心均高于理论中值。这说明绝对贫困被消灭后，脱贫人口生活质量、心理动机与信心的确得到了提高。而相对收入水平及其具体的两个维度(对比当地平均水平、对比自己五年前情况)均低于理论中值。这说明脱贫人口可能因为疫情的冲击，对自身经济状况并不满意，这就有提升的空间。此外，该群体对疫情风险威胁的感知低于理论中值。这说明我国疫情防控措施初见成效，降低了民众对疫情的恐慌。为了进一步探索"心理相对贫困"的深层次原因，分析在解决相对贫困长效机制中需要应对的问题，我们决定在调查途径和方法上做进一步改进，即开展入户调查。

三、贫困地区的入户调查

（一）六盘水贫困地区的入户调查

2020 年 7 月下旬，中国科学院大学社会与组织行为研究中心、温州大学温州模式发展研究院专门派出专家调查队伍，在六盘水示范基地开展了边远地区民众的入户调查，以获取边远山区贫困人员的调查数据（见图 9-2、图 9-3）。此次调查试图探索经济困难民众在"相对贫困"中的心理感受。本次入户调查的样本主要来自六盘水首钢水钢总医院保洁、保安、各科室病人及家属，周边工厂、菜市场、餐馆基层职工与个体户，精准扶贫易地搬迁典型社区、边缘贫困乡镇村民等，并覆盖了少数民族聚居地样本。研究发现，前期的网络调查手段虽然大大降低了成本、提高了效率，但收集到的样本一般文化程度偏高，在样本多样性上还存在覆盖不到的死角（如没有智能电子设备、文化程度不高的困难群众无法参与网络调查）。本次的入户调查则解决了上述问题。

图 9-2　志愿者调研队伍　　　　图 9-3　六盘水实地调研场景

（二）计划打断与致富动机的关系探索

本次调查结果验证了一个有调节的中介模型（见图 9-4），反映了六盘水市困难群体在疫情影响下的心理变化规律。即疫情导致了困难群体各类生活计划打断，通过风险威胁影响了其致富动机，风险威胁与客观贫困程度的乘积项对致富动机的预测作用显著（$\beta=-0.15$，$t=-3.38$，$p<0.001$）。结合该理论模型发现，客观贫困程度负向调节了风险威胁对困难群体致富动机的影响。对不同贫困程度的中介效应分析显示，当处于较低生活水平（贫困程度较高）时，其中介效应量$\beta=0.24$，$t=3.35$，置信区间CI为$[0.10，0.39]$。这表明处在较低生活水平时，风险威胁对致富动机的预测作用显著。而随着生活水平的提高，其效应量$\beta=-0.06$，$t=3.35$，置信区间CI为$[-0.21，0.08]$，风险威胁对致富动机的预测作用就变得不显著了。研究结果还表明，经济困难群体由于自身收入水平的局限性，无法在平时保证足够多的资源储蓄，故而在突发事件来临时，因计划打断（尤其是工作打断）导致其收入来源受到影响，会感知到更大的风险威胁，进一步刺激了其改善生活水平的致富动机。这说明，疫情既带来了机遇，也导致了危机，抓住这一机会，使低收入群体的核心价值观发生改变，可引导他们产生致富动机，促使其发挥积极主动性，并寻求政府和社会的支持。这将会巩固脱贫攻坚成果，有利于从根本上解决贫困问题，实现乡村振兴战略目标。

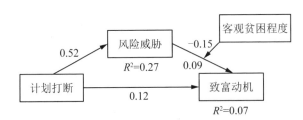

图9-4　疫情中计划打断与致富动机的关系：有调节的中介模型

四、乡村振兴战略研究

要把乡村振兴这篇大文章做好，必须走城乡融合发展之路。城乡融合发展是指破除城乡之间在空间、经济、社会、基础设施、公共服务、生态环境等方面的二元结构。这里，推进城乡产业融合是根本，提升乡村生态环境质量是重点，促进人才、技术、资本流动是关键(曲延春，2020)。

(一)乡村产业发展模式探索

在乡村振兴战略中，产业振兴是基础，只有发展好自身特色产业，提高脱贫内生动力，才能彻底拔掉"穷根"，实现有尊严、可持续的脱贫致富。在助力产业兴旺方面，课题组在全国工商联的支持下，前往多地开展调研和模式探索工作，针对产业发展提出了系列建议，经过努力，获得了不少经验。

1. 贵州六盘水猕猴桃特色产业扶贫模式

课题组针对贵州六盘水的扶贫状况展开调研访问，发现红心猕猴桃是六盘水山地特色高效农业的代表作物。截至 2019 年年初，全市猕猴桃种植、加工、销售企业达 50 余家。其中，省级龙头企业 10 家，种植大户 170 余户，形成了种植、加工、冷链物流、销售等全产业链，产品已经远销俄罗斯、加拿大等国家和地区。据此，我们向六盘水市有关部门提交发展报告，建议以特色产业助力脱贫，使困难群体在实现脱贫基础上逐步增收致富，同时也能增强六盘水下辖各县区稳定脱贫的能力，提升经济发展水平。鉴于这一突出贡献，六盘水市卫生健康局特授予时勘教授"六盘水市社会心理服务体系建设帮扶贡献奖"。

2. 江苏兴化"政府＋社会资本＋村集体"模式

课题组前往江苏兴化，对产业发展模式展开了调查。结果发现，该市顺应全省特色田园乡村建设工作，由江苏省住房和城乡建设厅牵头主抓，该市通过与企业合作，引入社会资本助力乡村振兴，创新了"政府＋社会资本＋村集体"的合作模式。他们以产业带动村民致富，走出了一条社会资本参与特色田园乡村建设的可持续发展之路。总结该市经验之后，我们提出了建议，基层政府执行开放政策，利用当地特色资源(如特色民宿、民俗美食、农业观光、互动体验等资源)，吸引资本注入特色田园乡村的运营和产业发展。这样，公有资本、社会资本和村集体资本三方主体共同经营，政府作为主导力量对村内资源进行整合，企业利用平台资源进行策划营销，村集体以提供产品及服务来合作入股，借助这一共同平台创业增收，吸引了更多资源、技术等要素回流，从而提升了自身"造血"功能，真正实现了乡村的全面振兴。这一模式已推广到江苏省其他县市，建议被有关部门采纳，得到市委、市政府领导的高度肯定。

3. 广东中山特色农产品电商模式

课题组前往广东省中山市进行调研发现，当地以特色农产品电商为发展路径，围绕广东十大作物，重点培育专业镇发展，推动了绿色宜居村镇示范工程。在这一背景下，黄圃腊味、沙栏鸡、宝平鱼、"东裕"牌脆肉鲩等特色农产品借助电商平台销往各地。在乡村的发展过程中，也遇到散户销售、集群效应不高的困境。课题组根据调研结果，提出的对策建议是：一方面，以政府牵头、企业配合模式，通过政策扶持和市场化运作，打造特色农业示范区，推动特色农产品产业集群发展；另一方面，积极开展农民电子商务培训，赋予农产品以文化内涵，进一步做响品牌。智库报告提交至广东省中山市工商联及有关部门后，得到肯定与采纳。

总而言之，全国各地乡村地区通过实施以产业为依托的发展模式，既能兼顾"造血"与"输血"功能，也可以巩固脱贫的成果。通过这些努力，广大脱贫区实现了乡村振兴，为全面建成小康社会作出了贡献。2021 年 2 月，《中共中央国务院关于全面推进乡村 振兴加快农业农村现代化的意见》发布，对脱贫摘帽地区继续全面推进乡村振兴作出总体部署。

(二)美丽乡村建设模式探索

乡村振兴是党中央着眼于补齐农村发展短板，顺应亿万农民对美好生活的向往而做出的重大决策。后疫情时代如何推进生态治理现代化，不仅是治理污染、保护资源的需要，还是全面推进生态体系的协调发展、实现人与自然和谐共生的创举。"美丽中国"与"健康中国"协同推进，建成生态环境优良的美丽乡村，也是完善现代乡村治理体系的举措。

浙江省作为美丽乡村建设的全国先进示范区之一，通过深入推进全域美丽、万村景区化建设，构建了人与自然和谐共生的美丽乡村新格局。课题组为此在浙江温州下辖县市乡村地区展开调研，针对乡村环境与文化建设等问题提出了相应对策，基层政府对此建议予以采纳后，已有一定的成效，具体表现在以下方面。

（1）在空间环境改造方面，拆除破败房屋，对乡村环境中乱堆乱放的现象进行集中整治。

（2）在基础设施建设方面，完善道路交通及配建停车场、污水处理设施、公厕等基础设施工程。

（3）在环境文化建设方面，积极吸引社会资本，营造良好的村庄居住、旅游环境，建设村民服务中心、文化礼堂、村民食堂、旅游民宿等公共活动场所，开展多形式传承特色文化活动，包括陆续举办的"民俗节""丰收节"等活动，丰富了乡村文化生活（见图 9-5）。

图 9-5 温州乡村基础设施与文化生活建设情况

（三）乡村民众核心素养的提升

作为农业经济的主体，乡村人口的综合素质、组织化程度直接影响着农业经济的发展水平。促进乡村振兴，需要人才、技术等要素的价值最大化。提高乡村人口的核心素养、打造乡村人才队伍，需要通过人才培育的新模式来引领乡村振兴。目前，总结各地经验，主要做法在两大方面。一是转变乡村民众普遍存在的参与基层事务治理的消极心理，打造农村人才内生循环生态机制，改变人才由农村向城市单向流动的局面，吸引农村人才将在城市积累的经验、技术和资金带回乡村。二是通过农村职业教育体系建设，培养新型的职业农民人才队伍，使他们掌握现代农业生产、乡村改造建设、乡村旅游服务等方面的技术、技能，提升反贫困能力。

课题组基于几十年在胜任特征领域的积累，还在一些农村示范基地开展了以核心胜任特征为基础的培训模式探索。区别于以往一般化的职业技能培训，我们的新型核心素养培训，不仅要在知识技能方面增强村民的自主谋生的本领，还要在致富动机、社会交往等方面提升其核心素养，增强其在乡村振兴中的社会责任感、职业使命感，使之成为"爱农业、懂技术、善经营"的新型农民，以满足现代农业发展对劳动者职业素质的新要求。当前，在全国工商联的支持下，课题组已在浙江温州、贵州六盘水等地区开展了线上线下测试和培训活动（见图9-6），取得了较好的培训效果。

图9-6　核心胜任特征培训的现场情景

乡村振兴战略是共同富裕的必然要求，是实现中华民族伟大复兴的必然要求。本研究通过探索全国各地乡村地区产业发展模式，为解决相对贫困的长效机制提供了有效经验。最终，综合上述乡村振兴相关经验，并进一步在全国范围内推广，将加快社会心理服务体系的资源下沉到基层乡村地区，加速推进国家富强、民族振兴、人民幸福的中国梦的实现！

第二节

校园欺凌行为的社会情绪机制

无论是社会风气、舆论导向还是社会治安、人权平等，这些影响到国家稳定和社会公平的问题，都需要将风险因素剔除。校园欺凌问题的解决属于《试点方案》中"建立健全心理援助服务平台""健全心理健康行业组织并加强管理"的内容。为此，温州模式发展研究院深入开展了校园欺凌特征及干预的系列研究，以寻求更为全面的预防措施。

一、校园欺凌行为的背景

(一)校园欺凌概述

校园欺凌研究的"开山鼻祖"是挪威学者丹·奥维斯(Dan Olweus)。他指出，欺凌是指长期重复地受到一个或多个人的消极行为影响的过程(靳玉乐、廖婧茜，2017)。欺凌事件包含身体、言语、关系、网络各个层面的攻击，如身体上的击打、推搡、踢打行为，言语上的辱骂、嘲笑，关系上的社交排挤、散播谣言，网络上的各种攻击，等等(孙时进、施泽艺，2017)。1984年，日本某地区接连发生了十多起学生因遭遇校园欺凌而自杀的事件。这对日本社会稳定发展造成了极大的负面影响。之后，日本政府决心将校园欺凌问题置于优先处理地位，由此揭开了校园欺凌研究的序幕。1999年，发生在美国科罗拉多州的校园枪击事件，使得校园欺凌等问题开始走进民众的视野。据联合国调查报告，2020年，武装冲突导致的严重侵害少年儿童事件高达2万多起，超过1.93万名儿童受害。2021年6月22日，多个国家在联合国人权理事会呼吁，对加拿大寄宿学校发现的二百多具儿童骸骨进行彻查。可见，校园欺凌已经超越文化与地理边界，在全球范围内引起广泛关注。

联合国教科文组织2019年发布的《数字背后：结束校园暴力和欺凌》报告指出，校园暴力和欺凌是世界范围内普遍存在的问题(熊岚，2019)。最高人民法院校园暴力司法大数据专题报告显示，在校园欺凌事件中，不少学生受到重伤或者死亡(见图9-7)。有55.12％的校园暴力案件源于琐事(见图9-8)。面对校园欺凌的严峻形势，温州模式发展研究院深入开展了校园欺凌的系列研究。

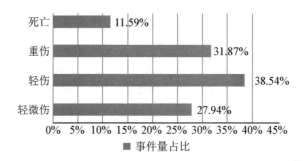

图9-7　校园欺凌事件受伤程度及其所占比例

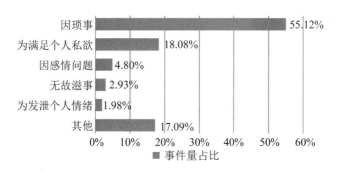

图9-8　校园欺凌事件类型及其所占比例

(二)校园欺凌的危害

欺凌是一种普遍的事件，它可能发生在世界的任何一个国家。欺凌事件可能发生在从教室、网络到社会的任何地方。它是一种侵略形式，会对所有涉事者的健康产生长期的身体和心理的影响(Moore，2017)，更严重时还会导致不良的社会后果。Brendgen和Troop-Gordon(2015)的研究表明，受欺凌儿童往往缺少朋友，并受到同伴拒绝，感受到更差的学校氛围，如更多的学校恐惧感、消极的学校态度和逃学经历。黎亚军(2013)等人认为，个体遭受欺凌后会产生恐慌、社交焦虑、抑郁、孤独和低自尊心理，一些儿童因为存在欺凌行为或者长期遭受欺凌，无法采取合理的化解方式，导致心理问题堆积。校园欺凌事件中的欺凌者在未来可能会更多地卷入社会暴力事件中，而被欺凌者则可能产生孤独感、无助感，甚至出现厌学、自残自杀等极端后果(杨立新、陶盈，2013)。因此，对校园欺凌行为的研究和干预迫在眉睫。

二、校园欺凌状况的心理测量

(一)社会情绪的研究背景

社会情绪学习(Social and Emotional Learning，SEL)是一种培养学习者识别和管理情绪的能力，体现了关心和照顾他人、做出负责任的决定、建立积极的关系和有效处理问题的过程(蒋小丽、夏友奎，2020)。为了解决日益严重的犯罪、辍学、枪击以及校园欺凌等社会问题，1994 年，美国学者首次提出了社会情绪学习这一概念，并专门成立一个推广社会情绪学习项目的组织。目前，SEL 已经被分为三组相互关联的技能：认知过程、情感过程和人际交往技能。认知过程包括思维模式、积极态度以及学习能力、执行功能和注意技能。情感过程包括情感和行为调节、情感知识以及对他人的同理心。人际交往技能包括根据学生观察和回应社交线索的技能，发展强大的同伴和教师关系的能力，理解他人的情感以及进行积极的社交互动的技能。社会情绪学习诞生于教育相关者熟知的多个领域，包括促进社会能力发展、预防欺凌和药物滥用、进行公民和品格教育，以及情感智力、冲突解决、社会技能培训等内容。

(二)社会情绪量表的开发过程

一些学校心理学家(Furlong，You，Renshaw，et al.，2014)探究各种积极因素的协同作用，进一步将其成果应用于学校背景，并以学生综合活力(Student Covitality)指代学校背景下个体身上同时出现的多重核心积极特质及其相互作用所产生的协同效应，以此作为评估学生社会和情绪健康的综合指标，开发了一套测评工具反映心理指标的共生效应(co-occurrence)，即社会与情绪健康量表。在此基础上，美国马里兰大学的王慈欣教授与湖南师范大学的谢家树教授团队将该量表翻译成中文并进行信效度验证，之后运用在校园欺凌与校园氛围的相关研究中。但是，通过对校园欺凌的现状进行分析发现，校园欺凌属于社会性问题，如果仅从学校背景去衡量学生的心理健康状态，是不够全面的。目前还没有专门的量表从更广阔的背景去测量学生经历校园欺凌时的心理行为以及对校园学习环境、社会安全氛围的感知。据此，我们在社会与情绪健康量表的基础上研制了社会情绪量表。基于课题组的积累，在社会情绪的培养干预方面，采用行为事件访谈法和团体焦点访谈技术对一线教师、专家、家长和学生进行访谈，建立了小学生社会情绪指标，并开发出一套干预方案。研究重点从两个方面进行，希望能够在提升小学生社会情绪的能力方面作出贡献。一方面，研究以核心胜任特征模型为基础，使用行为事件访谈法，尝试建立我国的小学生社会情绪健康模型。另一方面，根据核心胜任特征理论和方法，得到小学生社会情绪健康的核心特征为感恩、积极心态、激情、坚持和抗逆力。

(三)社会情绪测量工具在培训中的使用

完成社会情绪量表研制之后，我们通过量表的诊断获得学生社会情绪存在的问题，再采用针对性的团体辅导方法，对小学生社会情绪进行干预。结果发现，开发的培训方案能够有效地提升小学生的社会情绪水平。这项研究结果为社会情绪后期的标准化干预提供了有借鉴意义的依据。在四川、河北、云南和浙江等地开展校园欺凌的监测和诊断工作时，已经采用了这种新型的诊断方法。结果表明，社会情绪量表能够快速甄别出存在施加欺凌倾向的学生和受欺凌的学生。我们建立了欺凌现状的报告制度，一方面，通过定期监测学生的行为动态，对有可能发生在学生身上的欺凌行为进行预警与诊断，从而实现了校园欺凌的早发现、早预防和早干预。另一方面，也为后期校园安全防控体系的建设发挥了标准化作用。

三、欺凌行为的咨询模式及管理对策

社会治理策略是指通过国家立法和政府干预，解决社会问题，促进社会安全，改善社会环境，增进社会福利的一系列政策、行动准则和规定的总称，包含公众舆论、刑事司法政策、教育政策、社会福利保障政策及社会治安防控政策等。校园欺凌作为一种复杂的社会问题，其预防和治理也应该基于社会综合性视野，多管齐下，采取广泛的社会预防措施来完成。这里，还需要基于社会良性运转和多主体协同治理的思路，进行综合诊断、干预和事后检测等工作。

（一）云南的效能评估和培训工作

2017 年，国务院办公厅印发《关于加强中小学幼儿园安全风险防控体系建设的意见》。这是学校安全管理最高层级、最系统的文件。温州模式发展研究院张国远等人在云南开展了学校安全风险防控体系创新实验研究，获得了两项重要的成果。第一，建立了学校安全风险分析系统。初步构建学校安全风险预警体系与基于大数据辅助决策支撑体系架构。第二，形成了财产保险前置风险服务体系。其中，通过统计、报告和发布等方式引领校园欺凌问题的政策宣传、教育和预防工作，并在组织、经费等方面提供了一定的保障。此外，研究院组织地方政府和社会各界积极参与到校园欺凌的治理中，为受欺凌者提供法律和心理健康等方面的援助（见图 9-9、图 9-10）。在顶层设计上，研究院在坚持依法治理、立足长效的评估方面取得一定成果。2021 年 6 月 1 日，教育部公布《未成年人学校保护规定》，针对校园欺凌等相关问题，制定了专项保护措施，包括要求学校成立学生欺凌治理组织，定期开展调查评估，建立对学生欺凌、性侵害、性骚扰行为的零容忍处理机制和受伤害学生的关爱、帮扶机制，等等。

图 9-9　举办校园安全专题专家研讨会　　图 9-10　开展《校园安全风险防控发展趋势》专题讲座

（二）河北、云南等地校园安全智能防控平台的推广运用工作

课题组承担校园欺凌研究的贺英等同志，借助其专业能力为校园安全管理赋能，创新了校园安全网格化管理模式，运用大数据、边缘云、物联网、人工

智能、5G 等先进技术，通过构建校园安全智能防控平台来提升校园欺凌防治工作的专业水平。平台建立了多个数据模型，结合智能识音、人脸情绪识别、AI 视频行为分析等技术，实现安全风险智能预警和分析研判。这一技术可以及时捕捉到人员的异常表情、行为，实时发布预警信号，及时介入。她们通过家校联动闭环管理，健全了早发现、早干预、早处置的校园欺凌工作机制和服务体系，打造了全面防控的校园欺凌治理格局。目前，温州模式发展研究院在河北、云南、北京、浙江、云南等地的推广运用中，系统地实现了在线心理健康与不良行为筛查、校园欺凌行为评估、危机处理等情况的诊断与监测，同时，平台内还设置了校园欺凌行为的应对与处理的科普教学资源，既满足了学生的自我成长需求，也有利于学校管理者及时发现欺凌行为并给予及时的干预。借助这一平台，学校可以轻松完成万人以上规模的学生欺凌行为的监测与评估、异常行为的记录与干预、心理健康服务开展记录分析等。通过心理学与互联网的结合，打造了全面防控的网络治理平台，可实现多方资源的共享与整合，切实提高了防控校园欺凌系统的全面效能。

(三)北京地区的校园欺凌防控系统

学生社会情绪能力的水平是衡量个体社会性发展的良好指标，直接决定了他们的学业表现和生活的幸福程度。本研究在综合国内外研究的基础上，结合核心胜任特征以及核心胜任特征模型理论，探索设计小学生社会情绪学习课程的实施及其有效性的验证。我们选取北京地区 300 多名小学生进行追踪研究，对其实施社会情绪培训项目，并在实验园区建立了针对学生、家长以及学校的三位一体的社会情绪学习支持系统。在课程实施前和结束后，我们对小学生的各项指标进行了衡量。实验结果发现，参与了社会情绪学习的个体，其社会技能和情感技能得到了明显的提高，同时自我感知和对他人的感知更为清晰，在问题冲突的处理以及情绪调节方面也有更大的优势，从而在社会交往中表现出更多的亲社会行为。我们还建立了合理的评价与反馈体系，即我们在评估过程中不但对结果进行评价，而且对社会情绪学习的各项指标、教学过程进行评估，以便完善社会情绪学习的培训与评估的系统性，促进对校园欺凌的防控和干预。这项研究在北京市朝阳区取得了初步成效，培训模式经过标准化处理之后，已在石景山、海淀等其他区得到推广。

课题组针对校园欺凌防控体系的实施情况在北京地区开展了实地调查。结果发现，北京市各区要求中小学设立校园学生欺凌事件举报电话；石景山区重点开展欺凌防治教育活动，制定应急预案和处置流程等，并建立校长问责制度；海淀区要求学校必须设专人来核实、处理校园欺凌事件。根据调查结果，在防控体系的管理制度方面，课题组向北京市有关部门提交了如下对策建议，得到采纳。

1. 辅导教师的专题培训

要确保教师树立尊重学生、平等对待的意识，并提高对欺凌行为的敏感度，通过学生平时的动作习惯、情绪表达以及身体伤情来判断其是否受到欺凌。

2. 定期排查周边环境

对学校周围 200 米范围内的区域进行重点监控和整治，包括球场、快餐店、居民区，尤其是对学校周围的网吧、游戏厅、歌厅等娱乐场所进行排查。提高公共安全监控系统覆盖率，确保基层警务工作站点的数量和质量，切实保障学校周边地区的安全性和秩序性。

3. 建立家校联合防控机制

在家庭教育方面，为监护人提供讲座、网课等教育资源，督促其对学生进行基本社交礼仪教育、矛盾冲突处理教育、法律意识与社会责任感教育、必要的性教育等；在家校联系方面，建立及时有效的沟通渠道（如家长群），保持与其他家长之间沟通交流，及时了解学校相关动态，关注子女在学校的表现情况，如发现校园欺凌倾向则应立即处理并反馈给学校。

第三节

———

社区法律公共网络平台的普及推广

目前，依法治国已走过 40 余年的历程。2021 年是"十四五"规划开局之年，也是"八五"普法启动之年，做好全民普法工作意义重大。全民普法是依法治国的基础性工作，从"一五"普法正式展开，普法活动以 5 年为单位。普法宣传教育是实施依法治国基本方略、推进法治政府建设的基础性工作。对过去数十年改革开放进程中在所难免的积弊和灰暗的清理正在有条不紊地进行，无论是政府治理，还是扫除积弊、净化肌体，都已经作为系统工程在陆续和轮番推进。《试点方案》要求我们建立健全心理援助服务平台，健全心理健康科普宣传网络，增加心理健康服务专业人员。那么，重新认识和思考新形势下法制宣传教育的意义，进一步做好社会治理体系建设工作，显得尤为重要。

一、法制宣传教育概述

(一)法制宣传教育的三种模式

从历史的角度来看，中国的法制宣传教育可划分为三种模式，即传统普法模式、网络普法模式和基于大数据的精准普法模式。第一阶段，传统普法模式。主要是利用报刊、广播、电视，以及开展法律咨询、编写教材等进行法制宣传。政府部门居于中心和主导地位，民众只是信息的接收者。"信访不信法""以命维权"甚至"暴力抗法"等现象，成为民众与法律之间隔阂的注脚，也说明传统普法模式还有很大的改进空间。第二阶段，网络普法模式。它增强了普法对象的主体性，提高了普法过程的互动性，但仍存在多头注册、多头应对的问题，分散了有限的资源，使普法部门疲于应对。第三阶段，精准普法模式。依托网络空间的法治大数据，运用现代信息技术，通过大数据挖掘和分析，实现以需求定主题、以问题为导向，是后疫情时代主流的普法模式。

(二)我国普法工作存在的问题

我国已进行多年的立法和普法实践，全社会90％以上的公民不同程度地接受了法制教育，形成了全民学法、懂法、守法、依法办事的良好氛围。但基层普法工作仍然面临许多突出的矛盾和问题，主要表现在如下方面。

第一，法律供给与需求之间的矛盾。普法工作特别是基层的普法工作进入倦怠期。基层普法缺少新颖的形式，也缺少固定的有效模式。

第二，法制宣传形式的实际效果仍有待提高。民众对于法律的认知不足，用法意识还比较薄弱；普法对象分散，普法机构缺位且物资缺乏，司法制度存在缺陷。

第三，在普法内容上，法律体系本身比较庞杂，容易流于程式化，法律援助并没有有效地跟上，依法治理工作还有待进一步深化，法律服务水平需要进一步提升。

二、后疫情时代的法律服务市场

(一)数字经济崛起，法律保障亟待加强

目前，数字经济的良性发展成为法治保障关注的焦点。据互联网数据中心预测，2023年全球市场数字驱动的国内生产总值占比将超过50％，但法治化发展也遇到了一些困境，如政府治理数字经济机制乏力，部门之间缺乏有效协调；数字经济法律制度供给不足，对数字经济的需求回应仍不够具体、全面。因此，进入数字经济时代，法律监管体系需要做出相应的调整，有必

要深入认识数字经济的发展规律，不断丰富现代法治的内涵，构建数字经济法治体系。

(二)"互联网＋法律"互联网平台的兴起

传统法律服务市场存在着律师的案源与收入不匹配，法律服务资源的分布使当事人的法律服务需求得不到满足、互不对称等问题。面对众多群众的法律需求和法律服务者的不匹配，出现了"互联网＋法律"的互联网服务平台的市场。互联网服务平台是传统法律服务方式的创新，开发者运用数据共享、资源联通的模板架构，将各种分散的法律业务进行整合、归纳，进而形成一个整合各类法律服务的综合性服务平台，形成整体联动、共同治理的法律架构。

(三)互联网法律服务市场的发展

国内对互联网法律服务市场的调查研究发现，私人服务类的互联网法律服务增速最快，达 18.1％，商业服务类的互联网法律服务增速为 10.7％，如表 9-2 所示。

表 9-2　不同互联网法律服务规模(亿元)及增长率对比表

分类	2016	2021	2027	CAGK (2016—2020)	2021 增速	CAGR (2021—2027)
私人服务	5.45	11.85	32.69	21.4％	18.1％	15.2％
商业服务	19.60	41.69	77.38	20.8％	10.7％	9.0％
总量	25.05	53.54	110.07	20.9％	12.3％	10.6％

数据来源：根据第三方资料、新闻报道及 QYResearch 整理研究，2021 年。

随着互联网的普及，机器学习、人工智能等技术的突破，未来的法律服务市场越来越偏向于"大数据＋人工智能"的模式，法律服务表现出精细化和多样化，通过低成本与低信息差异来帮助人们接触高质量法律服务。图 9-11 是中国互联网法律服务市场增速预测，可见法律服务网络咨询的需求越来越大。

图 9-11　中国互联网法律服务市场增速预测

数据来源：根据第三方资料、新闻报道及 QYResearch 整理研究，2021 年。

三、法 π 智慧普法平台

自温州模式发展研究院 2019 年成立以来，研究院内的法律专家，考虑到国内大部分法律咨询还停留在以雷同的标准服务、不能满足用户期待的高效率服务的阶段，创立了新型的咨询模式——法 π 智慧普法平台（以下简称法 π）。

(一)法 π 的产生背景

移动端的法律服务虽然已经在市场上出现，但产品良莠不齐，行业格局还未成型，且没有市场知名度大的产品出现，许多产品无论是从平台还是从技术来讲，都存在较大的提升空间。研究院蒋术明课题组紧跟数字经济时代的发展，基于法律理论知识开发了互联网法律智慧服务平台——法 π，以推动我国在法律方面社会治理的发展。

(二)法 π 的服务功能

首先，法 π 基于 CLEAR 模型形成，其核心理念是创新法律与经济广泛适用联系，即在法律与经济之间建立新规则、构建新生态。其次，法 π 精心打造了智慧普法手机客户端，能够为民众提供海量、免费的图文和音频、视频法律学习资源，让普法更多样、学法更个性、知法更智能、用法更便捷。再次，法 π 具有丰富、鲜活的法律学习资源和智能推送，支持个性化查阅，专注于模块化的服务方向。最后，法 π 打破了传统的法律问答方式，借助线上服务平台和"法律服务轻社交化"服务理念，让用户进入系统之后，获得法律生活化情境学习，参与互动，获得法律的支持和帮助。目前，各咨询站点提供周到的线下及时服务，解决问题便捷高效，线上线下两者结合，产生了较好的服务咨询效果。

法 π 分为需求主体和服务主体。如图 9-12 所示，需求主体对象主要是个人、中小微企业、学校等非经济组织；右侧对应的服务主体主要是普法部门、律所律师、法律工作者等。无论是需求主体还是服务主体，都借助普法工具、交易工具、咨询工具和资讯工具获取相关资讯、咨询、案源、政务等服务。最外层的服务主体，主要指法 π 基于服务对象需求而形成智能化律师平台，既有体现生活化的法 π 抖音、法 π 讲堂、法 π 播报，也有法律故事、排行榜，专业

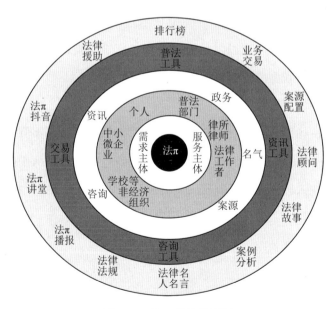

图 9-12　法 π 普法模型图

化的法律法规、法律名人名言、案例分析。此外，服务主体还设置了业务交易、案源配置、法律顾问、法律援助等栏目，让所有需求主体和服务主体都在这个平台上实现愿望，满足需求。

(三) 法 π 的用户分析 (见表 9-3)

在法 π 网络平台开发中，关键是找出产品核心的用户群体。在课题组开发初期，我们运用行为事件访谈法，进行了 200 人半自动化编码访谈，面对面地获取了用户需求，获得了用户过去难以解决的服务死角和痛点问题。对标用户后，我们进一步将用户划分为核心用户及普通用户；同时，也对律师进行需求和服务访谈，将律师用户分为核心用户及普通用户。此后，对不同用户类型进行用户特征、需求场景、认知过程、使用场景、关注因素、使用习惯及满意度的多层次分析，依据分析结果制定出相应的产品策略。我们通过人物建模及场景化分析，获得了用户的核心需求。大众用户更希望遇到问题时能够及时地找到素养可靠、费用合理的律师，通过检索查看法律条款能及时获得通俗、易懂的解释；对于律师用户来说，他们希望通过平台给自己带来可观收入，同时能够拓宽自己的人脉、见识。法 π 坚持分类指导，突出重点，对不同年龄段用户进行分层次的普法。

表 9-3 用户分析模型示例

	法 π 服务平台大众用户分析
用户需求	1. 遇到问题时能够及时找到优秀、高质量的律师。 2. 得到针对性的法律服务及多样化的法律资源。 3. 费用公开透明，合理可接受。 4. 及时便捷地了解、查询和学习所需法律知识。案源共享、资源共享、业务共享、收益共享。
原因分析	1. 没有可靠渠道获得律师服务资源，用户法务需求难以匹配适当律师。 2. 市场不透明，服务门槛高、便捷度低，客户对律师服务的不信任感。 3. 社会群体需求广泛、多样性、复杂性，不同群体的需求不同。

续表

法 π 服务平台大众用户分析	
解决策略	1. 将线上法律服务体系和线下实体机构两者融合，资源与客户线索共享。 2. 针对不同群体打造普法内容，对不同年龄段进行分层次的普法。 3. 打造线上"法律文化博物馆"，形成优质的普法内容库，以及相关岗位的案源分析。 4. 打造完善的供需双端评价机制，提升双方信任感。

(四)法 π 服务的平台技术(见图 9-13)

(1)借助大数据普法。截至 2020 年 12 月，我国手机网民规模为 9.86 亿，互联网普及率上升为 79.8%。课题组基于精准普法模式建立国内法 π 平台服务的要求，利用网络空间产生的大数据，以普法对象的需求为中心，切实提高普法实效，覆盖率达到国内网络市场 30% 左右。本系统已经具有前瞻性、精准性、多样性和可量化的特点。

(2)服务要素搜索。法 π 在人工智能技术的功能上主要集中于法律搜索、文档生成、摘要生成、结果预测，还设定了多元的监管形式，包括系统监管、行业部门自我监管和政府监管。每种监管形式至少能在特定的情形下发挥作用，为不同服务情境提供了适当的保障措施。

(3)区块链分析。去中心化和可信任是其最重要的特点，区块链技术在法治领域的合理运用，使得信息能够被公开获取，保证数据的真实性。法 π 已经营

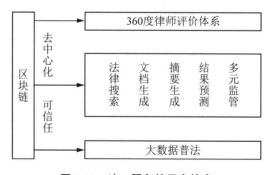

图 9-13 法 π 服务的平台技术

造可信任的优质环境，有效地保护隐私，实现了链上自动监督，使得数据信息具有强一致性和不可篡改性，确保信息的溯源过程真实有效。

（4）评价指标采集。法π独有的法律服务评价算法，能够自动采集入驻平台律师30多项综合指标，实现公正、公开的中立排名体系，实现对律师发布的内容的智能化分发，实现个性化信息推送，充分提升内容分发和生产的效率。

四、法π的实际应用效果

（一）网络服务平台初见成效

2020年6月，课题组开始在一些定点地区应用法π1.0版本，通过长沙市律师协会、商会、各地党支部进行点对点宣传，包括普通用户12 479人、律师用户98人和律所15家。本次1.0版本服务主要集中于法律咨询和普法视频服务。法律咨询范围集中于民事、刑事、商事，免费咨询达5万余人次，付费咨询1 300余人次，普法板块的内容点击率近4万人次，律师创作的生活普法视频200余条。通过"运用验证""推广普及""巩固深化""成果转化"四个环节的操作演练，探索出能促进普法教育的运行机制。这次的实验结果证实，本系统可以实现在线办公与传统模式相融合，形成"互联网＋"管理模式，推动了互联网法律服务标准化，增强了普法实效。

（二）网络平台的用户服务

在初步实施基础上，我们对平台系统进行了完善，获得了用户的好评。

1. 湖南长沙市望城坡街道

望城坡街道法律援助咨询点击量22 660余人次，受理法律援助案件12件；公证咨询180人次，办理公证53件，线上法律咨询率平均达到125.8人次/天。

2. 湖南韶山市

韶山市法律援助咨询点击量27 640余人次，受理法律援助案件8件；公证咨询218人次，办理公证60件，线上法律咨询率平均达到153.5人次/天。注册用户达 6 087 人。

3. 湖南湘西州十八洞村

法 π 每个月定期在景区设置法制宣传点，法律援助咨询点击量 1 500 余人次。注册用户达 508 人。

(三)双循环时代律师的网络服务

当今，法律服务的区域壁垒越来越少，而法 π 利用物联网、5G、区块链等前沿技术，拓展了法律服务的边界，为企业、个人均提供了线上法律服务，为市场主体提供更多元的法律服务。目前，法 π 是众多普法 App 中拥有广泛用户和较好前景的佼佼者。迄今为止，超过 300 名专业律师注册给予专业支持，这些律师拥有专业的知识和值得信赖的技能，能为用户提供全年无休 24 小时不间断的法律专业答疑解惑。每天超过 1 000 条的在线法律问题，基本能在 3 分钟内得到快速的免费回答，解决了用户的问询需求。

(四)"新基建"促进线上服务

随着我国全方位对外开放的不断深化，法 π 将作为一支新型的专业力量，在投资、环境、安全方面加强国际合作。法 π 后台数据显示，我国华东地区使用互联网法律服务平台最广泛，华东地区累计 1 万多人下载法 π 平台并应用，其次是华南地区。法 π 的应用成效得到了广大社会群体的热烈响应和高度评价，为"一带一路"建设保驾护航，为我国现代化建设营造有利的国际法律环境。法 π 面对"新基建"法律服务，在线上发布讲座超过 300 场，知识作品数量超过 2 万件，平均每件作品获得 5 000 多点击播放量，实现了对"新基建"行业投资人及项目参与方的实际指导。

五、法 π 2.0 版的改进和未来服务

目前，改进的法 π 2.0 版本正在进行开发测试。从 2021 年下半年开始，计划完成"31＋1"法 π 运营中心的建立，在每个省(自治区、直辖市)成立法 π 省级

运营中心，通过政府资源进行普法宣传，使得法π成为由上而下的基层普法工具，以进一步创新法制宣传形式，增强法制宣传效果，努力提高全民法律素质，为国家长治久安作出贡献。法π 2.0 智慧服务平台既是创新创业生态圈的移动端，也是创新创业生态圈不可或缺的一环，是对国家"大众创业、万众创新"号召的响应。法π 2.0 超越时空、地域，将法律服务供求主体链接到一起，能够让法律服务主体发光发热，需求主体提升法律素养，化解社会矛盾，解决各类纠纷。平台集网站、PC 客户端、手机 App、智库于一体，将分散在各地的资源整合到一个统一的平台，实现企业用户、政府部门、服务机构、专家用户间高效便捷的"互联、互动、共享"，为企业创新创业服务搭建法律服务平台，形成良性持续的创新创业生态。平台新推出了"政策通""政务通""服务通""技术通"等系列创新创业服务资讯通道，包括法律咨询、合同服务、档案查询、案件论证等，让企业更便利、清晰地理解各项法律政策的含义与适用条件，从法律角度为政商关系的沟通与促进提供有力支持。

第四节

高端人才核心胜任特征的智能评估

习近平总书记在 2018 年两院院士大会上强调，中国要强盛、要复兴，就一定要大力发展科学技术，努力成为世界主要科学中心和创新高地。可见，充分发掘我国人才优势，推动战略性新兴产业关键核心领域的技术突破，是我国发展的未来战略需求，也是提升民众国家自信和民族自信的基本要求。这里，高端人才的核心胜任特征研究尤为重要。我们一方面要掰开西方国家"卡脖子"的手，想方设法吸引海外人才归国，加盟我们的科技研发队伍；另一方面要改进现有人才选拔、评估和培训方法，利用人工智能匹配的新技术，探查高端人才选拔和培养的可区分、可度量和可操作的心理学方法，揭示出核心胜任特征的培训新模式，为科技前沿领域聚集一批想创新、敢创新、能创新的高端人才。

一、人才紧缺型岗位的战略分析

针对关键核心领域的"卡脖子"问题，《科技日报》已总结出当前制约我国发展的核心科技，包括芯片、触觉传感器、核心算法、激光雷达、医学影像设备元器件、真空蒸镀机、超精密抛光工艺、航空设计软件、航空发动机短舱、光刻胶、锂电池隔膜、扫描电镜等35项关键前沿领域。结合《中华人民共和国国民经济和社会发展第十四个五年规划和2035年远景目标纲要》中关切的科技前沿攻关领域与相应的战略性新兴产业需求，我们总结出24个人才紧缺型关键岗位（见表9-4）。

表 9-4　战略性新兴产业人才紧缺型关键岗位

产业类型	关键岗位	产业类型	关键岗位
新一代信息技术产业	大数据算法工程师	新材料新能源产业	新材料采购运营总监
	人工智能项目经理		电驱动工程师
	网络运维工程师		项目质量工程师
高端装备制造产业	智能集成工程师	集成电路产业	半导体技术工程师
	高端机械研发工程师		工艺整合工程师
	机器人算法工程师		芯片测试工程师
金融科技产业	区块链产品总监	空海开发产业	载人潜水器潜航员
	数据安全工程师		发动机设计工程师
	风控建模专家		质保管理工程师
生物经济产业	药物筛选研究员	职能管理类产业	战略管理分析师
	医疗器械技术顾问		研发管理咨询师
	基因技术工程师		高端人力资源测评师

面对欧美长期保持着科技引领产业带动角色的现状，中国若想实现"弯道超车"，占领科技创新高地，必须解决寻觅高端紧缺人才的方法问题，通过人职匹配、胜任特征模型建构与培训模式创新等智能评估方法，解决紧缺人才的瓶颈问题。

二、基于大数据的人职智能匹配

(一)基于 O* NET 的职业工作分析

O* NET(Occupational Information Network)是一项由美国劳工部组织发起，吸收了多种工作分析问卷(如 PAQ、CMQ 等)优点的工作分析系统，可以使我们精准地获得某一类高端人才的技能、知识、工作风格、工作情境和工作特征等多方面信息，获得这些人员的职业特征标准，为人职匹配提供人才选拔与匹配的依据。

(二)基于心理测试的特征分析

由于人才基数大、结构复杂，在短期内要获得求职者的心理特征，需要提升心理测量的效能。在面对特定人群时，可引入网络测试技术，通过对职业人格、职业能力等心理特征进行分析，然后对大批量的求职者进行岗位的心理测试分类标准筛选，实现高端人才的职业心理选拔。

(三)基于大数据聚合的智能匹配

大数据匹配对接是人职匹配的关键阶段。一方面，可以通过心理测试和求职者提供的简历，获得某区域大批求职者的职业人格、职业能力的测试数据，系统可将求职者按职业人格和职业能力高分维度划分类型，再对简历进行基于词向量的文本智能分析，计算并统计出每位求职者简历与岗位 KSAs 关键词之间的匹配度。另一方面，将招聘单位需要的岗位的工作分析结果，即招聘职位的职业特征、心理特征的要求，作为筛选的依据。这样，通过两者的大数据智能评估，获得相匹配的结果，从而搭建与用人单位智能沟通的桥梁(见表 9-5)。

表 9-5 紧缺人才的工作分析与心理测试的智能匹配说明表

高端人才岗位	O*NET 分析出的职业特征和心理特征要求	岗位类别	心理测试结果（人格、能力）简历自我描述的求职需求
高端机械研发工程师 风控建模专家 药物筛选研究员 发动机设计工程师 新材料研发师	敏锐洞察研究前沿领域，具备创新才能，能实质性从事实验研究，在国际核心期刊发表顶尖学术论文，具有领导科研团队能力。	研发类岗位	IRA（研究-现实-艺术型） 推理能力、言语能力 机械研发、风控建模等 科研类岗位
大数据算法工程师 智能集成工程师 机器人算法工程师 基因技术工程师 电驱动工程师 半导体技术工程师	能将研究成果实质性地落地，具有较强的操作把控能力，对前沿科技和最新研究成果准确把握，并能做实质性转换，能协调各部门关系，在实现方向上能发挥引导作用。	工程类岗位	IRC（研究-现实-常规型） 计算能力、空间想象能力 基因技术、电驱动等 工程类岗位
人工智能项目经理 区块链产品总监 工艺整合工程师	能产出实际产品，具有创新才能与艺术才能，对产品质量、功能及市场需求有预测与洞察能力。	产品类岗位	RAS（现实-艺术-社会型） 知觉速度 人工智能、区块链等 产品类岗位
采购运营总监	熟悉用户需求，迅速建立人际关系，擅长说服他人，主动社交，识别嗅觉敏锐。	市营类岗位	SEI（社会-管理-研究型） 言语能力、知觉速度 关键产业采购运营类岗位
网络运维工程师 医疗器械技术顾问 项目质量工程师 芯片研发工程师 载人潜水器潜航员 数据安全工程师	掌握科技前沿的动向，研发意识强，目标精准，掌握复杂仪器，既定目标明确，细心谨慎，操作严谨，独立性强。	技术类岗位	RCS（现实-常规-社会型） 计算能力、知觉速度 网络运维、芯片研发等 技术类岗位

续表

高端人才岗位	O* NET 分析出的职业特征和心理特征要求	岗位类别	心理测试结果(人格、能力)简历自我描述的求职需求
战略管理分析师 研发管理咨询师 高端人力资源测评师	团队意识强,敢冒风险,对人对事具有宏观把控,对事务长远打算,激励团队成员共担风险,完成任务效果佳。	管理职能类岗位	ESA(管理-社会-艺术型)言语能力、推理能力、知觉速度关键产业管理职能类岗位

(四)大数据可视化平台的建立

基于位置的服务(LBS)是指通过确定移动设备或用户所在的地理位置,为用户提供与位置相关的各类信息服务。根据综合智能匹配结果,通过手机客户端搭建 LBS 人职匹配信息可视化平台后,高端人才可随时查看适配岗位的地理位置,由此便可以建立大数据背景下人工智能评估可视化展示平台,促进高端人才信息与岗位需求的大数据汇集和科学匹配(见图 9-14)。

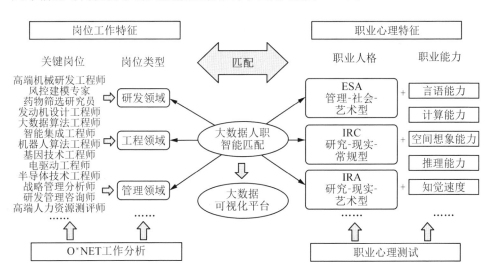

图 9-14 人职智能匹配的结果示意图

三、胜任特征模型的建构研究

(一)自动化建模方法

从 20 世纪 80 年代开始，中国科学院时勘教授在机械、电信行业开展了汇编栅格法、口语报告法的研究，发展出核心胜任特征模型探索的新方法。自 20 世纪 90 年代开始，时勘等人在温州地区进行了民营企业家的调研，建立了家族企业高层管理者胜任特征模型。同时，在飞行员、航天员胜任特征研究中，解决了编码标准化和评估准确性的问题，获得了多项国家、省部委级科学技术进步奖。此次，我们借助大规模人职智能匹配的初步结果，在浙江省之江实验室通过 VR 模拟、多模态信息，批量开发出不同岗位类型人才的共性胜任特征模型及特异性胜任特征模型。其建构过程如图 9-15、图 9-16、图 9-17 所示。

图 9-15　胜任特征模型的建构流程

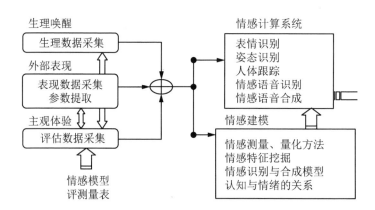

图 9-16　多模态信息的处理方法

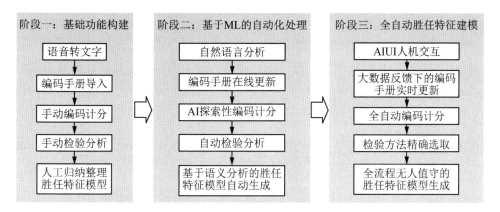

图 9-17　胜任特征自动化建模系统的技术迭代路线

1. 行为事件访谈

通过录音、录像和生理指标采集语言文字、语音语调、面部表情等的多模态信息，按时间线关系予以对应。

2. 自动化编码

通过语音 API 将访谈音频转录为文字信息，借助胜任特征编码手册和自然语言处理技术，对非结构性数据进行索引、搜寻等数据挖掘，标定层级化的知识、技能、态度等核心要素，再将语音语调、面部表情等信息进行整合，运用数学模型分析其情感倾向和强度特征，标定编码结果中胜任特征的权重。并通过差异性检验对不同团体的特征进行比对，形成初步模型。

3. 团体焦点访谈

采用线上线下相融合方法，邀请心理学家、高层管理者、高端产业专家，采用德尔菲法进行循环论证，对模型做删减补充，并采用聚合分析方法进行汇总分类，获得各类专业人才核心胜任特征模型，形成精准化的大数据特征库。

(二)基于核心胜任特征模型的人才甄选

结构化面试、图片投射测验是组织内部进行人才甄选的主要方式。我们通过大数据集成获得智能匹配的初步结果之后，借助自动化建模获得的新型的核心胜任特征模型标准，在原来中国科学院筛选科技人员和航天员选拔的技术的改进基础上，将获得初选的求职人员分门别类进行人才甄选。结构化面试是根据特定职位的胜任特征要求，遵循固定程序，采用专门的题库、评价标准和评价方法，通过考官小组与应考者面对面的言语交流等方式，评价应考者胜任素质的人才测评过程和方法；而投射测验是通过向被试提供一些未经组织、意义不明确的刺激情境，让被试自由反应，从而对其人格结构或个性特征做出推断的心理测验。两种人才甄选方式的综合应用，能够大大提升人才甄选的精确度，并符合特定科技人员的招聘要求，在极大程度上提高人职匹配的质量与深度。

(三)高端人才核心胜任特征模型的建构

通过行为事件访谈和团体焦点访谈，我们建构了科技人才的胜任特征模型。模型包括知识技能、个性特质和社会交往三个维度，并区分为共性胜任特征和管理、科研、工程领域的特异性胜任特征。共性胜任特征是所有访谈对象表现出的共有胜任特征，具体表现在知识技能、个性特质和社会交往三个维度。通过访谈、编码、统计与修订，共得出8项科技人才共性胜任特征(见表9-6)。

表9-6　科技人才共性胜任特征

维度	名称	内涵
知识技能	审辩质疑	审辩质疑指通过巧妙地运用思维内在的结构和智能标准对思考施加影响。科技人才秉持"尊重真理，但不信奉现状"的宗旨，体现为在科研道路上探索出新的精神。
	创新前瞻	创新前瞻指目光长远地提出独特见解，为满足理想化需要，创造新的事物。科技人才应具备广阔且深远的创新前瞻思维，探前人所未见，行前人所不能。
	理性开放	理性开放是科技人才在审慎认识基础上对外界事物的包容接纳，科技人才应当视野广阔，思维解放，既不迷信盲从，也不摇摆飘忽。

续表

维度	名称	内涵
个性特质	家国情怀	家国情怀是中华优秀传统文化的内涵，表现为个体对祖国的认同，行动上表现为促进国家发展。具有海外留学经历者的回国奉献，表现出浓厚的家国情怀。
	严谨求实	严谨求实指态度严谨、行动讲求实际。之江实验室大多从事基础性科学研究，倡导尊重科学规律，细致、周全、客观、冷静地探索，确保研究稳步进行。
	责任担当	责任担当是家国情怀的延续，即敢于主动担责、勇于牺牲奉献。众多科研人才怀揣对该理念的认同前来工作，体现了他们的责任与担当。
社会交往	协作民主	协作民主是部门之间、个人之间的平等协商与配合，建立在对事务享有发言权基础上。研究中心—科研项目—学科带头人的三级科研体系，体现协作配合的精神。
	专心向学	专心向学指心无旁骛地对纯粹科学思想的不懈追求，建立在自我选择上，并非天真，向学也非闭塞，而是主动树立人生目标，利弊权衡后的最终选择。

针对科技人才队伍结构，我们还建构了包括管理领域、科研领域和工程领域在内的不同序列人才的特异性胜任特征（见表 9-7）。

表 9-7 科技人才特异性胜任特征

人才领域	一级特征	二级特征	
管理领域	服务取向	关注需要	体贴入微
		发展他人	深层沟通
	变革型领导	德行垂范	领导魅力
		愿景激励	个性化关怀
	人际敏感	信息收集	影响他人
		人际洞察	关系建立
科研领域	创新发展	变革创新	危机应对
		灵活应变	抗逆发展
	战略意识	国际视野	合作竞争
		勇于开拓	前景预判
	团队建设	组织引领	团队合作
		人际沟通	价值聚合

续表

人才领域	一级特征	二级特征	
工程领域	项目推动	任务导向	求真求细
		关注秩序	严谨务实
	知识技能	基本能力	数据处理
		计算编程	系统操作
	成就动机	自信乐观	积极进取
		追求卓越	兴趣驱动

综合以上研究内容，可以得到如下结论。

第一，科技人才的胜任特征模型是科研机构人才理念、发展目标在个体层面的具象。第二，在人才开发战略中，以核心胜任特征模型为标准，可以构建能力为基、理念引领、情怀树人的人才开发全流程模式。第三，科技人才的核心胜任特征模型明显异于其他行业的结构模型，主要体现在科技人才能经过努力，在创新举措中得到成效。

四、基于核心胜任特征模型的培训模式与方法

(一)培训模式

阶段一，培训前测试。研究者委派专家初步对整个实验做一个简洁的整体情况讲解，然后进行核心胜任特征培训前测试，以获得核心胜任特征各维度上的基线水平。

阶段二，核心胜任特征干预培训。在培训前测试完成后进行核心胜任特征的干预培训。培训采取线下培训和网络培训相结合的方式，干预培训由专业培训师主持，在三位研究助理协助下完成。实验组采用基于核心胜任特征模型的、科研情境的培训发展模式，控制组采用常规的研究院所的培训发展模式。

阶段三，培训后测试。在干预培训后对被试进行测试，来验证核心胜任模型以及干预培训模式对提升科技人才的核心素养的有效性。

培训模式有效性验证框架如图 9-18 所示。

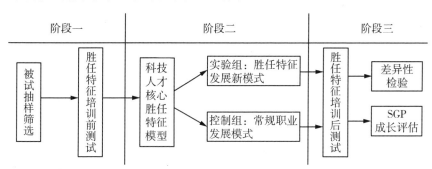

图 9-18 培训模式有效性验证框架图

(二)培训方法

1. 认知技能培训

在培训模式上,先在培训前通过因果分析获得学员的个人认知地图,在对比培训后,再进行因果分析调查,并应用汇编栅格法绘制出学员的个人认知地图。通过专家组和普通组的认知地图对比可以找出关键要素,通过学员个人层面的培训前和培训后的认知地图对比可以判断培训发展成效。图 9-19 是课题组绘制的高级技工诊断加工活动的认知地图(时勘、徐联仓、薛涛,1992)。

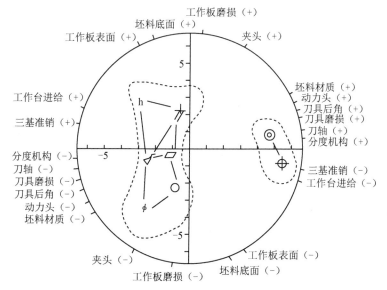

图 9-19 高级技工诊断加工活动的认知地图

2. 安全心智培训

安全心智培训产生于 21 世纪煤矿、电力系统，主要用于避免工作中的事故发生。研究团队事先获取了工作中主要存在的风险源和应对方法（见图 9-20）。形成培训模型后，采用七大步骤来完成：目标定向、情境体验、心理疏导、规程对标、心智重塑、现场践行、评价反馈。使用综合测评、反馈面谈等方式全面考察学员在知识、技能和态度等方面的现有掌握状态，并通过完成培训后对学员的追踪，检验安全心智模式在学员头脑中的形成效果，为后期学员培训方案的制订、培训项目的实施提供改进意见（山东能源肥城矿业集团、中国科学院大学，2013）。

3. 沙盘诊断培训

这里采用的"团体沙盘游戏"是一种特殊的沙盘活动。根据象征性分析原理来对个人和团队进行无意识水平的工作分析，从而揭示参与者的深层次动机和应对态度。团体培训学员按照抽签或猜拳决定的顺序，分轮进行沙盘的制作，所有的培训学员轮完一次即为一轮，整个过程中培训学员之间尽量不进行语言的交流和互动。此外，这种沙盘游戏还有线上（见图 9-21）和线下两种方式。可以通过团体沙盘游戏对团队建设中的人际互动、团队凝聚力、责任感以及团队创新效能进行培训前后的测定。

图 9-20　风险源辨识-应对卡

图 9-21　线上 3D 沙盘游戏示意图

4. 合作型团队培训

本培训模式基于合作竞争理论（人际互动过程）开展研究。培训结构包括合作、竞争、双赢、独立四种关系。合作，目标正向相关；双赢，一起成功；竞争，目标负向相关，你赢我输，一方的成功以另一方失败为代价；独立，双方目标不相关，一方成功不会影响另外一方。合作型团队培训包括建立愿景、团结合作、树立信心、深入探索、总结反省五个环节。如在合作型团队培训过程中，针对"中国是否需要大力发展轿车业"这一问题进行讨论时，培训双方可能意见不一致而发生激烈争议，要求学员思考并搜集论据以支持自己的观点，遇到反对意见时，要为自己的观点辩护。在培训后期，要求争议双方交换观点继续辩论，以获得从不同的角度看待问题的体验，这样可以帮助学员全面地对待争议，以便协同前进。

5. 情景模拟评价

运用舒尔茨（W. C. Schutz）的基本人际关系倾向（Fundamental Interpersonal Reaction，FIRO）分析方法来对容纳（inclusion）、控制（control）、情谊（affection）三种人际关系和主动（expressed）、被动（wanted）两种不同的反应倾向进行评价，最终形成特有的人际关系基本倾向（见图9-22），即人际关系反应特质，获得不同的培训者在情境评价中的定量结果。

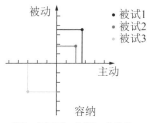

说明：在容纳这一维度上，被试1和被试2都属于高主动高被动性，被试3属于低主动低被动性，被试1和被试3的合作是最合适的

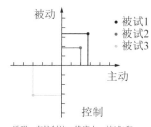

说明：在控制这一维度上，被试1和被试2都属于高主动高被动性，被试3属于低主动低被动性，被试1和被试3的合作是比较合适的

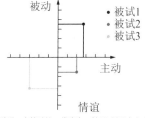

说明：在情谊这一维度上，被试1属于高主动高被动性，被试2属于较高主动较低被动性，被试3属于低主动低被动性，被试1和被试2的合作要好于被试1和被试3的合作

图9-22　人际关系基本倾向图

本研究在整个培训的过程中还融入了底层驱动的思想，可以通过数据平

台，自下而上地获得每一位培训学员对团队组建的建议，从而获得高端人才团队的核心价值观。此外，通过对不同团队培训学员的人际关系、开放系统、内部程序、目标聚合成基于内部-外部、灵活性-稳定性的团队核心价值观，从而完成整个高端人才管理团队的效能评价。这也是对核心胜任特征模型有效性的最终考察。

(三)成长评估模型

根据学生成长百分等级(SGP)模型的原理和对数据的要求，将收集到的有效数据进行筛选合并。样本数据来自重庆、温州、杭州的被试群体，将其汇总成为原始数据表，并运用 R 语言编程调用 SGP 数据包来计算被试个体的 SGP 值。表 9-8 为 528 名被试的 SGP 模型分析汇总结果。实验结果表明，本次培训两组共有 334 名被试在第二次施测中进步明显(SGP≥50)。实验组在经过培训干预后，大多数被试(54.30%)取得显著进步。控制组在经过普通培训后，只有小部分被试(38.15%)取得显著进步。综上，从 SGP 模型的检验结果可以得出，核心胜任特征的干预培训的效果得到了对比验证。

表 9-8　实验组与控制组被试 SGP 值分布情况汇总

组别	维度	人数	比率	程度	人数	比率
实验组	SGP≤50	170	45.70%	低(0~19)	59	15.86%
				较低(20~39)	55	14.78%
				普通(40~49)	56	15.05%
	SGP≥50	202	54.30%	正常(50~59)	63	16.94%
				较高(60~79)	68	18.28%
				高(80~100)	71	19.09%
控制组	SGP≤50	214	61.85%	低(0~19)	75	21.68%
				较低(20~39)	69	19.94%
				普通(40~49)	33	9.53%
	SGP≥50	132	38.15%	正常(50~59)	44	12.72%
				较高(60~79)	44	12.72%
				高(80~100)	40	11.56%

目前，很多国家已将核心胜任特征培训作为一项新型的培训方法。在本研究中，我们通过对科技人才的人职匹配、行为事件访谈、团体焦点访谈、半自动化编码建模，结合以往相关研究，探索出了科技人才的通用核心素养模型。从培训的结果来看，SGP 模型分析显示，经过核心胜任特征培训的科技人才，大部分在个体水平上取得了显著的进步。这表明，本实验所设计的科技人才核心胜任特征模型是有效的。

本研究使用 SGP 模型对培训的效果进行衡量，具有灵活性。与传统的单维的、静态的达标评估不同，成长评估模型是一种多维的、动态的评估。它可以与计算机人工智能技术相结合，实现对高端人才培训效果的智能化动态追踪。随着核心胜任特征的智能评估研究的不断深入，在未来指导高端人才的选拔、培养和评估上，作为一种科学、成熟的模式，将发挥越来越大的作用。

五、大数据背景下的可视化展示平台

随着大数据决策、人工智能运算在大量研究中取得进展，大数据和人工智能技术本身也会不断发展成熟。本研究立足于核心胜任特征的理论和技术，在混合网络下进行高端人才大数据系统化整合分析。首先，在可视化平台中可以展示职业心理测试数据的获取，并能展示人格特征、职业特征等多层次智能匹配的结果。其次，针对高端人才不同岗位核心胜任特征自动化编码建模，可以通过计算机记录与分析，展示不同阶段的胜任特征模型的建立过程。在培训实施过程中产生的大量动态数据，特别是认知技能培训、安全心智培训、团体沙盘游戏、合作型团队培训和情景模拟评价，都能够在可视化平台中展示其动态过程。最后，平台可以根据有关科研部门领导的需要，调出不同科技岗位的核心胜任特征模型图，也就是通常所说的雷达图，供选人用人和绩效评估使用。

第五节

————

松紧文化、变革型领导与组织创新行为的关系

一、松紧文化的起源研究

美国马里兰大学教授盖尔范特（Michele J. Gelfand）率先发现，以社会规范的强度和对偏差行为的容忍度可以准确地定义松紧文化的概念。紧密文化，有许多强大的社会规范和对偏差行为的低容忍度；宽松文化，有较弱的社会规范和对偏差行为的高容忍度。盖尔范特通过采集 33 个国家的松紧文化的调查数据，系统地揭示了紧密文化和松散文化之间的差异，在《科学》期刊上发表了题为《松紧文化的差异》的论文。她在松紧文化规律的探索上，首次提出了以文化松紧性对现代国家和社会进行文化维度划分的标准（Gelfand，2011）。

紧密文化相比宽松文化，意味着更高的同步性。同步会带来可预测的心理行为效标：凝聚力和合作的增强。以城市街道上的时钟为例，心理学家罗伯特·莱文（Robert Levine）让研究助理测量了横跨 30 多个国家首都的 15 个不同时钟上显示的时间。在紧密文化的国家（奥地利、新加坡和日本），国家和城市中心的时钟高度同步，彼此之间的偏差不到 30 秒。相反，在宽松文化的国家（巴西和希腊），时钟相差了近两分钟。这样，紧密文化使得交通状况更加协调。如果你生活在一个更紧密的文化环境中，你可以更信赖预先设定的公共交通时间表；相反，如果生活在一个宽松的文化环境中，乘坐公共交通工具的人更有可能面临延误。在另一项研究中，心理学家要求几组人在校园里以完全相同的速度或自己的速度走完后执行一项创造性任务。结果表明，与按自己的节

奏行进的团队相比，同步行走的团队创造力更差。这表明，虽然宽松文化比紧密文化更加无序，但一定程度的无序实际上有利于人们跳出原有的思维框架。

二、我国不同地区文化松紧性的描述性调查结果

松紧文化不仅是一种文化维度，也是一种理解社会结构、组织结构的新角度。松紧文化研究涉及判断决策、自我、人格、心理健康、主观幸福感、创新、认知神经和社会和谐等大量领域。因此，我们的调查将从一个全新的角度来探索松紧文化问题。根据盖尔范特对 33 个国家的跨文化研究结果，我国为偏紧密文化的国家。她在我国调查的城市为北京和香港。研究显示，北京的紧密度分数(7.9)高于香港的紧密度分数(6.3)。在此基础上，本研究采用了宏观国家层面的松紧文化量表和微观个体层面的情境行为约束度量问卷，于 2020 年 8 月开始对全国进行了文化松紧性的网络调查。调查共涉及全国 23 个省、5 个自治区、4 个直辖市和香港、澳门两个特别行政区，答卷者均为自愿参加。此次调查共获得有效问卷 4 759 份。由于松紧文化的远端变量是生态和历史的因素，我们按照中国的自然地理分区，将全国分为东北、华东、华北、华中、华南、西南、西北七大地理分区。对我国七大区域的行为自由度进行了方差分析，得到的结果如表 9-9 所示。

表 9-9　我国不同区域社会规范度和行为自由度均值表

区域	样本量(N)	文化松紧性(SD)	社会规范度(SD)	行为自由度(SD)
东北地区	1519	5.44(0.49)	6.12(0.76)	5.10(0.41)
华东地区	920	5.42(0.52)	6.09(0.81)	5.08(0.43)
华南地区	534	5.39(0.52)	6.03(0.80)	5.07(0.47)
西南地区	255	5.36(0.48)	6.03(0.74)	5.03(0.44)
华中地区	227	5.34(0.54)	5.95(0.83)	5.03(0.49)
西北地区	35	5.29(0.43)	5.79(0.74)	5.04(0.47)
华北地区	108	5.21(0.69)	5.81(1.08)	4.91(0.58)
总体	3598	5.41(0.51)	6.07(0.80)	5.07(0.44)

不同区域中文化松紧性的单因素方差分析结果显示，我国不同区域的文化松紧性有显著的不同，具体分析各个区域之间的均值差异具有显著意义。从总体来看，我国文化松紧性均值为5.41。本次调查结果说明，我国为偏紧密文化的国家（这与盖尔范特在2011年的研究结果相一致）。具体来看，东北、华东、华南地区的文化松紧性均值位居全国前列，而华中、西北、华北地区的文化松紧性均值较全国偏低。从宏观层面的调查结果来看，我国不同区域的个体在社会规范度和行为自由度上均偏向于紧密文化。不同区域的民众普遍认为，自己应该遵守并且总是遵守着社会准则；对于偏差行为的容忍度偏低。人们对自己在大多数情况下应该如何行动有着非常明确的期望。

从微观层面的调查结果来看，情境行为约束包含14种情境和12种行为。如表9-10所示，我国民众认为，最不合适的情境行为包括在葬礼上男女调情、在工作场所诅咒或咒骂（使用脏话）、在电梯里吃饭、在教室里大声发出笑声。我国民众普遍认为，相对合适的情境行为包括在公园里看报纸、在餐厅用餐时用耳机听音乐。这些具体的研究结果对于分析我国文化背景下个体和整体的心理行为规律具有重要的价值。

表 9-10 我国民众特定情境及行为约束题目均值表

题目	平均值（M）	标准差（SD）
Q5：在葬礼上男女调情	1.32	0.825
Q3：在工作场所诅咒或咒骂（使用脏话）	1.47	0.913
Q1：在电梯里吃饭	1.68	1.051
Q4：在教室里大声发出笑声	1.79	1.127
Q14：在观看电影时与人讨价还价（交换商品、服务或特权）	1.88	1.168
Q12：在公共汽车上大声说笑	1.93	1.116
Q2：在图书馆交谈（或者进行对话）	1.95	1.173
Q13：在餐厅亲吻（亲嘴）	2.04	1.308
Q10：在卧室里诅咒/咒骂（使用脏话）	2.16	1.479
Q6：在工作面试中相互争论	2.27	1.506

续表

题目	平均值(M)	标准差(SD)
Q11：在城市的人行道上放声歌唱	2.61	1.552
Q8：在医生办公室哭泣（流泪）	3.22	1.642
Q7：在餐厅用餐时用耳机听音乐	4.07	2.018
Q9：在公园里看报纸	5.41	1.500

三、松紧文化、变革型领导与组织创新行为的关系研究

为了探讨松紧文化、变革型领导与组织创新行为的关系，本研究采用随机抽样法。被试主要选取国内 25 个省（自治区、直辖市）的企业员工作为样本，去除答题过快、有明显选择倾向的题目，最终收集到 1 369 份有效数据，有效回收率为 87.9%。本研究采用 SPSS 宏中的 Model 8。在控制了性别、年龄之后，对有调节的中介模型进行检验。表 9-11 结果表明，将宽松文化放入模型后，松紧文化与变革型领导的乘积项对组织创新行为及团队成员关系的预测作用均显著。这说明，松紧文化不仅能够在变革型领导对团队成员关系的直接预测中起调节作用，而且能够调节变革型领导对组织创新行为的预测作用。

表 9-11 变革型领导对组织创新行为的有调节中介效应检验

变量	方程 1（效标：组织创新行为）			方程 2（效标：团队成员关系）			方程 3（效标：组织创新行为）		
	β	SE	t	β	SE	t	β	SE	t
变革型领导	0.28	0.03	10.46***	0.23	0.03	8.03***	0.08	0.02	3.35***
团队成员关系							0.60	0.02	26.19***
宽松文化				0.24	0.03	8.30***	−0.01	0.02	−0.17
变革型领导×宽松文化				0.04	0.02	1.97*	0.03	0.02	2.07*
性别				0.23	0.05	4.66***	0.17	0.04	3.97***

续表

变量	方程1（效标：组织创新行为）			方程2（效标：团队成员关系）			方程3（效标：组织创新行为）		
	β	SE	t	β	SE	t	β	SE	t
年龄				0.08	0.03	3.30^{***}	0.04	0.02	-1.66
R	0.27	0.41	0.64						
R^2	0.07	0.17	0.41						
F	109.40^{***}	55.81^{***}	159.03^{***}						

注：$N=1\ 369$；* 表示 $p<0.05$，** 表示 $p<0.01$，*** 表示 $p<0.001$。

我们进一步采用简单斜率检验（见图 9-23）来分析变革型领导在直接效应路径和间接效应路径上的调节作用，而采用分组回归方式考察变革型领导与组织创新行为的关系。结果表明，松紧文化会加强变革型领导对组织创新行为的正向预测作用。在紧密文化背景下，变革型领导对组织创新行为具有显著的正向预测作用，而宽松文化的预测作用较小。这表明，在我国文化倾向于紧密时，变革型领导对组织创新行为的预测作用会有逐渐升高的趋势。

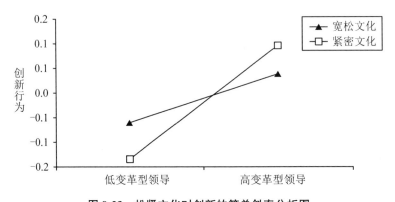

图 9-23　松紧文化对创新的简单斜率分析图

综上，本研究建构了一个以愿景激励为自变量，以创新行为为因变量，以团队成员关系为中介变量，以松紧文化调节直接路径和前半段中介路径的有调节的中介模型，如图 9-24 所示。

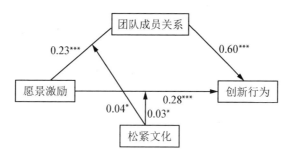

图 9-24　有调节的中介模型及路径系数

四、研究结论与未来展望

第一，盖尔范特提出的文化松紧性及文化维度划分标准，在我国得到了初步验证。在宏观层面上，我国属于文化偏紧密的国家；在微观层面上，我国民众情境行为的约束方面与西方国家存在一定的差异。有关跨文化比较问题还需要进一步探索。

第二，在我国的研究表明，变革型领导对组织创新行为具有显著的正向预测作用，而团队成员关系在变革型领导对组织创新行为的正向预测中起中介作用。

第三，宽松文化和紧密文化在领导行为促进组织创新方面，均发挥了不同的、权变的调节作用。领导方式是否有效，必须考虑到文化因素的影响，当考量文化松紧性时，也必须考虑到领导行为与文化变量的权变关系，才能获得较佳的管理效能。

第四，作为文化偏紧密、社会规范偏强的国家，我国在抗击新冠疫情的过程中迅速反应，严格防控，有效地控制了疫情，为世界做出了表率。而西方政府在疫情应对中放任管理，使得疫情快速传播，给全球带来灾难性损失。松紧文化、变革型领导与组织创新行为是一条关键性路径，在一些情境下需要加强规范文化建设，在另一些情境下则要倡导宽松。在未来的研究中，松紧文化是我们探索的一个关键问题。

第五，当今世界的发展已经充分证明，尽管面临重重困难和问题，但人类在深度交融中形成命运共同体、团结协作共谋美好未来的基本趋势是不会改变的，通过构建人类命运共同体来推动实现世界大同的历史大势同样也是不可逆转的。

（时勘、覃馨慧、杨雪琪、李晓琼、宋旭东、王译锋、李秉哲）

第十章

本项目的讨论、结论与展望

我们继 2013 年 11 月获得了国家社会科学基金重大项目"中华民族伟大复兴的社会心理促进机制研究"之后，于 2019 年又获得了该项目的后期资助重点项目"核心胜任特征成长评估模型研究"的资助。课题组经过八年多的努力，顺利地完成了研究的系列探索。

本书就是对这项研究的总结。在理论研究层面，围绕中华民族伟大复兴的五大影响因素展开研究，对社会变迁与文化认同以及健康型组织的评估，胜任特征及抗逆力模型的建构，科学思想库的建立、高端人才培养及科学普及，"智慧中国"背景下的网络媒体平台建设和社会心理促进模式等理论问题进行了系统的探讨，进而取得了一系列的理论性成果。在应用研究层面，围绕中华民族复兴的社会心理促进机制，即社会心理服务体系建设的路径和方法问题，系统地进行了国内外研究的回顾和分析。在本项目"中华民族伟大复兴的社会心理促进机制研究"的特殊视角下，探讨了社会心理服务体系建设的宏观要求、内涵、结构、内容和功能。在此基础上，介绍了本项目所获得的应用性成果。最后，形成了研究结论，并且提出了对中华民族伟大复兴未来研究的设想。

第一节

——

中华民族伟大复兴影响因素的讨论

本项目围绕着中华民族伟大复兴的中国梦问题提出了五个子课题，在民族复兴的历史渊源及社会心理模型，基于胜任特征模型的能力建设，科学思想库、人才培养及科学普及的心理影响机制，基于网络媒体平台的社会心理行为的集成研究和民族复兴的社会心理促进机制等方面，进行了系列的探索。

一、关于民族复兴的历史渊源及社会心理模型的讨论

(一)中国梦的科学内涵：心理学层面的理解

我们通过梳理中华传统文化的价值观，比较了传统价值观与泛文化普遍价值观的结构与功能的差异，为中国梦提供了心理学角度的解读。可以看到，中国梦有显梦和隐梦之分，任何个体的梦想在意识层次上都来源于心理需求的满足。因此，个体的梦想肯定是不尽相同的，不同群体和不同组织的需求也不完全相同。在经济全球化和多元化的冲击下，正在经历着社会急剧变迁的中国人感受着价值消解、意义感迷失、未来不确定的痛苦。人们期望有确定的未来，期望对现状有所解释。这里，中国梦给出了这个时代最好的答案。这是因为，中国梦继承了中华优秀传统文化，反映了中国的时代精神，不仅是中国人意义感的源泉，而且凝聚了中国人心底的意义共识，指引着人们去追求中华民族伟大复兴的意义。中国梦的意义感源于中华优秀传统文化，源于时代共识和坚定的终极信仰。自主性的提升能够促进个体积极主动地探索外界信息，有助于个体面对未来的挑战。根据自我决定理论，将外部环境内化为内部动机的整个过程受到自尊的驱动。因此，高水平的自尊对个体的健康发展必不可少。政治文化作为政治系统的心理取向，涵盖了政治信念、政治价值和政治态度等一切与政治有关的心理倾向。它既是内化于国民的政治认知、政治情感和政治评价，也是针对包括政治制度在内的政治对象的一种选择取向，不仅为国家和社会的政治稳定提供了一系列的方向性原则，而且为每一个公民提供了参与政治的规范性指导原则。如今，重新体会和理解政策制定者的初心，是保障积极互依的基础。对于目标群体而言，积极适应政策变化所带来的文化冲击，以合理的方

式进行政策评价和反馈，是积极互依的保障。那么，如何更好地实现中国梦呢？

1. 创造性地转化中华优秀传统价值观

研究发现，以注重和谐、大局为重、自我约束为内涵的价值观不能简单地从历史中复制，而要在坚持核心价值观的基础上处理好与其他价值观的关系，赋予它们新的内涵。建议在多元价值共存的背景下，对中华优秀传统价值观进行二次创造，以调和与其他虽相异但重要的价值观之间的关系。

现代社会在诸多方面与传统社会存在差异，但家庭无论在传统社会中，还是在现代社会中，都是文化的重要载体。随着现代化和城镇化的发展，家庭作为中国人精神家园、情感来源的地位越发凸显。其他方面的社会变迁(如工作流动)所导致的传统人际环境的丧失，更增强了以家庭为纽带的社群关系的重要性。通过家庭文化、风气、行为规范来传递适合现代社会的传统价值观，使之内化到每个人的行为中，然后再向社会扩展，就显得尤为必要。

2. 将中华优秀传统价值观教育融入时代精神之中

传统价值观来源于传统文化，但不能简单地从传统文化中复制。在外来文化的冲击下，我们对传统美德重视得还很不够，有时甚至漠视、不恰当地批判其中的某些品德。但是，中华优秀传统价值观永远不会被时代淘汰。当下，我们需要赋予中华优秀传统价值观以新的时代精神。不过，单纯地将古代的故事、人物和思想重新宣传，收效可能不大，应当开发符合新时代精神及接受习惯的读物、影视作品和宣传方案。

3. 树立既传统又时尚的模范榜样

可以考虑发掘和树立集优秀传统价值观和现代价值观于一身的新模范，以职业精神为核心，即以敬业态度和责任感来作为追寻和拥有生命意义的根基。每个人的兢兢业业、每个人的责任感和敬业精神，都可以外化成实实在在地追寻生命意义的过程，而这就是实现中国梦的过程。

4. 建立"幸福市民-幸福社区-幸福城市"社会人文教育体系

多开展以学校、社区、城市为基本单元的爱国主义教育。要实现中华民族伟大复兴，应在全社会开展爱国主义的公民教育，让个人看到自己与国家相联系的意义，让每个人都感受到社会的发展、国家的繁荣对个人生命的意义和价值。将具有心理辅导性质的讲座和活动进行常态化设置，一方面，以"不断建立相对公平"作为当前社会改革政策宣传的重点；另一方面，帮助市民从心理上建立"社会总体上是公平的，努力总可以控制和改善命运"的信念。

5. 探索多元化宣传手段，将中国梦和民众底层心理需求相结合

要让中国梦深入人心，最需做的事情就是将中国梦与每个人的心理需求相结合，鼓励个体积极迎接时代挑战，鼓励自我选择人生道路，鼓励建立良好的人际关系，以及鼓励多种形式的成功。以中国梦为引领，大力加强不同阶层、不同社会群体、不同民族之间的了解，减少偏见，促进社会融合。中国梦是中华民族的共同梦想，在实现这一伟大梦想的过程中，全体中国人只有相互依赖，携起手来共同努力，才能够实现。因此，需要不断加强中国梦的宣传，发挥其团结和引导广大人民群众的重要作用。

(二)中国多民族的共同心理与中国梦

我国是一个有着 56 个民族的统一多民族国家，虽然不同民族的文化不同，但是，经过千百年的接触、交流，各民族之间还是有着较多了解的，民族之间的相互学习也从未中断过。多民族共同心理的最高层次是中华民族共同心理。中华民族共同心理不等同于汉族人心理。虽然汉族人在我国人口中占有绝大多数，但中华民族共同心理不仅为汉族人所拥有，也为少数民族同胞所拥有。以往中华民族共同心理被称为"中华民族精神"或"中华民族共同心理素质"，现在又被称为"中国智慧"。但是，它偏重于单一民族心理研究，忽略了多民族的共同心理研究，有"只见树木，不见森林"之嫌。我们研究的心理学不仅应该重视单一民族心理研究，也应该重视多民族共同心理的研究。华夏文明的雏形本身就不是独立的、自成一体的，而是在民族发展过程中不断地融合各民族的文化，不断地融合外来文化，逐渐添加新的细节与形象，并走出了一条不同于世界其他民族的发展道路。在这一过程中，来自其他民族的文化影响不可忽视，应该

形成多民族和谐共存的社会生态。在世界进入动荡变革的时期，求同存异的思想就越发显得重要。在此背景下，铸牢中华民族共同体意识、构建人类命运共同体就有了时代的迫切性。

文化适应是指不同文化群体在持续的文化接触中导致一方或双方的文化模式发生变化的现象。文化适应的结果包括心理适应与社会文化适应。前者是指个体的心理状态达到了满足，后者是指个体习得了新文化环境所必需的技能。我国是一个多民族、多族群的国家，文化适应具有如下中国特色。

第一，一体多元，和衷共济。虽然我国不同民族、族群的文化不同，但民族团结是主旋律，各民族群众和睦相处、和谐发展，形成"一体多元，和衷共济"的大好局面。

第二，和而不同，相互尊重。国家倡导的文化适应不仅在于习得新文化环境下的各类行为技能，还在于能够很好地传承本民族文化。文化适应的结果是个体成为双文化的个体。

第三，相互适应，和谐发展。我国各民族、族群的文化适应是双向的。少数民族同胞有主动适应汉文化的需求，汉族同胞亦有主动适应少数民族文化的需求。

中国梦的顺利实现有赖于各族人民深化共识、携手并进，铸牢中华民族共同体意识任重而道远。民族问题绕不开，也不可能绕开。社会现实促使我们必须正视复杂的民族环境所带来的各种问题。我国民族问题的核心是发展问题，发展是各民族都高度关注的问题，发展才是硬道理。中国梦的提出为当今中国各民族的需求找到了一个表达窗口。在社会发展过程中，各民族群众均需要通过各种渠道来表达自身的诉求，这就需要寻找社会共同意识的交汇点。可以说，不同民族、社会群体对社会共同价值的认同程度是由阶层利益重叠的多少来决定的。共同价值观如果可以覆盖大多数群体的利益需要，自然就会被社会所认可，反之则不会。要将各民族汇聚成改革社会、建设国家的力量，需要解决如下三个敏感问题。

第一，保障民族区域自治。民族区域自治制度是我国的一项基本政治制度，是中国共产党率领全国各族人民走出的一条中国特色解决民族问题的正确道路。发展至今，我国已经有 5 个自治区、30 个自治州和 120 个自治县（旗），涵盖了众多的少数民族人口。历史的进程证明了民族区域自治制度的存在价值，也展示了在该制度下，民族团结所能达到的高度。事实证明，民族区域自治制度是有效的，是必须坚持和完善的。

第二，关注宗教问题。在少数民族聚居区，宗教思想和民族思想是紧密结合不可分的，应该明确"宗教工作的本质是群众工作"，积极提倡宗教中"为善"的一面，通过改善少数民族的民生经济来促进和睦、平等与团结。我们还要通过全球的交流，提倡不同民族、不同宗教群体之间的互相理解，充分借助"一带一路"合作发展的理念，促进跨地区、跨民族、跨文化的交流，谋求共同发展。

第三，认同统一文化。要让各族人民都能认同统一的中华文化，在各民族之间建立共通的价值体系，实现各民族之间相互认同，互相尊重。为此，既要加强国家通用语言文字的普及，又要做好少数民族语言文字的传承；既要关爱少数民族同胞，又要防止变相的民族歧视。这样，民族团结才会有坚实的心理基础，一味简单地实行加速民族交融的强硬措施必然遭遇反弹，造成不可估量的后果。

(三)从民众心理认知看古今中西之争

中国社会变迁认知的研究，通过对民众认知中投射的较长时间跨度进行纵向的历史视角分析，为古今中西之争的解决提供了思想和情感沉淀的空间。这一研究不仅展示出传统与现代的冲突随着时间得以逐渐缓解，而且为看待社会变迁中出现的问题提供了积极的视角和正能量。近代以来，我国悠久的历史和曾经灿烂辉煌的文化遭到西方文化的冲击，这令一些中国人不得不对中国文化持批判和否定的态度。我们的调查结果表明，这种批判和否定越激烈、越彻底，就越不可避免地引起更多的中国人对中国文化的维护和肯定。这种对待中国文化的爱恨交织的态度，反映了中国人在面对中国文化认同危机时的复杂应对方式，其动力特征很难通过单一维度的"积极-消极"态度去衡量。文化认同的多成分观点、对弱势群体社会认同的动态分析，以及作为内隐理论的文化本质论，为分析中国文化认同的这种矛盾性质提供了有益的理论参考。所以，从民国初期古今中西之争的文化论战中梳理出来的有关社会与文化变迁的几种态度，不仅可以通过其投射于当前普通民众心理而揭示出社会变迁认知和中国文化本质论两种内隐理论的内涵，而且可以为新时代进一步提升中国文化认同提供有益的启发。

我们认为，中华民族伟大复兴的社会心理促进机制建设可从以下几方面着手。

第一，唤醒民众对传统文化的亲切感和认同感。在经济全球化的大背景下，中国的社会与文化变迁不乏西方元素，一些人会盲目地学习西方的东西。这使得一些人存在精神与价值的缺失。我们认为，传统文化在民众心理的根基较深，不会随着社会变迁而被完全取代。

第二，坚定民众拥护中国道路的信念与决心。中国近代以来复兴之路的实践已经对传统文化做出了解构与建构，并使之成为当前中国文化的一部分。因此，亟须在保持中国文化认同连续性的基础上，总结提升中国经验，坚定民众拥护中国道路的信念与决心。中国经验与中国道路背后的精神内涵必将注入这一连续性的中国文化认同中，成为新的传统。

第三，理顺民众看待社会变迁的观念与态度。民众在看待自己所处的社会时，常常会采取与西方发达社会横向比较的视角，而忽视了自己社会变迁的历史。为此，我们要重视培养民众的历史意识。一方面，应该看到中国在近代以来遭受西方列强入侵积贫积弱的事实；另一方面，更应看到中国在这种薄弱的基础上取得的发展和提高。

第四，增强民众对当前生活的幸福感和自豪感。通过对民众的社会变迁心理的分析，可以看出，民众对未来社会的认知呈现出传统与现代趋于融合的特征。在持续发展的眼光下，应该使民众树立对未来社会的积极信念，对过去感恩、对现在满意、对未来充满希望，这就是真实的幸福感。

第五，以文化认同来稳固和加强国家认同。在经济全球化的时代，相对于国家和国籍标签，文化标签更有利于个体产生较深度的国家认同，而不囿于自身的身份。这种认识也有利于包容性的多重认同的产生。培育和加强民众的文化认同，可以更好地稳固和加强国家认同，为实现中华民族伟大复兴作出新的贡献。

(四)健康型组织的概念、结构及评价模型

1. 概念与结构的探索

杨宜勇、谭永生(2012)从经济和社会发展的视角，提出了一个中华民族复兴进程监测评价指标体系。该体系包含经济发展、社会发展、国民素质、科技创新、资源环境和国际影响六大评价方面。在每一方面，他们都设置了次一级的指标，并运用该体系对不同年份的国家总体发展情况进行测算，得到相应的指数，以此作为民族复兴进程的监测指标。这套体系和测评方法具有综合、直观、可量化的优点。然而，这套评价体系更多地从经济和社会发展的宏观角度对民族复兴进行分析，没有说明如何从社会心理角度出发来看待此问题，更没有从社会心理促进的角度来探索如何推进中华民族伟大复兴，以及如何使广大民众关注、接纳并参与到中华民族伟大复兴的进程中。

沙莲香(2012)运用社会人类学的方法，分别立足于三个阶段去描绘我国民众的心理变迁历程，试图找到民族复兴在中国人自身人格特质中所蕴含的力量和发展方向。杨国枢等倡导的华人心理学研究，更是从实证心理学的角度，系统地探讨了中国人的传统心理及其面临社会变迁的适应机制。杨宜音(2006)、王俊秀(2007)、马广海(2008)等利用社会心态的概念来界定社会心态的心理结构，并对与社会心态相关的概念进行了细致的梳理和辨析。进而，王俊秀、杨宜音主编的《中国社会心态研究报告(2012～2013)》较为系统地对社会心态的理论和一些专题领域进行了探讨，及时发布了相关调查报告，在国内外都产生了一定的影响。但上述研究出现的问题是，冠以"社会心态"的研究数量不少，但大多各说各话，难以相互形成补充和对话。相形之下，具有理论意义和操作意义的成果更是鲜见。

近年来，组织行为学研究领域出现了组织健康的新概念。依据该概念，一个组织、社区和社会，如同人体一样，也有健康好坏之分。健康的组织能正常地运作，注重内部发展能力的提升，可以有效、充分地应对环境变化，并且合理地变革与和谐发展。此外，组织行为学界针对企业、社区甚至社会，还提出了一系列有关组织健康的标准，如关注目标、权利平等、资源利用、独立性、创新能力、适应力、解决问题、士气、凝聚力、充分交流10项指标。这些指标不仅适用于企业，也适用于社区，甚至适用于更大的社会范畴。

综上所述，在宏观社会层面上探究社会心理促进的研究还比较少，已有的研究大多在概念上比较狭窄，或者是间接概念，不能涵盖并清楚揭示复杂的社会互动的诸层面，尤其对于探索中华民族伟大复兴的社会心理促进机制而言，可供借鉴的研究成果不多。在组织健康的结构探讨上，能总结以往研究的成果，并且以理论模型的形式进行呈现的，要数加拿大的组织健康的卓越框架和HERO模型。卓越框架从三个维度出发，形成了一条健康型组织建设的链条。HERO模型是有关组织健康的较为全面的结构模型，它整合了理论和实证研究，包括关于工作压力、组织行为和积极职业健康的一系列心理学研究成果。总之，HERO模型相较于以往更为进步的一点是，健康型组织的调查不仅包括了员工的健康和他们的工作环境，还包括了工作以外那些影响员工健康和发展的问题。

根据世界卫生组织的定义，健康是身体、心理、精神和社会幸福感的一种完满状态，不仅仅是没有疾病。健康的人能应对各种挑战，倾向于生活在幸福中。正如健康的人具有活力、稳健性和韧性一样，健康型组织也应该有类似的特征。因此，健康型组织应该是一个包括身、心、灵三大维度的系统概念。在前已述及的中华民族复兴进程监测评价指标体系的探索中，涉及国民素质、社会心态的概念均过于宽泛，因此，在已有组织健康研究成果的基础上，可以把组织健康作为社会心态的切入点。时勘等人倡导"身心健康、胜任发展、变革创新"的健康型组织，以推动组织不断适应环境变化，达到创新发展之目的。经过十余年的系统探索，健康型组织建设的评价结构已经定位于身心健康、胜任发展、变革创新三大维度。健康型组织是指一个组织能正常运作、注重内部发展能力的提升，并且有效、充分地应对环境变化以及开展合理变革。在这一评价结构中，不能孤立地谈身心健康这一维度，其他两个维度是实现身心健康的重要保证。具体而言，胜任发展是实现企业发展和保证员工福利待遇的基础，而变革创新则是通过组织文化建设，不断地追求创新、体现社会责任，来保证组织不断创新和长远发展。

2. 评估工具及方法

过去对健康型组织的评价方法，不论是对传统理论工具的综述性评价，还是结合多种理论假设建构回归模型、结构模型等开展定量测度，都仅对组织效能总体概况给出测评分值，对于复杂组织系统内部协同效果和发展趋势等的综合评测仍是空白。健康型组织结构可理解为复杂组织系统内部的子系统之一，伴有对外开放、结构非线性、远离平衡态等复杂系统特质，遵循系统熵增和耗散带来的熵减规律。管理熵理论指出，企业组织本身就是一个相对封闭的系统空间，在其政策制度、资金流转、人才流动等复杂流程的运作机制中，各结构层、部门和人员之间存在着密切的联系和相互影响；同时，企业存在于社区乃至社会这一更为复杂的巨系统之中，其运行过程还会受到来自外部其他系统组成部分（即其他组织），以及政府政策、市场经济、社群文化等因素的影响。此间，企业组织管理处于不确定性中，管理耗散结构解释了现实中组织非但没有衰亡，反而不断壮大的原因。复杂企业组织在社会巨系统中处于一种非平衡态，组织内外部持续进行着物质、能量和信息的交换，并通过内部机制消化而形成负熵，所带来的有序度增量水平高于无序度增量水平，在此过程中新的能量产生，再生出全新的有序结构。我们提出的管理熵理论工具能够在一定程度上弥补传统能效评估方法计量流程繁杂、离不开数值数据、名义和度量指标难以协同等短板，经验证能够作为组织中管理效能评估的科学工具。

3. 健康型组织评价系统的形成

我们将健康型组织的概念、结构及评价模型作为社会心理服务体系建设效能评价的核心内容。该项研究涉及跨学科、多地区，理论探索和实践并行，故整合难度较大，但已经取得明显的进展。

第一，"身、心、灵"的健康型组织建设的评估模式。我们在健康型组织研究和实践的长期积累的基础上，提出了一个包含"身、心、灵"的健康型组织建设的评估模式，其内涵可以概括为三大范畴——身心健康、胜任发展和变革创新。健康型组织的评价模型共包括九个要素，分别是：组织文化、社会责任、劳动关系、心理感受、压力应对、心理疏导、行为健康、组织绩效和组织学习。目前，经过多项实证研究，从系统评价的角度，发展出一套完善的调查和评价反馈系统，来满足健康型组织建设的需要。

第二，健康型组织的概念和结构的探索。概念包括的内容逐渐精确并理解无误，测量方式也具有可操作性，反馈模式也在不断完善。如果通过系统的理论模型来规范，还可以形成更为精确的测量模型。

第三，健康型组织建设的跨文化比较研究。从文献分析结果可以发现，西方发达国家的研究者一直秉承的是组织健康的视角，虽然他们的假设模型中也涉及组织外的健康问题，但对这些因素的外部环境影响机制的探索还有待深入。不同国家的法律制度、劳动政策，特别是存在于民众心目中的社会心理变迁因素，都是我们不得不关注的差异问题。所以，更应该继续深入探索适合我国国情的健康型组织结构。

第四，特别需要解决共同方法偏差问题。为了更有效地获得研究支持，需要解决共同方法偏差问题。在前一个阶段，我们采取了上-下级配对取样方法，通过对问卷的反复修订，来保证数据获取的真实性。在横断研究当中，要保证数据获得的多元性，还应避免测量中的称许性问题。

第五，在大数据和人工智能方面的探索。最近的研究在采用大数据和人工智能方面，也开始做类似的探索。我们遇到的挑战性问题是：一方面，参与网络调查的人员未必能够完全代表所在组织的全体员工，这可能会削弱调查数据的外部效度；另一方面，由于是在虚拟环境中对调查问卷进行回答，如何保证获取数据的真实性，也是值得进一步探索的问题。

二、关于基于胜任特征模型的能力建设的讨论

中国梦的实现需要直接解决的问题，就是要形成一个有实现能力的、强大的人才队伍。关于能力的建设问题，哈佛大学心理学教授麦克利兰早就提出"应为胜任而非智力进行测验"。胜任特征理论在 20 世纪 70 年代就受到了广泛关注，并取得了快速发展。这是因为，与传统的智力和成就测验相比，胜任特征能够更好地区分优秀与一般的绩效，预测工作能否成功。胜任特征模型是特定岗位或工作为取得高绩效所需的各项胜任特征的总和。作为对传统工作分析的一种替代，胜任特征模型在人力资源管理实践中的各个环节都有着广泛的应用，如招聘、培训、绩效评估和职业发展等。

近年来，由于信息化、经济全球化和社会经济转型的特殊要求，胜任特征模型建构方法受到了来自理论和实践两方面的挑战。主要争议集中于：面对快速变化的世界，胜任特征模型建构方法是否还有存在的必要？传统的行为事件访谈法是否有被 O*NET 取代的可能？采用基于行为锚定的问卷调查方法能否较充分地挖掘深层次的专家经验？随着大数据挖掘技术的应用，传统的胜任特征模型建构方法是否有被淘汰的可能？如果该模型还要继续焕发生命力，需要在哪些方面予以改进？大家都在思索应该如何解决胜任特征模型建构方法在进一步发展中所面临的诸多问题。

(一)铁路行业站段团委书记的胜任特征模型建构与验证

铁路行业站段团委书记的胜任特征模型建构与验证的研究发现，在胜任特

征模型的建构中，可以首先引入外部分析（即 PEST 分析模型和五力分析模型）和内部分析（企业资源分析和企业能力分析）技术，最后由 SWOT 分析予以整合。这种战略分析使得胜任特征模型结构居于企业的战略决策地位。胜任特征模型的获得可以基于公共安全三角形理论模型——通过风险性识别、脆弱性分析和抗逆力评估，使得流程分析所揭示的特性更加精准地反映出胜任特征模型的要求。

在工作分析过程中，除了基于 O* NET 分析获得基本的胜任要求之外，本项目还引入大五人格因素来探讨哪些因素会影响工作分析评价的结果。研究结果发现，开放性、尽责性因素导致了被试在评价岗位职能因素时，有可能拔高或者评低岗位胜任特征模型要求。因此，应该特别关注评价中的这种偏误。本项目采用的工作适应性分析方法揭示了人职匹配因素、组织社会化因素对胜任特征模型建立的特殊作用。最后，在胜任特征模型的评估方法中引入健康型组织评估，使得胜任特征评估提升到一个新的水平。它告诉我们，如果组织不健康或者处于亚健康水平，再好的个人胜任特征水平也是很难发挥出正常水平的。有关内容介绍除本书外，详见专著《人力资源管理——心理学的理论基础与方法》（时勘、时雨，2017）。

在工作分析的前导分析和团体焦点访谈的汇总分析的前提下，行为事件访谈（BEI）所揭示的站段团委书记胜任特征模型更能体现铁路行业对青年干部的要求，证明传统的 BEI 技术对胜任特征模型建构而言依然有效。采用专家心理辅导培训和内部讲师培训方法，虽然验证效果各有侧重，但都证实了所建立的站段团委书记胜任特征模型的有效性。还需要指出，所建立的站段团委书记胜任特征模型，还有待于在今后的实践中扩展其外部效度，不断加以完善；胜任特征模型建构方法还有待于在大数据的新背景下，在方法学方面探究新的路径和方法，从而更加完善。

（二）多重匹配性对新入职员工职业适应性的影响

组织行为学研究发现，员工的工作态度和行为不仅受到所掌握的与工作相关的知识、技能以及人格特质的影响，还会受到其所处的环境特点的影响。个体特质与环境的交互是影响个体行为的决定性因素，人的态度和行为是自身与环境相互作用的结果。职业适应性指个体能顺应职业环境的变化，解决自身职业发展中面对的问题所必须具备的一系列能力，是衡量一个人职业发展最重要的指标之一，是个体家庭生活与社会生活幸福的基础，也会影响到企业的经营绩效与发展前景。因此，探索员工的职业适应性，尤其是探索新入职员工的职业适应性，对于正确合理地了解员工现状，发现员工职业发展中存在的问题，有着非常重要的作用。具体而言，考察职业适应性的影响因素，尤其是人与环境的匹配性因素显得尤为重要。

本研究将 P-O 匹配等交互项引入回归方程来建立职业适应性模型，考察各模型的方程分析结果 F 值以及各交互项的回归系数。本研究探索了 P-O 匹配、P-J 匹配、P-G 匹配和 P-S 匹配对新入职员工职业适应性的影响，这对以往匹配性的研究有一定的创新与拓展，具有重要的理论价值。结果发现，首先，P-G 匹配、P-S 匹配对新入职员工职业适应性具有预测效应，P-G 匹配不仅可以直接影响新入职员工的职业适应性，还可以通过 P-S 匹配对新入职员工的职业适应性产生间接的影响。其次，探索匹配因素对新入职员工职业适应性的影响不仅扩充了匹配性因素影响的结果变量，而且阐释了多重匹配性因素对员工职业适应和职业生涯发展具有良好的预测作用。再次，P-O 匹配、P-J 匹配在 P-S 匹配对新员工职业适应性的影响中起到调节作用。这解释了多重匹配因素对新入职员工职业适应性影响的独特作用机制。本研究同时探索四种匹配性因素对新员工职业适应性的具体作用机制，这对匹配性的整合研究来说是一种推进。

(三)抗逆力模型的作用机制研究

本项目主要探索在突发危机事件情境下，危机救援人员抗逆力的内在作用机制。首先，探索了危机救援人员的抗逆力与应对方式、心理健康的关系；其次，探索了危机救援人员的抗逆力对风险认知及危机决策的影响；最后，揭示了突发危机情境下团队层面的抗逆力对个体抗逆力的影响。在突发危机事件中，无论是对个体还是对团队而言，其抗逆力水平都主要表现为对情境的适应，最终目标都是恢复功能和重塑平衡，所以，恢复到危机事件前社会功能的速度越快，其抗逆力就越强。本研究的目的就是考察个体抗逆力对危机管理中的风险认知、危机决策，以及应对行为和心理健康的作用机制，同时也探究团队抗逆力对个体抗逆力及其心理健康的影响。本项目针对公共危机事件突发的应急情境，以危机救援人员及救援团队为研究对象，采用多种统计分析技术，探索了危机救援人员及救援团队的抗逆力模型的作用机制，开发了抗逆力的测量工具，并通过现场研究和对比实验，验证了基于抗逆力模型设计的安全心智培训法对提升危机救援人员抗逆力的有效性，实现了与国家应急救援平台与应急预案要求的成果优化集成。

详细的内容介绍还可以参见专著《救援人员应对非常规突发事件的抗逆力模型》(时勘，2017)。首先，我们探索了个体抗逆力与应对方式、心理健康之间的关系。研究结果表明，个体抗逆力、应对方式对心理健康都有正向显著影响，应对方式在个体抗逆力与心理健康之间起着中介作用。具体而言，越是坚强的危机救援人员，越会更多地采用问题解决和求助的积极方式；越是柔性适应强的人员，越少采用消极应对方式，因而感知到的心理压力就越小。反之，越是采用消极应对方式，越容易导致其社会功能失调。其次，探索了个体抗逆力与风险认知、危机决策之间的关系。研究结果表明，个体抗逆力、风险认知对危机决策都有正向显著影响，越是自我效能感强的危机救援人员，其对风险的感知越低，危机决策水平越高。最后，揭示了团队抗逆力、个体抗逆力以及心理健康三者之间的关系。研究结果表明，团队抗逆力水平高的单位，其个体抗逆力水平和心理健康水平也高，且个体抗逆力在团队抗逆力与个体健康之间起着中介作用。

三、关于科学思想库、人才培养及科学普及的心理影响机制的讨论

实现中国梦的基础是实现"科技强国梦"和"教育兴国梦"。这里，实现科技

强国和教育兴国的社会心理促进机制显得尤为重要。

(一)科学思想库和人才培养的研究

为高端人才和科学思想搭建平台，建立宽松、合理的吸收机制，广纳先进思想，从而充分发挥科学思想库在国家重大科技决策中的作用，是保障国家战略性新兴产业、重大社会经济决策立足于理性科学的基础。中央领导同志在中国科学院成立 60 周年大会上的讲话，是引发我们思考的重要来源。据此，我们提出了四个方面的核心问题。这些问题包括如何更加自由地讨论、更加专心地钻研、更加自主地探索和更加自觉地合作。为此，在中国科学院院士工作局主导下，本课题组专门开展了"中国科技体制和政策"的专题研究来重点讨论我国科技人才培养、科技法律、科技规划、科技专项管理和基础研究等方面的问题，形成科研队伍、科研评价标准与机制方面相应的政策性建议。围绕"我国应该发展哪些战略性新兴产业及如何发展"这一核心问题，由中国科学院院士工作局组织、本课题组负责执行、以中国科学院院士群体为调查对象的调研，关注的具体问题是：我国应该发展哪些战略性新兴产业？为什么要发展这些产业？如何发展这些产业？课题组广泛征询了院士们的意见与建议。调研结果表明，我国近期应该发展的战略性新兴产业有新能源产业、信息产业、生物产业和新材料产业。这些建议对我国未来的科技创新已经产生了重要的影响。我们的研究结果表明，在培养和造就一大批挑战科学技术前沿难题、博取世界级科技奖项的高端人才的过程中，要探索我国不同类型的高端人才（含特殊技能人才）成长的社会心理影响因素，揭示情绪智力与科研人员创新、变革型领导与组织创新行为的影响机制，可以为综合决策提供新的依据。

(二)创新工作对科研人员的要求

工作要求规定了某一职位的任职者所要从事的工作内容和承担的工作职责，是组织对任职者的行为表现进行绩效考核的标准。课题组的第一项研究探讨了创新工作要求与科研人员创新的关系。个体在决定是否进行创新之前，必然会对周围的工作环境进行评估。他们需要通过多种线索来判断自己的创新行动是否值得，是否会给所在的组织带来价值。当科研人员感知到绩效提升必要性高时，创新工作要求与自我创新期待之间的正向关系就强。我们将渐进性创新和根本性创新的二维度划分法引入研究框架，探索了创新工作要求是否会同时促进渐进性创新和根本性创新，取得了预期的成果。第二项研究以人-环境匹配理论为分析框架，识别出自我创新期待是创新工作要求影响渐进性创新和根本性创新的一个关键自我认知机制。当来自工作的创新要求激活了个体内在的成长和胜任需要后，科研人员会注入心理资源来承担创新任务，从而将来自工作的外部要求内化为自我对创新的期待。研究结果还表明，当科研人员对现状十分满意时，他们对自我的创新期许仍维持在较高的水平。本研究的另一个理论贡献在于，细化了科研人员创新的概念，同时把渐进性创新和根本性创新作为结果变量用于分析创新工作要求的积极作用，得到的研究结果更有说服力。第三项研究探索了组织冲突对科研人员行为的影响机制。结果表明，任务冲突会对工作投入产生积极的影响，而关系冲突和身份冲突则会对工作投入产生消极的影响。本研究将情绪智力作为组织冲突和工作投入之间的调节变量进行探索。研究发现，反生产行为的形式多种多样，特定的反生产行为可能更加隐蔽、危害更大。反生产行为产生的原因各不相同。研究发现，工作投入的降低会导致更多的反生产行为，组织冲突、创新行为、工作投入、反生产行为等确实是科研所管理工作应关注的重点。任务冲突和中介变量工作投入之间存在着明显的正向相关关系，而关系冲突、身份冲突和中介变量工作投入之间存在着负向相关关系。在任务冲突、关系冲突、身份冲突的条件下，调节变量情绪智力对工作投入都有明显的正向调节作用，中介变量工作投入对结果变量科研人员创新行为存在着不完全中介作用。本研究的创新之处在于考察情绪智力在组织冲突和工作投入之间的调节作用，获得了新的发现。第四项研究提出将创新细分为渐进性创新和根本性创新。在已有研究的基础上，我们将领导创新期待对推动根本性创新的关键作用作为探索的重点，结合创新的皮格马利翁效应和创新过程模型，去寻找领导创新期待通过影响科研人员的创新过程投入，进而促进根本性创新的证据。本研究的跨层分析结果强调了关注科研人员创新工作环境的思想，从人在情境中的角度检验了团队氛围如何影响个体创新构想的过程，验证了团队氛围感知对个体创新行为的跨层影响。

(三)科学普及成效的相关研究

我们也对科学普及的效能展开了研究。随着科技的发展和进步，公众对科学的热情逐渐升高，科学普及的信息化能够及时迅速地展现科学发展动态以及科学发展给人类社会带来的影响，极大地满足公众对科学知识的渴求。运用这些信息化渠道进行科学普及宣传工作的人群，有些并非相关领域专家(如微信公众号开发者)。因此，信息是否可靠、准确，需要进一步甄别。科学普及的效果受到多种因素的影响，有从事科普工作人员的因素，有经济和社会文化因素。有研究者考察了个人因素对科普效果的影响发现，对心身疾病的科普教育，的确会提高公众对这一科普内容的认知，从而使其应对心身疾病的方式变得更加积极。然而，由于有些科普工作并非由专业人士担任，这在一定程度上影响了科普效果。此外，公众的态度、情感，科普教育的手段和方法等也会影响到科学普及的效果。有研究发现，科学普及有时候也会带来一些消极作用。在科学普及过程中，为了提高公众对知识的可获得性，往往会简化一些科学知识。这种做法的后果是，公众在接受科普知识后，会增加他们仅凭自己的认知能力对科学做出主观判断的危险。

科学普及是一项复杂且非常重要的工作，它涉及一个国家公民素质的整体提升。什么样的人能从事这项工作，怎么评估这些人所做的工作，即对工作者的评估，也是应关注的问题。通常情况下，评估有科普才能的人具有什么样的胜任特征是比较困难的事情。有研究者根据国内外的研究结果以及专业化的访谈，确立了我国科普人才的胜任特征模型测查量表。科学普及工作是一项面对大众的系统工程。一方面，要充分利用传统媒介，提升公众尤其是青少年的科学素养；另一方面，也要依据科普工作的社会心理促进机制，总结在个体发展的生态系统中创建心智模式的科学普及方法，构建科学教育的网络平台系统。

青少年是国家的未来，属于科学普及教育的重点对象。家长们对青少年使用电子产品（尤其是移动电子设备）规定了严格的时间，甚至不允许自己的孩子使用，这在一定程度上限制了采用互联网和移动多媒体进行科普教育的效果。实际上，电视媒介一直以来也是科学知识的传播载体，承担着向社会大众普及科学知识、弘扬科学精神和传播科学理念等重任。传统的电视媒体在科学普及教育中依然有自己独特的地位。充分发挥电视媒体的优势和引导作用，开发出更多更优秀的科普节目，让青少年能够通过这种媒介作用了解科学知识，提升科学素养。在制作科普类节目时，要考虑性别差异，不仅要足够吸引男生，也要考虑女生的科学兴趣和科学好奇心。在科普节目的制作上，要使情节和画面适应青少年的身心发展特点。利用大众科学普及和青少年教育研究的成果，建构"科学的心智模式"，指导青少年脚踏实地地掌握科学知识，培养科学思维。根据科学教育的学科内容（生命科学、物质科学以及地球和空间科学）与青少年年龄特点，结合校外教育特色，根据社交网络媒体内容聚合和多层次呈现的特点，采用多媒体技术开发多个主题活动系统（如人与自然、科学与技术等），并在实验场所进行示范展示，进而考察该示范性平台对青少年科学素养的促进作用。为此，应该做到如下几个方面。首先，让青少年参与科学创造的决策过程、亲身实践科学研究的模拟活动，模拟思想库的建立过程，观摩科学家解决问题的过程和方法，使青少年勇于创新、敢攀高峰，在思想上增强民族意识，塑造科学热情。其次，组织青少年观看科学实验，进实验室体验、模拟大学生项目的答辩过程，借助高端人才培养模式的成果等方式，进一步激发青少年从事科学研究的动机、热情和创造力。再次，通过对院士、科学家的高端访问、模拟仿真，来感悟科学家对实际问题的决策过程，培养青少年形成科学态度、践行科学精神。利用大众科学普及和青少年教育研究的成果，构建科学思维的心智模式示范性平台，指导青少年脚踏实地地践行科学内涵，增强民族创新意识。最后，针对以上科学普及的实践模式的效果，还可以建立有效性检验机制和建构模型，要积极探索作为其后备人才培养的高等学校、中等专业学校、普通教育和学前教育实现中国梦的人才培养机制，构建我国民众科学普及的有效促进模式。这里，科学普及教育不仅要向大众传播科学知识，而且要提高国民对科学技术的关注，形成科技强国、科技兴国的意识，进而促进中华民族伟大复兴。相关内容除本书之外，还可以参见专著《科技创新的影响因素研究》（时勘、曲如杰，2018）。

四、关于网络媒体平台社会心理行为集成研究的讨论

(一)网络媒体大数据的高效获取与集成

在网络媒体大数据的高效获取与集成过程中，我们设计了爬取系统，并采用了主从分布式结构，通过获取远程字典服务数据库数据对爬取系统进行监测，通过调节该数据库抓取队列对爬取系统进行调节。从链接排序去重效果、分布式爬取系统运行状态、页面类型划分方法、重新抓取间隔更新结果几个方面，测试了系统主要模块的运行效果。测试结果表明，该系统达到了最初设计的要求。据此，我们提出了一种采用条件随机场生成关系图的方法。条件随机场中的图是一个概率无向图，需要对点进行标注，把原始的以微博用户作为节点的用户图，转换为以用户关系为节点的关系图。基于马尔科夫假设，我们对图进行了转换，提出了如何生成模型中势函数的方法。为了验证算法的效果，我们利用真实数据集进行了实验。首先，爬取了微博中的真实数据，并进行了关系的标注。接着，通过对训练数据的学习获得了各项势函数的权重。然后，利用条件随机场的解码算法进行了关系的分类，并与传统的分类方法进行了比较。结果证明，我们的算法效果显著。

(二)基于位置的服务的研究

随着智能手机和全球定位系统等无线设备的普及，以及移动定位技术的发展，基于位置的服务(LBS)已经越来越贴近我们的生活。若想获得相应服务，用户必须发送一个包含自己位置信息的查询给服务提供商，有些服务甚至要求用户持续发送自己的位置。基于位置的服务都假定用户同意暴露他们的位置，

并且了解可能带来的安全隐患。本研究的方法并不将整个空间划分为网格的形式，而是给出用户密度的定义，并根据用户密度生成匿名区域。我们详细地探索了对用户进行匿名处理的流程，并给出了一个更高效的贪心算法，然后使用广泛采用的生成器在地图上生成移动的用户，变换空间中的用户密度和用户定义的隐私要求，通过实验证明了本研究提出的方法的有效性以及算法的实时性。

(三)基于词向量的互联网新闻事件追踪和相关性推断

互联网的发展使人们所能接收到的包含新闻、微博等在内的信息量骤增，可以基于原有的统计，加入新数据中的词汇及其词频，然后，再重新创建哈夫曼树，使用哈夫曼树对新到来的新闻训练文本进行词向量的训练。我们针对互联网环境下的新闻事件侦测、话题追踪以及新闻领域的相关性推断进行了研究，针对遇到的问题，提出了相应的解决方案，并最终通过构建原型系统验证了所提方法的效果。本研究基于提出的问题形成了算法系统，其中部分模块已经稳定运行一年，并结合网络展示模块，很好地证实了所提出算法的合理性及有效性。上述问题的相关内容还可以参见专著《混合网络下社会集群行为研究》（时勘、何军，2018）。

(四)互联网背景下人的社交媒介使用行为的探索

随着网络技术的不断发展，互联网已经成为很多人生活中必不可少的一部分，深刻地改变了人类的体验。这反映在基于社交媒介的人际关系上。社交媒介最大的特点是社交互动，这也是它最基本的功能，而电视和电台则通常不被认为是主要的社交媒介。从移动社交媒介使用行为的总体特点来看，青少年在移动社交媒介上的主要行为是交流互动和展示自己，而为了获取信息或娱乐消遣的行为则较低，我们的一项关于青少年移动社交媒介的使用行为的研究结果表明，这些行为特征包含了三类：人际交流与展示、信息获取与分享、乐趣获得与休闲。本研究编制的青少年移动社交媒介使用行为问卷具有良好的信效度，可以作为青少年移动社交媒介使用行为后续研究的测量工具。研究结果表明，女生在人际交流与展示行为上得分更高，而男生在乐趣获得与休闲行为上得分更高。

（五）互联网背景下的幸福感的研究

有关互联网背景下幸福感的增益与消减的研究也取得了一些成果。幸福是一个古老而又永恒的话题，但是，互联网与幸福感之间的关系错综复杂，还需要从不同的角度来进行深入的研究。我们不能简单地说互联网的出现让我们更幸福或是不幸福，需要针对不同的人、不同的情况，考察不同的变量才能做出判断。我们生活在一个庞大的生态系统当中，互联网让各个子系统之间的联系更加紧密。在互联网背景下，影响幸福感的因素越来越多，而且各因素之间互相联系，这就更需要大量的实证研究来探讨不同系统对幸福感的影响。

以上五个方面应该是基于网络媒体平台的社会心理行为研究的热点，我们通过探索获得了一些宝贵的结果。但是，网络媒体平台的心理行为问题并非仅限于这些问题，通过不断深入探索，定能获得新的成果。

五、关于社会心理服务在危机管理中特殊要求的讨论

2019 年年末，世界突发新冠疫情，以习近平同志为核心的党中央团结全国人民，果断地将 99％的传播源控制在国内，为全球应对新冠疫情树立了榜样。社会心理服务体系建设如何应对这种非常规突发事件的挑战，这也是我们过去未曾面临的问题。我们认为，应该把这一新的研究内容添加到"中华民族伟大复兴的社会心理促进机制研究"之中。那么，在抗击新冠疫情这一突发事件中，我国社会究竟遇到了哪些特殊挑战？社会心理服务体系面临着哪些新的、特殊的要求呢？有哪些应对政策和方法被实践证明是正确的？还存在哪些尚未解决的问题和经验教训呢？

（一）应对非常规突发事件的正面经验

2020 年新冠疫情全球大流行是继 2003 年非典疫情之后又一次全球范围内的重大突发公共卫生事件。我国政府各级领导人在抗疫过程中所展示的大国之治，与西方发达国家某些领导人置民众安危于不顾的行径截然不同。当前，以

非常规突发事件为背景的社会心理服务体系建设，是在以习近平同志为核心的党中央领导下的我国社会治理的创新举措，创造了如下正面经验。

1. 大型城市的一级响应

2020 年春节，武汉这一特大城市短期内果断采取封城措施，及时控制传染源，随后全国多地启动重大突发公共卫生事件一级响应。武汉地区创建了方舱医院，医生与患者守望相助，为我国新冠疫情防控的应急机制树立了榜样，为后期重大公共卫生事件的应对提供了新的管理模式。

2. 城乡社区的封闭管理

城乡社区重塑了各级政府与基层社会的关系格局，促进了从二元对立向二重共生的关系转变。针对疫情防控，我们提出了社区运行机制的建议和指导，形成了一套新型的预防疫情的管理措施。

3. "互联网＋新型教育"

疫情防控期间各高校开展在线教学，各地中小学校复课后，采取一系列措施减少人员的流动与接触，对于控制疫情起到了重要作用。

4. 战"疫"中的有效救治

在我国卫健委统一指导下，各地筑牢了不明原因肺炎监测、发热门诊预检的两道防护网，加强医疗救治费用保障，以确保患者得到及时救治，防止医务人员在救治过程受到感染。

5. 深入一线的健心服务

持续开展针对医务工作者、社会工作者和社区管理者等的心理危机干预和情绪疏导等专业培训，组织相关人员开展电话热线服务个体活动，深入社区、医院等一线阵地服务重点人群和特殊人群，努力做到全方位、广覆盖，缓解了民众焦虑、恐慌情绪，满足了民众心理健康诉求。

(二)关于危机管理中社会心理服务体系的特殊要求

作为承担"中华民族伟大复兴的社会心理促进机制研究"的重大项目课题组，我们通过全国的四轮调研，针对民众的风险认知、"台风眼效应"、组织污名化、创伤后的心理康复和青少年抗逆成长，总结出在非常规突发事件背景下需要应对的五方面特殊要求。

1. 应对新冠疫情中民众的风险认知的特殊要求

在针对恐慌因素方面，要正确地对患病信息进行客观报道，帮助民众高度重视疫情，但不要盲目地恐慌，而要更多地宣传治愈信息和政府的防范措施；特别要注意那些与民众自身关系密切的信息，即物理空间距离更近的环境中的信息。此外，政府在民众不了解状况时要果断进行主动宣传，引导舆论的正确走向，增加民众的安全感。我们对 2003 年和 2020 年风险认知地图的变化趋势进行分析后认为，在宣传中不要回避依然存在的问题。新冠疫情与以往任何重大公共卫生事件的显著不同在于，扩张面史无前例，持续时间久远，其负性影响至今仍在延伸。要通过普及科学医疗知识技能增加民众的理性，增强民众信心。还应有专门的宣传策略，以加强民众对新冠病毒的长久性的认识，培养成熟的应对心态。因此，今后在面对疫情时，要改变危机突发事件下的宣传策略。在国家和地方的新闻发布和社区管理的舆论控制方面，在实事求是进行新闻客观报道的同时，要考虑到民众的可接受度，慎重处理负面信息的报道。要多向民众讲解熟悉度和可控性的关系，在宣传中多强调正面信息，特别是政府的防范措施。在帮助民众应对负面消息时，特别要注意那些与民众自身关系密切、物理空间距离更近的环境中的信息。

在疫情发生初期，中国政府果断地做出对疫区进行隔离的决定，要求普通民众不聚集、不出门，加大了对社区和乡村要道的疫情防控力度。这一举措得到了广大民众的响应，世界卫生组织也对此给予充分肯定。民众在此过程中感受到了政府的态度和各项举措的力度，并给予积极配合。在今后的防疫宣传工作中，要及时披露与风险事件的相关信息，通过普及科学知识技能增加民众的理性，从而降低民众的负性情绪，提升民众的积极应对方式。

2. 民众"台风眼效应"的应对方法与策略的特殊要求

在初步了解民众的风险认知现状基础上，我们对各地民众有关新冠疫情的风险熟悉度和控制度数据进行了非参数检验的比较，发现了民众的认知特征确实存在"台风眼效应"，即处于严重疫情中心地区的民众，由于反复受到负面信息的刺激，在面对灾难时表现出麻木、习以为常的心态。研究结果发现，疫情暴发区、疫情严重区和远离疫情区存在显著的认知差异。具体表现为，疫情暴发区民众在风险认知的熟悉性和控制性两方面都表现出较高的分数。高分数体现了对风险认知的低水平，即个体的心理反应比中心以外地区的个体更平静。2008年汶川地震后也有类似的发现。由于疫情暴发地武汉的民众长时间地处于风险刺激中，这种刺激的不断强化导致了民众适应性的增强，从而降低了他们对风险的敏感程度。

"台风眼效应"这一特殊的心理现象，今后在灾难事件中完全可能重复出现，宣传管理部门要特别关注重大公共卫生事件发生时，人们这种麻木心态带来的负面作用。在车站、机场等人群高密集场所增设疫情宣传监控人员，尽量防患于未然。针对疫情高发区和远离疫情区存在的认知差异，区别性地做好宣传防控工作，各级政府部门今后还要加大公共卫生宣传设施的投入。

3. 应对"组织污名化"现象对策经验的特殊要求

为了证明污名化在疫情期间的效应，我们以1 071名非疫情区人员为被试进行了测量。研究发现，组织污名化不仅可以调节风险认知熟悉度对负性情绪的预测作用，而且能够调节负性情绪对积极应对方式的中介作用。当组织污名化水平低时，对新冠疫情的熟悉程度可有效地负向预测其情绪，污名化的目的是将疫情的发生归因于某一群体，从而将引发的不良情绪成功转移。因此，政府应重视对组织污名化的干预。研究所揭示的组织污名化的调节作用表明，信息管理者在利用提高民众风险认知熟悉度的途径来促进民众积极应对行为产生时，需先降低组织污名化程度，对他们进行良好的辅导，要在污名化出现之初就将之制止，加强疫情科普工作，通过合理的舆论引导，尽量减轻组织污名化对疫情防控的影响。

个人在响应政府的号召参与疫情防控工作，做好卫生防控工作之外，要熟悉与疫情相关的各种信息，做到心中有数，避免不合理的恐慌，重视对负性情绪的调节，理解污名的不合理性和暂时性，并在具备疫情知识的前提下理性思考。此外，在组织污名化方面，处于风险地区的民众应不污名化他人．身处疫情区的民众内心应强大起来，受到较严重的社会排斥时要及时寻找有关部门帮助，必要时前往心理咨询站寻求辅导，避免污名标签的进一步内化。

4. 医务人员创伤后心理康复的特殊要求

在突发重大公共卫生事件中，个人有恐慌、紧张情绪是正常反应，无可厚非，甚至会出现创伤后应激障碍（PTSD）。然而，一旦个体情绪扩散为群体现象，就会对社会稳定、经济发展产生严重的负面影响。医务人员从抗疫一线返回原单位后，PTSD 的状态会逐步显现，个别患者甚至半年后才表现出典型的PTSD 症状，对医务人员的长期心理支持应当成为后疫情时代的焦点问题。进入疫情常态化防控阶段后，全国各地涌现出诸多勇于担当、拼搏奉献的医务人员和优秀群体。例如，首批驰援武汉的新疆医科大学第五附属医院、北京中医药大学、北京大学第一医院、山西医科大学附属医院和温州市中心医院等，以及倾注全部力量抗击疫情的武汉大学人民医院等，在医务人员心理干预方面，有诸多值得推广的方法和途径。

贵州六盘水医院创造的动静结合的心理摆脱和短时休息方法，能够帮助医务人员形成工作与休息之间的良性循环。面对工作向私人生活的渗透，给自己立下规矩，尽可能区分工作与生活的通信方式，不把工作任务带回家，不与家人讨论工作问题。2021 年暑期，温州模式发展研究院时勘、华东交通大学万金和山东科技大学周海明等人，在示范基地李琼等同志的支持下，完成了医院系统心理摆脱和短时休息的干预研究，主要探索心理摆脱、短时休息方法能否缓解医务人员的疲劳和心理压力，目前已进入总结阶段，可形成医务人员新的压力管理模式，最后形成全国可复制、可推广的管理模式。

5. 青少年在疫情中抗逆成长的特殊要求

新冠疫情作为一种危及生命安全的突发重大灾难，使得青少年不同程度地面临疫情的威胁冲击，导致生活和学习状态的突然停顿或巨大改变。如何让青少年群体在疫情中抗逆成长，显得特别重要。课题组首先对江西省 1 050 个青少年在抗击疫情中的心理适应特征进行问卷调查，发现社会支持是新冠疫情中青少年群体积极应对行为的重要促进因素。通过对个体在疫情期间的积极应对行为影响因素的研究，发现个体抗逆力对积极应对行为的作用效果最大。我们结合谢小庆（2016）对审辩式思维核心要素"不懈质疑，包容异见，力行担责"的概括，在吸取林崇德"六大素养"要求的基础上，提出了新时代青少年抗逆成长的核心胜任特征模型要求，包括认知技能（逻辑推理、事实判断和论证评价）、人格特征（德性宽容和人格健全）和社会交往（责任担当、文化自信和抗逆成长）三大核心内容、八大模块的新理论结构。

我们改进了目前在国际上应用最广泛的成长评估模型，进行了基于核心胜任特征模型的培训实验研究，证明了其对青少年抗逆成长的有效性。课题组还研发了"核心胜任特征网络心理测试与培训系统"来进行抗逆力的网络调查以及核心胜任特征的培训实验研究，于 2020 年上半年投入使用。本系统是专门为执行国家社会科学基金后期资助重点项目"核心胜任特征成长评估模型研究"（项目批准号：19FGLA002）而开发的线上服务平台，可以支持数万人同时进行线上操作学习。本系统还从组织层面出发，采用 360 度评估的方式来考察领导行为的绩效，无论是在培训内容还是培训方式上，都有较好的创新。

六、关于后疫情时代社会心理服务体系建设的讨论

进入后疫情时代，各项工作逐渐进入正轨。经过新冠疫情的考验，课题组的社会心理服务体系建设逐渐进入常态化阶段。2018 年 11 月 16 日，国家卫生健康委、中央政法委等 10 部门印发《全国社会心理服务体系建设试点工作方案》（以下简称《试点方案》），要求铺设一张覆盖全社会的心理服务网络，并争取在三年内完善社会心理服务体系。此时，我们的社会科学基金重大项目正好进

入实施和总结阶段。我们发现,《试点方案》要求加强心理服务人才队伍建设,健全心理健康行业组织,各试点地区要将社会心理服务体系建设纳入当地经济和社会发展规划,接受国家级、省级有关部门定期对试点工作开展的督导和评估工作。为此,课题组在 2019 年 1 月至 2021 年 6 月,重点选择了乡村振兴战略的产业发展与民众成长、校园欺凌行为的社会情绪机制、社区法律公共网络平台的普及推广、高端人才核心胜任特征的智能评估以及松紧文化、变革型领导与组织创新行为的关系展开深入研究,力图使前期社会心理服务体系建设的研究内容更加完善,以圆满完成"中华民族伟大复兴的社会心理促进机制研究"。

(一)关于乡村振兴战略产业发展心理行为的研究成效

2021 年 3 月 25 日,习近平总书记在北京举行的全国脱贫攻坚总结表彰大会上宣布,中国脱贫攻坚战已经取得了全面胜利。但是,消除农村绝对贫困并不意味着贫困的最终解决。建立"城乡融合型社会"已经呼之欲出。为了避免返贫、脱贫不稳定问题,需要探索脱贫人员的心理机制,以便为助力乡村振兴战略提供新的经验。

1. 乡村振兴战略的贫困心理研究结果

我们发现,在消除绝对贫困和解决区域性贫困的目标实现之际,建立解决相对贫困的长效机制,将扶贫工作重心转向标准更高、人群范围更广的相对贫困问题是当务之急。针对贫困的识别,加拿大学者瓦内萨·布尔西奇的研究团队在 2011 年开发了一套贫困的识别工具,包括三个方面的内容:是否入不敷出、是否存在饮食问题和是否存在居住问题。Asadullah 和 Chaudhury(2012)在对孟加拉国的贫困地区展开研究时,关注了相对收入因素。使用的问卷分别从横向(同所在地区平均水平相比)与纵向(同自身五年前境况相比)两个维度,来测量民众对自身经济地位的主观认识。本研究引入上述两种调查工具,并进行了本土化修订,开发了新的量表(见附录 2),收到了 4 759 份网络调查问卷结果。在探究后疫情时代全国乡村脱贫人员的生活现状和心理感受之后,重点在六盘水示范基地开展了边远地区民众的入户调查,获取了边远山区贫困人员的调查数据。研究结果表明，疫情导致了困难群众各类生活计划打断，通过风险威胁影响了其致富动机，因计划打断（尤其是工作打断）导致其收入来源受到影响，困难群众感知到更大的风险威胁，进一步刺激了其改善生活水平的致富动机。

2. 乡村产业发展模式探索结果

要把乡村振兴这篇大文章做好，必须走城乡融合发展之路。城乡融合发展是指破除城乡之间在空间、经济、社会、基础设施、公共服务、生态环境等方面的二元结构。这里，推进城乡产业融合是根本。在乡村振兴战略中，产业振兴是基础，只有发展好自身特色产业，提高脱贫内生动力，才能彻底拔掉"穷根"，实现有尊严、可持续的脱贫致富。在助力产业兴旺方面，课题组在全国工商联的支持下，前往多地开展调研和模式探索工作，针对产业发展提出了系列建议，经过努力，获得了不少经验。这里包括了贵州六盘水猕猴桃特色产业扶贫模式、江苏兴化"政府＋社会资本＋村集体"模式、广州中山特色农产品电商模式和浙江温州美丽乡村建设模式的探索。总之，全国各地乡村通过开展以产业为依托的发展模式，既能兼顾"造血"与"输血"功能，也可以巩固脱贫的成果。

3. 乡村民众核心素养的提升成效

作为农业经济的主体，乡村人口的综合素质是乡村振兴的关键，让村民提升自己的核心素养，进一步掌握现代农业生产、乡村改造建设和乡村旅游服务等方面的技术、技能，是提升反贫困能力的关键。课题组基于几十年在胜任特征领域的积累，在一些农村示范基地开展了以核心胜任特征为基础的培训模式探索。区别于以往一般化的职业技能培训，我们的新型核心素养培训不仅要在知识技能方面增强村民的自主谋生的本领，还要在致富动机、社会交往等方面提升其核心素养，增强其在乡村振兴中的社会责任感、职业使命感，使之成为"爱农业、懂技术、善经营"的新型农民，以满足现代农业发展对劳动者职业素质的新要求。当前，课题组已在浙江温州、贵州六盘水等地区开展线上线下测试和培训活动，取得了较好的培训效果。这是加快社会心理服务体系资源下沉到基层乡村地区，加速推进国家富强、民族振兴、人民幸福的关键。

(二)关于校园欺凌行为社会情绪机制的研究成效

当前，对潜在社会风险和国家安全隐患的消除正在加速，无论是社会风气、舆论导向还是社会治安、人权平等，这些影响到国家稳定和社会公平的问题，都需要将对立因素和风险点加速剔除，因此，校园欺凌问题亟待解决。

1. 我国校园欺凌行为研究工具的开发

温州模式发展研究院面对校园欺凌的严峻形势，深入开展了校园欺凌的系列研究。通过对校园欺凌的现状进行分析发现，如果仅从学校背景去衡量青少年的心理健康状态，是不够全面的。课题组进行了社会情绪量表的研制工作，建立了小学生社会情绪指标，并开发出一套干预方案。根据核心胜任特征理论和方法，得到小学生社会情绪健康的核心特征为感恩、积极心态、激情、坚持和抗逆力。

2. 社会情绪测量工具在培训中的使用

我们通过量表的诊断获得学生社会情绪存在的问题，再采用针对性的团体辅导方法，对小学生社会情绪进行干预。结果发现，开发的培训方案能够有效地提升小学生的社会情绪水平。这项研究结果为社会情绪后期的标准化干预提供了有借鉴意义的依据。在四川、河北、云南和浙江等地开展校园欺凌的监测和诊断工作时，已经采用了这种新型的诊断方法。我们建立了欺凌现状的报告制度，一方面，通过定期监测学生的行为动态，对有可能发生在学生身上的欺凌行为进行预警与诊断，从而实现了校园欺凌的早发现、早预防和早干预。另一方面，也为后期校园安全防控体系的建设发挥了标准化作用。

3. 欺凌行为的咨询模式及管理对策的全国试点成效

2021年6月1日，教育部公布《未成年人学校保护规定》，针对校园欺凌等相关问题，制定了专项保护措施。我们通过运用大数据、边缘云、物联网、人工智能、5G 等先进技术，构建了校园安全智能防控平台来提升校园欺凌防治工作的专业水平。目前，在云南、河北、北京、浙江等地的推广运用中，系统地实现了在线心理健康与不良行为筛查、校园欺凌行为评估、危机处理等情况的诊断与监测。同时，平台内还设置了校园欺凌行为的应对与处理的科普教学资源，既满足了学生的自我成长需求，也有利于学校管理者及时发现欺凌行为并给予及时的干预。我们还建立了合理的评价与反馈体系，在评估过程中对社会情绪学习的各项指标、教学过程与结果进行评估，以促进对校园欺凌的防控和干预。

(三)社区法律公共网络平台的普及推广效果

我国已进行多年的立法和普法实践，全社会 90％以上的公民不同程度地接受了法制教育，形成了全民学法、懂法、守法、依法办事的良好氛围。但基层普法工作仍然面临许多突出的矛盾和问题。未来的法律服务市场越来越偏向于"大数据＋人工智能"的模式。法律服务表现出精细化和多样化，通过低成本与低信息差异来帮助人们接触高质量的法律服务。法律服务网络咨询的需求越来越大。温州模式发展研究院成立以后，研究院内的法律专家创立了新型的咨询模式——法 π 智慧普法平台(以下简称法 π)。

1. 法 π 的服务功能创新

法 π 精心打造了智慧普法手机客户端，能够为民众提供海量、免费的图文和音频、视频法律学习资源，让普法更多样、学法更个性、知法更智能、用法更便捷。从服务对象来说，法 π 分为需求主体和服务主体。需求主体对象主要是个人、中小微企业、学校等非经济部门；服务主体是普法部门、律所律师、法律工作者等。

2. 网络服务平台初见成效

2020 年 6 月，课题组开始在一些定点地区应用法 π 1.0 版本，通过长沙市律师协会、商会、各地党支部进行点对点宣传，已经免费咨询 5 万余人次，付费咨询 1 300 余人次，普法板块的内容点击率近 4 万人次，通过"运用验证""推广普及""巩固深化""成果转化"四个环节的操作演练，探索出能促进普法教育的运行机制。

3. 法π2.0版的改进和未来服务

法π2.0超越时空、地域，将法律服务供求主体链接到一起，集网站、PC客户端、手机App、智库于一体，将分散在各地的资源整合到一个统一的平台，实现企业用户、政府部门、服务机构、专家用户间高效便捷的"互联、互动、共享"，为企业创新创业搭建法律服务平台，形成良性持续的创新创业生态。同时，法π2.0新增实现"即时、预约"两个模式的服务，解决了人们遇到问题无处可寻帮助之困境，进一步助力创新型社会的发展。

(四)高端人才核心胜任特征智能评估的研究成效

充分发掘我国人才优势，推动战略性新兴产业关键核心领域的技术突破，是我国发展的未来战略需求。我们利用人工智能匹配的新技术，通过区分高端人才的可区分、可度量和可操作的心理学方法，揭示了核心胜任特征的培训新模式，为科技前沿领域聚集一批想创新、敢创新、能创新的高端人才。

1. 人才紧缺型岗位的战略分析成效

面对欧美长期保持着科技引领产业带动角色的现状，中国若想实现"弯道超车"，占领科技创新高地，必须解决寻觅高端紧缺人才的方法问题。根据综合智能匹配结果，通过手机客户端搭建LBS人职匹配信息可视化平台后，高端人才可随时查看适配岗位的地理位置，由此便可以建立大数据背景下人工智能评估可视化展示平台，促进高端人才信息与岗位需求的大数据汇集和科学匹配。

2. 胜任特征模型的建构研究的成效

借助大规模人职智能匹配的初步结果，我们在浙江省之江实验室通过VR模拟、多模态信息，批量开发出不同岗位类型人才的共性胜任特征模型及特异性胜任特征模型，形成精准化的大数据特征库。然后，通过结构化面试、图片投射测验，在组织内部进行人才甄选。两种人才甄选方式的综合应用，能够大大提升人才甄选的精确度，并符合特定科技人才的招聘要求，在极大程度上提高人职匹配的质量与深度。通过行为事件访谈和团体焦点访谈，我们建构了科技人才的胜任特征模型。模型包括知识技能、人格特征和社会交往三个维度，并区分为共性胜任特征和管理、科研、工程领域的特异性胜任特征。共性胜任特征是所有访谈对象表现出的共有胜任特征，具体表现在知识技能、人格特征和社会交往三个维度。针对科技人才队伍结构，我们还建构了包括管理领域、科研领域和工程领域在内的不同序列人才的特异性胜任特征。

(五)基于核心胜任特征模型的培训模式的研究成效

培训模式包括认知技能培训、安全心智培训、沙盘诊断培训、合作型团队培训和情景模拟评价。根据学生成长百分等级模型的原理和对数据的要求，核心胜任特征的干预培训的效果得到了对比验证。在本研究中，我们通过对之江实验室科技人才的人职匹配、行为事件访谈、团体焦点访谈、半自动化编码建模，探索出了科技人才的通用核心素养模型。从培训的结果来看，大部分被试在个体水平上取得了显著的进步。本实验所设计的科技人才核心胜任特征模型是有效的。成长评估模型是一种多维的、动态的评估。基于此，结合计算机人工智能技术，能够实现对高端人才培训效果的智能化动态追踪。

(六)松紧文化、变革型领导与组织创新行为的研究成效

为了探讨松紧文化、变革型领导与组织创新行为的关系，我们采用随机抽样法，主要选取国内 25 个省(自治区、直辖市)的企业员工作为样本，最终收集到 1 369 份有效数据，在控制了性别、年龄之后，对有调节的中介模型进行检验。研究结果发现，在紧密文化背景下，变革型领导对组织创新行为具有显著的正向预测作用。这表明，在我国文化倾向于紧密时，变革型领导行为对组织创新行为的预测作用会有逐渐升高的趋势。

我们发现，宽松文化和紧密文化在领导行为促进组织创新方面，均发挥了不同的、权变的调节作用。领导方式是否有效，必须考虑到文化因素的影响，作为文化偏紧密、社会规范偏强的国家，我国在抗击新冠疫情的过程中迅速反应，严格防控，有效地控制了疫情，为世界做出了表率。松紧文化、变革型领导与组织创新行为是一条关键性路径，在一些情境下需要加强规范，在另一些情境下则要倡导宽松。在未来的研究中，松紧文化是我们探索的一个关键问题。事实已经证明，尽管面临重重困难和问题，但人类在深度相互交融中形成命运共同体、团结协作共谋美好未来的基本趋势是不会改变的，通过构建人类命运共同体来推动实现世界大同的历史大势同样也是不可逆转的。

第二节

理论性研究成果

我们承担的"中华民族伟大复兴的社会心理促进机制研究"，经过八年多的努力，对中国梦的历史渊源、胜任特征模型开发、科学思想库建设、网络背景下的特殊情况获得了一些创新性发现。由于 2019 年突发的新冠疫情，我们又增加了公共卫生事件的危机应对和后疫情时代社会心理服务的新要求，把服务对象人群扩展到普通职业人群、医务人员、青少年和严重精神障碍患者，完善了中华民族伟大复兴促进机制的社会心理服务体系。

一、总体完成情况

课题组围绕社会心理服务体系建设的总体目标，进行了中国梦的系列探索，并完成了本专著。

首先，在全国范围内开展了"中华民族社会变迁与文化认同"的调查，获得了中华民族在中国梦探索方面的心理发展过程的数据，在此基础上，提出了健康型社会评价的结构。

其次，在胜任特征模型建构方法上取得突破性进展，形成了基于个人、团队水平的抗逆力模型的评价结构。

再次，对科学思想库的建立、高端人才的培养机制和青少年科学普及提出了创新性建议，并就"智慧中国"背景下如何建设网络媒体平台，展开了系列研究，形成了一系列可操作的发展建议。

复次，在 2019 年年末，我们遭遇了新冠疫情这一重大公共卫生事件，课题组紧急启动全国的四轮心理学调查，获得了应对新冠疫情中民众的风险认知、"台风眼效应"心理现象、组织污名化、医护人员创伤后的心理康复和青少年在疫情中的抗逆成长的规律的认识，使得社会心理服务在危机管理中有了新的内容要求。

最后，在本项目实践验证的三年里，我们又根据后疫情时代的要求获得了乡村振兴战略、校园欺凌行为、社区法律公共网络咨询、高端人才核心胜任特征智能评估和领导风格变迁的社会心理服务体系建设的新规律，所形成的研究成果可为国内社会心理服务体系建设提供新的理论依据和示范性经验。

二、本项目的理论成果

在本项目执行期间，课题组正式发表的、有本社科重大基金或社科重点基金标注的核心期刊的学术论文共 117 篇，载入专著的学术文章共 45 篇，其他文章共 36 篇。有本基金标注的学术专著共 16 部，其中有 10 部属于"中华民族复兴社会心理促进研究丛书"，其他著述 5 部，译著 1 部。我们于 2015 年 7 月和 2016 年 1 月还分别出版了两期《人力资源》专刊。

第三节

社会心理服务体系建设的讨论

一、关于社会心理服务体系建设的总体要求

2016 年 10 月，中共中央、国务院印发并实施《"健康中国 2030"规划纲要》，针对到 2030 年常见精神障碍防治和心理行为问题识别干预水平显著提高的目标，提出加强心理健康服务体系建设和规范化管理，加大全民心理健康科普宣传力度，提升心理健康素养，提高突发事件心理危机的干预能力和水平的要求。2017 年 10 月，习近平总书记在中国共产党第十九次全国代表大会上作的《决胜全面建成小康社会，夺取新时代中国特色社会主义伟大胜利》报告中，提出加强社会心理服务体系建设，培育自尊自信、理性平和、积极向上的社会心态。2018 年 11 月，国家卫生健康委、中央政法委、中宣部等 10 部门联合印发了《全国社会心理服务体系建设试点工作方案》，要求深刻认识领会我国社会主要矛盾的新变化，打造共建共治共享的社会治理格局，推动社会治理重心向基层下移，实现政府治理和社会调节、居民自治良性互动。2020 年，根据试点工作目标，结合新冠疫情防控需要，又印发了《全国社会心理服务体系建设试点 2020 年重点工作任务及增设试点的通知》，要求各省、自治区、直辖市将社会心理服务体系建设试点作为推进平安中国、健康中国建设的重要抓手，并增设湖北省武汉市为试点地区。到 2021 年年底，试点地区逐步建立健全了社会心理服务体系，将心理健康服务融入社会治理体系，融入平安中国建设。这反映了我国社会心理服务体系建设工作也正日

益走向成熟。针对党中央对社会心理服务体系建设的一系列宏观要求，在探讨中华民族伟大复兴的社会心理促进机制时，我们正是以中华民族伟大复兴和人类命运共同体理念为思想指导，来探索中国梦的科学内涵、中国多民族的认同心理，为这一体系建设提供全方位、多层次、多元化、广覆盖的社会心理服务，从而达到促进国家治理能力现代化的目标。

二、关于社会心理服务体系建设的内涵

随着中国的发展，特别是在中华民族伟大复兴的时代背景下，对西方心理学理论和研究成果的引进和照搬的模式，渐渐难以符合时代的要求。应探索建设具有中国特色的社会心理服务体系（徐凯文，2019）。社会心理服务体系的建设应当涵盖从治国、治人到治病，从预防普遍性心理问题到干预已发生心理问题的全过程（乔志宏，2019）。刘惠军（2021）认为，新冠疫情之下多项举措综合联动疏解疫情带来的各种困难和挑战，是一个设计严密的社会治理自然实验，这一过程中的"小心求证，谨慎复原，大胆实验，闯关前行"，无不是运用心理学原理，立足于国情民心做出的科学判断。

学者们普遍认为，社会心理服务体系是指特定组织机构与社会力量为解决个体和群体的社会心理问题，针对个体和群体进行有计划的社会心理监测、引导、化解和危机应急的干预活动（卢俊、陈宇舟，2019）。祝卓宏（2019）提出，在中国新时代社会文化语境下，不仅要结合中华优秀传统文化、党史智慧开展科学的实践探索，更要结合本土文化和城乡不同语境探索创新科学、可持续推广的中国特色的社会心理服务方法技术。许燕（2020）、钟年（2020）、彭凯平（2020）、郭永玉（2020）则认为，社会心理服务体系不仅是心理健康服务体系，更是一种社会治理体系。它可以直接为民众提供心理服务，也可以为风险应对、公共突发事件防控提供有力的支持。陈雪峰、傅小兰（2020）指出，社会心理服务体系建设是在个体、组织、社会、文化等层面，通过公共政策和公共服务等

手段提供心理服务，有效提升组织健康发展效能、推进社会治理体系和治理能力现代化的过程。姜文海（2021）指出，社会心理服务体系建设取决于党政领导重视的高度、政府支持的力度和部门协作的程度。

根据上述研究的诸多观点，在开展"中华民族伟大复兴的社会心理促进机制研究"的基础上，我们认为，社会心理服务体系的内涵是指，特定组织机构与社会力量为解决个体和群体的社会心理问题，进行的有计划的社会心理监测、引导、化解和危机应急干预活动。它可以直接为民众提供心理服务，也可以为风险应对、公共突发事件防控提供有力的支持。它是在个体、组织、社会、文化等层面，有效提升组织健康发展效能、推进社会治理体系和治理能力现代化的过程。这一服务需要集成中华优秀传统文化，更要体现习近平总书记在庆祝中国共产党成立100周年大会的讲话精神。近年来，社会心理服务体系建设也使我们更加坚定、更加自觉地牢记初心使命，为开创美好未来作出贡献。

三、关于社会心理服务体系的结构和内容

通过对党和政府相关文件的解读，结合学界的研究，我们认为社会心理服务体系的总体结构、外延界定、服务体系和内容要求如下。

（一）总体结构

2018年《全国社会心理服务体系建设试点工作方案》提出，社会心理服务涉及社会各个方面、各类人群。为做好社会心理服务工作，要铺设一张覆盖全社会的心理服务网络。首先，要搭建基层心理服务平台，完善教育系统心理服务网络，健全机关和企事业单位心理服务网络，规范发展社会心理服务机构。其次，要支持、引导、培育社会心理服务机构参与心理健康服务，提升医疗机构心理健康服务能力，充分发挥医务社会工作者队伍在医患沟通、心理疏导、社会支持等方面的优势，建立健全心理援助服务平台，健全心理健康科普宣传网

络。最后，要完善严重精神障碍患者服务工作机制。

(二)外延界定

对于社会心理服务概念的内涵和外延，学术界从不同角度进行了多层面的解读。一些学者认为，"社会心理服务"不等于"心理健康服务"，要多从心理建设、社会治理层面来理解社会心理服务，应注重心理建设，而社会心理服务体系建设才是社会治理体系的终结性成果(傅小兰，2017；王俊秀，2018；陈雪峰，2018)。池丽萍(2018)认为，这种以心理健康教育为重点的服务工作仅仅是社会心理服务体系建设最初阶段的工作，而不应作为体系建设的重点。辛自强(2019)提出，在实际工作和政策设计中，可以将心理健康服务作为广义社会心理服务的一块重要内容，但不能混淆这两个概念。池丽萍、辛自强(2019)收集了全国12个社会心理服务体系建设试点地区实际工作情况的网络文本资料，文本分析结果显示，各试点地区社会心理服务体系建设的内容定位"心理健康"倾向严重，社会心理服务仅偏重"风险防控"工作，与社会治理关系错位。全国各地社会心理服务体系建设的"实然状况"与"应然意涵"之间存在较大差距。祝卓宏(2019)认为，社会心理服务体系建设不同于心理健康服务体系建设，总体目标应该是全面推进健康中国建设，让每个人心态平和、社区人际和谐，社会才能和和美美。

(三)服务体系

在社会心理服务体系的结构方面，学界也存在百家争鸣。俞国良(2017)认为，社会心理服务体系结构应包括以下方面：建立社会态度、社会情绪调查系统，形成民意监测与社会情绪预警机制；建立社会行为、社会绩效评价系统，形成社会力量干预与国家力量监督机制。王俊秀(2018)认为，社会心理服务体系建设应包括宏观、中观和微观三个层面。宏观层面旨在实现社会心理服务体系建设的目标；中观层面是健康社区、行业和领域的培育和塑造；微观层面旨在从个体、人际、群体和群际等方面培育个体心理健康、人际关系、群体和群际和谐。时勘等(2020)通过对全国范围内组织的4次大型调查结果进行分析发现，社会心理服务体系的结构应包括社会心理监测预警系统、社会心理培育发展系统、社会心理干预调适系统和社会心理应急管理系统，并认为各子系统的运行是协同联动的服务体系。

(四)内容要求

蒋利雪、李敏(2019)认为，如何促进社会心理服务建设与社会经济、政治、文化、社会和生态建设融合，如何实现城乡基层心理健康服务与基层社会治理的整合发展，是社会心理服务体系建设的根基所在。祝卓宏(2019)认为，要系统性地解决社会治理主体、客体以及治理过程中各种心理问题，疏导社会负性情绪、引导社会正确认知、促进社会积极行为、监测预警群体心理动力是关键。社会治理是多元主体共同参与的过程，因此，要对心理需求进行调研、检测、分析，从而提供政策依据。陈雪峰、傅小兰(2020)指出，在疫情防控的社会治理中，要及时完善应急管理法律、法规，将社会心理服务保障体系纳入国家应急管理体系，实现应急管理中社会心理服务需求与资源的精细化管理。孙时进(2020)提出，在组织层面要明确责任主体，完善顶层设计，完善分工协调机制；在研究方面要加强理论创新，重视建立社会心态的预警机制和危机干预机制。佐斌(2020)认为，"心症"是"疫后综合征"的"根"，社会心理服务体系要推进个人-群体-社区心理建设，三位一体地开展疫后的社会心理建设的实践工作，疏通利益表达渠道，减少公众对于特定事件的猜测、推测和迷惑，促进社会和谐。

根据八年多来的"中华民族伟大复兴的社会心理促进机制研究"之基础，我们认为，关于社会心理服务体系的总体结构、外延界定、服务体系和内容要求，应该在《全国社会心理服务体系建设试点工作方案》的指导下，达到为社会各类人群做好社会心理服务工作的目的。不同于心理健康服务体系建设，社会心理服务体系建设的总体目标是全面推进健康中国建设，让所有人，包括家庭、社区和社会成员和和美美。在服务结构方面，应包括宏观、中观和微观三个层面。社会心理服务体系的结构应包括社会心理监测预警系统、社会心理培育发展系统、社会心理干预调适系统和社会心理应急管理系统，各子系统的运行是协同联动的结果。在内容方面，要促进社会经济、政治、文化、社会和生态建设融合，特别是实现城乡基层社会治理整合发展。在疫情防控的社会治理中，要将服务保障体系纳入国家应急管理体系，疏通社会的利益表达渠道，减少公众对于特定事件的猜测、推测和迷惑，促进社会的和谐。

四、关于社会心理服务体系的功能

许燕(2020)认为，社会心理服务体系从总体上讲，一是肩负着为国家建设服务的使命，二是具备为民众发展服务的功能，两者缺一不可。陈雪峰(2018)指出，社会心理服务需要政府主导下的多元主体共同参与，科研及教学机构提供科技支撑，社会组织及企业将科研成果高效转化为可以直接服务于个体的产品，政府再通过第三方购买等方式为社会提供必要的心理服务。根据多方面的系统研究，我们认为，社会心理服务体系的功能可以概括为如下八个方面。

(一)转变治理方式，创新社会治理

张建新(2020)指出，新时代的国家治理和社会治理正在发生着根本性转变，即从"刚性治理"向"柔性治理"转换。目前的社会心理服务体系建设在体制机制建设、心理科学传播、心理健康教育、心理健康服务、专业人员培养、社会组织培育、心理影响评估等诸多方面顺利展开。王俊秀(2019)认为，利用心理学中关于风险认知、安全管理、灾难预防、灾害心理救援的研究成果，可以从满足民众基本安全需求出发，提升民众安全感，以加强社会心理服务体系建设，创新社会风险治理，推动国家应急管理的机制创新。据我们了解，不少西方发达国家已经形成公共政策研究与咨询智库持续发挥作用的稳定机制，如美国有2000多家智库，最大的智库兰德公司以专业领域划分六大学部，心理学家是其中的主力。张世贵(2021)认为，通过社会心理服务领域的法律法规以及制度的

建设，能更好地规范社会心理服务行业的发展，使社会心理服务的运转更加严谨、规范、有序。

(二)监测预防矛盾，维护社会稳定

陈雪峰(2018)认为，当前社会心理服务体系建设的核心内容是促进社会和谐稳定发展。郭永玉(2020)指出，当下人类面临空前巨大的不确定——病毒不确定、疫情不确定、生活工作不确定、经济前景不确定和国际关系不确定。在这种需求无法得到满足的时候，民众就会产生严重的心理困扰甚至恐慌。常红岩(2018)认为，社会心理服务体系应通过心理测量技术和信息技术进行评价，发现问题，综合解决。杨波(2017)主张，通过有效的心理干预，使不良情绪得到及时宣泄，从而调节社会关系，维护社会稳定。

(三)满足国民需要，培育良好心态

彭凯平(2020)指出，可以利用媒体平台引导各类群体的积极情绪，也可以通过网络平台探测各类群体的消极情绪。陈雪峰、傅小兰(2020)主张，在重大疫情应对中，要着力形成有效培育和引导社会心态的方式、方法和路径，促进社会心态的持续优化，凝聚起向上向善的精神动能。张世贵(2021)提出，为社会的良性发展和国家的繁荣富强汇聚精神力量，是铸牢中华民族伟大复兴中国梦的社会心理基础。

(四)关注心理健康，提高生活质量

经济合作与发展组织(OECD)指出，目前，欧洲国家心理健康问题消耗的总成本约占其成员国国内生产总值(GDP)的 3.5% 左右，主要来自寻求治疗、社会护理、高失业率和离岗一类问题的解决。伍麟、刘天元(2019)提出，考虑到资源投入效率，社会心理服务对象的确定还应做到"抓主要矛盾"，有必要向弱势和特殊群体倾斜。

(五)缩小地区差异，推动共同富裕

从精准扶贫角度来看，社会心理服务体系建设也包括扶贫项目。当今社会中因心理疾病致贫的也不在少数，主要体现在东西部、城乡及职业群体的差距

上。这些差距和所在区域的经济发展状况息息相关。我们认为，社会心理服务体系的建设能够减缓结构性的焦虑、抑郁和不安全感所激发的愤怒、不满和偏激情绪，推动地区之间的均衡发展，促进各地区人民共同富裕。

(六)促进科技进步，助推产业发展

程文帝(2020)认为，在高度信息化的当下，基于大数据背景建设社会心理服务体系，不仅能促进科技的进步，还极大地影响到国家新兴产业的发展。陈雪峰(2018)提出，依托科技创新的突出特点，是要发挥信息技术的作用。我们认为，越来越受到关注的是"互联网＋心理健康"(E-mental Health)。通过生物识别标志诊断心理问题或精神障碍，以实现筛选、评估、管理、干预。在保护隐私、提供个性化服务方面，信息技术具有独特优势，有极大的发展空间。

(七)拓展学科建设，强化人才培育

社会心理服务体系的建设，不仅关乎心理学，特别是社会心理学的应用，还关乎心理学这门学科的未来发展以及境界的提升(钟年，2020)。随着平安中国、健康中国等战略的落地实施，人文心理学作用凸显。这就要求打破心理学传统的学科边界，创造性地为心理学发展赋予新命题，为心理学在社会心理服务体系建设过程中作出贡献而努力(张建新，2020)。有学者认为，专业咨询认证应从"服务能力＋师资"两方面入手，要考量知识、技能、态度三方面，且实践时间不短于1～3年(李占江，2021)。

(八)立足现实问题，提升科研效能

王俊秀(2018)提出，社会心理服务体系的建构需要在心理学基础上逐渐形成新的学科思想，实现多重整合学科体系。要通过大力开展本土化基础研究，鼓励以中国传统文化、中医药为基础的心理健康相关理论和技术的实证研究。刘鹏(2019)认为，要加强对社会心理服务体系建设的理论指导，社会心理服务体系建设需要打破心理学的思维壁垒，将有关人的基本研究成果视为通用知识，将两者结合才能真正建设社会心理服务体系。

应该说，心理学界在社会心理服务体系的功能服务方面，工作做得是比较全面的。而我们此次完成的"中华民族伟大复兴的社会心理促进机制研究"，也在此方面取得了较为丰富的研究成果。我们认为，社会心理服务体系首先需要各级政府主导下的多元主体共同参与，要使得治理方式从"刚性治理"向"柔性治理"转换；在监测预防矛盾、维护社会稳定方面，需要增加解决问题的确定性；在满足国民需要方面，要利用网络平台探测群众的消极情绪，促进社会心态的转化。研究结果表明，这次新冠疫情发生之后，要总结抗击疫情的经验，在资源投入方面，有必要向弱势和特殊群体更多地倾斜；为了缩小地区差距，要在乡村振兴战略方面加大投入；要在大数据背景下关注"互联网＋心理健康"的独特优势；在高端人才培育方面，特别要加强高端人才选聘的智能评估研究工作，探索松紧文化背景下变革型领导与组织创新行为权变关系；等等。总之，要真正打破心理学的思维壁垒，完善社会心理服务体系。

五、关于社会心理服务的心理促进模式

我们在实现中国梦的系列探索中，开展了"民族复兴的历史渊源及社会心理评估研究""基于胜任特征模型的能力建设研究""科学思想库、人才培养及科学普及的心理影响机制研究""基于网络媒体平台的社会心理行为研究"等理论研究，还结合新冠疫情前后的情况展开了针对性研究。在此基础上，建立了独具特色的社会心理促进模式，从而最终丰富了社会心理服务体系的建设。

(一)关于心理促进的几个问题

第一，关于医学模式问题。在实施社会心理服务体系建设中，健康中国行动首先强调的是生理疾病的防控和有效治疗问题，如运动康复、睡眠呼吸等问题。这些医学模式的问题必须介入，但我们主要应关注这些医学模式中的心理行为问题，如身心平衡等问题，才能实现与医学模式近距离的结合。

第二，关于心理健康问题。要通过心理健康教育、咨询、治疗和危机干预等方式，引导公众科学地缓解压力，使心理疾病发生的上升趋势得以减缓。解决问题的关键，是要把团队辅导、社区预防和健康型组织建设纳入健康中国行动之中。

第三，关于社会心理问题。我们不能局限于团队辅导等常规健康管理，而要从系统论的角度，通过舆论导向、风险决策、认知促进以及多测度测评方法，获得社会心理学的促进新途径，对重点人群实行"网络式"防控监护，引导公众科学缓解压力，健全社会心理服务体系。

第四，关于决策支持问题。健康中国行动涉及环境、政策、资金投入等宏观系统问题，解决这些问题的关键突破口在于政府把这些工作看成自己分内的责任，心理学家也要关注行政官员在考虑什么，方能介入高层决策系统。

第五，关于民族地区问题。我国是一个多民族的国家，世界也存在人类共同体问题。在社会心理服务中可能存在国别之间和民族之间的文化冲突问题，需要开展专门的研究，只有如此，才能逐步推进民族地区的发展和繁荣，促进多方的合作共荣。

(二)关于促进模式的步骤

本项目的研究结果表明，中华民族伟大复兴的社会心理促进模式应遵循如下实施步骤。

第一步，确定受援助者。采取专门的测试或评估方法，来确定哪些人员是要接受心理服务的对象。对接受心理援助者有三种分类：初级受援助者、次级受援助者和高级受援助者。

第二步，界定援助目标。确定特定层次的受援助者通过心理促进系统所要达到的援助目标是什么。

第三步，选择援助模式。这不仅要考虑到受援助者自身需要，同时也要考虑到实际的可行性和操作性，尽可能用最低的付出获得最大程度的收益。

第四步，获取内部资源。从内部获取各方面的资源支持。这里要全面考虑内部的多种资源，除了物质资源，也要考虑环境资源和人力资源。

第五步，启动社会支持。要充分利用社会环境的心理支持，这样才能保证支持是完善的、可操作的。

第六步，实施援助计划。社会心理促进系统要为受援助者提供稳定的诊断、培训、指导与咨询的支持，然后才能正式实施援助计划。

第七步，评估援助效果。评估社会心理服务的效果需要收集各种信息，特别是要通过动态考量，获得公众的心理健康水平的信息，为社会心理促进系统的设置提供必要的证据。

第四节

应用性研究成果

如前所述，经过八年多的努力，我们取得了一系列的理论性成果。习近平总书记在党的十九大报告中提出要加强社会心理服务体系建设，这与我们2013年获批的国家社会科学基金重大项目"中华民族伟大复兴的社会心理促进机制研究"具有高度的吻合性。我们在社会心理促进的研究中，也努力将理论探索与社会心理服务体系建设实践紧密结合起来。经过努力，我们在联合示范基地的建设中也取得丰富的应用性成果。目前，示范基地的应用性成果可以概括为六个方面。上海市健康型城区建设模式、珠江三角洲社会融合模式、组织文化影响机制的应用性成果、乡村振兴战略的产业发展模式、高端人才核心胜任特征智能评估的应用性成果和非常规突发事件应急管理的应用性成果，都可以为社会心理服务体系建设成果的推广作出贡献。

一、健康型城区建设模式的探索

(一)健康型城区建设的应用性成果

在医护人员的抗逆力模型及其组织与员工促进模式方面，我们通过上海市静安区各医院的实验研究发现，抗逆力对个体的工作投入和工作幸福感均有显著的正向影响；心理摆脱在抗逆力与工作投入、抗逆力与工作幸福感之间均起部分中介作用。培训干预研究的结果表明，心理摆脱能够帮助员工在经历应激情境后有效地补充心理资源，在压力情境中维持良好的生理、心理状态，保持工作投入和工作幸福感(万金、时勘、朱厚强，等，2016)。

在老年人社会网络和健康促进模式方面，实验结果验证了社会网络的结构、数量和质量对中国老年人心理健康的重要性，外围的社交伙伴数量和心理健康是正相关关系；通过追踪研究的方法，判断老年人社会网络和健康之间存在因果关系。建议政府对老年人的社会网络进行有益的补充和扩展，进一步保障老年人的身心健康(邢采、杜晨朵、张昕，等，2017)。

在老龄化与认知功能衰退的神经机制及干预方面，首先展开了老龄化与认知控制功能衰退神经机制的实验室研究(Mai，Zhang，Hu，et al.，2016)，然后，把获得的理论发现用于各街道失智老人的培训中。研究结果表明，早期采取预防和干预措施能够延缓或推迟失智的发生，并提高老年人生存质量，减轻政府及家庭医疗支出负担。我们先后对 7 700 位老年人开展了认知功能的筛查和评估，并实施了认知训练、有氧训练、情绪管理、放松训练、健康讲座等培训活动，对于轻度认知功能受损和不良生活习惯等失智高危人群，取得了很好的成效。在 2016 年第九届全球健康促进大会上，上海市静安区还专门进行了一天的健康社区展示活动。

在晚期癌症病人的死亡应对与临终精神性关怀方面，研究表明，晚期癌症病人除了要忍受疾病带来的痛苦，还需要适应疾病所造成的角色的转换。调查结果表明，晚期的癌症病人面临的最大挑战是如何面对死亡。在了解人们的这些精神需求之后，我们采用了中医药参与的舒缓疗护、安宁护理方法和志愿服务方法，在完善临终关怀方法上取得了明显的进展（李永娜，等，2017）。

在丧亲人群的哀伤社会支持方面，通过调查，我们了解到社会支持对丧亲适应的影响因素，使丧亲社会支持对丧亲适应结果产生更好的影响。本研究结果表明，丧亲社会支持对创伤后成长有直接影响，在感知社会支持对创伤后成长的间接影响中，依恋风格的调节作用均显著。这些研究成果也应用于哀伤辅导工作中，取得了很大的成效（李梅，等，2016）。

以上五方面示范性应用效果，除了本书介绍之外，还可以参见专著《健康型城区建设模式研究》（时勘，2018）。

（二）健康型组织评价模式的应用性成果

近年来，组织行为学研究领域出现了组织健康的新概念。依据该概念，一个组织、社区和社会，如同人体一样，也有健康好坏之分。在此次上海地区健康型城区的建设中，我们取得的最突出的成就就是健康型组织评价。我们在社区、企业的正常人群体，以及失智老人、晚期癌症病人及其照顾者、丧亲人群中进行了健康型组织评价试点，已经形成了具有普遍意义的组织评价标准和施测工具。这些指标不仅适用于企业，也适用于社区甚至更大的社会范畴。在这一评价结构中，不能孤立地谈身心健康这一维度，其他两个维度也是实现身心健康的重要保证。身心健康包括了组织的健康、职工福利、劳资关系、组织绩效等多层面；胜任发展包括了领导风格、能力发展和抗逆能力，是健康发展的重要基础；变革创新包括了组织文化、企业的社会责任。我们通过评估健康型组织的效能与各维度的协同效果（见附录1）证实，评价工具有良好的信度和效度。该工具已经在全国各示范基地试用，取得了很好的成效。关于健康型组织的数据模型的检验问题，要尽可能保证数据获得的多元性，并将自评、他评的问卷配合使用，同时尽可能获取来自客户的评价数据，以避免测量中的称许性问题。西方发达国家的研究者一直秉承组织健康的视角，虽然他们的假设模型中也涉及组织外的健康问题，但是，他们对这些因素的研究并不深入。我国是一个多民族的、幅员辽阔的大国，健康型组织的研究探索不仅要关注行业差异和地区差异，也要关注文化差异问题。总之，我们希望通过健康型组织评估，不断完善评价工具，助力健康型组织建设。

二、珠江三角洲社会融合模式

(一)广州市荔湾区的社会融合模式

荔湾区地处广州西部，俗称西关，是广州市独具岭南特色的中心城区和广佛都市圈的核心区。进城务工人员对于搞活商品流通、促进和繁荣市场经济、城市建设、环境卫生等都有促进作用，但也引起了一系列的社会问题。这里，本区外来人员与本地人员的融合成了区政府管理中的重点关注问题。为此，课题组在广州开展了社会融合模式研究。调查表明，外来人群只有从心理层面认为自己融入了新城市，感知到归属感、对城市的工作生活感到满意，才能实现真正意义上的社会融合。根据上述调研结果，荔湾区政府果断地采取了社会融合行动计划。在具体政策上给予外来人员特殊的经济支持，如外来人员的缴纳摊位费方面给予折半的优惠，通过社会心理支持使得外来人员增加情感支撑的获得，拉近人际距离，促进外来人口和本地群体之间的融合。这一举措最为有效的案例是十三行"治乱"，市场管理取得了重大突破，得到了《南方日报》和《广州观察》的连续报道。为了完善社会心理服务体系，荔湾区政府将辖区按照网格分布进行划分，配备网格员负责网格巡查、收集民意，实现了"品牌社区"和"亮点社区"全覆盖。荔湾区还组织了党组织参与慈善救济、环保、教育等领域的建设工作，共同为打造荔湾党建品牌而努力。

(二)樟木头税务分局的健康型组织建设

珠江三角洲社会和谐的另一个示范单位是东莞樟木头税务分局。从2015年开始，樟木头税务分局系统地开展了健康型组织体系的探索，作为一个基层单位，在国税系统中创造性地将健康型组织建设与党建工作互相融合，形成了独具特色的健康型组织体系。首先，他们将组织与员工促进计划引入日常的思想政治工作，在员工中开展了健康型组织评估(见附录1)，针对存在的问题提出关心员工的一套新的方法，为全面建设健康型组织体系奠定了坚实的理论和方法基础。其次，在健康型组织建设中，创造性地形成了"党建引领、胜任发展、健康管理、文化培育、和谐征纳和绩效改进"六大践行模块，让健康型组织建设理念、体系和方法在樟木头税务分局落地生根，开花结果，使得基层党建工作和健康型组织建设达到了完美的结合，迎来了征纳关系的改善，并大大地提升了组织绩效。最后，樟木头税务分局领导班子经过五年多的努力，创造了一套完善的基层工作的健康型组织体系，形成了员工职业发展的动力机制；自主创建的"悦读沙龙"读书品牌独具特色，荣获"全民优秀阅读品牌"。此外，党建引领的健康型组织体系荣获广东省国税系统"五创新"工作案例表彰。由于健康型组织建设的卓著成绩，樟木头税务分局获得了广东省国税局的充分认可，后来被列为全国税务系统第一个健康型组织示范基地。时勘教授团队从樟木头税务分局的健康型组织建设试点工作之初就直接加入其试点工作，并将这一基层单位列为国家社会科学基金重大项目示范基地。目前，示范基地的研究成果已经在广东省及省外一些地区产生了良好的推广效应。

三、组织文化影响机制的研究成果

(一)城市廉洁文化评价系统的应用性成果

世界各国廉政管理的成功经验表明，毫不动摇地打击腐败和开展以预防为主的廉政教育，特别是加强廉洁文化建设，两者缺一不可。但怎么进行评估才能保证评估工作的客观性和科学性？这一直是廉政管理的难点之一。从心理学的角度来看，由于人们普遍存在着在评价过程中追求自身获得好的、回避差的评价结果的心理倾向，参评者们较难避免这种心理活动带来的自我掩饰行为。我们称之为评估中的称许性行为。这显然不利于廉洁文化建设的可持续性发展。鉴于以上情况，国家社会科学基金重大项目课题组在重庆市渝中区纪委支持下，开展了廉洁文化建设有效性的评估和反馈方法的探索工作。城市廉洁文化建设的有效性评估能否客观、真实地反映民情，是廉政管理能否有效实施的关键之一。重庆市渝中区纪委课题组开展了廉洁文化建设有效性的评估和反馈方法的探索工作。渝中区的廉洁文化评价由多维度结构组成，这里，组织文化包括了价值观层次、行为准则层次和人造物层次。价值观层次属于文化结构的深层次核心，是以廉洁为核心的道德认知在社会大众潜意识中的固化；行为准则层次属于价值观引导下的高道德水准的思考和行为，如以廉洁自律、遵纪守法、勤俭节约等为准则的认知和行为；而在价值观和廉洁行为的交互作用下产出的结果，就是廉洁元素的文化载体，它包括了形象化的物质外化物，如城市品牌、历史景观、文娱活动、文史书籍、名言警句、语言和实体形态等。基于以上思考和对各地廉洁文化建设实践的考察，我们设计了廉洁文化建设的三层次结构评估问卷，来分别考察城市廉洁文化建设的有效性。评估问卷细化为 6 个一级指标：个性特质、道德意识、自我约束、行为引领、外显品牌及大众宣传。每个一级指标又细分为 5 个二级指标，共计 30 个二级指标。评估问卷编制完成后，我们于 2015 年 12 月在重庆市渝中区的解放碑、七星岗、大溪沟、菜园坝、南纪门、石油路、朝天门、大坪、上清寺、化龙桥、两路口 11 个街道办事处辖区进行了问卷调查。通过小范围试用，证实了这种方法在廉洁文化建设评估中的可行性，后来，在重庆市渝中区的社区基层完成了评价工具实验工作，从而确定，多测度评估方法可以应用于较大范围的廉洁文化建设有效性评估之中。

目前，评估方法已经在重庆市纪检系统以及全国部分省市系统推广。

反腐是一场价值观的较量，廉洁文化建设的作用不容忽视。重庆市渝中区与心理学研究者合作，采用配对互评方法，进行了评估有效性的新尝试，取得了突破性进展，为后期廉政教育提供了值得关注的经验。2017年5月，人民出版社出版了《城市廉洁文化建设研究——以重庆市渝中区为例》一书，该书聚焦课题组在重庆市渝中区的研究成果，着重从学术角度阐述了城市廉洁文化建设的评估结构与方法，是对该项目很好的总结。总之，在反腐倡廉新形势下，重庆市渝中区不仅协调推进"四个全面"战略布局，积极实践五大发展理念，还坚持在廉洁文化建设方面开展科学研究，创造了一套在我国城市开展廉洁文化建设的科学的评估模式，值得各地借鉴和推广。建议未来的廉洁文化建设的有效性评估中，进一步完善等级锚定、层次分析、因果模型和访谈验证相结合的评估程序，以期获得更为全面的廉洁文化建设有效性的信息，为后期廉政教育的反馈工作提供依据。

(二)组织文化对企业并购影响的应用性成果

如今，并购已经成了一种常见的应对市场环境变化的战略模式。对于走向国际化的大型中国企业集团来说，并购更是成为其实现战略转型和快速发展的重要战略途径。针对并购失败案例增多的情况，人们已经开始把原因归结于组织文化对并购过程的影响，不过，探讨组织文化对并购有效性影响的实证研究却非常匮乏。课题组在中国五矿集团的大力支持下，针对该企业成功并购澳大利亚OZ矿业公司，总结出并购实践的六条原则：文化摸底、双向预览、适度投入、求同存异、去粗取精、追踪干预。研究结果表明，通过深入访谈可以获得对方的文化内涵，共同参与各种非正式活动可以建立长期有效的互动交流平台；通过召开大型会议来宣讲预览文化框架，特别是高层领导经常亲临考察交流，能够取得意想不到的融合效应。在并购双方的共同努力下，新建立起来的五矿资源有限公司(MMG)运营平稳，实现了利润稳定增长，保有现金流出现了非常积极的变化，MMG 的高层管理者和一线员工队伍都十分稳定。中央领导对 MMG 公司运营情况做出重要批示，对中国五矿集团公司成功收购 OZ 矿业公司主要资产并成功运营给予了高度肯定。根据本研究成果完成的专著《组织文化对企业并购的影响机制研究》于 2018 年由北京师范大学出版社出版，该书以生动的笔调介绍了企业并购中的组织文化预览的规律、员工谏言/员工沉默对企业并购的影响机制和组织文化冲突对工作投入的影响机制等成果。

(三)基于安全文化的心智培训模式成果

改革开放以来，企业成为我国市场经济背景下推动生产和发展的中坚力量，但生产安全是较为突出的问题之一。尤其在煤矿、电力、核能、化工等支柱性产业组织中，工伤事故多发，安全生产形势严峻，对安全绩效的管理成为该类企业的工作难点。近年来课题组在国家社会科学基金重大项目示范基地山东能源肥城矿业集团进行安全文化研究，发现生产型企业员工的不安全心理是引发风险性生产行为的根本原因，从而转向对企业员工、管理者及其组织群体的安全心智模式研究。该研究特别探索了在非常规突发事件背景下人们的抗逆力模型，展示了社会心理促进模式在组织文化建设中的重要性，并获得了安全文化促进的有效性证据。本研究将文化建设拓展到健康性组织建设中，使安全心智培训在煤矿工人的培训中发挥了重要的作用。心智模式包含了情感、认知和态度三方面要素，安全心智模式培训则倡导人在安全生产过程中的身、心、灵的和谐统一，通过目标定向、情境体验、心理疏导、规程对标、心智重塑、现场践行、评价反馈七个关键环节，实现受培训者(包括管理人员和一线员工)心智模式的改变和重塑。本系统与煤矿集团 5F(全面风险管理、全面预算管理、全面业绩管理、全面质量管理、全面对标管理)协同管理平台对接。后来，受山东省科学技术厅的委托，山东省能源局对山东能源肥城矿业集团与中国科学院大学联合开展的"基于全面信息化的煤矿企业文化建设模式研究与示范"课题进行了鉴定，以范维澄院士为首的国家 973 计划专家组认真审阅了课题资料，察看了现场。鉴定委员会一致认为，该成果对于我国企业全面信息化管理与安全文化建设相结合具有示范和引领作用。该项目研究具有很强的理论和实践创新，研究水平达到国际先进水平。本项目由于在安全文化建设方面的突出贡献，获得了山东软科学优秀成果奖一等奖。2015年9月，国家煤矿安监局办公室下发《关于印发山东能源集团肥城矿业公司安全心智培训经验材料的通知》，向全国推广山东能源集团肥城矿业公司安全心智模式的培训经验。

四、乡村振兴战略产业发展的应用性成果

(一)贫困问题网络调查工具

2021年3月25日，习近平总书记在北京举行的全国脱贫攻坚总结表彰大会上宣布，中国脱贫攻坚战已经取得了全面胜利。但消除农村绝对贫困并不意味着贫困的最终解决，"城乡融合型社会"已经呼之欲出。为了避免返贫、脱贫不稳定问题，需要探索脱贫人员的心理机制。为了使用更为便捷灵活的测量手段，识别出疫情中的贫困人员，我们开发了一套贫困的识别工具，包括收入、饮食和居住问题三个方面的内容。我们也关注了相对收入因素，从横向(同所在地区平均水平相比)与纵向(同自身五年前境况相比)两个维度来测量民众对自身经济地位的主观认识，并增加风险威胁、致富动机与信心等因素，开发了新的量表，可以筛选出生活水平较低群体。这为探索"心理相对贫困"的深层次原因打下了基础。此外，为了配合乡村振兴战略，我们还编写了入户调查问卷，网络调查手段可以大大地降低成本、提高效率，而入户调查则能解决无法使用智能电子设备、文化程度不高的困难群众的数据收集问题。

(二)乡村振兴的融合发展模式

城乡融合发展是指破除城乡之间在空间、经济、社会、基础设施、公共服务、生态环境等方面的二元结构。推进城乡产业融合是根本，提升乡村生态环

境质量是重点，促进人才、技术、资本流动是关键。课题组在全国工商联的支持下，前往多地开展调研和模式探索工作，针对产业发展提出了系列建议，经过努力，获得了不少经验。

1. 贵州六盘水猕猴桃特色产业扶贫模式

课题组针对贵州六盘水的扶贫状况展开调研访问，发现猕猴桃是六盘水山地特色高效农业的代表作物。于是，我们向六盘水市有关部门提交发展报告，建议以特色产业助力脱贫，使其在实现脱贫基础上逐步增收致富，同时增强六盘水下辖各县区稳定脱贫的能力，提升经济发展水平。鉴于这一突出贡献，六盘水市卫生健康局特授予时勘教授"六盘水市社会心理服务体系建设帮扶贡献奖"。

2. 江苏兴化"政府＋社会资本＋村集体"模式

该市创新了"政府＋社会资本＋村集体"的合作模式，以产业带动村民致富，走出了一条社会资本参与特色田园乡村建设的可持续发展之路。该市利用当地特色资源，招揽资本注入特色田园乡村的运营和产业发展。借助这一共同平台创业增收，吸引了更多资源、技术等要素回流，提升了自身"造血"功能。这一模式已推广到江苏省其他县市，政策建议报告也被有关部门采纳，得到市委、市政府的高度肯定。

3. 广东中山特色农产品电商模式

课题组前往广东省中山市进行调研后建议，当地以特色农产品电商为发展路径，围绕广东十大作物，重点培育专业镇发展，推动绿色宜居村镇示范工程。该市以政府牵头、企业配合模式，通过政策扶持和市场化运作，打造特色农业示范区，推动特色农业产业集群发展；此外，积极开展农民电子商务培训，赋予农产品以文化内涵，进一步做响品牌。智库报告提交广东省中山市工商联及有关部门后，得到肯定与采纳。

4. 浙江美丽乡村建设模式

浙江省作为美丽乡村建设的全国先进示范区之一，通过深入推进全域美丽、万村景区化建设，构建了人与自然和谐共生的美丽乡村新格局。课题组针对乡村环境与文化建设等问题提出了相应对策，在空间环境改造、基础设施建设和环境文化建设方面，营造良好的村庄居住、旅游环境，建设村民服务中心、文化礼堂、村民食堂、旅游民宿等公共活动场所，开展多形式传承特色文化活动。此外，我们基于几十年来在胜任特征领域的研究积累，在一些农村示范基地开展了以核心胜任特征为基础的培训探索，不仅在知识技能方面增强村民的自主谋生的本领，还在致富动机、社会交往等方面提升其核心素养，使之成为"爱农业、懂技术、善经营"的新型农民。在全国工商联的支持下，已在浙江温州、贵州六盘水等地开展线上线下培训活动，取得了较好的培训效果。上述乡村振兴相关经验，有望在全国其他地区推广。

五、高端人才核心胜任模型智能评估的应用性成果

(一)紧缺人才的战略需求分析方法

目前，高端人才竞争一方面要掰开西方国家"卡脖子"的手，想方设法吸引海外人才归国，另一方面要利用人工智能匹配新技术，探查区分高端人才选拔和培养的可区分、可度量的心理学方法，为科技前沿领域聚集一批想创新、敢创新、能创新的高端人才。我们目前采用的是基于 O^*NET 的职业工作分析，获得招聘职位的职业特征标准，基于心理测试的网络测试技术，获得大批量候选人才心理特征，通过对两方面数据的大数据智能评估，最终建立可视化评估平台，促进高端人才科学匹配。目前，人职智能匹配的研究成果已经进入应用阶段。

(二)胜任特征自动化建模和人员选拔

在大规模人职智能匹配的数据结果基础上，首先，进行行为事件访谈，即通过录音、录像和生理指标采集语言文字、语音语调、面部表情等的多模态信

息，按时间线关系予以对应。其次，通过机器识别等自动化编码技术，运用语音 API 将访谈音频转录为文字信息，借助胜任特征编码手册和自然语言处理技术，对非结构性数据进行索引、搜寻等数据挖掘，标定层级化的知识、技能、态度等核心要素。再次，将语音语调、面部表情等信息进行整合，运用数学模型分析其情感倾向和强度特征，标定编码结果中胜任特征的权重，并通过差异性检验对不同团体的特征进行比对，形成初步模型。然后，采用线上线下相融合方法，邀请心理学家、高层管理者、高端产业专家，采用德尔菲法进行循环论证，对模型做删减补充，并采用聚合分析方法进行汇总分类，获得各类专业人才核心胜任特征模型，形成精准化的大数据特征库。最后，通过结构化面试、图片投射测验等组织内部人才甄选方式完成招聘工作。在一些地区已经采用这种新型方法进行人才筛选。

(三)高端人才核心胜任特征培训模型的应用

通过行为事件访谈和团体焦点访谈，我们建构了科技人才的胜任特征模型。模型包括知识技能、个性特质和社会交往三个维度，并区分为共性胜任特征和管理、科研、工程领域的特异性胜任特征。共性胜任特征是所有访谈对象表现出的共有胜任特征，具体表现在知识技能、个性特质和社会交往三个维度。通过访谈、编码、统计与修订，共得出 8 项科技人才共性胜任特征。目前，可以通过培训前测、核心胜任特征干预培训、培训后测的模式来进行，培训方式采取了线下培训和网络培训相结合的模式，来验证新开发的核心胜任模型以及干预培训模式的有效性。在培训方法方面，可以根据开发的核心胜任特征模型的类型、特征和展示方式，来分别选择应用汇编栅格法绘制出认知地图和安全心智培训的方式以检验在受培训员工头脑中的形成效果；也可以选择沙盘诊断培训，通过团体沙盘游戏对团队建设中的人际互动、团队凝聚力、责任感以及团队创新效能进行培训；还可以开展合作型团队培训，争议双方交换观点后，让其从不同的角度体会对方观点，以便理性地处理争议问题，协同前进；最后通过情景模拟评价测定不同领导者的人际关系基本倾向，特别是容纳、控制、情谊三种人际关系和主动、被动两种不同的反应倾向，使得人际关系反应特质不同的个体和组织得到培训、定量测定以及建议评价。

(四)大数据背景下高端人才开发可视化平台

随着大数据决策、人工智能运算在大量研究中取得进展，大数据和人工智能技术本身也会不断发展和成熟起来。本研究立足于核心胜任特征的理论和技术，在混合网络下进行高端人才大数据系统化整合分析，在可视化平台中展示职业心理测试数据的获取，并能展示人格特征、职业特征等多层次智能匹配的结果。针对高端人才不同岗位核心胜任特征自动化编码建模，可以通过计算机记录与分析，展示不同阶段的胜任特征模型的建立过程。在培训实施过程中产生的大量动态数据，能够在可视化平台中展示其动态过程，直至底层驱动获取的数据和核心价值观形成后的核心胜任特征模型。平台可以根据用人单位的需要，调出不同科技岗位的核心胜任特征模型图，也就是通常所说的雷达图，供选人用人和绩效评估使用。

六、非常规突发事件应急管理的应用性成果

(一)危机救援社会心理服务的成果

北京市危机救援学校是国家社会科学基金重大项目的示范基地，成立于2010年，致力于为从事应急安全岗位的人员提供职业化教育和标准化培训，为社会公众提供安全知识普及和自救互救技能培训。目前，已基本形成以应急救援技能培训为核心，以科普宣教、应急演练、安全咨询、风险评估为外延的业务体系。为了满足弹性的培训需求，采取专兼职结合方式组建了师资队伍。其中，专职师资来自中国国家救援队、消防部队、武警特种部队及阜外医院、武警医院等，是国内从事应急救援职业化教育的一支专业队伍。学校聘请了一批

来自应急管理、医学救援、灾害救援、心理援助、生产安全、职业教育等领域的专家顾问，让他们为学校的发展定位、业务模式、教研教学等提供具体的咨询建议和技术指导。目前已投资建设了北京市应急救援培训基地，该基地位于北京市昌平区南口镇，占地 24 公顷，划分为教学区、模拟灾害场景训练区、拓展训练区和生活区等，拥有模拟危楼、废墟管道、营地管理等多种模拟场景训练设施，可以开展地震搜救、车祸救助、现场急救、车辆涉水、火灾消防等专业科目训练，还可为 300 人同时开展培训。凭借完善的管理制度、规范的工作流程和良好的服务能力，基地被指定为国家社会科学基金重大项目的示范基地，也是中国应急管理学会、北京市志愿服务联合会、北京市社区防灾减灾和北京市红十字会的应急救援培训基地。基地申请的紧急救援员职业技能培训资格，获得了人力资源和社会保障部审核通过的资格认证，为各类应急救援队伍开展专业化、标准化技能培训，已经累计发放证书 6 000 张。基地服务于首都的应急安全，先后开展了"5·12"防灾减灾日、"10·13"国际减灾日、学校安全教育日等主题日活动，还承接了"邻里守望平安家园"等安全科普大课堂，协助民政系统培训应急救助队伍，并配建标准化应急物资柜，承接北京市"职工技协杯"危险化学品应急处置技能大赛，获得优秀组织奖。北京市危机救援学校为北京市级各区民政、民防、地震、志联等政府部门及企业、院校、公益机构、民间救援队等提供了各类应急服务，累计培训人数超过 5 万人次，将继续立足专业化发展和社会化服务，为防灾、减灾、救灾及公共安全事业贡献力量。

(二)基层部队主官防恐反恐的应急成果

当前，世界军事革命日新月异，我国周边安全威胁异常严峻。为解决这些问题，锻造一支政治坚定、素质优良、胜任本职、充满活力的基层主官队伍，牵引带动基层部队打仗能力提升，特别是在防恐反恐中发挥核心作用，同时提升部队的现代化水平，从 2006 年起沈阳军区政治部干部部联合中国科学院大学管理学院，针对连队主官的岗位特点和职责要求，探索建构了"一个核心、三个维度"共 19 项特征指标的连队主官胜任特征模型，成功运用于加强和改进主官队伍防恐反恐建设工作中，取得了显著成效。本项目组以沈阳军区 16、39 和 40 集团军连队主官，以及部分担任过连级主官的营主官和机关干部为被试，按照边研究边探索、边实践边完善的思路，利用七年时间完成了文献检索、访谈调研、获取指标、分析调整、验证指标和建构模型六个阶段的工作。通过八年来的研究探索，建构了连队主官的胜任特征模型，形成了完善的应用软件系统，可以为选拔培养连队主官提供科学规范的参照标准。本应用课题形成了《作战部队连队主官胜任特征模型的建构研究报告》《连队主官胜任特征深度评价手册》《连队主官胜任特征编码词典》和"基层主官胜任特征评价应用系统"。军事干部数字化的培养考核系统提高了选人用人的客观性、准确性和公信度。本项目已经获得中国人民解放军总参谋部组织的鉴定，并获得 2014 年度总参谋部科技进步奖一等奖。目前，作为国家社会科学基金重大项目的推广成果，已经被中央军委联合参谋部推荐推广。我们相信，这一军事人才的选拔、培训和绩效考核系统，具有广阔的应用前景和巨大的发展潜力，必将对推动我军的干部工作和军事人才建设产生深远的影响。

(三)红十字组织安全维稳危机干预成果

中国红十字会是中华人民共和国统一的红十字组织。北京市红十字会近年来赴菲律宾参与台风"海燕"灾害的国际救援，2008 年北京奥运会期间参加涉外治安事件救援等，已经形成了完善的紧急救援网络，配合公安部门，为维护和谐稳定、保持良好国际形象方面作出了重要贡献。红十字组织除了发挥国际跨越政治的合作和国内公益性组织的和平人道的功能之外，还在国家维稳大系统中发挥独特作用。目前，作为国家社会科学基金重大项目的示范基地的北京红十字组织正逐步纳入国家安全维稳领导体制之中，得到了国家层面更强有力的支持。总体说来，我国红十字会在社会治理和安全维稳中有着不可替代的作用。而在加大国际之间的工作交流与合作方面，红十字会更能从第三方的角度出面，来确保与社会各方建立更为融洽的联系。有关红十字组织在维护安全稳定工作中的作用的研究，作为社会治理的组成部分之一，还需继续下去，这也是社会心理服务体系建设的组成部分之一。

第五节

总体结论与未来研究展望

一、总体结论

中国共产党已走过百年辉煌历程，过去 100 年，我们党向人民、向历史交出了一份优异的答卷。现在又踏上了实现第二个百年奋斗目标新的赶考之路。民心是最大的政治，人民是党执政兴国的最大底气。我们开展的"中华民族伟大复兴的社会心理促进机制研究"就是在广大民众坚定理想信念方面展开研究，试图从心理学和社会学角度，考察民众目前的心理现状，检验是否赢得了人民的信赖和支持，从而为人民创造更加美好的生活，书写中华民族伟大复兴更加精彩的篇章。我们通过八年多有关中国梦和社会心理服务体系的系列探索，达到了预期的目标，在如下八个方面取得了研究成果。

(一)中国梦的意义及多民族共同心理

从社会变迁与文化认同的角度，探索了古今中西文化论争中悬而未解的中国梦的心理机制。实证研究发现，传统文化在我国民众内心的根基较深，并不会随着社会变迁而被取代。只要在中国文化认同连续性基础上去总结、提升中国经验，就可以坚定各族人民拥护中国道路的信念与决心。通过培养历史意识，可以理顺民众看待社会变迁的观念与态度。如果具备对未来发展的文化自信，就可以化解发展阶段中不良的社会心态，从而加强对国家的认同。本研究将获得的社会心态评估模型落实到健康型组织评价上，形成了包括身心健康（身）、胜任发展（心）和变革创新（灵）的评价系统，在评价中通过系统熵带来的熵减规律，可以获得综合、协同的评价结果，精准地预测民众的心态，并能提供多民族共同心理的测评结果，为健康型组织建设反馈较为精准的民众的心理现状，以便为中国梦的实现提供管理决策建议。

（二）胜任特征模型的建构理论和方法

为了实现中华民族伟大复兴这一目标，需要各行各业民众加强能力建设，以不断提升各族人民职业发展的能力。本研究专门开发了适应于各行业的胜任特征模型。该模型在公务员成长评估中具有完全不同于西方议会竞争制度的优越性，其中的安全心智模式已经成为安全文化建设的有效工具。

（三）国家思想库和科技创新体系建设

在关键核心技术的识别、突破和国家创新体系建设方面，本研究结果证实，务必加强对科学技术前沿领域高端人才的甄别和选拔，要有更为切实的政策来保障战略性人才的引进和使用。在回答高端人才成长的"钱学森之问"方面，需要系统解决国家创新体系的诸多问题，以便抵御西方国家对我国高新技术发展的"卡脖子"行径。在国内开展不同类型高端人才成长规律研究时，一方面，要更加注重政策制定中变革型领导、情绪智力与创新行为的影响机制；另一方面，在青少年胜任特征培养方面，要加强对"家国情怀""敢为人先"等人格特征的培养，还要大力提高民众的科技强国意识，这对于实现强国梦意义重大。

（四）基于网络媒体平台的社会心理行为

在实现中华民族伟大复兴的中国梦的征程中，数字经济的作用越来越重要，基于网络媒体平台的社会心理行为在"智慧中国"的研究中正发挥越来越大的作用。本研究以信息技术为主导，利用网络挖掘技术揭示了网民集群行为的心理特征、社会特征和网络特征，并在网络媒体数据的高效获取与集成、微博平台的用户关系方面取得了突出进展。本研究特别发现，可以选择不同的势函数，在点上考虑特定模式，在边上考虑势函数，解决网络沟通中的传播性和限制性问题。目前，在自动检测事件谣言微博方法上，已经实现了国内社交媒体平台"新浪微博"的爬取系统，并探究了基于词向量的互联网新闻事件追踪和相关性推断的方法。这一相关模型和算法，实现了一套稳定、高效的原型系统，部分模块已经稳定运行。本研究提出的自动检测网络事件谣言的方法，已获得鉴别网络虚假行为和避免干扰的专利产品，这些工具可以控制不良网络行为的蔓延，具有一定的理论价值和实践效用。

(五)疫情时代社会心理服务的特殊要求

新冠疫情全球大流行，这是社会心理服务体系建设研究遇到的新问题。为了满足应对新冠疫情中社会心理服务体系的特殊要求，我们在全国范围展开了四轮网络调查，分别探索了风险认知心理、"台风眼效应"、组织污名化、创伤后的心理康复和青少年抗逆成长等特殊心理规律。我们还开展了后疫情时代"乡村振兴战略的产业发展与民众成长""校园欺凌行为的社会情绪机制""社区法律公共网络平台的普及推广""高端人才核心胜任特征的智能评估""松紧文化、变革型领导与组织创新行为的关系"五方面实证研究。在非常规突发事件之后，社会心理服务体系要更加关注核心胜任特征成长评估问题，特别是创伤后的心理康复问题。

(六)社会心理促进的指导思想和促进模式

在前述五项研究成果的基础上，我们在中华民族伟大复兴社会心理促进机制方面，形成了范畴界定、系统完善、人才培养、专题研究和促进模式等方面的系统推进的全新方法，形成了社会心理促进模式的路径，具体包括确定受援助者、界定援助目标、选择援助模式、获取内部资源、启动社会支持、实施援助计划和评估援助效果七个环节。习近平总书记2017年提出的"加强社会心理服务体系建设"的新概念,与我们 2013 年就提出的社会心理促进机制有很多吻合之处。我们决定在本项目后期,将社会心理促进机制与社会心理服务体系全面结合起来,在社会心理服务体系的建设内涵、结构内容、外延界定、服务体系和主要功能五方面,总结出中华民族伟大复兴社会心理促进模式新思想,这一理论模式也适用于社会心理服务体系的探索和完善工作。

(七)社会心理服务体系的示范性应用成果

本项目在示范性应用成果方面,已经出版发行 16 部专著,这些专著可以总体归纳为社会心理服务体系建设的 6 个方面的示范性成果。(1)健康型城区建设模式,包括 6 项研究成果:医护人员的抗逆力模型及其组织与员工促进模式、老年人社会网络和健康促进模式、老龄化与认知功能衰退的神经机制及干预、晚期癌症病人的死亡应对与临终精神性关怀、丧亲人群哀伤的社会支持、健康型城区建设模式的实践推进。(2)珠江三角洲社会融合模式,包括 2 项研究成果:广州市荔湾区社会融合模式和樟木头税务分局党支部的健康型组织建设。(3)组织文化的影响机制,包括 3 项研究成果:城市廉洁文化建设评价系统、海外企业并购模式和安全心智培训模式。(4)乡村振兴的发展产业模式,包括 2 项研究成果:贫困问题网络调查工具和乡村振兴的发展模式。(5)高端人才核心胜任模型智能评估系统,包括 4 项研究成果:紧缺人才的战略分析、胜任特征自动化建模、高端人才核心胜任特征培训和大数据背景下可视化展示。(6)非常规突发事件的应急管理,包括 3 项研究成果:危机救援社会心理服务、基层部队主官防恐反恐的应急管理和红十字组织安全维稳的干预成果。

(八)社会心理的测评工具和培养模式

心理学实证研究区别于其他学科研究成果的突出特点在于,可以为政府主管部门和各行业提供可操作的测量工具和培养模式。首先,我们成功研发了包括身心健康(身)、胜任发展(心)和变革创新(灵)的健康型组织评价系统,可以在各地区测量不同类型的组织时使用。其次,在胜任特征模型多模态结构探索中，采用行为事件访谈和团体焦点访谈的多模态信息采集方法，并配有编码手册，可以在不同行业采用或完善。再次，各地区应急救援部门可以采用抗逆力模型测量工具，并将其纳入应急救援集成系统中。在科学思想库建设方面，可结合高端人才智能评估成果，将核心胜任特征的智能评估方法用于科研单位、企业和大中学校的人才选拔、评估、培训和绩效管理中。此外，开发的通用胜任模型可以灵活采用线上线下培训方式，并用于幼儿园、小学、中学、高等院校和广大民众的科普教育中，促进科技强国意识教育。最后，基于网络媒体平台社会心理行为的可视化平台，可以实现稳定、高效的原型系统，确保社会心理服务的精准性和有效性。

二、未来研究展望

百余年来，中国共产党在应对各种困难挑战中锤炼了不畏强敌、不惧风险、敢于斗争、勇于胜利的风骨和品质。这是我们党最鲜明的特质和特点。在今后的奋斗历程中，我们将把中华民族伟大复兴的事业一代又一代传承下去。为贯彻习近平总书记的战略部署，未来我们将在扩展学科边界、整合学科资源方面继续进行探索，在更为广阔的社会范围，包括自然环境与人的适应、各社会层次的制度、政策设计，从地域、城区、社会组织、企事业单位到各层级社会群体的管理和服务方面展开延续性研究，特别在社会心理服务体系建设完善方面，建立更加客观的、可操作的标准，促进研究的现实指向性，并注重研究成果进一步向现实转化。在未来的心理学研究中，主要考虑开展的研究是：理想信念与社会治理研究、健康型组织建设研究、亲清政商关系研究、聚焦核心技术的国家创新体系研究和组织文化的影响机制研究。

（一）理想信念与社会治理研究

要将中华民族伟大复兴的民众心理研究进行下去，首要的问题是理想信念的民众心理研究，这涉及对中国梦的社会认知和多民族认同问题。我们知道，理想信念是夺取一切胜利的强大精神力量，要使民众从党的百年奋斗中感悟信仰的力量，保持顽强意志，就要从心理学角度寻找未来研究的切入点。社会主义是历史发展的必然结果，首要考虑的是，如何让民众坚定道路自信、理论自信、制度自信、文化自信，从而增强对实现中华民族伟大复兴的信心。由于在斗争实践中需要不断砥砺、经受各种考验，民众的理想信念问题应当是坚定探索的终身课题。那么，从心理学研究来看，探索在我国国情下民众的理想信念是怎样形成的，需要探讨中国文化背景下的特殊问题。

当前，随着社会经济的快速发展，民众思想中出现了一种物质主义文化，一些违法乱纪的行为频发，负性心理效应不断出现。社会心理服务体系建设中的"痛"点体现在"通"这个关键点上。我们认为，心理学介入社会治理，是调整认知、化解抑郁情绪的关键，这就需要对需求、动机、目标等方面展开研究。这恰好是社会心理服务体系相对薄弱的方面。在社区中，人大多倾向于接受安排和调动，主观能动性发挥的空间较小，个人控制需求得到满足的概率相对较低。社群关系也发生了很大的变化，人们的归属认同感大大降低了。个人的朋友很少来自社区，邻居彼此之间少有来往，更无情感的交流。与传统社会相比，归属认同感普遍下降了，新的精神尚未成为人们真正的共识，所以，无论是在基层社区组织还是在上层社会管理体系中，都面对着凝聚力不足、个体化导致的心理问题频发等问题（张建新，2020）。

在社区生活中个人控制需求较少得到满足、缺乏主观能动性的情况下，民众的心理获得感也相应降低，归属认同感也会低落，这就带来了缺乏共识、意见分歧、难有作为的治理难题。在此背景下怎样来谈论共同的理想信念呢？中国有9 000多万共产党员，他们能深入社会组织每一个细胞中，他们的存在，使得整个社会和国家团结一致，运作效率较高，这是我们制度的优势。现在的关键问题在于，如何从一个个独立个体切入，使得民众的个人需求得到较好的满足,从而达到"人心齐、泰山移"的社会治理整体效果。这可能需要付出较高的社会成本,从心理学角度探索理想信念的核心价值观,让我们每一个党支部、每一位共产党员劲往一处使,社会治理的成本就可能降到更为合理的水平。从心理学角度看,让社会心理服务体系建设和社会治理真正结合起来,让民众从心理学中获得关于个人、人际和群际层面的知识启发,是一条可行的途径。这样或许可以让民众产生更多的个人控制感,从而能够主动参与各类组织的决策,发挥主观能动性,在建设健康型组织的过程中,看到美好社区中也有自己的一份贡献,从而获得自尊自信。然后,促进民众实现更有实效的互动,建立起情感连接,增加彼此间的归属感和认同感,使组织达到协商共管、和平理性的状态。此外,让越来越多元化的社会既能包容私人的利益诉求,又能让大多数人达成一种社会共识,奔向共同利益所指向的未来目标。若能推出一种超越性的价值和精神共识,民众就会更为自觉自愿地求同存异,大众行为就会找到道德和精神的底线(张建新,2020)。那么,新时期的社会治理就会在社会基层平台上得以实施,取得低成本、高效果的成就。这应当是社会心理服务体系研究最切题的延续。

(二)健康型组织建设研究

在确立了个人的理想信念和社会治理的关系之后,我们将考虑第二项未来研究,就是健康型组织建设能否对社区、学校和企业在理想信念方面产生促进作用。健康型组织是一个综合的概念,既有个人层面的健康,也有组织和社会层面的健康,类似的研究应当是学界研究经久不衰的热点。此外,组织行为学界针对企业、社区甚至社会也提出了一系列有关组织健康的标准,如关注目标、权利平等、资源利用、独立性、创新能力、适应力、解决问题、士气、凝聚力和充分交流等指标。这些指标不仅适用于企业,也适用于社区甚至更大的社会范畴。

组织健康的结构探讨源于20世纪末,当时由于对组织健康的概念和内涵缺乏统一的认识，还没有形成成熟和公认的组织健康结构。以理论模型的形式进行呈现的要数组织健康的卓越框架和HERO模型。在未来研究中，我们打算聚焦于民众的理想信念展开研究。由于组织的类型、文化和重视程度存在着诸多差异，需要通过较为系统的理论模型建构来规范健康型组织的测量模型。关于数据的采集方式问题，最近，在采用大数据和人工智能方面也开始做类似的探索。但是，遇到的挑战性问题是：一方面，参与网络调查人员未必能够完全代表所在组织的员工，这可能会削弱调查数据的外部效度；另一方面，由于是在虚拟环境中对调查问卷进行回答，如何保证获取数据的真实性，也是值得进一步探索的问题。

关于健康型组织建设的跨文化比较研究，西方发达国家的研究者一直秉承组织健康的视角，但对于这些因素的外部环境影响机制的探索并不深入。不同国家的法律制度、劳动政策，特别是存在于民众心目中社会心理变迁因素，都有差异。我国是一个多民族、幅员辽阔的大国，不仅有行业差异，地区差异也不可忽视，还有一些民族、文化问题更值得探究。从这个意义上讲，更应该从文化特点和时代背景出发，深入探索适合我国国情的健康型组织结构。在健康型组织的评价层次，包含的社会心理服务的对象最多，如何考量重点人群心理健康服务需求，需要引入社会力量来共同探索，比如为妇女、儿童、残疾人、计划生育特殊家庭以及空巢、丧偶、失能、失智、留守老年人提供心理辅导、情绪疏解、悲伤抚慰、家庭关系调适等心理健康服务。

(三)亲清政商关系研究

面对百年未有之大变局和错综复杂的国际形势，我国坚持"两个毫不动摇"，对标最优经济体，同国际通行规则接轨，以实现从成本优势向综合竞争优势转变。在社会心理服务体系的建设中，如何协调政府和企业之间的关系，如何把市场主体这一经济载体保护好，并激发其内生活力，破解民生难题，构建健康、清廉的亲清政商关系，是顺应新常态的大势所趋。在未来的中华民族伟大复兴的研究中，我们认为，拟开展的第三个课题就是"构建亲清政商关系研究"。通过把习近平总书记治国理政新理论新思想新战略中关于亲清政商关系的重要论述应用于科学研究中，探索激发市场经济主体活力的途径，服务于中华民族伟大复兴与人类命运共同体的建设事业。我们将通过对亲清政商关系历史沿革的梳理，获得政商关系的理论和实践研究的现状。在宏观上，以国家发展改革委企业改革的典型做法为内容；在中观上，以"两个健康"创建办公室亲清政商关系的难点、症结及对策研究为推进方向；在微观上，从组织行为学角度开展政府-企业-高校联合创新因素研究，探索政府支持、高校参与的民营企业双碳科创港示范基地的模式。在此基础上，获得亲清政商关系评价指标体系的改进和完善的测量工具，最后，实现亲清政商关系的大数据整合及可视化平台的演示。

在构建亲清政商关系研究的总目标下，我们将探索国内外政商关系的发展沿革，揭示政商关系的发展现状和未来趋势，从亲清政商关系的宏观战略高度，总结出新时代亲清政商关系的发展趋势，进而从话语权角度推演出新时代亲清政商关系的完整理念，构建出具有全球意义的、中国特色的亲清政商关系模型。据此，本研究首先将从宏观角度，深入探索政商关系创建的法治化路径、权力制衡与市场规范、政策支持与创新引领、政企沟通与组织保障等关键问题，这是子课题1"政商关系的演进与宏观改革研究"的探索内容。其次，在中观层面，从地方政府角度，解决在亲清政商关系中出现问题的难点、症结问题，寻求管理对策。从温州"两个健康"创建办公室的工作对象入手，展开具体问题的对策研究，寻觅政商关系存在的问题，这是子课题2"政商关系的难点、症结及对策研究"的探索内容。再次，在难点、症结的解决路径逐步得到探索的情况下，将研究视角转入政府主导、民营企业创新引领、高校联合参与创新的影响因素研究。这项工作属于政商关系新的研究领域。我们将汇聚民营企业、地方院校的力量，共同组建双碳科创港，一方面，进行民营企业高层管理者、企业科技人员的多模态行为事件访谈，重点探索企业家的核心胜任特征。另一方面，展开组织文化、领导行为和社会网络因素对于亲清政商关系创新的影响因素研究，并验证政府、企业和高校政商关系联合创新的模式的可行性，在示范基地开展二代企业家人职匹配、基于胜任特征的培训研究，以此验证培训模式的有效性。这是子课题3"政府-企业-高校联合创新因素研究"所要揭示的内容。在此基础上，为规范营商环境，子课题4通过编制亲清政商关系评价量表，并展开具体评价工作，来验证新的评价工具的有效性和可行性，这一子课题称为"亲清政商关系评价指标系统研究"。最后，把本子课题获得的网络文本分析、情感分析的数据与前述四个子课题获得的数据进行整合，实现可视化平台展示，形成"数字经济下政商关系的整合研究"。

这项研究能否成功，关键在于正确把握中国的亲清政商关系的关键性问题和重点难点。在今后的工作中，通过对当今中国影响政商关系发展的各种现实问题进行深入调查，我们有信心逐步解决政商关系异化这一问题。从宏观布局的角度，明确全国各地区调查的基本原则和干预的指导原则和方法。然后，开展政商关系的难点和症结的试点工作。这项研究工作实际上是健康型组织建设的延续，因为它与"两个健康"研究关系密切。

(四)聚焦核心技术的国家创新体系研究

我们在中华民族伟大复兴的社会心理促进机制研究中，印象尤为深刻的是"钱学森之问"：为什么我们的学校不能培养出符合国家创新体系要求的人才？特别具体的问题是，为什么前往西方发达国家留学的高端人才学成之后有相当数量人员不会归国服务，而是成为以美国为首的发达国家关键核心技术的主要贡献者？国家创新体系是一种公共和私营部门机构的网状结构，这些公共和私营部门形成了相互作用的创造、引入、改进和扩散的新技术，可以被定义为"影响创新的发展、扩散和使用的重要的经济、社会、政治、组织、制度和其他因素的总和"。我们的总课题"聚焦关键核心技术突破的国家创新体系研究"，主要揭示在当今国际形势剧变的情况下，如何突破西方国家"卡脖子"的封锁政策，充分利用我国社会主义制度的优势，通过顶层设计，全面发展我国基于关键核心技术突破的高端人才培养模式，建立新型的国家创新体系。本课题研究的主要内容包括：国家创新体系关键核心技术突破的理论基础与战略研究，国家创新体系一体化及能力推进研究，国家创新体系建设的组织行为学研究，高端人才的选聘、建模与绩效评估的智能研究和国家创新体系大数据集成与可视化平台研究。

从宏观层面解决自主发展问题，这是我国科学技术自强要解决的首要关键难题。我们只有以自身创新体系建设为发展抓手，才能以不变应万变，从而化危为机。然后，从中观层面解决好关键核心技术的识别和突破问题。因为只有解决了自身应对中的组织协调问题，才能更好地增强科技组织自身的效力和活力，完成整体战略的布局。我们还将开展国家创新体系建设的组织行为学研究，因为任何科技政策都必须要落实到组织层面才能具体化。本课题将从宏观国家、中观组织和微观行为三个层面界定组织内各主体承担的角色及任务，通过生态化考察和多层次研究，探索国家政策、组织文化、团队因素和心理行为等影响机制。接着，通过智能评估获得高端人才核心胜任特征模型，进行人职匹配、网络或线下培训，并实施绩效管理，通过成长评估确定高端人才开发模式的有效性，为我国高端人才的成长培养闯出一条新路。最后，在前述四项子课题数据集成的基础上，将大数据和人工智能技术引入评价体系，考察我们新提出的国家创新体系评价指标系统在促进关键核心技术突破方面是否有改进效率。

本研究的关键性问题和重点难点问题在于，首先，国家创新体系中关键核心技术的突破难点是什么？被以美国为首的西方发达国家"卡脖子"的关键核心技术，哪些是在自主情况下能独立发展的？在遇到"断供"情况下，如何应对这种极端情况？这是本课题拟解决的至关重要的问题。其次，如何从系统角度解决核心技术的识别与突破两大难题？如何探索协同改革的影响因素，从而增强国家创新体系的效力和活力？这可能是其中的关键性问题。本项目已经初步形成国家创新体系的战略布局，将争取从根本上探索出国家一体化创新主体的高效集成、链条合作的模式来解决上述问题。在具体识别和突破关键核心技术的方法学方面，已经形成了初步的解决问题方案。再次，举国体制确实有很大的优势，但过多的行政干预是否会妨碍创新体制的有效运转？所以，在创新体制的总体布局方面，国家应当下放哪些决策权，使得新型的国家创新体系能够具备更灵活的决策机制？在资金配置、高端人才引进方面，需要发挥哪些制度的优势，以达到一体化的目的，使关键核心技术突破获得更多方面的支持？在具体的研究技术路线方面，本研究将从组织行为学角度开展科学思想库、战略性新兴产业和科技人才激励政策的社会调查，解决创新组织一体化的对策问题。最后，从组织行为学角度，如何确定协同改革的方向，也是需要探索的问题。在解决国家创新系统改革的问题时，既有制度问题，也有政策问题，还有组织中领导与科技人员互动协调问题。探索这些因素的相互作用，并努力寻求突破口是关键。为了实现关键核心技术的突破，高端人才的选聘、建模与成长评估中每一个实施环节都有独特的要求。总之，聚焦核心技术的国家创新体系研究将是我们"中华民族伟大复兴的社会心理促进机制研究"的后续研究。

(五)组织文化的影响机制研究

在构建平安、和谐的环境的研究中，组织文化的氛围塑造和融合是中华民族伟大复兴的一个关键问题。组织文化研究起源于20世纪七八十年代，学者们发现，日本企业的管理与传统的美国企业有很大的差异，归根结底在于企业文化的差异，这引发了各国学者对组织文化研究的热潮，组织文化对于一个企业基业长青和达到卓越的重要性已经成为不争的事实。早在20世纪六七十年代，霍夫斯坦德(Geert Hofstede)就对10个国家的管理者和员工进行了大量的深度访谈，之后在64个国家搜集了11 600份调查问卷进行研究分析，提出了国家文化的四个重要维度，它们分别是权力距离、个体主义-集体主义、男性化-女性化和不确定性回避，之后又从西方和东方的差异中提炼了第五个维度：长期观念-短期观念。丹尼森（Daniel Denison）应用扎根理论总结出了四项组织文化特质，分别为使命、一致性、参与性和适应性。总之，国外研究者无论是使用质化还是量化的研究方法，最终结果都显示出组织文化对于组织和个体绩效有显著的影响作用。

进入 21 世纪之初，松紧文化概念开始引发学界的广泛关注。"松"和"紧"作为两种截然不同的文化状态，具有各自独特的作用。一方面，大量实验证明紧密文化相比于宽松文化具有许多优势。例如英国学者梅丽莎·贝特森（Melissa Bateson）进行了一个"眼睛盯着你"的心理学实验，结果发现，当咖啡机上方悬挂有眼睛的图片时（与只有鲜花的图片相比），人们往诚信盒里投的钱平均要多出三倍，这说明紧密文化使得整个社会秩序更加稳定。另一方面，亦有许多实验证明宽松文化相比紧密文化具有自己独特的优势。例如，心理学家发现，在凌乱的房间里待了一段时间的人，在头脑风暴任务中表现得更好，这表明，宽松文化所带来的无序实际上有利于人们跳出原有的思维框架。我们认为，"紧"与"松"的策略不应该是一成不变的，可以将宽松文化因素纳入对领导行为变量的权变考量中，致力于探索最大管理效能发挥的规律。

跨文化调查发现，中国是一个偏紧密文化的国家。我国的变革型领导受中国文化背景的影响，与西方的变革型领导在结构上有着本质的区别。我们将考虑在未来研究中，探讨变革型领导能否在不同的文化背景下发挥更大的效力。我们已经开展的组织文化研究表明，个体更喜欢有远见的合作型领导，更希望领导人倡导变革并赋予员工权力。这里，紧密文化中的个体认为，有效的领导者和员工是那些能体现独立和高度自信的人。他们欣赏领导者按照自己的方式做事，不依赖他人。我们的未来研究将要揭示不同组织文化下领导者胜任特征的变化特点，以及松紧文化在其中的独特作用。课题组在国内曾具体地探索了在前疫情时代和后疫情时代不同"紧"与"松"策略的效果。结果发现，在前疫情时代，文化紧密性与疫情下积极应对行为存在显著正相关：文化越倾向于紧密，在疫情下积极应对行为就越多。而在后疫情时代，领导者表现出的变革型领导行为在很大程度上促进了员工的创新行为，并且宽松文化在其中起到显著的正向调节作用，营造良好的团队氛围可以促进相互合作、彼此信任和相互配合。这种情境下采用较"松"的文化策略，可以激发个体的创造力。为此，在未来的研究中，组织文化的影响机制研究将成为"中华民族伟大复兴社会心理促进机制研究"的焦点问题之一。

当然，在未来研究的设计中，将会面临很多不确定因素，上述五个议题可能会随着内外环境的变化而发生改变。之所以在这里呈现这些想法，是希望得到学界的评判，也希望有兴趣者参与其中，共同为中华民族伟大复兴事业作出贡献！

三、结束语

在本书即将停笔时，需要对《中华民族伟大复兴的社会心理促进机制研究——社会心理服务体系的探索》的内容做一个简要的回顾。应该说，这是经历了八年多的合作努力、凝聚了研究团队的共同心血的结果。我们在此要特别感谢所有为此付出的同人！

首先，必须提到的是立项建议书的策划。由于国家社会科学基金重大项目的选题我们也是初次涉及，怎么样以中国梦为切入点，来探索中华民族伟大复兴这一宏大课题，进而聚焦于社会心理促进机制研究？当时，时勘刚刚来到尚处于初创阶段的中国人民大学心理学系，也是抱着试一试的心态去做这方面的尝试。没有想到，这个建议书被全国哲学社会科学规划办公室通过。当我们获得这一消息之后，系主任孙健敏教授立即组织全系教师来支持项目的申报，特别安排副系主任胡平老师与时勘对接，共同策划科研团队的组建问题。

我们邀请了北京联合大学人力资源著名学者安鸿章教授和中国人民大学负责网络信息研究的何军副教授，并在科技创新方面联系了青年学者华东师范大学曲如杰副教授。在这一阶段，感到特别庆幸的是，从事民族心理学研究的张积家教授刚刚从华南师范大学调入中国人民大学，再加上从事跨文化情绪心理学研究的胡平副教授，使得组建工作进行得相当顺利。此时，心理学系韦庆旺、张登浩和李英武三位博士进入核心写作班子，肖微、邝贝贝、杜嫱和吴文祥四位同学协助论文资料的查阅。当申报书进入汇总冲刺阶段时，由于时间紧迫，肖微同学以办公室为家，通宵达旦地协助我们，工作了整整一周，圆满地完成了申报工作。

中国人民大学心理学系是国内创建较晚的心理学机构，教学研究人员平均年龄30多岁，有近半数属于海外留学归来的青年学者，另一半来自中国科学院心理研究所、北京大学、北京师范大学、浙江大学等国内高校。在系主任孙健敏、胡平的领导下，全系人员齐心协力，敢为人先，经过激烈竞争，终于获得了2013年度国家社会科学基金重大项目"中华民族伟大复兴的社会心理促进机制研究"，这应该是我国心理学界首批获得的国家社会科学基金重大项目！

2014年7月1日，中国人民大学隆重召开了国家社会科学基金重大项目的开题论证会（见图10-1）。中国人民大学副校长王利民教授，国内外专家黎岳庭、乐国安、董纪昌、刘力、陈敏出席了会议。来自上海、广州、重庆、济南、沈阳等实验基地的代表共50余人出席了论证会。会议通过了时勘教授所做的开题论证报告。此处特别要提到的是，前来参加开题报告会的有谢咏（上海市静安区卫生和计划生育委员会书记）、陈建（广州市荔湾区政府副区长）和张刚（中共重庆市渝中区纪律检查委员会书记）；还包括张立刚（沈阳军区政治部干部部部长）、姚子平（中国五矿集团副总裁）、尹少清（北京市危机救援学校董事长）和张腾（全国铁道团委书记）等。后来，这些部门的领导都在项目执行过程中给予了人力、物力和财力的大力支持。

图 10-1　重大项目七一开题论证会专家合影

其次，在重大项目实施和验证研究过程中，我们特别需要提到的是，中国人民大学心理学系的青年教师陈晓晨、李洁以及研究生李梅、蒋薇、李想、赵轶然、刘子旻、陈晨，他们先后前往上海、广州、重庆第一线进行抽样调查，为本项目的成功付出了艰辛的努力！本项目所做的最大规模的调研是对沈阳军区作战部队部队主官胜任特征模型结构的现场调查。周海明、高利苹、何万里、冯彩铃等同学奔赴边疆，与作战部队官兵进行交流和取样。面对全国铁道系统团干部进行的八大区域的调查，课题组杨鹏、朱厚强、葛怡、郭鹏举、陈旭群、邓茜前后奔波，顺利完成现场调查，也得到了各地铁道系统团组织的大力支持。

2019 年 9 月 6 日，在喜迎中华人民共和国成立七十周年之际，中国人民大学心理学系时勘教授主持的国家社会科学基金重大项目"中华民族伟大复兴的社会心理促进机制研究"结项汇报会暨庆祝中华人民共和国成立七十周年论坛在中国人民大学逸夫会堂第一会议室隆重举行。中国人民大学及心理学、管理学界的领导、专家王利明、杜鹏、傅小兰、韩布新、苏彦捷、刘力、陈雪峰、田英杰、汪昕宇、严金明等出席了本次会议。上午，第一阶段学术报告会由陈雪峰和张积家主持。时勘教授首先简要介绍了项目的总体情况。随后，各子课题负责人分别做了报告：胡平，《中国梦的科学内涵：心理学层面的解释》；韦庆旺，《社会变迁与文化认同：从民众心理认知看古今中西之争》；张登浩，《社会排斥的研究新进展》；陈晓晨，《青少年跨群体友谊与群际态度的关系研究》；李英武、张雪儿，《公务员大规模面试测量了什么》。他们分别汇报了子课题的研究进展和取得的成果。第二阶段学术报告会由刘力和温晓通主持，子课题负责人分别汇报了取得的重要成果；董妍，《科学普及的心理影响机制》；买晓琴，《共情和社会价值取向对结果评价影响的神经机制》；张清芳，《口语产生年老化的认知机制》；邢采，《老年人社交网络对心理、身体健康影响的追踪研究》；温晓通，《认知控制相关的大脑功能网络交互机制及康复训练》；李永娜，《不同人群的死亡态度比较及临终关爱模式探索》；姚子平，《组织文化对并购的影响因素及干预对策》。下午进行的是结项汇报会。第一阶段由苏彦捷和陈立鹏主持。子课题负责人曲如杰（《科技创新的影响机制研究》）和何军（《基于网络媒体平台的社会心理行为研究》）分别汇报了两个子项目的研究进展。在面向未来研究方面，与会代表还就《核心胜任特征及其成长评估模型》（黄子华）、《智能信息技术助力安全文化建设》（陈向阳）、《大众睡眠健康的研究进展》（黄芳）、《UFLO 健康漂浮技术的前景展望》（朱凯）和《中国公众施救教育行动》（刘颖）等做了研究进展报告和未来展望。结项汇报会在傅小兰、胡平的主持下，进入结项总体汇报阶段，由时勘教授汇报"中华民族伟大复兴的社会心理促进机制研究"的整体完成情况。时教授对整个课题的进展、结论和展望进行了详细汇报，特别介绍了在上海、广州、重庆、北京等城市，中国五矿集团、山东能源集团等企业和原沈阳军区的示范性基地取得的一系列研究成果。

应该说，该项目在八年时间内取得了令人瞩目的成就，共发表学术论文117 篇，出版学术专著 16 部。该项目获得了中国人民解放军总参谋部科学技术进步奖一等奖和山东省软科学技术进步奖一等奖，并得到了中央政治局委员和省部级领导批示各1项，国家煤矿安监局办公室还发布通知在全国推广本项目成果。

大会结项汇报后，中国人民大学副校长杜鹏对该项目所取得的重大成果表示祝贺。他认为，心理学系举全系之力，团结各方力量，在时勘教授领导下完成了一系列理论研究和实践探索，获得了丰硕的理论成果和应用成果，其工作量之大、战线之长、成果之丰，值得充分肯定。中国科学院心理研究所所长傅小兰认为，应对该项目在社会心理服务体系的开创性成就表示肯定，这为心理学界继续开展这方面研究提供了宝贵的经验。国际应用心理协会执委韩布新特别肯定了该项目在"主动健康"研究方面取得的成就。教育部高等学校心理学教学指导委员会秘书长苏彦捷认为，该项目提出的社会心理服务体系建设的经验具有很强的实践操作性。北京师范大学心理学部副主任刘力对本项目的理论创新和实践应用予以特别的肯定。合作单位中国科学院大学介绍了本课题成果对于中国科学院知识创新和科学普及的特殊贡献，另一合作单位北京联合大学也介绍了该校课题参与者在胜任特征模型研究方面取得的新突破。

时勘教授在回应主持人的建议时表示，感谢有关领导和专家对项目完成质量的肯定，今后将继续开展主动健康、互联网问题以及核心胜任特征的研究。心理学系主任胡平最后做了总结，她表示，该重大项目的结题对于心理学系而言是一个新的起点，将继续发扬攻坚克难的精神，坚定不移地开展重大项目的后续研究工作，为中华民族伟大复兴作出新的贡献。最后，与会代表合影留念（见图10-2）。

因"中华民族伟大复兴的社会心理促进机制研究"完成任务出色，全国哲学社会科学规划办公室于2019年10月16日又追加社科基金后期资助重点项目"核心胜任特征成长评估模型研究"。这使得课题组备受鼓舞，决心把项目验证工作做好。2019年11月时勘教授转入温州大学温州模式发展研究院工作后不

图 10-2 结项汇报会与会代表留影

久，我国突发新冠疫情重大公共危机事件。在温州大学的支持下，我们开展了四轮全国应对新冠疫情的网络调查。此外，还深入贵州六盘水山区进行贫困人员入户调查，周海明、万金、焦松明、覃馨慧、李秉哲、杨雪琪等具体参与了现场访谈和数据收集工作。另一支由宋旭东、王译锋、李晓琼、马海翮组成的研究队伍，在重庆云日集团完成核心胜任特征测试系统开发之后，前往北京参加了世界服博会的系统演示工作，并在浙江省之江实验室完成了科技人员胜任特征模型的研发工作，这些研究工作的新成果获得了有关领域专家的高度评价。

在北京师范大学出版社正式出版《中华民族伟大复兴的社会心理促进机制研究》之际，我们认为，经过八年多在社会心理服务体系建设的全面探索，可以提交给大家较为全面的成果报告。在今后未知领域探索中，我们希望能得到读者朋友们的反馈，以便不断改进工作。邮件地址：shik@psych. ac. cn。

（时勘、胡平）

参考文献

一、中文文献

埃里克森. 小地方，大论题——社会文化人类学导论［M］. 董薇，译. 北京：商务印书馆，2008.

常红岩. 坚持需求导向的社会心理服务体系建设［J］. 北京观察，2018(9)：18-19.

陈来. 传统与现代：人文主义的视界［M］. 北京：生活·读书·新知三联书店，2009.

陈瑞麟. 科普如何变成传奇：从文本析论 1990 年代《科学文化》书系的语文传播［J］. 新闻学研究，2018(134)：1-39.

陈晓晨，蒋薇，时勘. 青少年跨群体友谊与群际态度的关系研究［J］. 心理发展与教育，2016，32(3)：285-293.

陈秀芹，张积家. 关于"老外"一词的心理学研究——对一个称呼语使用动机和感受的调查分析［C］//第十届全国心理学学术大会论文摘要集. 北京：中国心理学会，2005：273.

陈雪峰. 用第三方评估促进社会心理服务体系建设［J］. 心理技术与应用，2018，6(10)：583-586.

陈雪峰. 社会心理服务体系建设的研究与实践［J］. 中国科学院院刊，

2018，33(3)：308-317.

陈雪峰，傅小兰. 抗击疫情凸显社会心理服务体系建设刻不容缓[J]. 中国科学院院刊，2020，35(3)：256-263.

程辉，周琼，刘小莉，等. 新型冠状病毒肺炎疫情期间医务人员应激状况及对策[J]. 中国医院管理，2020，40(3)：81-83.

程美东，张学成. 当前"中国梦"研究评述[J]. 中国特色社会主义研究，2013(2)：58-65.

程文帝. 基于大数据的社会心理服务体系建设的必要性探析[J]. 文化创新比较研究，2020，4(14)：60-61.

池丽萍. 对社会心理服务体系建设实践的反思[J]. 心理技术与应用，2018，6(10)：588-589.

池丽萍，辛自强. 家庭功能及其相关因素研究[J]. 心理学探新，2001，21(3)：55.

池丽萍，辛自强. 社会心理服务体系建设的应然与实然：基于全国 12 个试点地区的评估[J]. 心理科学，2019，42(4)：978-987.

邓爱华. 国外科普让公众共享人类智慧结晶[J]. 科技潮，2009(7)：26-29.

杜建政，夏冰丽. 心理学视野中的社会排斥[J]. 心理科学进展，2008，16(6)：981-986.

杜旌，冉曼曼，曹平. 中庸价值取向对员工变革行为的情景依存作用[J]. 心理学报，2014，46(1)：113-124.

段志超. 政治技术的出场路径及基本点[J]. 江苏社会科学，2006(4)：151-155.

范维澄，刘奕，翁文国. 公共安全科技的"三角形"框架与"4＋1"方法学[J]. 科技导报，2009，27(6)：3.

方晓义，徐洁，孙莉，等. 家庭功能：理论、影响因素及其与青少年社会适应的关系[J]. 心理科学进展，2004，12(4)：544-553.

费孝通. 中华民族的多元一体格局[M]//费孝通全集：第十三卷. 呼和浩特：内蒙古人民出版社，2009：109-149.

风笑天. "落地生根"？——三峡农村移民的社会适应[J]. 社会学研究，2004(5)：19-27.

冯忠良. 结构—定向教学的理论与实践——改革教学体制的探索[M]. 北京：北京师范大学出版社，1992.

傅小兰. 加强社会心理服务体系建设[J]. 人民论坛，2017(S2)：124.

甘阳. 古今中西之争[M]. 北京：生活·读书·新知三联书店，2012.

甘怡群，王纯，胡潇潇. 中国人的核心自我评价的理论构想[J]. 心理科学进展，2007，15(2)：217-223.

高承海，侯玲，吕超，等. 内隐理论与群体关系[J]. 心理科学进展，2012，20(8)：1180-1188.

高承海，万明钢. 民族本质论对民族认同和刻板印象的影响[J]. 心理学报，2013，45(2)：231-242.

高宏斌，鞠思婷. 公民科学素质基准的建立：国际的启示与我国的探索[J]. 科学通报，2016，61(17)：1847-1856.

郭良春，姚远，杨变云. 公立学校流动儿童少年城市适应性研究——北京市JF中学的个案调查[J]. 中国青年研究，2005(9)：50.

郭亚帆. 内蒙古城乡居民基本社会心态调查与分析[J]. 统计与信息论坛，2003，18(3)：49-54.

郭莹. 当前数据管理技术背景及挑战研究[J]. 软件导刊，2012，11(6)：105-107.

郭永玉. 不确定性疫情背景下的社会心理建设[J]. 苏州大学学报(教育科学版)，2020，8(2)：25-27.

国家质检总局报检员资格考试委员会. 报检员资格全国统一考试教材：第

1 册　考试教材[M]. 北京：中国标准出版社，2013.

胡少楠，王詠. 工作投入的概念、测量、前因与后效[J]. 心理科学进展，2014，22(12)：1975-1984.

胡阳，范翠英，张凤娟，等. 青少年网络受欺负与抑郁：压力感与网络社会支持的作用[J]. 心理发展与教育，2014，30(2)：177-184.

黄家亮，廉如鉴. "中国人无所谓自私"——梁漱溟关于民族自私性问题的思想[J]. 江苏社会科学，2011(5)：41-49.

黄匡时，嘎日达. 社会融合理论研究综述[J]. 新视野，2010(6)：86-88.

黄亮，齐巍，孙时进. 社会心理服务体系的多视角反思与整合构建策略[J]. 心理科学，2020，43(6)：128-129.

贾波. 职场排斥对员工组织公民行为影响的实证研究[D]. 沈阳：辽宁大学，2014.

姜文海. 建设社会心理服务体系需突破多重制约[N]. 健康报，2021-03-09(6).

姜文海. 社会心理服务体系建设之我见：公立精神卫生机构应成为专业担当[N]. 健康报，2021-04-20(6).

江新会，杨成君，钟昌标，等. 组织文化预览对企业并购后绩效影响的实验研究[J]. 管理工程学报，2016，30(2)：48-55.

姜永志，白晓丽. 大学生手机互联网依赖与孤独感的关系：网络社会支持的中介作用[J]. 中国特殊教育，2014(1)：41-47.

蒋华，徐旭英，陈强. 流动儿童对城市文化的适应研究——以北京市两所小学的个案为例[J]. 教育科学研究，2007(11)：29-33.

蒋利雪，李敏. 关于新时代社会心理服务体系建设问题的思考[J]. 湖北经济学院学报(人文社会科学版)，2019，16(4)：11-14.

蒋小丽，夏友奎. 幼儿社会情绪学习：价值、内容与途径[J]. 教育导刊(下半月)，2020(11)：51-56.

焦建英，胡志，何成森，等. 突发公共卫生事件心理危机干预研究进展[J]. 医学与社会，2014，27(3)：78-81.

焦松明，时勘，周海明，等. 面对新型冠状病毒肺炎风险信息的民众心理状态及情绪引导策略[J]. 医学与社会，2020，33(5)：98-104.

靳玉乐，廖婧茜. 美国研究型大学拔尖创新人才培养的经验及启示[J]. 大学教育科学，2017，3(3)：43-50.

雷雳，王伟. 互联网背景下国民幸福感的增益与消减[J]. 黑龙江社会科学，2016(2)：90-95.

黎亚军. 青少年受欺负与自杀：抑郁的中介作用及性别差异[J]. 中国临床心理学杂志，2016，24(2)：282-286.

黎亚军，高燕，王耘. 青少年网络交往与孤独感的关系：调节效应与中介效应[J]. 中国临床心理学杂志，2013，21(3)：490-492.

李超平，时勘. 分配公平与程序公平对工作倦怠的影响[J]. 心理学报，2003，35(5)：677-684.

李超平，时勘. 变革型领导的结构与测量[J]. 心理学报，2005，37(6)：97-105.

李超平，时勘，罗正学，等. 医护人员工作倦怠的调查[J]. 中国临床心理学杂志，2003，11(3)：170-172.

李惠娟，张积家，张瑞芯. 上下意象图式对羌族亲属词认知的影响[J]. 心理学报，2014，46(4)：481-491.

李健民，刘小玲，张仁开. 国外科普场馆的运行机制对中国的启示和借鉴意义[J]. 科普研究，2009，4(3)：23-29.

李磊琼. 家庭因素对大学生职业决策自我效能及职业未决的作用[D]. 南昌：江西师范大学，2007.

李梅，李洁，时勘. 社会支持助人从哀伤中恢复[N]. 中国社会科学报，2016-09-19(6).

李梅，李洁，时勘，等．丧亲人群哀伤辅导的研究构思［J］．电子科技大学学报(社科版)，2016，18(1)：44-46．

李强．社会支持与个体心理健康［J］．天津社会科学，1998(1)：67-70．

李群，陈雄，马宗文，等．公民科学素质蓝皮书：中国公民科学素质报告(2017～2018)［M］．北京：社会科学文献出版社，2017．

李纾，刘欢，白新文，等．汶川"5.12"地震中的"心理台风眼"效应［J］．科技导报，2009，27(3)：87-89．

李文东，时勘．工作分析研究的新趋势［J］．心理科学进展，2006，14(3)：418-425．

李艳，王凤鸣．欧美思想库运行机制对我国思想库发展的借鉴意义［J］．学术界，2010(5)：214-221．

李英武．职业安全与健康心理学［M］．长春：吉林大学出版社，2016．

李永娜，范惠，李欢欢，等．临终关怀的整合模型：精神、心理与生理的关怀［J］．苏州大学学报(教育科学版)，2017，5(1)：61-73．

李永鑫．工作倦怠及其测量［J］．心理科学，2003，26(3)：556-557．

李勇，陈建成．高校创新人才培养几个理论问题的探讨［J］．高等农业教育，2008(9)：11-15．

李苑凌，张皓，夏芳．中国基层政府统计员胜任特征模型的实证研究［J］．重庆大学学报(社会科学版)，2012，18(4)：42-49．

李占江．临床心理学［M］．2版．北京：人民卫生出版社，2021．

梁栋青．大学生网络社会支持与主观幸福感的相关研究［J］．中国健康心理学杂志，2011，19(8)：1013-1015．

梁社红，时勘．团队抗逆力对个体抗逆力的影响作用［J］．电子科技大学学报(社科版)，2016，18(2)：29-32．

梁社红，时勘，刘晓倩，等．危机救援人员的抗逆力结构及测量［J］．人类工效学，2014，20(1)：36-40．

梁漱溟．精神陶炼要旨[J]．乡村建设，1935，4(7-8)：3-18．

林崇德，辛自强．关于创新人才培养的心理学思考[J]．国家教育行政学院学报，2004(4)：33-38．

林振林．组织文化冲突对工作投入的影响机制及其干预[D]．北京：中国人民大学，2015．

刘春梅，邹泓．青少年的社会支持系统与自尊的关系[J]．心理科学，2007，30(3)：609-612＋534．

刘惠军．新冠肺炎疫情之下的社会心理建设[J]．中国医学伦理学，2021，34(2)：168-172．

刘嘉．融媒体时代电视科普节目创新发展探究[J]．传媒，2017(24)：42-44．

刘鹏．加强社会心理服务体系建设，促进社会和谐稳定[N]．中国产经新闻，2019-09-06(3)．

刘全龙，李新春．中国煤矿安全监察体制改革的有效性研究[J]．中国人口·资源与环境，2013，23(11)：150-156．

刘天阳．家庭因素对大学生职业探索的影响研究[D]．南京：南京师范大学，2011．

刘文俐，周世杰．大学生网络过度使用的后果及与幸福感的关系[J]．中国临床心理学杂志，2014，22(2)：288-290．

刘彦君，吴晨生，董晓晴，等．英国科学节效果评估模式分析及思考[J]．科普研究，2010，5(2)：60-65．

刘玉新，张建卫，金盛华．社会支持与人格对大学生压力的影响[J]．心理学报，2005，37(1)：92-99．

卢俊，陈宇舟．社会心理服务体系建设：理论意义与实践路径[J]．红旗文稿，2019(24)：31-32．

卢侃．从 Shannon 信息论到认知信息论[J]．哈尔滨工程大学学报，2011，

32(8)：1063-1067.

陆璐，王建玉，郑悦，等. 心身疾病新模式科普的效果及其影响因素初探[J]. 中国健康心理学杂志，2017，25(10)：1483-1487.

陆晓光，龚其国. 处级领导干部胜任特征模型的实证研究[J]. 管理评论，2014，26(5)：71-76.

陆晓光，朱东华. 基于胜任特征的领导干部公选模型研究[J]. 管理世界，2013(7)：1-5.

吕玲，周宗奎，平凡. 大学生网络安全感问卷编制及特点研究[J]. 中国临床心理学杂志，2010，18(6)：714-716.

罗清旭. 论大学生批判性思维的培养[J]. 清华大学教育研究，2000，21(4)：81-85.

马广海. 论社会心态：概念辨析及其操作化[J]. 社会科学，2008(10)：66-73.

孟慧，陈赟喆，李永鑫，等. 教师人格特质与压力和倦怠的关系[J]. 心理科学，2009，32(4)：846-849.

缪丽珺，孙红莲，张宇怡，等. 亲子分离对留守儿童欺凌受害与自卑感的影响[J]. 中国卫生事业管理，2020，37(12)：943-945＋960.

摩尔根. 古代社会：第 1 册[M]. 杨东莼，张栗原，冯汉骥，译. 北京：商务印书馆，1971.

潘俣彤，王会，陈顺瑞，等. 疫情防控中解决医务人员心理危机干预困境的策略研究[J]. 中国医学伦理学，2020，33(9)：1066-1070.

彭凯平. 积极心理学：社会心理服务体系建设的新思路[J]. 苏州大学学报(教育科学版)，2020，8(2)：17-19.

戚健俐，朱滢. 中国大学生的记忆的自我参照效应[J]. 心理科学，2002，25(3)：275-278＋380-381.

乔志宏. 我国社会心理服务体系建设面临的困难与挑战[J]. 心理学通讯，

2019，2(1)：17-21.

曲延春. 从"二元"到"一体"：乡村振兴战略下城乡融合发展路径研究[J]. 理论学刊，2020(1)：97-104.

任佩瑜，张莉，宋勇. 基于复杂性科学的管理熵、管理耗散结构理论及其在企业组织与决策中的作用[J]. 管理世界，2001(6)：142-147.

沙莲香. 中国民族性(一)：一百五十年中外"中国人像"[M]. 北京：中国人民大学出版社，1989.

沙莲香. 中国民族性(二)：1980年代中国人的"自我认知"[M]. 北京：中国人民大学出版社，1990.

沙莲香. 中国民族性(三)：民族性三十年变迁[M]. 北京：中国人民大学出版社，2012.

山东能源肥城矿业集团，中国科学院大学. 安全心智培训[M]. 北京：中国劳动社会保障出版社，2013.

时勘. 心理模拟教学的原理与方法[M]. 北京：教育科学出版社，1990.

时勘. 卓越心智培训[M]. 北京：中国劳动社会保障出版社，2014.

时勘. 救援人员应对非常规突发事件的抗逆力模型[M]. 北京：科学出版社，2017.

时勘. 社区心理学组织行为研究的探索历程[M]//黄希庭. 社区心理学研究：第3卷. 北京：社会科学文献出版社，2017：47-68.

时勘. 健康型城区建设模式研究[M]. 北京：经济管理出版社，2018.

时勘. 社会排斥与融合模式研究[M]. 北京：经济管理出版社，2018.

时勘. 组织文化对企业并购的影响机制研究[M]. 北京：北京师范大学出版社，2018.

时勘，董妍. 影响社区老年人健康的因素及其心理调适的干预措施[J]. 社区心理学研究，2020，9(1)：73-84.

时勘，何军. 混合网络下社会集群行为研究[M]. 北京：经济管理出版社，2018.

时勘，曲如杰. 科技创新的影响因素研究［M］. 北京：北京师范大学出版社，2018.

时勘，时雨. 人力资源管理——心理学的理论基础与方法［M］. 北京：高等教育出版社，2017.

时勘，张腾. 青年干部的胜任特征模型开发［M］. 北京：北京师范大学出版社，2018.

时勘，郑蕊. 健康型组织建设的思考［J］. 首都经济贸易大学学报，2007(1)：12-19.

时勘，高利苹，曲如杰. 员工谏言的影响作用探究［J］. 心理与行为研究，2013，11(2)：217-222.

时勘，王继承，李超平. 企业高层管理者胜任特征模型评价的研究［J］. 心理学报，2002，34(3)：306-311.

时勘，徐联仓，薛涛. 高级技工诊断生产活动的认知策略的汇编栅格法研究［J］. 心理学报，1992，24(3)：66-74.

时勘，范红霞，贾建民，等. 我国民众对 SARS 信息的风险认知及心理行为［J］. 心理学报，2003，35(4)：546-554.

时勘，江新会，王桢，等. 震后都江堰市高三学生的心理健康状况及抗逆力研究［J］. 管理评论，2008，20(12)：9-14.

时勘，林振林，杨成君，等. 组织文化预览对企业并购绩效的影响［J］. 心理与行为研究，2015，13(2)：258-265.

时勘，覃馨慧，宋旭东，等. 中华民族共同体意识与抗击新冠肺炎疫情的应对研究［J］. 民族教育研究，2021，32(1)：46-56.

时勘，周海明，朱厚强，等. 健康型组织的评价模型构建及研究展望［J］. 科研管理，2016，37(S1)：630-635.

时雨，时勘，王雁飞，等. 救援人员心理健康促进系统的建构与实施［J］.

管理评论，2009，21(6)：55-61.

时雨，仲理峰，时勘. 团体焦点访谈方法简介[J]. 中国人力资源开发，2003(1)：37-40.

苏红，任孝鹏. 个体主义的地区差异和代际变迁[J]. 心理科学进展，2014，22(6)：1006-1015.

孙晶. 企业安全生产应急管理绩效评价指标体系研究[J]. 北京航空航天大学学报(社会科学版)，2011，24(2)：15-19.

孙时进. 浅谈社会治理下的社会心理服务体系整合共享模式建设[J]. 苏州大学学报(教育科学版)，2020，8(2)：7-9.

孙时进，施泽艺. 校园欺凌的心理因素和治理方法：心理学的视角[J]. 华东师范大学学报(教育科学版)，2017，35(2)：51-56.

孙志茹，张志强. 科学思想库的组织与发展分析[J]. 情报资料工作，2010(2)：34-37.

孙中山. 建国方略[M]. 北京：中国长安出版社，2011.

陶希圣. 中国经济衰落与复兴问题[J]. 新生命，1930，3(10)：1-115.

田凯. 关于农民工的城市适应性的调查分析与思考[J]. 社会科学研究，1995(5)：90-95.

童力冲. 西部地区中等城市推进新型城镇化的实践——以陕西省宝鸡市为例[J]. 《资本论》研究，2013，9(00)：103-106.

童星，马西恒. "敦睦他者"与"化整为零"——城市新移民的社区融合[J]. 社会科学研究，2008(1)，77-83.

万金，时勘，朱厚强，等. 抗逆力对工作投入和工作幸福感的作用机制研究[J]. 电子科技大学学报(社科版)，2016，18(1)：33-38.

汪晖. 中国现代思想的兴起[M]. 北京：生活·读书·新知三联书店，2004.

汪可真，郑兴山，张林. 员工—主管契合对工作满意度作用的研究[J]. 陕西农业科学.2011，57(1)：183-187.

王春光. 新生代农村流动人口的社会认同与城乡融合的关系[J]. 社会学研究，2001，16(3)：63-76.

王登峰，崔红. 中国基层党政领导干部的胜任特征与跨文化比较[J]. 北京大学学报(哲学社会科学版)，2006，43(6)：138-146.

王桂新，沈建法，刘建波. 中国城市农民工市民化研究——以上海为例[J]. 人口与发展，2008，14(1)：3-23.

王结玉. 地方税务系统公务员胜任力水平的测量与差异分析——以某省的实证研究为例[J]. 经济研究参考，2014(34)：88-95.

王竞，程雅倩，周照，等. 新型冠状病毒肺炎疫情对武汉市一线医护人员心理状况的影响[J]. 武汉大学学报(医学版)，2020，41(4)：547-550.

王俊秀. 当前值得注意的社会心态问题和倾向[J]. 中国党政干部论坛，2015(5)：11-15.

王俊秀. 社会心理学如何响应社会心理服务体系建设[J]. 心理技术与应用，2018，6(10)：579＋589.

王俊秀. 社会心理服务体系建设与应急管理创新[J]. 人民论坛·学术前沿，2019，165(5)：22-27.

王俊秀，杨宜音. 社会心态蓝皮书：中国社会心态研究报告(2012～2013)[M]. 北京：社会科学文献出版社，2013.

王俊秀，杨宜音. 社会心态蓝皮书：中国社会心态研究报告(2014)[M]. 北京：社会科学文献出版社，2014.

王俊秀，杨宜音，陈午晴. 中国社会心态调查报告[J]. 民主与科学，2007(2)：40-44.

王民，史海珍，易斌，等. 欧美科研机构环境科普情况介绍[J]. 环境教育，2012(6)：50-52.

王沛，刘峰. 社会认同理论视野下的社会认同威胁[J]. 心理科学进展，2007，15(5)：822-827.

王树国. 关于一流大学拔尖人才培养模式的思考[J]. 中国高等教育，2011(2)：10.

王伟，王兴超，雷雳，等. 移动社交媒介使用行为对青少年友谊质量的影响：网络自我表露和网络社会支持的中介作用[J]. 心理科学，2017，40(4)：870-877.

王仙雅，林盛，陈立芸. 科研压力对科研绩效的影响机制研究——学术氛围与情绪智力的调节作用[J]. 科学学研究，2013，31(10)：1564-1571＋1563.

王兴琼，陈维政. 组织健康：概念，特征及维度[J]. 心理科学进展，2008，16(2)：321-327.

王雁飞，朱瑜. 组织社会化与员工行为绩效——基于个人—组织匹配视角的纵向实证研究[J]. 管理世界，2012(5)：109-124.

王益富. 企业员工职业适应能力：测量及影响机制[D]. 重庆：西南大学，2014.

王毅杰，史晓浩. 流动儿童与城市社会融合：理论与现实[J]. 南京农业大学学报(社会科学版)，2010，10(2)：97-103.

王园园. 当前农民工社会心态分析：基于Z市的问卷调查[J]. 商场现代化，2009(10)：379-380.

王元元，时勘. 知识型员工创新行为影响因素的多通道模型[J]. 湘潭大学学报(哲学社会科学版)，2014，38(3)：52-58.

韦庆旺，时勘. 社会变迁与文化认同：从民众心理认知看古今中西之争[J]. 苏州大学学报(教育科学版)，2016，4(2)：1-14.

吴明隆. 结构方程模型——AMOS的操作与应用[M]. 重庆：重庆大学出版社，2009.

伍麟，刘天元. 社会心理服务体系建设的现实困境与推进路径[J]. 中州学刊，2019(7)：75-81.

奚玉芹. 人—组织匹配感知：维度结构及对员工工作绩效的作用机制[D].

上海：东华大学，2013.

　　谢佳秋，谢晓非，甘怡群. 汶川地震中的心理台风眼效应[J]. 北京大学学报(自然科学版)，2011，47(5)：944-952.

　　谢晓非. 企业管理人员的风险决策模式研究[J]. 科学管理研究，1995(6)：27-31.

　　谢晓非，郑蕊，谢冬梅，等. SARS 中的心理恐慌现象分析[J]. 北京大学学报(自然科学版)，2005，41(4)：628-639.

　　谢小庆. 审辩式思维[M]. 上海：学林出版社，2016.

　　辛自强. 社会心理服务体系建设的定位与思路[J]. 心理技术与应用，2018，6(5)：257-261.

　　辛自强. 加强社会心理服务体系建设是社会治理之需[N]. 光明日报，2019-01-18(11).

　　邢采，杜晨朵，张昕，等. 老年人社交网络对健康影响机制的研究——健康型社区建设的探索[J]. 苏州大学学报(教育科学版)，2017，5(1)：50-60.

　　熊岚. 联合国教科文组织发布《数字背后：结束校园暴力和欺凌》报告[J]. 世界教育信息，2019，32(4)：73.

　　徐凯文. 建设具有中国特色的社会心理服务体系[J]. 心理学通讯，2019，2(1)：22-24.

　　徐晓旭. 文化选择与希腊化时代的族群认同[J]. 中国社会科学，2015(3)：180-204.

　　徐晓媛. "以人为本"理念倡导下的教学管理[J]. 中国高等医学教育，2011(1)：60-61.

　　许苏民. 论社会心理是社会存在与社会意识形态之间的中介[J]. 中国社会科学，1983(6)：127-144.

　　许燕. 社会治理：社会心理与心理健康双路径服务的殊途同归[J]. 苏州大学学报(教育科学版)，2020，8(2)：1-4.

许燕，伍麟，孙时进，等. 公共突发事件与社会心理服务体系建设（笔会）[J]. 苏州大学学报（教育科学版），2020，8(2)：1-31.

薛倚明，朱厚强，邱孝一，等. 管理熵理论应用于 HT 信托公司员工激励的实证分析[J]. 管理评论，2017，29(8)：147-155.

荀寿温，黄峥，郭菲，等. 青少年网络成瘾与抑郁之间的双向关系[J]. 中国临床心理学杂志，2013，21(4)：613-615.

颜燕，陈玲. 我国电视科普栏目的现状及发展对策[J]. 中国科技论坛，2010(5)：84-90.

杨波. "社会工作＋"融合思维下社会心理共享服务体系建设——以厦门市希望社工危机干预项目为例[J]. 管理观察，2017(23)：63-65.

杨国枢. 中国人的心理与行为：本土化研究[M]. 北京：中国人民大学出版社，2004.

杨国枢，黄光国，杨中芳. 华人本土心理学[M]. 重庆：重庆大学出版社，2008.

杨宏飞，薛尚洁. 入世和出世心理对网络成瘾与幸福感的中介作用初探[J]. 中国心理卫生杂志，2008，22(5)：353-356.

杨红升，朱滢. 自我与提取诱发遗忘现象[J]. 心理学报，2004，36(2)：154-159.

杨菊华. 流动人口在流入地社会融入的指标体系——基于社会融入理论的进一步研究[J]. 人口与经济，2010(2)：64-70.

杨黎源. 外来人群社会融合进程中的八大问题探讨——基于对宁波市1053位居民社会调查的分析[J]. 宁波大学学报（人文科学版），2007，20(6)：65-70.

杨丽霞，丛美琼，刘明星，等. 理工科高校创新人才培养调查及分析[J]. 高等函授学报（自然科学版），2012，25(1)：71-75.

杨立新，陶盈. 校园欺凌行为的侵权责任研究[J]. 福建论坛（人文社会科学版），2013（8）：177-182.

杨林，李辉，茶世俊. 省属师范大学教师教育学科建设：价值、目标与路径[J]. 云南师范大学学报（哲学社会科学版），2013，45（3）：92-96.

杨宜音. 个体与宏观社会的心理关系：社会心态概念的界定[J]. 社会学研究，2006（4）：117-131.

杨宜音. 人格变迁和变迁人格：社会变迁视角下的人格研究[J]. 西南大学学报（社会科学版），2010，36（4）：1-8.

杨宜音. 中国社会心理学评论：第 7 辑[M]. 北京：社会科学文献出版社，2014.

杨宜勇，谭永生. 中华民族复兴进程监测评价指标体系及其测算[J]. 中共中央党校学报，2012，16（3）：45-48.

杨中芳. 现代化、全球化是与本土化对立的吗？——试论现代化研究的本土化[J]. 社会学研究，1999（1）：59-74.

姚聪莉，任保平. 国外高校创新人才的培养及对中国的启示[J]. 中国大学教学，2008（9）：91-94.

姚子平，杨成君，时勘. 组织文化对并购有效性影响机制及整合模式[C]//第十三届全国心理学学术大会论文集. 上海：中国心理学会，2010：625.

俞国良. 社会转型：社会心理服务与社会心理建设[J]. 心理与行为研究，2017，15（4）：433-439.

俞国良，王诗如. 幸福感：测量、影响因素及其进展[J]. 黑龙江社会科学，2015（3）：81-86.

袁行霈，严文明，张传玺，等. 中华文明史：第 1 卷[M]. 北京：北京大学出版社，2006.

曾静静. 国际思想库发展现状及趋势初探[J]. 上海房地，2011（3）：25-27.

张纯，王云霞. 我国国民性在政治文化变迁中的重塑[J]. 行政论坛，

2016，23(6)：94-97.

张峰，王全根，李峰，等. 出入境检验检疫机构推行绩效管理的探讨[J]. 检验检疫科学，2007，17(1)：128-131.

张辉华，黄婷婷. 情绪智力对绩效的作用机制——以团队信任感知和朋友网络中心为连续中介[J]. 南开管理评论，2015，18(3)：141-150.

张积家，王悦. 熟练汉—英双语者的语码切换机制——来自短语水平的证据[J]. 心理学报，2012，44(2)：166-178.

张继焦. 差序格局：从"乡村版"到"城市版"：以迁移者的城市就业为例[J]. 民族研究，2004(6)：50-59.

张建新. 从抗疫心理援助看中国心理学的分化与整合[J]. 心理技术与应用，2020，8(6)：321-330＋352.

张建新. 关于疫后社会心理服务体系建设的个人思考[J]. 心理与行为研究，2020，18(6)：727-729.

张经阳，王松江. 煤矿建设项目安全生产系统集成模型研究[J]. 生产力研究，2011(11)：89-92.

张君劢. 民族复兴之学术基础[M]. 北京：中国人民大学出版社，2006.

张世贵. 重大疫情应对中社会心理服务的实践探索及经验启示[J]. 思想政治教育研究，2021，37(1)：148-151.

张文宏，雷开春. 城市新移民社会融合的结构、现状与影响因素分析[J]. 社会学研究，2008(5)：117-141.

张瑶，张西京，彭嘉熙，等. 武汉抗新型冠状病毒肺炎医务人员心理健康调查[J]. 热带医学杂志，2020，20(10)：1371-1374.

张志敏，郑念. 大型科普活动效果评估框架研究[J]. 科技管理研究，2013，33(24)：48-52.

张梓轩，陶然. 电视科普类节目的创新实践——基于人工智能类选题电视化呈现的研究[J]. 中国电视，2018(1)：35-39.

赵耀. 对中央国家机关人事干部胜任力的实证分析[J]. 人口与经济，2005(6)：46-51＋40.

赵志裕，温静，谭俭邦. 社会认同的基本心理历程——香港回归中国的研究范例[J]. 社会学研究，2005(5)：202-227＋246.

赵志裕，吴莹，杨宜音. 文化混搭：文化与心理研究的新里程（代卷首语）[J]. 中国社会心理学评论，2015(1)：1-18＋276-277.

郑宏述. 苏联建设经验[M]. 上海：上海杂志公司，1952.

郑玲，李英. 从一次社会调查看当今贵阳市民的某些社会心态[J]. 贵阳金筑大学学报（自然科学版），2002(2)：23-26.

中国科普研究所. 中国科普理论与实践探索：公民科学素质建设论坛暨第十八届全国科普理论研讨会论文集[M]. 北京：科学普及出版社，2012.

中国科协科普部. 中国科协发布第九次中国公民科学素质调查结果[J]. 科协论坛，2015(10)：37-38.

"中华民族伟大复兴的社会心理促进机制研究"课题组. 城市廉洁文化建设研究——以重庆市渝中区为例[M]. 北京：人民出版社，2017.

钟年. 社会心理服务与学科境界——旁及中国人的得兼思维[J]. 苏州大学学报（教育科学版），2020，8(2)：14-17.

钟霞，姜乾金，钱丽菊，等. 医务人员压力反应与社会支持、生活事件、应对方式的相关研究[J]. 中国临床心理学杂志，2005，13(1)：70-72.

仲理峰，时勘. 绩效管理的几个基本问题[J]. 南开管理评论，2002，5(3)：15-19.

周爱保，张奋，马小凤，等. 阿訇参照效应的文化差异：基于提取诱发遗忘范式的探讨[J]. 心理学报，2015，47(6)：757-764.

周皓. 流动人口社会融合的测量及理论思考[J]. 人口研究，2012，36(3)：27-37.

周蕾蕾. 企业诚信领导对员工组织公民行为影响研究——以领导—成员交换为中介变量[D]. 武汉：武汉大学，2010.

周烈荣，唐玏. 关于加强社会心理服务体系建设的几点思考[J]. 科教导刊（上旬刊），2018(13)：161-162.

周义保. 史学研究应重视社会心理分析[J]. 安徽史学，1987(2)：1-3＋27.

朱厚强，万金，时勘，等. 医护人员抗逆力结构研究与测评量表编制[J]. 统计与信息论坛，2016，31(2)：107-112.

朱力. 论农民工阶层的城市适应[J]. 江海学刊，2002(6)：82-88.

朱力. 变迁之痛——转型期的社会失范研究[M]. 北京：社会科学文献出版社，2006.

朱新秤. 大学生批判性思维培养：意义与策略[J]. 华南师范大学学报（社会科学版），2006(3)：123-126＋160.

朱滢. 文化与自我[M]. 北京：北京师范大学出版社，2007.

朱永新. 心灵的轨迹——中国本土心理学研究[M]. 北京：人民教育出版社，2004.

祝卓宏. 从政策语境视角试析社会心理服务体系建设的功能定位[J]. 心理学通讯，2019，2(1)：11-16.

邹逸安. 国外思想库及其成功的经验[J]. 中国软科学，1999(6)：88-90＋108.

佐斌. 疫后社会心理建设的实践路径[J]. 心理与行为研究，2020，18(6)：732-733.

二、英文文献

Ahn D，Shin D H. Is the social use of media for seeking connectedness or for avoiding social isolation? Mechanisms underlying media use and subjective well-being[J]. Computers in Human Behavior, 2013, 29(6): 2453-2462.

Ajzen I, Timko C. Correspondence between health attitudes and behavior [J]. Basic and Applied Social Psychology, 1986, 7: 259-276.

Akin A. The relationships between Internet addiction, subjective vitality, and subjective happiness [J]. Cyberpsychology, Behavior, and Social Networking, 2012, 15(8): 404-410.

Albrecht S L. Handbook of employee engagement [M]. Cheltenham: Edward Elgar Publishing, 2010.

Allan J, Carbonell J G, Doddington G, et al. Topic detection and tracking pilot study final report [J]. Proc. DARPA Broadcast Transcription and Understanding Workshop, 1998: 194-218.

Allan J, Lavrenko V, Jin H. First story detection in TDT is hard[C]// Proceedings of the Ninth International Conference on Information and Knowledge Management. 2000: 374-381.

Allan J, Papka R, Lavrenko V. On-line new event detection and tracking [C]//Proceedings of the 21st Annual International ACM SIGIR Conference on Research and Development in Information Retrieval. 1998: 37-45.

Allen M W, Ng S H, Ikeda K, et al. Two decades of change in cultural values and economic development in eight east Asian and Pacific island nations [J]. Journal of Cross-Cultural Psychology, 2007, 38(3): 247-269.

AlSumait L, Barbará D, Domeniconi C. On-line lda: adaptive topic models for mining text streams with applications to topic detection and tracking[C]// 2008 Eighth IEEE International Conference on Data Mining. IEEE, 2008: 3-12.

Amabile T M. The social psychology of creativity: a componential conceptualization [J]. Journal of Personality and Social Psychology, 1983, 45(2): 357.

Ames, C. Classrooms: goals, structures, and student motivation [J].

Journal of Educational Psychology，1992，84(3)：261-271.

Anderson N，Potočnik K，Zhou J. Innovation and creativity in organizations：a state-of-the-science review，prospective commentary，and guiding framework [J]. Journal of Management，2014，40(5)：1297-1333.

Apaolaza V，Hartmann P，Medina E，et al. The relationship between socializing on the Spanish online networking site Tuenti and teenagers' subjective wellbeing：the roles of self-esteem and loneliness[J]. Computers in Human Behavior，2013，29(4)：1282-1289.

Argyris C. The organization：what makes it healthy[J]. Harvard Business Review，1958，36(6)：107-116.

Asadullah M N，Chaudhury N. Subjective well-being and relative poverty in rural Bangladesh[J]. Journal of Economic Psychology，2012，33(5)：940-950.

Baer M. Putting creativity to work：the implementation of creative ideas in organizations[J]. Academy of Management Journal，2012，55(5)：1102-1119.

Bain P G，Kroonenberg P M，Kashima Y. Cultural beliefs about societal change：a three-mode principal component analysis in China，Australia，and Japan [J]. Journal of Cross-Cultural Psychology，2015，46(5)：635-651.

Bamba B，Liu L，Pesti P，et al. Supporting anonymous location queries in mobile environments with privacygrid[C]//Proceedings of the 17th International Conference on World Wide Web. 2008：237-246.

Bass B M. Leadership and performance beyond expectations[M]. London：Macmillan Publishers Limited，1985.

Bendersky C，Hays N A. Status conflict in groups[J]. Organization Science，2012，23(2)：323-340.

Benevenuto F，Rodrigues T，Almeida V，et al. Detecting spammers and content promoters in online video social networks[C]//Proceedings of the 32nd

International ACM SIGIR Conference on Research and Development in Information Retrieval. 2009: 620-627.

Bennett J B, Aden C A, Broome K, et al. Team resilience for young restaurant workers: research-to-practice adaptation and assessment[J]. Journal of Occupational Health Psychology, 2010, 15(3): 223.

Bentley P, Kyvik S. Academic staff and public communication: a survey of popular science publishing across 13 countries[J]. Public Understanding of Science, 2011, 20(1): 48-63.

Beresford A R, Stajano F. Location privacy in pervasive computing[J]. IEEE Pervasive Computing, 2003, 2(1): 46-55.

Berkey C S, Rockett H, Colditz G A. Weight gain in older adolescent females: the internet, sleep, coffee, and alcohol[J]. Journal of Pediatrics, 2008, 153(5): 635-639.

Berry J W, Poortinga Y H, Pandey J, et al. Handbook of cross-cultural psychology: theory and method[M]. New York: Pearson, 1997.

Bonanno A, Reuter M. Entropy signature of the running cosmological constant[J]. Journal of Cosmology & Astroparticle Physics, 2007(8): 627-640.

Bonanno G A. Loss, trauma, and human resilience: have we underestimated the human capacity to thrive after extremely aversive events?[J]. American Psychologist, 2004, 59(1): 20.

Bond M H. The Oxford handbook of Chinese psychology[M]. New York: Oxford University Press, 2010.

Boot I, Pecher D. Similarity is closeness: metaphorical mapping in a conceptual task[J]. Quarterly Journal of Experimental Psychology, 2010, 63(5): 942-954.

Bowen M. The use of family theory in clinical practice[J]. Comprehensive

Psychiatry，1966，7(5)：345-374.

Brants T，Chen F，Farahat A. A system for new event detection［C］//Proceedings of the 26th Annual International ACM SIGIR Conference on Research and Development in Information Retrieval. ACM，2003：330-337.

Brcic V，Eberdt C，Kaczorowski J. Development of a tool to identify poverty in a family practice setting：a pilot study［J］. International Journal of Family Medicine，2011，2011：812182.

Brendgen M，Troop-Gordon W. School-related factors in the development of bullying perpetration and victimization：introduction to the special section［J］. Journal of Abnormal Child Psychology，2015，43(1)：1-4.

Brennan J S. Symlog：A system for the multiple level observation of groups［J］. Social Forces，1982，60(3)：959-961.

Brinkhoff T. A framework for generating network-based moving objects［J］. GeoInformatica，2002，6(2)：153-180.

Brislin R W. Translation and content analysis of oral and written material［J］. Handbook of Cross-cultural Psychology，1980，2：389-444.

Cable D M，DeRue D S. The convergent and discriminate validity of subjective fit perception［J］. Journal of Applied Psychology，2002，87（5）：875-884.

Cai D，Yu S，Wen J R，et al. Extracting content structure for web pages based on visual representation［C］//Asia-Pacific Web Conference. Springer，Berlin，Heidelberg，2003：406-417.

Cannon-Bowers J A，Burns J J，Salas E，et al. Advanced technology in scenario-based training［M］//Cannon-Bowers J A，Salas E. Making decisions under stress：implications for individual and team training. Washington，DC：American Psychological Association，1998：365-374.

Caplan R D. Person-environment fit: past, present and future[M]//Cooper C L. Stress research. New York: John Wiley & Sons, 1983: 35-78.

Carmeli A, Schaubroeck J. The influence of leaders' and other referents' normative expectations on individual involvement in creative work[J]. The Leadership Quarterly, 2007, 18(1): 35-48.

Castellano C, Plionis E. Comparative analysis of three crisis intervention models applied to law enforcement first responders during 9/11 and Hurricane Katrina[J]. Brief Treatment and Crisis Intervention, 2006, 6(4): 326-336.

Chabalengula V M, Mumba F. Inquiry-based science education: a scenario on Zambia's high school science curriculum[J]. Science Education International, 2012, 23: 307-327.

Chao M M, Kung F Y H. An essentialism perspective on intercultural processes[J]. Asian Journal of Social Psychology, 2015, 18(2): 91-100.

Chappey J L. Science in the nursery: the popularisation of science in Britain and France, 1761-1901—edited by Laurence Tailarach-Vielmas[J]. Centaurus, 2011, 53(4): 340-342.

Liu C W, Alam Kazmi S H, Zaman S I, et al. A study of evaluation of science popularization of science and technology association in China[C]// National Research Conference on Business Management, 2016, 1(1): 74.

Chiu C Y, Hong Y Y. Social psychology of culture[M]. London: Psychology Press, 2006.

Cho J, Lee J. An integrated model of risk and risk-reducing strategies[J]. Journal of Business Research, 2006, 59(1): 112-120.

Chun J S, Choi J N. Members' needs, intragroup conflict, and group performance[J]. Journal of Applied Psychology, 2014, 99(3): 437-450.

Clark J V. A healthy organization[J]. California Management Review,

1982，4(4)：16-31.

Connor K M，Davidson J R T. Development of a new resilience scale：the Connor-Davidson resilience scale (CD-RISC)[J]. Depression and Anxiety，2003，18(2)：76-82.

Cooper C L，Cartwright S. Healthy mind：healthy organization：a proactive approach to occupational stress[J]. Human Relations，1994，47(4)：455-471.

Correa T，Hinsley A W，Gil de Zúñiga H. Who interacts on the Web?：The intersection of users' personality and social media use[J]. Computers in Human Behavior，2010，26(2)：247-253.

Corrigan P W，Kuwabara S，Tsang H，et al. Disability and work-related attitudes in employers from Beijing，Chicago，and Hong Kong[J]. International Journal of Rehabilitation Research，2008，31(4)：347-350.

Cotten S R，Ford G，Ford S，et al. Internet use and depression among retired older adults in the united states：a longitudinal analysis[J]. Journals of Gerontology，2014，69(5)：763-771.

Creed P A，Moore K. Social support，social undermining，and coping in underemployed and unemployed persons[J]. Journal of Applied Social Psychology，2006，36(2)：321-339.

Crittenden P M. Toward a concept of autonomy in adolescents with a disability[J]. Children's Health Care，1990，19(3)：162-168.

Crockenberg S，Litman C. Autonomy as competence in 2-year-olds：maternal correlates of child defiance，compliance，and self-assertion [J]. Developmental Psychology，1990，26(6)：961-971.

Dan C. Excellence in Canada：healthy organizations—achieve results by acting responsibly[J]. Journal of Business Ethics，2004，55(2)：125-133.

Deci E L，Ryan R M. The "What" and "Why" of goal pursuits：human needs and the self-determination of behavior[J]. Psychological Inquiry, 2000, 11(4): 227-268.

Deci E, Ryan R M. Self-determination theory[J]. Handbook of Theories of Social Psychology, 2011(1): 416-433.

DeJoy D M, Wilson M G, Vandenberg R J, et al. Assessing the impact of healthy work organization intervention [J]. Journal of Occupational and Organizational Psychology, 2010, 83(1): 139-165.

Dierdorff E C, Morgeson F P. Consensus in work role requirements: the influence of discrete occupational context on role expectations[J]. Journal of Applied Psychology, 2007, 92(5): 1228-1241.

Dionne L, Reis G, Trudel L, et al. Students' sources of motivation for participating in science fairs: an exploratory study within the Canada-wide science fair 2008[J]. International Journal of Science & Mathematics Education, 2012, 10(3): 669-693.

Djalante R, Thomalla F, Sinapoy M S, et al. Building resilience to natural hazards in Indonesia: progress and challenges in implementing the Hyogo Framework for Action[J]. Natural Hazards. 2012, 62(3): 779-803.

Dobbins G H, Long W S, Dedrick E J, et al. The role of self-monitoring and gender on leader emergence: a laboratory and field study[J]. Journal of Management, 1990, 16(3): 609-618.

Dweck C S, Chiu C, Hong Y. Implicit theories and their role in judgments and reactions: a word from two perspectives[J]. Psychological Inquiry, 1995, 6(4): 267-285.

Dysvik A, Škerlavaj M. What goes around comes around: knowledge hiding, perceived motivational climate, and creativity [J]. Academy of Management Journal, 2014, 57(1): 172-192.

Earvolino-Ramirez M. Resilience: a concept analysis[C]//Nursing forum. Malden, USA: Blackwell Publishing Inc, 2007, 42(2): 73-82.

Ford C M A. Theory of individual creative action in multiple social domains [J]. Academy of Management Review, 1996, 21(4): 1112-1142.

Furlong M J, You S, Renshaw T L, et al. Preliminary development and validation of the social and emotional health survey for secondary students[J]. Social Indicators Research,2014, (117): 1011-1032.

Gardner J. Grendel[M]. Amsterdam: Amsterdam University Press, 2018.

Gelfand M J. Differences between tight and loose cultures: a 33-nation study[J]. Science, 2011, 333(6045): 937.

Gentner D, Stevens, A L. Mental models [M]. London: Psychology Press, 2014.

Gentzler A L, Oberhauser A M, Westerman D, et al. College students' use of electronic communication with parents: links to loneliness, attachment, and relationship quality[J]. Cyberpsychology, Behavior, and Social Networking, 2011, 14(1-2): 71-74.

Gilovich T, Medvec V H, Savitsky K. The spotlight effect in social judgment: an egocentric bias in estimates of the salience of one's own actions and appearance[J]. Journal of Personality & Social Psychology, 2000, 78(2): 211-222.

Goffman E. Stigma: Notes on the management of spoiled identity[M]. New York: Simon and Schuster, 2009.

Golder S A, Huberman B A. Usage patterns of collaborative tagging systems[J]. Journal of Information Science, 2006, 32(2): 198-208.

Greenfield P M. The changing psychology of culture from 1800 through 2000[J]. Psychological Science, 2013, 24(9): 1722-1731.

Green M C, Hilken J, Friedman H, et al. Communication via instant messenger: Short-and long-term effects[J]. Journal of Applied Social Psychology, 2005, 35(3): 445-462.

Guo Y, Li Y, Ito N. Exploring the predicted effect of social networking site use on perceived social capital and psychological well-being of Chinese international students in Japan[J]. Cyberpsychology, Behavior, and Social Networking. 2014, 17(1): 52-58.

Haimes Y Y. On the definition of resilient systems[J]. Risk Analysis, 2009, 29(4): 498-501.

Harrington L S, Sainson R C, Williams C K, et al. Regulation of multiple angiogenic pathways by dll4 and notch in human umbilical vein endothelial cells [J]. Microvascular Research, 2008, 75(2): 144-154.

Harvey-Wilson S. Shamanism and alien abductions: a comparative study [J]. Australian Journal of Parapsychology, 2001, 1(2): 103-116.

Haslam N, Rothschild L, Ernst D. Essentialist beliefs about social categories[J]. British Journal of Social Psychology, 2000, 39(1): 113-127.

Hayes S C, Barnes-Holmes D, Wilson K G. Contextual behavioral science: creating a science more adequate to the challenge of the human condition[J]. Journal of Contextual Behavioral Science, 2012, 1(1): 1-16.

He Q, Chang K, Lim E P, et al. Bursty feature representation for clustering text streams[C]//Proceedings of the 2007 SIAM International Conference on Data Mining. Society for Industrial and Applied Mathematics, 2007: 491-496.

He Q, Chang K, Lim E P, et al. Keep it simple with time: a reexamination of probabilistic topic detection models [J]. IEEE Transactions on Pattern Analysis and Machine Intelligence, 2010, 32(10): 1795-1808.

He Y, Li W, Lai K K. Service climate, employee commitment and customer satisfaction: evidence from the hospitality industry in China[J]. International Journal of Contemporary Hospitality Management, 2011, 23(5): 592-607.

Heymann P, Koutrika G, Garcia-Molina H. Fighting spam on social web sites: a survey of approaches and future challenges[J]. IEEE Internet Computing, 2007, 11(6): 36-45.

Hicks R, Lalonde R N, Pepler D. Psychosocial considerations in the mental health of immigrant and refugee children[J]. Canadian Journal of Community Mental Health (Revue canadienne de santé mentale communautaire), 1993, 12(2): 71-87.

Hill H, Wiener J, Warner K. From fatalism to resilience: reducing disaster impacts through systematic investments[J]. Disasters, 2012, 36(2): 175-194.

Hirst G, Van Knippenberg D, Zhou J. Across-level perspective on employee creativity: goal orientation, team learning behavior, and individual creativity[J]. Academy of Management Journal, 2009, 52(2): 280-293.

Hofstede G. Culture's consequences: national differences in thinking and organizing[M]. Beverly Hills, Calif: Sage, 1980.

Hong Y, Morris M W, Chiu C, et al. Multicultural minds: a dynamic constructivist approach to culture and cognition[J]. American Psychologist, 2000, 55(7): 709.

Hoppe M H. Introduction: Geert Hofstede's culture's consequences: International differences in work-related values[J]. Academy of Management Perspectives, 2004, 18(1): 73-74.

Hough L M, Oswald, F L. Personnel selection: looking toward the future—remembering the past[J]. Annual Review of Psychology, 2000, 51(1): 631.

Howell J P, Bowen D E, Dorfman P W, et al. Substitutes for leadership:

effective alternatives to ineffective leadership[J]. Organizational Dynamics, 1990, 19(1): 21-38.

Hu J, Gao H, Wilson C, et al. Detecting and characterizing social spam campaigns[C]//ACM Conference on Computer and Communications Security, 2010: 681-683.

Inglehart R, Baker W E. Modernization, cultural change, and the persistence of traditional values[J]. American Sociological Review, 2000: 19-51.

Inglehart R, Carballo M. Does Latin America exist? (And is there a confucian culture?): a global analysis of cross-cultural differences[J]. Ps Political Science & Politics, 1997, 30(1): 34-47.

Jaffe D T. The healthy company: research paradigms for personal and organizational health[R]. American Psychological Association, Washington, 1995: 13-39.

Janssen O. Job demands, perceptions of effort-reward fairness and innovative work behaviour[J]. Journal of Occupational and Organizational Psychology, 2000, 73(3): 287-302.

Jeanneret P R, Strong M H. Linking O*NET job analysis information to job requirement predictors: an O*NET application[J]. Personnel Psychology, 2003, 56(2): 465-492.

Johnson G M, Puplampu K P. Internet use during childhood and the ecological techno-subsystem[J]. Canadian Journal of Learning & Technology, 2008, 34(1): 19-28.

Kanter R M. When a thousand flowers bloom: structural, collective, and social conditions for innovation in organizations[J]//Research in Organizational Behavior, 1988, 10: 123-167.

Kashima Y, Bain P, Haslam N, et al. Folk theory of social change[J].

Asian Journal of Social Psychology, 2009, 12(4): 227-246.

Kawashima N, Bilton C. The rise of 'user creativity'—web 2. 0 and a new challenge for copyright law and cultural policy[J]. International Journal of Cultural Policy, 2010, 16(3): 337-353.

Kido H, Yanagisawa Y, Satoh T. An anonymous communication technique using dummies for location-based services[C]//ICPS'05. Proceedings. International Conference on Pervasive Services, 2005. IEEE, 2005: 88-97.

Kirkpatick S A, Locke E A. Leadership: do traits matter? [J]. Executive, 1991, 5(2): 48-60.

Kleinberg J. Bursty and hierarchical structure in stream[J]. Data Mining and Knowledge Discovery, 2003, 7(4): 373-397.

Kobasa S C. The hardy personality: toward a social psychology of stress and health[J]. Social Psychology of Health and Illness, 1982, 4: 3-32.

Kraut R, Patterson M, Lundmark V, et al. Internet paradox: a social technology that reduces social involvement and psychological well-being? [J]. American Psychologist, 1998, 53(9): 1017.

Kucharski A J. Ten simple rules for writing a popular science book[J]. PLoS Computational Biology, 2018, 14(2): e1005808.

Kunda Z. The case for motivated reasoning[J]. Psychological Bulletin, 1990, 108(3): 480-498.

Lakoff G, Metaphors we live by[M]. Chicago: University of Chicago Press, 2003.

Larrere J, McClelland D C. Leadership for the Catholic healing ministry. A CHA study identifies key competencies of outstanding leaders in Catholic healthcare[J]. Health Progress, 1994, 75(5): 28-33.

LaRue E M, Mitchel A M, Terhorst L, et al. Assessing mobile phone communication utility preferences in a social support network[J]. Telematics and Informatics, 2010, (27): 363-369.

Leach C W, Van Zomeren M, Zebel S, et al. Group-level self-definition and self-investment: a hierarchical (multicomponent) model of in-group identification[J]. Journal of Personality and Social Psychology, 2008, 95(1): 144.

Lee K, Caverlee J, Webb S. Uncovering social spammers: social honeypots + machine learning [C]//Proceedings of the 33rd International ACM SIGIR Conference on Research and Development in Information Retrieval. 2010: 435-442.

Lee K T, Noh M J, Koo D M. Lonely people are no longer lonely on social betworking sites: the mediating role of self-disclosure and social support[J]. Cyberpsychology, Behavior, and Social Networking, 2013, 16(6): 413-418.

Lepp A, Barkley J E, Karpinski A C. The relationship between cell phone use, academic performance, anxiety, and satisfaction with life in college students[J]. Computers in Human Behavior, 2014, 31: 343-350.

Li C, Shi X, Dang J. Online communication and subjective well-being in Chinese college students: the mediating role of shyness and social self-efficacy [J]. Computers in Human Behavior, 2014, 34(5): 89-95.

Li J, Li J, Tang J. A flexible topic-driven framework for news exploration [C]//Proceedings of KDD. 2007, 2007.

Lin C C, Peng T K. From organizational citizenship behavior to team performance: the mediation of group cohesion and collective efficacy [J]. Management and Organization Review, 2010, 6(1): 55-75.

Lindebaum D, Cartwright S. A critical examination of the relationship between emotional intelligence and transformational leadership[J]. Journal of Management Studies, 2010, 47(7), 1317-1342.

Lindstrom L, Doren B, Metheny J, et al. Transition to employment: role of the family in career development[J]. Exceptional Children, 2007, 73(3): 348-366.

Li S, Liu H, Zheng R, et al. Psychological typhoon eye in the 2008 Wenchuan earthquake of May 12[J]. Science & Technology Review, 2009, 27: 87-89.

Liu D, Chen Y, Li N. Tackling the negative impact of COVID-19 on work engagement and taking charge: A multi-study investigation of frontline health workers[J]. Journal of Applied Psychology, 2021, 106(2): 185.

Liu L, Pu C, Han W. XWRAP: an XML-enabled wrapper construction system for web information sources[C]//Data Engineering, 2000. Proceedings. 16th International Conference on. IEEE, 2000: 611-621.

Li W D, Shi K, Taylor P. Job analysis results for HR professionals in Mainland China using 3 O*NET Questionnaires[J]. International Journal of Psychology, 2004, 39(5-6): 439.

Li Z, Wang B, Li M, et al. A probabilistic model for retrospective news event detection[C]//Proceedings of the 28th Annual International ACM SIGIR Conference on Research and Development in Information Retrieval. 2005: 106-113.

Llorens S, del Líbano M, Salanova M. Modelos teóricos de salud occupational [M]//Salanova M. Psicología de la salud ocupacional, Madrid: Editorial Sintesis, 2009.

Lord R G, De Vader C L, Alliger G M. A meta-analysis of the relation between personality traits and leadership perceptions: an application of validity generalization procedures[J]. Journal of Applied Psychology, 1986, 71(3): 402-410.

Lu C S, Shang K. An empirical investigation of safety climate in container terminal operators[J]. Journal of Safety Research, 2005, 36(3): 297-308.

Lu H, Jensen C S, Yiu M L. Pad: privacy-area aware, dummy-based location privacy in mobile services [C]//Proceedings of the Seventh ACM International Workshop on Data Engineering for Wireless and Mobile Access. 2008: 16-23.

Machanavajjhala A, Kifer D, Gehrke J, et al. L-diversity: privacy beyond k-anonymity [J]. ACM Transactions on Knowledge Discovery from Data (TKDD), 2007, 1(1): 3-es.

Madjar N, Greenberg E, Chen Z. Factors for radical creativity, incremental creativity, and routine, noncreative performance [J]. Journal of Applied Psychology, 2011, 96(4): 730-743.

Mai X, Zhang W, Hu X, et al. Using tDCS to explore the role of the right temporo-parietal junction in theory of mind and cognitive empathy[J]. Frontiers in Psychology, 2016, 7: 380.

Marcus B, Schuler, H. Antecedents of counterproductive behavior at work: a general perspective[J]. Journal of Applied Psychology, 2004, (89): 647-660.

Markines B, Cattuto C, Menczer F. Social spam detection[C]//Proceedings of the 5th International Workshop on Adversarial Information Retrieval on the web. 2009: 41-48.

Markus H R, Kitayama S. Culture and the self: Implications for cognition, emotion, and motivation[J]. Psychological Review, 1991, 98(2): 224.

McClelland D C. Testing for competence rather than for intelligence[J]. American Psychologist, 1973, 28(1): 1-14.

McCormick E J. Job and task analysis[M]//Dunnette M D. Handbook of industrial and organizational psychology. Chicago: Rand McNally, 1976:

651-697.

McNatt D B, Judge T A. Boundary conditions of the Galatea effect: a field experiment and constructive replication[J]. Academy of Management Journal, 2004, 47(4): 550-565.

Mei Q, Zhai C X. Discovering evolutionary theme patterns from text: an exploration of temporal text mining[C]//Proceedings of the Eleventh ACM SIGKDD International Conference on Knowledge Discovery in Data Mining. 2005: 198-207.

Melber B D, Nealey S M, Hammersla J, et al. Nuclear power and the public: analysis of collected survey research[R]. Seattle: Battelle Human Affairs Research Center, 1997.

Mikolov T, Chen K, Corrado G, et al. Efficient estimation of word representations in vector space[J]. arXiv preprint arXiv: 1301. 3781, 2013.

Mikolov T, Sutskever I, Chen K, et al. Distributed representations of words and phrases and their compositionality[C]//Advances in Neural Information Processing Systems. 2013: 3111-3119.

Mikolov T, Yih W, Zweig G. Linguistic regularities in continuous space word representations[C]//Proceedings of the 2013 Conference of the North American Chapter of the Association for Computational Linguistics: Human Language Technologies. 2013: 746-751.

Mitchell M E, Lebow J R, Uribe R, et al. Internet use, happiness, social support and introversion: a more fine grained analysis of person variables and internet activity[J]. Computers in Human Behavior, 2011, 27(5): 1857-1861.

Mobley W H, Horner S O, Hollingsworth A T. An evaluation of precursors of hospital employee turnover[J]. Journal of Applied Psychology, 1978, 63(4): 408.

Mokbel M F, Chow C Y, Aref W G. The new casper: query processing for location services without compromising privacy[C]//VLDB. 2006, 6: 763-774.

Moore K, McElroy J C. The influence of personality on Facebook usage, wall postings, and regret[J]. Computers in Human Behavior, 2012, 28(1): 267-274.

Moore T P. Children and young people's views on institutional safety: it's not just because we're little[J]. Child Abuse & Neglect, 2017, 74: 73-85.

Moos R H. Context and coping: toward a unifying conceptual framework [J]. American Journal of Community Psychology, 1984, 12(1): 5-36.

Mumford M D, Gustafson S B. Creativity syndrome: integration, application, and innovation[J]. Psychological Bulletin, 1988, 103(1): 27.

Mumford M D, Peterson N G. The O*NET content model: structural considerations in describing jobs[J]. An Occupational Information System for the 21st Century: The Development of O*NET, 1999: 21-30.

Nerstad C G L, Roberts G C, Richardsen A M. Achieving success at work: development and validation of the Motivational Climate at Work Questionnaire (MCWQ)[J]. Journal of Applied Social Psychology, 2013, 43(11): 2231-2250.

Newell S. The healthy organization: fairness, ethics and effective management[M]. London: Routledge, 1995.

Oishi S, Lun J, Sherman G D. Residential mobility, self-concept, and positive affect in social interactions [J]. Journal of Personality and Social Psychology, 2007, 93(1): 131.

Olweus D. School bullying: Development and some important challenges [J]. Annual Review of Clinical Psychology, 2013, 9(1): 751-780.

Oser R L, Gualtieri J W, Cannon-Bowers J A, et al. Training team problem solving skills: an event-based approach [J]. Computers in Human Behavior, 1999, 15(3-4): 441-462.

Pantic I, Damjanovic A, Todorovic J, et al. Association between online social networking and depression in high school students: behavioral physiology viewpoint[J]. Psychiatr Danub, 2012, 24(1): 90-93.

Park N, Song H, Lee K M. Social networking sites and other media use, acculturation stress, and psychological well-being among East Asian college students in the United States[J]. Computers in Human Behavior, 2014, 36: 138-146.

Pennebaker J W. The secret life of pronouns[J]. New Scientist, 2011, 211(2828): 42-45.

Peters E, Slovic P. The role of affect and worldviews as orienting dispositions in the perception and acceptance of nuclear power[J]. Journal of Applied Social Psychology, 1996, 26(16): 1427-1453.

Peterson N G, Mumford M D, Borman W C, et al. Understanding work using the Occupational Information Network (O^* NET): implications for practice and research[J]. Personnel Psychology, 2001, 54(2): 451-492.

Petrović S, Osborne M, Lavrenko V. Streaming first story detection with application to twitter[C]//Human Language Technologies. The 2010 Annual Conference of the North American Chapter of the Association for Computational Linguistics. Association for Computational Linguistics. 2010: 181-189.

Pizzingrilli P, Antonietti A. Implicit theories of creativity in schoolchildren an exploratory study[J]. Procedia-Social and Behavioral Sciences, 2010, 2(2): 4732-4736.

Podsakoff N P, Shen W, Podsakoff P M. The role of formative measurement models in strategic management research: review, critique, and implications for future research[J]. Research Methodology in Strategy and Management, 2006, 3, 197-252.

Prasha S K, Shaw R. Urbanization and hydro-meteorological disaster resilience: the case of Delhi[J]. International Journal of Disaster Resilience in the Built Environment, 2012, 3(1): 7-19.

Prigogine I. Time, structure and fluctuations[J]. Science, 1978, (201): 777-784.

Qu R, Janssen O, Shi K. Transformational leadership and follower creativity: the mediating role of follower relational identification and the moderating role of leader creativity expectations[J]. The Leadership Quarterly, 2015, 26(2): 286-299.

Raymark P H, Schmit M J, Guion R M. Identifying potentially useful personality constructs for employee selection[J]. Personnel Psychology, 1997, 50(3): 723-736.

Ren R, Zheng N, Sun H. Evaluation of science popularization talents based on GIOWA operator[C]//ICSSSM12. IEEE, 2012: 102-105.

Roberts D R, Hamann A. Predicting potential climate change impacts with bioclimate envelope models: a palaeoecological perspective[J]. Global Ecology and Biogeography, 2012, 21(2): 121-133.

Robinson S L, Bennett R J. A typology of deviant workplace behaviors: a multidimensional scaling study[J]. Academy of Management Journal, 1995, 38(2): 555-572.

Roe A. Early determinants of vocational choice[J]. Journal of Counseling Psychology, 1957, 4(3): 212.

Ryff C D, Singer B. The contours of positive human health[J]. Psychological Inquiry, 1998, 9(1): 1-28.

Salanova M, Llorens S, Acosta H, et al. Positive interventions in positive organizations[J]. Terapia Psicológica, 2013, 31(1): 101-113.

Salanova M, Llorens S, Cifre E, et al. We need a hero! Toward a validation of the healthy and resilient organization （HERO） model ［J］. Group & Organization Management, 2012, 37(6): 785-822.

Samarati P, Sweeney L. Generalizing data to provide anonymity when disclosing information (abstract)［P］. Principles of Database Systems, 1998.

Samarati P, Sweeney L. Protecting privacy when disclosing information: k-anonymity and its enforcement through generalization and suppression［M］. Technical Report SRICSL-98-04, 1998.

Sapountzaki K. Vulnerability management by means of resilience ［J］. Natural Hazards, 2012, 60(3): 1267-1285.

Scharrer L, Rupieper Y, Stadtler M, et al. When science becomes too easy: science popularization inclines laypeople to underrate their dependence on experts［J］. Public Understanding of Science, 2017, 26(8): 1003-1018.

Schaufeli W B, Bakker A B, Salanova M. The measurement of work engagement with a short questionnaire: a cross-national study［J］. Educational and Psychological Measurement, 2006, 66(4): 701-716.

Schein E H. Culture: The missing concept in organization studies［J］. Administrative Science Quarterly, 1996: 229-240.

Scott A G, Bernardo A H. Usage patterns of collaborative tagging systems ［J］. Journal of information science, 2006, 32(2): 198-208.

Semyonov M. Bi-ethnic labor markets, mono-ethnic labor markets, and socioeconomic inequality［J］. American Sociological Review, 1988: 256-266.

Shibley I, Dunbar M E, Mysliwiec T H, et al. Using science popularizations to promote learner-centered teaching: alternatives to the traditional textbook［J］. Journal of College Science Teaching, 2008, 38(2): 54.

Shin S J, Yuan F, Zhou J. When perceived innovation job requirement increases employee innovative behavior: a sensemaking perspective[J]. Journal of Organizational Behavior, 2017, 38(1): 68-86.

Shuck M B, Rocco T S, Albornoz C A. Exploring employee engagement from the employee perspective: implications for HRD[J]. Journal of European Industrial Training, 2011, 35(4): 300-325.

Siegrist M, Keller C, Kiers H A L. A new look at the psychometric paradigm of perception of hazards[J]. Risk Analysis: an International Journal, 2005, 25(1): 211-222.

Siu O L, Hui C H, Phillips D R, et al. A study of resiliency among Chinese health care workers: capacity to cope with workplace stress[J]. Journal of Research in Personality, 2009, 43(5): 770-776.

Slovic P. Perception of Risk[J]. Science, 1987, 236(4799): 280-285.

Smidts A, Pruyn A, Van Riel C B M. The impact of employee communication and perceived external prestige on organizational identification[J]. Academy of Management Journal, 2001, 44(5): 1051-1062.

Smith B W, Dalen J, Wiggins K, et al. The brief resilience scale: assessing the ability to bounce back[J]. International Journal of Behavioral Medicine, 2008, 15(3): 194-200.

Smith E R, Semin G R. Situated social cognition[J]. Current Directions in Psychological Science, 2007, 16(3): 132-135.

Smidts A, Pruyn A T H, Riel C B M v. The impact of employee communication and perceived external prestige on organizational identification[J]. Academy of Management Journal, 2001, 44(5): 1051-1062.

Song R, Liu H, Wen J R, et al. Learning block importance models for web pages[C]//Proceedings of the 13th International Conference on World Wide Web. ACM, 2004: 203-211.

Spencer L M, Spencer S M. Competence at work: models for superior performance[M]. New York: John Wilay & Son, 1993.

Sternberg R J. A systems model of leadership: WICS[J]. American Psychologist, 2007, 62(1): 34.

Stewart D D, Stasser G. Expert role assignment and information sampling during collective recall and decision making[J]. Journal of Personality and Social Psychology, 1995, 69(4): 619.

Stringhini G, Kruegel C, Vigna G. Detecting spammers on social networks [C]//Proceedings of the 26th Annual Computer Security Applications Conference. 2010: 1-9.

Subrahmanyam K, Lin G. Adolescents on the net: internet use and well-being[J]. Adolescence, 2007, 42(168): 659-678.

Sun F, Song D, Liao L. Dom based content extraction via text density [C]//Proceedings of the 34th International ACM SIGIR Conference on Research and Development in Information Retrieval. ACM, 2011: 245-254.

Super D E. A life-span, life-space approach to career development[J]. Journal of Vocational Behavior, 1980, 16(3): 282-298.

Sweeney L. Achieving k-anonymity privacy protection using generalization and suppression [J]. International Journal of Uncertainty, Fuzziness and Knowledge-Based Systems, 2002, 10(05): 571-588.

Tierney P, Farmer S M. Creative self-efficacy development and creative performance over time[J]. Journal of Applied Psychology, 2011, 96(2): 277.

Tierney P, Farmer S M. The pygmalion process and employee creativity [J]. Journal of Management, 2004, 30(3): 413-432.

Titus T A, Larson A. A molecular phylogenetic perspective on the evolutionary radiation of the salamander family Salamandridae[J]. Systematic Biology, 1995,

44(2): 125-151.

Treviño L K, Weaver G R, Reynolds S J. Behavioral ethics in organizations: a review[J]. Journal of Management, 2006, 32(6): 951-990.

Triandis H C. The self and social behavior in differing cultural contexts[J]. Psychological Review, 1989, 96(3): 506.

Tsui A S, Egan T D, O'Reilly III C A. Being different: relational demography and organizational attachment[J]. Administrative Science Quarterly, 1992, 37(4): 549-579.

Unsworth K L, Wall T D, Carter A. Creative requirement: a neglected construct in the study of employee creativity? [J]. Group & Organization Management, 2005, 30(5): 541-560.

Vallerand R J, Pelletier L G, Koestner R. Reflections on self-determination theory[J]. Canadian Psychology/Psychologie Canadienne, 2008, 49(3): 257.

Vandenberg R J, Park K O, Dejoy D M, et al. The healthy work organization model: expanding the view of individual health and wellbeing in the workplace [M]. Lewes: Emerald Group Publishing Limited, 2002.

Van Petegem S, Beyers W, Vansteenkiste M, et al. On the association between adolescent autonomy and psychosocial functioning: examining decisional independence from a self-determination theory perspective[J]. Developmental Psychology, 2012, 48(1): 76.

Vinokur A D, Schul Y, Vuori J, et al. Two years after a job loss: long-term impact of the JOBS program on reemployment and mental health[J]. Journal of Occupational Health Psychology, 2000, 5(1): 32.

Vogel R M, Feldman D C. Integrating the levels of person-environment fit: the roles of vocational fit and group fit[J]. Journal of Vocational Behavior, 2009, 75(1): 68-81.

Wang A H. Detecting spam bots in online social networking sites: a machine learning approach[C]//IFIP Annual Conference on Data and Applications Security and Privacy. Springer, Berlin, Heidelberg, 2010: 335-342.

Wang A H. Don't follow me: spam detection in twitter[C]//2010 International Conference on Security and Cryptography (SECRYPT). IEEE, 2010: 1-10.

Wang J, Wang H. The predictive effects of online communication on well-being among Chinese adolescents[J]. Psychology, 2011, 2(4): 359.

Wang T, Liu L. Privacy-aware mobile services over road networks[J]. Proceedings of the VLDB Endowment, 2009, 2(1): 1042-1053.

Wang W, Zhao D, Wang D. Chinese news event 5w1h elements extraction using semantic role labeling[C]//Information Processing (ISIP), 2010 Third International Symposium. IEEE, 2010: 484-489.

Welch M J, Schonfeld U, He D, et al. Topical semantics of twitter links [C]//Proceedings of the Fourth ACM International Conference on Web Search and Data Mining. 2011: 327-336.

Williams K D. Ostracism[J]. Annual Review of Psychology, 2007, 58: 425-452.

Williams L J, Anderson S E. Job satisfaction and organizational commitment as predictors of organizational citizenship and in-role behaviors[J]. Journal of Management, 1991, 17(3): 601-617.

Wittenbaum G M, Moreland R L. Small-group research in social psychology: topics and trends over time[J]. Social and Personality Psychology Compass, 2008, 2(1): 187-203.

Witter R A, Okun M A, Stock W A, et al. Education and subjective well-being: a meta-analysis[J]. Educational Evaluation and Policy Analysis, 1984, 6(2): 165-173.

Xu N, Dan Z, Liu H, et al. Combining spatial cloaking and dummy generation for location privacy Preserving[C]//International Conference on Advanced Data Mining and Applications. Springer Berlin Heidelberg, 2012: 701-712.

Yang C C, Shi X. Discovering event evolution graphs from newswires[C]//Proceedings of the 15th International Conference on World Wide Web. ACM, 2006: 945-946.

Yang C, Harkreader R C, Gu G. Die free or live hard? Empirical evaluation and new design for fighting evolving twitter spammers[C]//International Workshop on Recent Advances in Intrusion Detection. Springer, Berlin, Heidelberg, 2011: 318-337.

Yang Y, Zhang J, Carbonell J, et al. Topic-conditioned novelty detection [C]//Proceedings of the eighth ACM SIGKDD International Conference on Knowledge Discovery and Data Mining. ACM, 2002: 688-693.

Youm J, Black J. Object-oriented thinking for mental model development [C]//EdMedia + Innovate Learning. Association for the Advancement of Computing in Education (AACE), 2005: 3377-3382.

You T H, Peng W C, Lee W C. Protecting moving trajectories with dummies[C]//2007 International Conference on Mobile Data Management. IEEE, 2007: 278-282.

Yuan F, Woodman R W. Innovative behavior in the workplace: the role of performance and image outcome expectations[J]. Academy of Management Journal, 2010, 53(2): 323-342.

Zhang J, Ghahramani Z, Yang Y. A probabilistic model for online document clustering with application to novelty detection[J]. Advances in Neural Information Processing Systems, 2004, 17.

Zhang K, Zi J, Wu L G. New event detection based on indexing-tree and named entity[C]//Proceedings of the 30th Annual International ACM SIGIR Conference on Research and Development in Information Retrieval. ACM, 2007: 215-222.

Zhang X, Bartol K M. The influence of creative process engagement on employee creative performance and overall job performance: a curvilinear assessment[J]. Journal of Applied Psychology, 2010, 95(5): 862.

Zhao W X, Chen R, Fan K, et al. A novel burst-based text representation model for scalable event detection[C]//Proceedings of the 50th Annual Meeting of the Association for Computational Linguistics: Short Papers-Volume 2. Association for Computational Linguistics, 2012: 43-47.

Zhou J, George J M. When job dissatisfaction leads to creativity: encouraging the expression of voice[J]. Academy of Management Journal, 2001, 44 (4): 682-696.

Zhu L, Sun A, Choi B. Detecting spam blogs from blog search results[J]. Information Processing & Management, 2011, 47(2): 246-262.

附录 1

健康型组织评估问卷

指导语

　　健康型组织建设的评估系统是根据时勘博士课题组多年来的研究成果，研制开发的用于测查组织健康型组织的建设现状，并据此提出社会心理促进和人力资源开发对策的管理评估工具。

　　本评估问卷主要包括三大方面和九个维度，分别为身心健康（压力应对、人际和谐、绩效管理）、胜任发展（领导风格、能力发展、抗逆能力）和变革创新（组织文化、责任意识、管理创新）。每个维度下均设有标准化心理学评价量表。此外，本问卷最后一部分还包括开放式调查问卷，以补充所调查组织、部门的一些涉及发展战略等方面的问题，为健康型组织建设提供管理对策建议。

　　本问卷可由所在组织的职工、管理者和第三方人员填写，未经允许，不得把评价意见扩散给无关方面。在进行本评估问卷调查时遇到任何问题，请发邮件咨询朱厚强同志，电子邮件：believezhq@163.com，联系电话：18501259301。

中国科学院大学时勘博士课题组

2017 年 1 月 11 日，北京

第一部分：身心健康

1.1 压力应对

以下句子是对你所在组织的工作压力情况的描述，你在多大程度上同意这些描述，请在相应的数字程度上画"√"。	非常不符合	比较不符合	不确定	比较符合	非常符合
1. 工作让我感觉身心疲惫。	1	2	3	4	5
2. 下班的时候我感觉筋疲力尽。	1	2	3	4	5
3. 早晨起床不得不去面对一天的工作时，我感觉非常累。	1	2	3	4	5
4. 整天工作对我来说确实压力很大。	1	2	3	4	5
5. 工作让我有快要崩溃的感觉。	1	2	3	4	5
6. 自从开始干这份工作，我对工作越来越不感兴趣。	1	2	3	4	5
7. 我对工作不像以前那样热心了。	1	2	3	4	5
8. 我怀疑自己所做的工作的意义。	1	2	3	4	5
9. 我对自己所做的工作是否有贡献越来越不关心。	1	2	3	4	5
10. 我能有效地解决工作中出现的问题。	1	2	3	4	5
11. 我觉得我在为单位作有用的贡献。	1	2	3	4	5
12. 在我看来，我擅长于自己面前的工作。	1	2	3	4	5
13. 当完成工作上的一些事情时，我感到非常高兴。	1	2	3	4	5
14. 我完成了很多有价值的工作。	1	2	3	4	5
15. 我自信自己能有效地完成各项工作。	1	2	3	4	5

1.2 人际和谐

以下句子是对你所在组织中人际氛围的描述，请在相应的数字程度上画"√"。	非常不符合	比较不符合	不确定	比较符合	非常符合
1. 与别人和谐相处是人生的一个重要目标。	1	2	3	4	5

以下句子是对你所在组织中人际氛围的描述，请在相应的数字程度上画"√"。	非常 不符合	比较 不符合	不确定	比较 符合	非常 符合
2. 凡事忍让，可表示自己宽宏大量不与人计较。	1	2	3	4	5
3. 人人观点不同，不必勉强看法一致，所以，彼此都要忍让。	1	2	3	4	5
4. 对别人忍让，是代表对他们的一种尊重。	1	2	3	4	5
5. 如果自己的损失有限，就没有必要力争到底。	1	2	3	4	5
6. 人在江湖，身不由己，对一些不公平或自己看不顺眼的事，还是看开点好。	1	2	3	4	5
7. 不应该与别人伤和气，以免日后见面时尴尬。	1	2	3	4	5
8. 为了维持人际间的和谐，有时需要放弃公平原则。	1	2	3	4	5
9. 不应与人起纷争，有矛盾时应尽量息事宁人。	1	2	3	4	5

1.3 绩效管理

以下句子是有关你工作绩效达成的陈述，请确定您是否曾在工作中有过这样的感受，在相应的数字程度上画"√"。	非常不 符合	比较 不符合	不确定	比较 符合	非常 符合
1. 我总是尽最大可能完成工作职责之要求。	1	2	3	4	5
2. 我会尽可能地去掌握与工作相关的知识。	1	2	3	4	5
3. 我会利用一切机会提升工作技能。	1	2	3	4	5
4. 我总是能完成单位指定的工作。	1	2	3	4	5
5. 不管是同事的个人工作还是生活，我都能给予他人充分的鼓励和支持。	1	2	3	4	5
6. 在发表意见时，不管是对同事个人还是工作群体，我的立场都是友善的。	1	2	3	4	5
7. 我经常鼓励他人克服个性差异，在组织中融洽相处。	1	2	3	4	5
8. 我一直公平地对待他人。	1	2	3	4	5
9. 我经常会主动地帮助别人。	1	2	3	4	5
10. 我经常为按时完成工作加班加点。	1	2	3	4	5

续表

以下句子是有关你工作绩效达成的陈述，请确定您是否曾在工作中有过这样的感受，在相应的数字程度上画"√"。	非常不符合	比较不符合	不确定	比较符合	非常符合
11. 我工作格外努力。	1	2	3	4	5
12. 我经常主动要求获得挑战性的工作任务。	1	2	3	4	5
13. 我始终能够克服障碍，坚持不懈地完成任务。	1	2	3	4	5

第二部分：胜任发展

2.1 领导风格

以下句子是有关你所在单位领导的行为和管理风格的描述，你在多大程度上认同这些感受，请在相应的数字程度上画"√"。	非常不符合	比较不符合	不确定	比较符合	非常符合
1. 我的领导廉洁奉公，不图私利。	1	2	3	4	5
2. 我的领导吃苦在前，享受在后。	1	2	3	4	5
3. 我的领导不计较个人得失，尽心尽力工作。	1	2	3	4	5
4. 我的领导为了部门/单位利益，能牺牲个人利益。	1	2	3	4	5
5. 我的领导能把自己个人的利益放在集体和他人利益之后。	1	2	3	4	5
6. 我的领导不会把别人的劳动成果据为己有。	1	2	3	4	5
7. 我的领导能与员工同甘共苦。	1	2	3	4	5
8. 我的领导不会给员工穿小鞋，搞打击报复。	1	2	3	4	5
9. 我的领导能让员工了解本单位/部门的发展前景。	1	2	3	4	5
10. 我的领导能让员工了解本单位/部门的经营理念和发展目标。	1	2	3	4	5
11. 我的领导会向员工解释所做工作的长远意义。	1	2	3	4	5

续表

以下句子是有关你所在单位领导的行为和管理风格的描述，你在多大程度上认同这些感受，请在相应的数字程度上画"✓"。	非常 不符合	比较 不符合	不确定	比较 符合	非常 符合
12. 我的领导向大家描绘了令人向往的未来。	1	2	3	4	5
13. 我的领导能给员工指明奋斗目标和前进方向。	1	2	3	4	5
14. 我的领导经常与员工一起分析其工作对单位/部门总体目标的影响。	1	2	3	4	5
15. 我的领导在与员工打交道的过程中，会考虑员工个人的实际情况。	1	2	3	4	5
16. 我的领导愿意帮助员工解决生活和家庭方面的难题。	1	2	3	4	5
17. 我的领导能经常与员工沟通交流，以了解员工的工作生活和家庭情况。	1	2	3	4	5
18. 我的领导耐心地教导员工，为员工答疑解惑。	1	2	3	4	5
19. 我的领导关心员工的工作生活和成长，真诚地为其发展提建议。	1	2	3	4	5
20. 我的领导注重创造条件，让员工发挥自己的特长。	1	2	3	4	5
21. 我的领导业务能力过硬。	1	2	3	4	5
22. 我的领导思想开明，具有较强的创新意识。	1	2	3	4	5
23. 我的领导热爱自己的工作，具有很强的事业心和进取心。	1	2	3	4	5
24. 我的领导对工作非常投入，始终保持高度的热情。	1	2	3	4	5
25. 我的领导能不断学习，以充实提高自己。	1	2	3	4	5
26. 我的领导敢抓敢管，善于处理棘手问题。	1	2	3	4	5

2.2　能力发展

以下句子对你单位为职工能力发展创造条件的描述，你在多大程度上认同这些感受，请在相应的数字程度上画"√"。	非常不符合	比较不符合	不确定	比较符合	非常符合
1. 我的单位对新雇员，都使用一套相同的培训课程。	1	2	3	4	5
2. 刚进入单位时，我和其他新雇员分开接受培训。	1	2	3	4	5
3. 刚进入单位时，我会接受单位专为新雇员设计的与工作技能有关的培训。	1	2	3	4	5
4. 直到我完全了解，熟悉各部门的工作程序及方法后，才被赋予工作责任。	1	2	3	4	5
5. 我的很多工作知识是经由尝试错误而学得的。	1	2	3	4	5
6. 我了解单位各阶段培训所需花费的时间。	1	2	3	4	5
7. 单位关于职务及工作的关系，都有明确的模式可循。	1	2	3	4	5
8. 单位有一定的培训阶段，每一阶段都会提升前一阶段所获得的工作知识。	1	2	3	4	5
9. 对新员工单位设有一套很明确有顺序的培训计划。	1	2	3	4	5
10. 我的同事在我适应单位的过程中，给了我很大的帮助。	1	2	3	4	5
11. 单位中有经验的同事都知晓，协助新雇员是他们主要工作责任之一。	1	2	3	4	5
12. 进入单位后，我很少从有经验的同事身上获得有关工作的指导或协助。	1	2	3	4	5
13. 刚入单位时，感觉和有经验的员工存在一段距离，直到我达到他们的期望。	1	2	3	4	5
14. 我必须改变工作态度及价值观，以使自己被单位所接受。	1	2	3	4	5

2.3 抗逆能力

以下句子描述你在面对压力和困难时的内心感受，你在多大程度上认同这些感受，请在相应的数字程度上画"√"。	非常不符合	比较不符合	不确定	比较符合	非常符合
1. 我有信心克服目前或将来的困难，并能解决面对的难题。	1	2	3	4	5
2. 我应对逆境的能力很强。	1	2	3	4	5
3. 面临巨大的压力时，我仍能保持冷静。	1	2	3	4	5
4. 即使在困难的环境下，我仍能积极面对。	1	2	3	4	5
5. 即使身处充满压力的环境，我从未感到焦虑。	1	2	3	4	5
6. 即使我受到挫折，我也能很快地恢复过来。	1	2	3	4	5
7. 我们的团队有能力获得解决困难或应对逆境的资源。	1	2	3	4	5
8. 对于从事的工作，我们的团队成员总是能看到事情光明的一面。	1	2	3	4	5
9. 遇到困难或逆境时，我们相信"黑暗背后就是光明，不用悲观"。	1	2	3	4	5
10. 在工作中遇到困难或逆境时，我们的团队成员能够共同承担压力。	1	2	3	4	5
11. 在工作中，我们的团队能经受住挫折和逆境的煎熬。	1	2	3	4	5
12. 在工作中遇到不确定的事情，大家能够坚持期盼最好的结果。	1	2	3	4	5

第三部分：变革创新

3.1 组织文化

以下句子是对你所在单位的组织文化氛围的描述，你在多大程度上认同这些感受，请在相应的数字程度上画"√"。	非常不符合	比较不符合	不确定	比较符合	非常符合
1. 单位鼓励成员为政策制定和决策提出合理化建议，并积极采纳。	1	2	3	4	5

续表

以下句子是对你所在单位的组织文化氛围的描述，你在多大程度上认同这些感受，请在相应的数字程度上画"√"。	非常不符合	比较不符合	不确定	比较符合	非常符合
2. 单位信息共享，每人都有权利获得所需要的信息。	1	2	3	4	5
3. 所有的成员都能去深入地理解服务对象想什么需要什么。	1	2	3	4	5
4. 单位经常开展服务对象调研，以便及时把握需求。	1	2	3	4	5
5. 我们常常会根据服务对象的评价和建议进行变革。	1	2	3	4	5
6. 成员能以单位利益为重，必要时牺牲一些个人或小团体的利益。	1	2	3	4	5
7. 单位成员是非对错的判断一般能保持一致。	1	2	3	4	5
8. "本位主义"无法在本单位立足，大家已经习惯了"舍小家，为大家"。	1	2	3	4	5
9. 单位有共同的伦理准则，以引领大家的是非判断言谈举止。	1	2	3	4	5
10. 大家都清楚地理解单位的核心价值观。	1	2	3	4	5
11. 单位有一套清晰稳定的价值体系引领运作。	1	2	3	4	5
12. 我们不仅注重经济效益，也关注社会效益。	1	2	3	4	5
13. 单位以实际行动积极支持慈善事业和公益性活动。	1	2	3	4	5
14. 单位有具体的保障环境维护服务对象利益的举措。	1	2	3	4	5

3.2 责任意识

以下句子是对你组织的描述，你在多大程度上认同这些感受，请在相应的数字程度上画"√"。	非常不符合	比较不符合	不确定	比较符合	非常符合
1. 即使上级没要求，我也会主动帮助新进来的同事。	1	2	3	4	5
2. 我会帮助新进来的同事适应工作环境。	1	2	3	4	5

续表

以下句子是对你组织的描述，你在多大程度上认同这些感受，请在相应的数字程度上画"✓"。	非常不符合	比较不符合	不确定	比较符合	非常符合
3. 我会主动帮助同事解决工作相关问题。	1	2	3	4	5
4. 当需要时，我会帮同事分担工作。	1	2	3	4	5
5. 我不会在意负担新的或挑战性的任务。	1	2	3	4	5
6. 我工作严谨且很少出差错。	1	2	3	4	5
7. 即使无人注意或无从查证，我也会遵守单位规定与制度。	1	2	3	4	5
8. 我的出勤状况优于单位的一般人员。	1	2	3	4	5

3.3 管理创新

以下句子是对你组织在管理创新方面的描述，你在多大程度上认同这些感受，请在相应的数字程度上画"✓"。	非常不符合	比较不符合	不确定	比较符合	非常符合
1. 我的单位目标清晰易懂。	1	2	3	4	5
2. 我们单位成员坚信"我们是一个整体"。	1	2	3	4	5
3. 单位成员感到被理解被接收。	1	2	3	4	5
4. 我真的想要与单位成员分享信息。	1	2	3	4	5
5. 对于工作中的一些基本问题，我有所准备和应对。	1	2	3	4	5
6. 为了提高工作的有效性，会致力于互相评价对方的弱点。	1	2	3	4	5
7. 成员间互相交换意见，尊重彼此的观点。	1	2	3	4	5
8. 本单位会花时间发展新的想法。	1	2	3	4	5
9. 我们表现创新的能力时会受到领导的尊重。	1	2	3	4	5
10. 单位有专门的奖励机制来激励大家创新。	1	2	3	4	5

第四部分：综合评估

以下是对于所在单位整体情况的综合评估，请在相应数字上画"✓"来代表您的看法：

4.1 职工福利

与同类单位相比，您单位在为职工提供完善、高质量的工资、福利和娱乐方面，您的满意状况为：

1	2	3	4	5	6	7
非常差		较差		较好		非常好

4.2 社会责任

与同类单位相比，您单位在为客户提供服务、支持公益、保护环境等履行社会责任方面的状况为：

1	2	3	4	5	6	7
非常差		较差		较好		非常好

4.3 组织绩效

与同类单位相比，您单位在实现经济或社会效益、完成盈利目标和不断创新等组织绩效的状况为：

1	2	3	4	5	6	7
非常差		较差		较好		非常好

4.4 行业地位

您单位在组织的社会声誉、服务品牌、获奖或权威评估结果方面，在本行业的排名状况为：

1	2	3	4	5	6	7
非常差		较差		较好		非常好

第五部分：背景信息

请在相应序号上画"√"

1. 性别：（1）女 （2）男

2. 年龄：_____（1）≤25 岁 （2）26～35 岁 （3）36～45 岁 （4）46～55 岁

(5)56～65 岁　　(6)≥66 岁

3. 婚姻：(1)未婚　(2)已婚　(3)离异或丧偶

4. 学历：(1)初中及以下　(2)高中/中专　(3)大专　(4)本科　(5)硕士(6)博士

5. 工作年限：(1)1 年以下　(2)1～5 年　(3)6～15 年　(4)16～30 年(5)31 年及以上

6. 行政级别：(1)无行政级别　(2)科员　(3)副科　(4)正科　(5)副处(6)正处　(7)厅局级

7. 技术职称：(1)无职称　(2)初级　(3)中级　(4)副高　(5)正高　(6)其他_____(请填写)

8. 单位类型：(1)国有　(2)民营　(3)合资　(4)事业单位　(5)政府(6)部队公安　(7)其他_____(请填写)

9. 岗位属性：(1)正式编制　(2)定期合同　(3)劳务派遣　(4)其他_____(请填写)

10. 所在部门：_____(请填写部门全称)

问卷到此结束，感谢您的参与！

贫困问题调查问卷

指导语

这是一个贫困问题调查问卷，主要了解你的近期对新冠病毒、疫情中计划打断、生活状况、相对收入和生活信心等问题。我们会对这些信息绝对保密，请如实填写。谢谢！

中国科学院大学时勘博士课题组
2020 年 12 月

一、新冠病毒风险威胁

1. 本次新冠病毒对生活带来多大不确定性？	1＝完全没有	2	3	4	5＝极不确定
2. 您感觉到新冠病毒给您带来了多大风险？	1＝完全没有	2	3	4	5＝非常多
3. 您觉得自己受到冠状病毒多大的威胁？	1＝完全没有	2	3	4	5＝极大威胁
4. 您对于它有多担心？	1＝完全没有	2	3	4	5＝非常担心
5. 您经常会想起新冠病毒这件事情吗？	1＝完全没有	2	3	4	5＝非常多

二、疫情中计划打断

6. 走亲访友或旅行	1＝完全没有	2	3	4	5＝非常大

7. 工作（包括外出打工）	1＝完全没有	2	3	4	5＝非常大
8. 社交活动，如棋牌娱乐等	1＝完全没有	2	3	4	5＝非常大
9. 重大生活事件，如婚宴等	1＝完全没有	2	3	4	5＝非常大
10. 和朋友聚餐	1＝完全没有	2	3	4	5＝非常大
11. 其他活动，如照看长辈、接受培训学习等	1＝完全没有	2	3	4	5＝非常大

三、生活状况识别

12. 在过去的一年里，有几天我或我的家人因为没有足够的钱买食物而挨饿	1＝非常不符合	2 3 4 5 6 7＝非常符合
13. 我吃得起营养均衡的食品	1＝非常不符合	2 3 4 5 6 7＝非常符合
14. 付完账单后，我通常有足够的钱买其他食物	1＝非常不符合	2 3 4 5 6 7＝非常符合
15. 我担心失去我的住处	1＝非常不符合	2 3 4 5 6 7＝非常符合
16. 去年我不得不搬到预算还能承受的地方住	1＝非常不符合	2 3 4 5 6 7＝非常符合
17. 我很难在月底保持收支平衡	1＝非常不符合	2 3 4 5 6 7＝非常符合
18. 我有足够的收入来维持生计	1＝非常不符合	2 3 4 5 6 7＝非常符合

四、相对收入

19. 与我所在地区平均生活水平相比，我目前的收入与生活水平是	1＝极低	2 3 4 5 6 7＝极高
20. 与自身 5 年前的生活水平相比，我目前的收入与生活水平是	1＝极低	2 3 4 5 6 7＝极高

五、生活信心量表

21. 我会主动思考能提高生活水平的办法	1＝非常不符合	2 3 4 5 6 7＝非常符合

22. 那些改善收入与生活境况的工作，即便做起来十分困难，也对我非常有吸引力　　1＝非常不符合　2 3 4 5 6　7＝非常符合

23. 对能提高工作水平能力的培训，我愿付出时间甚至金钱　　1＝非常不符合　2 3 4 5 6　7＝非常符合

24. 我对提高收入和生活水平有信心　　1＝非常不符合　2 3 4 5 6　7＝非常符合

25. 我对于改善生活状况已有具体计划　　1＝非常不符合　2 3 4 5 6　7＝非常符合

图书在版编目(CIP)数据

中华民族伟大复兴的社会心理促进机制研究：社会心理服务体系的探索/时勘，胡平著．—北京：北京师范大学出版社，2023.12

ISBN 978-7-303-27839-8

Ⅰ．①中… Ⅱ．①时… ②胡… Ⅲ．①社会心理学—心理咨询—咨询服务—体系建设—研究—中国 Ⅳ．①C912.6-0

中国版本图书馆CIP数据核字(2022)第050694号

图书意见反馈：gaozhifk@bnupg.com 010-58805079

ZHONGHUA MINZU WEIDA FUXING DE SHEHUI XINLI
CUJIN JIZHI YANJIU

出版发行：北京师范大学出版社 www.bnup.com
　　　　　北京市西城区新街口外大街12-3号
　　　　　邮政编码：100088
印　　刷：北京盛通印刷股份有限公司
经　　销：全国新华书店
开　　本：710 mm×1000 mm　1/16
印　　张：47
字　　数：656千字
版　　次：2023年12月第1版
印　　次：2023年12月第1次印刷
定　　价：235.00元

策划编辑：周益群　　　　　责任编辑：钱君陶　岳　蕾
美术编辑：陈　涛　李向昕　装帧设计：陈　涛　李向昕
责任校对：陈　民　　　　　责任印制：马　洁